Médecine de la plongée

Collection Sport

Dirigée par Frédéric Depiesse

Médecine de la plongée

Jean-Éric Blatteau

MD, PhD, HDR, docteur en médecine et docteur en physiologie des environnements extrêmes, habilité à diriger des recherches, praticien spécialiste de médecine hyperbare et de la plongée, professeur agrégé du Val-de-Grâce, chef du service de médecine hyperbare et d'expertise plongée (SMHEP) de l'hôpital national d'Instruction des armées Sainte-Anne à Toulon, consultant national de médecine de la plongée appliquée aux armées, président de l'European Underwater Baromedical Society

Mathieu Coulange

MD-PhD, docteur en médecine et docteur en physiologie des environnements extrêmes, praticien hospitalier urgentiste, chef du service de médecine hyperbare, subaquatique et maritime à l'Assistance publique des hôpitaux de Marseille, chercheur dans l'unité Inserm 1263, INRA 1260, C2VN, président de la Société de physiologie et de médecine subaquatiques et hyperbares de langue française, fondateur de l'Institut de physiologie et de médecine en milieu maritime et en environnement extrême (PHYMAREX), médecin-lieutenant colonel au Centre national de plongée, de sauvetage aquatique et de survie de l'école d'application de la sécurité civile (ECASC), médecin expert à la Société nationale de sauvetage en mer (SNSM) et au Comité national de la plongée scientifique (CNPS)

Jean-Louis Méliet

Ancien spécialiste de médecine de la plongée du service de santé des armées, médecin du travail, président honoraire de la Société de physiologie et de médecine subaquatiques et hyperbares de langue française

ELSEVIER
MASSON

ELSEVIER
Elsevier Masson SAS, 65, rue Camille-Desmoulins, 92442 Issy-les-Moulineaux cedex, France

Médecine de la plongée, de Jean-Éric Blatteau, Mathieu Coulange et Jean-Louis Méliet.

ISBN : 978-2-294-78348-7
e-ISBN : 978-2-294-78423-1

Table des matières

Préface

Qu'y a-t-il au-delà de la surface ? Que se cache-t-il là où on ne peut voir ? Des questions, qui en appellent mille autres : comment explorer les profondeurs en plongée, toujours plus loin, plus profond et le plus longtemps possible ? Et surtout, comment s'enfoncer dans les océans et en revenir sain et sauf ?

Sous l'eau, les interrogations et l'imagination prennent vite le pas sur l'observation pure, nourrissant ainsi l'irrépressible envie de découvrir ce qui s'y cache.

À la question du sens de cette quête des profondeurs, la réponse la plus simple et la plus juste nous est directement inspirée de George Mallory[1] : « parce qu'elles sont là ». Partout, la simple présence d'un océan, une mer, un lac ou une résurgence se présente au plongeur comme un appel à franchir leur surface pour assouvir sa curiosité.

Au-delà de ce fondement, plonger présente de nombreux intérêts, comme l'illustre l'inventivité dont l'homme a fait preuve depuis des siècles pour, progressivement, entrouvrir les portes du monde sous-marin. Mais, quelle que soit la finalité de l'immersion — travail ou loisir — il se confrontera toujours aux limites que sa nature de mammifère terrestre lui impose. Et cela, pour la nuit des temps. Il tentera toujours de les repousser, pouvant pour cela compter sur l'expérience et un savoir qui s'enrichit continuellement, sur les évolutions technologiques et sur son audace.

C'est la curiosité et la passion pour le monde sous-marin, qui nous ont amenés dans celui de l'exploration et des expéditions. C'était il y a 20 ans, sous la houlette de Jean-Louis Étienne, d'abord à Clipperton puis au pôle Nord. C'est à cette époque que nous avons rencontré Jean-Éric Blatteau, qui exerçait alors sous sa casquette de médecin d'expédition et avec qui, depuis, nous n'avons jamais cessé de collaborer, développant au fil du temps un lien de confiance et d'amitié. C'était les années 2000, nous étions dans le milieu de notre vingtaine, nous débordions d'énergie et pour nos premières expéditions de plongée menées littéralement au bout du monde, nous étions déjà davantage familiers des protocoles de « Recompression thérapeutique en immersion » que de ceux en caisson.

En 2008 nous nous sommes lancés dans notre propre aventure, celle d'une singulière expédition polaire au cœur de l'océan glacial Arctique : Under The Pole. Un nom pour une première expédition de plongée, qui allait finalement devenir celui de tout un programme qui perdure encore aujourd'hui, 16 ans plus tard. Le pôle Nord, le Groenland, le nord du Canada, l'Alaska, le Svalbard… En Arctique (figure 1), nous avons multiplié les immersions : en ski-pulka à la sortie de la nuit boréale dans des conditions dantesques ; dans la solitude des fjords du Nord Groenland où nous avons réalisé les premières plongées polaires au-delà de 100 m, en été comme en hiver sous la banquise ; ou encore en recycleur dans le courant de marée, sur la côte ouest du Spitzberg.

À chaque fois, nous avons réfléchi avec Jean-Éric et al. aux conditions de réalisation de ces plongées extrêmes, dans des endroits parmi les

1. George Mallory (1886-1924). Alpiniste britannique qui, dans une conférence à New York en 1923, répondit à un journaliste du New York Times qui lui demandait pourquoi il tenait tant à gravir l'Everest : « Parce qu'il est là » (Because it's there). Ces quatre mots sont passés à la postérité avec la mort de Mallory l'année suivante à l'Everest et le début du mythe de sa quête et de sa disparition.

Figure 1. Chantier de plongée sous glace en Arctique.

plus reculés et hostiles du monde. Ensemble, nous nous sommes penchés sur l'art et la manière de multiplier les incursions dans une eau glaciale, tous les jours et en équipe, dans des conditions de vie, de travail, d'isolement et de température totalement hors norme. Il en est toujours ressorti une vision commune faite d'une subtile combinaison d'encadrement médical, de suivi des plongeurs et d'études sur leur physiologie, d'engagement et de raison.

En 2018, après 11 années d'expéditions polaires, nous avons mis le cap au Sud dans l'océan Pacifique, à la sortie du passage du Nord-Ouest. Pour la première fois, nous allions nous immerger dans une eau chaude, pour des programmes de plongée qui allaient marquer un tournant pour Under The Pole. D'abord, car nos missions allaient voir un fort développement scientifique en collaboration avec le CNRS dans les domaines de l'étude des écosystèmes profonds, ensuite, car nos deux expéditions à venir allaient requérir une haute technicité. La première — DeepHope — pour le nombre de plongées profondes en recycleur que nous allions multiplier pendant des années (figure 2). La seconde — Capsule — pour l'indispensable innovation qui allait être nécessaire, tant pour la mise au point technique de cet habitat autonome à saturation pensé pour l'observation sous-marine scientifique, que d'un point de vue des protocoles de retour en surface (figure 3).

Entourés d'experts de la décompression, de la physiologie hyperbare et de médecins spécialistes de la plongée, nous avons depuis toutes ces années réalisé un très grand nombre d'immersions « hors cadre », pour lesquelles les questions de santé et de sécurité étaient centrales. Et au cœur de nos réflexions se sont toujours situées celles de la saturation et de la désaturation.

En effet, la plongée présente un potentiel de risques très importants, comme l'illustrent les parties consacrées aux accidents de tous les manuels de plongée. Mais de cette multitude de dangers, il en est un qui se distingue par sa singularité et qui incarne même à lui seul une représentation iconique de l'activité : l'accident de désaturation.

Les principaux facteurs régissant la décompression — deux paramètres fondamentaux intimement liés — fixent d'emblée un premier socle de limites à nos immersions et bornent la notion d'engagement : le temps et la profondeur. À ces deux paramètres à la fois objectifs et universels, il en existe d'autres, dont les contours sont plus troubles, liés à la notion d'individualité. Pourquoi sommes-nous inégaux devant ces accidents ? Pourquoi d'un jour à l'autre, un même individu se comporte-t-il différemment face aux

Figure 2. Installation d'un chantier de plongée technique.

Figure 3. « Capsule » de plongée à saturation.

mécanismes de saturation et de désaturation ? Quelle est l'influence du psychisme ou de la fatigue dans le bon déroulement d'une plongée ? Cette spécificité fait de la décompression une science inexacte et abstraite, qui le restera certainement toujours. C'est aussi pour cela que les théories évoluent au fil du temps et que les modèles alimentent les passions.

À cette notion d'individualité se conjugue la diversité des pratiques et des techniques, qui forcent parfois le plongeur à sortir du « cadre » établi. Ainsi, en 20 ans d'expéditions de plongée, si nous n'avons jamais eu d'accidents graves dans nos équipes, nous avons régulièrement flirté avec les limites de la décompression. Non pas par mépris des procédures, mais simplement, car les modèles existants ne couvrent pas toutes les situations. Un gros coup de fatigue en sortant de l'eau ? Une chute de tension ? Une douleur au coude ? Les symptômes ne sont pas toujours évidents à corréler avec un accident de décompression, mais doivent à chaque fois questionner sur leurs origines. Aussi, dès lors que la pratique de la plongée sort des standards matérialisés par des tables éprouvées et basées sur des modèles et l'expérimentation, il devient essentiel de s'interroger sur l'adéquation des procédures.

C'est là que médecins, physiologistes, experts de la décompression et plongeurs se rassemblent pour imaginer des approches innovantes et de nouvelles méthodes, sans déroger toutefois aux règles de déontologie et de bonnes pratiques visant à toujours garantir la sécurité des pratiquants. Ainsi, en s'appuyant sur une expérience déjà éprouvée, il devient possible de faire bouger les lignes, et petit à petit, avec la multiplication des plongées, d'ouvrir un nouveau champ des possibles.

Nous croyons profondément dans la force de la passion comme moteur de vie, dans la curiosité qui mène à la découverte, dans la science qui conduit au savoir et dans le partage des connaissances comme socle du progrès.

Ce livre — dont les auteurs incarnent parfaitement ces valeurs — est le reflet de leurs carrières de chercheurs et médecins spécialistes de la plongée, consacrées à l'amélioration des connaissances et à l'inlassable sécurisation des pratiques, inhérentes à toutes les catégories de plongeurs : des professionnels aux enfants débutants, en passant par le domaine de la plongée technique, que ce soit en France ou à l'autre bout du monde comme chez les pêcheurs vietnamiens de l'île de Ly Son. Leur disponibilité en toutes circonstances, leur accompagnement sur de multiples projets et leur professionnalisme leur rendent honneur.

Nous ne pouvons que saluer le précieux travail de synthèse et de vulgarisation des connaissances qu'ils ont mené, visant à faire de cet ouvrage le recueil des dernières décennies de recherches et de pratiques, doublé d'un guide à vocation résolument opérationnel.

Souvent présenté dans le milieu comme une « bible », il est certain que ce nouveau volume entièrement revu et mis à jour fera office de nouvelle référence pour tous les experts et curieux de la plongée, qu'ils soient professionnels dans le milieu médical, moniteurs, gestionnaires de chantier hyperbares ou responsables d'expéditions. Que ce soit pour une consultation épisodique ou une lecture passionnée, le lecteur y trouvera les réponses à nombre de questions et de nouvelles pistes de réflexion.

Nous ne doutons pas qu'il servira la cause qui l'a fait naître — une contribution forte à l'amélioration des pratiques et à la sécurité de la plongée — et que demain, il suscitera de nouvelles vocations.

Emmanuelle et Ghislain Bardout
Fondateurs et directeurs d'Under The Pole
Janvier 2024

Collaborateurs

André Sophie. Praticien hospitalier urgentiste, SAMUde Toulon, Centre hospitalier de Hyères, France

Astrie Pierre-Matthieu. Praticien urgentiste, Service d'accueil des urgences, Hôpital d'instruction des armées Sainte-Anne, Toulon, France

Aublin Blandine. Médecin du travail, consultante à l'OPPBTP pour les travaux hyperbares, BTP santé au travail, Lyon, France

Balestra Costantino. PhD, physiologiste, professeur, Environmental, Occupational, Aging (Integrative) Physiology Laboratory, Haute-École Bruxelles-Brabant (HE2B), Bruxelles, Belgique

Barré Mathilde. Praticien spécialiste de dermatologie, Service de dermatologie, Hôpital Nord, Assistance publique-Hôpitaux de Marseille, Marseille, France

Bayle Olivier. Radiologue, Service d'imagerie, hôpital Saint-Joseph, Marseille, France

Blatteau Jean-Éric. MD-PhD, HDR, praticien spécialiste de médecine de la plongée, professeur agrégé du Val-de-Grâce, habilité à diriger des recherches, chef du service de médecine hyperbare et d'expertise plongée (SMHEP), Hôpital national d'instruction des armées Sainte-Anne, Toulon, France ; consultant national de médecine de la plongée appliquée aux armées, président de l'*European Underwater Baromedical Society*

Cardolaccia Robert. Expert et formateur en Sauvetage, en Secours et en Survie en milieu maritime, Marseille, France

Carola Elisabeth. Oncologue, Chef de pôle d'oncologie médicale, GHPSO, Creil, France

Castagna Olivier. MD, PhD, HDR, médecin physiologiste, hyperbariste, professeur agrégé de l'école du Val-de-Grâce, unité physiologie de l'exercice et des activités en conditions extrêmes, Institut de recherche biomédicale des armées, Toulon, France

Catajar Nathalie. Médecin national fédéral, Fédération française du sport adapté

Caumon Laurent. Praticien hospitalier urgentiste, consultation de médecine subaquatique, centre hospitalier de Hyères, France

Coulange Mathieu. MD-PhD, docteur en médecine et docteur en physiologie des environnements extrêmes, praticien hospitalier urgentiste, chef du service de médecine hyperbare, subaquatique et maritime, chercheur dans l'unité INSERM1263 INRA1260 C2VN, président de Medsubhyp, centre hospitalier universitaire Sainte-Marguerite, Marseille, France ; Aix-Marseille université, Marseille, France

Couraud Fabrice. Médecin chef du service départemental d'incendie et de secours, sous-direction santé SDIS 16, L'Isle-d'Espagnac, France

Crambert Anna. MD, service d'ORL de l'HIA Percy, Clamart, France

D'Andrea Cyril. Médecin hyperbariste, Service de médecine hyperbare, CHU de la Réunion, Saint-Pierre, la Réunion

Daubresse Lucile. Praticien de médecine hyperbare et de la plongée, médecin adjoint du service de médecine hyperbare et d'expertise plongée (SMHEP), Hôpital national d'instruction des armées Sainte-Anne, Toulon, France de Maistre Sébastien. MD, PhD, praticien certifié du service de santé des armées en médecine de la plongée, Centre expert plongée humaine et intervention sous la mer (CEPHISMER), Toulon, France

Desgraz Benoit. Cardiologue et médecin hyperbariste suisse, Centre hospitalier universitaire Vaudois, Lausanne, Suisse

Desruelle Anne-Virginie. Ingénieur, PhD, Équipe résidente de recherche subaquatique opérationnelle de l'Institut de recherche biomédicale des armées, Toulon, France

Di Meglio Frédéric. Spécialiste ORL, président de la Fédération française d'études et de sports sous-marins

Druelle Arnaud. Praticien spécialiste de médecine de la plongée, médecin chef de la 152e antenne médicale soutenant l'école de plongée militaire de Saint-Mandrier, 9e centre médical des armées, Toulon, France

Ducassé Jean-Louis. Médecin anesthésiste-réanimateur, praticien hospitalier honoraire du CHU de Toulouse, Membre du Conseil scientifique de la Société de physiologie et médecine subaquatique et hyperbare de langue française (MedSubHyp)

Durand Loïc. Praticien hospitalier urgentiste, responsable de l'unité du caisson hyperbare, SAMU de polynésie, Centre hospitalier de la Polynésie française, France

Gainnier Marc. Professeur des universités, praticien hospitalier, médecine intensive réanimation, CHU de Marseille, France

Gardette Bernard. PhD, physiologiste, ancien directeur scientifique de la Comex (1988-2016).

Gempp Emmanuel. Spécialiste de médecine de la plongée, ancien praticien certifié du service de santé des armées en médecine de la plongée, Service de médecine hyperbare et d'expertise plongée (SMHEP), Hôpital d'instruction des armées Sainte-Anne, Toulon, France

Germonpré Peter. Médecin hyperbariste, ancien directeur médical du Centre d'oxygénothérapie hyperbare, Hôpital militaire Reine-Astrid, Bruxelles, Belgique

Gharsallah Hedi. Médecin réanimateur, professeur, chef du service de réanimation et du centre hyperbare de l'hôpital militaire de Tunis, Tunisie

Gouin Emmanuel. Médecin anesthésiste-réanimateur et hyperbare, médecin et plongeur scientifique des expéditions "Under The Pole", laboratoire ORPHY, EA 4324, Université de Bretagne occidentale, Brest, France ; Concarneau, France

Grandjean Bruno. Praticien hospitalier, ancien spécialiste de médecine de plongée du service de santé des armées, médecin fédéral national de la Fédération française d'études et de sports sous-marins, centre hospitalier d'Ajaccio, France

Guenin Michel. Médecin fédéral de la plongée, Fédération française handisport

Guerrero François. PhD, physiologiste, professeur, Université Brest, laboratoire ORPHY EA 4324, Brest, France

Henckes Anne. Praticienne hospitalière, service de médecine hyperbare et subaquatique, centre hospitalier universitaire de la Cavale Blanche, Brest, France

Hontarrede Jérôme. Ingénieur en développement de logiciel, moniteur de plongée diplômé d'État en circuit ouvert et recycleur, instructeur de plongée OC/CCR

Hugon Julien. Ingénieur R&D. Azoth Systems, Technopole de la mer, Ollioules, France

Hunt Jennifer. Médecin urgentiste et hyperbariste, service de médecine hyperbare, hôpital Purpan, Toulouse, France

Janet-Maitre Guillaume. Médecin militaire adjoint de la 152e antenne médicale soutenant l'école de plongée militaire de Saint-Mandrier, 9e centre médical des armées, Toulon, France

Joulia Fabrice. Docteur en physiologie des environnements extrêmes, directeur adjoint UFR STAPS Université de Toulon, France ; C2VN, INRAE 1260, INSERM 1263, Aix-Marseille université, France

Lachaize Anne. Médecin du travail, DU de médecine maritime, DIU de médecine hyperbare, CNRS DR12, Marseille, France

Lafay Vincent. Médecin cardiologue, docteur en physiologie des environnements extrêmes, centre hospitalier privé Beauregard, Marseille, France

Lafère Pierre. MD-PhD, médecin anesthésiste, Université de Brest, laboratoire ORPHY EA 4324, Brest, France ; Haute École Bruxelles-Brabant, Laboratoire de physiologie intégrée occupationnelle et du vieillissement, Bruxelles, Belgique

Lehot Henri. Praticien urgentiste et hyperbariste, Service de médecine hyperbare et d'expertise de la plongée, Hôpital d'instruction des armées Sainte-Anne, Toulon, France

Lemaitre Frédéric. Docteur en physiologie de l'exercice, CETAPS — UR 3832 Université de Rouen, France

Louge Pierre. Praticien spécialiste du service de santé des armées en médecine de la plongée, Hôpitaux universitaires de Genève, département de médecine aiguë, unité de médecine subaquatique et hyperbare, Genève, Suisse ; service de médecine hyperbare et expertise plongée, Hôpital d'instruction des armées Sainte-Anne, Toulon, France

Luciani Marc. Praticien hospitalier hyperbariste, chef du service de médecine hyperbare, Centre hospitalier d'Ajaccio, France

Luis David. Praticien hospitalier réanimateur et hyperbariste, chef de service, Service de médecine intensive et réanimation , hôpital Simone-Veil, Beauvais, France

Massimelli Jean-Yves. Médecin du travail, ancien médecin de Comex, Hôpital de Cimiez, CHU de Nice.

Méliet Jean-Louis. Médecin du travail, ancien spécialiste de médecine de la plongée du service de santé des armées, coordinateur du conseil scientifique de Medsubhyp

Meyran Daniel. Directeur du SMUR du Bataillon de marins pompiers de Marseille

Morand Jean-Jacques. Praticien hospitalier, spécialiste de dermatologie, professeur agrégé du Val-de-Grâce, chef du service de dermatologie, Hôpital national d'instruction des armées Sainte-Anne, Toulon, France

Morin Jean. Praticien spécialiste de médecine hyperbare et de la plongée, Service de médecine hyperbare et d'expertise plongée, Hôpital d'instruction des armées Sainte-Anne, Toulon, France

Morvan Jean-Baptiste. Praticien hospitalier spécialiste d'ORL, professeur agrégé du Val-de-Grâce, service ORL et chirurgie cervicofaciale, Hôpital d'instruction des armées (HIA) Sainte-Anne, Toulon, France ; École du Val-de-Grâce, Paris, France

Parmentier-Decrucq Erika. Médecin réanimateur, Centre régional d'oxygénothérapie hyperbare, pôle de médecine intensive et réanimation, hôpital Salengro, CHU Lille, Lille, France

Pignel Rodrigue. Médecin hyperbariste, responsable de l'Unité de médecine subaquatique et hyperbare (UMSH), Hôpitaux universitaires de Genève, Genève, Suisse

Piquet Jacques. Médecin des hôpitaux, médecin fédéral, Fédération française d'études et de sports sous-marins ; Fédération française handisport

Poirel Christian. Médecin chef du service départemental d'incendie et de secours des Bouches-du-Rhône (SDIS 13), Marseille, France

Regnard Jacques. Médecin, praticien hospitalier honoraire, professeur des universités émérite, physiologiste, Université de Franche-Comté, Besançon, France

Reynier Jean-Charles. Praticien hospitalier, Centre hyperbare, hôpital Sainte-Marguerite, Marseille, France

Risso Jean-Jacques. Ingénieur INSA, docteur d'État ès sciences, directeur de l'Équipe résidente de recherche subaquatique opérationnelle, Institut de recherche biomédicale des armées, Toulon

Riu-Poulenc Béatrice. Praticien hospitalier réanimateur, Responsable de l'unité de réanimation polyvalente et du centre de médecine hyperbare, CHU de Toulouse, Site Purpan, France

Rostain Jean-Claude. PhD, physiologiste, docteur d'État ès sciences ; directeur de recherche CNRS. C2VN, Equipe V, Aix-Marseille université

Roffi Romain. Praticien spécialiste de médecine hyperbare et de la plongée, Service de médecine hyperbare et d'expertise plongée, Hôpital d'instruction des armées Sainte-Anne, Toulon, France

Ruby Xavier. Praticien spécialiste de médecine de la plongée, Service de médecine hyperbare et d'expertise plongée, Hôpital d'instruction des armées Sainte-Anne, Toulon, France

Schmid Bruno. Ingénieur, Équipe résidente de recherche subaquatique opérationnelle de l'Institut de recherche biomédicale des armées, Toulon, France

Scuitti Pascale. Service des urgences, hôpital Saint-Joseph, Marseille, France

Theron Michael. PhD, physiologiste, professeur, Université Brest, laboratoire ORPHY EA 4324, Brest, France

Vague Adrien. Médecin urgentiste, Service urgence/SMUR/UHCD, Groupe hospitalier du Sud Réunion, Saint-Pierre, France

Vallée Nicolas. PhD, HDR, physiologiste, Équipe résidente de recherche subaquatique opérationnelle de l'Institut de recherche biomédicale des armées, Toulon, France

Vandersteen Clair. Médecin spécialiste d'ORL, Service ORL et chirurgie cervicofaciale, Institut universitaire de la face et du cou (IUFC), Nice, France

Vasseur Frank. Instructeur de plongée en circuit ouvert et recycleur

Vatin Loraine. Médecin spécialiste d'ORL, Service ORL et chirurgie cervicofaciale, Hôpital d'instruction des armées (HIA) Sainte-Anne, Toulon, France

Veses Colin. Médecin hyperbariste, Unité de traitement par oxygène hyperbare, Hôpital Pasteur 1, CHU Nice, Nice, France

Vivier-Sanna Myriam. Médecin fédéral, Fédération française d'études et de sports sous-marins ; Fédération française du sport adapté

Abréviations et symboles

ACR	arrêt cardiorespiratoire
ADD	accident de désaturation ou de décompression
ADP	accident de plongée
ADT	adaptative
Ar	argon
ASIA	*American Spinal Injury Association*
ASN	appel sélectif numérique
ATA	atmosphère technique absolue
ATM	articulation temporomandibulaire
atm	atmosphère
AVC	accident vasculaire cérébral
BIBS	*Built-In Breathing System*
BM	blessé médullaire
BNP	peptide natriurétique de type B
BT	barotraumatisme
BTL	barotraumatisme du larynx
BTOE	barotraumatisme de l'oreille externe
BTOI	barotraumatisme de l'oreille interne
BTOM	barotraumatisme de l'oreille moyenne
BTS	barotraumatisme sinusien
CACI	certificat d'absence de contre-indication
CAE	conduit auditif externe
CAH	certificat d'aptitude à l'hyperbarie
CAS	*Certificate of Advanced Studies*
CCR	*Closed Circuit Rebreather*
CDI	contre-diffusion isobare
CGS	score de Glasgow
CH	centre hyperbare
CI	contre-indication
CIDPH	Convention internationale relative aux droits des personnes handicapées des Nations Unies
CKD-EPI	*Chronic Kidney Disease-Epidemiology Collaboration*
CMAS	Confédération mondiale des activités subaquatiques
CMPN	Commission médicale et de prévention nationale
CO	monoxyde de carbone
CO_2	dioxyde de carbone
COH	chef d'opération hyperbare
CPAP	*Continuous Positive Airway Pressure*
CPT	capacité pulmonaire totale
Cross	centre régional opérationnel de surveillance et de sauvetage
CSP	Code de la santé publique
CT	Code du travail
DAE	défibrillateur automatisé externe
DCC	domaine de compétence ciblée
DCIEM	*Defence and Civil Institute of Environmental Medicine*
DEM	débit expiratoire maximum
DESIU	diplôme d'études supérieures interuniversitaires
DFG	débit de filtration glomérulaire
DH	déséquilibre hydrostatique
DIU	diplôme interuniversitaire
DMAC	*Diving Medical Advisory Committee*
DP	directeur de plongée
DRDC	*Defence Research and Development Canada*
DSAT	*Diving Science and Technology*
DT	dysperméabilité tubaire
DZ	drop zone
EAPS	établissement d'activité physique et sportive
ECG	électrocardiogramme
ECHM-EDTC	*European Committee for Hyperbaric Medicine-European Diving Technology Committee*
ECMO	*ExtraCorporeal Membrane Oxygenation*
ECOS	examen clinique objectif et structuré
EEG	électroencéphalogramme
EFR	exploration fonctionnelle respiratoire

EH	encadrant Handisub®
eNOS	NO-synthase endothéliale
EPO	érythropoïétine
ERO	espèce réactive de l'oxygène
EUBS	*European Underwater Baromedical Society*
FC	fenêtre cochléaire
FC	fréquence cardiaque
Fe	fer
FFESSM	Fédération française d'études et de sports sous-marins
FMD	*Flow Mediated Dilation*
FO	fenêtre oxygène
FOP	foramen ovale perméable
FPL	fistule périlymphatique
FSGT	Fédération sportive et gymnique du travail
FV	fenêtre vestibulaire
GERS	Groupe d'études et de recherches sous-marines
GF	*Gradient Factor*
Gina	*Global Initiative for Asthma*
H_2	hydrogène
H_2S	sulfure d'hydrogène
Hb	hémoglobine
He	hélium
HP	handicap psychique
HRA	hyperréflexie autonome
HSP	*Heat Shock Protein*
HTA	hypertension artérielle
IANTD	*International Association of Nitrox And Technical Divers*
ICHF	Association internationale des centres hyperbares francophones
IMC	indice de masse corporelle
IRBA	Institut de recherche biomédicale des armées
IRM	imagerie par résonance magnétique
KUP	kit d'urgence plongée
Kr	krypton
LSD	acide lysergique diéthylamide
MB	microbulles
MCE	massage cardiaque externe
MedSubHyp	Société de médecine subaquatique et hyperbare
MHC	masque à haute concentration
MN	Marine nationale
MP	maladie professionnelle
MT	ministère du Travail
N_2	azote
Ne	néon
NMDA	N-méthyl-D-aspartate
NO	monoxyde d'azote
O_2	oxygène
OHB	oxygénothérapie hyperbare
OI	oreille interne
OM	oreille moyenne
OMA	ostéo-myo-articulaire
OMS	Organisation mondiale de la santé
ONB	oxygénothérapie normobare
OND	ostéonécrose dysbarique
ORL	oto-rhino-laryngologie
OTU	*Oxygen Toxicity Unit*
PA	pression atmosphérique
Pa	Pascal
PA	pression artérielle
PA	plongeur autonome
P_{abs}	pression absolue
$PaCO_2$	pression artérielle du dioxyde de carbone
PADI	*Professional Association of Diving Instructors*
PAM	pression artérielle moyenne
PAO_2	pression alvéolaire d'oxygène
PaO_2	pression artérielle d'oxygène
PC	perte de connaissance
PEC	prise en charge
Pgaz	pression partielle du gaz
P_h	pression hydrostatique
Pi	pression inhalée d'un gaz
$PiCO_2$	pression inhalée de dioxyde de carbone
PiN_2	pression inhalée d'azote
PiO_2	pression inhalée d'oxygène
PO_2	pression partielle en oxygène
PRES	*Posterior Reversible Encephalopathy Syndrom*
PSH	personne en situation de handicap
PSP	longée sportive en piscine
PZ+	*Pelagic Z+*
QI	quotient intellectuel
RCP	réanimation cardiopulmonaire
RG	régime général
RGBM	*Reduced Gradient Bubble Model*
RSE	remontée sans embout
RTI	recompression thérapeutique par immersion
SAL	sauveteur aquatique léger
Samu	service d'aide médicale d'urgence
SCMM	SAMU de coordination médicale maritime
SDIS	service départemental d'incendie et de secours
SDRA	syndrome de détresse respiratoire aiguë

SFMES	Société française de médecine de l'exercice et du sport
SIR	suivi individuel renforcé
SMUR	service mobile d'urgence et de réanimation
SNHP	syndrome nerveux des hautes pressions
SNL	surface non libre
SSF	Spéléo secours français
SUHMS	*Swiss Underwater and Hyperbaric Medical Society* — Société suisse de médecine subaquatique et hyperbare
T21	trisomie 21
TA	trompe auditive
TAAF	Terres australes et antarctiques françaises
TDAH	trouble du déficit de l'attention avec ou sans hyperactivité
TDI	trouble du développement intellectuel
TDMT	tomodensitométrie thoracique
TND	trouble du neurodéveloppement
TRU	table de recompression d'urgence
TSA	trouble du spectre de l'autisme
TSLA	trouble spécifique du langage et des apprentissages
USN	US Navy
USN TT	*US Navy Treatment Table*
$\dot{V}_E$	débit de ventilation
VEMS	volume expiratoire maximum en une seconde
VES	volume d'éjection systolique
VESG	volume d'éjection systolique gauche
VGE	*Vascular Gas Embolism*
VHF	*Very High Frequency*
VNI	ventilation non invasive
VPM	*Varying Permeability Model*
Xe	Xénon
Xi	fraction molaire
ZH-L	Zurich linéaire

Introduction

En 1990, le Pr Bernard Broussolle, auquel je veux ici rendre hommage, alors président de notre société, prit l'initiative de publier un ouvrage qui regrouperait les connaissances scientifiques et médicales relatives à la plongée subaquatique. Publié en 1992, il fut suivi d'une seconde édition parue en 2006, à laquelle j'eus l'honneur de participer comme coordinateur associé, avec le Dr Mathieu Coulange.

Les connaissances ont depuis évolué et se sont complétées de données nouvelles. Les pratiques dans les différents domaines — prise en charge médicale, enseignement, prévention, plongée, hyperbarie sèche — se sont améliorées. La technologie (en imagerie, biologie ou explorations fonctionnelles) a progressé. Parallèlement, la demande d'informations, avec les nouvelles techniques d'information et de communication, s'est développée. Le besoin de formation a augmenté de manière significative : les enseignements universitaires consacrés à la médecine hyperbare et de la plongée accueillent chaque année plus d'une centaine d'étudiants en France.

Une mise à jour de l'ouvrage *Physiologie et médecine de la plongée* s'avérait donc nécessaire. Il fut décidé d'en changer la présentation : à la place d'un traité regroupant l'ensemble des connaissances du domaine, une présentation plus didactique a été choisie, avec un premier ouvrage pour les praticiens, orienté vers la médecine de la plongée et des activités hyperbares stricto sensu (diagnostic et prise en charge des accidents et diverses pathologies, médecine préventive).

Un deuxième volume devrait suivre, consacré à la physiologie et à la physiopathologie subaquatique et hyperbare. Enfin, une nouvelle version du traité de médecine hyperbare de F. Wattel et D. Mathieu devrait s'inscrire comme une suite logique à ce projet.

Ce programme ambitieux et nécessaire est porté par l'enthousiasme du Pr Jean-Éric Blatteau, président honoraire de Medsubhyp et actuel président de l'*European Underwater and Baromedical Society* (EUBS), et de Mathieu Coulange, président en exercice de Medsubhyp au moment du lancement de ce projet.

Il fait appel à de nombreux collaborateurs et coauteurs, issus de Medsubhyp comme de l'Association internationale des centres hyperbares francophones (ICHF) ou de l'EUBS, choisis pour leur compétence dans le domaine abordé. Qu'ils soient ici chaleureusement remerciés de leur participation et du temps qu'ils y ont consacré.

Les droits d'auteur de l'ouvrage sont intégralement reversés à Medsubhyp, dont ils constituent une part significative du budget de fonctionnement.

Jean-Louis Méliet

Président honoraire de Medsubhyp

En tant que président en activité, j'ai été très honoré lorsque le Pr Jean-Éric Blatteau m'a proposé en 2020 avec Jean-Louis Méliet d'écrire un nouvel ouvrage sur la médecine de la plongée. Il a souhaité, à travers ce projet, permettre de changer de paradigme en proposant une approche symptomatique plutôt que diagnostique dans la phase initiale de la prise en charge d'un accident de plongée. Nous avons donc voulu un ouvrage qui puisse profiter aux médecins dans leurs pratiques quotidiennes. Ainsi, avons-nous proposé à nos coauteurs d'orienter leurs propos sur les conduites à tenir adaptées aux différents symptômes rapportés par les plongeurs accidentés. Cette approche, très novatrice, a été mise en place puis expérimentée et validée par les plus grands experts français depuis plusieurs années et mérite maintenant d'être diffusée au plus grand nombre. Nous y consacrons donc la majeure partie de l'ouvrage. Toutefois, nous ne pouvions pas terminer ce projet sans aborder la prévention, devenue un enjeu majeur de santé publique. C'est l'occasion pour nous de présenter de nouvelles mesures permettant de réduire le nombre d'accidents de plongée, et pour moi, de partager mon expérience et mes travaux sur les bienfaits de la plongée sur la santé mentale et le bien-être, un sujet que j'ai à cœur de mettre en lumière.

Ce travail a sollicité près de 80 experts dont la plupart appartiennent et font vivre notre société savante depuis de nombreuses années à travers des recherches, des publications et des rencontres scientifiques. L'occasion pour moi de m'associer au Pr Jean-Éric Blatteau et au Dr Jean-Louis Méliet pour les en remercier une nouvelle fois. Et je ne peux ainsi conclure mon propos sans rendre un hommage ému à tous ceux qui ont œuvré pour promouvoir notre spécialité au sein de Medsubhyp depuis sa création en 1968 et plus particulièrement ses membres fondateurs ; le président : le Pr Jacques Dor, le président adjoint : le Pr Jean Houel, les vice-présidents : le Pr André Appaix, le Pr Jacques Chouteau, le Pr Maurice Goulon, le Pr Jean Malmejac, le secrétaire général : le Dr Raymond Rispe, le secrétaire adjoint : le Dr Raymond Sciarli, le trésorier : le Dr Philippe Ohresser, le trésorier adjoint : le Dr Pierre Maestracci et l'archiviste : le Dr Xavier Fructus.

Je vous souhaite une très belle lecture.

Dr Mathieu Coulange

Président de la Société de médecine et de physiologie subaquatiques et hyperbares de langue française (Medsubhyp)

1

Généralités

Plan de la partie

Chapitre 1

Notions de physique en plongée : contraintes sur l'organisme

Nicolas Vallée, Bruno Schmid, Anne-Virginie Desruelle

Afin de mieux appréhender les implications physiologiques du passage d'un milieu terrestre à un milieu aquatique, il est important de rappeler quelques notions de physique simples régulièrement oubliées.

Nous distinguerons les effets propres de l'immersion dans une première partie et les effets spécifiques de la pression en deuxième partie. L'objectif de ce chapitre n'est pas de présenter de manière exhaustive les lois de physique applicables en l'état mais plus simplement de rappeler les notions de base ayant des conséquences directes physiologiques et directement utilisables pour le plongeur. Nous n'aborderons pas les effets spécifiques relatifs à l'optique et l'acoustique.

Effets de l'immersion

Principe d'Archimède

L'activité de plongée commence par la mise à l'eau (l'immersion). Dès lors, la poussée d'Archimède qui représente une force s'opposant à la gravité se fait ressentir : tout corps plongé dans un liquide éprouve une poussée verticale dirigée de bas en haut, égale au poids du liquide qu'il déplace et appliquée au centre de gravité du liquide déplacé.

Poussée Archimède (force exprimée en Newton) $= \rho \, V \, g$

Avec :
ρ : masse volumique du liquide ;
V : volume du liquide déplacé ;
g : attraction terrestre 9,81 $m.s^{-2}$.
Si la masse du corps est supérieure à celle du volume d'eau déplacée, le plongeur coule. Il est alors commun de parler de « poids apparent » positif. La flottabilité peut être rectifiée en changeant la masse volumique du corps, c'est-à-dire en gonflant un sac aérique qui peut correspondre soit à un gilet de flottaison vêtu par le plongeur, soit en prenant une grande inspiration, ce qui augmentera le volume de la cage thoracique. Si le plongeur reste entre deux eaux, son « poids apparent » est nul, et s'il remonte vers la surface alors son « poids apparent » prend une valeur négative.

« Poids apparent = poids réel du plongeur – poussée d'Archimède »

Différentiels de masse volumique

Il est important de considérer les masses volumiques des différents systèmes. La masse volumique de l'air est de 1,225 $g.L^{-1}$, celle de l'eau douce est de 1 000 $g.L^{-1}$, celle de l'eau de mer est proche de 1 025 $g.L^{-1}$, et celle d'un humain avoisine 1 070 $g.L^{-1}$. Compte tenu de cette dernière valeur, un plongeur nu a tendance à couler. Il faut considérer au total l'ensemble du plongeur et de son matériel avec la combinaison qui a une flottabilité positive compensée par un lestage adéquat.

Médecine de la plongée

Du fait de la différence de masse volumique relative (densité) entre le milieu aérien et le milieu liquide, certains compartiments du corps déformables sont exposés à des phénomènes de transmission des forces de proche en proche. Ainsi le compartiment sanguin et notamment le réseau veineux des membres inférieurs est sujet à une redistribution des volumes sanguins vers le noyau central, c'est-à-dire le bloc cœur-poumon. Ce transfert sanguin également appelé *blood shift* est majoré par le port de la combinaison et l'exposition au froid (vasoconstriction périphérique). Dans certaines circonstances, il peut être à l'origine d'un œdème pulmonaire d'immersion (voir chapitres 10 et 12).

Échanges thermiques

Les échanges thermiques se font par conduction, convection, radiation et évaporation. Les échanges de chaleur par rayonnement se font en général par ondes infrarouges. Ils peuvent représenter 50 % des pertes calorifiques en condition atmosphérique. La conduction requiert un contact direct entre les matériaux. La convection prend place s'il y a dilatation possible des fluides (eau et gaz) et accentue les échanges en cas de convection forcée (courant, vent). L'évaporation n'est possible que s'il peut y avoir changement d'état de l'eau liquide en eau vapeur. Elle se fait par diffusion passive au niveau de la peau, des muqueuses buccales et respiratoires et par le phénomène actif de la sudation (ou transpiration). Il n'est pas possible de transpirer dans l'eau, ou en atmosphère très moite, car il ne peut pas y avoir de changement d'état de l'eau en vapeur : le plongeur ne peut se refroidir que par les voies respiratoires s'il dispose d'un circuit ouvert.

Pour le plongeur, les échanges par conduction peuvent être négligés. L'eau absorbe très rapidement le rayonnement infrarouge et les échanges par radiation sont nuls. Enfin, le sujet étant dans un milieu liquide, l'évaporation cutanée n'est pas possible. Le bilan thermique (S) se résume donc à :

$$\dot{S} = \dot{M} \pm \dot{C}s \pm \dot{C}r \pm \dot{E}r$$

Avec :
$\dot{M}$: production métabolique ;
$\dot{C}s$: convection cutanée (échanges peau-eau) ;
$\dot{C}r$: convection respiratoire (échanges par les gaz inhalés) ;
$\dot{E}r$: évaporation respiratoire (par les voies aériennes).

La neutralité thermique pour un sujet nu immobile, pour atteindre une température de confort, est approximativement de 25 °C dans l'air et 33 °C dans l'eau. Cette différence s'explique essentiellement par la conductivité thermique de l'eau qui est environ 25 fois supérieure à celle de l'air. Chez le plongeur équipé, la peau matérialise une surface d'échange appelée « couche limite » par contact avec l'eau de mer piégée dans la combinaison, elle-même plus ou moins isolante : le néoprène alvéolé s'écrase sous la pression et perd ses capacités isolantes.

La plupart des mers ayant des températures inférieures à la neutralité thermique, le principal risque thermique pour le plongeur est l'hypothermie. En milieu froid, l'organisme possède des capacités de thermorégulation notamment par le frisson et la vasoconstriction périphérique qui ne sont pas décrites dans ce chapitre.

Effets de la pression

Unités de pression

Après l'immersion, le plongeur s'engage vers les fonds pour la découverte du milieu marin. Plus la profondeur (exprimée en mètres) est importante, plus la pression (Pa [Pascal]) exercée par l'eau environnante croît. La pression est une force, exprimée en Newton, s'exerçant sur une surface exprimée en mètres carrés (m^2).

$$\text{Pa} \rightarrow \textit{Pression} = \frac{\textit{Force} \leftarrow \text{N}}{\textit{Surface} \leftarrow m^2}$$

La pression s'exprime selon les habitudes sous différentes unités. L'unité du système international (USI) pour exprimer la pression est le Pascal (Pa), mais il est plus usuel pour le plongeur de parler en bar ou en atmosphère. Des équivalences sont présentées ci-après :
USI : Pascal ;
$1 \text{ Pa} = 1 \text{ N m}^{-2}$;

1 bar = 10^5 Pa = 1 atm (atmosphère) = 10 msw (*meters of sea water*) et correspond à :

- 1 000 hPa (hectoPascal) ou 100 kPa (kiloPascal) ou 0,1 MPa (mégaPascal),
- 33 fsw (*feet of sea water*) = 1 bar,
- 14,5 psi (*pound per square inch*) = 1 bar,
- 750 mmHg = 1 bar,
- 1 mmHg = 1 torr = 1,36 cmH_2O.

L'usage des « mètres d'eau » ou msw offre une correspondance entre la pression en bar et la hauteur de la colonne d'eau de mer présente au-dessus du plongeur. Ainsi, une colonne d'eau de mer de 10 m exerce une pression de 1 bar : la pression hydrostatique (P_h) augmente relativement de 1 bar tous les 10 m de profondeur. La pression totale s'exerçant réellement sur le plongeurest donc la somme des pressions de la colonne d'eau et de la colonne d'air qui s'exerce au-dessus : la pression atmosphérique s'ajoute à la pression hydrostatique pour déterminer la pression absolue (P_{abs}), que la communauté médicale exprime traditionnellement en ATA (atmosphère technique absolue) bien que cette unité ne fasse pas partie du système international (SI).

$$P_{abs} = P_h + P_{atm}$$

En pratique, une plongée à 10 m correspond à 1 bar ou 1 atm de pression « relative » et à 2 ATA de pression « absolue ».

Par ailleurs, la pression atmosphérique varie avec l'altitude. Ainsi la pression absolue à 20 m de profondeur dans un lac de haute montagne sera inférieure à celle dans un étang de bord de mer à la même profondeur. L'intégration de la pression atmosphérique réelle est importante pour calculer les procédures de décompression en altitude.

Loi des gaz parfaits

L'équation des gaz parfaits établit la relation entre pression absolue et volume. Elle trouve une application directe en plongée sur la quantité de gaz respirable que peut contenir une bouteille sous pression, et donc sur l'autonomie dont dispose un plongeur en fonction de sa profondeur d'évolution. Son équation s'écrit :

$$P\,V = n\,R\,T$$

Avec :

P : la pression (Pa) ;
V : le volume du gaz (m^3) ;
n : le nombre de molécule (mol) ;
R : la constante des gaz parfaits (≈ 8,314 J K^{-1} mol^{-1}) ;
T : la température absolue (K).

En considérant le produit $n\ R\ T$ comme une constante, Boyle et Mariotte ont mis en avant une loi de proportionnalité où la valeur de la pression influe à l'inverse de celle du volume, quel que soit le gaz utilisé. En passant d'un état (1) à un état (2), cette proportionnalité des valeurs peut s'écrire :

$$P_1\ V_1 = P_2\ V_2 = n\ R\ T = \text{constante}$$

Dans l'exemple respiratoire d'un volume courant de 0,5 L qui doit rester constant, que l'on soit au niveau de la mer, à 20 ou à 30 m de profondeur, où la pression du gaz respiré passera de 1 ATA à 3 ou 4 ATA, respectivement. Les équivalents volumiques à la pression atmosphérique (on parle de normolitres NL) correspondraient à 1,5 NL pour 20 m ou 2 NL pour 30 m à chaque cycle ventilatoire, ce qui a une forte incidence sur l'autonomie des bouteilles de plongée (une bouteille de 6 L gonflée à 200 bars contient 1 200 NL de gaz).

Comme nous le verrons dans les chapitres suivants, la relation de Boyle et Mariotte est essentielle pour rendre compte des variations de volume et de pression dans les cavités aériques de l'organisme qui peuvent être responsables des accidents barotraumatiques.

Loi de Dalton

La loi de Dalton exprime que la pression totale d'un mélange gazeux est égale à la somme des différentes pressions des gaz composant ce mélange. La pression d'un gaz dans un mélange est nommée pression partielle (Pi).

$$P_{abs} = \sum_i Pi$$

La pression partielle (Pi) d'un gaz dans un mélange est égale à la proportion de ce gaz, ou plus exactement à sa fraction molaire dans le mélange que multiplie la pression totale (P_{abs}) du mélange. Simplement, la fraction molaire (X_i) correspond au pourcentage de ce gaz dans le mélange considéré, ici exprimé en fraction de 1 et non de 100.

$$Pi = X_i \ P_{abs}$$

Les effets biologiques d'un gaz sont directement proportionnels à la pression à laquelle il est inhalé. S'il est contenu dans un mélange, il s'agit de sa pression partielle. S'il est pur (par exemple l'oxygène), la pression du gaz est égale à la pression absolue. Le contrôle de la pression partielle est indispensable pour les appareils de plongée à recyclage et à régulation électronique, où une consigne peut être entrée afin de ne pas dépasser un seuil qui puisse être pathologique. Comme exposé dans les chapitres suivants les variations de pressions partielles des gaz inhalés (oxygène, azote et CO_2 [dioxyde de carbone]) sont responsables des accidents biochimiques, également appelés accidents toxiques.

Loi de Henry et Fick

Dès lors que les pressions partielles des gaz respirés augmentent, il faut s'attendre à ce que leur fraction dissoute dans les tissus de l'organisme augmente. La loi de Henry stipule que la pression partielle dans la phase « vapeur » d'un soluté volatil est proportionnelle à la fraction molaire de ce corps dans la solution, à température constante. La loi de Henry s'applique si le gaz dissous ne réagit pas avec son milieu. Pour un gaz neutre, elle définit donc un coefficient de partition qui est fonction de l'affinité du gaz pour le tissu considéré. La pression d'un gaz dissous, qui correspond à une concentration dans un tissu, est aussi nommée tension du gaz.

$$P_i = K_i \ C_i$$

Avec :

P_i : la pression ou tension du gaz dissous ;

K_i : le coefficient de partition du gaz ;

C_i : la concentration du gaz dissous dans le milieu considéré.

La loi de Fick sur la diffusion apporte des précisions au modèle de Henry en prenant en compte le gradient de pression et la distance qui existe entre les deux milieux, le temps que mettra le gaz pour atteindre l'équilibre de partition, mais aussi la surface d'échange. Elle définit un coefficient de diffusion (figure 1.1).

La diffusion des molécules du gaz se produira du milieu le plus concentré vers le milieu le moins concentré, en respectant le coefficient de partition. On parle de saturation d'un tissu quand l'équilibre de partition est atteint. Avant cette

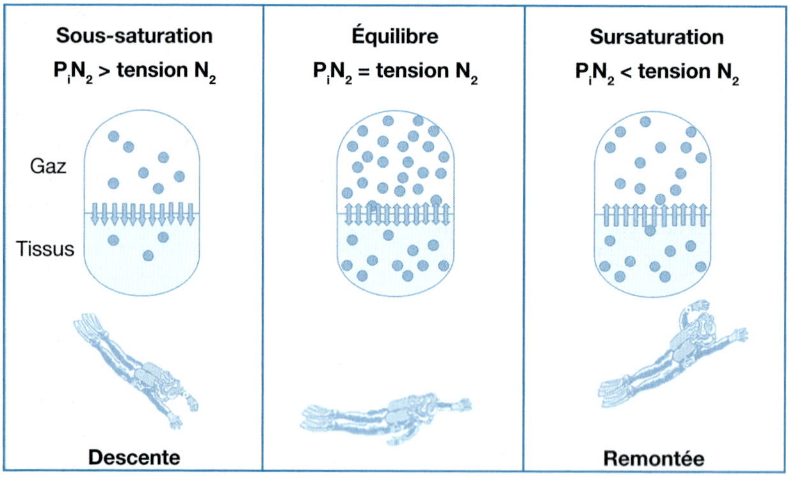

Figure 1.1. Différents états de saturation en plongée.

phase, le tissu est dit « sous-saturé ». Tant que le plongeur continue à descendre, son organisme est en sous-saturation et il tend vers la saturation. La remontée du plongeur vers la surface inverse les gradients de pression partielle et place l'organisme en état de sursaturation se traduisant par une diffusion des gaz vers l'extérieur au travers de l'échangeur pulmonaire.

Lors de la désaturation, si le gradient de pression devient trop important par rapport aux capacités épuratrices de l'organisme, la sursaturation est critique et le gaz dissous passe en phase gazeuse directement dans l'organisme, c'est-à-dire sous forme de bulles. On sait depuis Paul Bert que les accidents de désaturation sont liés à la formation de bulles dans l'organisme.

Pour limiter la formation de bulles pendant la décompression, il est nécessaire de pouvoir maîtriser la valeur du gradient de concentration entre les tissus et le gaz respiré. D'un point de vue pratique, il est possible de définir des temps de demi-saturation, également nommés périodes. Concrètement, les tissus et organes de l'organisme, en fonction de leur degré de perfusion, peuvent être regroupés en compartiments pour lesquels seront définies des périodes (exprimées en minutes), qui renseignent *in fine* sur la quantité de gaz qui a pu pénétrer dans l'organisme au cours du temps. Les gradients peuvent être calculés à partir du taux de saturation des compartiments au cours de la remontée du plongeur vers la surface. À partir de ces notions, il a été possible d'établir à la suite des travaux du physiologiste John Scott Haldane (1908), des tables de plongée qui indiquent au plongeur, en fonction du temps passé au fond (nommé « temps de travail »), la nécessité d'établir des interruptions au cours de la remontée appelées « paliers de décompression ». L'avènement des ordinateurs de plongée a grandement augmenté la sécurité de la désaturation en simplifiant la démarche, le but ultime étant d'éviter la sursaturation critique qui expose au risque d'accident de désaturation.

Genèse et croissance d'une bulle

Un différentiel de pression n'est pas nécessairement suffisant pour la formation des bulles. Selon la loi de Laplace, une bulle microscopique, pour se développer, doit avoir un rayon (critique) qui tend vers l'infini. Dans le cas contraire, la pression à l'intérieur de la bulle est d'autant plus grande que son rayon est faible, et le gaz aura tendance à se dissoudre à nouveau dans la phase liquide (figure 1.2).

$$P_b = P_h + 2\gamma/r$$

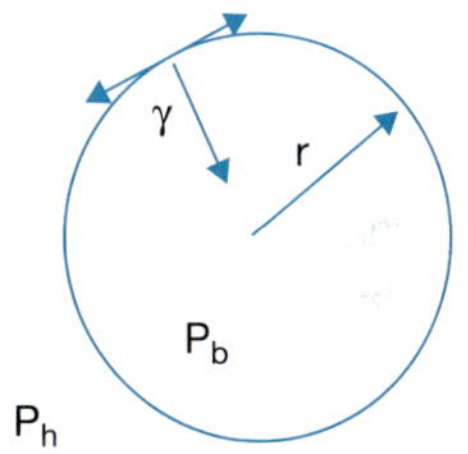

Figure 1.2. Représentation d'une bulle de décompression.

Avec :

P_b : la pression des gaz dans la bulle (Pa) ;

P_h : la pression hydrostatique hors de la bulle (Pa) ;

γ : la tension de surface de l'interface gaz-liquide ($N\ m^{-1}$) ;

r : le rayon de la bulle (m).

La bulle naissante a besoin d'un support physique pour maintenir sa stabilité. Cette configuration peut être apportée par des molécules tensioactives qui entourent la bulle et agissent comme une coque de protection. Il peut également s'agir de géométries spécifiques de type conique (modèle des « crevasses hydrophobes »). On considère actuellement que la formation des bulles de décompression provient de phases gazeuses ou noyaux gazeux préexistants à l'état basal (avant la plongée) sous la forme de nanobulles stabilisées par des géométries spécifiques et/ou des surfaces hydrophobes.

Dès lors que la bulle est suffisamment grosse pour exister par elle-même dans un milieu liquide, elle est susceptible de rencontrer dans son environnement proche une autre bulle. Si cette dernière est plus grosse, alors elle grossira progressivement aux dépens de la plus petite bulle par simple diffusion chimique. Le mûrissement d'Ostwald s'explique par un potentiel chimique du gaz plus important dans la petite bulle où la pression plus grande (expliquée par la loi de Laplace) qui anime des mouvements browniens plus importants que dans la grande bulle. Si deux bulles entrent en contact, le phénomène de coalescence aboutira à la réunion de leurs interfaces pour qu'elles n'en forment plus qu'une, de manière à atteindre un niveau minimum d'énergie.

L'inclusion d'une bulle de gaz dans le plasma sanguin correspond à une émulsion telle que décrite en rhéologie. Des phénomènes de sédimentation et de crémage sont donc attendus dans le cas d'une stase. La floculation, c'est-à-dire l'agglomérat de particules, autour des bulles ou à cause des déséquilibres ioniques provoqués par la présence des bulles, peut venir amplifier ces phénomènes. La stabilisation du système colloïdal peut, dans une certaine mesure, être maintenue par l'adjonction de surfactant, ou par un apport d'énergie cinétique important, par exemple.

Écoulements gazeux

La masse volumique des gaz (ρ) évolue comme la pression absolue ; il en résulte un accroissement des résistances au passage du courant gazeux non seulement dans les voies aériennes du plongeur mais également dans l'appareil de protection respiratoire.

Pour de l'air à 1 ATA en condition normale de température, la masse volumique est de 1,3 kg.m^{-3}. À 60 m, la masse volumique est multipliée par 7 et est égale à 9,1 kg.m^{-3}. Cela a pour conséquence une baisse de 50 % des débits expiratoires (dont le VEMS [volume expiré maximal en une seconde]) avec une augmentation de quatre fois des résistances ventilatoires. En effet, les pertes de charges (chute de pression : ΔP) par turbulences des flux dans les voies aériennes, appelées pertes de charge dynamiques, sont liées à la masse volumique du gaz ventilé ρ et au débit ventilatoire $\dot{V}$:

$$\Delta P = K_2 \, \rho \, \dot{V}^2 + C \, V$$

Avec :

C : compliance ;

V : volume pulmonaire ;

K_2 : coefficient de perte de charge.

Il est donc essentiel en plongée profonde de diminuer ρ, en utilisant des gaz diluants de faible masse volumique (hélium ou hydrogène à la place de l'azote) :

$$\rho \text{ air } (O_2 - N_2) \text{ à 7 ATA} = \rho \text{ héliox } (O_2 - He) \text{ à 51 ATA}$$

Le plongeur doit lutter contre d'autres pertes de charge liées à l'appareil de protection respiratoire, que ce soit un détendeur de plongée ou un appareil à recyclage des gaz qui dispose d'un sac ventilatoire ou faux poumon.

La position du faux poumon ou du détendeur pendant la plongée peut également entraîner des pertes de charge statiques, appelées « déséquilibre hydrostatique ». Cela contribue à une augmentation des résistances inspiratoires *selon la position* avec une ventilation en pression négative impliquée à la survenue des œdèmes pulmonaires d'immersion (voir chapitre 10).

Chapitre 2

Physiologie intégrée à l'hyperbarie et à l'immersion

2.1. Effets des gaz sous pression sur le système nerveux central

Jean-Claude Rostain, Nicolas Vallée, Jean-Jacques Risso

Introduction

L'air est composé de 21 % d'oxygène et de 79 % d'azote. À la pression atmosphérique (1 ATA [atmosphère technique absolue] ~ 1 bar ~ 0,1 MPa [mégaPascal]), la pression partielle d'oxygène est de 0,21 ATA et celle de l'azote de 0,79 ATA. Tous les organismes vivants terrestres aérobies se sont développés avec ce mélange gazeux à la pression atmosphérique ou en altitude avec des pressions plus basses. L'augmentation de la pression ambiante modifie la pression partielle des gaz respirés (loi de Dalton). Dès lors, toute augmentation de pression partielle des gaz dans les tissus a des conséquences biologiques et physiologiques.

Les travaux de Paul Bert, regroupés dans son ouvrage *La Pression barométrique* (1878), ont été à l'origine de la physiologie hyperbare moderne [1]. En effet, tout en montrant que « l'on n'était pas aplati dès qu'on entrait dans un tube sous pression », ils décrivent pour la première fois les effets de l'oxygène sous pression et démontrent que les accidents mortels des plongeurs étaient dus à des décompressions trop rapides, c'est-à-dire à des accidents de désaturation ou de décompression (ADD). Ces travaux rapportent également des troubles comportementaux lorsque l'air est respiré sous pression, comme l'avaient décrit d'autres auteurs au cours de plongées en air comprimé. Les études menées par la suite sur le sujet ont permis de distinguer la neurotoxicité de l'oxygène hyperbare et celle due aux pressions partielles élevées de gaz inertes (narcose). L'effet de la pression hydrostatique par elle-même est, quant à elle, à l'origine du syndrome nerveux des hautes pressions (SNHP).

Dans le domaine de la plongée sous-marine, la composition des mélanges gazeux respiratoires résulte d'un compromis cherchant à limiter les effets néfastes de la plongée sur l'organisme. Il faut en effet composer avec l'effet de la pression hydrostatique, le pouvoir narcotique du gaz inerte, la charge totale de gaz dissous dans l'organisme à éliminer lors de la remontée, la toxicité de l'oxygène et enfin la quantité des gaz respirables disponibles. Les trois premiers points sont directement liés à l'utilisation de gaz inertes sous pression, l'azote ou l'hélium étant les plus utilisés. L'oxygène est utilisé dans les mélanges respiratoires pour limiter la charge totale en gaz inerte et ainsi de réduire le risque d'ADD par formation de bulles, et pour faciliter, pendant la décompression, le déplacement des gaz inertes dissous vers les alvéoles pulmonaires (voir chapitre 4). Enfin, la quantité de gaz emporté par le plongeur dans la ou les bouteilles retentit sur la durée du séjour en profondeur.

Effets de l'oxygène hyperbare

Espèces réactives de l'oxygène

Chez les organismes aérobies, l'oxygène est nécessaire à la vie. Il intervient au niveau cellulaire dans la production d'énergie par une réaction de phosphorylation oxydative au niveau de la mitochondrie. L'énergie est produite au cours de la réaction de réduction de l'oxygène en eau par la cytochrome-oxydase. Cependant si l'oxygène est nécessaire pour l'existence des organismes aérobies, il est aussi toxique par la génération de produits dangereux comme les espèces réactives de l'oxygène (*Reactive Oxygen Species*, ROS) ou « radicaux libres ».

À la pression atmosphérique, les radicaux libres (anion superoxyde, peroxyde d'hydrogène, radical hydroxyle…) sont présents dans tous les tissus vivants et sont en équilibre avec les substances antioxydantes qui permettent de maintenir l'homéostasie *red-ox* (figure 2.1). On distingue des enzymes antioxydantes : superoxyde dismutase, catalase, glutathion peroxydase et réductase et des antioxydants non enzymatiques : vitamine C, vitamine E, acide urique, β-carotène et carotène…

Les espèces réactives de l'azote (*Reactive Nitrogen Species*, RNS) sont aussi des produits de l'oxydation cellulaire. La principale substance est l'oxyde nitrique (NO*).

Les ROS et RNS sont normalement présents à faible concentration. L'état stable est assuré par l'équilibre entre leur production et leur élimination par les substances antioxydantes. La perturbation de cet équilibre entraîne des troubles qui constituent le stress oxydatif.

L'hyperoxie entraîne une augmentation des ROS et RNS qui peut causer un déséquilibre si la capacité d'inactivation par les substances antioxydantes est dépassée et produire notamment des altérations au niveau des protéines, des lipides et de l'ADN. Le tissu nerveux est particulièrement sensible à la toxicité de l'oxygène qui entraîne des modifications des propriétés membranaires, des altérations de la neurotransmission et, par voie de conséquence, un dysfonctionnement des activités du cerveau [2].

Toxicité de l'oxygène

Selon la durée d'exposition et la pression à laquelle l'oxygène est inhalé (PiO_2), on distingue deux effets toxiques de l'hyperoxie : un effet chronique sur le système pulmonaire appelé « effet Lorrain-Smith » apparaissant pour de longues expositions (supérieure à 12 h) à des PiO_2 supérieures à 0,5 ATA et un effet aigu sur le système nerveux appelé « effet Paul Bert » se manifestant pour des

Radicaux libres de l'oxygène :

Anion superoxyde : $O_2 + e^- \rightarrow O_2^{*-}$

Peroxyde d'hydrogène : $2O_2^{*-} + 2H^+ \xrightarrow[\text{Superoxyde dismutase}]{} H_2{}^*O_2 + O_2$

Radical hydroxyle : $O_2^{*-} + H_2{}^*O_2 \rightarrow O_2 + HO^- + HO^*$

$Fe^{2+} + H_2{}^*O_2 \rightarrow Fe^{3+} + HO^- + HO^*$

Radicaux libres de l'azote :

Monoxyde d'azote : $\text{L-arginine} \xrightarrow[\text{NO synthase}]{NADPH + O_2} \text{L-citruline} + NO^*$

Autres radicaux libres :

Dioxyde d'azote $^*NO_2$

Peroxynitrile $ONOO^-$

Figure 2.1. Formation des radicaux libres de l'oxygène et de l'azote (identifiés par * indiquant la présence d'un électron libre) dans la mitochondrie.
Fe : fer ; H_2 : hydrogène ; HO : ion hydroxyle ; NADPH : nicotinamide adénine dinucléotide phosphate ; NO : monoxyde d'azote ; O_2 : oxygène ; $ONOO^-$: ion peroxynitrile.

expositions de 30 minutes à 3 heures pour des PiO_2 supérieures à 1,3 ATA.

Les manifestations cliniques (syndrome de pneumopathie pouvant aboutir à la fibrose pulmonaire pour l'exposition chronique, crise convulsive tonico-clonique pour la toxicité neurologique) sont décrites dans le chapitre 8.

Effets de l'hyperoxie sur le système nerveux central

La toxicité de l'oxygène sur le système nerveux central est caractérisée par une perturbation de la synthèse, de la libération et de la dégradation de la plupart des neurotransmetteurs tels que l'acétylcholine, les acides aminés (acide gamma-aminobutyrique — GABA — glutamate) et les catécholamines (dopamine, adrénaline, noradrénaline). Ces dysfonctionnements entraînent un déséquilibre entre les neurotransmetteurs excitateurs et inhibiteurs, modifiant ainsi l'activité neuronale.

De récentes études ont montré que l'hyperoxie normobare entraînait une diminution de la dopamine, qui s'accentue avec l'augmentation de la pression d'oxygène jusqu'à l'apparition de la crise d'épilepsie. Il y aurait également une augmentation de la production de GABA, une diminution du débit sanguin cérébral et une perte d'activité du NO.

À l'inverse, la crise d'épilepsie est associée à une augmentation de l'activité de l'acide glutamique décarboxylase qui entraînerait une hyperactivité excitatrice, avec augmentation de la production de NO, de la concentration intracellulaire en calcium et une augmentation de la dopamine [3].

Ces résultats suggèrent un effet biphasique de l'oxygène hyperbare. Dans un premier temps, des mécanismes de défense homéostasiques se développeraient pour lutter contre les phénomènes toxiques, jusqu'au moment de la décompensation, avec la survenue de la crise d'épilepsie et une inversion de la production des neurotransmetteurs [3].

Valeurs seuil de PiO_2 au regard des risques hyperoxiques

Les effets toxiques sont susceptibles de survenir pour une PiO_2 supérieure ou égale à 0,5 ATA, pour des durées d'exposition variables.

La valeur seuil d'hyperoxie basse, en deçà de laquelle aucun symptôme clinique n'est attendu au niveau pulmonaire, est établie à 0,5 ATA. La toxicité pulmonaire de l'oxygène apparaît pour des durées d'exposition prolongées à faible PiO_2, mais la durée d'exposition sans symptôme clinique diminue avec l'élévation de la PiO_2. Pour l'US Navy, la valeur seuil de 0,7 ATA est retenue pour les tables de plongée avec appareils à circuit ouvert, et 0,75 ATA pour les appareils à circuit fermé en oxygène pur.

Pour d'autres armées et nations étrangères, la valeur seuil de PiO_2 est fixée à 1,3 ATA pour la toxicité neurologique. Pour l'US Navy, cette valeur apparaît pour les appareils à circuit ouvert comme valeur seuil et comme valeur cible pour les appareils automatiques.

La gamme de toxicité pour l'oxygène semblant large, Arieli et al. [4] ont mené l'une des études récentes les plus abouties (sur la période 2006-2020), en cherchant à détecter *a posteriori* la présence de symptômes évocateurs d'une intoxication à l'oxygène, afin d'en déduire un seuil de PiO_2 et d'élaborer un calcul de risque pour éviter l'apparition de tels symptômes (voir chapitre 8).

Seuil physiologique de PiO_2 au regard des risques hypoxiques

Une exposition à une atmosphère appauvrie en O_2 (oxygène) peut affecter les fonctions neurovégétatives ou les fonctions cognitives et être à l'origine d'une perte de connaissance brutale, sans signes précurseurs. La désaturation de l'hémoglobine peut survenir très rapidement. Les données disponibles dans la littérature scientifique concernant la plongée sous-marine sont peu nombreuses et ne permettent pas de définir une valeur basse de PiO_2 spécifique à la plongée. Toutefois, il est nécessaire de faire en sorte que la PiO_2 respirée en plongée n'induise pas une zone où la compensation physiologique est incomplète, voire impossible (saturation artérielle en oxygène SaO_2 inférieure à 85 %).

Le tableau 2.1 résume le niveau de risque associé aux différentes valeurs de PiO_2, sachant que ce niveau de risque peut très largement varier en fonction des facteurs intrinsèques et extrinsèques, tels que l'état physiologique du plongeur, la capnie, la température de l'eau ou l'intensité de l'effort accompli…

Tableau 2.1. Liste des principaux effets physiologiques et niveaux de risque, en plongée, associés aux valeurs de PiO_2 issues de la littérature scientifique.

Valeurs de PiO_2 « repères »	Impact physiologique attendu	Niveau de risque
2,8 ATA	Risque maximal	Risque très élevé en plongée. Limite à ne pas dépasser
1,76 à 2,8 ATA	Majoration du risque de crise hyperoxique avec convulsions. Limiter la durée d'exposition à quelques minutes	Risque élevé, plongées à privilégier pour un personnel entraîné
1,6 à 1,75 ATA	Risque de crise hyperoxique important. Limiter la durée d'exposition à quelques dizaines de minutes En plus de l'entraînement, la durée de la plongée devient un facteur de risque majeur à prendre en compte	Risque élevé, plongées à privilégier pour un personnel entraîné
1,5 à 1,6 ATA	Perte de conscience possible. Compensation possible en se replaçant sous 1,3 ATA Accidentologie qui appelle à une attention particulière à ce seuil, en particulier pour les plongeurs en formation	Risque modéré, un manque d'acclimatation et/ou d'entraînement augmentent le risque. Durée maximale de 240 min
1,2 à 1,3 ATA	Début des effets toxiques sur le cerveau mais mécanismes de compensation probables Une toxicité pulmonaire peut survenir pour des durées longues (> 3 h) Correspond au seuil de l'US Navy pour les appareils à circuit ouvert ou recycleurs automatiques	Risque faible mais attention aux plongées longues
0,75 ATA	Utilisé avec recycleurs ouverts ou fermés, sans limitation de durée	Risque faible
0,5 ATA	Peu de risque pulmonaire	Risque faible
0,4 ATA	Limite hypoxique basse pour les appareils selon la norme NF14143 prenant en compte la réactivité et l'incertitude des mesures des appareils	Risque très faible
0,21 ATA	Normoxie : valeur physiologique	Pas de risque
0,175 à 0,21 ATA	Limite hypoxique basse avec compensation physiologique possible	Risque faible
0,16 [a] à 0,175 ATA	Limite hypoxique basse selon les recommandations en aéronautique au repos ou au travail	Risque modéré mais attention aux expositions longues
0,11 à 0,16 [a] ATA	Limite hypoxique avec exposition possible inférieure à la minute, sans compensation physiologique	Risque très élevé
0,11 ATA	Limite à ne pas dépasser. Risque physiologique potentiellement irréversible	Risque très élevé

[a] Limite inférieure réglementaire en plongée et hyperbarie professionnelle (décret 2011-45 du 11 janvier 2011).
ATA : atmosphère technique absolue ; PiO_2 : pression inhalée d'oxygène.

Narcose aux gaz inertes

Narcose à l'azote

Junod, dès 1835, notait sous air comprimé que « l'imagination est stimulée, les pensées ont un charme particulier ». D'autres auteurs décrivaient une envie de dormir, accompagnée d'hallucinations et de mauvais jugements. Plus tard, des signes et symptômes similaires étaient observés chez les tunneliers ou les plongeurs en caisson qui respiraient de l'air à 46 m. À 100 m apparaît un phénomène nommé en 1933 *semi loss of consciousness*. Cependant, il faut attendre les travaux de Behnke et al., en 1935 [5] pour que ces troubles soient reliés à l'augmentation de la pression partielle de l'azote et à son pouvoir narcotique.

Les troubles narcotiques sont rapportés pour tous les mammifères terrestres soumis à l'augmentation de pression d'air ou de mélange azote-oxygène. Ces symptômes (voir chapitre 8) sont réversibles et disparaissent lorsque la pression diminue. Les gaz rares induisent des signes et des symptômes similaires qui varient en fonction de leur pouvoir narcotique, lui-même corrélé à leurs propriétés physiques. La meilleure corrélation est obtenue avec leur solubilité dans les graisses. Si l'on classe les gaz inertes en fonction de leur solubilité dans l'huile (graisse ou lipide), trois gaz sont plus narcotiques que l'azote : le xénon (Xe), anesthésique à la pression atmosphérique, le krypton (Kr) qui provoque des vertiges et l'argon (Ar) qui serait deux fois plus narcotique que l'azote.

Trois autres gaz sont moins narcotiques que l'azote : le néon (Ne) qui serait trois fois moins narcotique, l'hélium (He) dont le pouvoir narcotique est très faible et l'hydrogène (H_2), deux fois moins narcotique que l'azote (tableau 2.2).

Narcose au néon

Peu d'expériences ont été réalisées avec le néon chez l'homme. Les plongées expérimentales effectuées à des profondeurs qui ne dépassaient pas 200 m n'ont pas provoqué de signes de narcose. D'autres études effectuées en respirant du néon au masque dans une ambiance hélium-oxygène à 37 ATA n'ont pas rapporté de signes narcotiques.

Narcose à l'hydrogène

L'hydrogène a une densité plus faible que l'hélium, ce qui est un avantage au point de vue de la mécanique ventilatoire. Mais il a cependant un pouvoir narcotique supérieur à celui de l'hélium et il est explosif dans des mélanges contenant plus de 4 % d'oxygène.

Les travaux de Brauer et Way (1970) suggèrent que la narcose à l'hydrogène apparaîtrait aux alentours de 300 m ce qui est en accord avec la théorie lipidique [6]. Par le passé, plusieurs groupes ont étudié les effets de l'hydrogène sous pression chez l'homme et l'animal : les résultats ont été contradictoires. De 1980 à 1996, plusieurs expériences avec de l'hydrogène ont été réalisées chez la souris, le rat, le singe et l'homme. Chez l'homme, des sensations narcotiques significatives différentes de celles décrites dans la narcose à l'azote ont été rapportées en mélange hydrogène-oxygène par les plongeurs, à partir de 240 m, au cours de la plongée Hydra IV. Ainsi, à 25 ATA pour une P_IH_2 (pression partielle inhalée d'hydrogène) de 24,5 ATA, la narcose à l'hydrogène était caractérisée par des hallucinations sensorielles et somesthésiques avec des troubles affectant l'humeur plutôt

Tableau 2.2. Pouvoir narcotique des gaz respiratoires diluants de l'oxygène rapporté à celui de l'azote.

Gaz diluant de l'O_2	Masse molaire g. mol^{-1}	Liposolubilité [a] mL.L^{-1}	Pouvoir narcotique
He	4	15	0,07
Ne	20,18	19	0,3
H_2	2	50	0,6
N_2	28,01	67	1
Ar	39,94	140	2,3
Kr	82,8	430	10
N_2O	44,01	1 400	28,1
Xe	130	1 700	34,5

[a] Dans l'huile à 37 °C et à la pression atmosphérique.

Ar : argon ; H_2 : hydrogène ; He : hélium ; Kr : krypton ; N_2 : azote ; Ne : néon ; Xe : xénon.

Source : D'après Physiologie et médecine de la plongée, Broussolle B, Méliet JL, Coulange M (éds), Ellipses Editions Marketing, 2006, p. 314.

que l'intellect. D'autres expériences effectuées en mélange hydrogène-oxygène ou en mélange hélium-hydrogène-oxygène ont confirmé ces résultats. En effet, au cours de la plongée Hydra VI (520 m) avec une $\mathrm{PiH_2}$ de 25 ATA, ou Hydra IX (300 m, 31 ATA) avec une $\mathrm{PiH_2}$ de 30,6 ATA, des désordres de type psychotique, hallucinations, troubles de l'humeur, agitation, délire et pensées paranoïdes ont été observés chez certains sujets. Ces résultats en accord avec les travaux de Brauer et Way indiquent que des pressions d'hydrogène supérieures à 24-25 ATA induisent des troubles narcotiques. Cependant, l'utilisation de mélanges $He\text{-}H_2\text{-}O_2$ avec une pression partielle d'hydrogène qui ne dépasse pas 25-26 ATA réduit les signes cliniques du SNHP et la profondeur de 701 m a été atteinte avec ce type de mélange.

Narcose à l'hélium

En fonction de la solubilité des gaz dans les lipides, les effets narcotiques de l'hélium apparaîtraient aux alentours de 400 m. De plus, l'effet inverse de la pression sur l'anesthésie générale est antagoniste du léger pouvoir narcotique de l'hélium et dans ces conditions, il n'y aurait pas de narcose… Ainsi, les troubles qui surviennent à partir de 100 m, différents de ceux observés dans la narcose à l'azote, ont été regroupés sous le terme de SNHP [7] et attribués à l'effet de la pression per se plutôt qu'à une narcose à l'hélium. Ce syndrome comprend des troubles comportementaux neurologiques et des modifications électrophysiologiques. En conséquence, dans la gamme de profondeurs utilisée pour la plongée profonde en hélium-oxygène, il ne devrait pas y avoir de symptômes narcotiques. Cependant à partir de résultats obtenus au cours d'expériences de plongée avec des gaz narcotiques ajoutés au mélange hélium-oxygène à pression élevée, il est apparu que les modifications de l'humeur et les hallucinations sensorielles rapportées dans certains cas, lors de plongées en hélium-oxygène pour des profondeurs supérieures à 400 m seraient en relation avec un effet narcotique de l'hélium plutôt qu'avec un effet de la pression. De plus, des comportements hallucinatoires, décrits chez le singe exposé au mélange hélium-oxygène pour des pressions de 80 bars et plus, seraient dus à l'effet narcotique de l'hélium.

Origine et mécanismes de la narcose aux gaz inertes

Des manifestations de la narcose, initialement nommée « ivresse des profondeurs » par Cousteau, peuvent, il est vrai, se rapprocher de celles d'une intoxication alcoolique, avec des « déstructurations ». Pour un individu donné, la susceptibilité à la narcose varie en fonction de la condition physique (fatigue) et psychique (stress), et de l'âge de l'individu. Même chez les plongeurs expérimentés, il existe une variabilité à la fois intra-individuelle et interindividuelle. Mais s'agit-il vraiment d'une « ivresse » ? Des études récentes montrent que la narcose produirait des effets psychodysleptiques plutôt comparables aux effets du LSD (acide lysergique diéthylamide) ou de la mescaline, substance présente dans les champignons hallucinogènes.

Ces effets sont-ils dus à la profondeur ? La véritable cause de ces troubles, comme le pensait déjà Behnke en 1935 [5], réside en fait dans la pression partielle élevée d'azote dans l'organisme, et ce n'est que par cette dernière que la profondeur réagit. On comprit bientôt qu'il ne s'agissait pas d'une manifestation particulière impliquant l'azote, mais d'un phénomène plus général observé avec tous les gaz diluants de l'oxygène, d'où le terme de « narcose aux gaz inertes », beaucoup plus adéquat pour qualifier ce syndrome. Pour un gaz donné, il existe une pression partielle seuil, au-delà de laquelle les symptômes apparaissent et s'intensifient avec l'augmentation de la pression.

À partir des travaux de Behnke, la théorie des gaz dits « inertes » suggère qu'il y a un parallèle entre l'affinité d'un gaz narcotique ou anesthésique pour les lipides et son pouvoir narcotique. Il était admis que les gaz narcotiques ou anesthésiques, en saturant la bicouche lipidique de la membrane cellulaire, entraînent une expansion de ce volume. La narcose ou l'anesthésie surviendrait lorsque l'expansion du volume du site hydrophobe dépasse une valeur critique du fait de l'adsorption des molécules du gaz narcotique ; si le volume de ce site est restauré par l'augmentation de pression alors l'anesthésie disparaît. L'effet inverse de la pression sur l'anesthésie générale, qui a été observé pour différents anesthésiques et les gaz inertes, a longtemps supporté la théorie lipidique. C'est une des raisons de l'emploi de gaz narcotiques, comme l'azote ou l'hydrogène, dans le mélange hélium-oxygène (mélanges ternaires) pour atténuer certains symptômes cliniques du SNHP. Cependant, plus récemment, la théorie protéique initialement avancée dans les années 1960 a de nouveau été prise en considération du fait de résultats obtenus au cours d'expériences réalisées avec des anesthésiques volatils, qui ont été interprétés comme la manifestation d'une interaction directe anesthésique-protéine : les données obtenues par Abraini et al. [8] avec deux gaz inertes et un gaz anesthésique semblent indiquer que les gaz inertes se lient directement sur un site protéique modulateur des récepteurs et agiraient comme un modulateur allostérique.

Les études neurochimiques réalisées au niveau des ganglions de la base et particulièrement au niveau de la voie dopaminergique nigrostriée, structures impliquées dans la régulation des processus moteurs, locomoteurs et cognitifs qui sont perturbés par l'augmentation de la pression des gaz inertes, ont montré que le niveau de dopamine diminue lorsque des rats sont soumis à des pressions d'azote, d'argon et également d'un gaz anesthésique, le protoxyde d'azote. Inversement, avec de l'hélium, gaz peu narcotique, le niveau de dopamine striatale est augmenté. Ces faits démontrent, au moins à ce niveau, un effet inverse de la pression et des gaz narcotiques. Les études réalisées avec des substances narcotiques dans le mélange gazeux (azote ou hydrogène dans le mélange hélium-oxygène) ou anesthésiques sous pression ont suggéré que ces substances pouvaient favoriser la neurotransmission inhibitrice de type acide gamma-aminobutyrique (GABA) et réduire la neurotransmission excitatrice de type glutamatergique. En mélange hélium-oxygène, la neurotransmission GABAergique est impliquée dans l'augmentation de dopamine striatale et dans le développement de certains troubles moteurs et locomoteurs. Les résultats obtenus en pression en présence de gaz narcotiques s'expliqueraient donc par un équilibre entre différents effets, ceux de la pression sur la voie GABAergique nigrothalamique et ceux du gaz sur la voie dopaminergique nigrostriée. Ces effets opposés de la pression et des gaz narcotiques sur les récepteurs GABA pourraient être dus à des sous-unités composant ce récepteur qui seraient sensibles spécifiquement soit à la pression, soit au gaz (pour revue : [9]).

Les gaz inertes, malgré leur neutralité métabolique, peuvent ainsi avoir une véritable action pharmacologique qui peut avoir des conséquences sur la sécurité des plongeurs. L'altération de la performance sensorimotrice affecte le bon déroulement de la chaîne de traitement de l'information, à la base de la majeure partie des actions volontaires de chaque individu.

Syndrome nerveux des hautes pressions (SNHP)

Lorsque l'homme est comprimé avec des mélanges respiratoires synthétiques où l'azote a été remplacé par de l'hélium, apparaissent, à partir de 100 m (11 ATA), des signes et des symptômes différents de ceux de la narcose aux gaz inertes (voir chapitre 8). Ceux-ci ont été regroupés en 1969 par Brauer, Fructus et Naquet sous le terme de syndrome nerveux des hautes pressions (SNHP) [7]. Ce syndrome comprend, en particulier, des troubles comportementaux neurologiques et des modifications électrophysiologiques consistant, notamment, en une augmentation des activités de fréquence thêta (4-7 Hz) et une diminution des activités de fréquence alpha (8-12 Hz) (tableau 2.3).

Tableau 2.3. Les manifestations du SNHP chez l'homme en mélange hélium-oxygène.

Symptômes comportementaux	Signes électrophysiologiques
Tremblement (8-10 Hz) Fasciculations Myoclonies Somnolence Troubles cognitifs Baisse des performances psychomotrices	**EEG** : – augmentation des activités de fréquences lentes (thêta 4-7 Hz) ; – diminution des activités de fréquences rapides (alpha 8-12 Hz) **Sommeil** : – augmentation des stades 1 et 2 ; – diminution des stades 3, 4 et sommeil paradoxal Modification des potentiels évoqués et des cycles d'excitabilité corticale Hyperréflexie

EEG : électroencéphalogramme.

La diminution des activités électroencéphalographiques (EEG) de fréquence alpha (8-12 Hz) est le premier signe enregistré à partir de 10-11 ATA. Chez les animaux soumis à l'augmentation de pression de mélange hélium-oxygène, le SNHP inclut, en plus d'une hyperactivité motrice et locomotrice, la survenue de crises d'épilepsie pour des pressions supérieures à 91 ATA.

De nombreuses études ont montré que les vitesses et les courbes de compression jouaient un rôle important dans l'apparition et l'intensité de ces symptômes, et que la pression hydrostatique ou pression *per se* était la cause principale de l'apparition de ces symptômes.

Pour réduire les effets d'hyperexcitabilité du SNHP, des mélanges respiratoires ternaires, comportant en plus de l'oxygène et de l'hélium, différents pourcentages de gaz narcotiques (azote ou hydrogène) ont été employés dans le but de mettre à profit l'antagonisme entre les effets de la pression et les effets narcotiques [10]. Une réduction notable des signes cliniques, en particulier le tremblement, a ainsi été obtenue.

De nombreuses recherches fondamentales ont été réalisées pour essayer de déterminer les mécanismes neurochimiques du SNHP. Elles ont montré des perturbations de la neurotransmission et des processus neurochimiques qui impliquent les neurotransmetteurs inhibiteurs comme l'acide gamma-aminobutyrique (GABA) et excitateurs comme le glutamate ainsi que la neurotransmission dopaminergique et sérotoninergique. L'augmentation de pression du mélange hélium-oxygène entraîne une augmentation de dopamine dans le striatum, corrélée avec le développement de l'hyperactivité motrice et locomotrice. Il a été également enregistré une augmentation de la sérotonine, du glutamate et de l'aspartate.

Conclusion

Les résultats des études exposés dans ce chapitre montrent que les principales limites de la pénétration de l'homme dans le milieu aquatique à grande profondeur sont dues à des actions sur le système nerveux central. En effet, les actions des gaz respiratoires combinant la toxicité nerveuse de l'oxygène aux effets narcotiques provoqués par les gaz inertes diluants, associés aux effets de la pression hydrostatique, constituent une barrière difficilement franchissable pour envisager de dépasser les records de profondeurs établis il y a déjà plus de 30 ans. L'étude de l'impact de variables environnementales comme la pression hydrostatique avec des variations jusqu'à un facteur de 70 chez l'homme et de plusieurs centaines chez l'animal constitue un formidable outil de recherche sur le cerveau lui-même, les mécanismes de neurotransmission et d'autres domaines importants de la médecine, tels que l'anesthésie.

Références

[1] Bert P. La pression barométrique. Paris : Masson ; 1878.

[2] Moisan C, Amérand A, Jammes Y, et al. Pressure and reactive oxygen species. In : Sebert P, editor. Comparative high pressure biology. Enfield, NH, USA : Science Publishers ; 2010. p. 251-81.

[3] Rostain JC, Lavoute C. Dopamine, neurochemical processes, and oxygen toxicity at pressure. Compr Physiol 2016a Jun 13 ; 6(3) : 1339-44.

[4] Arieli R. Calculated risk of pulmonary and central nervous system oxygen toxicity : a toxicity index derived from the power equation. Div Hyperb Med 2019 ; 49(3) : 154-60.

[5] Behnke AR, Thomson RM, Motley EP. The psychologic effects from breathing air at 4 atm. pressure. Am J Physiol 1935 ; 112 : 554-8.

[6] Brauer RW, Way RO. Relative narcotic potencies of hydrogen, helium, nitrogen and their mixtures. J Appl Physiol 1970 ; 29(1) : 23-31.

[7] Fructus X, Naquet R, Gosset A, et al. Le syndrome nerveux des hautes pressions. Mars Med 1969 ; 6 : 509-12.

[8] Abraini JH, Rostain JC, Kriem B. Sigmoidal compression rate-dependence of the narcotic potency of inert gases in rats : implication for lipid vs protein theories of inert gas action in the central nervous system. Brain Res 1998 ; 808(2) : 300-4.

[9] Rostain JC, Lavoute C. Neurochemistry of pressure-induced nitrogen and metabolically inert gas narcosis in the central nervous system. Compr Physiol 2016b Jun 13 ; 6(3) : 1579-90.

[10] Bennett PB, Rostain JC. The high pressure nervous syndrome. In : Brubakk AO, Neuman TS, editors. Bennett and Elliott's physiology and medicine of diving. 5e éd. Londres : Saunders ; 2003. p. 323-57.

2.2. **Éléments de physiologie cardiovasculaire**

Benoit Desgraz, Olivier Castagna, Jacques Regnard

Introduction

Le fonctionnement cardiaque et les conditions de la fonction vasculaire sont très nettement impactés par l'immersion. Lors de la plongée ventilée (avec appareil de protection respiratoire), la profondeur elle-même n'affecte que peu les effets de l'immersion tels qu'ils sont observés en surface. Mais l'ambiance thermique froide ou chaude et l'activité physique peuvent moduler sensiblement ces effets. Les modifications des fonctions cardiovasculaires et des facteurs physiologiques qui les adaptent et les régulent découlent en cascade directement de l'application de la pression hydrostatique sur l'organisme. Certains effets hémodynamiques se développent instantanément, au fur et à mesure de l'entrée dans l'eau, et sont stabilisés en peu de minutes. Ces modifications profondes actionnent à leur tour des mécanismes régulateurs nerveux et endocriniens du tonus vasoconstricteur, de la pression artérielle et de la volémie, dont les ajustements ont à leur tour des conséquences plus lentes, cumulées sur l'état hydrominéral lorsqu'elles se prolongent plusieurs heures.

Effets immédiats de l'immersion sur les conditions hémodynamiques

Redistribution de volume sanguin

Une redistribution du volume sanguin accompagne instantanément l'application de la pression hydrostatique sur la peau (figure 2.2). Transmise par la peau et le tissu musculaire à l'adventice des vaisseaux, la pression tend à comprimer les plus compliants (capillaires et veines). En vie aérienne (à terre), les 5 à 6 L de volume sanguin n'occupent qu'un cinquième de la capacité vasculaire totale

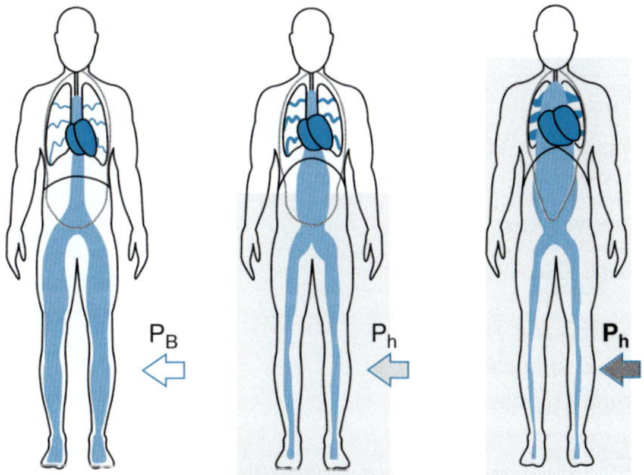

Figure 2.2. La pression hydrostatique cause une redistribution du volume sanguin vers les capacités vasculaires du tronc.
En immersion, la pression hydrostatique diminue la capacité vasculaire totale et provoque la redistribution du volume sanguin vers les réseaux vasculaires compliants abdominaux, pelviens et thoraciques.
Pour une distance verticale de 130 cm, l'écart de pression atmosphérique entre le nez (pression dans les voies aériennes) et le mollet est à terre de l'ordre de 0,15 hPa (ou mbar) ou 0,11 mmHg. Cet écart devient 66 hPa (ou 50 mmHg) en immersion jusqu'à la taille et 120 hPa (ou 90 mmHg) en immersion jusqu'au cou. En plongée ventilée, cet écart est conservé en position verticale quelle que soit la profondeur.
P_B : pression barométrique ; P_h : pression hydrostatique.
Source : © La Lettre du pneumologue 2024;27(3):128.

de l'organisme et sont répartis en fonction des besoins momentanés (débits digestif et musculaire ajustés…). Dans les muscles des membres, la compression vasculaire chasse une partie du volume sanguin vers des réseaux non encore emplis et restés compliants, essentiellement pelviens, abdominaux (mésentérique) et thoraciques (pulmonaire) mais peu dans les organes encapsulés (reins et foie) [11]. La réplétion vasculaire reste cependant très bonne dans les membres, puisque la pression hydrostatique agit comme un dispositif thérapeutique d'amélioration de la circulation périphérique [12].

Retentissement hémodynamique dans la macrocirculation

La chasse sanguine dans le réseau veineux augmente la pression veineuse centrale (PVC), le diamètre de la veine cave inférieure et la précharge cardiaque, le volume de l'atrium et du ventricule droits, la pression artérielle pulmonaire systolique, puis le volume d'éjection systolique gauche (VESG) [13]. Le volume sanguin de la circulation pulmonaire est accru. En plongée ventilée, la pression dans les voies aériennes reste proche de la pression hydrostatique ambiante (au déséquilibre hydrostatique [DH] près : voir « Éléments de physiologie respiratoire »). Cette pression gazeuse thoracique équilibre la pression de retour veineux et « borne » donc la pression veineuse centrale. L'augmentation de précharge augmente l'inotropisme ventriculaire (mécanisme de Frank-Starling). Le débit cardiaque est facilité par l'augmentation des volumes télédiastolique et d'éjection systolique des deux ventricules (figure 2.3).

Retentissement neurovégétatif

La distension des atriums droit et gauche met en charge les barorécepteurs à basse pression, tandis que l'augmentation du VESG et de l'inotropisme ventriculaire stimule les barorécepteurs aortiques et carotidiens. Toutes ces activations augmentent en retour l'activité parasympathique qui augmente

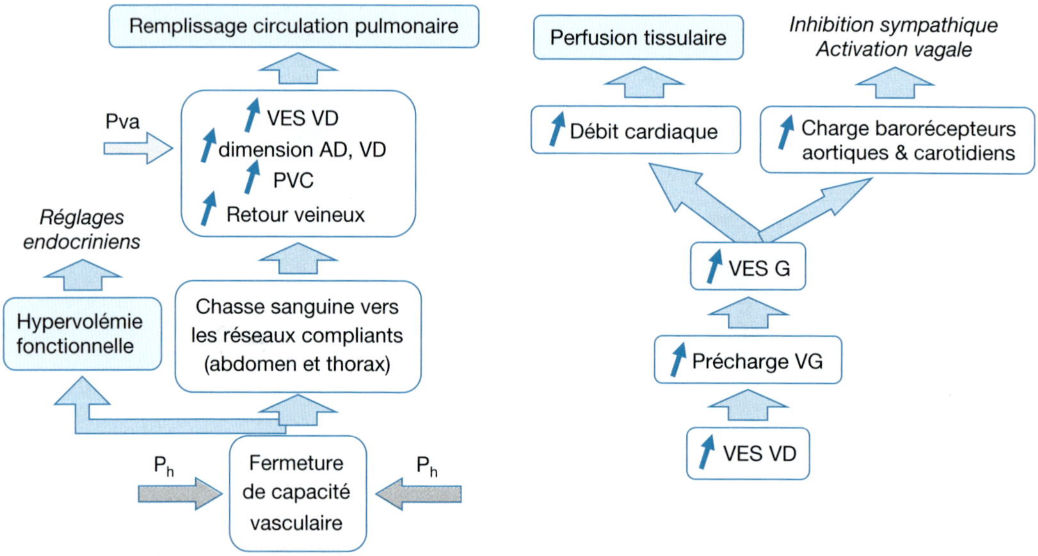

Figure 2.3. L'immersion modifie l'hémodynamique dans la macrocirculation.
La pression hydrostatique (P_h) modifie d'abord la capacité vasculaire, le retour veineux, l'hémodynamique du cœur droit, la circulation pulmonaire, puis l'hémodynamique gauche.
AD : atrium droit ; Pva : pression dans les voies aériennes ; PVC : pression veineuse centrale ; VES : volume d'éjection systolique ; VD : ventricule droit ; VG : ventricule gauche.

la bradycardie d'immersion, et inhibent le tonus sympathique vasculaire et cardiaque [14].

Modification de l'hémodynamique périphérique

- À la neutralité thermique, les résistances vasculaires périphériques sont basses car l'augmentation de la pression adventitielle réduit la pression transmurale (intra-artérielle diminuée de la pression adventitielle), induit la relaxation myogène des muscles lisses et donc un faible tonus vasoconstricteur artériel et veineux [15]. En l'absence de contrainte froide, la diminution de l'activité sympathique contribue aussi à abaisser les résistances vasculaires. La relaxation myogène du tonus vasomoteur et les espaces vasculaires compliants assurent rapidement la stabilité de la pression artérielle sensiblement identique à ce qu'elle était à terre avant l'immersion.
- La bonne réplétion des réseaux capillaires et les résistances vasculaires basses assurent une bonne hémodynamique dans la microcirculation. L'efficience de la perfusion tissulaire est bien documentée pour la perfusion pulmonaire et les échanges gazeux alvéolocapillaires [16] comme pour la peau et les muscles périphériques [17].
- Dans la microcirculation, l'augmentation de la pression adventitielle des capillaires et des veinules crée une pression hydrostatique supérieure à celle du sang et initie la filtration lente d'eau tissulaire (d'abord interstitielle, puis cellulaire) vers le plasma sanguin. Cette absorption plasmatique d'eau tissulaire a lieu essentiellement dans les muscles des membres, est lente mais continue pendant des heures lorsque l'immersion se prolonge [18] (figure 2.4).

En immersion avec neutralité thermique, le débit cardiaque est facilité par l'augmentation de la précharge cardiaque, de l'inotropisme ventriculaire, du volume d'éjection systolique et par la diminution des résistances vasculaires. Le tonus nerveux parasympathique est augmenté et l'activité sympathique limitée. Sans augmentation significative de la pression artérielle, la perfusion sanguine tissulaire est très bien assurée dans un réseau vasculaire dont la capacité est limitée par la compression hydrostatique.

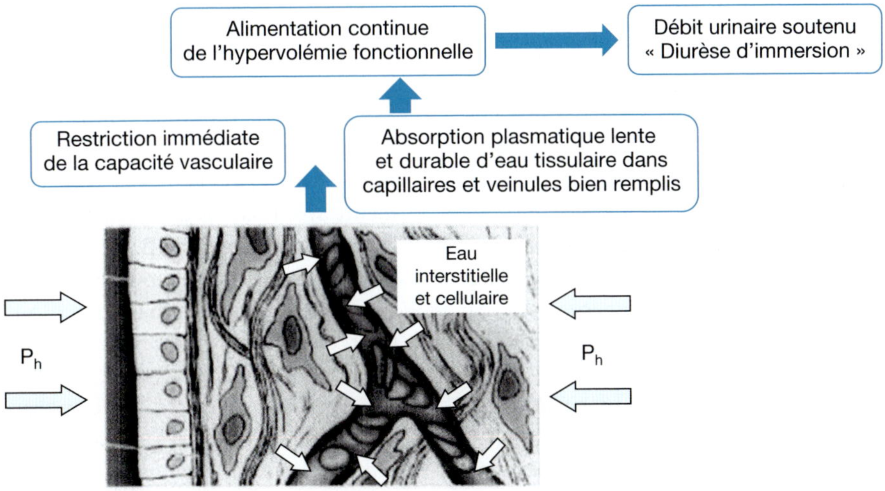

Figure 2.4. L'immersion modifie l'hémodynamique dans la microcirculation.
La pression hydrostatique (P_h) comprime les muscles et les tissus conjonctifs, ferme partiellement les vaisseaux compliants (réduction de capacité vasculaire et chasse sanguine qui augmente le retour veineux) et établit une pression transmurale qui fait passer l'eau tissulaire vers le plasma sanguin dans les capillaires. Cette entrée continue alimente la volémie et détermine l'augmentation du débit urinaire.

Effets et retentissements se manifestant plus lentement

- Les mécanismes régulateurs de la volémie et de la pression artérielle sont stimulés par la répartition du volume sanguin inchangé dans une capacité vasculaire sensiblement diminuée (situation d'hypervolémie fonctionnelle). La distension atriale stimule l'activité vagale, inhibe l'activité sympathique à destinée des artères rénales, et inhibe aussi la mise en jeu de l'hormone antidiurétique. L'hypervolémie fonctionnelle inhibe la libération de rénine et d'aldostérone. L'ensemble des modifications d'activités neurovégétatives et hormonales concourt à augmenter la sécrétion et le débit urinaire [19]. Au repos, la distension atriale augmente la libération de peptide natriurétique atrial (ANP), discrètement et sans incidence physiologique. La synthèse et la libération de peptide natriurétique de type B (BNP) n'augmentent pas [20].
- L'absorption plasmatique d'eau tissulaire tend à accroître lentement et continuellement le volume plasmatique et majore donc l'hypervolémie fonctionnelle immédiate d'immersion. En réponse, la production urinaire augmente du fait de l'augmentation de débit sanguin rénal (moindre tonus vasoconstricteur sur les artères rénales) et de l'inhibition de la réabsorption d'eau tubulaire. Cette augmentation de débit urinaire mesurable dès 15 minutes d'immersion culmine à 5-6 $mL.min^{-1}$ après 2 heures d'immersion [12,21]. Le débit urinaire se stabilise à partir de 3 heures d'immersion en moyenne alors qu'un nouvel équilibre de volume plasmatique semble adapté à la capacité vasculaire d'immersion [18]. Lorsque l'immersion se prolonge, la perte d'eau totale peut devenir conséquente puisqu'elle a été mesurée à 5 L pour 12 heures d'immersion [18]. La perte d'eau obligatoire en immersion concerne essentiellement l'eau tissulaire interstitielle et cellulaire, et accessoirement (pour 30 % au maximum) l'eau plasmatique [12]. Dans cette élimination d'eau due au changement de pression ambiante appliquée à l'organisme, le plasma est un sas continuellement rempli par l'eau tissulaire avant de se déverser dans l'urine. Les reins ajustent aussi continuellement l'excrétion d'électrolytes et de constituants plasmatiques pour maintenir les compositions homéostatiques des liquides extra- et intracellulaires au fur et à mesure des changements de leurs volumes [19].

De façon simple, l'ordre de grandeur du débit urinaire, et donc de la perte d'eau, en immersion est 4 $mL.min^{-1}$ en moyenne, avec des différences individuelles et circonstancielles.

La réplétion du réseau vasculaire s'enrichit continuellement d'entrée d'eau tissulaire dans le plasma. Les mécanismes régulateurs neurologiques et endocriniens sont sollicités et modulent la fonction rénale pour ajuster le volume plasmatique et l'hémodynamique. Le débit urinaire augmente peu à peu et s'établit autour de 4 $mL.min^{-1}$, ce qui conduit à une perte d'eau progressive lorsque l'immersion se prolonge.

Modulation des réactions et des réponses

- L'activité physique : avec l'augmentation de la consommation d'oxygène, la fréquence cardiaque augmente moins rapidement que dans une activité terrestre en raison de la majoration de la précharge cardiaque. La réplétion atriale, l'augmentation de fréquence cardiaque et l'augmentation du travail ventilatoire majorent la déformation atriale, ce qui stimule la libération d'ANP [20]. Le travail ventriculaire augmente avec l'accroissement de précharge (VTD [volume télédiastolique]) et cette contraction ventriculaire stimule progressivement la synthèse du peptide natriurétique BNP, même pour des efforts modérés [20,22]. L'activité physique diminue la diurèse d'immersion.
- Le sang occupe les réseaux compliants selon la position du corps car la gravité est toujours active indépendamment de la poussée d'Archimède globale (flottabilité). Ainsi, dans les poumons, le volume sanguin tend à être plus grand dans les régions déclives (comme documenté dans la répartition de l'infiltration interstitielle en cas d'œdème pulmonaire).

- Le refroidissement du visage peut constituer un supplément de stimulation neurovégétative vagale (voir « Réflexe de plongée » et chapitre 3).
- Lors de la descente en apnée, le volume sanguin pulmonaire augmente fortement avec la profondeur car la contrepression dans les voies aériennes n'est pas adaptée à la pression hydrostatique ambiante comme c'est le cas en plongée ventilée (voir chapitre 3).
- En plongée ventilée, l'appareil de protection ventilatoire peut générer un déséquilibre hydrostatique entre la pression périthoracique et la pression dans les voies aériennes. Ce déséquilibre induit des conditions de ventilation en pression positive ou négative qui affectent les conditions de précharge et de travail cardiaque. La conjugaison d'un déséquilibre ventilatoire négatif majorant la précharge avec l'activité physique peut conduire à une situation de distension ventriculaire droite, avec forte congestion de la circulation pulmonaire et limitation du volume télédiastolique gauche (interdépendance ventriculaire), du débit cardiaque et à un œdème pulmonaire [13,20] (voir « Éléments de physiologie respiratoire »).
- Aucune étude ne décrit d'effets propres de la profondeur *per se* sur l'hémodynamique pour les conditions usuelles de plongée ventilée.
- Contraintes thermiques : le froid déclenche une activation sympathique et une vasoconstriction périphérique d'abord superficielle puis de plus en plus profonde dans les membres lorsque l'exposition se prolonge. En aval de la vasoconstriction, le débit de perfusion tissulaire diminue avec transition vers le métabolisme anaérobie (production de lactates) [19] tandis que la postcharge cardiaque augmente le travail ventriculaire gauche et accroît la synthèse et la libération de BNP. L'activation sympathique majore en retour l'activité vagale [14], ce qui crée une coactivation neurovégétative susceptible de favoriser les troubles du rythme cardiaque [23]. Le refroidissement du visage peut seul causer une bradycardie [24]. L'exposition au chaud déclenche la sudation et majore la perte hydrique (voir « Éléments de physiologie thermique »).
- L'hyperoxie alvéolaire et artérielle augmente avec la profondeur en plongée à l'air comprimé ou lors de l'utilisation de mélanges de décompression suroxygénés à proximité de la surface. En inhibant l'action et la synthèse de monoxyde d'azote, l'hyperoxie augmente les résistances vasculaires périphériques [25] et peut diminuer le débit cardiaque [26] (figure 2.5).
- Réflexe de plongée : décrit par Paul Bert chez les oiseaux plongeurs et à présent largement étudié chez les mammifères marins (cétacés et phocidés), le réflexe de plongée est conditionné par le métabolisme en apnée. Il comporte deux composantes

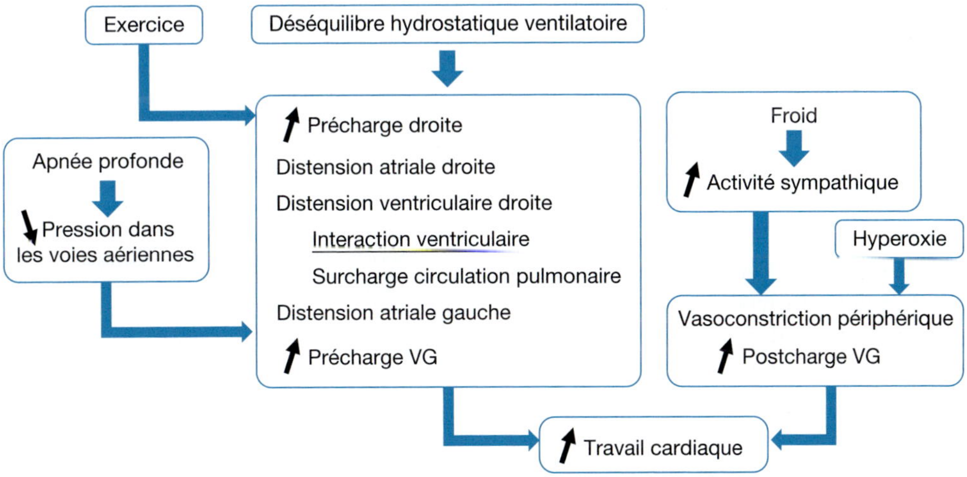

Figure 2.5. Impacts des contraintes diversement associées à l'immersion sur les fonctions vasculaire et cardiaque.
VG : ventricule gauche.

importantes : la bradycardie majeure (la fréquence cardiaque est 4 min^{-1} chez les cachalots en plongée) et une très forte vasoconstriction périphérique qui « conserve » l'oxygène circulant pour l'encéphale et le cœur tandis que les muscles utilisent les réserves liées aux grandes quantités de myoglobine présentes chez ces animaux. Chez l'homme, la bradycardie d'immersion habituelle (médiée par les stimulations baroréflexes et le froid) apparaît plus marquée chez les sujets très entraînés à l'apnée chez qui on a aussi observé des indices indirects de vasoconstriction périphérique, sans toutefois que ces deux composantes approchent l'intensité qu'elles ont chez les animaux plongeurs (voir chapitre 3).

Après la sortie de l'eau

Les lits vasculaires retreints par la pression hydrostatique se rouvrent rapidement si l'immersion a été thermiquement neutre ou chaude, ce qui peut démasquer une situation d'hypovolémie fonctionnelle (diminution du diamètre de la veine cave inférieure, des dimensions atriales, du volume d'éjection systolique) si l'immersion a été longue [27-29]. Si l'immersion a conduit à un refroidissement sensible, la disparition de la vasoconstriction périphérique est plus lente et l'hémodynamique centrale moins affectée. Sous cet angle, les plongées successives doivent être considérées comme une seule plongée ininterrompue quels que soient les intervalles qui les séparent. Dans tous les cas, le déficit hydrique concerne davantage les espaces interstitiels que le plasma sanguin [12,18].

La reconstitution des contenus hydroélectrolytiques tissulaires est plus lente que leur altération au cours de l'immersion.

L'immersion simple, l'activité physique, l'ambiance thermique, les modalités de la protection ventilatoire imposent de multiples contraintes à la fonction cardiaque comme à l'appareil vasculaire. Des limites fonctionnelles peuvent être atteintes chez des sujets en bonne santé et très entraînés (œdème pulmonaire d'immersion). Toute altération fonctionnelle, physiologique (vieillissement normal) ou pathologique peut donc restreindre les capacités adaptatives cardiaques ou vasculaires, ou conduire à des situations de risque.

Lors d'immersions ou de plongées prolongées plusieurs heures, la composition hydrominérale de l'organisme est affectée. Après la fin de l'immersion, le retour aux contenus tissulaires en eau et en électrolytes d'avant immersion est lent. À cet égard, les effets de plongées successives se cumulent.

Références

[11] Echt M, Düweling J, Gauer OH, et al. Effective compliance of the total vascular bed and the intrathoracic compartment derived from changes in central venous pressure induced by volume changes in man. Circ Res 1974 ; 34(1) : 61-8.

[12] Castagna O, Blatteau JE, Vallee N, et al. The underestimated compression effect of neoprene wetsuit on divers hydromineral homeostasis. Int J Sports Med 2013 ; 34(12) : 1043-50.

[13] Castagna O, Gempp E, Poyet R, et al. Cardiovascular mechanisms of extravascular lung water accumulation in divers. Am J Cardiol 2017 ; 119(6) : 929-32.

[14] Mourot L, Bouhaddi M, Gandelin E, et al. Cardiovascular autonomic control during short-term thermoneutral and cool head-out immersion. Aviat Space Environ Med 2008 ; 79(1) : 14-20.

[15] Echt M, Lange L, Gauer OH. Changes of peripheral venous tone and central transmural venous pressure during immersion in a thermo-neutral bath. Pflugers Arch 1974 ; 352(3) : 211-7.

[16] Balldin UI, Lundgren CE. Effects of immersion with the head above water on tissue nitrogen elimination in man. Aerosp Med 1972 ; 43(10) : 1101-8.

[17] Ménétrier A, Béliard S, Ravier G, et al. Changes in femoral artery blood flow during thermoneutral, cold, and contrast-water therapy. J Sports Med Phys Fitness 2015 ; 55(7-8) : 768-75.

[18] Castagna O, Blatteau JE, Peny C, et al. Fluid balance during prolonged Scuba dive : effect of hydration during immersion. Communication à la 40e réunion annuelle de l'European Underwater & Baromedical Society (EUBS). Wiesbaden : Allemagne ; 23-7 sept. 2014.

[19] Jimenez C, Regnard J, Robinet C, et al. Whole body immersion and hydromineral homeostasis: effect of water temperature. Eur J Appl Physiol 2010 ; 108(1) : 49-58.

[20] Castagna O, Regnard J, Gempp E, et al. The key roles of negative pressure breathing and exercise in the development of interstitial pulmonary edema in professional male SCUBA divers. Sports Med Open 2018 ; 4(11) : 1.

[21] Johansen LB, Foldager N, Stadeager C, et al. Plasma volume, fluid shifts, and renal responses in humans during 12 h of head-out water immersion. J Appl Physiol (1985) 1992 ; 73(2) : 539-44.
[22] Gempp E, Blatteau JE, Louge P, et al. N-terminal pro brain natriuretic peptide increases after 1-h scuba dives at 10 m depth. Aviat Space Environ Med 2005 ; 76(2) : 114-6.
[23] Shattock MJ, Tipton MJ. "Autonomic conflict": a different way to die during cold water immersion? J Physiol 2012 ; 590(14) : 3219-30.
[24] Schagatay E, Holm B. Effects of water and ambient air temperatures on human diving bradycardia. Eur J Appl Physiol Occup Physiol 1996 ; 73(1-2) : 1-6.
[25] Gole Y, Gargne O, Coulange M, et al. Hyperoxia-induced alterations in cardiovascular function and autonomic control during return to normoxic breathing. Eur J Appl Physiol 2011 ; 111(6) : 937-46.
[26] Molénat F, Boussuges A, Grandfond A, et al. Haemodynamic effects of hyperbaric hyperoxia in healthy volunteers: an echocardiographic and Doppler study. Clin Sci (Lond) 2004 ; 106(4) : 389-95.
[27] Boussuges A, Blanc F, Carturan D. Hemodynamic changes induced by recreational scuba diving. Chest 2006 ; 129(5) : 1337-43.
[28] Boussuges A, Gole Y, Mourot L, et al. Haemodynamic changes after prolonged water immersion. J Sports Sci 2009 ; 27(6) : 641-9.
[29] Chopard R, Barrot L, Belon F, et al. Changes in myocardial function following 8, 10 and 12 h rebreathing cold water dives. Communication à la 40e réunion annuelle de l'European Underwater & Baromedical Society (EUBS). Wiesbaden: Allemagne ; 23-7 sept. 2014.

2.3. Éléments de physiologie respiratoire

Olivier Castagna, Marc Gainnier, Jacques Regnard

Introduction

Les activités de plongée sont souvent perçues comme non athlétiques, mais pour l'homme, mammifère terrestre, l'hyperbarie et l'immersion représentent des défis complexes. En effet, la simple immersion en surface modifie sensiblement la physiologie ventilatoire. Même sans activité physique importante, l'immersion, l'équipement de plongée, la profondeur et la composition du gaz inhalé imposent des contraintes fonctionnelles pulmonaires notables. La compression élastique exercée par les vêtements de protection en néoprène et les conditions hémodynamiques résultant des effets de l'immersion ou du froid peuvent également surcharger l'activité ventilatoire et la circulation pulmonaire.

Les rappels physiologiques de ce chapitre ont pour but d'éclairer sur les contraintes physiologiques en immersion et en plongée afin de permettre la reconnaissance et l'anticipation des situations où l'impact de ces contraintes peut exposer à des risques sérieux.

Effets de l'immersion

Redistribution des volumes sanguins

La redistribution des volumes sanguins apparaît dès que la personne entre en immersion, même en conservant la tête hors de l'eau (voir « Éléments de physiologie respiratoire »). Une partie du volume sanguin périphérique est ainsi renvoyée vers la cage thoracique. L'augmentation de précharge du cœur droit induit une surcharge de la circulation pulmonaire qui peut devenir considérable lors d'efforts importants ou prolongés.

Réduction de la compliance thoraco-pulmonaire

Le remplissage congestif du réseau vasculaire pulmonaire diminue sensiblement la compliance du parenchyme pulmonaire. Il faut alors générer des dépressions inspiratoires plus profondes et des pressions expiratoires plus grandes pour obtenir les mêmes changements de volume gazeux qu'en l'absence de congestion vasculaire. Simultanément, la pression hydrostatique s'exerce sur les parois thoracique et abdominale, entravant l'expansion inspiratoire et poussant le diaphragme vers le haut dans la cage thoracique, ce qui diminue la compliance de la cage thoracique (figure 2.6).

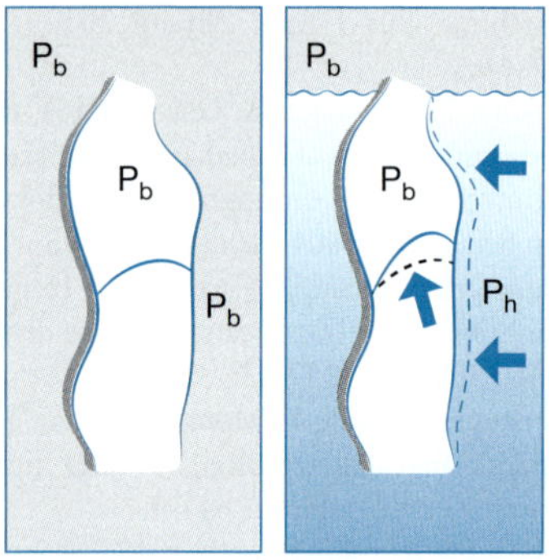

Figure 2.6. La pression hydrostatique modifie l'équilibre des pressions entre gaz dans les voies aériennes et environnement thoracique.
Avec les changements de volumes gazeux pulmonaires et de compliance thoraco-pulmonaire la mécanique ventilatoire et le travail des muscles ventilateurs sont sensiblement impactés.
P_b : pression barométrique ; P_h : pression hydrostatique.
Source : D'après Agostini E, Gurtner G, Torri G, Rahn H. Respiratory mechanics during submersion and negative-pressure breathing. J Appl Physiol. 1966;21(1):251-8.

Dès l'immersion, la compliance thoraco-pulmonaire totale (parenchymateuse et thoracique) est diminuée ce qui majore le travail ventilatoire. En plongée ventilée avec des appareils en circuit ouvert ou fermé (recycleurs de gaz) cette modification individuellement variable est peu modifiée par la descente en profondeur, c'est-à-dire avec l'augmentation de pression ambiante.

Restriction thoracique

En spirométrie, la simple immersion tête hors de l'eau crée une restriction thoracique objectivée par une diminution de 60 à 80 % du volume de réserve expiratoire (VRE), partiellement compensée par une légère augmentation du volume de réserve inspiratoire (VRI). En conséquence, la capacité vitale (CV) d'un sujet en immersion est généralement réduite de 10 à 20 % [30].

Pour inspirer jusqu'à la totalité de la capacité vitale disponible en surface, le sujet doit générer dans les bronches et les alvéoles une dépression inspiratoire plus grande, c'est-à-dire instaurer une ventilation à pression négative qui majore le travail ventilatoire inspiratoire, et accroît le retour veineux au cœur droit (figure 2.7).

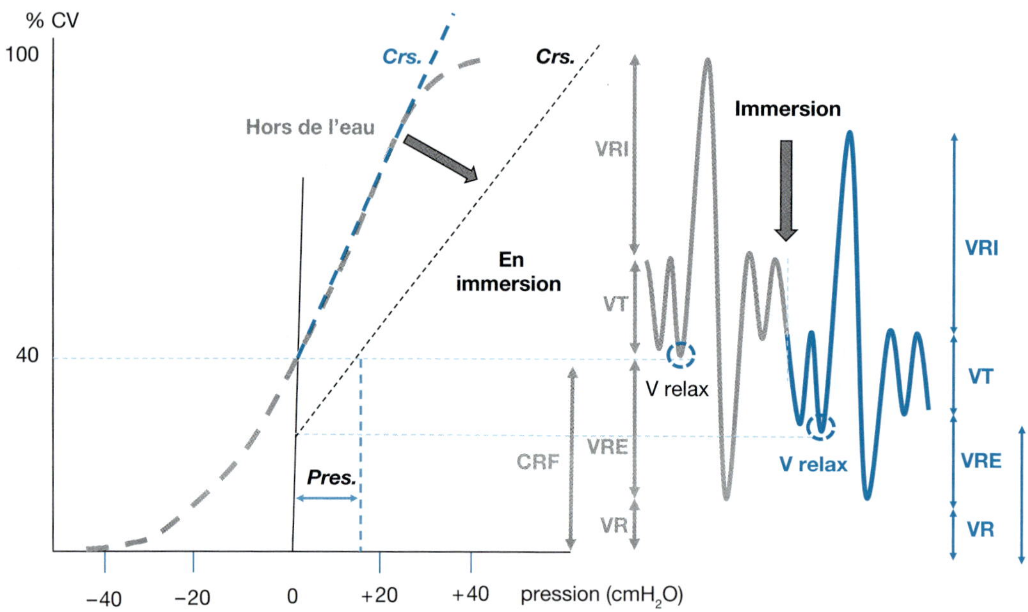

Figure 2.7. L'immersion modifie la compliance thoraco-pulmonaire et les volumes gazeux pulmonaires.
CRF : capacité résiduelle fonctionnelle ; Crs : courbe de compliance de l'ensemble thoraco-pulmonaire ; CV : capacité vitale ; VR : volume résiduel ; VRE : volume de réserve expiratoire ; V relax : volume de relaxation de l'ensemble thoraco-pulmonaire ; VRI : volume de réserve inspiratoire ; VT : volume courant.

Deux facteurs amplifient ce phénomène. En eau froide la vasoconstriction périphérique augmente le volume sanguin central, aggrave la congestion vasculaire pulmonaire et diminue encore la compliance pulmonaire. Par ailleurs, une protection vestimentaire élastique (en néoprène) développe une compression significative sur la surface corporelle, sensiblement équivalente à celle que réalisent des dispositifs thérapeutiques de classe 2 à 3 pour les membres inférieurs. Cette pression ajoute ses effets à ceux de l'immersion aussi bien en ce qui concerne la translocation sanguine vers la circulation centrale que la restriction et la limitation de compliance thoracique [31].

L'augmentation du volume sanguin thoracique, associée à la réplétion de la circulation pulmonaire est bénéfique à l'hématose car l'augmentation du volume sanguin dans les capillaires pulmonaires facilite les échanges gazeux alvéolo-capillaires. En effet, lors d'un exercice d'intensité maximale en immersion et pour une valeur donnée de la consommation d'oxygène ($\dot{V}O_2$), le débit ventilatoire ($\dot{V}_E$) est moins grand que lors d'un effort terrestre, tandis que l'hématose (PaO_2 [pression artérielle d'oxygène]) reste normale [32].

En natation en surface, l'utilisation d'un tuba permet de ventiler sans mouvement de la tête, mais accroît certaines contraintes ventilatoires. Le volume de gaz du tuba représente un espace mort significatif qui restreint le débit expiré de dioxyde de carbone (CO_2). Par ailleurs, la résistance à l'écoulement gazeux augmente avec la longueur et avec un faible diamètre de tuba, ce qui accroît sensiblement le travail ventilatoire. Enfin, la ventilation à travers un tuba augmente le déséquilibre hydrostatique.

Déséquilibre hydrostatique (DH)

En environnement atmosphérique, la pression du gaz dans les voies aériennes (bronches et poumons) est sensiblement identique à la pression ambiante autour du tronc (1 bar). Dans l'eau, la densité environnante est environ 800 fois supérieure. La cage thoracique est ainsi soumise à pression hydrostatique périthoracique tandis que la pression dans les voies aériennes est déterminée par la pression gazeuse admise à la bouche. L'activité ventilatoire est donc « chargée » selon le déséquilibre hydrostatique (DH) entre les deux pressions, que Thalmann et al. puis Lundgren et al. ont désigné comme « charge pulmonaire statique » [33-35].

Le concept de « centroïde pulmonaire » facilite l'appréhension des répercussions du déséquilibre hydrostatique. À l'image d'un barycentre géométrique, il est commode de considérer un seul point représentatif de l'ensemble des pressions hydrostatiques subies par la cage thoracique désigné comme « centroïde pulmonaire » et où l'écart de pression avec la pression gazeuse pulmonaire définit le déséquilibre hydrostatique. Des mesures effectuées sur un groupe de sujets masculins placent le centroïde pulmonaire en immersion à environ 13 cm en dessous et 7 cm en arrière de la fourchette sternale, avec une assez grande variabilité interindividuelle [36].

Rôle de la position relative du plongeur

La position du plongeur d'une part et d'autre part le type d'appareil respiratoire utilisé et son positionnement déterminent le déséquilibre hydrostatique (figure 2.8). Lorsque le plongeur est immergé tête hors de l'eau et respire librement par la bouche, le centroïde pulmonaire se situe généralement à environ 20 cm en dessous de la surface de l'eau. La pression hydrostatique moyenne sur la cage thoracique est donc d'environ 20 cm d'eau (20 mbar). C'est la valeur de ce déséquilibre hydrostatique négatif : –20 cmH_2O. Le plongeur débute alors l'inspiration contre cette dépression trans-thoracique c'est-à-dire en situation de ventilation en pression négative qui accroît sensiblement le travail des muscles inspirateurs.

Lorsque le plongeur utilise un appareil respiratoire à circuit ouvert, la pression du gaz qui lui est délivré est celle de la pression hydrostatique à la membrane du second étage du détendeur. Si le plongeur est en position classique de palmage proclive, la profondeur du détendeur en bouche et celle du centroïde pulmonaire sont identiques. Dans cette position, le déséquilibre hydrostatique est nul ou négligeable. L'effort ventilatoire du

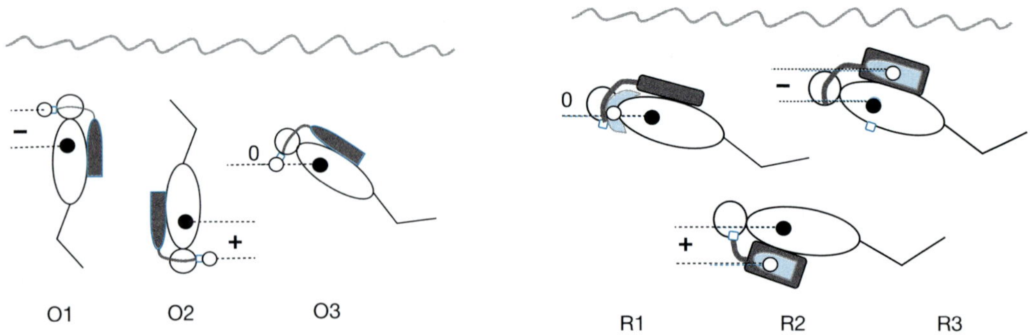

Figure 2.8. Déséquilibre hydrostatique (DH).
L'écart de pression entre les voies aériennes définie par l'assistance respiratoire et la pression périthoracique dépend de l'appareillage et de sa position relative sur le plongeur. Avec un appareil respiratoire à circuit ouvert : O1 = DH négatif (–) ; O2 = DH positif (+) ; O3 = DH nul (0). Avec un recycleur disposant de « faux poumons » : R1 (faux poumons déportés sur les épaules) = DH nul (0) ; R2 (faux poumons en position ventrale) = DH positif (+) ; R3 (faux poumons en position dorsale) = DH négatif (–).

plongeur ne s'exerce alors que contre les résistances propres de l'appareil respiratoire. Lorsque le plongeur se maintient en position verticale, le centroïde pulmonaire se trouve 20 cm en dessous du détendeur en bouche. La valeur de la pression hydrostatique ambiante au niveau du centroïde pulmonaire est donc plus élevée de 20 mbar. Le déséquilibre hydrostatique devient négatif, correspondant à –20 cmH_2O (–20 mbar). En revanche, lorsque le plongeur est en position verticale, tête en bas, le déséquilibre hydrostatique devient positif et atteint +20 cmH_2O (+20 mbar). Dans ce cas, l'inspiration est passive, mais pour expirer le plongeur doit lutter contre une pression de 20 cmH_2O. C'est une situation de ventilation en pression positive similaire à ce qu'offrent les dispositifs de pression positive continue dans les voies respiratoires (CPAP) ou de ventilation non invasive (VNI).

Lorsque le plongeur utilise un appareil à recyclage de gaz, il ventile dans un sac appelé « faux poumon ». La position de ce faux poumon peut varier en fonction des modèles de recycleurs : il peut être situé dans le dos, sur les épaules ou à la face antérieure du thorax du plongeur. Le choix de l'emplacement du faux poumon par le fabricant a un impact significatif sur le déséquilibre hydrostatique.

Lorsque le plongeur se trouve en position proclive presque horizontale, le déséquilibre hydrostatique est négatif s'il utilise un faux poumon placé sur le dos. Il est proche de zéro si le faux poumon est situé sur les épaules, et devient positif si celui-ci est placé à la face antérieure du thorax.

Avec l'utilisation d'un tuba pour le palmage en surface, le centroïde pulmonaire se situe à quelques centimètres au-dessous de la surface. Le déséquilibre hydrostatique est donc discrètement négatif.

Ventilation à pression négative

Dans une grande majorité de situations, les plongeurs font donc face à un déséquilibre hydrostatique négatif. Or il est bien établi qu'à l'air libre la ventilation à pression négative augmente la précharge cardiaque droite, la pression artérielle pulmonaire et à terme, conduit à l'extravasation de plasma dans l'interstitium pulmonaire, avec éventuelle libération d'éléments figurés du sang [37]. De plus, l'immersion s'accompagne d'une augmentation du retour veineux et accentue en aval la congestion sanguine pulmonaire. Celle-ci devient d'autant plus grande que le déséquilibre hydrostatique est fortement négatif [38].

Au total, en immersion, une congestion vasculaire pulmonaire se développe avec le cumul des effets de quatre mécanismes distincts :

- la pression hydrostatique induit le déplacement d'un volume de sang veineux périphérique vers la circulation centrale ;

- le déséquilibre hydrostatique négatif place très fréquemment le plongeur en situation de ventilation en pression négative et conduit en retour à un appel du sang dans le thorax à chaque inspiration ;
- les résistances à l'écoulement des gaz à l'intérieur de l'appareil respiratoire imposent un supplément de travail ventilatoire inspiratoire ;
- l'activité physique soutenue et/ou prolongée s'accompagne d'une augmentation du débit ventilatoire ($\dot{V}E$) qui, dans les conditions décrites ci-dessus, majore fortement l'effort ventilatoire et ses conséquences hémodynamiques.

La combinaison de ces conditions aboutit à la réduction des capacités ventilatoires et à l'extravasation plasmatique dans l'interstitium pulmonaire. Dans la grande majorité des cas, ces modifications, bien que majeures, sont très bien tolérées par l'organisme, et aucun symptôme n'apparaît. Le plongeur ajuste son profil ventilatoire, tandis que le réseau lymphatique pulmonaire parvient à résorber le plasma interstitiel. Si les capacités d'adaptation de l'organisme sont dépassées, l'œdème pulmonaire peut survenir.

Le déséquilibre ventilatoire hydrostatique variable selon l'appareillage respiratoire utilisé et avec la position du plongeur dans l'eau apporte souvent une charge ventilatoire supplémentaire qui impose une ventilation en pression négative, accroît le travail des muscles ventilateurs, majore la congestion vasculaire pulmonaire et augmente sensiblement le risque d'œdème pulmonaire.

Effets liés à la pression

Augmentation des résistances dynamiques ventilatoires

Les appareils respiratoires isolants délivrent les gaz inhalés à la pression ambiante ce qui s'accompagne d'une augmentation de masse volumique lorsque la profondeur d'immersion augmente et influence les débits ventilés.

La masse volumique des gaz ventilés augmente avec la pression ambiante

La pression hydrostatique augmente d'environ une atmosphère (1 bar) tous les 10 m de profondeur (voir chapitre 1). À titre d'exemple, à 60 m de profondeur, la pression hydrostatique est de 7 bars (ou 7 ATA). Directement proportionnelle à la pression absolue, la masse volumique de l'air comprimé est alors 1, 23 × 7 = 9 g.L^{-1}.

Conséquences physiologiques

Augmentation des résistances ventilatoires

L'augmentation de masse volumique accroît les résistances à l'écoulement gazeux dans les voies aériennes et dans les tubulures de l'appareil d'assistance respiratoire, sensiblement comme la racine carrée du coefficient d'augmentation de masse volumique.

De manière proportionnelle à la profondeur d'immersion, l'augmentation des résistances dynamiques limite les débits ventilés et accroît le travail ventilatoire. La limitation des débits a été objectivée par des mesures spirométriques, en particulier avec la réalisation de boucles débit-volume en caisson hyperbare. En ambiance hyperbare, les débits expirés maximaux sont réduits : débit de pointe, débits à 75, 50 et 25 % de la capacité vitale et aussi le VEMS (volume expiré maximal en une seconde).

En air comprimé et à la profondeur de 60 m les résistances dynamiques sont 2,6 fois plus grandes qu'en surface et la boucle débit-volume de l'expiration forcée d'un sujet normal est diminuée comme peut l'être celle d'une personne atteinte de maladie obstructive bronchique, asthme ou BPCO (bronchopneumopathie chronique obstructive) (figure 2.9).

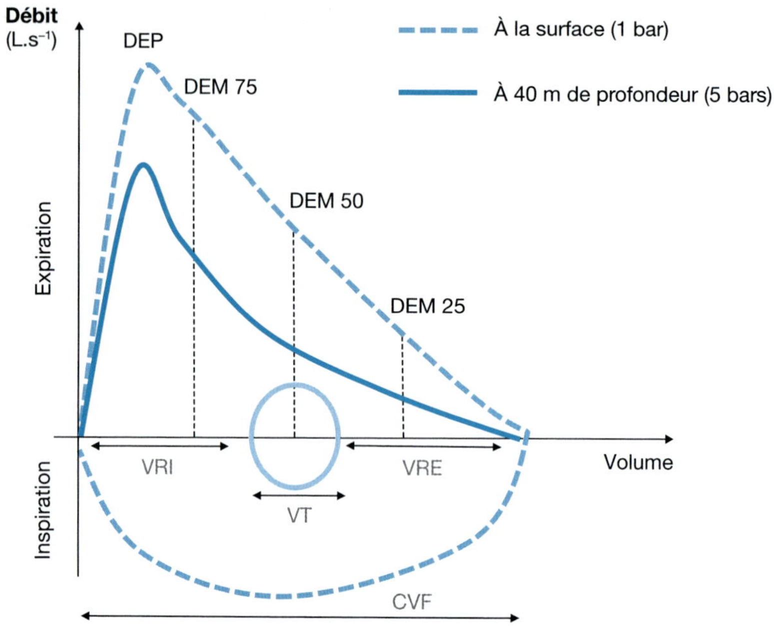

Figure 2.9. Courbe débit-volume de l'expiration forcée.
L'augmentation de masse volumique du gaz ventilé diminue les débits maximaux d'un sujet normal.
CVF : capacité vitale forcée ; DEM : débit expiratoire maximum à 75, 50, 25 % de la capacité vitale ; DEP : débit expiratoire de pointe ; VRE : volume de réserve expiratoire ; VRI : volume de réserve inspiratoire ; VT : volume courant. Les débits inspiratoires ne sont pas représentés.

Il est possible de limiter l'augmentation des résistances en remplaçant partiellement ou totalement l'azote de l'air par de l'hélium, moins dense, pour les plongées à grande profondeur ce qui réduit fortement l'augmentation des résistances ventilatoires, la limitation des débits de ventilation et l'accroissement de travail ventilatoire.

Les personnes atteintes de troubles ventilatoires obstructifs doivent donc être particulièrement sensibilisées à de possibles difficultés ventilatoires en plongée du fait de l'ensemble des contraintes rencontrées. Chez ces personnes, le choix d'activités de plongée compatibles avec leurs capacités doit être guidé par des explorations fonctionnelles respiratoires qui documentent précisément les caractéristiques de leur fonction respiratoire.

Avec la descente en profondeur, l'augmentation de masse volumique du gaz inhalé accroît les résistances dynamiques, limite les débits dans les voies aériennes et augmente le travail des muscles ventilateurs.

Risque d'essoufflement et d'hypercapnie

L'augmentation des résistances constitue une charge ventilatoire supplémentaire qui se cumule avec la réduction de compliance thoraco-pulmonaire, la restriction thoracique vestimentaire et le déséquilibre hydrostatique pour accroître le travail des muscles ventilateurs. La perception physiologique de l'augmentation du travail ventilatoire peut générer une sensation d'inconfort émotionnellement désagréable, voire anxiogène [39], et perturber la prise de décision [40].

Peu ressentie au repos, l'intensification du travail ventilatoire devient rapidement sensible avec l'augmentation de l'activité physique. Elle peut aboutir à l'apparition d'une fatigue des muscles ventilatoires, avec diminution des débits ventilés, un renouvellement insuffisant du gaz alvéolaire conduisant à une baisse de la capacité à éliminer le dioxyde de carbone avec augmentation de la $PaCO_2$ (pression artérielle du dioxyde de carbone). La $PaCO_2$ exerce une influence majeure sur la stimulation des centres respiratoires. Elle sollicite une augmentation de la ventilation en situation de charge ventilatoire élevée. Ces conditions sont perçues comme un « essoufflement » : l'inconfort devient extrêmement désagréable et peut conduire à la panique avec altération dangereuse du jugement et du comportement (figure 2.10).

Les contraintes qui accroissent le travail ventilatoire peuvent conduire à une sensation de pénibilité avec ou sans composante émotionnelle désagréable, requérant la diminution d'activité ventilatoire. En réponse ou du fait de la fatigue des muscles ventilateurs, l'hypercapnie est susceptible de surajouter une stimulation ventilatoire et de causer un conflit sensoriel anxiogène.

Risque barotraumatique pulmonaire lors de la remontée vers la surface

Le barotraumatisme constitue un risque pulmonaire très sérieux. Avec la remontée vers la surface, la diminution de pression hydrostatique s'accompagne d'expansion du volume gazeux pulmonaire avec, en l'absence d'expiration appropriée, augmentation de pression dans les voies aériennes et risque de rupture de paroi bronchique ou alvéolaire (voir « Accidents barotraumatiques pulmonaires », chapitre 7).

Conditions de risque liées aux gaz respiratoires et gaz du sang

Lorsqu'elles s'écartent des valeurs physiologiques et dépassent les capacités de régulation physiologiques dans le gaz alvéolaire et le sang, les pressions partielles d'oxygène et de dioxyde de carbone peuvent conduire à des risques (voir chapitre 8), brièvement évoqués ci-après.

- L'hypoxémie : elle peut survenir lors d'une plongée en apnée trop prolongée, particulièrement au cours de la remontée vers la surface lorsque la diminution de pression ambiante s'accompagne de celle de la pression alvéolaire. En plongée ventilée, elle est possible lorsque la réserve gazeuse

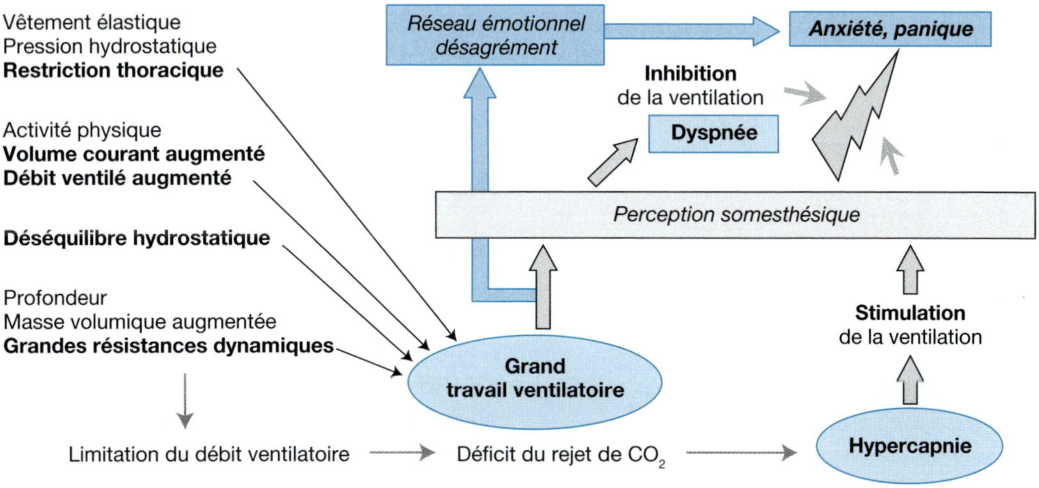

Figure 2.10. Conséquences des charges ventilatoires excessives : essoufflement, désagrément.
De multiples facteurs conduisent à augmenter la charge ventilatoire. La sensation de pénibilité peut évoquer une composante émotionnelle désagréable et solliciter la diminution du travail ventilatoire. Si cette réponse et la fatigue des muscles ventilateurs aboutissent à l'hypoventilation alvéolaire avec hypercapnie celle-ci occasionne une stimulation ventilatoire. Cette synergie de sensations antagonistes (« tenaille ») est anxiogène et perturbe le jugement.
CO_2 : dioxyde de carbone.

est épuisée, lorsqu'un revêtement corrodé du réservoir d'air consomme l'oxygène du gaz avec lequel il a été rempli, ou lors d'une erreur de procédure avec inhalation inappropriée (à une trop faible profondeur) d'un mélange sous-oxygéné uniquement destiné à des profondeurs plus grandes.

- L'hyperoxie : la toxicité neurologique (excitabilité et stimulation violente d'activité cérébrale) devient hautement probable lors de l'inhalation d'oxygène pur à une pression supérieure à 2 ATA. En pratique la réglementation impose de ne pas dépasser 1,6 ATA de PiO_2, soit la profondeur de 6 m en respirant de l'oxygène pur. De façon analogue, au cours de plongées profondes utilisant plusieurs mélanges sous-oxygénés, l'utilisation à une profondeur trop grande d'un mélange défini pour une profondeur moindre peut aussi exposer à l'hyperoxie.
- L'hypercapnie : avec une assistance respiratoire en circuit ouvert, l'hypercapnie peut survenir si le mélange gazeux inhalé a contenu du CO_2 au moment de sa fabrication (pollution). Comme évoqué ci-dessus, l'hypercapnie peut aussi résulter d'une ventilation alvéolaire insuffisante du fait de résistances ventilatoires trop grandes (appareillage mal réglé ou masse volumique ventilée trop grande). Avec un recycleur de gaz la saturation de la chaux sodée ou son renouvellement imparfait exposent à l'hypercapnie. La sensibilité individuelle à l'hypercapnie (et la réponse d'augmentation de débit ventilatoire) est très variable et de graves altérations de comportement et de conscience (syncope hypercapnique) peuvent survenir rapidement en l'absence d'hyperventilation et de dyspnée [41].

Contraintes thermiques ventilatoires

L'augmentation de la pression ambiante augmente les pertes caloriques par voie respiratoire. La déperdition calorique physiologique par les voies respiratoires est due au fait que l'air expiré est plus chaud et plus humide que l'air inspiré.

En normobarie, lors de la respiration d'air ambiant chez un individu au repos, cette déperdition est faible (moins de 15 % de la déperdition thermique totale de l'individu). L'énergie calorique dissipée par litre de gaz ventilé augmente lorsque la température du gaz inspiré diminue, parce que l'énergie nécessaire à l'humidification et au réchauffement des gaz augmente. Cela dépend des échanges thermiques par convection ventilatoire et, pour une faible part, par conduction dans les voies aériennes.

La convection ventilatoire croît avec la densité du mélange, et donc avec la profondeur atteinte. Par ailleurs, convection et conduction dépendent également des propriétés thermiques des gaz (chaleur spécifique, conductivité thermique), qui sont très élevées pour l'hélium en comparaison de l'azote atmosphérique. En condition hyperbare, les pertes caloriques liées à l'évaporation par les voies aériennes sont peu modifiées mais la convection augmente en proportion de la densité des mélanges respirés. Cet effet exercé par la pression ambiante sur la déperdition calorique ventilatoire est accentué par le fait que la chaleur spécifique et la conductivité thermique de gaz comme l'hélium sont cinq à six fois plus grandes que celles de l'azote. En mélange hélium-oxygène, dès que la pression ambiante est égale ou supérieure à 3,5 ATA (25 m), une augmentation significative des résistances pulmonaires est mesurée pour une valeur de +10 °C des gaz inspirés ce qui peut être le cas en plongée en eau froide [42].

Au total

L'immersion impose des contraintes ventilatoires fréquemment sous-estimées et intriquées avec des contraintes cardiaques. Souvent bien tolérées ces contraintes peuvent, dans certaines conditions, dépasser rapidement les capacités d'adaptation de sujets sains, et conduire à des risques physiopathologiques sérieux : œdèmes pulmonaires, essoufflement, hypercapnie, noyade. La connaissance des contraintes physiologiques permet d'identifier les situations à risque. Les altérations individuelles des fonctions respiratoire ou cardiovasculaire même minimes peuvent précipiter les risques et doivent être recherchées pour prévenir les plongeurs ou candidats plongeurs et éventuellement les aider à choisir leurs activités en plongée.

2.4 Éléments de physiologie thermique

Jacques Regnard, Anne-Virginie Desruelle, Pierre Louge

Introduction

L'air est un isolant thermique. La faible capacité thermique massique (c) de l'air et son absence de déplacement justifient le pouvoir isolant des revêtements que sont les fourrures animales, les plumages d'oiseaux, les fils torsadés et les mailles des vêtements de laine. L'eau a une capacité thermique massique plus de quatre fois plus grande que l'air et l'eau froide prélève donc sur la peau beaucoup plus de chaleur que l'air à la même température (échange de chaleur conductif). La déperdition thermique est considérablement augmentée si l'eau déjà réchauffée est rapidement déplacée et remplacée par de l'eau encore froide (convection). Dans une eau à 20 °C pour un nageur ou une personne immobile en eau agitée la perte de chaleur est ainsi 25 fois plus rapide que dans l'air immobile à 20 °C. Pour une personne nue et immobile, la température de neutralité thermique est de 24 °C dans l'air et 34 °C dans l'eau. L'activité physique est une puissante source de chaleur puisque le rendement mécanique de la contraction musculaire est de 20 % (énergie de mouvement) et le solde de 80 % est de la chaleur. Dans l'organisme, des échanges de chaleur ont lieu par conduction (contact immobile) entre zones tissulaires plus ou moins chaudes, mais la convection sanguine assure des échanges plus rapides dans l'ensemble du corps. La température est maintenue stable dans un « noyau » central constitué par le système nerveux central et les contenus thoracique et abdominal. La température cutanée est beaucoup plus variable, en fonction du pouvoir de refroidissement ou de réchauffement de l'ambiance (température, convection, rayonnement) et du débit sanguin qui peut être augmenté (vasodilatation) et amène alors à la peau de la chaleur à évacuer, ou diminué (vasoconstriction) et restreint la perte de chaleur vers l'ambiance et donc le refroidissement.

Réponses physiologiques aux contraintes thermiques

Réponses au refroidissement

L'exposition au froid déclenche l'activation du système nerveux sympathique et la libération périphérique de noradrénaline, médiateur de la vasoconstriction cutanée, puis sous-cutanée et même musculaire si le refroidissement s'étend [43] (figure 2.11). Basse température ambiante et débit sanguin diminué conduisent à la baisse des températures cutanées en fonction de l'intensité et de la durée de la contrainte. Lors d'immersions en eau froide, il a été observé que le refroidissement d'abord cutané puis sous-jacent est distalement plus prononcé : les pieds et les mains sont particulièrement affectés du fait de leur grand rapport surface/volume tissulaire, ce qui altère à terme la dextérité [44,45]. La vasoconstriction périphérique n'affecte pas les territoires vasculaires abdominaux et thoraciques qui accueillent le volume sanguin chassé de la périphérie. Mais en augmentant les résistances vasculaires systémiques elle majore sensiblement la post-charge et le travail ventriculaire gauche. Enfin, en accentuant l'activité parasympathique, l'activation sympathique concourt à la costimulation neurovégétative facilitatrice du déclenchement de troubles du rythme cardiaque [43,46].

Réponses au réchauffement

En immersion, le réchauffement de l'organisme résulte soit d'une température d'eau élevée, soit d'une activité physique soutenue. La dissipation de chaleur est possible lorsque la température

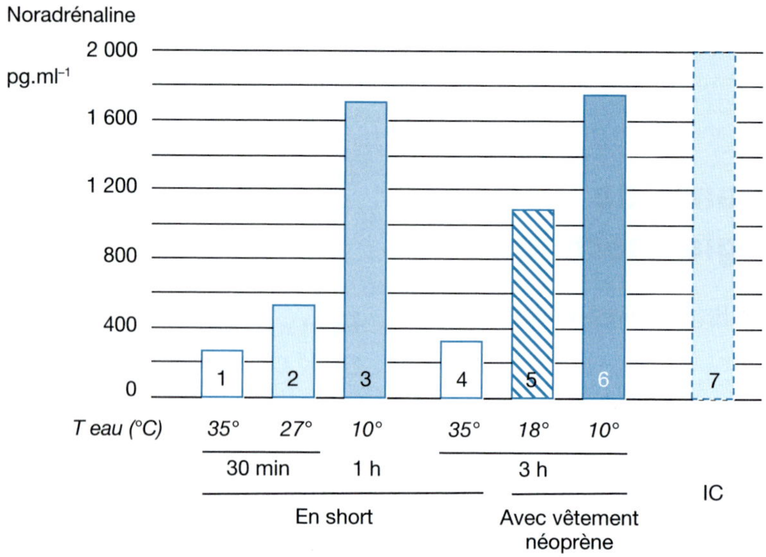

Figure 2.11. Concentration plasmatique de noradrénaline mesurée dans différentes conditions.
Moyenne de sujets sains en immersion statique juste sous la surface, en 1 et 2 : après 30 minutes ; en 3 après 1 heure ; en 4, 5, 6 après 3 heures et malgré le vêtement humide (néoprène) épais (n° 4 et 5). En 7, moyenne de personnes atteintes d'insuffisance cardiaque au sol et au repos. La concentration plasmatique de noradrénaline reflète le degré de libération et l'étendue et l'intensité de la vasoconstriction (différente selon les régions de l'organisme).
Source : D'après Mourot L, Bouhaddi M, Gandelin E, et al. Cardiovascular autonomic control during short-term thermoneutral and cool head-out immersion. Aviat Space Environ Med. 2008;79(1):14-20.

de l'eau permet la perte conductive et convective, mais le puissant mécanisme de l'évaporation sudorale ne peut pas fonctionner. La sudation ne conduit qu'à la perte d'eau. Lorsqu'un exercice physique modéré de palmage en eau à 29 °C est prolongé pendant 2 heures, la température interne augmente progressivement jusqu'à 38,5 °C et la température cutanée moyenne dépasse 36 °C. La perte d'eau augmente tandis que le volume urinaire est diminué [47] (figure 2.12).

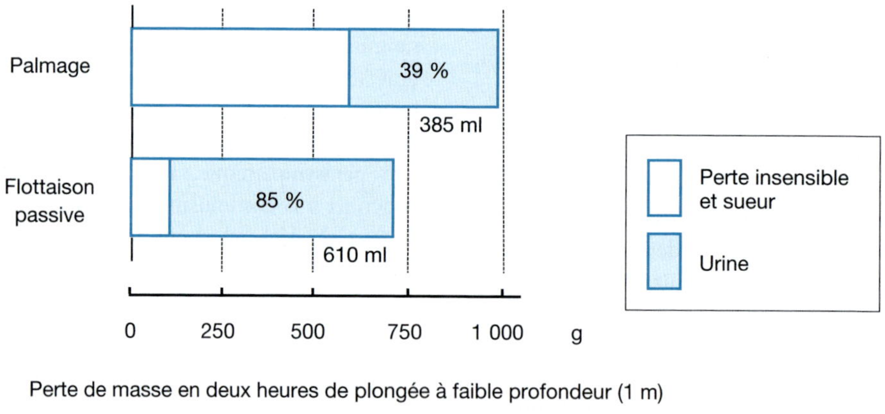

Figure 2.12. Une charge chaude majore la perte de masse due à l'immersion.
En l'absence d'activité physique, donc de charge thermique chaude, et avec une protection vestimentaire qui s'oppose au refroidissement, la perte de masse est essentiellement urinaire (réponse rénale à l'hypervolémie fonctionnelle d'immersion). Avec la même protection et la même température d'eau, l'activité musculaire constitue une charge chaude qui déclenche la sudation. L'augmentation de volémie efficace due à l'immersion ne nécessite alors qu'un moindre débit urinaire.
Source : D'après Castagna O, Desruelle AV, Blatteau JE, et al. Alterations in body fluid balance during fin swimming in 29 °C water in a population of special forces divers. Int J Sports Med. 2015;36(14):1125-33.

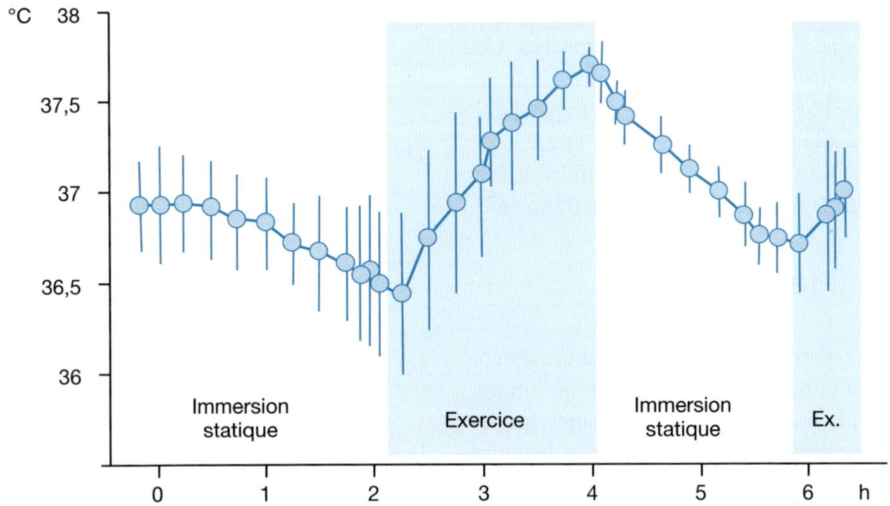

Figure 2.13. Température profonde au cours des 6 heures d'immersion dans de l'eau à 15 °C.
Changements de la moyenne des températures rectales de neuf sujets sains vêtus de combinaison en néoprène. Faible pendant la première heure, la diminution s'accélère pendant la seconde heure d'immobilité. La température augmente rapidement avec l'exercice effectué pendant 2 heures où le vêtement limite l'élimination de la chaleur. Après arrêt de l'activité physique, la température profonde diminue plus rapidement qu'au début de l'immersion (la vasodilatation rémanente dans les tissus superficiels accélère la déperdition thermique).
Source : D'après Louge P, Montmayeur A, Cantais E, et al. Suivi de paramètres physiologiques au cours de plongées sèches et humides avec respiration prolongée de mélanges hyperoxiques. Medsubhyp. 2001;11:85-93.

Effets de l'immersion et protections

Lors de l'immersion en eau calme ou en l'absence de mouvement, la vasoconstriction se développe rapidement et limite la perte de chaleur. En cas de mouvements, celle-ci est beaucoup plus grande en raison de l'augmentation de convection et aussi parce que l'augmentation de débit sanguin nécessitée par l'activité musculaire contrarie la vasoconstriction. C'est la raison pour laquelle il est recommandé aux naufragés de ne pas avoir d'activité physique importante [48]. Le port d'un vêtement de protection thermique ajoute une isolation passive, et il a été observé qu'avec des vêtements de néoprène la perte de chaleur est sensiblement ralentie [44,45,49]. En cas d'activité physique soutenue le vêtement gêne la dissipation de la chaleur (figure 2.13). Avec la descente en profondeur l'augmentation de pression hydrostatique comprime le néoprène et diminue sa capacité d'isolation thermique.

Les vêtements étanches sont revêtus par-dessus des vêtements protecteurs secs et nécessitent d'ajuster leur volume gazeux aux variations de pression ambiante. Sur certains chantiers de plongeurs professionnels la protection contre le froid est assurée par l'utilisation d'habits à eau chaude : de l'eau chauffée en surface est amenée via l'ombilical du plongeur et dispersée dans l'habit.

Échanges thermiques dans les voies aériennes

En normobarie, la respiration d'air ambiant au repos peut conduire à une faible déperdition par évaporation de mucus des voies aériennes pour humifier et réchauffer le gaz inspiré qui se sature en vapeur d'eau dans les petites bronches et les espaces alvéolaires. Le refroidissement de la partie haute de l'arbre bronchique est maximum lors de l'inhalation d'air sec [50]. Le refroidissement et le dessèchement stimulent l'activité parasympathique dans les bronches, augmentent le débit sanguin de la muqueuse [51] et tendent à contracter le muscle lisse bronchique. Cette condition de refroidissement bronchique principalement évaporatoire est fréquente avec les appareils respiratoires en circuit ouvert (refroidissement par la détente de l'air du réservoir). En profondeur, l'augmentation de masse volumique du gaz ventilé accroît la dissipation thermique convective dans les bronches. Cet effet est fortement majoré par la substitution de l'azote par de l'hélium dans le mélange respiré [52]. En ventilation en circuit fermé, le gaz inhalé ne se refroidit pas mais peut au contraire être réchauffé après passage dans la chaux sodée du recycleur [47].

Ce qu'il faut retenir

L'équilibre thermique est plus difficilement conservé en immersion et en plongée qu'à terre. Les effets physiologiques des contraintes froides ou chaudes augmentent rapidement avec le temps d'exposition et peuvent impacter sensiblement les fonctions circulatoire, respiratoire et le confort.

Références

[30] Castagna O, Michoud G, Prevautel T, et al. Broad individual immersion-scattering of respiratory compliance likely substantiates dissimilar breathing mechanics. Sci Rep 2021 ; 11(1) : 9434.

[31] Castagna O, Blatteau JE, Vallée N, et al. The underestimated compression effect of neoprene wetsuit on divers hydromineral homeostasis. Int J Sports Med 2013 ; 34(12) : 1043-50.

[32] Castagna O, Blatteau JE, Druelle A, et al. Oxygen uptake ($V'O_2$) and pulmonary ventilation (V'E) during military surface fin swimming in a swimming flume: effects of surface immersion. Front Physiol 2023 ; 14 : 1145204.

[33] Thalmann ED, Sponholtz DK, Lundgren CEG. Effects of immersion and static lung loading on submerged exercise at depth. Undersea Biomed Res 1979 ; 6(3) : 259-90.

[34] Lundgren CE. Immersion effects. In : Lundgren CE, Miller JN, editors. The lung at depth. New York : Dekker ; 1999. p. 91-128.

[35] Moon RE, Cherry AD, Stolp BW, et al. Pulmonary gas exchange in diving. J Appl Physiol 2009 ; 106(2) : 668-77.

[36] Castagna O, Druelle A, Michoud G, et al. Individual changes in respiratory compliance upon immersion may predict susceptibility to immersion pulmonary edema. Sports Med Open 2023 ; 9(1) : 39.

[37] Guyton AC, Lindsey AW, Abernathy B, et al. Venous return at various right atrial pressures and the normal venous return curve. Am J Physiol 1957 ; 189(3) : 609-15.

[38] Castagna O, Regnard J, Gempp E, et al. The key roles of negative pressure breathing and exercise in the development of interstitial pulmonary edema in professional male SCUBA divers. Sports Med Open 2018 ; 4(1) : 1.

[39] Peiffer C, Poline JB, Thivard L, et al. Neural substrate for the perception of acutely induced dyspnea. Am J Respir Crit Care Med 2001 ; 163(4) : 951-7.

[40] Chauvin SR, Otoo-Appiah J, Zheng A, et al. Dyspnea induced by inspiratory loading limits dual-tasking in healthy young adults. PLoS One 2023 ; 18(5) : e0286265.

[41] Warkander DE, Norfleet WT, Nagasawa GK, et al. CO_2 retention with minimal symptoms but severe dysfunction during wet simulated dives to 6.8 atm abs. Undersea Biomedical Res 1990 ; 17(6) : 515-23.

[42] Burnet H, Lucciano M, Jammes Y. Respiratory effects of cold gas breathing in humans under hyperbaric environment. Respir Physiol 1990 ; 81(3) : 413-24.

[43] Mourot L, Bouhaddi M, Gandelin E, et al. Cardiovascular autonomic control during short-term thermoneutral and cool head-out immersion. Aviat Space Environ Med 2008 ; 79(1) : 14-20.

[44] Jimenez C, Regnard J, Robinet C, et al. Whole body immersion and hydromineral homeostasis : effect of water temperature. Eur J Appl Physiol 2010 ; 108(1) : 49-58.

[45] Riera F, Horr R, Xu X, et al. Thermal and metabolic responses of military divers during a 6-hour static dive in cold water. Aviat Space Environ Med 2014 ; 85(5) : 509-17.

[46] Shattock MJ, Tipton MJ. "Autonomic conflict" : a different way to die during cold water immersion? J Physiol 2012 ; 590(14) : 3219-30.

[47] Castagna O, Desruelle AV, Blatteau JE, et al. Alterations in body fluid balance during fin swimming in 29 °C water in a population of special forces divers. Int J Sports Med 2015 ; 36(14) : 1125–33.

[48] Boutelier C. Survie et protection des équipages en cas d'immersion accidentelle en eau froide. Neuilly-sur-Seine : AGARD, OTAN, Groupe consultatif pour le développement de la recherche aérospatiale ; 1979. Rapport No AGARD-AG-211(FR).

[49] Louge P, Montmayeur A, Cantais E, et al. Suivi de paramètres physiologiques au cours de plongées sèches et humides avec respiration prolongée de mélanges hyperoxiques. Bull Medsubhyp, supplément 2001 ; 11 : 85–93.

[50] Gilbert I, Regnard J, Lenner KA, et al. Intrathoracic airstream temperatures during acute expansions of thoracic blood volume. Clin Sci (Lond) 1991 ; 81(5) : 655–61.

[51] Agostoni PG, Arena V, Doria E, et al. Inspired gas relative humidity affects systemic to pulmonary bronchial blood flow in humans. Chest 1990 ; 97(6) : 1377–80.

[52] Varène P, Vieillefond H, Guénard H, et al. Échanges thermiques respiratoires par convection respiratoire au niveau de la mer et en plongée. Brétigny: Centre d'essais en vol 1973. Rapport n° 998.

Chapitre 3

Physiologie de la plongée en apnée

Frédéric Lemaitre, Fabrice Joulia, Pierre Louge

Introduction

L'apnée se caractérise par un arrêt volontaire des mouvements respiratoires chez un plongeur. Cette suspension de la ventilation affecte le système cardiovasculaire et provoque des modifications cardiaques et circulatoires, communément appelé « réflexe de plongée ». Ces modifications comprennent une réponse bradycardique, une diminution du débit cardiaque ($\dot{Q}c$), une vasoconstriction périphérique via une augmentation du tonus sympathique [1] et une augmentation de la pression artérielle (PA) [2]. Le sang est alors redirigé vers les organes oxygéno-dépendants, particulièrement le cerveau et le cœur.

L'apnée entraîne également une contraction de la rate. La rate est un organe dont le rôle est majeur dans les situations de stress (immunité, hémorragie, apnée…). Lors d'apnées répétées, la contraction splénique libère dans la circulation sanguine des hématies qui, bien que peu fonctionnelles, permettraient d'augmenter le temps d'apnée [3]. En l'absence de ventilation, le gaz alvéolaire n'est pas renouvelé alors que la respiration cellulaire continue, ce qui entraîne la diminution de pression partielle artérielle en oxygène (PaO_2) et l'augmentation (plus lente du fait de la plus grande solubilité du CO_2) de pression artérielle du dioxyde de carbone ($PaCO_2$) [4]. Lorsque la valeur de la $PaCO_2$ devient trop importante, il est possible d'observer des contractions musculaires involontaires du diaphragme (phase de lutte) à l'origine de sensations désagréables qui favorisent la reprise ventilatoire [5]. Dans l'eau, l'apnéiste subit les contraintes liées à l'immersion et aux variations de pression dont les conséquences physiologiques se cumulent avec celles de l'apnée et de l'effort à réaliser.

L'histoire moderne de la plongée sportive en apnée débute avec le record réalisé par l'Italien Raimondo Bucheren en 1949 atteignant la profondeur de 30 m dans le golfe de Naples. À cette époque les physiologistes pensaient qu'il était impossible de dépasser la profondeur de 50 m sans que la pression ne cause une atteinte irréversible. En 1962, Enzo Maïorca fut le premier à contredire cette supposition en atteignant 51 m. En 1976, Jacques Mayol fut le premier homme à dépasser la frontière des 100 m en atteignant 101 m, puis 105 m en 1983, performance qui ne fut dépassée qu'en 1996. En 1958, la CMAS (Confédération mondiale des activités subaquatiques) a été créée pour permettre le développement des activités subaquatiques mais c'est à l'AIDA (Association internationale pour le développement de l'apnée) née en 1992 à Nice que nous devons les premières règles de compétition, les validations de records dans le domaine de l'apnée sportive et donc l'essor de cette discipline au niveau mondial avec la naissance en 1999 de AIDA International.

Réponse physiologique à l'apnée : le réflexe de plongée (ou *diving reflex*)

Les différents mécanismes du réflexe de plongée contribuent à économiser les stocks d'oxygène de l'apnéiste et donc à prolonger son immersion [3]. Ce réflexe est d'abord déclenché par l'arrêt ventilatoire [5] et favorisé par l'immersion du visage, cela d'autant plus que la température de l'eau est froide. Ce mécanisme est lié à la présence de récepteurs cutanés faciaux, afférences des nerfs trijumeaux [6]. L'inhibition volontaire de l'activité des centres respiratoires, et l'absence de stimulation des récepteurs sensibles à l'étirement pulmonaires et intercostaux augmentent également l'activité vasoconstrictrice et cardio-inhibitrice [7].

Le réflexe de plongée peut être divisé en trois phases distinctes

Phase I

Dans la première phase une tachycardie et une hypotension se produisent au cours des 5 à 15 premières secondes de l'apnée avec immersion faciale [3] via des mécanismes baroréflexes [8]. Puis la fréquence cardiaque (FC) diminue progressivement au cours des 30 premières secondes (entre 15 et 59 %) [9]. Cette bradycardie résulte d'une augmentation de l'activité parasympathique via le nerf vague (figure 3.1) [10]. La pression artérielle est stable en raison d'une augmentation modérée de l'activité sympathique périphérique [11]. Au début de l'apnée, le volume pulmonaire est important, avec une pression intrathoracique élevée qui entrave le retour veineux et diminue donc le volume d'éjection systolique (VES) [8].

Phase II

Au cours d'une deuxième phase, la réponse cardiaque se stabilise indépendamment de la durée totale de l'apnée pour la plupart des apnéistes. Le débit cardiaque ($\dot{Q}c$) et le VES augmentent en raison de la forte vasoconstriction périphérique. Le débit sanguin artériel périphérique est diminué alors que le débit sanguin carotidien (DSC) est augmenté [12]. Le sang est ainsi préférentiellement redirigé vers les organes les plus oxygénodépendants, le cerveau et le cœur. L'augmentation des résistances vasculaires systémiques liée à l'intense vasoconstriction n'est pas compensée malgré la diminution du débit cardiaque, et se traduit par une augmentation progressive de la pression artérielle de 8 à 10 % en fin de phase II [2].

Phase III

Au-delà de 3 minutes ou environ 50-60 % de la durée de l'apnée, une dernière phase survient chez les seuls apnéistes experts [13]. La FC diminue à nouveau (d'environ 25 %) avec augmentation de la pression artérielle (PA), en partie due à la restauration du débit cardiaque grâce à un meilleur retour veineux accentué par les contractions diaphragmatiques involontaires. La réponse sympathique semble diminuer en raison des effets vasodilatateurs de l'hypercapnie et de l'adénosine [14] indiquant une stimulation des chémorécepteurs périphériques et centraux. L'activation du baroréflexe due à la vasoconstriction peut également accentuer cet effet. À la reprise ventilatoire, la bradycardie s'estompe et laisse place à une tachycardie compensatrice [15]. Sa durée et son intensité sont liées à la durée de l'apnée. Elle est maximale dans les 30 premières secondes et peut durer plusieurs minutes. Elle résulte de la vasodilatation qui suit l'émersion et de la libération dans le sang du CO_2 et de divers produits métaboliques comme les lactates accumulés dans les tissus pendant l'apnée [16].

Facteurs de variabilité de la réponse physiologique à l'apnée

Après le milieu dans lequel l'apnée est réalisée (eau ou air) et le niveau d'entraînement du pratiquant (voir paragraphe « Entraînements et prédispositions à l'apnée »), deux autres paramètres contribuent aux différences interindividuelles des réponses à l'apnée : l'âge et le sexe.

L'âge

Des études montrent que lors d'une apnée, les sujets jeunes présentent une bradycardie avec une modération progressive avec l'âge. La réponse à l'apnée est plus intense et se déclenche plus rapidement chez les enfants que chez les adultes [17]. La bradycardie et la vasoconstriction périphérique liées à l'apnée semblent diminuer avec l'âge. Ainsi,

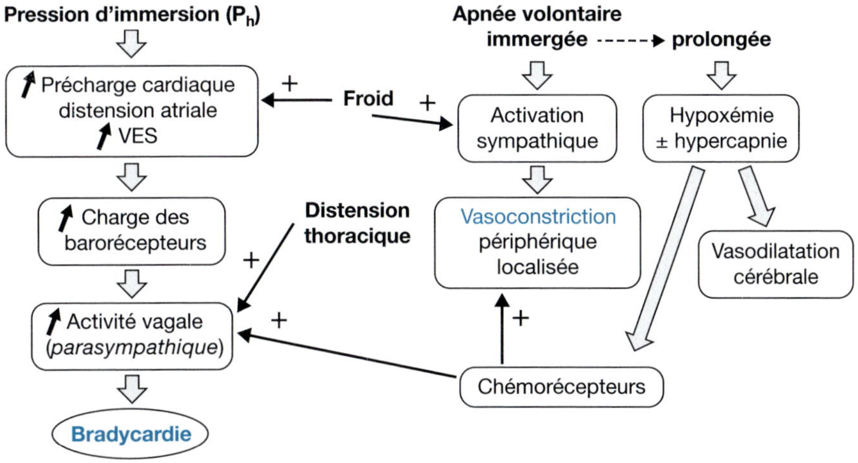

Figure 3.1. Le réflexe de plongée au cours d'une apnée statique.
L'immersion du corps augmente le retour veineux, la précharge cardiaque et met en charge les barorécepteurs (distension des oreillettes et des barorécepteurs aortiques et carotidiens), ce qui augmente l'activité vagale et réduit la fréquence cardiaque. Cet effet est majoré par le refroidissement du corps (vasoconstriction périphérique) et par celui du visage (stimulation d'afférences cutanées trigéminées). L'apnée en immersion provoque aussi une vasoconstriction sympathique localisée (téguments et muscles des membres) modérée et plus importante en eau froide. Cette vasoconstriction périphérique est facilitée lorsque le volume gazeux pulmonaire est faible. Ainsi, la grande précharge cardiaque et la limitation du débit périphérique favorisent la perfusion sanguine cardiaque et cérébrale au fil de l'apnée et de l'utilisation de l'oxygène. L'hypoxémie s'accentue jusqu'à la détection de l'hypoxie et de l'hypercapnie par les chémorécepteurs aortiques et carotidiens. L'hypercapnie et l'hypoxie favorisent aussi la vasodilatation carotidienne et cérébrale tandis que l'hypoxie majore la vasoconstriction périphérique. Le débit sanguin est ainsi davantage orienté vers les deux organes majeurs oxygéno-dépendants.
P_h : pression hydrostatique ; VES : volume d'éjection systolique.

les plongeurs Ama plus âgés ont des réactions cardiovasculaires moins prononcées à l'apnée que leurs homologues plus jeunes. La diminution du tonus parasympathique et l'altération de la structure des vaisseaux sanguins avec l'âge peuvent contribuer à ce changement [18].

Le sexe

Il existe peu d'études comparatives hommes-femmes malgré le nombre croissant de pratiquants et pratiquantes. Dans leur étude sur 11 hommes et 11 femmes, appariés pour la capacité pulmonaire et la taille corporelle, Jay et White (2006) [19] n'ont trouvé aucune différence entre les hommes et les femmes pour la durée maximale d'apnée réalisée hors de l'eau avec immersion du visage. Plus récemment, Cherouveim et al. (2013) [20] n'ont pas observé de différence de temps d'apnée statique entre huit hommes et huit femmes, tous non entraînés à l'apnée, malgré une concentration sanguine en hémoglobine, des volumes gazeux pulmonaires et une capacité d'exercice aérobie plus grands chez les hommes que chez les femmes. Ces auteurs ont également observé pendant l'apnée une augmentation plus élevée des résistances vasculaires systémiques et une réduction plus importante du débit cardiaque chez les hommes que chez les femmes, vraisemblablement en raison d'une plus grande mise en jeu sympathique masculine pour la régulation de la pression artérielle [21]. Toutefois, ces profils hémodynamiques distincts ne sont pas confirmés par les résultats de Tocco et al. (2012) [22]. Pour Magnani et al. (2017) [23], la diminution du débit cardiaque (via le volume d'éjection systolique) est plus prononcée, et plus rapidement, chez les femmes que chez les hommes lors d'une apnée statique maximale hors de l'eau. Chez les femmes, la durée de l'apnée semble également différente selon la phase du cycle menstruel : le temps d'apnée statique est plus long en phase mi-lutéale qu'en phase folliculaire précoce sans autre incidence sur le réflexe de plongée proprement dit [24].

Conséquences du réflexe de plongée

Le réflexe de plongée est une forme d'adaptation à l'apnée qui optimise l'utilisation de l'oxygène par la bradycardie et la redistribution du débit sanguin au profit des organes les plus oxygéno-sensibles (cerveau et cœur) au détriment des muscles squelettiques. Il permet la prolongation de l'apnée et se majore avec l'entraînement. En revanche, associé à la vasodilatation cérébrale induite par l'hypercapnie et à l'augmentation de la pression artérielle systolique (de 160 à 300 mmHg) [25], il peut être à l'origine d'une augmentation importante de la pression intracrânienne.

Conséquences de l'immersion et des variations de pression

Le transfert de masse sanguine vers les vaisseaux du tronc et la circulation pulmonaire est estimé à 700 mL pour la seule immersion (voir « Éléments de physiologie cardiovasculaire »). Au cours de la descente, la pression intrathoracique est peu différente de la pression hydrostatique jusqu'à la profondeur où le volume résiduel est atteint, soit environ 30 m (4 bar). Au-delà, la cage thoracique est en dépression. La différence de pression entre la cage thoracique (pression pleurale et pression alvéolaire) et la pression hydrostatique qui s'exerce sur le réseau vasculaire attire un volume sanguin qui vient occuper une partie du volume disponible et réduire le déséquilibre pressionnel. Le volume sanguin thoracique peut ainsi atteindre 1 500 mL à grande profondeur. La diminution des volumes gazeux pulmonaires et du volume thoracique peut être majeure chez l'apnéiste entraîné ayant développé une hyperlaxité thoracique et diaphragmatique. On décrit alors un gros cœur congestif dans un milieu pseudo-liquide incompressible, dont les conséquences physiologiques sont mal connues. En outre, les variations rapides de la pression ambiante (descente sur lest, locoplongeur, remontée sur treuil) associées à des poussées d'hypertension artérielle et d'hypoxie pourraient déclencher une altération de la barrière hémato-méningée, une perte de l'autorégulation du débit sanguin cérébral et conduire à des œdèmes cérébraux vasogéniques et/ou cytotoxiques [26].

Entraînements et prédispositions à l'apnée

Quelle que soit la discipline concernée, s'intéresser à la notion de performance sportive pose la question des effets respectifs des prédispositions et de l'entraînement à la discipline. Plusieurs réponses ont déjà été apportées à propos des adaptations génétiques à l'apnée dans certaines populations. Des mutations du gène *PDE10A* en relation avec la taille de la rate ont été mises en évidence [27] comme sur le gène *BDKRB2*, impliqué dans le réflexe de plongée. Cialoni et al. [28] considèrent toutefois que la performance des apnéistes est préférentiellement liée à un effet de l'entraînement.

Une accentuation du réflexe de plongée peut être observée après seulement 2 semaines d'un entraînement spécifique si les durées d'apnées et le nombre d'apnées sont suffisamment importants [29]. Des résultats récents montrent que les apnéistes entraînés ont une meilleure chémosensibilité à l'hypoxie poïkilocapnique mais sans modifications de leur réponse au CO_2 (figure 3.2) [30].

Une des adaptations parfois observées chez les apnéistes entraînés est une augmentation de la concentration sanguine en érythropoïétine (EPO) lors de la réalisation d'apnées dynamiques. Elle n'est pas retrouvée lors des apnées statiques pour lesquelles la demande énergétique globale est moindre [31].

Effectuée par une personne qui ne la pratique pas, l'apnée dynamique s'accompagne d'une augmentation de la lactatémie et de la production des radicaux libres oxygénés. Mais pour des durées d'apnée et des intensités similaires d'exercice, après 3 mois d'entraînement régulier en apnée dynamique on observe une moindre augmentation de la lactatémie tandis que le stress oxydatif ne s'exprime plus. Ainsi, un entraînement spécifique à l'apnée modifie à la fois l'intensité du réflexe de plongée et le métabolisme musculaire [16].

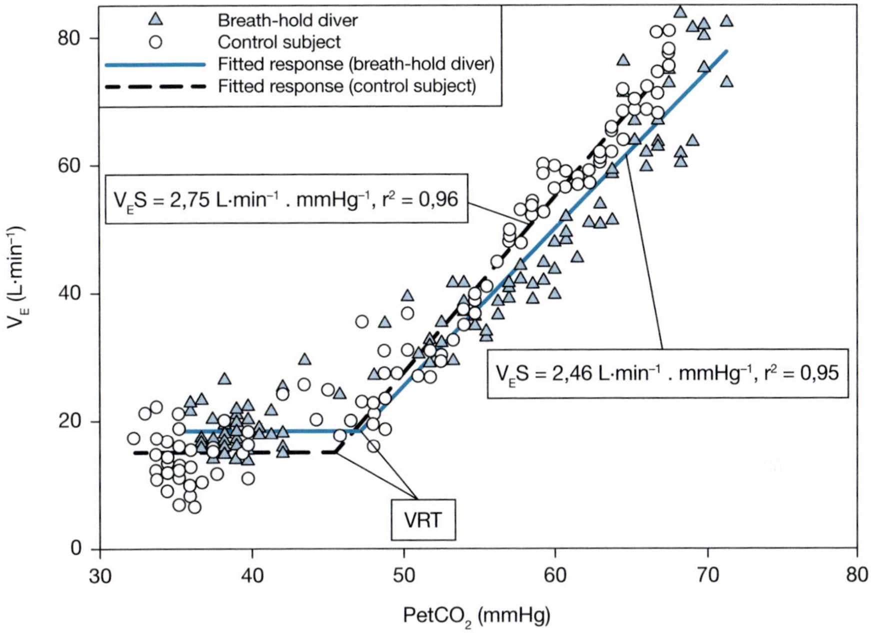

Figure 3.2. Réponses ventilatoires à l'hypercapnie identiques chez un apnéiste de haut niveau (trait plein) et un non apnéiste (trait pointillé).

$PetCO_2$: pression partielle de CO_2 en fin d'expiration ; r^2 : coefficient de détermination ; VRT : seuil de recrutement ventilatoire ; V_E : débit ventilatoire ; V_ES : sensibilité au dioxyde de carbone (pente).

Source : D'après Costalat G, Pichon A, Coquart J, et al. Cardio-ventilatory responses to poikilocapnic hypoxia and hypercapnia in trained breath-hold divers. Respir Physiol Neurobiol. 2014;192:48-54.

Références

[1] Heusser K, Dzamonja G, Tank J, et al. Cardiovascular regulation during apnea in elite divers. Hypertension 2009 ; 53(4) : 719-24.

[2] Lindholm P, Lundgren CE. The physiology and pathophysiology of human breath-hold diving. J Appl Physiol (1985) 2009 ; 106(1) : 284-92.

[3] Palada I, Obad A, Bakovic D, et al. Cerebral and peripheral hemodynamics and oxygenation during maximal dry breath-holds. Respir Physiol Neurobiol 2007 ; 157(2-3) : 374-81.

[4] Bosco G, Paganini M, Rizzato A, et al. Arterial blood gases in divers at surface after prolonged breath-hold. Eur J Appl Physiol 2020 ; 120(2) : 505-12.

[5] Lin YC, Shida KK, Hong SK. Effects of hypercapnia, hypoxia, and rebreathing on circulatory response to apnea. J Appl Physiol Respir Environ Exerc Physiol 1983 ; 54(1) : 172-7.

[6] Schuitema K, Holm B. The role of different facial areas in eliciting human diving bradycardia. Acta Physiol Scand 1988 ; 132(1) : 119-20.

[7] Gooden BA. Mechanism of the human diving response. Integr Physiol Behav Sci 1994 ; 29(1) : 6-16.

[8] Ferrigno M, Hickey DD, Liner MH, et al. Simulated breath-hold diving to 20 meters : cardiac performance in humans. J Appl Physiol 1987 ; 62(6) : 2160-7.

[9] Costalat G, Coquart J, Castres I, et al. The oxygen-conserving potential of the diving response : a kinetic-based analysis. J Sports Sci 2017 ; 35(7) : 678-87.

[10] Hayashi N, Ishihara M, Tanaka A, et al. Face immersion increases vagal activity as assessed by heart rate variability. Eur J Appl Physiol Occup Physiol 1997 ; 76(5) : 394-9.

[11] Macefield VG, Gandevia SC, Henderson LA. Neural sites involved in the sustained increase in muscle sympathetic nerve activity induced by inspiratory capacity apnea : a fMRI study. J Appl Physiol 2006 ; 100(1) : 266-73.

[12] Joulia F, Lemaitre F, Fontanari P, et al. Circulatory effects of apnoea in elite breath-hold divers. Acta Physiol (Oxf) 2009 ; 197(1) : 75-82.

[13] Costalat G, Coquart J, Castres I, et al. Hemodynamic adjustments during breath-holding in trained divers. Eur J Appl Physiol 2013 ; 113(10) : 2523-9.

[14] Marlinge M, Chefrour M, Billaut F, et al. Blood adenosine increase during apnea in spearfishermen reinforces the efficiency of the cardiovascular com-

ponent of the diving reflex. Front Physiol 2021 ; 12 : 743154.

[15] Lemaitre F, Bernier F, Petit I, et al. Heart rate responses during a breath-holding competition in well-trained divers. Int J Sports Med 2005 ; 26(6) : 409-13.

[16] Joulia F, Steinberg JG, Wolff F, et al. Reduced oxidative stress and blood lactic acidosis in trained breath-hold human divers. Respir Physiol Neurobiol 2002 ; 133(1-2) : 121-30.

[17] Foster GE, Sheel AW. The human diving response, its function, and its control. Scand J Med Sci Sports 2005 ; 15(1) : 3-12.

[18] Holm B, Schagatay E, Kobayashi T, et al. Cardiovascular change in elderly male breath-hold divers (Ama) and their socio-economical background at Chikura in Japan. Appl Human Sci 1998 ; 17(5) : 181-7.

[19] Jay O, White MD. The combined effects of local contact force and lower arm cooling upon cutaneous blood cell velocity of the fingertip. Eur J Appl Physiol 2006 ; 97(3) : 332-9.

[20] Cherouveim ED, Botonis PG, Koskolou MD, et al. Effect of gender on maximal breath-hold time. Eur J Appl Physiol 2013 ; 113(5) : 1321-30.

[21] Hart EC, Charkoudian N. Sympathetic neural regulation of blood pressure : influences of sex and aging. Physiology (Bethesda) 2014 ; 29(1) : 8-15.

[22] Tocco F, Crisafulli A, Melis F, et al. Cardiovascular adjustments in breath-hold diving : comparison between divers and non-divers in simulated dynamic apnoea. Eur J Appl Physiol 2012 ; 112(2) : 543-54.

[23] Magnani S, Mulliri G, Sainas G, et al. Occurrence of cardiac output decrease (via stroke volume) is more pronounced in women than in men during prolonged dry static apnea. J Appl Physiol (1985) 2018 ; 124(2) : 349-55.

[24] Cherouveim ED, Botonis PG, Tsakiris T, et al. The effect of menstrual cycle on maximal breath-hold time. Respir Physiol Neurobiol 2020 ; 274 : 103381.

[25] Patrician A, Dujić Z, Spajić B, et al. Breath-hold diving — the physiology of diving deep and returning. Front Physiol 2021 ; 12 : 639377.

[26] Cross TJ, Kavanagh JJ, Breskovic T, et al. Dynamic cerebral autoregulation is acutely impaired during maximal apnoea in trained divers. PLoS One 2014 ; 9(2) : e87598.

[27] Ilardo MA, Moltke I, Korneliussen TS, et al. Physiological and genetic adaptation to diving in sea nomads. Cell 2018 ; 173(3) : 569-580.e15.

[28] Cialoni D, Brizzolari A, Samaja M, et al. Endothelial nitric oxide production and antioxydant response in breath-hold diving : genetic predisposition or environmental related ? Front Physiol 2021 ; 12 : 692204.

[29] Engan H, Richardson M, Lodin-Sundström A, et al. Effects of two weeks of daily apnea training on diving response, spleen contraction, and erythropoiesis in novel subjects. Scan J Med Sci Sports 2013 ; 23(3) : 340-8.

[31] Costalat G, Pichon A, Coquart J, et al. Cardio-ventilatory responses to poikilocapnic hypoxia and hypercapnia in trained breath-hold divers. Respir Physiol Neurobiol 2014 ; 192 : 48-54.

[32] Elia A, Barlow MJ, Deighton K, et al. Erythropoietic responses to a series of repeated maximal dynamic and static apnoeas in elite and non-breath-hold divers. Eur J Appl Physiol 2019 ; 119(11-12) : 2557-65.

Chapitre 4

Échanges de gaz, bulles et décompression

Bernard Gardette, François Guerrero, Julien Hugon, Michael Theron

Points clés

- Pendant la plongée, les échanges de gaz sont modifiés à la suite des variations de pression des gaz ventilés. Lors d'une décompression, la pression de gaz dans les tissus devient supérieure à la pression ambiante (sursaturation).
- Les modèles d'échange de gaz utilisés pour la gestion des décompressions considèrent des compartiments théoriques définis par leur temps de demi-saturation ; la solubilité des gaz, les débits de perfusion et la diffusion sont des facteurs clés des échanges de gaz.
- Les gaz impliqués (gaz inertes et gaz respiratoires) ont des comportements différents et modulent le niveau de sursaturation à travers des phénomènes comme la contre-diffusion isobare et la fenêtre oxygène.
- La désaturation est souvent accompagnée de la formation de bulles dans les tissus ou la circulation sanguine. Bien que les bulles soient associées aux ADD, leur présence n'est pas toujours suffisante pour initier un accident. La détection des bulles circulantes fournit des indications sur le stress de décompression, mais n'est pas un prédicteur parfait des ADD.

Depuis que la plongée existe, la décompression (au cours de la remontée) a toujours été la phase la plus délicate et à l'origine du plus grand nombre d'accidents. En effet le plongeur peut toujours interrompre une plongée mais il paiera malheureusement ses erreurs à son retour en surface ou dans les heures qui suivent en développant un accident de désaturation ou de décompression (ADD). Ces ADD sont liés (entre autres) aux échanges de gaz au sein de l'organisme pendant et à l'issue de la plongée. Nous aborderons donc les échanges tissulaires de gaz avant d'aborder le problème des bulles chez le plongeur.

Échanges tissulaires

Principes généraux

La pression ambiante au niveau de la mer est de 1 013 hPa (1 ATA), au cours d'une plongée elle augmente proportionnellement à la profondeur. Pour chaque augmentation de 10 m de profondeur, le plongeur est exposé à une pression supplémentaire de 1 000 hPa (environ 1 ATA). Dans ces conditions, et dans la mesure où le détendeur délivre un mélange gazeux à la pression à laquelle se trouve le plongeur, les pressions partielles des gaz ventilés augmentent dans les mêmes proportions. Les échanges de gaz vont donc se trouver modifiés en plongée (ou, de façon plus générale, en environnement hyperbare) conformément à la loi de Henry qui stipule qu'à température constante et à saturation, la quantité de gaz dissout dans un liquide est proportionnelle à la pression (partielle) qu'exerce ce gaz sur le liquide.

L'augmentation des pressions partielles de l'oxygène et des gaz inertes (azote ou hélium) respirés au cours de la descente et du séjour au fond crée un gradient de pression entre le gaz inspiré et le reste des tissus de l'organisme, initialement saturés

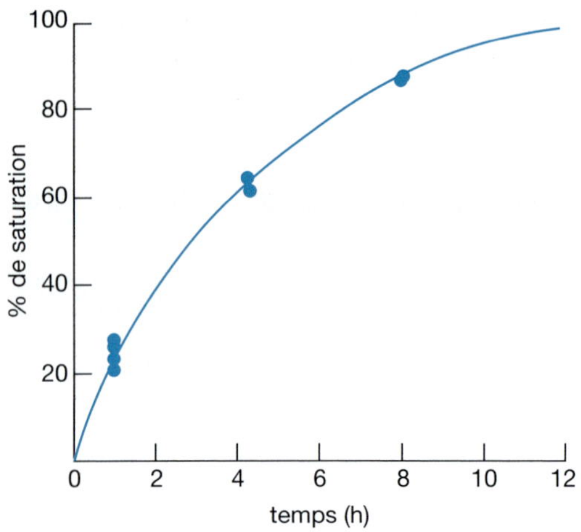

Figure 4.1. Cinétiques de saturation.
Saturation de la moelle osseuse (en % de saturation) en fonction du temps de séjour en environnement hyperbare (en heure) chez la chèvre exposée à l'air à une pression de 3 atmosphères.
Source : Campbell JA, Hill L. Studies in saturation of the tissues with gaseous nitrogen. I. Rate of saturation of goat's bone marrow in vivo with nitrogen during exposure to increased atmospheric pressure. J Exp Physiol. 1933;23(1):197-210. https://doi.org/10.1113/expphysiol.1933.sp000594.

au niveau de la mer. Les gaz se dissolvent alors dans les tissus qui tendent vers un nouvel état de saturation, qui n'est généralement atteint que dans le cadre de plongées longues dites pour cela « en saturation ». La cinétique d'absorption des gaz respirés par les tissus est bien décrite par une fonction exponentielle (figure 4.1). Dans la mesure où l'O_2 est consommé par le métabolisme, on considère généralement que seuls les gaz diluants, non métabolisés, s'accumulent dans les tissus.

Lorsque le plongeur commence à remonter, le gradient de pression s'inverse et les tissus commencent à dégazer suivant une cinétique inverse, elle aussi de forme exponentielle. Il semble cependant que les vitesses de désaturation soient légèrement inférieures à celles de saturation, la différence étant d'autant plus marquée que le gradient de pression est important. L'hypothèse avancée pour expliquer cette diminution de la vitesse d'élimination de l'azote est la présence de bulles qui « piégeraient » l'azote ce qui diminuerait sa fraction dissoute et donc la P_{N_2} (pression partielle d'azote), aboutissant ainsi à un gradient alvéolo-capillaire plus faible.

Les quatre grandes étapes du transport des gaz vers les tissus sont la convection ventilatoire, la diffusion alvéolo-capillaire, la convection sanguine et la diffusion tissulaire. Depuis les travaux de Haldane [2] les deux premières de ces étapes (depuis les gaz ventilés jusqu'au sang artériel) sont considérées comme quasi instantanées et donc négligeables pour l'analyse de la dynamique des échanges de gaz en plongée. L'enjeu est donc de comprendre les deux dernières étapes du transport des gaz qui incluent l'apport des gaz par la circulation sanguine dans les lits capillaires ainsi que la diffusion depuis ces derniers jusqu'aux tissus.

L'apport de gaz par perfusion des organes et tissus dépend tout d'abord de leur solubilité puisque la concentration d'un gaz dans un liquide est le produit de sa pression partielle et de son coefficient de solubilité (loi de Henry). Les deux gaz inertes couramment utilisés dans le cadre de la plongée humaine, l'azote et l'hélium, ont des comportements très différents dans le sang : l'azote est 50 % plus soluble dans le sang et près de quatre fois plus dans les graisses que l'hélium. Ainsi pour une même pression partielle de gaz, les capacités de transport de l'azote dans le sang sont bien plus élevées que celles de l'hélium.

La solubilité n'est pas le seul facteur à prendre en compte puisque l'apport de gaz vers les organes et tissus dépend directement du débit de perfusion (sachant que ce dernier est tissu-dépendant et de plus, variable dans le temps). Ainsi, on considère que les tissus les mieux perfusés (foie, rein, cerveau, cœur) saturent et désaturent plus rapidement que les tissus peu perfusés (graisses). De façon analogue, il a été montré sur l'animal in vivo que l'augmentation de la capacité de transport des gaz par le système cardiocirculatoire (débit cardiaque et perfusion tissulaire) augmente la vitesse d'élimination de l'azote dans les compartiments les plus lents, suggérant ainsi que la perfusion y est plus limitante que dans les autres. Aukland et al. [3], se basant sur le principe de Fick, ont établi que les variations de quantité d'un gaz dans un tissu sont proportionnelles à la différence de pression artério-veineuse de ce gaz et au débit de perfusion.

La question de la diffusion des gaz entre les capillaires et les tissus est extrêmement complexe et variable selon les tissus. En effet, elle dépend également du coefficient de diffusion du gaz considéré à l'interface entre le sang et le tissu et au sein du tissu. Ce coefficient dépend lui-même de l'architecture et des propriétés de l'échangeur : la surface d'échange, la densité des capillaires, les distances intercapillaires.

Face à la complexité du jeu des différents facteurs impliqués dans le transfert des gaz vers les tissus, la solution de Haldane [2] a été de proposer des compartiments indépendants les uns des autres et définis simplement par leur temps de demi-saturation. Cette solution a l'avantage de la simplicité (les processus que nous avons envisagés précédemment sont passés sous silence) mais laisse entière la question du poids des paramètres impliqués dans les vitesses d'échange des gaz. Bien que l'on assimile parfois un compartiment à un type de tissu, les données expérimentales indiquent qu'à l'échelle de tissus comme la moelle osseuse, le cerveau ou le muscle squelettique, la cinétique des échanges gazeux est le plus souvent mieux décrite par des modèles pluriexponentiels (et donc, théoriquement composés de plusieurs compartiments) que monoexponentiels.

Plus particulièrement, la question de la limitation des échanges gazeux par les phénomènes diffusifs ou convectifs est régulièrement abordée depuis plusieurs décennies. Les modélisations des échanges de gaz vers les tissus se sont, dans un premier temps, appuyées sur un *a priori* identique à celui que Haldane avait proposé : la structure des échangeurs tissulaires est optimisée pour favoriser la diffusion ce qui implique que la diffusion n'est pas limitante. Les modèles d'échanges de gaz basés sur cette approche ont donc été centrés sur la limitation des apports dus au phénomène de convection sanguine. Néanmoins, des travaux visant à évaluer les débits sanguins dans différents tissus (en utilisant le principe de Fick et différents gaz : krypton [Kr], hydrogène, xénon [Xe]...) montrent que l'hypothèse d'une limitation des échanges de gaz basée uniquement sur un phénomène de perfusion est insuffisante pour rendre fidèlement compte de leurs résultats expérimentaux. Doolette et al. [4] travaillant sur l'hélium ont montré que des résultats expérimentaux obtenus in vivo chez le mouton sont bien mieux reproduits par un modèle perfusion-diffusion que par un modèle limité uniquement par la perfusion. Enfin, Murphy et al. [5] ont confirmé l'intérêt de la prise en compte des phénomènes diffusifs pour la prévision des ADD.

Si l'intérêt potentiel de l'utilisation de modèles intégrant les processus de perfusion sanguine et de diffusion tissulaire semble bien établi, leur application au problème de la gestion de la décompression en plongée se heurte à la complexité de la prise en compte des aspects structurels des tissus ainsi que des variations dynamiques de perfusion.

Contre-diffusion isobare

Un cas particulier illustrant l'influence des différentiels de vitesse de diffusion est la contre-diffusion isobare (CDI). Ce phénomène décrit au début des années 1970 (et initialement attribué à des gradients de pression osmotique liés à la concentration en gaz dans les tissus) survient lors de changements de gaz sans variation de pression et peut être à l'origine d'accidents emboliques gazeux.

Deux situations peuvent être à l'origine de CDI : un changement de gaz respiratoire et un gaz ambiant différent du gaz respiratoire.

Dans ce dernier cas (la « vraie » CDI), lors d'un séjour en ambiance sèche dans un caisson, si un plongeur respire un mélange gazeux plus soluble et moins diffusible que le mélange extérieur (typiquement la ventilation d'air en ambiance d'hélium), la CDI peut être à l'origine d'apparition de bulles sous-cutanées ou dans l'oreille interne. En effet, dans ces conditions, une sursaturation stationnaire peut apparaître dans les tissus où les deux gaz vont diffuser dans des sens opposés.

Dans le cas des changements de gaz respiratoires, si un individu respirant un mélange gazeux comportant un gaz inerte plus soluble et moins diffusible passe à un gaz moins soluble et plus diffusible (par exemple de l'azote à l'hélium) l'azote présent dans les tissus sera éliminé lentement par la ventilation alors que l'hélium va pénétrer l'organisme rapidement, engendrant une sursaturation transitoire qui peut produire des bulles d'azote dans l'ensemble de l'organisme. Ce phénomène peut exister sans aucune modification de pression ambiante, mais peut être majoré si ce changement de gaz est effectué au cours d'une décompression.

Ce phénomène peut aussi survenir lors d'un passage d'un mélange héliox vers un nitrox. En effet il peut subsister une poche d'hélium dans l'oreille moyenne. Dans ce cas, l'hélium va diffuser vers le sang qui se charge en azote (par le bais des échanges respiratoires) et des bulles peuvent être produites dans la circulation de l'oreille interne.

Focus : azote versus hélium

Le comportement de ces deux gaz en décompression est très différent. Ceci tient essentiellement à leur coefficient de solubilité dans les lipides de l'organisme (le rapport des coefficients de solubilité entre l'azote et l'hélium est de 4,5 pour les graisses et de 2,2 pour l'ensemble de l'organisme).

L'hélium produit des bulles avec de faibles différences de pression mais si ces bulles sont détectées près de la surface, elles ne sont pas à l'origine d'ADD graves et s'éliminent rapidement. En revanche, si elles apparaissent à grande profondeur, étant très chargées en gaz, elles peuvent être à l'origine d'ADD.

L'azote est fortement stocké dans les graisses et les bulles circulantes ne sont pas représentatives de ce qui se passe dans l'organisme entier. L'ADD n'est plus dépendant uniquement de la table de décompression mais d'autres phénomènes tissulaires interviennent (troubles de la coagulation, inflammation…).

Pour sécuriser une « décompression N_2 » on jouera surtout sur l'O_2 (voir « Fenêtre oxygène ») et on pourra utiliser, dans la mesure du possible, le nitrox comme gaz de fond. En plongée *Tek*, où un trimix peut être utilisé, il est recommandé de ne pas dépasser 3 bars ou 30 % d'azote dans l'héliox.

Fenêtre oxygène

Un autre phénomène intéressant dans le cadre de la plongée sous-marine et de la gestion de la décompression est la fenêtre oxygène (FO).

La fenêtre oxygène est définie comme le différentiel artério-veineux des sommes des pressions partielles des deux gaz respiratoires, le dioxyde de carbone et l'oxygène.

La fenêtre oxygène est positive ; en effet, la somme des pressions partielles d'O_2 et de CO_2 est plus faible dans le sang veineux que dans le sang artériel.

Ceci est dû à plusieurs phénomènes. Tout d'abord, la production de CO_2 est inférieure ou égale à la consommation d'O_2. En effet, le quotient respiratoire (le rapport des vitesses de production de CO_2 et de la consommation d'O_2) est compris entre 0,7 et 1 en fonction des substrats utilisés par le métabolisme pour la production énergétique. Typiquement, au repos ou au cours d'exercices de faible intensité (lorsque les substrats utilisés sont principalement des lipides) la production de CO_2 est environ 30 % plus faible que la consommation d'oxygène. Ce phénomène est moins marqué lors d'efforts importants où les carbohydrates sont principalement utilisés et où le quotient respiratoire est proche de 1.

Ensuite, les modalités de transport des gaz respiratoires jouent sur la fenêtre oxygène. En effet, le CO_2 est transporté, comme l'oxygène, sous forme dissoute et sous forme liée à l'hémoglobine. Mais le CO_2 est aussi transporté sous forme d'ion bicarbonate (HCO_3^-) qui ne participe pas directement à la pression partielle en CO_2.

La conséquence de cette fenêtre oxygène est que, en dehors de toute variation de pression ambiante ou de modification des gaz ventilés, le compartiment veineux est sous-saturé par rapport au reste de l'organisme. Dans un contexte de plongée sous-marine, cette sous-saturation peut être mise à profit à la décompression pour réduire la sursaturation veineuse, la formation de bulles dans ce compartiment et éventuellement le risque d'accident de décompression associé.

Il est intéressant de noter que cette fenêtre oxygène peut être modulée en modifiant la composition des mélanges gazeux. En effet, comme expliqué par Haldane dès 1908 [2], en cas d'augmentation de la pression inspirée en O_2, la pression artérielle en O_2 (PaO_2) va à son tour augmenter. Or, l'oxygène est transporté sous forme liée à l'hémoglobine et sous forme dissoute. Dans le sang artériel, la saturation de l'hémoglobine est presque complète (entre 98 et 99 % de saturation ce qui permet à ce pigment respiratoire de transporter environ 200 mL d'O_2 par litre de sang artériel). Dans ces conditions, l'augmentation de PaO_2 se traduira presque uniquement par une augmentation de la fraction dissoute de l'oxygène, qui reste très modeste eu égard à la faible solubilité de l'O_2 dans le plasma sanguin (quelques $mL.L^{-1}$). Le résultat est que la quantité d'oxygène transporté dans le sang artériel ne va augmenter que très peu même si la pression partielle d'oxygène dans ce même compartiment augmente de façon importante. Globalement la consommation d'oxygène tissulaire à l'état de repos correspond à 25 % de l'oxygène transporté par voie sanguine (40 à 50 $mL.L^{-1}$), donc le faible surplus d'oxygène transporté sous forme dissoute va être très rapidement utilisé et la PO_2 va chuter à une valeur à peine plus élevée que la valeur normale dans les tissus puis dans le sang veineux. En conséquence, la FO va augmenter de façon quasi linéaire avec la pression inspirée en O_2.

Il est donc possible de maximiser la FO dans l'optique d'une réduction de la sursaturation veineuse (et d'une réduction du risque d'ADD) mais il est néanmoins important de ne pas atteindre les limites de toxicité de l'O_2 (effet Paul Bert et effet Lorrain-Smith).

Sursaturation et sursaturation critique

La sursaturation correspond à un état où la somme des pressions partielles de gaz dans un tissu est supérieure à la pression ambiante. Pour la quantifier, on calcule la différence entre ces deux grandeurs. Un état de sursaturation peut apparaître suite à une diminution de pression ambiante depuis un état de saturation (une montée en altitude, une sortie spatiale extravéhiculaire), une décompression en fin de plongée ou de séjour en environnement hyperbare (sans nécessairement que l'état de saturation des tissus ait été atteint), ou enfin, sans changement de pression ambiante, à la suite d'un changement de gaz inhalés ayant des vitesses de diffusion différentes (voir supra « Contre-diffusion isobare »).

La notion de sursaturation est fondamentale pour la gestion des procédures de décompression. En effet, à la fin du XIXe siècle, Paul Bert avait déjà essayé d'apporter des solutions aux accidents fréquents observés chez les « tubistes » (le mal des caissons). Il recommandait une décompression linéaire et lente. Les premières tables de décompression n'ont été mises au point par Haldane qu'en 1908 [2]. Son modèle de calcul fait intervenir des temps de demi-saturation permettant de calculer la charge en gaz inerte (en pression partielle d'azote ou d'hélium) des compartiments de l'organisme en fonction du temps. Il préconisait une remontée rapide jusqu'à la demi-pression avec un rapport de sursaturation maximal admissible (R) de 2. Il inventait ainsi la décompression moderne. Le modèle haldanien est toujours utilisé de nos jours, depuis plus de 100 ans, avec cependant désormais des valeurs de R différentes pour chaque compartiment.

Par la suite Workman [6] améliora la méthode de calcul en introduisant pour chaque compartiment une valeur M variable en fonction de la pression et de la vitesse de demi-saturation. M est conçue comme la différence de pression maximale permettant d'éviter l'apparition de bulles dans un tissu donné. Dans le cadre de cette approche, le rapport R n'est plus constant et diminue en fonction de la pression. Les valeurs R et M varient aussi en fonction du gaz inerte à éliminer (N_2 ou He). Pour les tissus rapides, ces valeurs sont plus faibles pour l'hélium que pour l'azote, ce qui donne des paliers plus profonds dans le cas de plongées en hélium.

Ces méthodes de calcul ont permis de mettre au point des tables de décompression de plus en plus sûres :

- GERS 65 air (Marine nationale 1965) ;
- CX 70 héliox (Comex 1970) ;
- RN 72 air (Royal Navy 1972) ;
- MT 74 air (ministère du Travail 1974) ;
- MN 78 trimix (Marine nationale 1978) ;
- MN 90 air (Marine nationale 1990) ;
- MT 92 air et héliox (ministère du Travail 1992).

Ces tables ont elles-mêmes permis de mettre au point les algorithmes des ordinateurs actuellement utilisés en plongée de loisir et *Tek*.

Bulles

Depuis les premières utilisations de l'échographie doppler, on sait que la désaturation s'accompagne très fréquemment de la formation de bulles dans les tissus et/ou le flux sanguin (sur le versant veineux, essentiellement). Il a été montré qu' un niveau de sursaturation de 35 kPa (3,5 m de profondeur) seulement suffit à générer la formation de bulles circulantes chez 50 % des plongeurs. Le paradigme actuel est que les bulles se forment au niveau de « points de nucléation » déjà présents dans les tissus avant la plongée. L'hypothèse initiale qui identifiait ces points de nucléation à des « noyaux gazeux » a été récemment enrichie des travaux d'Arieli et Marmur [7] (2017) et de Thom et al. [8]. Les premiers ont montré que les bulles se forment au niveau de spots actifs hydrophobes constitués de lipoprotéines du surfactant pulmonaire et situés à la surface de l'endothélium vasculaire. Les seconds ont mis en évidence la libération de microparticules contenant du monoxyde d'azote (NO) par les leucocytes pendant le séjour en pression, ils ont également montré que ces microparticules augmentent de volume durant la désaturation.

Il est possible de distinguer deux populations de bulles : stationnaires ou circulantes. Les bulles stationnaires extravasculaires peuvent par exemple se former dans des tissus semi-rigides comme les tendons ou les articulations (des tissus lents, peu vascularisés) mais aussi dans la moelle osseuse. Ces bulles peuvent, par effet mécanique de compression et de distension, induire des douleurs ostéo-arthro-musculaires : les *bends*. D'autres tissus peuvent être le siège de l'apparition de bulles stationnaires comme le tissu cutané ou encore la moelle épinière et participer à la survenue des ADD cutanés ou médullaires, respectivement.

Les bulles circulantes peuvent prendre naissance soit directement dans le réseau vasculaire, soit au niveau tissulaire puis rejoindre le compartiment sanguin (via la circulation lymphatique). Elles sont détectées essentiellement sur le versant veineux. En quantités modérées, ces emboles veineux sont filtrés par la microcirculation pulmonaire et le gaz qu'elles contiennent est éliminé au travers de la barrière alvéolo-capillaire. Des niveaux élevés de bulles veineuses peuvent cependant forcer le filtre pulmonaire et passer sur le versant artériel. La présence d'un foramen ovale perméable (FOP) ou de shunts pulmonaires facilite leur artérialisation et augmente le risque d'ADD. Les accidents attribués aux bulles artérielles sont les ADD cérébraux et cochléovestibulaires mais aussi les ADD cutanés.

La formation de bulles pendant la désaturation est caractérisée par une importante variabilité interindividuelle et, surtout, intra-individuelle. Plusieurs plongeurs peuvent ainsi présenter des quantités de bulles circulantes et des cinétiques d'apparition/disparition différentes à l'issue d'une même plongée. Cette variabilité est encore plus importante pour un plongeur donné à l'issue d'un même profil de plongée. Les variabilités inter- et intra-individuelles ont été estimées, respectivement, à 33 et 67 %. En moyenne, et dans le cas d'une plongée à l'air, l'apparition de bulles veineuses est décalée par rapport à la décompression et le maximum est observé entre 30 et 40 minutes après la sortie de l'eau (figure 4.2) [9]. La quantité de bulles formées dépend en premier lieu du niveau de sursaturation des tissus à l'issue de la plongée. Plus la plongée est « saturante », plus le dégazage sera long (jusqu'à 24 h pour l'azote). Il existe également des facteurs individuels favorisant l'apparition de bulles veineuses. Les principaux sont l'âge, la masse grasse des plongeurs et le faible niveau d'entraînement aérobie. Inversement, une bonne hydratation, l'activité physique avant la plongée, les vibrations, le sauna, ou une préoxygénation se sont montrés efficaces pour réduire la quantité de bulles circulantes à l'issue d'une plongée. Il est à noter que l'action de ces préconditionnements tend à confirmer l'hypothèse des noyaux gazeux préexistants (voir chapitre 35).

Focus : noyaux gazeux

Les théories modernes sur la décompression font appel, avant la remontée, à la présence de noyaux gazeux préexistants, d'un diamètre inférieur à 1 micron. Bien qu'il soit difficile de les observer directement, on suppose qu'ils se situent au niveau tissulaire dans le milieu extracellulaire ou au niveau intravasculaire.

Le gaz environnant en sursaturation lors de la décompression va diffuser dans les noyaux gazeux et, en fonction des conditions, former des bulles de plus grand volume jusqu'à devenir des bulles circulantes veineuses. Celles-ci vont cheminer des tissus jusqu'aux poumons, plus ou moins rapidement suivant la perfusion sanguine et grossir ou non suivant les gradients de diffusion du gaz. À partir d'un diamètre de 1 à 10 microns et lorsqu'elles circuleront, elles pourront être détectées par ultrasons (Doppler ou échographie).

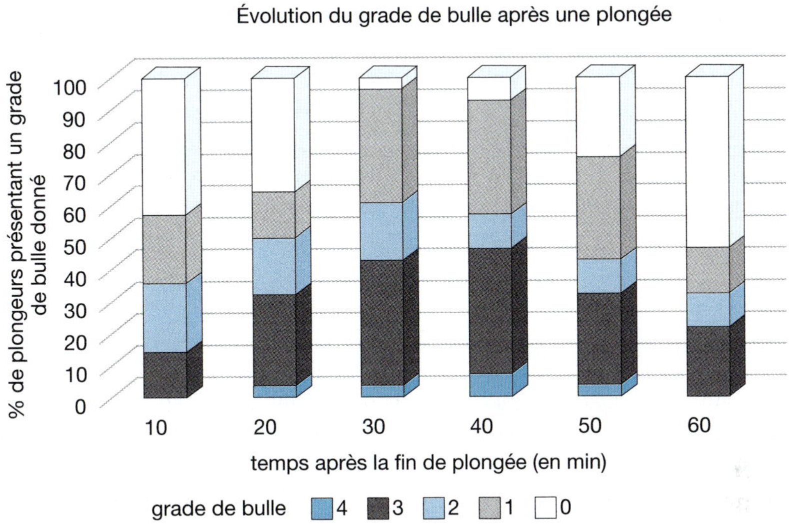

Figure 4.2. Évolution temporelle des différents grades de bulles après une plongée à l'air carrée de 25 minutes à 35 m et une vitesse de remontée de 9 m min^{-1}.
Source : D'après Carturan D, Boussuges A, Vanuxem P, et al. Ascent rate, age, maximal oxygen uptake, adiposity, and circulating venous bubbles after diving. J Appl Physiol. 2002;93(4):1349-56.

Corrélation bulles-ADD

Il est bien admis que les ADD ont pour origine ces bulles de gaz inerte (N_2, He). Cependant, bien que des bulles soient couramment détectées après la majorité des plongées, le risque d'ADD associé aux degrés de bulles circulantes les plus élevés a été estimé à 10 % seulement [10]. S'il est clair que des bulles sont présentes en cas d'ADD, elles ne sont donc pas une condition suffisante pour les déclencher. Il existe différentes hypothèses (parfois controversées) explicitant le lien entre bulles et ADD [11].

Pendant plus d'une trentaine d'années, le *Defence Research and Development Canada* (DRDC, anciennement DCIEM), l'Institute of Environmental Medicine de l'université de Pennsylvanie (IFEM) et le Health and Safety Executive britannique (HSE) ont évalué les niveaux de stress physiologiques associés à la décompression (validation des procédures et des tables) à l'aide des mesures de bulles circulantes détectées dans les vaisseaux sanguins après l'exposition.

Les grades de bulles fournissent une indication de stress de décompression car ils reflètent, au moins partiellement, la quantité de bulles produites par l'organisme et leur élimination. De nombreuses études ont montré une forte association entre la quantité de bulles et le risque d'ADD. Même si les grades de bulles élevés restent de faibles prédicteurs de la survenue d'un accident, l'absence d'emboles gazeux dans le versant veineux (VGE, *Veinous Gas Emboli*) est un bon indicateur de sécurité. Par exemple, parmi les 3 234 plongées air, nitrox et héliox avec 73 ADD analysées par Sawatzky [12], 66 cas d'ADD étaient associés avec les grades 3 ou 4 (taux 7,2 %), alors qu'un seul ADD était enregistré pour le grade 0 (taux 0,07 %). Néanmoins, l'analyse des données du rapport de Spencer et Johanson [13] met en évidence une proportion importante de symptômes d'ADD parmi les grades 0 dans leur étude.

L'équipe d'Eftedal [14] a proposé une approche bayésienne pour prédire le risque d'ADD à partir des mesures de bulles, présentant pour avantage de combiner les connaissances préalables avec les résultats des mesures de bulles.

Plus récemment, Hugon et al. [15] ont analysé des données des plongées à l'air et au nitrox de la base de données du DRDC sous un angle différent : ils ont montré qu'il est possible d'améliorer la prédiction du risque d'ADD en tenant compte à la fois des grades de bulles et de la sévérité d'exposition mesurée en termes de profondeur et de durée de la plongée. De plus, les auteurs ont comparé les mesures sous-clavières aux précordiales, non pas uniquement du point de vue de la cohérence des deux mesures, mais aussi comme des indicateurs de risque d'ADD, et en concluent que les VGE sous-clavières sont un bon indicateur de risque au même titre que les VGE précordiales.

Focus : détection des bulles circulantes

C'est la méthode ultrasonore « Doppler » en position précordiale ou sous-clavière qui est la plus communément utilisée. Le seuil de détection est de l'ordre du micron. La première classification a été définie par Spencer et Johanson [13] à partir de la détection acoustique des bulles circulantes suivant une échelle de 0 à 4 :

- degré 0 : pas de bulle ;
- degré 1 : bulles isolées ;
- degré 2 : moins de la moitié des systoles cardiaques comportent des bulles ;
- degré 3 : plus de la moitié des systoles ;
- degré 4 : le flot de bulles est continu et couvre le signal cardiaque.

Par la suite, différentes évolutions de l'échelle de Spencer ont été proposées. Notamment, Kisman et Masurel ont enrichi l'échelle de Spencer en intégrant l'amplitude et la durée, permettant une quantification plus fine mais plus lourde à mettre en œuvre puisque nécessitant plusieurs mesures. Inversement, le DAN (Divers Alert Network) a simplifié cette gradation en ne conservant que trois niveaux (*low*, *medium*, *high*).

Plus récemment, des scores de bulles basés sur l'acquisition d'image en échographie 2D ont été utilisés afin de diminuer le caractère opérateur-dépendant de la détection acoustique. Néanmoins, tout en conservant le principe d'une échelle en six niveaux, cette méthode ne permet qu'une évaluation semi-quantitative. D'où la proposition consistant à compter le nombre de bulles par cm^2 sur une image échographie 2D des cavités cardiaques.

Quelle que soit la méthode utilisée, la détection des bulles ne permet pas d'évaluer directement la quantité de gaz éliminée.

Conclusion

La plongée sous-marine est une activité non dénuée de risques, principalement liés à la décompression. Les échanges tissulaires de gaz au cours de la plongée, régis par des principes physiques et physiologiques complexes, influencent directement la survenue des accidents de désaturation ou de décompression (ADD). La compréhension des mécanismes de diffusion et de perfusion dans les tissus ainsi que la modélisation des échanges gazeux sont des éléments clés pour appréhender les phénomènes de sursaturation et de formation de bulles.

Les bulles sont omniprésentes lors d'une décompression mais c'est leur devenir et la réponse de l'organisme du plongeur qui vont déterminer la survenue de l'ADD. Si les bulles ne sont pas éliminées rapidement par les poumons, des phénomènes biologiques délétères peuvent alors survenir (agrégation plaquettaire, coagulation intravasculaire disséminée, inflammation...).

Si la détection des bulles ne peut pas être prédictive du risque d'ADD à l'échelle d'une plongée unitaire (en pratique, les bulles sont détectées postdécompression), elle reste un outil statistique essentiel pour évaluer la qualité d'une décompression, pour comparer les performances relatives de diverses procédures entre elles ou encore pour apprécier — voire pour faire progresser — la qualité d'une pratique à l'échelle de plusieurs plongées.

Références

[1] Campbell JA, Hill L. Studies in saturation of the tissues with gaseous nitrogen. I. Rate of saturation of goat's bone marrow in vivo with nitrogen during exposure to increased atmospheric pressure. J Exp Physiol 1933 ; 23(1) : 197-210.

[2] Boycott AE, Damant GCC, Haldane JS. The prevention of compressed-air illness. J Hyg 1908 ; 8(3) : 342-443.

[3] Aukland A, Bower BF, Beliner RW. Measurement of local blood flow with hydrogen gas. Circ Res 1964 ; 14 : 164-87.

[4] Doolette DJ, Upton RN, Grant C. Perfusion-diffusion compartmental models describe cerebral helium kinetics at high and low cerebral blood flows in sheep. J Physiol 2005 ; 563(2) : 529-39.

[5] Murphy FG, Hada EA, Doolette DJ, et al. Probabilistic pharmacokinetic models of decompression sickness in humans, part 1 : coupled perfusion-limited compartments. Comput Biol Med 2017 ; 86 : 55-64.

[6] Workman RD. Calculation of decompression schedules for nitrogen-oxygen and helium-oxygen dives. Rep US Navy Exp Diving Unit 1965 ; 26 : 1-33.

[7] Arieli R, Marmur A. A biophysical vascular bubble model for devising decompression procedures. Physiol Rep 2017 ; 5(6).

[8] Thom SR, Yang M, Bhopale VM, et al. Intramicroparticle nitrogen dioxide is a bubble nucleation site leading to decompression-induced neutrophil activation and vascular injury. J Appl Physiol 2013 ; 114(5) : 550-8.

[9] Carturan D, Boussuges A, Vanuxem P, et al. Ascent rate, age, maximal oxygen uptake, adiposity, and circulating venous bubbles after diving. J Appl Physiol 2002 ; 93(4) : 1349-56.

[10] Mahon RT, Regis DP. Decompression and decompression sickness. Compr Physiol 2011 ; 4(3) : 1157-75.

[11] Hugon J. Vers une modélisation biophysique de la décompression [Thèse]. Marseille: Université de la Méditerranée ; 2010.

[12] Sawatzky KD. The relationship between intravascular doppler-detected gas bubbles and decompression sickness after bounce diving in humans [M. Sc. Thesis]. Toronto: York University ; 1991.

[13] Spencer MP, Johanson DC. Investigation of new principles for human decompression schedules using the doppler ultrasonic blood bubble detector. Technical report to ONR on contract N00014-73-C-0094. Seatlle, WA: Institute for Environmental Medicine and Physiology ; 1974.

[14] Eftedal OS, Tjelmeland H, Brubakk AO. Validation of decompression procedures based on detection of venous gas bubbles: a Bayesian approach. Aviat Space Environ Med 2007 ; 78(2) : 94-9.

[15] Hugon J, Metelkina A, Barbaud A, et al. Reliability of venous gas embolism detection in the subclavian area for decompression stress assessment following scuba diving. Diving Hyperb Med 2018 ; 48(3) : 132-40.

Chapitre 5

Techniques et méthodes en plongée de loisir et professionnelle et en interventions hyperbares

Jean-Louis Méliet, Frédéric Di Meglio, Jean Morin, Blandine Aublin

L'homme plonge depuis la plus Haute Antiquité [1] pour des motifs utilitaires. La plongée plaisir est apparue dans la deuxième moitié du XXe siècle, popularisée par J.-Y. Cousteau et les « Mousquemers » cependant que les progrès technologiques, entamés dès la fin du XVIIe siècle, permettaient de repousser les limites de la plongée humaine jusqu'à –701 m (opération Hydra 10, Comex, 1992 [2]). Dans ce chapitre, nous décrirons succinctement les différentes méthodes de plongée et d'intervention hyperbare en atmosphère sèche actuellement utilisées, et passerons sous silence les méthodes historiques telles que la cloche de Haley, le scaphandre « pied lourd » ou les caissons à air comprimé (comme le tube de Trigger) utilisés pour les fondations des piles de pont au XIXe siècle.

Plongée de loisir

Plongée de loisir en scaphandre autonome

De très nombreux clubs et centres de plongées dispensent l'enseignement de base de cette pratique en mer, en lac ou en piscine. Il y a environ 400 000 pratiquants en France. La FFESSM (Fédération française d'études et de sports sous-marins), créée en 1948, est la fédération sportive délégataire de l'État pour organiser et développer les activités subaquatiques. Elle comprend 135 000 licenciés annuels, 6 000 moniteurs et 2 550 structures délivrant plus de 50 000 brevets (soit deux tiers des brevets délivrés en France et outre-mer). L'UCPA (Union nationale des centres sportifs de plein air), la FSGT (Fédération sportive et gymnique du travail), l'ANMP (Association nationale des moniteurs de plongée) et le SNMP (Syndicat national des moniteurs de plongée) participent également au déploiement de cette pratique. Au niveau international, les formations françaises sont reconnues dans le cadre de la CMAS (Confédération mondiale des activités subaquatiques). Des organismes nord-américains comme PADI (*Professional Association of Diving Instructors*), SSI (*Scuba Schools International*), NAUI (*National Association of Underwater Instructors*) regroupent des structures commerciales partout dans le monde et délivrent leurs propres standards. Ils se différencient de la plongée CMAS par une plongée sans paliers, des scénarios différents en cas d'urgence, une décharge de responsabilité.

Code du sport : aptitudes, espaces d'évolution, plongée à l'air

En France, la plongée de loisir est régie par le Code du sport [3] que tous les établissements d'APS (activités physiques et sportives) organisant

Médecine de la plongée

la pratique et l'enseignement de la plongée qu'ils soient associatifs ou commerciaux doivent respecter.

Définitions

- La notion de milieu artificiel (piscines, fosses) dont la profondeur n'excède pas 6 m s'oppose à celle de milieu naturel (mer, lac, fleuve, etc.).
- L'aptitude se définit comme une compétence pour exécuter une action ou un ensemble d'actions. Sur le plan médical, on parle d'absence de contre-indications.
- Les plongées encadrées (PE) se différencient des plongées autonomes (PA), les plongées d'exploration (sans acte d'enseignement ou d'initiation) des plongées d'enseignement.
- Une palanquée est un groupe de plongeurs effectuant ensemble la même plongée.
- Un guide de palanquée (GP) est un encadrant en plongée d'exploration.
- Les espaces d'évolution sont définis par la réglementation : 0 à 6 m, 0 à 12 m, 0 à 20 m, 0 à 40 m et 0 à 60 m.

Limites de la plongée

La plongée de loisir à l'air est limitée à 60 m en raison des risques de narcose à l'azote et de la limitation ventilatoire liée à la masse volumique du gaz respiré. Les différents niveaux de plongeur de loisir sont indiqués dans le tableau 5.1.

La plongée en scaphandre à l'air comprimé est accessible à partir de 8 ans, avec la possibilité d'accéder au premier niveau de plongeur (PE 20) à partir de 12 ans. La première immersion est le baptême, accessible à tous, sans préparation particulière, individualisé, en compagnie d'un moniteur (figure 5.1).

Figure 5.1. Baptême de plongée.

Les plongeurs âgés d'au moins 16 ans justifiant de l'aptitude PA 20 et les plongeurs d'au moins 17 ans justifiant de l'aptitude PA 40 sont autorisés à plonger en autonomie après accord parental et autorisation du directeur de plongée.

Tableau 5.1. Les différents niveaux de plongée en plongée de loisir.

	Plongeur encadré (PE)	Plongeur autonome (PA)	Âge minimum
Niveau I	12 m : PE 12 20 m : PE 20	12 m : PA 12	12 ans
Niveau 2	40 m : PE 40	20 m : PA 20	16 ans
Niveau 3	60 m : PE 60	40 m : PA 40 60 m : PA 60	PA 40 : 17 ans
Niveau 4	Guide de palanquée		

PA : plongeur autonome ; PE : plongeur encadré.
Source : FFESSM (Fédération française d'études et de sports sous-marins).

Plongée aux mélanges

Des formations complémentaires permettent :

- d'utiliser des mélanges suroxygénés en circuit ouvert. C'est la plongée dite au nitrox — contraction de *nitrogen* (azote en anglais) et oxygène. Cette pratique permet d'accroître la sécurité en réduisant la charge en azote. Le Code du sport précise deux niveaux de qualification : plongeur nitrox pour un mélange jusqu'à 40 % d'oxygène, et plongeur nitrox confirmé pour tous les mélanges suroxygénés et pour l'oxygène pur en décompression ;
- la plongée avec des appareils respiratoires à circuit fermé ou semi-fermé (« recycleurs ») et l'utilisation de mélanges synthétiques ternaires (trimix : hélium, azote, oxygène) ou binaires (héliox : hélium, oxygène). Ces techniques réservées à un petit nombre de plongeurs sont connues sous le nom de plongée *Tek* (pour *technique*). Elles permettent d'atteindre en autonomie des profondeurs importantes au prix d'une durée de décompression considérable. Ces mélanges visent à limiter les risques de narcose à l'azote et d'hyperoxie. Le Code du sport réglemente cette pratique : le trimix

normoxique (à la pression atmosphérique) est utilisé jusqu'à 70 m, le trimix hypoxique (taux d'oxygène inférieur à 18 %) jusqu'à 120 m.

L'équipement de plongée obligatoire

Il est défini par le Code du sport (art. A322-80 et 81). Chaque bouteille est munie d'un manomètre indiquant sa pression au cours de la plongée.

En milieu naturel :

- chaque plongeur est muni d'un système gonflable au moyen de gaz comprimé lui permettant de regagner la surface et de s'y maintenir (gilet gonflable) ;
- chaque plongeur encadré au-delà de 20 m et chaque plongeur en autonomie est muni d'un détendeur de secours permettant d'alimenter un équipier sans partage d'embout et d'équipements permettant de contrôler les paramètres de la plongée (ordinateur ou profondimètre + montre + tables) ;
- chaque palanquée dispose d'un « parachute » de palier ;
- la personne encadrant la palanquée est munie d'un réservoir de gaz respirable avec deux sorties indépendantes et deux détendeurs complets.

Directeur de plongée

Une séance de plongée est placée sous la responsabilité d'un directeur de plongée (DP), présent sur le site de mise à l'eau (art. 322-72), chargé de l'organisation et de la sécurité de la plongée et du plan d'eau et, si besoin, de l'application du plan de secours.

Les qualifications minimales du DP sont inscrites dans les annexes du Code du sport.

Guide de palanquée

C'est un plongeur au moins de niveau 4 qui encadre en exploration des plongeurs jusqu'à la profondeur maximale de 40 m. Il peut adapter les caractéristiques de la plongée en immersion (profondeur, durée, trajet) aux circonstances et aux aptitudes des participants, en fonction des consignes données par le DP.

Une palanquée de plongeurs autonomes plonge en coresponsabilité, c'est-à-dire qu'il n'y a pas de guide de palanquée au sens juridique.

Moniteur de plongée

Il ou elle enseigne et encadre la pratique de la plongée auprès de plongeurs débutants ou confirmés, organise l'activité sur site et l'adapte aux contraintes environnementales et aux spécificités des pratiquants.

Il existe une filière fédérale de formation (initiateur club, moniteur fédéral 1er degré, moniteur fédéral 2e degré) et une filière professionnelle d'État. Pour l'exercice rémunéré en France, il faut obligatoirement posséder un diplôme d'État d'éducateur sportif de plongée. Les diplômes d'État actuels ont pris la suite en 2017 des anciens BEES, brevets d'État d'enseignement sportif, mention plongée subaquatique (encadré 5.1).

Encadré 5.1

Diplômes d'État d'enseignement de la plongée subaquatique

- BPJEPS : brevet professionnel de la jeunesse, de l'éducation populaire et du sport.
  - Option A : plongée avec scaphandre.
  - Option B : plongée sans scaphandre.
- DEJEPS : diplôme d'État de la jeunesse, de l'éducation populaire et du sport.
  - Certificat complémentaire plongée profonde.
  - Certificat complémentaire tutorat.
- DESJEPS : diplôme d'État supérieur de la jeunesse, de l'éducation populaire et du sport.

Les titulaires de ces diplômes sont réputés être titulaires du certificat d'aptitude à l'hyperbarie (CAH) mention B et du certificat de conseiller à la prévention hyperbare définis dans le Code du travail (art. R322-41 Code du sport).

Activités culturelles et plongée de loisir

- La biologie subaquatique permet de découvrir la richesse et la diversité de l'environnement et de la vie subaquatique. La FFESSM est le 2e contributeur auprès de l'INPN (Inventaire national du patrimoine naturel, Muséum national d'histoire naturelle).

- L'archéologie subaquatique permet de participer aux opérations autorisées par l'administration (département de recherches archéologiques subaquatiques et sous-marines, DRASSM).
- La plongée souterraine, discipline hautement technique permet d'explorer les galeries noyées du sous-sol, imposant des règles de sécurité spécifiques.
- La photo-vidéo subaquatique grâce aux appareils compacts et mini-caméras embarquées est de plus en plus vulgarisée.

Plongée sportive en piscine (PSP)

Activité sportive de compétition, la PSP est développée depuis 2011. Elle comprend des épreuves individuelles et en équipe (épreuves de vitesse et/ou techniques).

Figure 5.2. Compétition d'apnée en eau libre à poids constant. Phase de remontée.
La descente et la remontée s'effectuent le long d'un orin auquel le plongeur est relié par une sangle coulissante. Il est accompagné dans les 10 derniers mètres par un plongeur assistant.

Plongée en apnée sportive et de loisir

C'est probablement la forme de plongée la plus pratiquée parmi les activités de loisir si l'on y intègre la randonnée de découverte du milieu aquatique. De la simple baignade avec un masque et un tube respiratoire (« tuba »), elle se transforme en discipline sportive et en recherche de records à battre. Les activités sportives se déroulant en apnée sont réglementées par la FFESSM.

Apnée

Cette discipline est reconnue de haut niveau depuis 2022, avec différentes formes de pratique :
- en piscine : statique, dynamique avec ou sans palmes (mono- ou bipalmes) ;
- en milieu naturel (eau libre), à partir de 18 ans (figure 5.2) : descente en poids constant avec ou sans palmes (bi ou mono).

Tir sur cible

Activité de maîtrise de soi, le tireur doit surmonter les difficultés de l'apnée, maîtriser sa stabilité et gérer son tir. Le tir par arbalète a lieu à 3 ou 4 m. Les cibles sont fixées sur un support lesté. Fixé sur un pas de tir, le tireur se stabilise avec une gueuse au fond de la piscine. Une formule en milieu naturel est en train de voir le jour (Naturathlon).

Hockey subaquatique

Ce sport d'équipe est reconnu de haut niveau depuis 2022. Il se pratique en piscine (profondeur entre 2 et 3,65 m) dès l'âge de 8 ans. Il oppose deux équipes masculines ou féminines de six joueurs dans l'eau et quatre remplaçants. Le jeu consiste à faire progresser à l'aide d'une crosse un palet jusqu'au but de l'équipe adverse. Un match est composé de deux mi-temps de 15 minutes et est contrôlé par trois arbitres. Chaque joueur ou joueuse est équipé de palmes, d'un masque, d'un tuba avec protège-bouche, d'un bonnet avec protège-oreilles, d'un gant et d'une crosse. C'est un sport à la fois technique et tactique.

Pêche sous-marine

Cette discipline est non compétitive au sein de la FFESSM. Elle consiste à essayer de capturer des poissons et des crustacés à la main ou à l'aide d'une arbalète chargée à la force manuelle. L'âge minimum est de 16 ans. Il faut être titulaire d'une assurance responsabilité civile et respecter la réglementation en vigueur. La licence fédérale permet cette assurance et correspond à l'ancien permis de pêche.

La FFPSA (Fédération française de pêche sportive en apnée) organise des compétitions au cours desquelles les prises doivent avoir un poids minimum et font l'objet d'un quota de points variable selon les groupes d'espèces. Les compétitions, ouvertes dès l'âge de 16 ans aux licenciés des deux sexes, se déroulent en individuel (deux manches de 5 h) ou en double (une seule manche).

Activités de nage avec accessoires

Reconnue par le Comité international olympique depuis 1985, la nage avec palmes (NAP) possède le statut de sport de haut niveau. Elle s'adresse à toutes les catégories d'âge. Elle se pratique avec des bipalmes ou plus généralement avec une monopalme, en loisir ou en compétition, en piscine ou en milieu naturel (figure 5.3). Elle peut impliquer une immersion avec une petite bouteille de 0,4 à 1 L tenue devant soi à bout de bras (épreuves de vitesse de 100 m en immersion scaphandre, dite IS), ou des épreuves de vitesse en apnée exclusive de 50 m (dite AP).

Figure 5.3. Compétition de nage avec palmes en piscine au départ.
Les compétitrices sont équipées de monopalme, d'une bouteille d'air comprimé de 1 L avec détendeur et de lunettes.

C'est un sport de glisse spectaculaire, où les vitesses peuvent atteindre 12 à 14 km/h.

Plongée comme activité professionnelle

Elle est réglementée par le Code du travail (art. R4461-1 à R.4461-49 et les arrêtés pris en application, encadré 5.2) applicable dès que la pression de travail est supérieure de 100 hPa à la pression atmosphérique locale. Les activités concernées sont les travaux dits « hyperbares » (travaux industriels, de génie civil ou maritime) et les interventions effectuées dans le cadre d'activités physiques ou sportives, culturelles, scientifiques,

Encadré 5.2

Textes réglementant la plongée professionnelle en France

- Code du travail : articles R4461-1 à R4461-49.
- Arrêté du 21 avril 2016 (JORF du 7 mai 2016) définissant les procédures d'accès, de séjour et de secours des activités hyperbares exécutées avec immersion dans le cadre de la mention B « archéologie sous-marine et subaquatique ».
- Arrêté du 21 décembre 2016 (JORF du 25 février 2017) définissant les procédures d'intervention hyperbares exécutées avec immersion et les formations des travailleurs relevant de la mention B « secours et sécurité » option police nationale.
- Arrêté du 14 mai 2019 (JORF du 24 mai 2018) relatif aux travaux hyperbares effectués en milieu subaquatique (mention A).
- Arrêté du 14 mai 2019 (JORF du 24 mai 2019) définissant les procédures d'accès, de séjour, de sortie et d'organisation du travail pour les interventions en milieu hyperbare exécutées avec immersion dans le cadre de la mention B « techniques, sciences, pêche, aquaculture, médias et autres interventions ».
- Arrêté du 29 juin 2024 (JORF du 29 juin 2024) relatif aux interventions hyperbares sans immersion effectuées dans le domaine de la santé (mention C).

Tableau 5.2. Classification des activités professionnelles en plongée et en hyperbarie.

Travaux subaquatiques effectués par des entreprises soumises à certification	Mention A	Ne peuvent travailler dans cette mention que les titulaires du titre professionnel de scaphandrier de travaux publics, délivré par un centre de formation agréé
Activités physiques et sportives	Mention B	L'accès aux mentions B, C et D est subordonné à la formation au certificat d'aptitude à l'hyperbarie, renouvelable tous les 5 ans
Archéologie		
Secours et sécurité (police, sécurité civile)		
Techniques, sciences, pêche, aquaculture, médias et autres interventions		
Interventions sans immersion effectuées dans le domaine de la santé	Mention C	
Travaux sans immersion effectués par des entreprises soumises à certification	Mention D	

Source : Code du travail. Décret 2011-45 du 11 janvier 2011.

techniques, maritimes, aquacoles, de santé, de sécurité ou de secours. Les activités professionnelles peuvent se dérouler aussi bien en plongée (activités subaquatiques) qu'en atmosphère comprimée (activités hyperbares sèches).

La réglementation fixe les obligations de l'employeur en matière de prévention et de sécurité des chantiers : il consigne dans un document unique les risques auxquels ses salariés sont exposés, décrit les méthodes et équipements utilisés dans l'entreprise et fixe les mesures de prévention adaptées.

La réglementation fixe les conditions de formation des intervenants et les conditions de certification des entreprises de travaux hyperbares et des centres de formation. Des arrêtés précisent pour chaque catégorie d'activité les gaz utilisables, les méthodes d'intervention, la composition des équipes, les procédures de secours.

Les activités professionnelles pratiquées en plongée et hyperbarie sont réparties en quatre mentions (tableau 5.2). Au sein de chaque mention, les travailleurs sont classés en fonction de la pression maximale à laquelle leur formation leur permet d'accéder :

- classe 0 : pour une pression relative maximale de 1 200 hPa ;
- classe I : pour une pression relative maximale de 3 000 hPa ;
- classe II : pour une pression relative maximale de 5 000 hPa ;
- classe III : pour une pression relative supérieure à 5 000 hPa.

Les travailleurs hyperbares font l'objet d'un suivi individuel renforcé exercé par le médecin du travail (art. R4624-22 et 23) comprenant un examen médical d'aptitude à l'embauche et des examens médicaux périodiques effectués selon les recommandations de bonne pratique en vigueur (art. R4626-28). La Société française de santé au travail[1] (SFST) et la Société de physiologie et de médecine subaquatiques et hyperbares de langue française (Medsubhyp) ont publié des recommandations pour la prise en charge en santé au travail des travailleurs intervenant en conditions hyperbares, accessibles en ligne (www.medsubhyp.fr/recommandations-en-sante-au-travail/) (janvier 2023).

Dispositions générales

Gaz et mélanges gazeux

La respiration d'air comprimé est autorisée jusqu'à la pression relative de 6000 hPa (60 m). Au-delà, des mélanges gazeux spécifiques doivent être utilisés. La pression partielle des gaz respirés ne doit pas dépasser les valeurs figurant dans les tableaux 5.3 et 5.4. La PiO_2 (pression inhalée d'oxygène) maximale autorisée dépend de la durée d'exposition en raison de ses effets toxiques liés au temps (tableau 5.4).

1 Société française de médecine du travail jusqu'en 2022 (https://societefrancaisedesanteautravail.fr).

Tableau 5.3. Valeurs réglementaires des composants des mélanges respirés.

Composants du mélange respiré	Valeurs maximales
Dioxyde de carbone	$P_{CO2} < 10$ hPa
Monoxyde de carbone	$P_{CO} < 0,05$ hPa
Vapeurs d'huile	$P_{éq.CH4} < 0,5$ hPa — concentration $< 0,5$ mg/m^3
Vapeur d'eau	Hygrométrie 60 à 80 % (expositions > 24 h).
Azote	$P_{N2} < 5600$ hPa
Oxygène	Voir tableau 5.4
Masse volumique totale	9 g/L

éq. : équivalent ; P : pression partielle du composant du mélange respiré, P_{N2}: pression partielle d'azote.
Source : Code du travail. Décret 2011-45 du 11 janvier 2011.

Tableau 5.4. Concentrations et pressions partielles maximales d'oxygène autorisées.

Situation	Valeur réglementaire
PiO_2 minimale	160 hPa
En activité physique :	
– durée d'exposition ≤ 3 h	1 600 hPa
– ≤ 4 h	1 400 hPa
– ≤ 5 h	1 200 hPa
– ≤ 6 h	1 000 hPa
– ≤ 8 h	900 hPa
Décompression en immersion	1 600 hPa
Décompression au sec : – durée < 24 h – durée > 24 h	2 200 hPa 800 hPa
Phases de compression ou repos	300 à 450 hPa
Recompression d'urgence (accident de décompression)[1]	2800 hPa

[1] Sauf prescription médicale différente.
Source : Code du travail. Décret 2011-45 du 11 janvier 2011.

En pratique, les mélanges gazeux utilisés dépendent de la méthode de plongée et du but recherché. Pour limiter la saturation des tissus en azote et ainsi réduire la durée de la décompression, il suffit d'augmenter la concentration en oxygène. Cette méthode est utilisée jusqu'à 50 m. Le mélange est appelé « nitrox », suivi du pourcentage d'oxygène qu'il contient (nitrox 60, 50, 40 ou 30 par exemple). À l'inverse, au-delà de 60 m, les limites de PiO_2 et de PiN_2 (pression inhalée d'azote) nécessitent une réduction de la concentration d'oxygène et d'azote. Le gaz diluant communément employé pour cela est l'hélium, léger et non narcosant. Il peut constituer le seul diluant de l'oxygène (mélange « héliox ») ou être associé à l'azote (mélange ternaire dit « trimix »). L'héliox a ainsi permis des plongées jusqu'à –610 m (plongées Sagittaire IV, Comex, 1974 et Entex IX, Marine nationale, 1983). Au-delà, en raison de la masse volumique des gaz à la pression de séjour, l'hydrogène a été utilisé comme diluant associé à l'hélium. Ce mélange, appelé « hydréliox », a permis de porter le record de plongée profonde à –701 m (plongée Hydra 10, Comex, 1992).

L'employeur est tenu d'analyser ou faire analyser les gaz respiratoires pour s'assurer de leur conformité aux normes réglementaires.

Une alimentation de secours en gaz respiratoires doit être disponible en cas de rupture de l'alimentation.

Équipe d'intervention

La réglementation interdit la plongée solitaire, quelle que soit l'activité.

Pour les activités de la mention A (travaux hyperbares), l'équipe est constituée d'au moins trois personnes : l'opérateur (le plongeur), un aide opérateur, chargé de l'environnement de travail et prêt à porter assistance et secours au plongeur, et un chef d'opération hyperbare (COH) chargé de la sécurité des intervenants.

Pour les activités relevant de la mention B, l'équipe est constituée au minimum de deux personnes : un opérateur (le plongeur) et un surveillant.

Durée d'intervention

En mention A, la durée quotidienne d'immersion est limitée à 3 heures mais peut être réduite à 90 minutes en conditions difficiles.

Pour les activités de la mention B, à l'exception de l'option secours et sécurité où elle est limitée à 3 heures, cette durée est limitée à 6 heures au cours d'une ou plusieurs plongées, dont le nombre ne peut être supérieur à quatre si la profondeur est supérieure à 12 m.

Tables de décompression

Les profils de décompression à respecter sont donnés par les tables annexées à l'arrêté du 14 mai 2019, connues sous le nom de « Tables du ministère du Travail ». L'employeur a toutefois la possibilité d'utiliser sur justification enregistrée au manuel de sécurité hyperbare d'autres procédures de décompression.

Procédures de secours

Elles doivent être établies avant l'ouverture du chantier et figurer dans le manuel de sécurité hyperbare. Elles prennent en compte les accidents prévisibles et les cas non conformes et précisent la conduite à tenir. Elles sont déclenchées par le surveillant.

Un caisson de recompression « de sauvegarde » doit être disponible sous un délai dépendant de l'existence et de la durée totale des paliers de décompression (tableau 5.5). Si ces délais ne peuvent être respectés, l'employeur met en place un caisson de sauvegarde sur le site des interventions.

Méthodes professionnelles de plongée

L'équipement de plongée doit nécessairement intégrer (sauf en plongée en apnée) :

- un dispositif d'alimentation en gaz respirable avec un dispositif de secours : réserve de gaz sous pression, détendeur avec pièce de raccordement aux voies aériennes supérieures (embout buccal ou masque oronasal) ;
- un équipement de protection contre le froid (vêtement de plongée, étanche ou humide) ;
- un masque de vision muni d'une vitre le plus souvent plane ;
- une liaison avec la surface permettant la surveillance du plongeur (filaire, phonique ou visuelle).

La présence d'un équipement de propulsion (palmes, tracteur électrique) n'est requise que lorsqu'il est nécessaire au plongeur de se déplacer.

Divers appareils permettent de connaître en permanence la profondeur où se trouve le plongeur, le temps écoulé depuis le début de l'intervention et permettent de piloter la décompression.

Plongée en apnée

Elle n'est autorisée que dans le cadre de la mention B. Pour les activités physiques ou sportives, elle est réglementée par le Code du sport. Pour les autres activités (par exemple aquaculture) elle n'est autorisée que jusqu'à la pression relative de 1 000 hPa (10 m).

Plongée autonome

C'est la méthode préférentielle pour les interventions en mention B. Le plongeur emporte avec lui sa réserve de gaz. Il respire soit en circuit ouvert : les gaz expirés sont rejetés dans l'eau, soit en circuit fermé ou semi-fermé : les gaz expirés sont rejetés dans un circuit comprenant une cartouche épuratrice fixant le dioxyde de carbone. Un dispositif mécanique ou électrochimique maintient la PO_2 dans les valeurs requises à partir d'une réserve d'oxygène, pur ou en mélange.

La plongée autonome est limitée à 90 m en circuit ouvert et à 100 m en circuit fermé ou semi-fermé.

En mention A, il s'agit d'une méthode alternative utilisée sur justification et avec l'autorisation de l'inspection du travail lorsqu'aucune autre méthode ne peut être mise en œuvre.

Plongée au narguilé à partir de la surface

Dans cette méthode, employée essentiellement pour les travaux immergés, la réserve de gaz respirables est en surface (figure 5.4). Le scaphandrier est relié à la surface par un « ombilical » composé de câbles (téléphone, vidéo, électricité pour les

Tableau 5.5. Délais d'accès au caisson de recompression de sauvegarde.

Caractéristiques de la décompression	Délais d'accès au caisson[1]
Pas de palier	≤ 6 h
Durée des paliers < 15 min	≤ 2 h
Durée des paliers > 15 min	≤ 1 h

[1]Si ces conditions ne peuvent être respectées, l'employeur met en place un caisson de sauvegarde sur le site des interventions.
Source : Code du travail. Arrêté du 14 mai 2019 relatif aux travaux hyperbares effectués en milieu subaquatique (mention A).

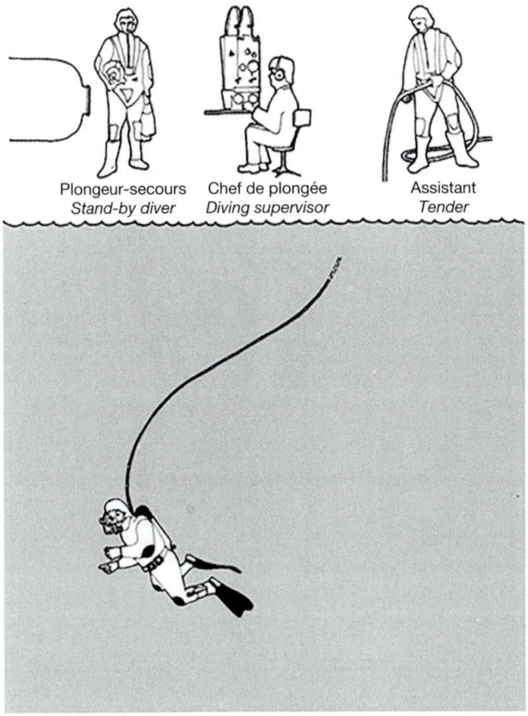

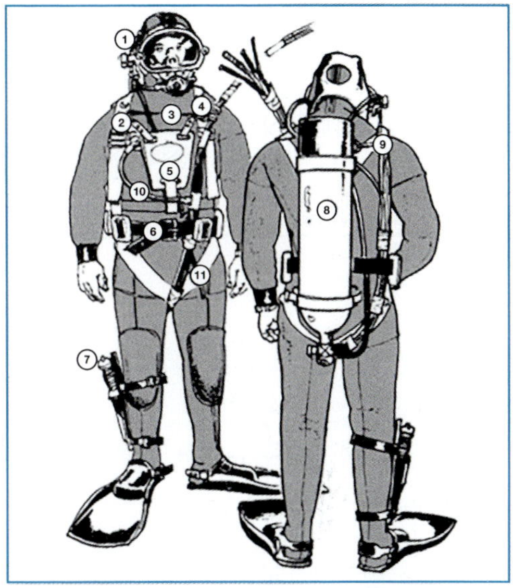

Masque facial	1	*Full-face mask*
Harnais de sécurité	2	*Safety harness*
Vêtement volume variable	3	*Variable volume suit*
Mousqueton de sécurité	4	*Snap shackle*
Lest de poitrine	5	*Breast-weight*
Ceinture de lestage	6	*Weight belt*
Poignard	7	*Knife*
Bouteille de secours	8	*Bail-out bottle*
Narguilé	9	*Umbilical*
Gonflage du vêtement	10	*Suit-inflation hose*
Profondimètre « Pneumo »	11	*Pneumo hose*

Figure 5.4. Plongée au narguilé à partir de la surface.
Les réserves de gaz (non figurées) sont contenues dans des bouteilles industrielles situées en surface.
Source : Document Comex.

outils et l'éclairage) et de tuyaux (gaz respiratoires, prise de pression, éventuellement apport d'eau chaude pour le réchauffage du vêtement).

L'alimentation en gaz de secours est assurée par une réserve portée par le plongeur, dont la capacité lui permet de regagner la surface.

Plongée à partir d'une « bulle » de plongée

La bulle est une petite cloche de plongée (figure 5.5) manœuvrée par un treuil, dans laquelle le plongeur est au contact de l'eau et soumis à la pression. Assis, seule la partie supérieure de son corps est dans la bulle de gaz, ce qui lui permet de s'alimenter, de communiquer avec la surface et de respirer sur un détendeur dédié à un gaz spécifique au palier. Les réservoirs de gaz respirables peuvent être en surface ou disposés sur la bulle. La réserve de gaz de secours est obligatoirement sur la bulle.

La plongée en bulle est autorisée jusqu'à 9 000 hPa (90 m).

Plongée avec système hyperbare

Un système hyperbare est un ensemble constitué d'une ou plusieurs chambres hyperbares (les caissons) dans lesquelles les plongeurs sont placés sous pression et une tourelle qui joue le rôle de l'ascenseur entre le caisson et le lieu de travail immergé. Les réserves de gaz d'alimentation normale peuvent être situées sur la tourelle ou en surface. Les réserves de gaz de secours sont portées par la tourelle. Le câble qui supporte la tourelle est doublé d'un ombilical comprenant l'alimentation en gaz, les communications audio et vidéo, l'alimentation électrique et en eau chaude pour les vêtements des plongeurs, la remontée des données techniques de la tourelle (profondeur, pressions des gaz, température, composition de l'atmosphère, etc.).

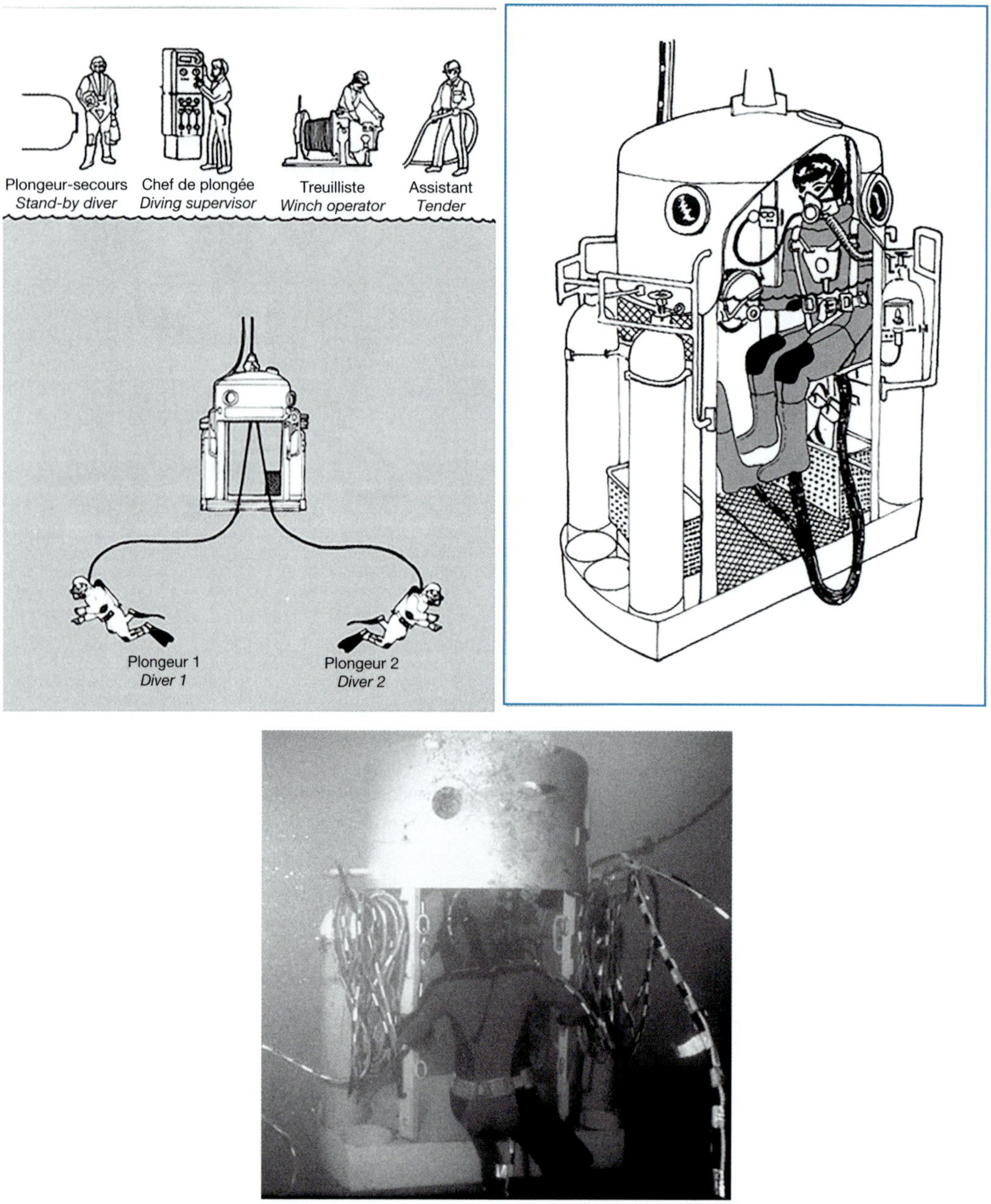

Figure 5.5. Plongée en bulle.
Source : Document Comex, Photo INPP.

Deux méthodes de travail sont utilisées : la plongée d'incursion jusqu'à 12 000 hPa (120 m) et la plongée à saturation au-delà.

Dans la plongée d'incursion (figure 5.6)

Les plongeurs (deux ou trois, selon le matériel utilisé) descendent sur le chantier dans la tourelle à la pression atmosphérique. Ils se mettent en pression sur place et effectuent leurs tâches. En fin de travail, ils regagnent la tourelle. Les panneaux sont fermés, la tourelle est remontée en surface et reliée au(x) caisson(s) qui se trouvent à la même pression. Les plongeurs passent dans le caisson et se déséquipent. La décompression est pilotée par

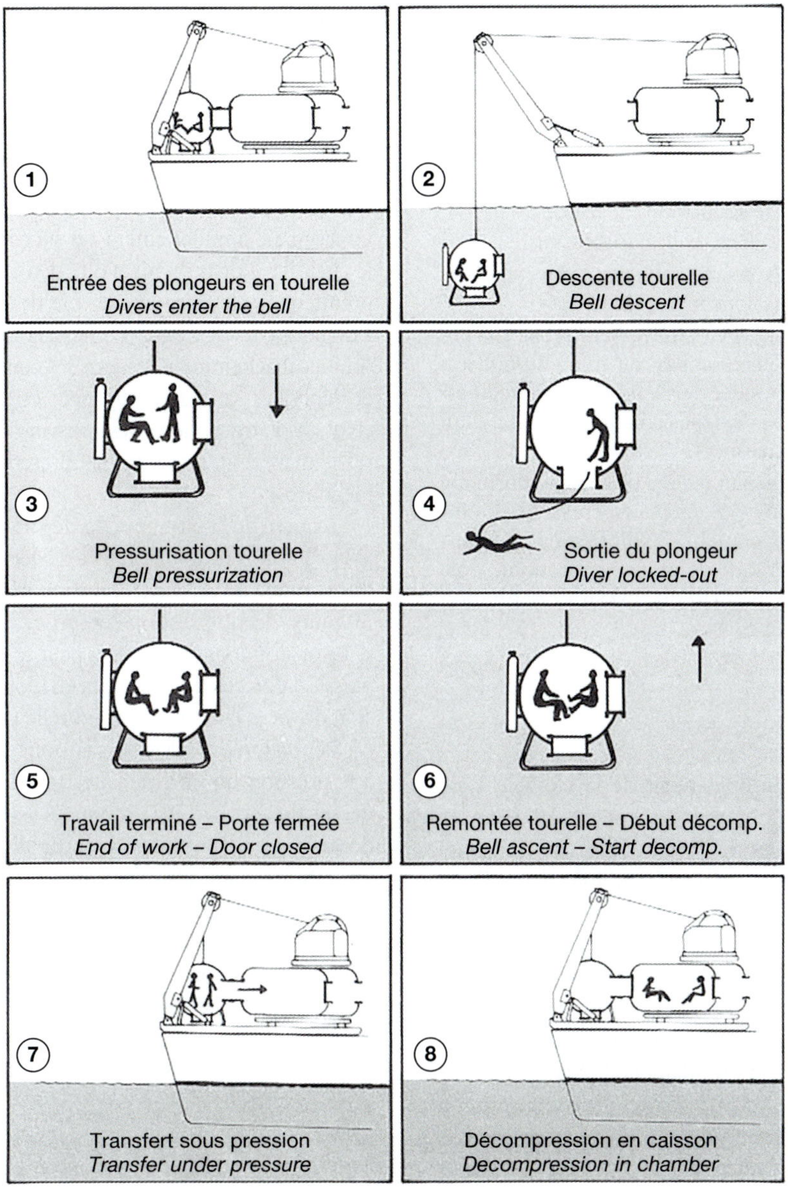

Figure 5.6. Les différentes séquences d'une plongée d'incursion avec tourelle.
Source : Document Comex.

l'équipe de surface. Les plongeurs respirent au sec et au chaud, en ambiance ou sur inhalateur un mélange de gaz adapté au palier. La décompression est menée de palier en palier jusqu'à la surface.

Plongée à saturation

Au-delà d'une durée de séjour en pression évaluée à 6 heures, l'organisme est saturé en gaz inerte. La durée de la décompression sera toujours la même, quelle que soit la durée du séjour. Ce phénomène

Encadré 5.3

Les applications de la plongée à saturation

- Industrie pétrolière *offshore* jusqu'à 300 m : installation, entretien de têtes de puits ; soudure d'oléoducs et gazoducs.
- Entretien d'installations de barrages hydroélectriques (vannes, grilles, turbines).
- Dans le domaine militaire, sauvetage des équipages de sous-marins naufragés.
- Interventions en atmosphère sèche sur des chantiers de creusement de tunnel, pour lesquelles la plongée verticale de la tourelle est remplacée par le déplacement horizontal d'un caisson de transport.
- Dans le domaine de la plongée scientifique (observations et prélèvements océanologiques), l'opération « Gombessa 5 » a utilisé une méthode de plongée autonome avec recycleurs à partir d'un niveau de saturation entre 70 et 120 m.

physique est le fondement de la plongée à saturation devenue depuis les années 1970 la règle sur les chantiers de l'industrie pétrolière en mer. Cette méthode est depuis utilisée dans d'autres domaines d'application (encadré 5.3).

Les plongeurs vivent jour et nuit dans un ensemble de chambres hyperbares placées à la pression du fond (pression de travail) ou une pression proche. La maîtrise des paramètres environnementaux est fondamentale : la pression doit demeurer stable à 50 hPa près ; la composition des gaz doit être contrôlée en permanence et régulée ; la PO_2 (pression partielle en oxygène) est maintenue dans les limites réglementaires (tableau 5.3), soit 300 à 450 hPa selon le protocole utilisé. Le CO_2 (dioxyde de carbone) est éliminé par fixation sur des filtres contenant de la chaux sodée ou barytée. Les polluants organiques sont fixés sur des filtres à charbon actif. Enfin, la température doit être maintenue dans des limites évitant les pertes convectives respiratoires dues à l'hélium. Elles dépendent de la pression et s'échelonnent de 22 °C pour un niveau de vie à 50 m à 31 °C à 200 m.

Une tourelle, à la même pression que les caissons vie, descend les plongeurs jusqu'au lieu de travail. L'équipe est constituée de trois personnes : un chef tourelle chargé de la gestion des circuits de gaz, des communications, de la sécurité et de fournir une aide à l'habillage et à la manutention aux plongeurs et deux plongeurs intervenant simultanément ou successivement sur le chantier. Lorsqu'il n'y a que deux plongeurs, ils prennent successivement le rôle de chef tourelle. Les plongeurs demeurent reliés à la tourelle par un ombilical acheminant les gaz, les communications et l'énergie. Le gaz respiré peut être différent de celui de l'atmosphère des caissons et de la tourelle, mais doit respecter les prescriptions réglementaires.

La durée de la plongée (du départ de la tourelle jusqu'à son retour) ne peut excéder 8 heures. La durée totale du séjour en pression ne peut excéder 30 jours, décompression comprise.

La profondeur du chantier peut se trouver à une pression différente, en plus ou en moins, de la pression de vie. Dans ce cas, la tourelle est pressurisée ou dépressurisée selon le cas pour correspondre à la pression du chantier. Les tables annexées au décret du 14 mai 2019 donnent les profondeurs des excursions permises, à partir d'un niveau de saturation allant jusqu'à 180 m sans qu'il soit besoin de pratiquer de paliers de décompression entre le niveau vie et le niveau de travail, avec une vitesse de variation de pression inférieure ou égale à 10 m min^{-1}. Au-delà de 180 m, les excursions ne peuvent dépasser 30 m. Les plongeurs doivent respecter un repos de 12 heures entre deux plongées d'excursion.

La décompression finale est menée de manière continue (sans palier) après une augmentation de la PO_2 dans le caisson en fonction de la profondeur de départ.

Plongée militaire

Depuis les temps les plus reculés, les plongeurs ont participé à des opérations militaires. De nos jours, la plongée sous-marine est un vecteur pour réaliser les missions dévolues aux plongeurs militaires. Les 2 000 plongeurs militaires français des trois armées et de la Gendarmerie nationale participent à la maîtrise des fonds sous-marins, à la protection de la force océanique stratégique et à la défense contre les actions des nageurs de combat.

Différentes catégories de plongeurs

Les plongeurs militaires relèvent de quatre catégories selon les conditions d'environnement et d'emploi requis par leurs missions.

- *Catégorie 1* : plongeurs pratiquant la plongée subaquatique en circuit ouvert jusqu'à la profondeur de 40 m à l'air ou avec un mélange suroxygéné type nitrox.
- *Catégorie 2* : plongeurs pratiquant la plongée en circuit ouvert à l'air au-delà de 40 m et avec des appareils à recyclage des gaz, la plongée à l'oxygène pur, ou avec un mélange suroxygéné type nitrox ou un mélange ternaire trimix.
- *Catégorie 3* : personnel médical et paramédical (médecins, infirmiers et opérateurs de caisson hyperbare) intervenant pour leur travail en milieu hyperbare.
- *Catégorie 4* : personnel bénéficiant d'une initiation à la plongée militaire à l'air jusqu'à la profondeur de 10 m en conditions environnementales sécurisées.

Les formations correspondent aux domaines d'emploi des plongeurs et aux techniques de plongée qui leur sont associées :

- le cours de plongeur de bord délivre la formation de base à la plongée à l'air jusqu'à 35 m et prépare aux missions de génie sous-marin léger, de lutte contre les nageurs de combat, de sauvetage et de protection du navire ;
- le cours de plongeur-démineur assure la formation des plongeurs aux techniques de déminage, de génie sous-marin et à l'utilisation d'appareils de plongée spécifiques aux missions de guerre des mines ;
- le cours de nageur de combat forme les plongeurs aux techniques de plongée à l'oxygène et à l'utilisation d'appareils spécifiques aux missions à caractère offensif (renseignement, actions commandos, contre-terrorisme).

Des écoles de formation complémentaire permettent la formation des médecins et d'infirmiers hyperbaristes des armées, des enquêteurs subaquatiques de la gendarmerie, des pompiers de la brigade des sapeurs-pompiers de Paris et des plongeurs d'hélicoptère de l'aéronavale et de l'armée de l'air.

Méthodes de plongée militaire

Encadrement et sécurité

Directeur de plongée

Toute plongée est placée sous la conduite d'un directeur de plongée, responsable de la planification et de la préparation conformément à la réglementation, en tenant compte des conditions météorologiques et des caractéristiques du site.

- Il supervise la mise en place des équipements (balisage, ligne de vie, matériel de secours).
- Il vérifie le niveau de qualification des plongeurs pour la mission.
- Il surveille la plongée en cours. En cas d'urgence, il en coordonne les équipes de secours et prend les décisions de nature à assurer la sécurité des plongeurs.
- Il dispose des équipements nécessaires à la surveillance de la plongée et du matériel d'alerte et de secours.

Sécurité en surface — moyens de secours

Une conférence de plongée est conduite sur site par le directeur de plongée précisant la mission et ses paramètres (durée, profondeur, paliers...), le rôle de chacun, la conduite à tenir en cas d'incident.

Une équipe de secours, constituée au minimum de deux plongeurs équipés, est prête à intervenir dans un délai inférieur à 3 minutes.

Signalisation des opérations de plongée

Le lieu de la plongée est matérialisé par un balisage d'où les plongeurs ne doivent pas s'éloigner de plus de 100 m. En cas de déplacement de plus de 100 m, chaque binôme est équipé d'une bouée de suivi visible en surface.

Différents moyens de repérage peuvent être utilisés lorsque les conditions d'environnement rendent la localisation difficile (nuit, mauvaise visibilité...) : feux de détresse jour/nuit, sifflet, lampe à éclats ou individuelle.

Surveillance en surface

Une embarcation manœuvrante, dont l'hélice est protégée, avec à son bord un plongeur de secours équipé et le matériel nécessaire à l'exécution de paliers en air et oxygène, est obligatoire pour la récupération ou l'évacuation d'un accidenté.

Soutien médical

La présence d'un kit d'urgence plongée (KUP), intégrant notamment le matériel d'oxygénation normobare permettant l'oxygénation en continu jusqu'à la prise en charge hospitalière, est obligatoire pour toute plongée. Selon le type de plongée effectuée, des dispositions particulières peuvent être adoptées (caisson hyperbare de sauvegarde, lot médical d'urgence plongée — LUP — par exemple).

Le responsable du soutien sanitaire sur place dispose d'une fiche de procédures à appliquer en cas d'accident établie par le médecin référent de la plongée pour l'unité concernée. En l'absence d'un caisson hyperbare militaire disponible, un contact doit être établi avec un établissement hospitalier disposant d'un centre hyperbare et situé dans un périmètre géographique accessible depuis le site de plongée.

Selon le type de plongée effectué, le personnel soignant sur site (ayant reçu la formation nécessaire) peut être un secouriste, un infirmier, ou un médecin. Les différentes configurations sont précisées par la réglementation militaire.

Plongée avec appareils respiratoires

Le matériel individuel comprend : vêtement de plongée, gants, poignard, brassière de plongée avec sa bouteille et son sifflet ou gilet de stabilisation avec son sifflet, ceinture de lest largable (facultative avec le gilet de stabilisation), profondimètre, montre, boussole, palmes, masque, tables de plongée immergeables, parachute à paliers (1 par personne si la plongée est réalisée à plus de 100 m d'un quai ou d'un bâtiment, sinon 1 par binôme) et appareil de protection respiratoire.

Pour la plongée en circuit ouvert (air, nitrox), il comprend : bouteille(s) de gaz, un détendeur principal avec manomètre, sangle d'embout et couvre-lèvres (prévention de la noyade) et détendeur de secours avec direct système. La bouteille de gaz respirable doit être remplie à une pression supérieure à 150 bars.

Plongée militaire avec appareils respiratoires recycleurs de gaz

Les plongeurs d'armes (plongeurs-démineurs et nageurs de combat) utilisent des recycleurs à circuit fermé ou semi-fermé à fonctionnement mécanique, ils sont équipés d'une sangle d'embout buccal et d'un couvre-lèvre en prévention de la noyade. L'utilisation de recycleurs électroniques fait actuellement l'objet d'évaluation dans les armées. La plongée s'effectue par équipe de deux plongeurs, reliés par une sangle permettant à l'un d'intervenir au plus tôt en cas de difficulté ou de perte de connaissance de l'autre.

Les appareils en service sont le FROGS (*Full Range Oxygen Gaz System*) et le CRABE Mk2 (*Complete Range Autonomous Breathing Equipment Mark 2*).

Le FROGS est un appareil de plongée autonome à l'oxygène pur en circuit fermé, porté en position ventrale, fonctionnant à la demande : le plongeur respire dans un sac (encore appelé « faux poumon ») par l'intermédiaire de deux tuyaux annelés souples (inspiration et expiration). Le CO_2 expiré est fixé dans une cartouche de chaux sodée.

Il est alimenté par une bouteille d'oxygène pur dont l'admission dans le sac est déclenchée par la dépression inspiratoire lorsque le sac est vide. Cet appareil est utilisé par les nageurs de combat pour ses qualités : absence de bruit et de bulles (figure 5.7).

Le CRABE est un appareil respiratoire dorsal destiné à la plongée jusqu'à 80 m, adapté, par sa signature magnétique et acoustique faible, aux opérations de guerre des mines. C'est un recycleur entièrement mécanique, fonctionnant en circuit semi-fermé sur la base d'une fuite de gaz proportionnelle au volume courant du plongeur (figure 5.8). Il utilise des mélanges de gaz prédéterminés (nitrox à 60, 50, 40 ou 30 % ou trimix 23 % O_2). Les paliers de décompression sont réalisés soit avec le

Figure 5.7. Binôme de nageurs de combat.
Source : Photo Marine nationale

Figure 5.8. Plongeur-démineur équipé de l'appareil Crabe.
Source : Photo Marine nationale

mélange utilisé lors de la plongée, dit « mélange fond », soit à l'oxygène pur, en fonction du profil de plongée. Un « routeur » intégré à l'appareil permet de passer d'une position mélange fond à une position oxygène.

Le CRABE est équipé d'un système de secours en circuit ouvert.

En conclusion

La plongée militaire est un élément essentiel pour de nombreuses missions militaires. Effectuée sur ordre, elle sert à atteindre un objectif militaire déterminé : la plongée n'est pas un but en soi mais un vecteur pour réaliser la mission. Les plongeurs militaires doivent être prêts à faire face à des conditions difficiles et dangereuses, et leur formation et leur équipement sont conçus pour les préparer à ces situations.

Interventions hyperbares en milieu médical

Elles sont réglementées par l'arrêté du 29 mai 2024. Le personnel médical et paramédical, ainsi que le chef d'opération hyperbare du centre ou service concerné doivent être titulaires du CAH mention C. Le milieu de travail est constitué d'un centre thérapeutique hyperbare, comprenant une ou plusieurs chambres hyperbares (les caissons), leurs pupitres de commandes et panneaux de contrôle, les systèmes de communication (phoniques, vidéo, paramètres médicaux), les circuits de distribution des gaz, de l'énergie électrique et les dispositifs de sécurité.

Conditions de travail

Les tâches diffèrent selon les postes de travail qui peuvent être occupés successivement :

- accueil et préparation du patient, en général dans un local dédié ;
- mise en place du patient dans le caisson. Les malades alités sont introduits avec leur lit si celui-ci est compatible avec les conditions hyperbares (absence de produit gras combustible) ou transférés dans un lit compatible dans le cas contraire (manutention) ;
- branchement des différents appareils (monitoring, pompes à perfusion, ventilateur, etc.) dans le caisson ;
- équipement des patients conscients avec le dispositif de délivrance de l'oxygène (masque oronasal ou cagoule complète). Explications et consignes aux nouveaux patients ;
- surveillance des patients pendant les trois phases de la séance : mise en pression (bruit, chaleur), palier en pression et décompression ;
- exécution si nécessaire de gestes techniques pendant le séjour en pression (ventilation, aspiration, perfusion, sondage, etc.).

Contraintes du poste de travail

Les installations modernes permettent d'introduire directement les lits de réanimation ou chariots de réanimation dans les chambres hyperbares. Il demeure cependant des installations anciennes, avec des panneaux d'accès de taille réduite, nécessitant l'introduction des malades sur brancards. Souvent de faible diamètre intérieur (1,80 m), la hauteur sous barrot insuffisante près des parois entraîne des postures de travail avec le buste en flexion antérieure. Ces situations sont à l'origine de troubles musculosquelettiques.

Séjours en pression

Les tables thérapeutiques à forte pression (4 et 6 ATA) sont à l'heure actuelle peu utilisées [4]. Demeurent, selon les indications, les recompressions à 2,8, 2,5 et 2,2 ATA. Les durées des séances peuvent être longues (jusqu'à 4 h 45 pour la table 6 USN [US Navy] par exemple), imposant, pour l'accompagnateur, de respecter des paliers de décompression. Pour les tables les plus longues, si les effectifs le permettent, des permutations du personnel accompagnateur sont effectuées en pression au moyen des sas de transfert.

Décompression

Lorsque la présence du personnel accompagnant n'est plus requise dans le caisson, la décompression s'effectue conformément aux tables annexées à l'arrêté du 29 mai 2024, qui proposent des décompressions à l'air ou avec respiration d'oxygène ainsi que les procédures applicables pour les interventions successives (intervalle libre à la pression atmosphérique inférieur à 12 h).

Interventions hyperbares sur les chantiers de creusement des tunnels

Le creusement des sols pour la réalisation de voies de communication souterraines (trains, métros, routes) met en œuvre des machines (tunneliers) dont certains peuvent, en fonction des types de terrains rencontrés, nécessiter l'application de pressions élevées pour contenir les infiltrations d'eau ou empêcher l'effondrement.

Chaque tunnelier est spécifique d'un chantier donné mais l'architecture générale est la même. À l'avant se trouve la roue de coupe qui attaque le sol (figure 5.9A). Elle assure le creusement grâce aux molettes qui taillent la roche. Derrière cette roue de coupe se trouve la chambre d'abattage, pressurisée afin que les structures géologiques ne s'effondrent pas au passage du tunnelier.

La chambre d'abattage est fermée par un bouclier qui en permet l'accès (figure 5.9B). Selon son diamètre, il comporte un ou deux sas d'accès permettant de mettre en pression ou en décompression des techniciens (les « tubistes ») pour des interventions dans la chambre d'abattage (figure 5.10).

Un train suiveur comporte les installations nécessaires à la mise en œuvre de l'ensemble et à la construction du tunnel.

Équipe d'intervention

Placée sous la direction d'un chef d'opération hyperbare (COH), chargé de la mise en œuvre des mesures de prévention des risques et de la coordination de l'équipe et, en cas d'accident ou d'incident, des mesures de secours d'urgence prévues. L'équipe intervenante est composée d'un chef de sas pour chaque sas, manipulateur des commandes du sas et de la chambre de coupe (mise en pression, ventilation, décompression) et surveillant des intervenants ; d'au moins deux opérateurs tubistes, dont l'un est chef d'équipe ; d'un hyperbariste de secours.

Tous sont titulaires de la formation prévue par la réglementation (COH, CAH mention A ou D).

Tâches réalisées en pression

Les interventions sont des opérations de maintenance préventive ou corrective de la roue de coupe et de ses outils. Elles sont réalisées sous une pression définie par l'avancée et l'état du terrain. Les tâches sont multiples :

- inspection de la chambre d'abattage ;
- changement des outils de la roue de coupe. Les molettes simples peuvent peser jusqu'à 125 kg,

Figure 5.9. Roue de coupe et bouclier (prolongement de la ligne du métro B aux hôpitaux de Lyon Sud).
A. Vue de la face avant de la roue de coupe avec les molettes qui attaquent le sol.
B. Vue du bouclier qui contient les deux sas hyperbares d'accès à la chambre de coupe, dans son puits d'entrée.
Source : © Sytral – Implenia France et Demathieu Bard.

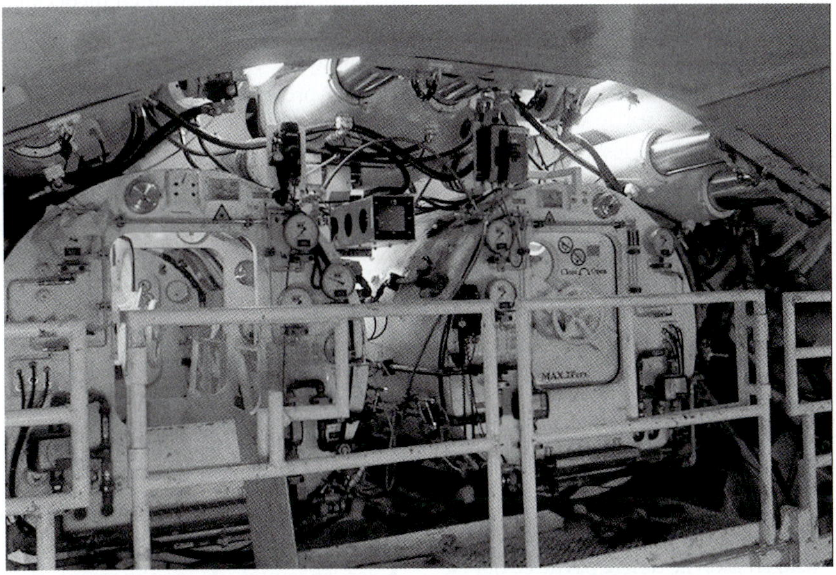

Figure 5.10. Vue des deux sas permettant l'accès en pression à la chambre d'abattage (prolongement de la ligne du métro B-HLS).
Source : © Sytral – Implenia France et Demathieu Bard.

et les molettes jumelles 277 kg. Les ouvriers s'aident d'outils pneumatiques (clés à choc) et manuels (palans à chaîne) ;

- décolmatage de la tête (marteau-piqueur, nettoyeur haute pression) ;
- des opérations de soudage sont parfois nécessaires.

Conditions de travail

Les pressions d'intervention s'échelonnent en air comprimé entre 1 et 5 bars relatifs, et en mélanges trimix ou héliox jusqu'à 14 bars [5]. Dans le premier cas, la décompression fait appel aux tables du ministère du Travail. Dans le second, des tables spécifiques sont établies. La tendance actuelle est de préférer les séjours en saturation mettant en œuvre des ensembles hyperbares raccordés aux sas d'entrée des chambres d'abattage (la présence de deux sas d'accès permet de relever une équipe sans interruption de la mission).

La charge de travail, évaluée par le coût cardiaque, est considérée comme lourde [6], dans une atmosphère où l'hygrométrie est élevée (80 à 90 %) avec une température pouvant atteindre 25 °C. Les durées d'intervention peuvent atteindre plusieurs heures.

Mesures de sécurité et de prévention

Prévention des accidents

Elle repose sur :

- la formation du personnel et l'aptitude médicale au poste de travail ;
- l'adéquation et le respect des procédures d'accès, de séjour et de sortie de l'ambiance hyperbare. En particulier, les procédures de décompression faisant appel à la respiration d'oxygène au palier de 6 m ont montré leur efficacité dans la prévention des accidents de décompression ;
- la sécurité incendie, en raison de la présence de graisses et de la possibilité de taux d'oxygène élevé. La ventilation (chambre d'abattage et sas de transfert) doit empêcher le taux d'oxygène de dépasser 23 % (l'analyse en continu des atmosphères est requise) ;
- la réduction des risques généraux (chutes, contacts ou inhalation de produits toxiques, machines dangereuses) ne diffère pas de ce qui est appliqué dans les chantiers de la branche du BTP.

Le plan de prévention (art. R4512-7 du Code du travail) doit prendre en compte l'ensemble de ces risques.

Prise en charge des accidents sur chantier

Le Code du travail fait obligation aux entrepreneurs de donner rapidement les premiers secours au travailleur blessé, que ce soit par un sauveteur secouriste du travail ou un infirmier. Pour les accidents de décompression, les procédures réglementaires (tables de la mention A, arrêté du 14 mai 2019) prévoient des tables de recompression d'urgence à mettre en œuvre sur chantier en cas d'omission d'une partie de la décompression (table n° 1, 2,2 ATA mètres, oxygène pur, 150 min), ou en cas d'apparition de symptômes d'ADD (accident de désaturation ou de décompression), même après une décompression normale (table n° 2, 2,8 ATA, oxygène pur, version longue 5 h au total). Une table n° 3 à 4 ATA est également prévue, mais son usage n'est plus recommandé, les tables à 4 ATA ayant une moins bonne efficacité thérapeutique que les tables à 2,8 ATA (voir chapitre 28) [4].

La mise en œuvre d'une recompression d'urgence sur chantier ne peut se faire qu'avec l'avis d'un médecin compétent en médecine hyperbare, l'accord du médecin régulateur, le médecin du travail ayant été informé. Un infirmier hyperbariste, si présent, peut intervenir selon des protocoles définis.

Le plan de secours doit en outre tenir compte du délai d'intervention des services de secours, qui peut demander 45 minutes de cheminement dans le tunnel avant d'atteindre le chantier.

Autres interventions hyperbares en ambiance sèche

D'autres industries utilisent (ou sous-traitent) des interventions en atmosphère sèche :

- les enceintes de confinement des réacteurs nucléaires sont timbrées à 4 bars relatifs. Elles font l'objet, lors des visites décennales, d'un contrôle de résistance et d'étanchéité sous pression. Des équipes peuvent y pénétrer à cette occasion ;
- en aéronautique, les carlingues des avions commerciaux constituent en vol une enceinte hyperbare par rapport au milieu extérieur. Leur résistance est contrôlée à la construction

par mise en pression de la cellule (environ 1 bar). À l'intérieur, des techniciens effectuent des contrôles.

Conclusion

Les activités dans lesquelles les pratiquants sont exposés à une pression supérieure à la pression atmosphérique concernent en France environ 400 000 personnes pour les activités de loisir (évaluation FFESSM) et environ 11 000 personnes pour les activités professionnelles [7], tous secteurs confondus. Les contraintes du milieu hyperbare nécessitent de la part des pratiquants des capacités d'adaptation physiologique, évaluées par la recherche de contre-indications, et des connaissances spécifiques concernant le matériel et les méthodes permettant le séjour en ambiance hyperbare sèche ou en immersion, délivrées par la formation spécifique à l'activité pratiquée (formations fédérales de plongeur encadré ou autonome, diplômes d'État d'enseignement, diplôme de scaphandrier professionnel, CAH).

Cet ensemble de conditions à respecter est le socle de la prévention des accidents potentiellement graves susceptibles d'être engendrés au cours ou à la suite d'une exposition hyperbare.

Une exception est toutefois représentée par la possibilité pour les personnes en situation de handicap qui, dans certaines conditions et avec un encadrement particulier, peuvent pratiquer la plongée de loisir dans le cadre du sport adapté.

Références

[1] Corriol JH. La plongée en apnée à travers les âges. In : La plongée en apnée. Physiologie et médecine. Paris : Masson ; 1996. p. 5-16.

[2] Gardette B, Massimelli JY, Comet M, et al. Hydra X : a 701 msw onshore record dive on Hydreliox. Proceedings of the XIXth EUBS Annual Meeting. Trondheim : Norway ; 17-20 Aug. 1993.

[3] Code du sport — Partie réglementaire — Arrêtés — Livre III, titre II, section 3. Art. A322-71 à A322-101 et annexes III-14a à III-19.

[4] Simonnet B, Roffi R, Lehot H, et al. Therapeutic management of severe spinal cord decompression sickness in a hyperbaric center. Front Med 2023 ; 10 : 1172646.

[5] Le Péchon JC, Gourdon G. Compressed-air work is entering the field of high pressures. Undersea Hyperb Med 2010 ; 37(4) : 193-8.

[6] Aublin B, Delafosse B, Baud JP. Activités professionnelles en hyperbarie sèche : exemple du chantier tunnelier du métro B de la ville de Lyon. Bull Med Sub Hyp 2017 ; 27(1) : 13-20. Accessible sur : www.medsubhyp.fr/wp-content/uploads/2023/01/Bulletin-MSH-2017-tome-27-1.pdf.

[7] Medsubhyp SFST. Effectifs exposés. In : Recommandations de bonne pratique. Prise en charge en santé au travail des travailleurs exposés au risque hyperbare [En ligne] ; 2023 : 198. Disponible sur : www.medsubhyp.fr/wp-content/uploads/2023/12/Recommandations-pour-le-suivi-en-sante-au-travail-risque-hyperbare-2023.pdf.

2

Fiches accidents

Plan de la partie

Chapitre 6

Épidémiologie des accidents de plongée

Colin Veses, Henri Lehot

Points clés

- Le risque de survenue d'un accident de plongée est de l'ordre d'un cas pour 10 000 plongées et concerne en grande majorité la plongée loisir.
- La plongée professionnelle est moins accidentogène car très encadrée et soumise à un suivi médical strict des plongeurs.
- Bon nombre d'accidents de plongée mineurs, constitués essentiellement de barotraumatismes de l'oreille moyenne, ne bénéficient pas d'évaluation médicale.
- Les barotraumatismes (15 % des accidents de plongée pris en charge en centres hyperbares) sont essentiellement ORL et touchent essentiellement des plongeurs moins expérimentés évoluant dans la zone des 20 premiers mètres. Les barotraumatismes pulmonaires sont rares mais potentiellement graves (aéroembolisme cérébral).
- Les accidents de désaturation représentent la 50 % des ADP pris en charge en centres hyperbares et concernent plutôt les plongeurs expérimentés avec des pratiques de plongées saturantes.
- L'accident de désaturation neurologique médullaire est le plus fréquent (40 % du total des ADD pris en charge en centres hyperbares) et est celui qui a le plus de risque de séquelles invalidantes.
- Les accidents toxiques (parfois également appelés « biochimiques ») sont rares (3 % des accidents de plongée pris en charge en centres hyperbares). La narcose à l'azote et l'hypercapnie sont les principaux tableaux rencontrés.
- L'œdème pulmonaire d'immersion est responsable de 10 % des accidents de plongée pris en charge en centres hyperbares en relation avec des efforts physiques en surface ou en immersion et avec l'utilisation de recycleurs à port dorsal.
- Environ 9 % des recompressions thérapeutiques concernent des plongeurs asymptomatiques admis pour non-respect des procédures de désaturation.
- Les principaux accidents de plongée en apnée sont les barotraumatismes ORL et les syncopes hypoxiques.

Bien qu'il n'existe pas à ce jour de données statistiques nationales sur les accidents de plongée (ADP), on estime que le risque de survenue d'un ADP est de l'ordre d'un cas pour 10 000 plongées avec une incidence variant selon le type de plongée de loisir, professionnelle ou militaire.

La Fédération française d'études et de sports sous-marins (FFESSM) ne communique pas de données annuelles officielles sur les ADP et il n'existe aucun registre national des ADP pris en charge par les centres hyperbares (CH). Les centres régionaux opérationnels de surveillance et de sauvetage (Cross) recensent 218 interventions/an en moyenne entre 2013 et 2020 pour des ADP dont 24,6 décès par an dont 40 % en scaphandre autonome et 60 % en apnée (apnée ou chasse sous-marine) [1].

Épidémiologie des accidents de plongée sous-marine de loisir

Les départements du Var, des Bouches-du-Rhône et des Alpes-Maritimes concentrent les deux tiers (67 %) des 1 096 accidents recensés

Tableau 6.1. Différents types d'accidents de plongée recensés dans les centres hyperbares de Toulon, Marseille et Nice entre 2011 et 2022.

	n			TOTAL
Type d'accident	**Toulon**	**Marseille**	**Nice**	**n**
ADD	530	245	231	1 006
BT	95	121	72	288
OPI	158	23	13	194
Ambigus	31	65	35	131
TOX (Bioch)	31	15	11	57
Noyade	9	0	0	9
Erreur de procédure	83	79	27	189
Autres	77	–	24	101
Total	1 014	548	413	1 975

ADD : accident de désaturation ou de décompression ; BT : accident barotraumatique ; HIA : hôpital d'instruction des armées ; OPI : œdème pulmonaire d'immersion ; TOX : accident toxique.

entre 2015 et 2020 par les Cross, sans compter les plongeurs ayant directement sollicité un avis médical via la régulation du 15 (SAMU [service d'aide médicale d'urgence]), les services d'accueil des urgences ou les centres hyperbares (CH). On estime qu'en France 400 ADP/an sont pris en charge par les CH, majoritairement sur l'arc méditerranéen.

Nous avons analysé de façon rétrospective les ADP de l'hôpital d'instruction des armées (HIA) de Saint-Anne à Toulon (premier centre français en nombre d'ADP pris en charge chaque année), du CH de Marseille (hôpital Sainte-Marguerite) et du CH de Nice (hôpital Pasteur) entre 2011 et 2022. 1 975 cas sont recensés dans le tableau 6.1 (Toulon : 1 014 cas pris en charge de 2011 à 2018 ; Marseille : 548 cas de 2012 à 2017 et Nice : 413 cas de 2012 à 2022).

Plongeurs en cause

Age et sexe

L'âge médian des plongeurs accidentés est de 45 ans. Bien que la pratique de la plongée bénéficie d'une féminisation constante sur les dernières décennies, allant de 5 % en 1970 à 33 % en 2000, les hommes représentent la majorité des accidentés (67 %).

Existence de facteurs de risque

Cinquante pour cent des plongeurs accidentés n'ont aucun antécédent médical. Quatre-vingts pour cent ne prennent aucun traitement médicamenteux. Soixante-dix-sept pour cent sont non-fumeurs. L'IMC (indice de masse corporelle) médian est de 24,2.

Différentes études ont montré que l'âge > 42 ans et un IMC > 25 sont parmi les principaux facteurs de risque d'ADP [2-4].

Expérience des plongeurs

Soixante-six pour cent des ADP concernent les plongeurs confirmés (niveau FFESSM 3 ou plus) et 20 % des accidents impliquent les encadrants.

Antécédents d'accidents de plongée

Quinze pour cent des plongeurs pris en charge avaient déjà été victimes d'un ADP par le passé ; principalement des barotraumatismes (BT) ORL (oto-rhino-laryngologiques) et des accidents de désaturation ou de décompression (ADD).

Plongées en cause

Répartition des ADP par activité de plongée

Environ 95 % des ADP surviennent en scaphandre autonome et 5 % en apnée ou nage de surface.

Soixante-quinze pour cent des ADP concernent la plongée loisir. On constate dans cette population une disparité des niveaux de plongée, un manque de progressivité à la reprise des plongées après un long intervalle d'inactivité et une représentation accrue de plongeurs de plus en plus âgés avec une majoration du risque de désadaptation à l'effort.

La plongée professionnelle est moins accidentogène du fait de l'application de règles strictes de sécurité en plongée, du suivi médical régulier et d'une forme physique entretenue chez les plongeurs professionnels.

La proportion des accidents de plongée de loisir est probablement sous-évaluée car non soumise à déclaration obligatoire, au contraire des accidents dans le cadre professionnel.

Répartition par niveaux des plongeurs pris en charge

Les plongeurs débutants représentent le tiers des accidentés et sont, le plus souvent, victimes de barotraumatismes. Les plongeurs les plus expérimentés sont d'avantage victimes d'ADD ou d'erreurs de procédures (plongées plus profondes et/ou plus longues).

Répartition des ADP au cours de l'année

Des ADP sont pris en charge tout au long de l'année avec un pic estival lié à la pratique de loisir (50 % des ADP sur les mois de juillet, août et septembre). Les ADP professionnels sont répartis de manière plus homogène sur l'année.

Caractéristiques des plongées incriminées

Conditions de survenue

La très grande majorité des accidents surviennent au cours de plongées à l'air en circuit ouvert. L'incidence des ADP augmente avec la profondeur (pic entre 30 et 40 m). Vingt pour cent des ADP surviennent lors de formations. Vingt-neuf pour cent des accidentés avaient déjà plongé dans les 48 heures précédentes.

Profondeur et temps de plongée

Les valeurs médianes de profondeur et de durée des plongées incriminées sont de 37 m et 38 minutes et reflètent la prédominance des plongeurs confirmés au sein de notre étude. Ces conditions de plongées profondes avec nécessité de paliers de désaturation sont statistiquement associées à un risque accru de survenue d'ADD ou de narcose. La tranche 0-30 m est plutôt pourvoyeuse de BT ou d'œdèmes pulmonaires d'immersion (OPI).

Erreurs de procédure

Dans notre étude, les vitesses de remontée supérieures à 15 m min^{-1} (22 %), les variations répétées d'immersion — de type yoyo — au cours d'une même plongée (13 %), et le non-respect des paliers préconisés (13 %) sont les principales erreurs de procédure retrouvées.

La revue de la littérature montre que 10 % des plongeurs admis annuellement en centre hyperbare le sont uniquement pour non-respect des procédures de désaturation. Bien qu'asymptomatiques, ces plongeurs bénéficient dans plus de 90 % des cas d'une recompression préventive.

Le respect des procédures ne permet pas d'empêcher totalement la survenue d'ADP notamment les accidents de désaturation. Ces accidents ont communément été désignés comme « immérités », terme qui ne résiste pas toujours à une analyse scrupuleuse des paramètres de plongée et individuels.

Conditions de survenues et présentations cliniques des accidents de plongée

On peut schématiquement distinguer les ADD, qui représentent plus de la moitié des ADP admis dans un centre hyperbare, du reste de l'accidentologie, au sein duquel prédominent les barotraumatismes.

Le reste des accidents regroupe des causes diverses allant de l'œdème pulmonaire d'immersion (OPI) aux plongeurs asymptomatiques admis pour erreurs de procédures isolées ou à des causes sans lien direct avec la plongée. La répartition des ADP fait l'objet de la figure 6.1A.

Accidents de désaturation ou de décompression (ADD)

Les ADD représentent 51 % des ADP pris en charge dans notre étude. On note une nette prédominance masculine au sein des ADD (sex-ratio 3,23 à 5,25) à l'exception des ADD cutanés (sex-ratio 1,1 à 1,28). Les accidentés sont en général des hommes avec un âge médian de 46 ans, plongeurs expérimentés avec une pratique en conditions saturantes, c'est-à-dire des plongées au-delà des 30 m (médiane de 37 m). La plongée est une plongée successive (plongée précédente dans les 12 h) dans 20 % des cas, et dans 30 % des cas, une plongée avait été effectuée dans les 48 heures précédentes.

La forme la plus fréquente d'ADD est neurologique suggérant une localisation médullaire

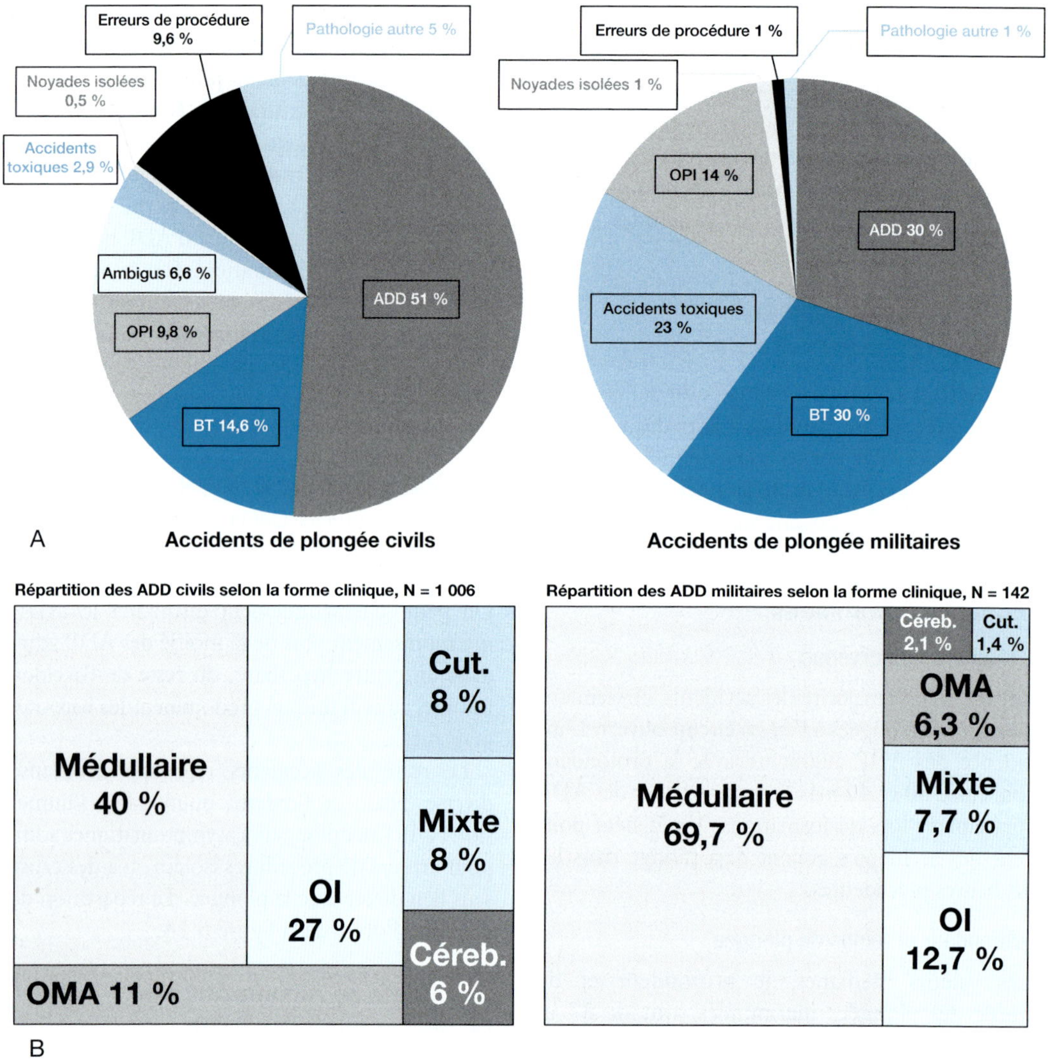

Figure 6.1. Comparaison de l'accidentologie en plongée et des formes cliniques d'ADD entre les plongeurs civils et militaires pris en charge aux centres hyperbares de Toulon (Sainte-Anne), Marseille (Sainte-Marguerite) et Nice (Pasteur).
A. Répartition des accidents de plongée civils et militaires pris en charge en centres hyperbares (BT = barotraumatisme ; OPI = œdème pulmonaire d'immersion).
B. Répartition des ADD pris en charge en fonction de la localisation de l'atteinte (Cut. = cutanée ; Céreb. = cérébrale ; OI = oreille interne ; OMA = ostéo-myo-articulaire).

(40 %), puis cochléovestibulaire (27 %), puis ostéoarticulaire ou *bend* (11 %), cutanée (8 %) et cérébrale (6 %). De plus, 8 % des ADD sont de présentation mixte témoignant d'un caractère multisystémique des ADD. Les symptômes s'installent généralement rapidement après sortie de l'eau, majoritairement dans l'heure qui suit (65,8 %) [5], mais une évolution plus torpide est possible avec une aggravation après plusieurs heures (figure 6.1B).

ADD médullaires

Ils surviennent au décours de plongées saturantes (durée médiane de 45 minutes, profondeur médiane de 37 m). Leur répartition suit le sex-ratio de la population globale des accidentés

(76,2 % d'hommes pour 23,8 % des femmes). Enfin, l'âge médian de 43 ans, bien que statistiquement non différent du reste des plongeurs accidentés, constitue un critère de sévérité [3].

ADD cochléovestibulaires

Les ADD cochléovestibulaires représentent la seconde forme d'ADD la plus fréquente avec 27 % des accidentés pris en charge. L'accidenté type est un homme à 85 %, avec un âge médian de 50 ans significativement plus âgé que la population globale des accidentés pris en charge. Les plongées incriminées, avec une durée médiane de 45 minutes pour une profondeur maximale médiane de 39 m, ne diffèrent pas significativement de celles de l'ensemble des ADP pris en charge.

ADD cutanés

Les ADD cutanés représentent environ 8 % des ADD et se distinguent par la forte prévalence de femmes parmi les accidentés (sex-ratio 1,2). Ainsi les femmes sont impliquées dans 45 % des ADD cutanés alors qu'elles ne représentent que 23 % des plongeurs accidentés et sont statistiquement plus à risque avec un OR (*odds ratio*) de 2,67 à 3,16 selon les études [5].

ADD ostéo-myo-articulaires (ADD OMA) ou bends

Les ADD OMA (ostéo-myo-articulaire) représentent 11 % des ADD et concernent des plongeurs expérimentés avec une nette prédominance masculine (80 %). Les plongées sont généralement saturantes et longues, souvent accompagnées d'effort. Les douleurs siègent généralement au niveau des grosses articulations des membres supérieurs, en premier lieu les épaules (80 %) puis les coudes.

ADD cérébraux

Les ADD neurologiques cérébraux représentent environ 6 % des ADD avec une forte prédominance masculine au sein des cohortes prises en charge (> 80 %). Les plongeurs accidentés ont un âge médian de 40 ans. La durée médiane des plongées était de 32 minutes pour une profondeur médiane de 34 m.

La constatation d'une symptomatologie neurologique déficitaire d'origine centrale après sortie de l'eau pose toujours la question du diagnostic différentiel avec un accident vasculaire cérébral (AVC). L'âge, la présence de facteurs de risque, le mode d'installation des symptômes, notamment en cas de paralysie faciale et hémicorporelle d'installation brutale et l'absence d'amélioration sous oxygène normobare (ONB), doivent faire discuter la possibilité d'un AVC dans un contexte de plongée [6].

ADD mixtes

Les différentes localisations d'ADD peuvent s'associer, dans moins de 10 % des cas (8 %), au sein d'un tableau clinique mixte. Les femmes sont plus sujettes à l'association de plusieurs localisations, avec une prédominance de formes cutanées. L'aspect protéiforme des ADD mixtes souligne le caractère systémique des ADD et incite à la prudence face à des signes cutanés isolés qui peuvent être annonciateurs d'autres manifestations potentiellement sévères (ADD neurologique et cochléovestibulaire) et nécessitent donc une prise en charge adéquate en centre hyperbare de manière systématique.

Barotraumatismes (BT)

Les barotraumatismes concernent des plongeurs plus jeunes et moins expérimentés que la moyenne, volontiers au cours de plongées de formation, avec une atteinte essentiellement cochléovestibulaire. Environ 60 % des plongeurs victimes de BT sont débutants avec des profils de plongées peu profondes (durée médiane de 30 min et profondeur médiane de 20 m), les variations de pression les plus importantes ayant lieu dans les 10 premiers mètres d'eau.

Les BT pulmonaires bien que rares sont potentiellement graves, surtout dans les 20 % des cas où ils s'associent à une atteinte neurologique centrale par aéroembolisme cérébral. L'abandon des exercices des remontées sans embout en formation de plongée de loisir a permis de diminuer l'incidence des BT pulmonaires mais le risque de surpression pulmonaire demeure en cas de remontée non contrôlée ou en cas de présence de formations aériques pulmonaires (bulles d'emphysème, kyste pulmonaire et dilatation des bronches) [7].

Accidents toxiques

Les accidents toxiques ou « accidents biochimiques » correspondent aux effets toxiques des gaz respirés sous pression au-delà d'une certaine pression partielle propre à chaque gaz. L'oxygène peut être toxique au-delà de 1,6 bar et expose à la survenue de crises convulsives hyperoxiques. L'azote générateur d'une narcose, avec une symptomatologie parfois proche de l'intoxication alcoolique, peut être toxique dès 4 bars relatifs (5 ATA [atmosphère technique absolue]) et dangereux au-delà de 5,6 bars. Enfin, certains tableaux cliniques relèvent d'hypoxies génératrices de syncopes ou d'hypercapnies associées à une ventilation inadaptée avec un essoufflement incontrôlé et des céphalées résiduelles.

Ces manifestations ne représentent que 3 % environ des ADP pris en charge, principalement des narcoses à l'azote ou des hypercapnies. Quatre-vingt-quatorze pour cent des plongées incriminées ont été effectuées à l'air et à des profondeurs importantes. Les rares syncopes hypoxiques, conséquences d'une chute de la pression partielle en oxygène en dessous de 0,1 bar, sont essentiellement rencontrées en apnée ou au cours de plongées avec appareil respiratoire en circuit fermé ou semi-fermé, mal calibrés. Aucun syndrome nerveux des hautes pressions, qui se manifeste initialement par des tremblements dans un contexte de plongée profonde avec des mélanges respiratoires à base d'hélium, n'a été rapporté pour les plongeurs trimix (hélium-azote-oxygène) pris en charge (environ 1 %). Il n'a pas été constaté d'intoxication au monoxyde de carbone par pollution des gaz comprimés.

Les crises hyperoxiques générées par la toxicité aiguë de l'oxygène sont rares et ne concernent que les plongeurs utilisant un mélange suroxygéné. Ces accidents se présentent comme une crise convulsive généralisée classique, cédant après retrait de la source d'oxygène mais potentiellement fatales en plongée (risque de noyade).

Œdèmes pulmonaires d'immersion (OPI)

Le diagnostic d'OPI est retenu pour environ 10 % des ADP avec de fortes variations en fonction des centres hyperbares en termes de profil de plongeurs et de prévalence (16 % à Toulon, 4,2 % à Marseille, 3,15 % à Nice). On retrouve davantage de femmes victimes d'OPI (36 %) qu'au sein de l'ensemble des ADP (23 %) ; l'âge médian est de 48 ans.

L'OPI peut survenir au cours de plongée en scaphandre autonome mais environ un OPI sur cinq concerne l'apnée ou des efforts de nage en surface. La cohorte niçoise concerne des plongeurs plutôt âgés (âge médian de 50 ans) et expérimentés avec une pratique de plongée profonde (profondeur médiane 41,5 m) ayant des facteurs de risque cardiovasculaires, au premier chef l'HTA (hypertension artérielle), et du diabète [8,9]. La cohorte de Toulon concerne globalement des plongeurs plus jeunes, dont des plongeurs militaires, soumis à des efforts physiques en surface ou au cours de la plongée.

On retrouve des OPI chez les apnéistes profonds plutôt jeunes qui associent lors de leur pratique un effort physique et des manœuvres spécifiques glossopharyngées ou abdominales [10].

L'OPI se traduit parfois par un tableau de décompensation cardiorespiratoire, nécessitant une prise préhospitalière et hospitalière spécifique (SAU [service d'accueil des urgences], Usic), mais ne nécessite pas de recompression thérapeutique, en l'absence d'ADD ou d'erreur de procédure associée. Bien que l'OPI soit désormais reconnu comme un ADP, les plongeurs sont généralement admis directement aux urgences pour traitement adéquat et ne sont pas forcément vus en consultation par un médecin hyperbariste avant leur sortie. Il en résulte qu'en l'absence de filière de soins préétablie, une partie de ces plongeurs peut être perdue de vue et ne pas bénéficier d'un avis spécialisé en centre hyperbare.

Apnée

L'apnée expose à tous les types d'accidents précédemment décrits. Les barotraumatismes de la sphère ORL représentent l'essentiel des complications prises en charge en centre hyperbare, viennent ensuite les syncopes hypoxiques, les OPI et les ADD neurologiques [11].

La plupart des apnées effectuées en loisir sont répétées et à faible profondeur et exposent à des

BT de la sphère ORL dans les zones de plus forte variation de pression (10 premiers mètres). Les plongées profondes, en compétitions, imposent de fortes contraintes physiques aux athlètes soumis aux fortes pressions. Le parenchyme pulmonaire qui se rétracte sous l'effet de la redistribution sanguine ou *blood shift* peut entraîner des BT pulmonaires par dépression ou *lung-squeeze* qui favorisent la survenue d'OPI. Ainsi, 70 % des apnéistes accidentés pris en charge à Marseille rapportent la survenue d'hémoptysies dans ce contexte [2].

Des symptômes neurologiques cérébraux peuvent survenir en cas d'apnées très profondes ou d'apnées répétées sur une même journée, notamment avec l'usage de scooters sous-marins. Ces manifestations cliniques sont appelées *taravana*, terme polynésien pour désigner le mal dont sont atteints les plongeurs de perles. La symptomatologie s'apparente à celle de l'ADD cérébral. La recompression en caisson hyperbare est recommandée (voir chapitre 12).

Enfin, la syncope hypoxique constitue l'accident le plus redouté car potentiellement fatal avec risque de noyade, surtout si l'apnéiste plonge seul. Elle peut survenir dans tous les cadres de pratique et tout particulièrement en compétition. La syncope survient généralement en fin d'apnée alors que l'apnéiste a consommé une partie de l'oxygène sanguin disponible et remonte à la surface. Ainsi, l'apnée représente 30 % des décès en plongée recensée par le Cross (environ sept par an). Cependant, la majorité des syncopes hypoxiques sont rapidement résolutives après sortie de l'eau et administration d'oxygène et n'entraînent pas d'avis médical systématique.

Accidents en plongée sans rapport direct avec la plongée

Environ 5 % des ADP pris en charge chaque année en centre hyperbare ne correspondent pas à un état pathologique spécifique de la plongée. On retrouve ainsi des cas d'envenimation, d'insolation ou de stress aigu en lien avec un environnement potentiellement hostile. Des tableaux de souffrance myocardique, de labilité tensionnelle ou rythmique ainsi que des affections rachidiennes aiguës sont fréquents et souvent en lien avec une décompensation d'une pathologie sous-jacente. En effet, les antécédents cardiovasculaires, en premier lieu l'HTA, et les troubles musculosquelettiques constituent les antécédents médicaux les plus fréquemment retrouvés chez les plongeurs accidentés (environ 25 et 20 % respectivement). Les contraintes physiologiques de l'immersion sur le système cardiovasculaire ainsi que le lourd équipement nécessaire à la plongée en scaphandre autonome constituent les facteurs déclenchants d'une décompensation aiguë.

Épidémiologie des accidents de plongée sous-marine militaire

Les données d'accidentologie des plongeurs militaires proviennent du service de médecine hyperbare et d'expertise plongée (SMHEP) de Toulon qui prend en charge les accidentés militaires de la base de Toulon et qui assure le suivi et la collecte des déclarations médicales réglementaires des ADP des différentes populations de plongeurs militaires des trois armées et du service de santé des armées (SSA [voir chapitre 5]).

La répartition des ADP militaires est donnée dans le tableau 6.2, basée sur 474 dossiers exploitables à partir de 512 déclarations entre 2002 et 2022. Le risque global d'accident pour un plongeur militaire est de l'ordre de 1/30 000 plongées [12].

Les ADP militaires surviennent aussi bien en formation qu'en unité et leur répartition montre une prédominance d'atteinte barotraumatique ORL et d'ADD. Les ADD sont moins fréquents qu'en plongée de loisir. Les OPI ainsi que les accidents toxiques sont plus fréquents qu'en plongée de loisir, notamment pour les plongeurs militaires qui utilisent des recycleurs et des mélanges suroxygénés (figure 6.1A)

L'analyse des facteurs favorisants montre :

- un âge médian de 29,5 ans ;
- un sex-ratio H/F de 97-3 % ;
- des plongées successives peu fréquentes (18 %) ;
- des plongées rarement non conformes (6 %) essentiellement liées à des problèmes techniques sur des recycleurs ou à des remontées à vitesse rapide nécessitant la réalisation d'une table d'OHB (oxygénothérapie hyperbare) préventive.

Tableau 6.2. Différents types d'accidents de plongée militaires recensés à l'HIA Sainte-Anne de Toulon entre 2002 et 2022.

	Unités	Formation	Total
ADD	92	50	142 (30 %)
TOX	31	77	108 (22,8 %)
OPI	30	35	65 (13,7 %)
BT	79	64	143 (30,1 %)
Noyade	3	3	6 (1,2 %)
Erreur de procédure	2	3	5 (1 %)
Autres	4	7	11 (23,2 %)
Total	241	239	480

ADD : accident de désaturation ou de décompression ; BT : barotraumatismes ORL ; OPI : œdème pulmonaire d'immersion ; TOX : accident toxique.

Accidents de désaturation ou de décompression (ADD)

Les ADD sont moins fréquents qu'au niveau civil, ils représentent 30 % des ADP militaires. Cela s'explique par l'utilisation plus systématique de mélanges suroxygénés, l'utilisation de recycleurs et la pratique de plongées carrées et planifiées. Les formes cliniques sont réparties selon la figure 6.1B.

Les ADD médullaires sont repartis de façon homogène dans les tranches de profondeur, les ADD cérébraux surviennent plus dans la tranche profonde supérieure à 43 m (66 %) ainsi que les ADD OMA (60 %). Les ADD OI (oreille interne) surviennent à 78 % dans la tranche 0-28 m.

L'analyse des profils de plongées montre une répartition égale des ADD en fonction de la profondeur (53 dans la tranche 0-28 m, 45 dans la tranche 28-43 m, 41 dans la tranche > 43 m) ou de la courbe des plongées sans palier (figure 6.2A).

Quatre-vingt-quatre pour cent des ADD surviennent en circuit ouvert, 9,5 % en recycleur et 5 % en plongée en caisson sans immersion.

Quatre-vingt-huit pour cent des ADD ont une évolution favorable sans séquelle objective après traitement. Seuls 17 plongeurs ont présenté des séquelles objectives et ont été déclarés inaptes définitifs.

Accidents toxiques

Cent huit accidents toxiques liés à la toxicité des gaz ont été recensés et sont répartis selon la figure 6.2B.

Les accidents toxiques sont des accidents fréquents et spécifiques avec les recycleurs militaires [13]. Potentiellement déclencheurs de perte de connaissance, ils entraînent rarement des complications de type noyade en raison du sanglage obligatoire avec le coéquipier et de l'utilisation d'une sangle de maintien de l'embout buccal.

L'hypercapnie est l'accident toxique le plus fréquent. Elle apparaît préférentiellement chez des plongeurs réalisant des plongées de longue durée avec effort de palmage ou plus rarement sur des recycleurs qui présentent un problème lié à la chaux sodée. Elle est un facteur favorisant de déclenchement de crises hyperoxiques, du fait de la vasodilatation cérébrale [13] et peut être également des accidents de désaturation [14].

L'hypoxie se manifeste par une perte de connaissance brutale lors de la remontée lorsque la PiO_2 (pression inhalée d'oxygène) diminue dans les appareils recycleurs à la suite d'un dysfonctionnement. L'évolution sous ONB précoce est rapidement favorable.

L'hyperoxie est survenue essentiellement lors de plongées de formation aux appareils à circuit fermés à l'O_2 (oxygène) lors de plongées de longues durées à la profondeur de 6 m [13].

Barotraumatismes (BT) (figure 6.2C)

Les BT de l'oreille interne (BTOI) apparaissent le plus souvent lors de plongées de formation et sont des formes mixtes à prédominance vestibulaire. Les signes cliniques apparaissent pendant la plongée ou au sortir de l'eau sans notion d'intervalle libre. L'évolution a été favorable en quelques semaines du fait d'une bonne compensation centrale.

Les BT pulmonaires sont au nombre de 11 dont 3 avec aéroembolisme cérébral. Ils se sont tous produits chez des plongeurs néophytes lors de la formation initiale de plongeur de bord lors d'exercices de remontée sans embout (RSE) dans la tranche 0-18 m. Les trois cas d'aéroembolisme ont bénéficié d'une table thérapeutique OHB

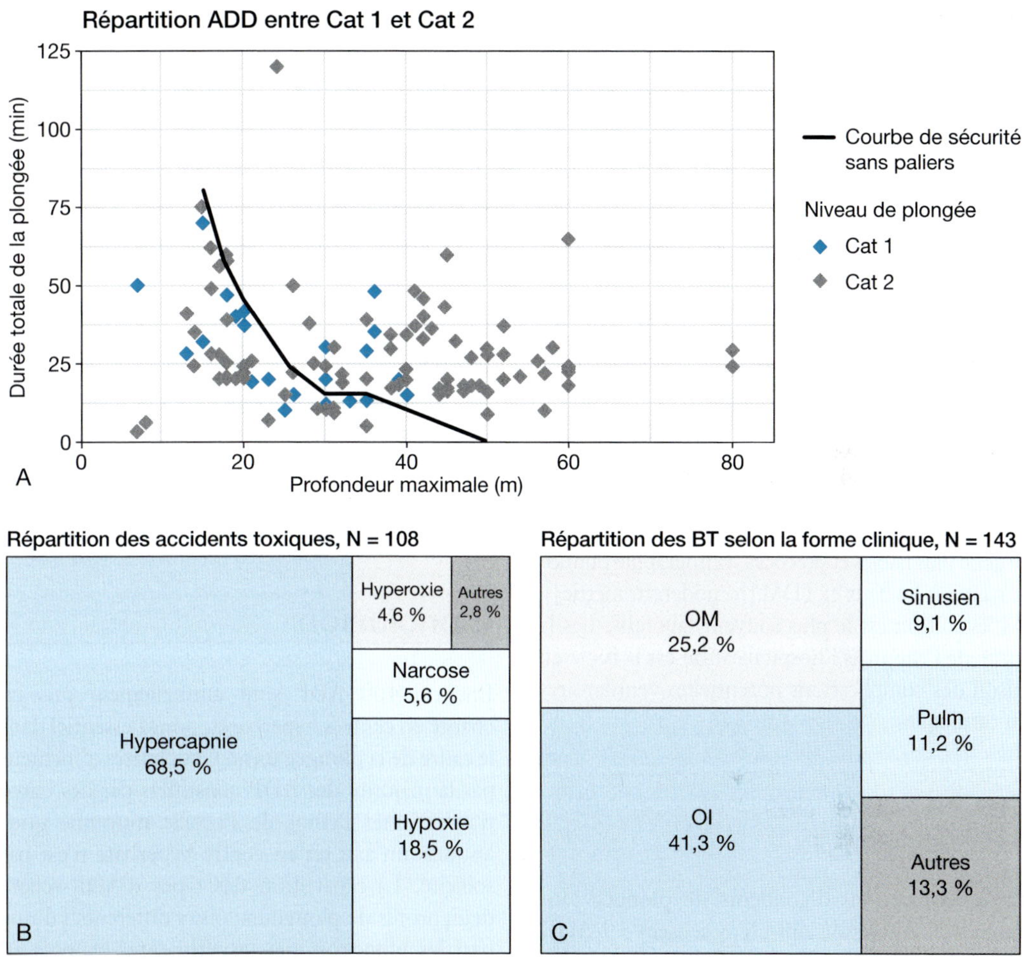

Figure 6.2. Épidémiologie des plongeurs militaires.
A. Répartition des ADD en fonction de la durée et de la profondeur.
B. Répartition des accidents toxiques.
C. Répartition des BT selon la forme clinique (OI : oreille interne ; OM : oreille moyenne).

dans les 30 minutes et n'ont pas eu de séquelle. Depuis 2017, la pratique de la RSE a été substantiellement modifiée, n'autorisant qu'une variation de pression < 500 mbar. Aucun cas de BT pulmonaire n'a été rapporté depuis.

Les BT de l'oreille moyenne (BTOM) ne représentent que 25 % des BT. Ils sont probablement sous-évalués dans cette série par un défaut de déclaration systématique des stades légers de BTOM. Leur évolution est toujours favorable après un traitement locorégional.

Les BT sinusiens sont trois fois moins nombreux que les BTOM dans notre série et leur évolution, toujours favorable, n'a pas entraîné d'inaptitude définitive.

Les autres BT (frustes, dentaires, digestifs, placages de masque ou de vêtements au niveau des plis) sont également présents.

Œdèmes pulmonaires d'immersion (OPI)

Les OPI représentent 13 % des ADP dans notre série. Ils surviennent pour les deux tiers lors de plongée de formation. La population des plongeurs utilisant des recycleurs à port dorsal est la plus impactée (60 %). Soixante-neuf pour cent des OPI surviennent dans la tranche 0-28 m. On note également 11 cas d'OPI lors d'exercice de natation en surface capelé.

La survenue des OPI dans la population militaire s'explique par :

- l'utilisation de recycleurs semi-fermés, portés en position dorsale qui peuvent majorer le risque d'OPI par augmentation du gradient de pression entre le centre pneumoïque du plongeur et les faux poumons du recycleur (déséquilibre hydrostatique) [15] ;
- des exercices et tests chronométrés de palmage en surface dans un contexte de travail ventilatoire important et de stress ;
- un meilleur diagnostic, grâce à des moyens d'imagerie plus fiables et précoces (échographie pulmonaire sur les lieux et TDM [tomodensitométrie]).

L'évolution est le plus souvent favorable dès la sortie de l'eau mais l'hospitalisation est la règle en raison des complications potentielles ventilatoires ou cardiaques.

Cas particulier des ADP en caisson

Treize déclarations d'accidents de plongée sans immersion en caisson ont été recensées : 9 ADD (dont 5 neurologiques) et 4 BT de l'oreille moyenne. Ces ADP sont arrivés lors de recompressions thérapeutiques ou d'exercices de formation dans des caissons de chantier ou autres caissons militaires. Les suites ont été simples sans séquelles pour 12 des 13 personnels.

Épidémiologie des accidents de plongée sous-marine professionnelle

Les plongeurs professionnels représentent environ 12 % des plongeurs pris en charge pour ADP, toutes mentions (A, B, C et D) et professions confondues (scaphandriers, corailleurs, photographes, biologistes, soigneurs et employés d'aquarium, pompiers, policiers, douaniers, personnel médical hyperbare, tubistes...). Les plongées subaquatiques représentent l'essentiel des accidentés professionnels avec 40 % pour la mention A et 53 % pour la mention B. Les plongeurs scaphandriers, effectuant des travaux et manipulations sous-marins, sont particulièrement exposés aux ADD ostéo-myo-articulaires ou *bends*.

La plongée scientifique rejoint les statistiques de la plongée de loisir avec un accident pour 10 000 plongées environ [16].

Les 7 % restants concernent des plongées sèches impliquant des professionnels de la santé, mentions C, et d'autres domaines hyperbares tels que le percement de tunnels, mention D (3 et 4 % des ADP professionnels respectivement).

Conclusion

Environ 400 ADP sont annuellement pris en charge en centres hyperbares, pour l'essentiel dans le cadre de la plongée loisir. Ces chiffres n'incluent pas la majorité des ADP constitués par des barotraumatismes bénins de l'oreille moyenne pour lesquels un avis en en centre hyperbare n'est pas sollicité. La répartition des types d'ADP reflète deux profils de plongeurs loisirs différents : d'une part les plongeurs peu expérimentés exposés au BTOM dans les premiers mètres, et d'autre part, les plongeurs expérimentés, d'avantage exposés aux risques d'ADD et d'erreurs de procédures au cours de plongées saturantes nécessitant des paliers de désaturation.

Les ADD représentent à eux seuls la moitié des accidentés, dont 40 % d'ADD médullaires particulièrement à risque de séquelles. Les barotraumatismes comptent pour 15 % du total, essentiellement cochléovestibulaires et quelques BT pulmonaires avec un tableau neurologique sur embolie gazeuse cérébrale.

Les OPI représentent 10 % des accidentés pris en charge et sont favorisés par les efforts physiques et/ou l'utilisation de recycleurs à port dorsal ce qui explique leur plus forte incidence au sein des plongeurs militaires.

Références

[1] SNOSAN. Accidentologie plaisance et loisirs nautiques. Bilan annuel 2020 [En ligne]. 2020 [cité 26 juin 2023]. Disponible sur : www.mer.gouv.fr/sites/default/files/2021-07/SNOSAN_Accidentoligie%20plaisance%20et%20loisirs%20nautiques_BILAN%20Annuel%202020.pdf.

[2] Lepennetier O. Accidents de plongée : épidémiologie et prise en charge pré hospitalière sur la région marseillaise. Étude descriptive entre 2012 et 2017 [Thèse en médecine]. Marseille : Aix-Marseille université, faculté de médecine ; 2018.

[3] Blatteau JE, Gempp E, Simon O, et al. Prognostic factors of spinal cord decompression sickness in recreational diving : retrospective and multicentric analysis of 279 cases. Neurocrit Care 2011 ; 15(1) : 120-7.

[4] Cialoni D, Pieri M, Balestra C, Marroni A. Dive risk factors, gas bubble formation, and decompression illness in recreational SCUBA diving : analysis of DAN Europe DSL data base. Front Psychol 2017 ; 8 : 1587.

[5] Meusnier B. Contribution à l'analyse séméiologique et diagnostique des accidents de plongée survenant sur la côte méditerranéenne française : à propos de 1 014 cas admis au centre hyperbare de l'HIA Sainte-Anne à Toulon de 2011 à 2018 [Thèse en médecine]. Marseille : Aix-Marseille université, faculté des sciences médicales et paramédicales ; 2020.

[6] Bourron A. Signes neurologiques au décours d'une plongée : accident de décompression à expression cérébrale ou accident vasculaire cérébral [Thèse d'exercice en médecine]. [Marseille] : Aix-Marseille université, faculté de médecine de Marseille ; 2019.

[7] Lafère P, Germonpré P, Guerrero F, et al. Decreased incidence of pulmonary barotrauma after discontinuation of emergency free ascent training. Aerosp Med Hum Perform 2018 ; 89(9) : 816-21.

[8] Gempp E, Demaistre S, Louge P. Hypertension is predictive of recurrent immersion pulmonary edema in scuba divers. Int J Cardiol 2014 ; 172(2) : 528-9.

[9] Gempp E, Louge P, Henckes A, et al. Reversible myocardial dysfunction and clinical outcome in scuba divers with immersion pulmonary edema. Am J Cardiol 2013 ; 111(11) : 1655-9.

[10] Coulange M, Rossi P, Gargne O, et al. Pulmonary oedema in healthy SCUBA divers : new physiopathological pathways. Clin Physiol Funct Imaging 2010 ; 30(3) : 181-6.

[11] Fitz-Clarke JR. Breath-Hold Diving editor. In : Terjung R, editor. Comprehensive physiology [En ligne]. 1re éd. : Wiley ; 2018. p. 585-630. [cité 26 juin 2023]. Disponible sur : https://onlinelibrary.wiley.com/doi/10.1002/cphy.c160008.

[12] Blatteau JE, Guigues JM, Hugon M, et al. Plongée à l'air avec la table de décompression MN 90. Bilan de 12 années d'utilisation par la Marine française : à propos de 61 accidents de désaturation de 1990 à 2002. Sci Sports 2005 ; 20(3) : 119-23.

[13] Gempp E, Louge P, Blatteau JE, Hugon M. Descriptive epidemiology of 153 diving injuries with rebreathers among French military divers from 1979 to 2009. Mil Med 2011 ; 176(4) : 446-50.

[14] Daubresse L, Vallée N, Druelle A, et al. Effects of CO_2 on the occurrence of decompression sickness : review of the literature. Diving Hyperb Med 2024 ; 54(2) : 110-9.

[15] Prevautel T, Prevautel T. Œdème pulmonaire d'immersion sur corps sain avec appareil à recyclage de gaz de 2009 à 2015, rôle du gradient hydrostatique. Aix-Marseille ; 2016.

[16] Dardeau MR, Pollock NW, McDonald CM, Lang MA. The incidence of decompression illness in 10 years of scientific diving. 2012 ; 42(4) : 195-200.

Chapitre 7
Accidents barotraumatiques

7.1. **ORL**

Jean-Baptiste Morvan, Clair Vandersteen, Loraine Vatin

Points clés

Les accidents barotraumatiques de la sphère ORL représentent près de 80 % des accidents de plongée.

La plupart correspondent aux atteintes implosives a vacuo à la descente des cavités semi-closes de l'oreille moyenne et des sinus de la face et sont bénins pour la grande majorité.

Leurs formes algiques (otalgie, algie de la face) et hémorragiques (otorragie en cas de perforation tympanique, épistaxis) sont bien connues à la fois des plongeurs et des médecins.

En revanche, d'autres formes restent moins bien connues alors qu'elles sont potentiellement graves. Il s'agit des accidents barotraumatiques implosifs de l'oreille interne pouvant aller jusqu'à la fistule périlymphatique par rupture d'une des fenêtres, mais aussi de certaines pathologies dites « explosives » à la remontée, comme le fréquent vertige alternobarique et certaines complications exceptionnelles : brèche ostéodurale et orbitaire, neurapraxie du nerf facial, du nerf optique ou du nerf infra-orbitaire.

Elles peuvent impacter d'une part le pronostic vital, en cas de douleur syncopale ou de suraccident par remontée rapide liée à une panique induite par la survenue pendant la plongée d'un vertige, d'un vomissement, voire d'une cécité, et d'autre part le pronostic fonctionnel cochléovestibulaire, notamment en cas de retard de prise en charge.

Introduction

Près de 80 % des accidents de plongée correspondent à des barotraumatismes (BT) des cavités semi-closes de la sphère ORL (oto-rhino-laryngologique), particulièrement soumises aux contraintes pressionnelles [1]. Ils sont rarement vus en milieu hospitalier car le plus souvent bénins. Ils correspondent à des accidents « implosifs » *a vacuo* à la descente affectant l'oreille moyenne (OM) (jusqu'à rompre la membrane tympanique) et les sinus.

Plus rarement, surviennent des accidents « explosifs » à la remontée, plus graves : l'excès d'air piégé peut s'échapper dans l'orbite ou la boîte crânienne et léser un nerf de proximité : le nerf optique et la branche infra-orbitaire du nerf trijumeau dans les sinus et le nerf facial dans le rocher.

Enfin, l'atteinte barotraumatique du labyrinthe est un enjeu tout particulier, avec un risque de séquelles cochléovestibulaires majeures. En cas d'évolution péjorative ou fluctuante, il faut savoir évoquer une fistule périlymphatique (FPL) qui correspond au stade ultime barotraumatique lié à la rupture d'une des deux fenêtres vestibulaire ou cochléaire (FV et FC), zones de faiblesse entre OM et oreille interne (OI). Le diagnostic différentiel avec un accident de désaturation (ADD) est parfois difficile, alors que le traitement diffère : l'oxygénothérapie hyperbare (OHB) est urgente dans ce cas, tandis qu'elle est contre-indiquée en cas de BT.

Barotraumatisme de l'oreille externe (BTOE)

Le BTOE (barotraumatisme de l'oreille externe) est une cause rare d'otalgie en plongée [1].

Physiopathologie et facteurs favorisants

Un volume d'air est piégé dans le conduit auditif externe (CAE) entre le tympan et un obstacle pathologique (otite externe, bouchon de cérumen, exostose) ou iatrogène (cagoule, bouchons antibruit). À la descente, la diminution de ce volume entraîne des lésions cutanées *a vacuo* de *squeeze* : œdème puis vésicules hémorragiques.

Signes fonctionnels

Une otalgie vive à la descente et non améliorée par les manœuvres efficaces d'équilibration alerte le plongeur. Si les vésicules hémorragiques se rompent, une otorragie survient avec parfois une légère hypoacousie.

Conduite à tenir

L'otoscopie fait le diagnostic : CAE œdématié à sténosé, vésicules hémorragiques (figure 7.1) et tympan fermé sans BTOM (barotraumatisme d'oreille moyenne) associé. L'acoumétrie et l'audiométrie confirment une légère surdité de transmission.

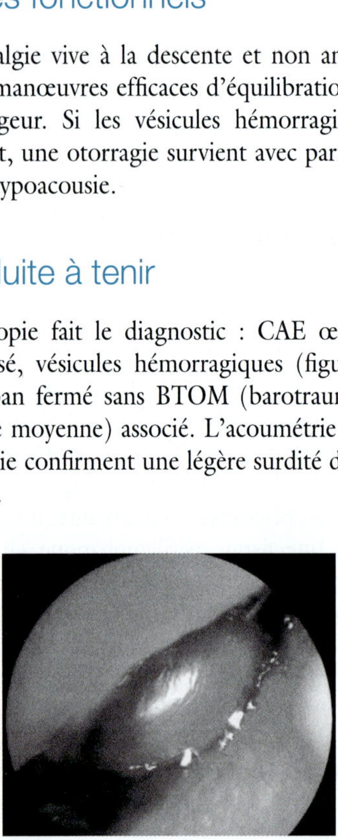

Figure 7.1. Vue otoendoscopique d'un BTOE.
Source : HIA Sainte-Anne, Toulon.

Le traitement est celui d'une otite externe à tympan fermé. La cicatrisation du CAE est attendue pour reprendre la plongée.

Prévention

Une otalgie à la descente doit faire arrêter la plongée. L'hygiène des CAE du plongeur est primordiale. En cas de suspicion de bouchon, une otoscopie préalable à la plongée s'impose. En cas d'exostose obstructive, une canaloplastie est discutée. En cas d'exposition sous-marine au bruit (explosion, tir), le plongeur professionnel ne doit pas s'immerger avec ses bouchons antibruit à plus d'un mètre.

Barotraumatisme d'oreille moyenne

Épidémiologie

Les BTOM sont les plus fréquents (prévalence entre 10,1 et 84 % [2,3]), survenant plus volontiers en eaux froides, peu profondes et donc préférentiellement chez le débutant.

Physiopathologie

Les cavités aériennes de l'OM (caisse du tympan et mastoïde) s'apparentent à une cavité semi-close, communiquant avec l'environnement extérieur via la trompe auditive (TA) vers le rhinopharynx. Le tympan est la seule paroi fibroélastique mobile et fragile.

À la descente, le volume relatif d'air de l'OM diminue, se traduisant par une dépression relative (figure 7.2). Pour compenser, la membrane tympanique s'enfonce, entraînant une otalgie si l'équipression n'est pas rétablie par une manœuvre active d'entrée d'air via la TA (son inefficacité ou la persistance d'une otalgie sont des signaux d'alerte devant faire arrêter la plongée). Si la descente est poursuivie, apparaît un BTOM avec des lésions muqueuses *a vacuo* (hyperhémie, œdème muqueux puis épanchement de transsudat

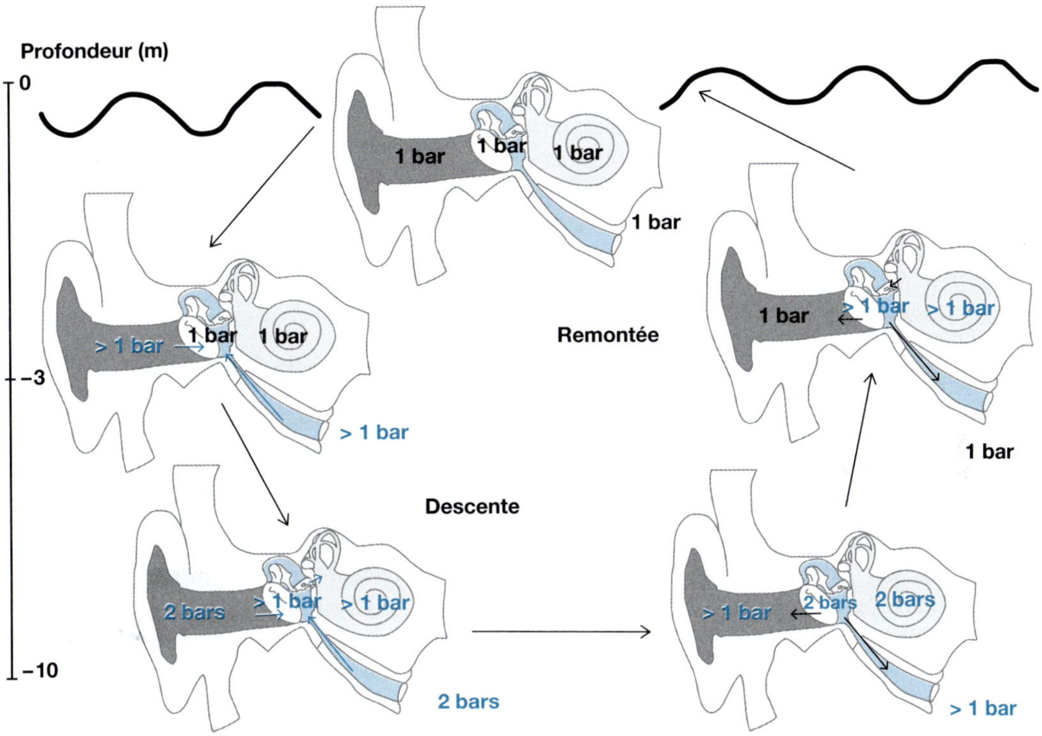

Figure 7.2. Schéma de l'équilibre pressionnel de l'oreille moyenne au cours d'une plongée.
1 bar environ = 1 atm. Compartiment gris foncé : oreille externe, bleu : oreille moyenne, gris clair : oreille interne. Flèches bleues : augmentation de la pression d'un compartiment à un autre, flèche noire : diminution de la pression. Les flèches passant par la trompe d'Eustache représentent l'ouverture tubaire au changement de pression, en bleu les manœuvres volontaires de Vasalva, etc., en noir l'ouverture passive ou parfois l'ouverture volontaire par une déglutition bouche fermée.

ou de sang par rupture capillaire : hémotympan) jusqu'au seuil de rupture du tympan (à 533 hPa, soit environ 5 m). En plongée, les BTOM surviennent préférentiellement à la descente où l'ouverture tubaire ne peut être qu'active. Toute dysperméabilité tubaire (DT) compromet l'équilibration pressionnelle de l'OM.

À la remontée, son ouverture passive ne doit pas être compromise au risque que la fuite ne puisse s'opérer, augmentant alors l'excès de volume d'air dans l'OM.

Facteurs favorisants

En dehors d'une infection respiratoire haute active ou récente, l'échec ou le retard de réalisation des manœuvres d'équilibration est le facteur favorisant le plus fréquent. D'autres facteurs sont discutables : nombre de plongées dans la même journée, sexe féminin, âge, type de plongée, température, saison, rhinite allergique ou tabagisme [4].

Signes fonctionnels

Les signes d'appel sont : otalgie (80 %), sensation de pression dans l'oreille (52,2 %), hypoacousie (5,9 %) ou acouphène (4,7 %) [3]. En cas de survenue à la remontée, vertiges avec nausées sont possibles. Perforation tympanique et otorragie sont plus exceptionnelles (3 %). Les systèmes gauche et droit régulant l'ouverture tubaire étant indépendants, les BTOM sont latéralisés dans 20 % des cas.

Conduite à tenir

Diagnostic

L'otoscopie apprécie la gravité via la classification de Haine et Harris révisée par Riu et Flottes en cinq stades (figure 7.3) :

- stade I : érythème du manche malléaire et de la *pars flaccida* du tympan (vasodilatation réactionnelle superficielle) ;
- stade II : tympan congestif et discrètement rétracté ;
- stade III : épanchement séreux rétrotympanique (« otite séreuse ») ;
- stade IV : épanchement hématique rétrotympanique (« hémotympan ») ;
- stade V : rupture tympanique.

Comme BTOM et BTOI (barotraumatisme d'oreille interne) partagent certains symptômes et qu'un BTOI peut être associé (10 à 50 % des cas), il faut systématiquement examiner l'appareil cochléovestibulaire.

L'audiométrie tonale recherche une surdité de transmission et élimine une surdité de perception (ou mixte) témoignant alors d'un BTOI associé. Une audiométrie vocale analyse le retentissement sur l'intelligibilité.

La tympanométrie identifie une DT (courbe plate et/ou vers pressions négatives) dans les stades I et II, un épanchement rétrotympanique (courbe plate) dans les stades III et IV et l'absence de courbe au stade V.

Prise en charge thérapeutique

Quel que soit le stade, la fonction tubaire est restaurée : lavage nasal au sérum physiologique, vasoconstricteurs ou corticoïdes intranasaux, aérosols manosoniques. À partir du stade III, une antibioprophylaxie orale (amoxicilline acide clavulanique) et un traitement anti-inflammatoire (prednisone 1 mg kg^{-1}/j) sont prescrits pour 7 à 10 jours. Si l'épanchement rétrotympanique persiste au-delà d'un mois, une paracentèse est proposée.

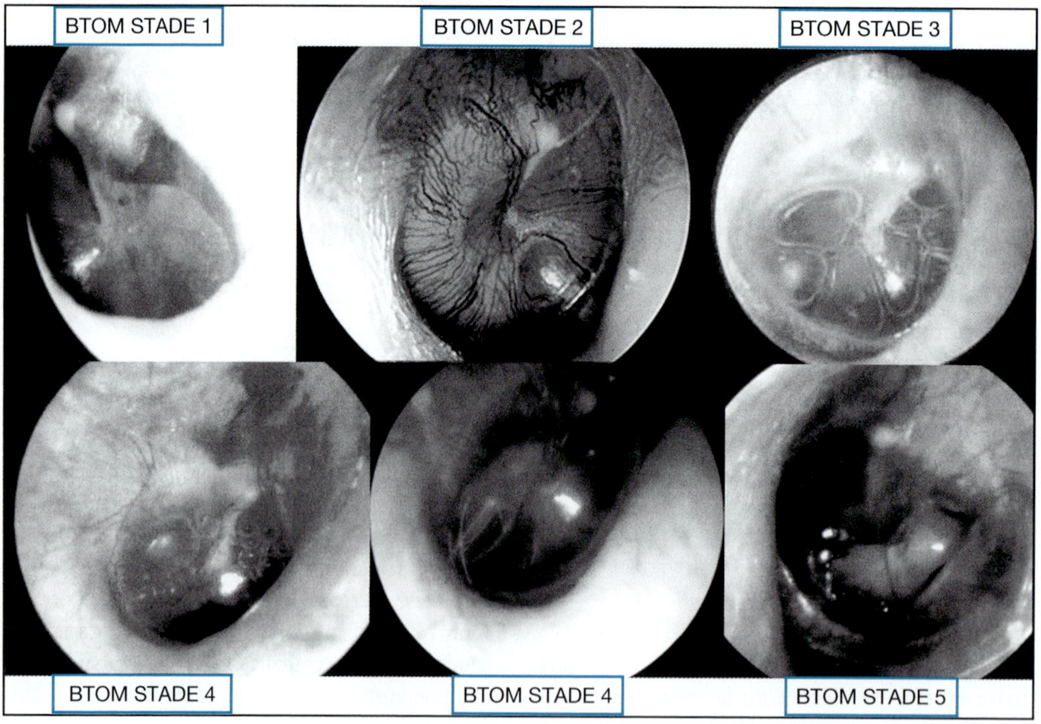

Figure 7.3. Classification otoscopique des BTOM selon Flottes et Riu.
Source : HIA Sainte-Anne, Toulon.

À partir du stade V, il est adjoint une antibiothérapie locale pour 8 jours (ofloxacine) et l'éviction d'eau dans l'oreille jusqu'à cicatrisation tympanique. Il faut éviter pendant 1 à 2 mois tout ce qui peut compromettre la cicatrisation spontanée, largement favorable dans 90 % des cas : mouchage violent, éternuement bloqué, TGV, altitude > 1 500 m, vol en avion, effort à glotte fermée. En cas d'échec, une myringoplastie est proposée.

Inaptitude et reprise de la plongée

Toute otite chronique avec incapacité à réaliser les manœuvres d'équilibration et perturbation du tympanogramme est une CI (contre-indication) à la pratique de la plongée. Une oreille unique est une CI définitive.

Après un BTOM, la guérison et la reprise de la plongée sont obtenues en 1 à 3 semaines (stades I à IV). Au stade V, il faut attendre la fermeture du tympan avec récupération de la mobilité au Valsalva et au tympanogramme. Après chirurgie, un délai minimal de 2 mois est nécessaire, avec possiblement un test fonctionnel en caisson hyperbare avant la reprise de la plongée.

Formes compliquées

BTOM surinfecté

À partir du stade III, le risque de surinfection existe. Le traitement est celui d'une otite moyenne aiguë.

BTOM récidivant

On recherche des antécédents otitiques, des antécédents de douleurs/hypoacousie/sensation d'oreille bouchée, voire de BTOM en milieu aéronautique ou en altitude, une pathologie rhinosinusienne chronique.

L'otoscopie statique dépistera une otite chronique et l'otoscopie dynamique recherchera une immobilité à la manœuvre de Valsalva et de Toynbee (DT obstructive). Une béance tubaire sera identifiée par une respiration tympanique à la respiration nasale forcée. Une nasofibroscopie recherchera une anomalie obstructive du cavum ou des orifices tubaires et des signes indirects d'une pathologie nasosinusienne.

La tympanométrie est imparfaite pour mesurer la fonction tubaire. La tubomanométrie permet de diagnostiquer une DT et d'estimer le risque de BT tout en guidant la prise en charge.

BT du nerf facial

Une déhiscence du canal du nerf facial dans l'OM expose à des lésions ischémiques (neurapraxie) entraînant une paralysie faciale périphérique, dite « dysbarique », passagère (quelques minutes à quelques heures). Impressionnante, elle est souvent prise à tort pour un ADD neurologique (paralysie de type centrale). Elle régresse spontanément. Sinon, une paracentèse s'impose. Cette situation très rare contre indique la plongée à vie (chez le professionnel navigant aéronautique, un aérateur transtympanique règle le problème de récurrence).

BTOM « explosifs » avec complication méningo-encéphalique

Une déhiscence (idiopathique, iatrogène, otitique ou traumatique) du toit du rocher séparant OM et méninges temporales expose au risque de brèche ostéodurale dysbarique avec pneumencéphalie et risque de surinfection méningo-encéphalique. Le passage d'air à la remontée est favorisé par un rocher hyperpneumatisé et une erreur d'équipression réalisée en force ou à la remontée. Toute céphalée sévère, résistante à un antalgique de palier I, avec syndrome méningé et durant plus de 24 heures après une plongée doit faire réaliser en urgence un scanner. Une brèche contre indique définitivement la plongée.

Prévention

- La prévention primaire vise à limiter les facteurs de risque de DT (éviction du tabac, traitement d'une rhinite chronique et d'un RGO, entraînement aux manœuvres de décompression).
- La prévention secondaire passe par l'éducation des plongeurs à ne pas pratiquer en cas de DT aiguë avec incapacité à équilibrer.
- La prévention tertiaire passe par l'arrêt de toute plongée dès l'apparition d'une otalgie [4].

Barotraumatisme d'oreille interne

Épidémiologie

Les BTOI ne représentent que 10 % des BT de l'oreille [1,5].

Physiopathologie

Le BTOI est lié à une lésion du canal cochléaire, par rupture membranaire et de la strie vasculaire dans l'organe de Corti.

Une rupture de la FC et/ou FV (faisant communiquer l'OI avec l'OM) est à l'origine d'une FPL [6]. Il existe trois théories physiopathologiques (figure 7.4) :

- le coup de piston ou entorse stapédo-vestibulaire : à la descente, l'étrier s'enfonce brutalement dans la FV, jusqu'à causer une fracture platinaire avec FPL ;
- la voie « implosive » de Goodhill : à la descente, l'ouverture brutale de la TA par une manœuvre de Valsalva tardive et forcée va replaquer brutalement le tympan et l'étrier en dehors et, par le jeu des fenêtres, la FC va se rompre par implosion ;
- la voie « explosive » de Goodhill : une manœuvre de Valsalva réalisée en force et par erreur à la remontée va entraîner un collapsus de la TA. L'hyperpression du liquide cérébrospinal se communique aux espaces périlymphatiques via l'aqueduc cochléaire, jusqu'à rompre la FC par explosion.

Facteurs favorisants

Les BTOI sont fréquemment associés à un problème d'équilibration pressionnelle en situation dysbarique (réalisation inadaptée à la remontée, inefficacité, difficulté et forçage). Toute DT obstructive, les plongées « yoyo » et l'apnée avec descente rapide (gueuse, scooter) sont des facteurs favorisants. Le coup de piston survient plus volontiers chez le plongeur expérimenté dont l'élasticité du système tympano-ossiculaire transmet plus volontiers le delta pressionnel à l'étrier sans rompre le tympan [5].

Signes fonctionnels

Surdité (90 %), sensation d'oreille pleine, acouphène (73 %), hyperacousie et vertige (46 %) sont rapportés.

Conduite à tenir

Le diagnostic de BTOI est difficile, reposant sur un faisceau d'arguments : profil de la plongée, délai de survenue des symptômes, facteurs favorisants comme la DT, l'examen clinique et les tests paracliniques. Il doit être suspecté devant tout symptôme cochléovestibulaire pendant ou au décours d'une plongée.

Le diagnostic différentiel principal est l'ADD isolé de l'OI qui survient plutôt en cas de plongée saturante avec une prépondérance de symptômes vestibulaires et la notion d'intervalle libre. Ces deux diagnostics étant proches, l'outil algorithmique Hooyah proposé par Rozycki et al. [7] est une aide.

Diagnostic

L'otoscopie recherche un BTOM associé dont le stade n'est pas corrélé à la gravité du BTOI mais une otoscopie normale n'élimine pas une BTOI (BTOM associé non systématique).

Une audiométrie tonale est réalisée initialement et pour évaluer l'efficacité thérapeutique. En cas de vertige, un bilan vestibulaire clinique et instrumental (vidéonystagmographie [VNG], *Video Head Impulse Test*) est proposé. En cas de FPL suspectée, il faut réaliser en plus : audiométrie positionnelle (fluctuation > 10 dB sur > 3 fréquences avec l'oreille orientée vers le haut et/ou le bas), recherche du signe de la fistule (nystagmus provoqué au spéculum de Siegle), test de Tullio (malaise ou nystagmus à l'hyperstimulation sonore à 80 dB sur les fréquences 250 et 500 Hz) [6].

Un scanner des rochers peut apporter des arguments diagnostiques :

- positifs : pneumolabyrinthe (seul élément diagnostique direct), comblement de la caisse du tympan ou de la FC (éléments diagnostiques indirects) ;

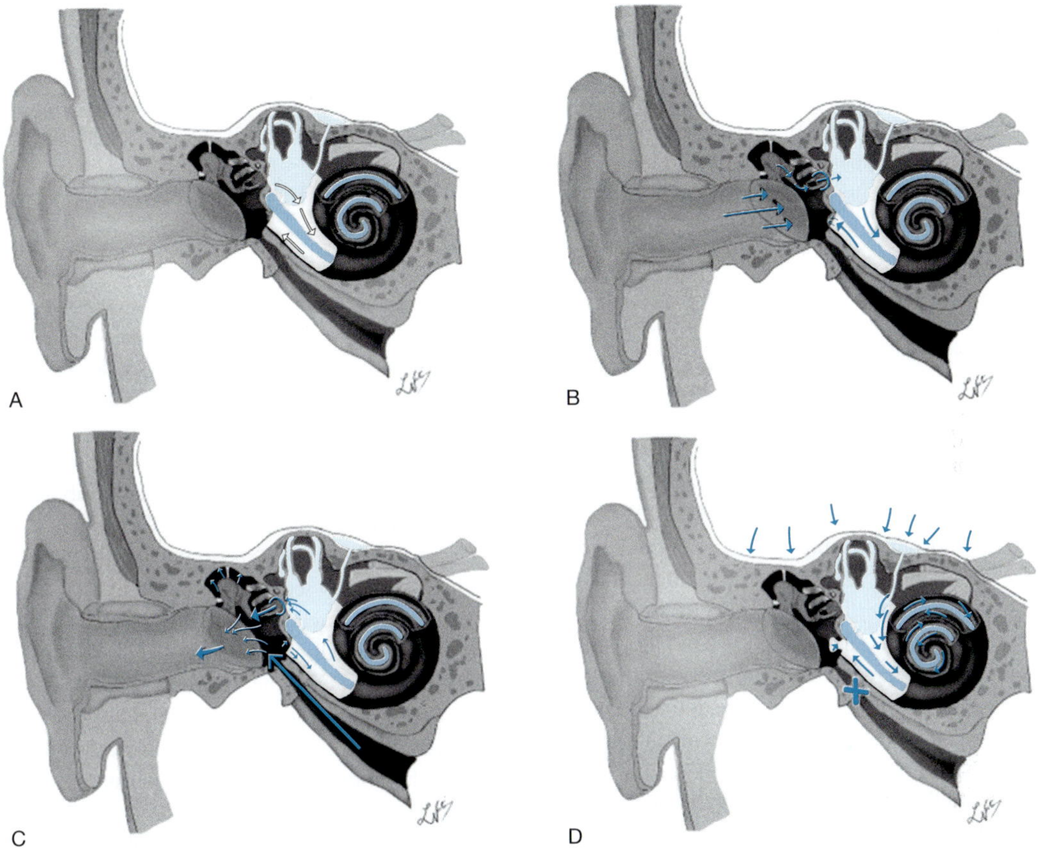

Figure 7.4. Les mécanismes du BTOI.
A. Schéma de l'oreille en condition physiologique. Nb : bleu clair : vestibule et sac endolymphatique terminant l'aqueduc vestibulaire ; bleu : liquide endolymphatique de la cochlée ; blanc : liquide périlymphatique avec petites flèches noires montrant son sens de circulation. B. Coup de piston (ou entorse stapédo-vestibulaire). 1. Le plongeur descend trop rapidement : la pression brutale exercée sur le tympan vient mobiliser la chaîne ossiculaire. 2. Enfoncement brutal de la platine de l'étrier dans la fenêtre vestibulaire, source possible d'une fracture platinaire avec fistule périlymphatique. C. Voie « implosive » de Goodhill. 1. À la descente : augmentation brutale de la pression dans la caisse du tympan lors de l'ouverture brutale de la trompe auditive par une manœuvre de Valsalva trop tardive et forcée. 2. Mobilisation brutale du tympan et de l'étrier en dehors. 3. Par le jeu des fenêtres, rupture de la fenêtre cochléaire par implosion. D. Voie « explosive » de Goodhill. 1. Augmentation de la pression du liquide céphalorachidien (petites flèches bleues) en forçant un Valsalva inadapté (car réalisé à la remontée) et inefficace (car collapsus de la trompe auditive). 2. Transmission de l'hyperpression au liquide périlymphatique via l'aqueduc cochléaire, jusqu'à la fenêtre cochléaire. 3. Fistule par explosion de celle-ci.

- étiologiques/des facteurs favorisants : un élargissement du méat acoustique interne (MAI) augmentant le retentissement de l'augmentation de la pression intracrânienne ou un aqueduc vestibulaire court (comme chez l'enfant) ou élargi. Ces variations anatomiques seront à considérer pour la reprise de la plongée.

Prise en charge thérapeutique

L'arrêt de la plongée et la CI de toute réimmersion sont immédiats jusqu'à une évaluation médicale en urgence. Une corticothérapie en cure courte est initiée (1 à 2 mg kg^{-1}/j en 1 prise) pendant 7 à 10 jours sans décroissance. À cela s'associent des mesures préventives : bonne hydratation, arrêt du tabac, repos au lit avec tête surélevée à 45°, CI des efforts à glotte fermée (laxatifs à la demande pour éviter les efforts de poussée) et manœuvre de Valsalva [5].

En cas de suspicion de FPL (aggravation, échec ou fluctuation des symptômes pendant le traitement médical), une exploration chirurgicale peut être proposée selon le rapport bénéfice/risque qui doit être bien exposé au patient. Elle se justifie notamment en cas d'atteinte cochléaire initiale sévère (perte de plus de 40 dB sur trois fréquences conversationnelles) sans récupération à J7 ou en cas d'hypoacousie invalidante malgré un traitement médical bien conduit. En l'absence d'hypoacousie invalidante, le traitement chirurgical ne doit pas être proposé car il expose à une iatrogénie chirurgicale (hypoacousie/acouphène). L'efficacité chirurgicale sur les acouphènes est inconstante (50 %) [6].

Un syndrome vestibulaire persistant doit bénéficier en première intention d'un traitement symptomatique (antivertigineux, antiémétique) et d'une rééducation vestibulaire précoce. Un bilan vestibulaire avant et après rééducation aide à confirmer la compensation vestibulaire. Une exploration chirurgicale peut être proposée en deuxième intention.

Le traitement chirurgical consiste en une exploration de l'OM à la recherche de liquide type eau de roche ou d'une FPL active au niveau de la FC (figure 7.5) ou FV. Lorsque la FPL est confirmée sur une fenêtre, le plus souvent la FC [6], elle est colmatée.

Le traitement par OHB peut aggraver la pathologie et doit être évité s'il existe une présomption diagnostique forte de BTOI. En cas de suspicion

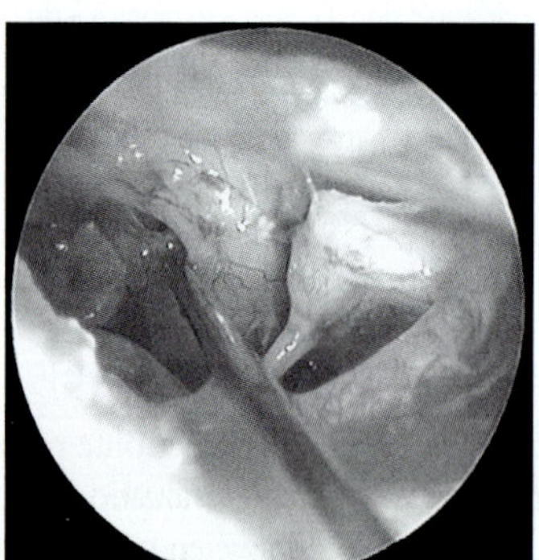

Figure 7.5. Vue opératoire d'une FPL de la FC gauche. FC = fenêtre cochléaire ; FPL = fistule périlymphatique.
Source : HIA Sainte-Anne, Toulon.

d'ADD labyrinthique traité par OHB, la mise en pression doit être réalisée à vitesse lente avec un contrôle du plongeur. Une aggravation clinique pendant l'OHB doit faire remettre en question ce diagnostic et évoquer un BTOI, voire une FPL.

Inaptitude et reprise de la plongée

Selon l'avis de la CMPN (Commission médicale et de prévention nationale) de la FFESSM (Fédération française d'études et de sports sous-marins), sont des CI définitives : cophose unilatérale, malformation d'OI à risque de FPL, destruction labyrinthique uni- ou bilatérale, FPL, déficit vestibulaire non compensé.

En revanche, DT à l'origine de vertiges alternobariques, vertiges récidivants, asymétries vestibulaires et implantation cochléaire sont des CI relatives soumises à l'appréciation du médecin spécialiste.

Un BTOI sans séquelle n'est pas une CI mais l'existence de séquelle est une CI relative. Un BTOI avec DT et suspicion de FPL est une CI absolue.

Après un BTOI, une consultation d'aptitude à la reprise de la plongée est obligatoire et doit être effectuée par un ORL ou un médecin spécialiste de la plongée. Cinq critères permettent une reprise de la plongée : surdité légère tolérée mais stable, absence de vertige ou d'instabilité, rééducation tubaire en cas de DT obstructive, absence de variation anatomique à risque ou d'intervention chirurgicale à prévoir sur l'OM [8].

Prévention

Les règles de prévention sont les mêmes que pour les BTOM. En plongée de loisir, les profils de plongée avec variations répétées d'immersion et notamment les « yoyos » sont à éviter.

Barotraumatisme des sinus de la face (BTS)

Épidémiologie

Deuxième cause de BT en plongée, le BTS (barotraumatisme sinusien) est trois fois moins fréquent que le BTOM. L'incidence reste mal connue, probablement sous-estimée car la plupart des plongeurs ne consultent pas après un BTS mineur qui guérit spontanément. La prévalence est estimée à 37 % en plongée et à 3 % en OHB. Le risque est estimé à 27 % par plongeur, avec un BTS pour 200 plongées [9]. Sur une période de 19 mois [10] 4,2 % des 381 plongeurs militaires ont présenté un BTS, soit 1 BTS pour 2 334 plongées.

Physiopathologie

Tout obstacle ostioméatal transforme le sinus en une cavité close, aggravant la dépression relative endosinusienne à la descente. Apparaissent alors des lésions *a vacuo* (accident implosif dit *sinus squeeze*) marqués par une première phase douloureuse : œdème, exsudat muqueux, épanchement séromuqueux puis hémorragique lors de la déchirure de la muqueuse. Lors de la remontée, l'hémosinus s'extériorise dans les fosses nasales, d'où l'épistaxis retardée. Les lésions sont d'autant plus graves que le delta pressionnel est important et rapide. Les BTS surviennent préférentiellement à la descente (70 % des cas) car le plongeur arrête habituellement sa plongée en cas de douleur.

À l'inverse, à la remontée, l'expansion gazeuse intrasinusienne augmente contre les parois osseuses au fur et à mesure que la décompression se déroule. Normalement, la surpression relative endosinusienne est bien tolérée car l'ostium joue son rôle de soupape pressionnelle, laissant fuir le volume gazeux en excès. En revanche, si la valve est obstruée, cette surpression s'accentue, empêchant l'évacuation de l'air en excès. L'expansion gazeuse peut déformer, voire rompre les barrières osseuses fragiles ou profiter d'une déhiscence sous-jacente pour s'extérioriser. L'air s'échappe et se loge dans les tissus mous avoisinants (contenu orbitaire avec « pneumorbite » et emphysème périorbitaire ou brèche ostéodurale avec pneumencéphalie). Il s'agit là de la forme explosive du BTS : *reverse sinus squeeze*. Ces formes rares peuvent se surinfecter : cellulite orbitaire, endophtalmie, méningite, empyème cérébral.

Facteurs favorisants

L'équilibration pressionnelle des sinus peut être compromise par tout obstacle ostioméatal :

- variations anatomiques : déviation septale, inversion de courbure ou hyperpneumatisation du cornet moyen (*concha bullosa*), canal nasofrontal rétréci ;
- pathologies : œdème muqueux aigu ou chronique (rhinite ou rhinosinusite inflammatoire ou allergique), polype, kyste, mucocèle, tumeur.

Le tabac réduit de 30 % la perméabilité ostiale. La plongée en soi favorise la dysperméabilité ostiale : température de l'eau < 18 °C, respiration d'un mélange détendu donc plus froid, position déclive du plongeur tête en bas, hypertonie de l'eau de mer. Valsalva forcé ou inapproprié et plongées « yoyo » favorisent la survenue des BTS, notamment en apnée ou en chasse sous-marine. Un antécédent de BT ORL est un facteur de risque intrinsèque de BTS.

Signes fonctionnels

Les signes fonctionnels sont dominés par une douleur faciale, souvent sourde ou en piqûre, systématisée au site d'un sinus : frontale pour le sinus homonyme (le plus fréquent), dentaire ou jugale pour le sinus maxillaire, au canthus interne pour le sinus ethmoïdal et occipital ou au vertex pour le sinus sphénoïdal. L'intensité peut varier d'un inconfort à une authentique syncope (dangereuse car à risque de noyade mortelle) mais évolue parallèlement à la profondeur en descente (les plus fréquents) pour les BTS implosifs ou à la remontée pour les BTS explosifs. La douleur pourra être maîtrisée en stoppant sa variation de profondeur momentanément, si cela est toutefois possible. Le deuxième signe fonctionnel le plus fréquent est l'épistaxis, caractéristique des formes implosives.

Conduite à tenir face à un BTS isolé « accident »

Examen clinique

Parfois pauvre, il cherche à éliminer une surinfection, une complication et à préciser le diagnostic étiologique et anatomique au sein des sinus. Une rhinoscopie antérieure au spéculum ou une nasofibroscopie permettra de vérifier le(s) sinus traumatisé(s), l'absence de surinfection, la présence d'éventuelles anomalies muqueuses et/ou anatomiques facilitatrices d'un BTS. L'examen clinique se poursuit avec une palpation du cadre orbitaire (emphysème sous-cutané) et examen oculomoteur, recherche d'une rhinoliquorrhée, d'une hypoesthésie trigéminale ou d'un syndrome méningé. Toute atteinte du globe nécessite un examen ophtalmologique. L'examen cherche systématiquement un BTOM associé.

Place des examens paracliniques

Ils ne sont pas systématiques en cas de BTS survenant dans un contexte évident de catarrhe rhinopharyngé. Dans le cas d'un BTS récidivant, compliqué, accompagné de douleurs persistantes ou d'un doute diagnostique, un scanner sans injection en première intention permet d'identifier le(s) sinus responsables et d'éventuelles complications. Les radiographies standards ne sont plus recommandées. Une IRM (imagerie par résonance magnétique) injectée est réservée aux cas de complications orbitocérébrales suspectées ou avérées. En cas de rhinite allergique connue ou dépistée à l'interrogatoire, une enquête pneumo allergologique sera proposée.

Prise en charge thérapeutique

Elle vise à rétablir la perméabilité de la voie de drainage du sinus responsable, de lutter contre les symptômes (traitement antalgique de palier I, voire II) et de prévenir les complications. Un traitement étiologique sinusien se discutera en cas de récidive.

La reperméabilisation sinusienne passe par des lavages des fosses nasales au sérum physiologique associés à des vasoconstricteurs ou corticoïdes locaux. Les corticoïdes sont possibles en prise orale en cure courte de moins de 7 jours. Dans certains cas de douleurs résistantes, la dysbarie sinusienne bloquée peut nécessiter une ponction sinusienne temporaire pour rétablir l'équipression et instiller des corticoïdes localement.

Pour prévenir le risque de surinfection, une antibioprophylaxie *per os* est prescrite (amoxicilline + acide clavulanique ou une céphalosporine orale de 2e génération) pendant 5 jours. Une fluoroquinolone en monothérapie peut être associée en cas de douleur persistante plus de 24 heures ou de plongée en eaux polluées. En cas de survenue d'une authentique surinfection, l'antibiothérapie sera conforme aux recommandations.

En cas de récidive mono-sinusienne sur sinus sain, une chirurgie fonctionnelle de reperméabilisation du sinus (et d'une correction des facteurs de risque anatomiques de récidive) se discute. En cas de maladie rhinosinusienne diffuse et de BTS récidivant, les standards thérapeutiques médicaux de chaque rhinosinusite chronique sont à appliquer. Un geste chirurgical sera discuté en cas d'échec pour des BTS ne survenant que lors de la pratique de la plongée (quelle serait alors la place d'une simple éviction...) ou en plongée professionnelle. La balance bénéfice/risque de chaque geste sera à évaluer au cas par cas.

Inaptitude et reprise de la plongée

En apnée, selon la FFESSM, seule une infection aiguë est une CI ORL. En plongée de loisir, selon la liste des CI de la FFESSM mise à jour en juillet 2019, seule la polypose nasosinusienne est une CI temporaire, à évaluer selon la stabilité de la maladie par le praticien. En revanche, toute anomalie compromettante définitivement l'équipression nasosinusienne est une CI définitive. Pour une pratique professionnelle, toute rhinosinusite chronique devra être équilibrée (cliniquement et sur un scanner) avec si possible un test fonctionnel en caisson.

Pour les BTS accidents qui sont les plus fréquents, la reprise de l'activité déclenchante ne pose pas de problème. Le délai de reprise est fonction de l'intensité des symptômes : 7 jours à 1 mois. Dans les formes sévères, il est préconisé de vérifier l'intégrité des sinus de la face par un scanner avant la reprise. Pour les BTS récidivants ou chroniques, la reprise de l'activité est envisagée une fois l'étiologie traitée, après vérification par un scanner de la bonne perméabilité sinusienne et, éventuellement, un test en caisson.

Formes compliquées

Surinfection secondaire

La surinfection du contenu sérohématique au sein de la cavité sinusienne barotraumatisée est la complication la plus fréquente. Elle concerne entre 28 et 62 % des BTS. Le tableau clinique et la prise en charge sont similaires à une sinusite bactérienne aiguë.

BTS à répétition

En cas de BTS récidivant, l'objectif est de rechercher une cause anatomique ou pathologique de trouble de la ventilation sinusienne avec dysfonctionnement ostioméatal. Il y a deux situations possibles :

- soit des BTS récidivants avec un retour au calme en dehors de la pratique de la plongée. Dans ce cas, la dysperméabilité nasosinusienne n'apparaît qu'en situation de variation pressionnelle, en raison souvent d'une variation anatomique sous-jacente non symptomatique à l'équilibre pressionnel ;
- soit des BTS récidivants avec une authentique pathologie nasosinusienne sous-jacente symptomatique en l'absence d'exposition aux variations de pression. La pratique de la plongée est généralement contre-indiquée.

BTS avec atteinte nerveuse associée

Il s'agit de lésions transitoires qui sont liées à une ischémie réversible du nerf par neurapraxie survenant à la remontée, lors de l'hyperpression relative endosinusienne (BT explosif). Ces lésions sont favorisées par la déhiscence du canal osseux du nerf lors de son trajet dans le sinus concerné. La déhiscence est soit congénitale, soit acquise, en lien avec une lésion traumatique, tumorale ou iatrogène postopératoire. Les symptômes régressent spontanément en moins de 48 heures.

Atteinte du nerf infra-orbitaire (V2)

Elle se manifeste par une hypoesthésie ou des paresthésies dans le territoire cutané de la lèvre supérieure et de la joue. Elle est favorisée par une déhiscence du nerf infra-orbitaire lors de son trajet endosinusien maxillaire (après fracture du plancher de l'orbite ou chirurgie du sinus maxillaire).

Atteinte du nerf optique (II)

Complication exceptionnelle, la perte brutale, uni- ou bilatérale et temporaire d'acuité visuelle, est liée à une neurapraxie ischémique du nerf optique [11]. Elle est favorisée par une déhiscence du canal optique lors de son trajet ethmoïdal ou sphénoïdal. Une décompression orbitaire chirurgicale ou le traitement d'une mucocèle compressive s'impose en l'absence de récupération ou d'atteinte sévère.

BTS explosifs avec complication extra-sinusienne

Ils sont favorisés par une déhiscence du toit ou de la lame papyracée de l'ethmoïde, du plancher orbitaire, de la paroi postérieure frontale ou des parois sphénoïdales. Elle peut être congénitale ou acquise provoquée par une chirurgie endoscopique des sinus (50 % des cas), un traumatisme, une mucocèle, une méningo-encéphalocèle ou une tumeur.

Dans ces situations, le patient ne doit pas se moucher violemment, éternuer les narines pincées ou réaliser de Valsalva pour ne pas majorer le passage de l'emphysème. Une simple surveillance clinique est préconisée en première intention, avec contrôle de l'imagerie à une semaine et un mois. Devant le risque de surinfection secondaire, une antibioprophylaxie est préconisée. En cas d'infection collectée, un drainage chirurgical s'impose.

Complication orbitaire

Le passage de l'air vers la graisse dans l'orbite (pneumorbite) entraîne une vive douleur de la région orbitaire et une pression dans l'œil qui régresse avec l'apparition brutale de l'emphysème sous-cutané périorbitaire (figure 7.6). Une diplopie est souvent rapportée. Une imagerie injectée des sinus et des orbites (scanner, voire IRM) et un avis ophtalmologique s'imposent en urgence.

Complication méningo-encéphalique

Une pneumencéphalie, voire une pneumatocèle sont suspectées en cas de céphalée inhabituelle, en casque, progressivement croissante et résistante à un traitement antalgique de palier II. L'aggravation peut évoluer en quelques heures vers un tableau d'hypertension intracrânienne avec syndrome méningé [11]. Une rhinoliquorrhée est

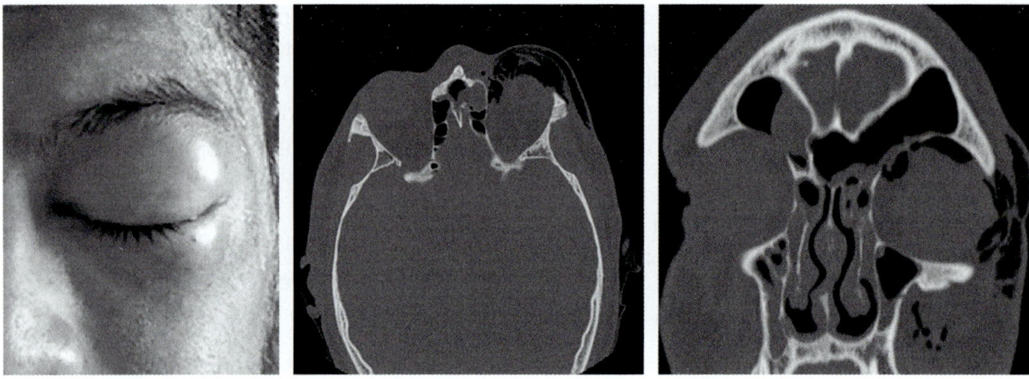

Figure 7.6. Aspect clinique et scanner d'un BTS explosif compliqué d'un pneumorbite.
Source : HIA Sainte-Anne, Toulon.

possible si la brèche ostéodurale est active, devant faire bilanter tout écoulement persistant, clair et sucré dans les suites d'un BTS. Une imagerie cérébrale avec injection (scanner et IRM) et une demande d'avis neurochirurgical sont indiquées en urgence. La vaccination antipneumococcique est systématique.

Prévention

Avant la délivrance d'un certificat d'absence de CI à la plongée sous-marine, les plongeurs avec antécédent de rhinosinusite chronique évolutive doivent bénéficier d'un examen ORL spécialisé et éventuellement d'un scanner non injecté des sinus faible dose (*cone beam*). Le traitement médical ou chirurgical d'une affection rhinosinusienne chronique est conseillé pour prévenir les BTS récidivants.

Certains plongeurs adoptent une attitude de prévention secondaire lors d'une situation à risque (rhinite ou rhinosinusite aiguë ou chronique avec manœuvres de Valsalva possibles ou difficiles) en usant de vasoconstricteurs *per os* (pseudoéphédrine 60 à 120 mg) et par voie nasale (oxymétazoline par exemple) avant la plongée. Il est bon de rappeler la dangerosité de cette pratique en plongée dans la mesure où le BTS sera prévenu à la descente mais beaucoup moins à la remontée (rebond congestif) où la douleur peut être syncopale. Par ailleurs, l'usage de ces vasoconstricteurs expose à des risques cardiologiques et neurologiques non négligeables.

Barotraumatisme du larynx (BTL)

Aucun cas de BTL (barotraumatisme du larynx) sans pathologie sous-jacente n'est décrit dans la littérature. Quelques cas exceptionnels sont décrits et favorisés par une pathologie sous-jacente méconnue et très rare : une laryngocèle. Il s'agit d'une hernie aérienne laryngée par dilatation anormale du ventricule laryngé. Sa cause peut être congénitale ou le plus souvent acquise : obstruction tumorale, musiciens à vent, souffleurs de verre, surpression brutale lors d'un traumatisme cervical à glotte fermée [12].

La présence préalable d'une laryngocèle lors d'un BTL n'est pas certaine. Elle pourrait être liée à une hyperpression brutale, en cas de blocage inadapté de l'air à la remontée ou lors d'un Valsalva brutal et forcé : l'accumulation d'air à la descente pendant les manœuvres de Valsalva entraîne à la remontée une dilatation de la laryngocèle jusqu'à sa possible rupture extra-laryngée compliquée alors d'un emphysème dans les espaces profonds du cou.

Conduite à tenir

Diagnostic

Le diagnostic est évoqué avec une douleur cervicale brutale puis un emphysème cervical à la remontée. Une nasofibroscopie confirme la laryngocèle. Si un cancer est suspecté, une endoscopie sous anesthésie générale est réalisée.

Le scanner cervicothoracique confirme la présence d'un emphysème diffus le long des espaces profonds du cou. La laryngocèle est mieux visualisée par des acquisitions en phonation et en Valsalva en faisant souffler le patient contre une résistance expiratoire.

Prise en charge thérapeutique

Le plus souvent, une simple surveillance hospitalière est proposée avec évolution favorable en quelques jours. Une alimentation non orale et une antibioprophylaxie sont discutées. Le risque de surinfection cervicomédiastinale est exceptionnel.

Le traitement de la laryngocèle sera soit endoscopique au laser CO_2 (dioxyde de carbone), soit par voie externe. En cas de laryngocèle d'origine tumorale, le traitement sera celui de la tumeur.

Inaptitude et reprise de la plongée

Une laryngocèle est une CI à la plongée à évaluer au cas par cas selon son importance. Chez le patient asymptomatique, avec une petite laryngocèle, un test fonctionnel en caisson peut être réalisé. En cas de symptôme (masse cervicale, dysphonie, dysphagie, dyspnée), la CI est formelle.

Le BTL implique une inaptitude à la plongée tant que persiste l'étiologie. En cas de traitement chirurgical, la reprise de la plongée dépend des résultats chirurgicaux.

Aspect médicolégal de la reprise de la plongée après un barotraumatisme ORL

Chez le plongeur loisir

Elle est soumise à l'obtention d'un certificat médical d'absence de CI à la reprise de la plongée. Une attention particulière est portée à la réussite des manœuvres pressionnelles. Bien qu'une consultation d'un médecin fédéral soit encouragée par la CMPN de la FFESSM, n'importe quel médecin peut le délivrer. Cependant, une consultation spécialisée ORL devrait être proposée. Il est judicieux de conseiller aux plongeurs de vérifier les conditions d'applicabilité de leurs différents contrats d'assurance en cas de reprise de l'activité de loisir.

Chez le plongeur professionnel civil

Elle s'applique comme chez le plongeur de loisir sauf pour les pathologies rhinosinusiennes qui doivent être résolues objectivement, en s'aidant d'un scanner des sinus et/ou d'un test en caisson.

Particularités du plongeur militaire

La décision est du ressort d'un médecin expert du service de médecine hyperbare et d'expertise plongée (SMHEP).

Conclusion

L'éducation des plongeurs aux bonnes pratiques de plongée est indispensable pour prévenir le risque de BT : immersion les pieds devant, progression lente, manœuvres de décompression douces, régulières et exclusivement à la descente, CI en cas d'infection aiguë des voies aériennes supérieures, source de DT et/ou ostioméatale et arrêt de la plongée en cas d'otalgie ou douleur faciale.

Avec ces règles, le plongeur évitera la grande majorité des BT évitables correspondant le plus fréquemment aux accidents « implosifs » de l'OM et des sinus. En revanche, il ne faut pas oublier les BT plus rares mais plus graves comme les accidents « explosifs » et les atteintes de l'OI qui peuvent compromettre le pronostic vital et fonctionnel. Leur prise en charge est urgente et hospitalière, au risque de séquelles définitives.

En cas de BT à répétition, une consultation ORL s'impose pour dépister et prendre en charge une éventuelle pathologie sous-jacente, puis aider à statuer sur l'aptitude à la plongée.

7.2. **Accidents barotraumatiques pulmonaires**

Pierre Lafère, Mathieu Coulange, Romain Roffi

Points clés

- Le barotraumatisme pulmonaire est la conséquence d'une variation significative de la pression ambiante responsable de forces de cisaillement du tissu pulmonaire qui dépasse sa limite plastique.
- La symptomatologie, éminemment variable, dépend de l'importance de la rupture alvéolaire, de la région atteinte, et de la zone de collection du gaz. L'identification des complications fréquentes et graves avec un risque élevé de détresse vitale doit être le souci de l'équipe médicale.
- Le cas exceptionnel d'un pneumothorax suffocant nécessite une exsufflation immédiate réalisée de préférence à l'aiguille.
- Les troubles neurologiques précoces (aéroembolisme cérébral) nécessitent la mise en œuvre d'un traitement par oxygénothérapie hyperbare dans un délai idéalement inférieur à 6 heures.
- L'hémoptysie n'est pas pathognomonique du barotraumatisme pulmonaire. Elle doit faire rechercher systématiquement le diagnostic différentiel d'œdème pulmonaire d'immersion.
- En absence de séquelles, la reprise de la plongée peut s'envisager dans un délai de 1 à 3 mois pour les formes pulmonaires mineures et 6 mois pour les formes neurologiques.
- Le barotraumatisme survient le plus souvent sur un poumon sain à l'occasion d'une remontée associée à un blocage expiratoire. L'arrêt des exercices de remontée sans embout a considérablement limité la survenue des barotraumatismes pulmonaires. Actuellement, ces accidents sont peu fréquents et surviennent essentiellement en présence d'une formation aérique pulmonaire méconnue. La réalisation d'un scanner thoracique à faible dose en dépistage initial est l'examen de choix pour identifier ces anomalies chez les sujets à risque, et pour éviter d'exposer le plongeur à la survenue de cet accident grave.

Introduction

Le barotraumatisme pulmonaire est une lésion provoquée par une différence de pression entre les espaces aériens pulmonaires et le milieu environnant. Cette situation se produit lorsque l'organisme est exposé à une variation significative de la pression ambiante, par exemple chez le plongeur sous-marin, l'apnéiste ou les équipages volants (pilote, passager, parachutiste…). Elle peut aussi s'observer lors d'une décompression incontrôlée d'une enceinte pressurisée, sur une ventilation en pression positive inadaptée ou à la suite de l'effet de souffle d'une explosion.

Cette partie ne traite que du barotraumatisme pulmonaire relatif à la pratique de la plongée sous-marine survenant principalement lors de la remontée par syndrome d'hyperinflation. Il peut aussi être la conséquence d'une compression pulmonaire lors de la descente (squeeze pulmonaire), en particulier chez les apnéistes. Dans les deux cas, le traumatisme est dû à l'augmentation des forces de cisaillement du tissu pulmonaire qui dépasse sa limite plastique. La symptomatologie, éminemment variable, dépend de l'importance de la rupture alvéolaire, de la région atteinte, et de la zone de collection du gaz : infiltration locale ou embolisation dans la circulation de proximité faisant du barotraumatisme pulmonaire un accident potentiellement mortel.

Physiopathologie

Les variations du volume pulmonaire obéissent à la loi de Boyle-Mariotte. Ainsi, lors de la descente, les volumes pulmonaires diminuent. En absence de compensation, on peut observer l'installation d'une pression négative relative dans les poumons (apnée profonde par exemple) responsable d'un engorgement vasculaire, une fuite de liquide dans les alvéoles et même des saignements (squeeze pulmonaire) qui participent à la survenue d'un œdème pulmonaire d'immersion. À l'inverse, lors de la remontée, les volumes pulmonaires augmentent d'où la nécessité d'expirer régulièrement. Tout événement dépassant les capacités expiratoires de l'individu (obstacle, variation trop rapide) est donc responsable d'une distension des alvéoles susceptible de dépasser leur limite élastique et entraîner la rupture de leur paroi. Au-delà de la variation de pression intrapulmonaire, différents facteurs comme la capacité pulmonaire totale (CPT), la qualité du tissu pulmonaire, le degré d'inspiration avant la remontée, l'importance du débit expiratoire, l'hétérogénéité des poumons, l'état émotionnel ou encore la position du plongeur dans l'eau sont susceptibles d'influencer le seuil de rupture.

Différentes expérimentations réalisées sur des chiens ou des cadavres humains situent le seuil de rupture lorsque la pression intratrachéale atteint une valeur critique d'environ 10,7 kPa (80 mmHg) ou que la pression transpulmonaire se situe entre 8,0 à 9,3 kPa (60 à 70 mmHg). D'autres études, avec documentation scanographique, réalisées chez des apnéistes pratiquant la technique de la carpe ont montré qu'une variation de 20 % de la CPT provoquait de façon systématique la survenue d'un pneumomédiastin asymptomatique.

Par ailleurs, en cas d'expiration forcée, la possibilité de blocage des voies aériennes intrapulmonaires est bien documentée. Ce phénomène de blocage paradoxal est d'autant plus grave en immersion car le plongeur présente un volume d'air intrapulmonaire non mobilisable ou *air-trapping* plus important, avec cependant une forte variabilité interindividuelle.

Enfin, la notion de stabilité émotionnelle doit également être prise en compte. La présence d'états anxieux non stabilisés, d'antécédent d'attaque de panique ou de difficultés pour respecter des consignes multiples peut impacter défavorablement la capacité à ressentir et contrôler la respiration et favoriser la survenue d'un barotraumatisme pulmonaire. Ces conditions doivent donc être recherchées et peuvent contre-indiquer la pratique de la plongée.

Ainsi, la survenue d'un accident en piscine, même à faible profondeur, n'exclut pas le diagnostic de barotraumatisme pulmonaire [13]. Dans certaines circonstances, le risque de barotraumatisme pulmonaire doit s'envisager pour une profondeur aussi faible qu'un mètre [14].

Épidémiologie

Selon plusieurs rapports, il apparaît que les barotraumatismes (63 % des accidents déclarés) constituent l'accident de plongée le plus fréquent et concernent en grande majorité les oreilles et les sinus (80 %) [15].

Les barotraumatismes pulmonaires représentent 15 % du total des barotraumatismes. Néanmoins, les admissions en centres hyperbares sont en constante diminution. Alors qu'ils représentaient 5 % des admissions au début des années 2000, ils ne représentent plus aujourd'hui que 1 % des admissions pour accident de plongée [16]. Il s'agit cependant des accidents les plus graves, ceux avec signes neurologiques liés à une embolie gazeuse artérielle (aéroembolisme). En effet, cette complication est rapportée dans environ 20 % des cas de barotraumatisme pulmonaire. Les formes létales entraînant le décès du plongeur représentent environ 5 % des barotraumatismes pulmonaires.

Les études épidémiologiques ont aussi permis d'identifier un certain nombre de facteurs favorisants susceptibles d'augmenter le risque de barotraumatisme pulmonaire telle que la présence de bulles pulmonaires (emphysème, kyste pulmonaire, bronchectasies), le syndrome de Marfan, un trouble ventilatoire obstructif, une tuberculose, une sarcoïdose ou des antécédents de pneumothorax spontané [17]. Certains modèles animaux suggèrent aussi que la radiothérapie pourrait aggraver les lésions pulmonaires liées à la plongée en activant le système angiotensine, et la voie de signalisation PI3 kinase-AKT-mTOR.

Cependant, la maîtrise des facteurs de risque ne doit pas se limiter au dépistage et au contrôle des comorbidités. Il faut aussi tenir compte des comportements et procédures en plongée susceptibles de favoriser la survenue d'un barotraumatisme pulmonaire. L'enseignement de la plongée par un encadrement compétent, bien au fait des risques liés à la pratique de la plongée autonome, est donc primordial pour assurer la sécurité des entraînements. Une série de publications récentes justifie l'abandon ou la modification de certains exercices.

Longtemps controversée, la remontée sans embout (RSE), très anxiogène, était considérée comme un élément de sécurité indispensable et donc éliminatoire. La justification du maintien de cet exercice reposait sur des raisons historiques comme le risque de défaillance du matériel, avec l'exemple du détendeur « mistral » prenant facilement l'eau, ou l'absence de détendeur de secours privant le moniteur de moyen respiratoire en cas d'assistance d'un apprenant potentiellement stressé et susceptible de retenir le détendeur du moniteur. Cependant, l'amélioration de la fiabilité des matériels de plongée actuels et l'application systématique du principe de redondance rendent obsolètes ces justifications. De plus, une étude réalisée en Belgique a démontré une association très significative entre la survenue d'un barotraumatisme pulmonaire et la réalisation d'un exercice de remontée, en particulier la RSE. En effet, il a été possible de calculer qu'une plongée avec exercice de remontée présente un risque de 500 à 1 500 fois plus élevé qu'une plongée d'exploration. La remontée sans embout était la cause principale responsable de l'accident qu'elle est censée prévenir [18]. En conséquence, cet exercice a été supprimé en Belgique depuis 2006. En France, la RSE a connu des évolutions avec une poursuite de l'exercice lors de la formation pour le monitorat fédéral. Mais à la suite d'un accident survenu en 2015, elle a été suspendue en 2017 et définitivement arrêtée en 2018. Lors du suivi ultérieur réalisé en Belgique sur une période de 10 ans, l'incidence de barotraumatisme pulmonaire a été significativement réduite, tant pour les plongées d'exploration que pour les plongées de formation avec réalisation d'exercice de remontée (réduction d'un facteur 30). Le même constat a eu lieu en France, 10 ans plus tard. Ainsi le rapport bénéfice sur risque semble dorénavant en défaveur de la pratique de la RSE en conditions réelles, ces données confirmant l'hypothèse que cet exercice ne contribue pas de manière significative à la sécurité de la plongée de loisir [19].

La plongée militaire représente un cas particulier. En effet, compte tenu des contraintes opérationnelles et de l'utilisation d'appareils de plongée spécifiques, la RSE a été maintenue. Cependant, à la suite d'un accident mortel lors d'une RSE en formation initiale survenu en 2016, la marine française a profondément modifié ses procédures. Depuis 2018, un scanner thoracique à faible dose est réalisé systématiquement afin de dépister les anomalies à composante aérique dont la présence impose pour la plupart une décision d'inaptitude dans le cadre de la pratique de la plongée militaire [20]. De plus, l'exercice a été modifié et renommé « remontée sur expiration », qui impose de réaliser une expiration préalable pendant 4 secondes avant la remontée et de réaliser l'exercice dans une tranche de profondeur pour laquelle le coefficient de dilatation des gaz soit limité à une valeur strictement inférieure à 500 mbar. En outre, afin de réduire la composante de stress émotionnel, la réalisation de l'exercice a été simplifiée et n'est plus éliminatoire. Depuis la mise en place de ces dispositions, aucun accident barotraumatique pulmonaire n'a été rapporté lors de ces exercices.

Signes et symptômes

Le barotraumatisme pulmonaire compte de nombreuses formes cliniques, des plus bénignes à celles qui mettent en jeu le pronostic vital. Cependant, les atteintes les plus sévères avec pneumothorax ou aéroembolisme sont symptomatiques dès l'émersion ou dans les 10 minutes qui suivent la plongée. Il survient le plus souvent sur un poumon sain à l'occasion d'une remontée le plus souvent associée à un blocage expiratoire [16].

Les symptômes généraux sont très variables et peuvent être totalement absents. On évoquera la possibilité de barotraumatisme pulmonaire en présence de toux, d'essoufflement, d'hémoptysie (à distinguer d'un crachat sanglant d'origine ORL ou digestive), de douleurs thoraciques, de dyspnée, d'une modification de la voix, d'un enrouement, d'une dysphagie, de cyanose, de troubles respiratoires, de troubles de la conscience, d'un collapsus ou d'un choc avec arrêt cardiaque brutal.

Ces signes s'accompagnent d'autres entités cliniques en fonction de la zone de collecte de l'échappement d'air.

Le pneumomédiastin peut être asymptomatique. Néanmoins, on retrouve souvent une douleur thoracique, une dyspnée et un emphysème sous-cutané cervical ou thoracique. Le signe de Hamman (présent une fois sur deux) est pathognomonique. Il s'agit de bruits de crépitations à l'auscultation de l'aire précordiale synchrones aux bruits du cœur. D'autres symptômes tels que la toux, une dysphagie, une dysphonie peuvent être présents. Le pneumomédiastin est exceptionnellement compressif. Il est alors fréquemment associé à une embolie gazeuse cérébrale.

Plusieurs signes radiologiques sont à rechercher, comme l'hyperclarté des contours du médiastin, parallèle aux contours du cœur et de l'aorte thoracique descendante, le signe de la coupole diaphragmatique continue, appelé signe de Levine, observé lorsque l'air s'interpose entre le cœur et le diaphragme, ou encore le signe du thymus volant ou du *spinnaker*, c'est-à-dire la surélévation thymique en aile d'ange par l'air médiastinal. La présence d'air dans les parties molles du cou ou du thorax en faveur d'un emphysème sous-cutané peut aussi orienter le diagnostic.

Le pneumopéricarde doit être évoqué, devant l'association d'un emphysème sous-cutané, de douleurs thoraciques, aux épaules ou au dos, d'une tachycardie ou de troubles du rythme. Sa principale complication est la tamponnade gazeuse qui met en jeu le pronostic vital immédiat. Le diagnostic différentiel avec un pneumothorax compressif est impossible sur les seules données de l'examen clinique et nécessite le recours à l'imagerie, préférentiellement un scanner thoracique, qui met en évidence la présence d'air dans l'aire péricardique, bien limitée, avec des signes de compression éventuelle, voire une luxation cardiaque.

L'emphysème sous-cutané dans la région cervicale peut entraîner des modifications de la voix, une dysphagie, un étouffement ou une sensation de corps étranger. Des crépitements ou une sensation de crépitement peuvent être ressentis sous la peau.

Le pneumothorax est beaucoup moins fréquent que le pneumomédiastin en raison de résistance plus importante des plèvres viscérales et pariétales. Avec l'expansion gazeuse, le pneumothorax peut devenir compressif, voire suffocant avant même l'arrivée en surface. L'association d'une douleur brutale en coup de poignard, de dyspnée, de toux avec diminution du murmure vésiculaire homolatéral et tympanisme est classique, mais de sensibilité et de spécificité inconnues. D'autres signes et symptômes tels que douleurs abdominales, emphysème sous-cutané, sensation de mouvement intrathoracique, déplacement des foyers d'auscultation cardiaque, modifications électrocardiographiques aux changements de position, troubles de la repolarisation peuvent aussi être évocateurs. La présence d'une dyspnée importante, d'une cyanose avec hypoxémie, de malaise vagal et de troubles du rythme signe une intolérance clinique. Si s'ajoutent une hypotension, une asphyxie, une aphonie, une immobilité thoracique ou des signes de choc (turgescence jugulaire), le diagnostic de pneumothorax sous tension doit être envisagé et nécessite une prise en charge immédiate avec exsufflation à l'aiguille en particulier en cas de pneumothorax bilatéral. Il est rarement associé à une embolie gazeuse systémique.

Comme pour le pneumopéricarde, l'imagerie est indispensable pour affirmer le diagnostic. L'échographie pleuropulmonaire trouve ici une place de choix. L'absence de glissement du feuillet pleural et de ligne B (queue de comète) en mode B et, en mode TM, la disparition du signe du bord de mer pour celui du code-barres ou du point poumon, associé à la clinique précédemment décrite vient confirmer rapidement le diagnostic sans recours au radiologue, et conforte le praticien pour l'exsufflation en cas de pneumothorax suffocant. Cet examen est de plus en plus disponible en préhospitalier et peut être associé à une évaluation de type *Focused Abdominal Sonography for Trauma* « FAST écho » (voir chapitre 38).

Bien que la radiographie debout, de face, en inspiration et en incidence postéroantérieure est l'examen nécessaire et suffisant, le scanner thoracique soit l'examen diagnostique le plus sensible qui doit être privilégié. Cet examen permet, entre autres, la mise en évidence de brides ou l'identification de bulles homo- ou controlatérales et de les différencier d'un pneumothorax limité. Néanmoins, la réalisation d'un scanner pour la prise en charge diagnostique d'un pneumothorax n'a pas d'intérêt démontré sur le traitement immédiat.

L'aéroembolisme compose un tableau cardiaque et/ou neurologique plus ou moins complet en fonction du volume embolisé et du territoire atteint (figure 7.7). En effet, si le tableau neurologique est prédominant, les emboles gazeux peuvent également atteindre les artères coronaires et se présenter comme un infarctus aigu du myocarde avec douleur ou oppression thoracique, douleur irradiant vers le cou, épaules, le dos ou la mâchoire. Un choc et un arrêt cardiaque peuvent s'ensuivre. Bien que rares, des embolisations massives ont aussi été décrites au niveau mésentérique, portal et médullaire. Au niveau cérébral, l'obstruction du flux cérébral lèse les cellules endothéliales et cérébrales. Ces dommages sont à l'origine d'une réaction inflammatoire responsable d'une fuite plasmatique et d'un œdème. Ainsi, ces embolies gazeuses peuvent provoquer des maux de tête, de la confusion, des engourdissements, des picotements, des paresthésies, de la fatigue, une hémiplégie, une paralysie, une aphasie ou tout autre symptôme d'accident vasculaire cérébral. Néanmoins, les signes les plus fréquents sont les troubles de la conscience et les déficits moteurs auxquels s'associent des crises convulsives, des troubles de l'équilibre, de la parole ou de la vue. Ces déficits peuvent être transitoires ou permanents.

Par ailleurs, la survenue d'un accident barotraumatique pulmonaire peut se compliquer d'une pneumopathie d'inhalation, une pneumonie, des épanchements pleuraux, un empyème, l'apparition de brides, une fibrose avec des modifications de l'EFR (exploration fonctionnelle respiratoire).

Enfin, **l'hémoptysie** doit faire systématiquement rechercher le diagnostic différentiel d'œdème pulmonaire d'immersion dont la prise en charge initiale, les conditions de reprise et le risque de récidive diffèrent fortement par rapport à l'hémorragie intra-alvéolaire d'origine barotraumatique.

Diagnostic

Tout plongeur que l'on soupçonne de barotraumatisme pulmonaire nécessite une évaluation médicale et un traitement rapide, en particulier en cas de perte de connaissance au cours de la remontée ou à la sortie de l'eau.

Le diagnostic différentiel sans lien avec la plongée est celui des troubles neurologiques centraux. Il faut donc éliminer la possibilité d'un AVC (accident vasculaire cérébral), d'un accident de désaturation, d'une noyade, d'une intoxication par un polluant dans la bouteille de plongée (CO), d'un infarctus ou d'une envenimation marine. Ainsi, en plus de l'anamnèse qui précisera les circonstances de la plongée et le type de remontée, et de l'examen clinique, on complétera le bilan initial, dès l'arrivée dans l'établissement de soins, avec des examens de laboratoire standards, un électrocardiogramme et une imagerie (radiographie, échographie ou scanner).

S'il n'engendre aucun retard dans la prise en charge thérapeutique et que la stabilité clinique le permet, tout patient souffrant de maux de tête ou maux de dos sévères après une plongée, d'emphysème sous-cutané, de modifications de la conscience, de dyspnée ou une douleur thoracique inexpliquée devrait bénéficier d'un scanner thoracique. Le scanner spiralé est le plus sensible pour identifier une lame de pneumothorax et objectiver un pneumomédiastin qui confirme le diagnostic de barotraumatisme pulmonaire (figure 7.7). De plus, s'il est réalisé dans les 6 heures, il peut montrer de l'air dans les systèmes artériel et veineux.

En cas de suspicion d'AVC, il sera utile de réaliser en urgence, soit un scanner TSAo (tronc supra-aortique), soit une IRM cérébrale avec des séquences en diffusion, pour ne pas retarder une prise en charge spécifique dans les délais contraints pour une thrombolyse ou thrombectomie.

L'échographie peut être utilisée pour détecter le nombre et la taille des bulles présentes dans le cœur droit, la présence de gaz dans le tissu sous-cutané ou un pneumothorax.

Au-delà de l'identification d'une souffrance myocardique, la formule sanguine permet d'évaluer le risque de séquelle neurologique. En effet, si l'hématocrite est supérieur à 48 %, le risque de lésions neurologiques est nettement majoré [21]. De plus, il existe une corrélation forte entre l'activité de la créatine kinase sérique (CPK) et la gravité de l'embolie gazeuse artérielle.

À distance de l'épisode aigu, on réalisera une IRM cérébrale pour évaluer l'étendue des lésions post-traitement.

Conduite à tenir

Il s'agit d'une urgence potentiellement vitale et elle doit donc être traitée conformément aux recommandations sur la réanimation cardiopulmonaire.

Pendant le transfert vers un centre spécialisé, le patient est maintenu en position allongée, sans Trendelenburg, sous oxygénothérapie au masque

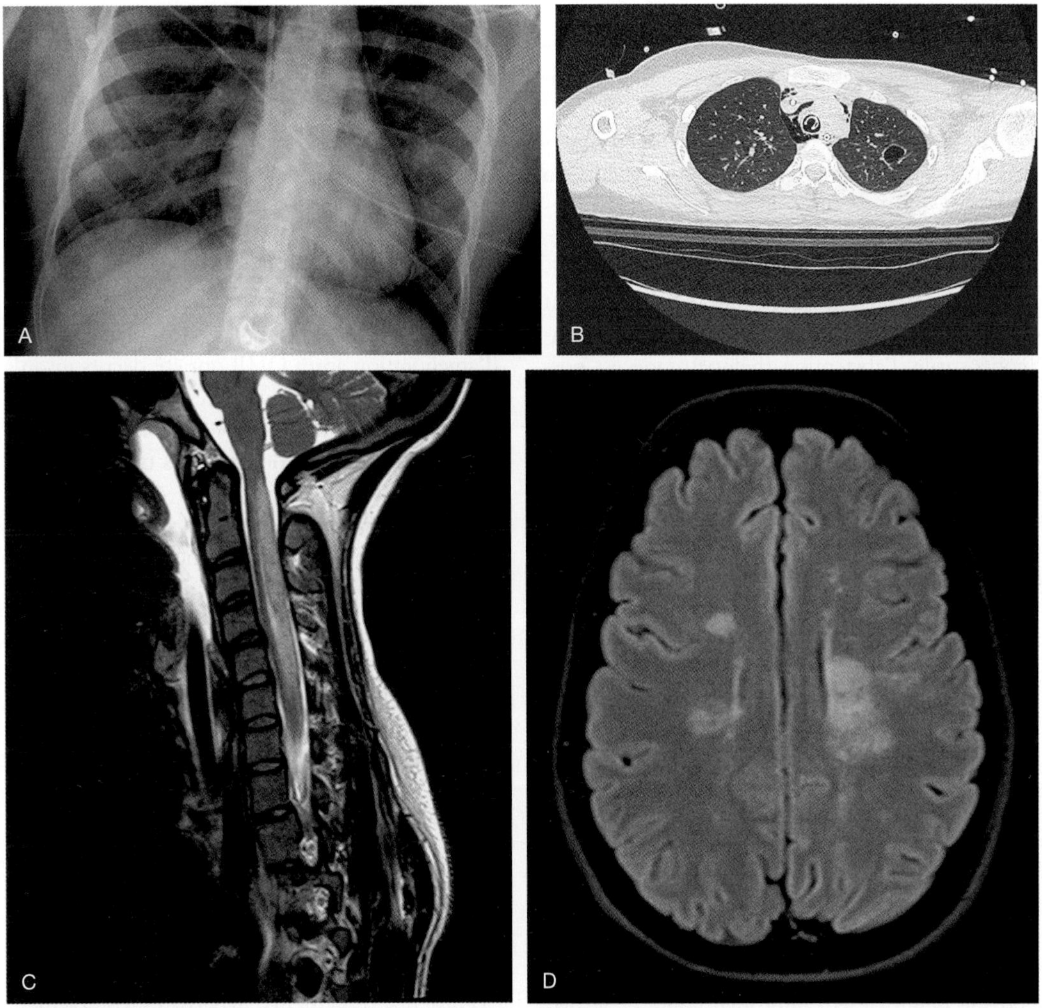

Figure 7.7. Cas d'une femme de 19 ans admise pour des troubles neurologiques graves avec troubles de conscience et tétraparésies après une plongée de 17 minutes à 39 m avec remontée assistée.
A : radiographie thoracique. Liséré clair péricardique évocateur d'un pneumomédiastin ; B : scanner thoracique montrant un kyste aérique et un pneumomédiastin ; C : IRM de la moelle cervicale montrant une zone d'atteinte œdémateuse ; D : IRM cérébrale montrant des zones d'atteinte ischémiques.
Source : HIA Sainte-Anne, Toulon.

à haut débit associée à la mise en place d'un abord périphérique de taille suffisante (18 G). La réhydratation intravasculaire avec des cristalloïdes isotoniques ne contenant pas de glucose sera préférée.

Bien que le mécanisme exact ne soit pas bien élucidé, des observations limitées suggèrent que la lidocaïne (1,5 mg kg^{-1}/h) pourrait avoir un effet neuroprotecteur dans le traitement de l'aéroembolisme, mais pas dans celui de l'accident de désaturation [22]. Compte tenu de l'aggravation du risque hémorragique, l'utilisation de l'aspirine est contre-indiquée.

Si le score de Glasgow est inférieur à 8 ou en cas d'hypoxie persistante malgré l'oxygénothérapie, il convient d'envisager l'intubation endotrachéale avec mise en place d'une ventilation protectrice définie comme l'association d'un volume courant de 6 à 8 mL kg^{-1} du poids idéal et éventuellement d'une PEP (pression expiratoire positive) modérée de 6 à 8 cmH_2O tout en veillant à ne pas dépasser une pression plateau de 30 cmH_2O. En fonction des besoins, un support hémodynamique à l'aide d'amines vasoactives, ainsi qu'un traitement anticonvulsivant seront instaurés.

L'abstention thérapeutique et la mise en observation sont la règle en cas de pneumomédiastin bénin, de pneumothorax partiel sans retentissement respiratoire ou d'emphysème sous-cutané. La décision de drainage en cas de pneumopéricarde ou de pneumothorax est essentiellement guidée par la tolérance clinique. En cas de pneumopéricarde, l'abstention thérapeutique est possible en l'absence de signes de tamponnade, mais sous couvert d'une surveillance stricte. S'il y a des signes de compression, le drainage instrumental de l'air péricardique est indiqué. Différentes techniques telles qu'une thoracotomie avec fenêtre pleuropéricardique ou un drainage péricardique par voie sous-xiphoïdienne ont ainsi été décrites. Bien que le pneumothorax puisse disparaître sans traitement, l'exsufflation s'impose en cas de pneumothorax sous-tension, d'intolérance clinique, de pneumothorax bien toléré mais important (> 2 cm sur la ligne hilaire ou > 3 cm à l'apex) ou de pneumothorax ne se résorbant pas spontanément après plusieurs jours sans qu'un délai précis soit défini. Bien que différentes techniques d'évacuation de l'air soient utilisées et/ou rapportées, l'évacuation de l'air pleural par exsufflation à l'aiguille doit être proposée en première intention en présence de critères de gravité. Il n'existe pas de délai maximal entre le début de la symptomatologie et le diagnostic au-delà duquel l'exsufflation à l'aiguille est impossible. L'exsufflation à l'aiguille a un taux de succès primaire de 80 % avec une meilleure tolérance immédiate que le drainage intercostal. On réservera donc la mise en place d'un drain thoracique aux échecs d'exsufflation à l'aiguille ou à la nécessité de réaliser un traitement hyperbare en cas d'aéroembolisme ou d'accident de désaturation associé, et ce quelle que soit la taille du pneumothorax. La persistance du bullage après le septième jour peut se rencontrer dans 19 à 25 % des cas de pneumothorax et dans 16 % des cas au dixième jour. Elle ne constitue cependant pas une indication chirurgicale, la fermeture d'une brèche bronchopleurale survenant dans les 15 jours du *primum movens.*

La seule indication de recompression immédiate en caisson hyperbare est l'aéroembolisme cérébral se manifestant par des signes neurologiques indépendamment du tableau clinique respiratoire. Idéalement, celle-ci doit être réalisée le plus rapidement possible. En effet, la mise en œuvre de l'oxygénothérapie hyperbare (OHB) dans un délai de moins de 6 heures est associée aux meilleurs résultats [23]. Néanmoins, malgré la baisse marquée du pourcentage de patients se rétablissant au-delà de ce délai de 6 heures, des cas d'amélioration après OHB ont été décrits jusqu'à 24 heures après l'apparition des symptômes. Cette fenêtre de temps raisonnable fait consensus auprès des experts dans le domaine. Les traitements par OHB initiés au-delà et jusqu'à 48 heures après l'embolisation ont montré des résultats mitigés. Cependant, dans des circonstances extraordinaires ou pour des raisons thérapeutiques compassionnelles, l'OHB peut encore être proposée dans ce contexte de prise en charge tardive.

Le choix de la table thérapeutique ne fait pas l'objet de consensus. Pendant longtemps, les tables à forte pression de 4 (CX 30) à 6 ATA (US Navy) ont été utilisées dans cette indication sans montrer de meilleure efficacité que les tables dites « standards » à 2,8 ATA de type USN T6 ou T5. Par ailleurs, les dernières études réalisées sur les accidents de désaturation neurologiques semblent être en faveur de la réalisation de table à l'O_2 pur à 2,8 ATA [24,25].

Plusieurs traitements hyperbares complémentaires peuvent être nécessaires (3 à 5 ou plus) avant qu'un changement substantiel ne soit noté chez le patient, bien qu'une amélioration immédiate se produise souvent avec la première recompression.

Reprise de la plongée

L'aéroembolisme est une urgence médicale. Un diagnostic erroné et/ou un traitement retardé peuvent entraîner des lésions neurologiques catastrophiques avec des dommages irréversibles au cerveau et à la moelle épinière empêchant la reprise de la plongée. Heureusement, la plupart des patients atteints de barotraumatisme pulmonaire présentent des lésions mineures et récupèrent avec peu ou pas de déficits. Néanmoins, les recommandations pour la reprise de la plongée après un accident barotraumatique pulmonaire doivent être adaptées au patient et au contexte qui a entraîné l'accident.

Les plongeurs victimes d'un accident barotraumatique pulmonaire sans événement déclencheur évident (perte de contrôle de la flottabilité, ascension rapide ou panique par exemple) doivent faire l'objet d'une évaluation scanographique à la recherche d'anomalies structurelles du poumon. Si des anomalies telles que des bulles ou des kystes sont détectées, il faut déconseiller la reprise à la plongée, en particulier pour des lésions pariétales et chez des pratiquants à risque de vitesses de remontée rapides, et orienter le patient vers un pneumologue. Il en va de même si les explorations fonctionnelles respiratoires identifient un trouble ventilatoire obstructif autre que l'asthme [21].

Si le plongeur est totalement asymptomatique et qu'il ne présente aucune séquelle, la reprise de la plongée peut être envisagée sous réserve d'un bilan paraclinique pour s'en assurer. Une IRM cérébrale, un scanner thoracique, une EFR avec DLCO (capacité de diffusion du monoxyde de carbone) peuvent être prescrits en fonction du tableau clinique initial, une évaluation psychologique peut également être requise. Chez le fumeur, la reprise de la plongée ne pourra se faire qu'après sevrage [26]. Les recommandations concernant les périodes de récupération avant le retour à la plongée après un barotraumatisme pulmonaire varient d'un à plusieurs mois selon les sources. Nous conseillons une reprise entre 1 à 3 mois pour les formes pulmonaires mineures sans séquelles, et une reprise à 6 mois pour les formes neurologiques sans séquelles.

Conclusion

La survenue d'un barotraumatisme pulmonaire doit être la hantise de l'équipe médicale car celui-ci est pourvoyeur de complications fréquentes et graves avec un risque élevé de détresse vitale.

Les complications respiratoires doivent être immédiatement diagnostiquées et prise en charge par une exsufflation immédiate en cas de pneumothorax suffocant.

Les troubles neurologiques à la sortie de l'eau qui témoignent d'un aéroembolisme cérébral doivent conduire à une recompression dans les meilleurs délais dans un centre hyperbare, idéalement inférieur à 6 heures.

La fin de l'exercice RSE et les modifications de pratique et d'enseignement ont permis de diminuer l'incidence des barotraumatismes pulmonaires lors des plongées de formation mais aussi en exploration.

La réalisation d'un scanner thoracique à faible dose en dépistage initial, chez les sujets à risque, est l'examen de choix pour dépister les formations aériques pulmonaires asymptomatiques et éviter ainsi d'exposer le plongeur à la survenue de cet accident grave mais peu fréquent.

7.3. **Les barotraumatismes oculaires, dentaires, digestifs et osseux**

Jean-Éric Blatteau

Points clés

En marge des barotraumatismes ORL très fréquents et des rares barotraumatismes pulmonaires qui sont à redouter, d'autres formes de barotraumatismes peuvent survenir :

- le barotraumatisme oculaire par placage du masque chez l'apnéiste ou le plongeur néophyte, qui peut entraîner une hémorragie sous-conjonctivale, habituellement bénigne ;
- les barotraumatismes dentaires qui représentent une source fréquente de barodontalgies et sont parfois responsables de fractures dentaires ;
- les barotraumatismes digestifs qui entraînent souvent des symptômes d'inconfort digestif avec la « colique du scaphandrier » et beaucoup plus rarement la rupture gastrique, qui relève d'une prise en charge chirurgicale en urgence ;
- les barotraumatismes osseux liés à la présence d'un pneumatokyste osseux qui sont rares mais parfois invalidants ; ils peuvent bénéficier d'un traitement curatif par comblement.

Barotraumatisme oculaire par placage du masque

Il s'agit d'un barotraumatisme par dépression avec un effet de « ventouse » ou *squeeze* lié au volume d'air contenu dans le masque de plongée qui peut se plaquer sur le visage à la descente avec l'augmentation de la pression hydrostatique. Il se manifeste le plus souvent par une accumulation de sang sur la sclérotique avec une hémorragie sous-conjonctivale uni ou bilatérale parfois impressionnante (yeux rouges avec « aspect de lapin albinos »), plus rarement associée à un hématome palpébral et périorbitaire. En l'absence d'antécédent oculaire, ce tableau clinique est indolore et bénin, il régresse spontanément en 1 à 2 semaines, sans traitement. La prévention repose sur le bon ajustement du masque et des sangles qui ne doivent pas être trop serrés, et surtout la réalisation de petites exsufflations nasales pour équilibrer les pressions.

En présence d'une gêne oculaire douloureuse, il faut évoquer le diagnostic différentiel d'une kératite ponctuée superficielle liée aux produits antibués. Ces produits sont en effet très toxiques pour l'épithélium cornéen, et il est impératif de réaliser un rinçage avec de l'eau de mer avant de mettre son masque.

Barotraumatismes dentaires

Les barotraumatismes dentaires se manifestent le plus souvent par des odontalgies d'intensité variable déclenchées par les variations de pression ; on parle dans ce cas de barodontalgies. Il s'agit d'un symptôme fréquent puisqu'environ 7 % des plongeurs militaires et 13 % des plongeurs civils ont déjà été victimes de barodontalgies [27], mais comme nous le verrons toutes les barodontalgies ne sont pas des barotraumatismes dentaires.

La forme la plus caractéristique des barotraumatismes dentaires est celle qui aboutit à une fracture « dentaire », terme qui englobe à la fois les fractures d'odontes et les fractures de restauration. Le risque est lié à l'ingestion ou l'inhalation de débris dentaires ainsi qu'à la douleur associée qui peut provoquer une interruption brutale de la plongée.

La prévalence des fractures dentaires en plongée serait de l'ordre de 5 %, elles peuvent survenir aussi bien à la descente qu'à la remontée, qui représente le cas le plus fréquent (figure 7.8) [28] :

- lors de la remontée, l'air contenu dans la cavité de carie se dilate et entraîne la fracture de l'obturation et/ou de la dent. La cavité est le plus souvent formée par une carie secondaire, sous une obturation coronaire ;

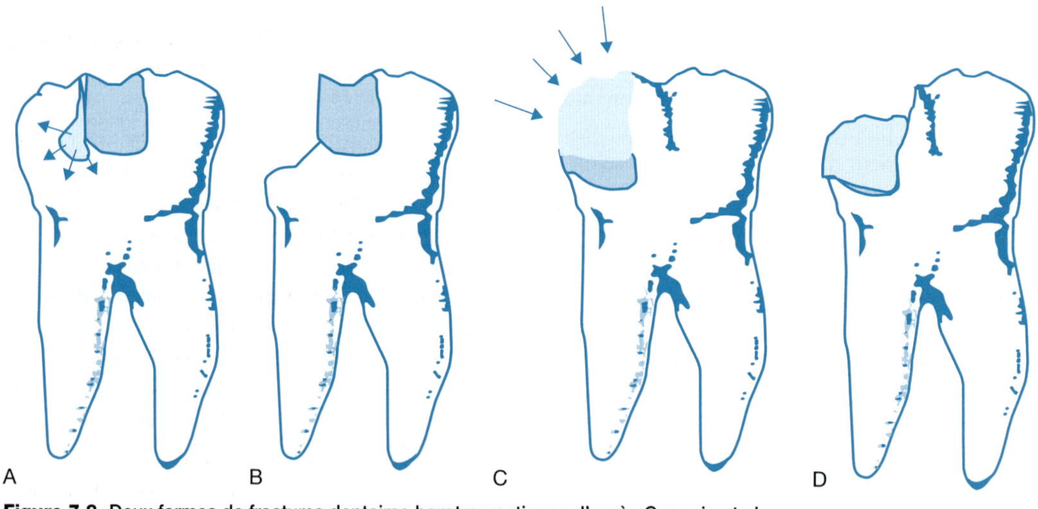

Figure 7.8. Deux formes de fractures dentaires barotraumatiques d'après Gunepin et al.
Au cours de la remontée, l'air au sein de la cavité carieuse exerce une pression (A) et entraîne la fracture de la dent (B). Au cours de la descente, la pression ambiante s'exerce directement sur la restauration (C) et provoque l'écrasement dans la cavité carieuse sous-jacente (D).
Source : Gunepin M, Derache F, Zadik Y, et al. Problèmes odontologiques des plongeurs sous-marins militaires français. Med Armees. 2015;43(1):111-18.

- lors de la descente, l'augmentation de la pression sur le matériau de restauration favorise l'écrasement et la fracture de l'obturation, souvent en présence de restaurations de moindre résistance (pansement provisoire) ou d'une cavité sous une restauration.

En marge de ces fractures dentaires, le barotraumatisme peut également être responsable d'une diminution de la rétention des dispositifs prothétiques. Les variations de la pression au niveau des microbulles d'air présentes dans le ciment de scellement des couronnes dentaires peuvent en effet aller jusqu'à la perte de la couronne, surtout si cette dernière est scellée avec un ciment à base d'oxyphosphate de zinc ou un ciment de scellement provisoire, tandis que les ciments à base de résine n'engendrent pas de perte de rétention.

En dehors du barotraumatisme dentaire, il faut savoir rechercher tous les diagnostics différentiels d'odontalgies qui peuvent s'observer dans un contexte de plongée avec les effets combinés du froid, de la pression et de la charge occlusale liée à l'embout buccal. Les causes les plus fréquentes sont :

- les restaurations dentaires défectueuses ;
- les caries dentaires sans atteinte pulpaire ;
- les pathologies pulpaires périradiculaires ;
- les traitements dentaires récents (barodontalgies postopératoires) ;
- les odontalgies liées au port de l'embout buccal du détendeur, entraînant une charge occlusale avec la possibilité de desmodontite, qui ne cédera qu'en adaptant l'embout buccal à la spécificité de la denture. Cela peut également provoquer un syndrome algodysfonctionnel de l'articulation temporomandibulaire ;
- il faut se méfier également des douleurs projetées d'origine sinusienne qui peuvent correspondre à un barotraumatisme des sinus. En effet, dans une étude portant sur 1 317 plongeurs militaires [27], les barodontalgies étaient plus fréquentes dans la denture supérieure (62,2 %) que dans la denture inférieure et survenaient plus souvent pendant la descente (77,3 %) que pendant la remontée, suggérant qu'il est important de rechercher une barosinusite dans l'étiologie des douleurs buccales pendant la plongée.

La prévention repose sur la prise en charge des facteurs prédisposants des caries secondaires, des obturations défectueuses, et sur l'éviction de la plongée en cas d'obturations coronaires temporaires réalisées en interséance. Dans l'étude citée précédemment [27], les barodontalgies étaient plus fréquentes chez les plongeurs qui se faisaient examiner moins d'une fois par an que chez ceux suivis une fois par an ou plus, confirmant que le maintien d'un bon état buccodentaire permet de limiter la survenue des atteintes dentaires en plongée.

Barotraumatismes digestifs

On distingue des formes bénignes, assez fréquentes, qui se traduisent par des symptômes digestifs peu spécifiques et bénins au décours d'une plongée, et des formes graves avec rupture gastrique, rares mais qui peuvent mettre en jeu le pronostic vital.

Formes bénignes

Les formes bénignes de BT digestifs correspondent à l'apparition de troubles digestifs en rapport avec une dilatation des gaz au décours d'une plongée. Il s'agit d'une circonstance assez fréquente estimée à 13 % [29]. Elles surviennent souvent chez des plongeurs néophytes ou des sujets anxieux, à la suite de déglutitions importantes et répétées pendant le séjour en pression, survenant par exemple au moment de la ventilation dans le détendeur ou lors de manœuvres d'équilibration des oreilles. La consommation excessive de boissons gazeuses avant la plongée ou un régime alimentaire favorisant la fermentation digestive favorisent la survenue des symptômes. Il s'agit le plus souvent d'une gêne à type de pesanteur ou de distension abdominale avec douleur modérée, associée ou non à des éructations et parfois des vomissements. Le terme du « colique du scaphandrier » désigne plus spécifiquement le besoin pressant d'évacuer le contenu des intestins quand les gaz produits par la fermentation tendent à se dilater lors de la remontée.

Rupture gastrique

La rupture de l'estomac est un accident de plongée de type barotraumatique très rare, avec seulement une dizaine de cas décrits dans la littérature. Si elle n'est pas reconnue à temps, le pronostic vital peut être en jeu.

Les ruptures gastriques sont observées le plus souvent chez un plongeur masculin (92 % des cas), âgé en moyenne de 35 ± 10 ans, ayant une certaine expérience en plongée. La plongée responsable de l'accident est souvent réalisée à une profondeur significative dans la zone des 40 m, avec une durée de travail courte, suggérant une interruption brutale de la plongée [29]. Dans la plupart des cas décrits, la rupture de l'estomac a été provoquée par une remontée rapide en raison d'une panique causée par une panne d'air ou un mauvais fonctionnement de l'équipement. Dans près d'un tiers des cas rapportés, les victimes de ruptures gastriques ont avalé accidentellement de l'eau dans ce contexte de remontée en panique [30].

L'expansion de l'air dans l'estomac pendant la remontée provoque une gêne abdominale et des douleurs d'intensité variable à l'émersion. Une gêne respiratoire, des éructations, des vomissements, et parfois une hématémèse peuvent être associés. L'abdomen est tendu, douloureux et tympanique à la palpation avec parfois une défense. Une décompensation avec état de choc est possible dès la sortie de l'eau. Des formes cliniques avec peu de signes à l'émersion entraînant la prise en charge retardée d'un abdomen chirurgical, bien que très rares, ont cependant été décrites [31].

La rupture gastrique avec la fuite du contenu liquidien et aérique dans la cavité abdominale entraîne une péritonite aiguë et un pneumopéritoine. Il semble que la rupture se produise habituellement au niveau de la petite courbure gastrique, moins mobile et caractérisée par une seule couche musculaire avec moins de plis muqueux, ce qui la rend moins élastique. Par ailleurs, l'augmentation du volume d'air dans l'estomac provoque une distension gastrique importante et ferme l'angle de His et la jonction gastro-œsophagienne, bloquant ainsi l'évacuation de l'air vers la bouche. En outre, la distension gastrique s'accompagne d'une perte du péristaltisme gastrique avec un iléus réflexe qui empêche l'évacuation d'air par le pylore [29].

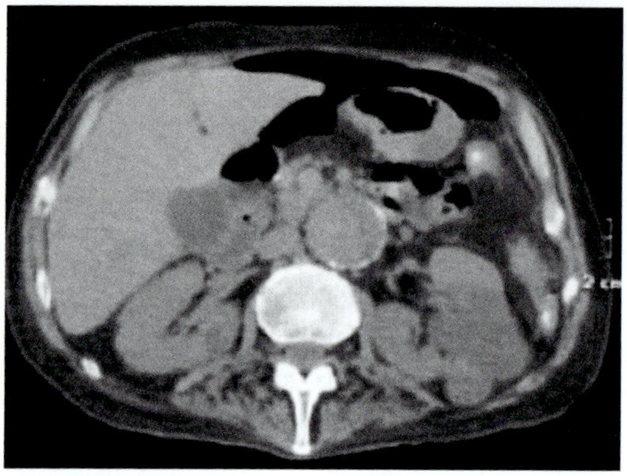

Figure 7.9. Scanner abdominal révélant un pneumopéritoine par rupture gastrique barotraumatique.
Source : scanner HIA Sainte-Anne.

Dans ce contexte de suspicion de barotraumatisme digestif grave, un scanner thoraco-abdominal doit être réalisé en urgence. Cet examen permet souvent de poser le diagnostic en objectivant un pneumopéritoine (figure 7.9) et d'éliminer un barotraumatisme pulmonaire parfois associé. Dans les cas douteux, la fibroscopie gastrique permet de visualiser la déchirure gastrique. Le traitement de référence est la laparotomie exploratrice en urgence. Une exsufflation à l'aiguille de la cavité péritonéale est possible en préopératoire pour soulager un pneumopéritoine hyperalgique [30]. L'OHB n'est pas indiquée avant l'intervention, sauf en cas d'atteinte neurologique déficitaire majeure liée à un aéroembolisme cérébral par barotraumatisme pulmonaire ou un accident de désaturation neurologique. Lorsque la prise en charge n'est pas retardée, le pronostic est bon pour des sujets habituellement jeunes et sans antécédent. La rupture gastrique sur estomac plein expose cependant à un risque infectieux significatif (abcès ou fistules postopératoires).

La prévention repose sur la recherche et la compatibilité des antécédents personnels avec la pratique de plongée. On recherchera notamment des antécédents d'intervention chirurgicale sur traumatisme abdominal à haute intensité, de plicature fundique pour un reflux gastro-œsophagien, de chirurgie bariatrique ou encore de sténose duodénale ulcéreuse ou tumorale…

Barotraumatismes osseux

Des formations lytiques de types aériques dans le tissu osseux peuvent être causées par une ostéonécrose, une ostéomyélite, une néoplasie, des métastases ou à la suite d'un traumatisme ou d'une intervention chirurgicale. Elles sont détectées par un examen radiographique standard. Les antécédents médicaux et l'indication de l'examen radiographique déterminent souvent la suite des investigations et le traitement éventuel. L'ostéonécrose aseptique est également une entité bien identifiée chez le plongeur, décrite sous le terme d'ostéonécrose dysbarique (voir chapitre 23), qui peut être à l'origine de la formation d'une cavité aérique intraosseuse séquellaire.

En dehors de ces situations spécifiques, la présence d'une formation aérique du tissu osseux peut relever d'un pneumatokyste intraosseux. Bien qu'ils soient rarement symptomatiques sur le plan clinique, des études ont montré que les pneumatokystes sont présents dans près de 10 % des tomodensitométries du bassin et de la colonne vertébrale [32]. La localisation préférentielle est celle de l'aile iliaque ou du sacrum, avec ou sans connexion avec l'articulation iliosacrée. Ils ont également été décrits dans des corps vertébraux et dans d'autres os comme la clavicule. Le diagnostic peut être établi par tomodensitométrie par la détection d'une cavité remplie de gaz. Histologiquement, un tel kyste est décrit comme un kyste sous-chondral bénin constitué d'une paroi fibreuse dense sans revêtement épithélial. L'origine de ces kystes reste débattue, il pourrait s'agir d'une apparition spontanée primitive ou alors de gaz remplissant la cavité après résorption d'un kyste synovial ou d'un ganglion intraosseux.

Lorsque ces lésions sont symptomatiques en se manifestant par des douleurs localisées lors des variations de pression, elles relèvent de la catégorie des accidents de plongée de type barotraumatique. Le diagnostic différentiel est celui d'un accident de désaturation ostéoarticulaire survenant au décours d'une plongée saturante ou de l'ostéonécrose dysbarique (voir chapitre 22). Très peu de cas rapportés dans un contexte de plongée ont été décrits dans la littérature. La douleur débute souvent à la descente dans les 10 premiers

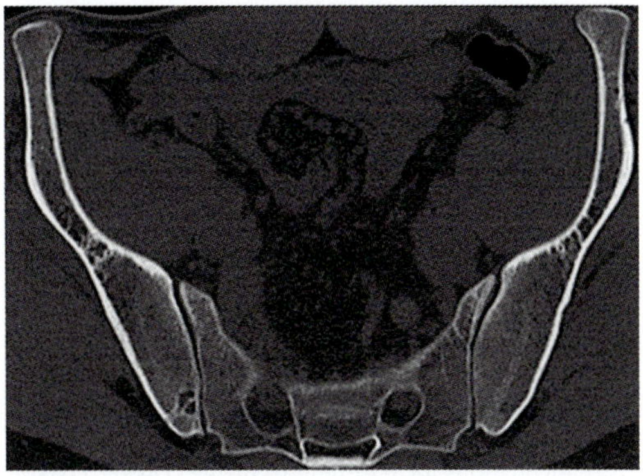

Figure 7.10. Scanner du bassin montrant un pneumatokyste localisé sur le versant iliaque de l'articulation sacro-iliaque ayant bénéficié d'un comblement par injection de PRP, permettant la reprise de la plongée.
Source : scanner HIA Sainte-Anne.

mètres ; elle est certainement causée par la dépression relative au sein de la cavité osseuse et peut persister ou être majorée à la remontée.

Dans un cas publié, les symptômes du plongeur se sont atténués avec le temps sans traitement, avec des consignes de réduction de la vitesse de descente [33]. Dans les autres cas publiés, des mesures thérapeutiques de comblement ont été réalisées avec succès [34,35].

Le traitement consiste à remplir la cavité par un milieu non compressible qui empêchera les variations de pression du kyste selon la pression ambiante. La cavité peut être remplie avec du ciment osseux ou en utilisant des dérivés sanguins de type PRP (plasma riche en plaquettes) (figure 7.10) ou encore des substituts de greffe osseuse synthétique (composite de sulfate et de phosphate de calcium) [34,35].

Références

[1] Mallen JR, Roberts DS. SCUBA Medicine for otolaryngologists : Part I. Diving into SCUBA physiology and injury prevention. Laryngoscope 2020 ; 130(1) : 52-8.

[2] Jansen S, Meyer MF, Boor M, et al. Repetitive freshwater diving : risk factors and prevalence of barotrauma. Undersea Hyperb Med 2017 ; 44(5) : 407-14.

[3] Lindfors OH, Räisänen-Sokolowski AK, Suvilehto J, et al. Middle ear barotrauma in diving. Diving Hyperb Med 2021 ; 51(1) : 44-52.

[4] Meyer MF, Knezic K, Jansen S, et al. Effects of freediving on middle ear and eustachian tube function. Diving Hyperb Med 2020 ; 50(4) : 350-5.

[5] Rozycki SW, Brown MJ, Camacho M. Inner ear barotrauma in divers : an evidence-based tool for evaluation and treatment. Diving Hyperb Med 2018 ; 48(3) : 186-93.
[6] Morvan JB, Gempp E, Rivière D, et al. Perilymphatic fistula after underwater diving : a series of 11 cases. Diving Hyperb Med 2016 ; 46(2) : 72-5.
[7] Rozycki SW, Brown MJ, Camacho M. Inner ear barotrauma in divers : an evidence-based tool for evaluation and treatment. Diving Hyperb Med 2018 ; 48(3) : 186-93.
[8] Elliott EJ, Smart DR. The assessment and management of inner ear barotrauma in divers and recommendations for returning to diving. Diving Hyperb Med 2014 ; 44(4) : 208-22.
[9] Morvan JB, Morin J, Brocq FX, et al. Barotraumatisme sinusien. EMC Oto-rhino-laryngologie 2019 ; 0 : 1-12 [Article 20-466-A-10].
[10] Handwerk T. Barotraumatismes de l'oreille moyenne et des sinus chez les plongeurs militaires français [Thèse docteur en médecine]. Sciences du vivant [q-bio]. Marseille : Aix-Marseille université ; 2021.
[11] Lindfors OH, Räisänen-Sokolowski AK, Suvilehto J, et al. Sinus barotrauma in diving. Diving Hyperb Med 2021 ; 51(2) : 182-9.
[12] Slonimsky G, Hawng G, Goldenberg D, et al. Terminology, definitions, and classification in the imaging of laryngoceles. Curr Probl Diagn Radiol 2021 ; 50(3) : 384-8.
[13] Le Guen H, Halbert C, Gras Le Guen C, et al. [Serious pulmonary barotrauma in a child after first-time scuba dive]. Arch Pediatr 2012 ; 19(7) : 733-5.
[14] Hampson NB, Moon RE. Arterial gas embolism breathing compressed air in 1.2 metres of water. Diving Hyperb Med 2020 ; 50(3) : 292-4.
[15] Monnot D, Michot T, Dugrenot E, et al. A survey of scuba diving-related injuries and outcomes among French recreational divers. Diving Hyperb Med 2019 ; 49(2) : 96-106.
[16] Coulange M, Gourbeix JM, Grenaud JJ, et al. La RSE en 2008 : bénéfices/risques ? Analyse rétrospective des barotraumatismes thoraciques. Bull Med Sub Hyp 2008 ; 18(1) : 9-14.
[17] Tetzlaff K, Reuter M, Leplow B, et al. Risk factors for pulmonary barotrauma in divers. Chest 1997 ; 112(3) : 654-9.
[18] Lafère P, Germonpré P, Balestra C. Pulmonary barotrauma in divers during emergency free ascent training : review of 124 cases. Aviat Space Environ Med 2009 ; 80(4) : 371-5.
[19] Lafère P, Germonpré P, Guerrero F, et al. Decreased incidence of pulmonary barotrauma after discontinuation of emergency free ascent training. Aerosp Med Hum Perform 2018 ; 89(9) : 816-21.
[20] Bonnemaison B, Castagna O, de Maistre S, et al. Chest CT scan for the screening of air anomalies at risk of pulmonary barotrauma for the initial medical assessment of fitness to dive in a military population. Front Physiol 2022 ; 13 : 1005698.
[21] Smith RM, Van Hoesen KB, Neuman TS. Arterial gas embolism and hemoconcentration. J Emerg Med 1994 ; 12(2) : 147-53.
[22] Mitchell SJ, Bennett MH, Bryson P, et al. Pre-hospital management of decompression illness : expert review of key principles and controversies. Diving Hyperb Med 2018 ; 48(1) : 45-55.
[23] Beevor H, Frawley G. Iatrogenic cerebral gas embolism : analysis of the presentation, management and outcomes of patients referred to The Alfred Hospital Hyperbaric Unit. Diving Hyperb Med 2016 ; 46(1) : 15-21.
[24] Johnson WR, Roney NG, Zhou H, et al. Comparison of treatment recompression tables for neurologic decompression illness in swine model. PLoS One 2022 ; 17(10) : e0266236.
[25] Simonnet B, Roffi R, Lehot H, et al. Therapeutic management of severe spinal cord decompression sickness in a hyperbaric center. Front Med (Lausanne) 2023 ; 10 : 1172646.
[26] Pougnet R, Pougnet L, Henckes A, et al. Evolution of the respiratory function of professional divers over 15 years. Int Marit Health 2019 ; 70(2) : 119-24.
[27] Gunepin M, Derache F, Blatteau JE, et al. Incidence and features of barodontalgia among military divers. Aerosp Med Hum Perform 2016 ; 87(2) : 137-40.
[28] Gunepin M, Derache F, Zadik Y, et al. Problèmes odontologiques des plongeurs sous-marins militaires français. Med Armees 2015 ; 43(1) : 111-8.
[29] Petri NM, Vranjković-Petri L, Aras N, et al. Gastric rupture in a diver due to rapid ascent. Croat Med J 2002 ; 43(1) : 42-4. PMID : 11828558.
[30] Molenat FA, Boussuges AH. Rupture of the stomach complicating diving accidents. Undersea Hyperb Med 1995 ; 22(1) : 87-96.
[31] Toh PY, Parys S, Watanabe Y. Traumatic diaphragmatic rupture : delayed presentation following a SCUBA dive. BMJ Case Rep 2020 ; 13(9) : e234040.
[32] Grong K, Eidsvik S, Mølster A, et al. [Back pain–when both patients and physicians are in deep waters]. Tidsskr Nor Laegeforen 2000 ; 120(24) : 2872-3.
[33] Hart BL, Brantly PN, Lubbers PR, et al. Compression pain in a diver with intraosseous pneumatocysts. Undersea Biomed Res 1986 ; 13(4) : 465-8.
[34] Paoletti H, Robinet C, Muyard B, et al. Diagnostic et traitement d'un pneumatokyste osseux de l'aile iliaque chez un plongeur. Sci Sports 2000 ; 15(1) : 40-2.
[35] Formby PM, Kang DG, Potter BK, et al. Treatment of symptomatic intraosseous pneumatocyst using intraoperative navigation. Orthopedics 2015 ; 38(3) : e244-7.

Chapitre 8

Les accidents toxiques ou accidents « biochimiques »

Pierre Louge, Sébastien de Maistre, Jean-Charles Reynier

Points clés

- Les accidents toxiques, également appelés accidents « biochimiques », sont liés à la réactivité biologique des gaz sur l'organisme. Les formes principales sont l'hypercapnie, l'hyperoxie, l'hypoxie et la narcose à l'azote. Le syndrome nerveux de hautes pressions constitue une entité à part liée à un effet toxique de la pression per se sans effet biologique des gaz.
- En plongée, la toxicité d'un gaz dépend de la pression partielle à laquelle il est respiré (concentration dans le mélange × pression absolue).
- Le risque principal est la perte de connaissance en eau avec comme risque vital immédiat la noyade ou la surpression pulmonaire.
- La conduite à tenir est simple : soustraire l'accidenté du milieu hostile en évitant tout suraccident.

Introduction

Les accidents toxiques ou « biochimiques » sont des accidents survenant lors de variations de la pression ambiante, modifiant les pressions partielles des gaz ventilés (conséquence de la loi de Dalton). La pression partielle d'un gaz (P_{gaz}) constituant le mélange gazeux ou le contaminant varie de manière proportionnelle à la pression ambiante : Pgaz = Figaz × PATA. Par exemple, à 10 m de profondeur, la pression ambiante doublant (2 ATA [atmosphère technique absolue]), l'effet biologique des gaz sera doublé.

La pression au-delà de laquelle un gaz inhalé devient toxique est propre à chaque gaz et dépend du temps d'exposition.

Ces gaz sont soit les gaz métaboliques (O_2 [oxygène], CO_2 [dioxyde de carbone]), soit les gaz diluants complétant le mélange gazeux (N_2 [azote], He [hélium], H_2 [hydrogène]), soit des gaz contaminants ou polluants le mélange (CO_2, monoxyde de carbone [CO], vapeurs d'huile, de solvants, CH_4 [méthane], H_2S [sulfure d'hydrogène]…).

Hypercapnie

Dans l'air ambiant, le taux de CO_2 est d'environ 400 ppm (0,4 hPa) à la pression atmosphérique (PA). L'inhalation de CO_2 peut rapidement devenir toxique en fonction de sa concentration dans le gaz respiré. L'élévation du taux de CO_2 sanguin définit l'hypercapnie qui correspond à une pression partielle artérielle de CO_2 ($PaCO_2$) supérieure à 45 mmHg (60 hPa). Pour éviter cette situation, l'organisme s'adapte en augmentant sa réponse ventilatoire et en activant ses systèmes tampons. Ces adaptations physiologiques permettent d'éliminer l'excès de CO_2 et de maintenir stable le pH sanguin.

Lors d'activités subaquatiques, l'apparition de symptômes respiratoires transitoires, de type

Médecine de la plongée

« essoufflement », est une manifestation très fréquente, généralement considérée comme bénigne mais qui doit cependant faire l'objet d'une démarche diagnostic en cas de symptômes persistants (voir chapitre 19).

Rappels physiologiques

Le CO_2 est un puissant stimulant ventilatoire par action sur les centres respiratoires (médullaires et pontiques) via les chémorécepteurs centraux et périphériques. Il provoque également une vasodilatation cérébrale importante.

En plongée sous-marine, il peut exister une inadéquation entre la production métabolique de CO_2 et son élimination ventilatoire :

- la production de CO_2 est accrue (exercice musculaire, effort mal contrôlé par un lestage inadéquat, cadence de palmage accrue ou courant, froid, stress) ;
- l'élimination du CO_2 est limitée par les contraintes ventilatoires : augmentation des résistances des voies aériennes et du travail ventilatoire lié à l'appareil de protection respiratoire. Le plongeur présente alors l'équivalent d'un syndrome obstructif et modifie son régime ventilatoire à l'origine d'une hypoventilation alvéolaire et d'une hypercapnie.

Clinique

La symptomatologie de l'hypercapnie est directement en rapport avec les effets physiologiques de stimulation ventilatoire et de vasodilatation cérébrale. La symptomatologie est proportionnelle à la pression partielle inhalée de CO_2 ($PiCO_2$) (tableau 8.1).

L'augmentation de l'amplitude et de la fréquence ventilatoire est le premier signe, dès 20 hPa de $PiCO_2$. Des céphalées apparaissent entre 20 à 30 hPa. L'essoufflement est incontrôlable pour 60 hPa (équivalent à 6 % de CO_2 à la pression atmosphérique — PA). Au-delà, l'insuffisance respiratoire aiguë s'aggrave, conduisant à la perte de connaissance hypoxique brutale par hypoventilation alvéolaire. En immersion, cette perte de connaissance peut être fatale. Les signes sont souvent méconnus chez le plongeur néophyte et peuvent le mettre en danger du fait de l'inconfort ventilatoire poussant le plongeur à effectuer une remontée non contrôlée en situation de panique.

Tableau 8.1. Signes cliniques de l'hypercapnie en fonction de la pression inspirée de CO_2.

$PiCO_2$	Clinique
20-30 hPa	– Fatigue ventilatoire – Sensation de « soif d'air » – Légère hyperventilation
30-60 hPa	– Essoufflement net – Céphalées, asthénie – Difficultés de concentration
> 60 hPa	– Tachypnée incontrôlable – Dissociation bucconasale impossible – Apnée volontaire impossible – Céphalées importantes, nausées – Congestion du visage, yeux injectés – Carbonarcose
Perte de connaissance	

$PiCO_2$: pression inhalée de dioxyde de carbone.

L'hypercapnie peut également engendrer une perte de connaissance lors de l'utilisation d'appareils recycleurs de gaz. Cela peut être dû à un défaut d'épuration du CO_2 par la chaux sodée ou à une production endogène de CO_2 lors d'un effort soutenu. L'hypercapnie est l'accident toxique le plus fréquent avec les recycleurs militaires. Une étude sur 30 ans d'utilisation de recycleurs dans la Marine nationale française a en effet identifié 68 % d'accidents toxiques dont 60 % sont liés à une hypercapnie [1]. Chez ces plongeurs utilisant un recycleur avec mélange nitrox, 18 % de ces cas d'hypercapnie ont entraîné une perte de connaissance, probablement par inhibition des centres respiratoires faits de la ventilation d'un mélange hyperoxique [1].

Par ailleurs, il a été montré que l'hypercapnie favorisait le pouvoir narcotique de l'azote. Les symptômes de narcose allant jusqu'à la perte de connaissance sont en effet majorés par la réalisation d'un effort physique avec hypercapnie [2].

Il a également été mis en évidence que l'hypercapnie pouvait favoriser la toxicité neurologique de l'oxygène, avec des observations de crises convulsives hyperoxiques survenant chez des nageurs de combat utilisant des appareils à circuit fermé à l'oxygène. Il s'agissait en majorité de plongées de longues durées avec effort de palmage soutenu entraînant une production endogène de CO_2 et avec une baisse de capacité d'épuration de la chaux sodée [1]. Cet effet potentialisateur serait en partie médié par l'action vasodilatatrice du CO_2 sur les artères cérébrales [3].

Par ailleurs, l'hypercapnie pourrait faciliter, voire initier, la naissance et la croissance des bulles (noyaux gazeux) favorisant la survenue des accidents de désaturation [4]. Il s'avère en fait que le risque accru d'accident de désaturation est assez peu documenté et serait surtout lié à la période d'exposition, avec des effets délétères lorsque l'exposition au CO_2 intervient avant et pendant le séjour en pression. En revanche, des effets bénéfiques sont rapportés lorsque l'exposition se produit pendant la décompression ; ils seraient liés en partie à la vasodilatation qui favorise la dénitrogénation [4].

Prise en charge et prévention

En eau, l'apparition d'une dyspnée doit entraîner l'arrêt de toute activité physique. Le plongeur doit tenter d'augmenter son volume courant en prolongeant le temps de l'expiration. Il doit être assisté dès que possible afin d'effectuer une remontée sans effort et en toute sécurité jusqu'à sa prise en charge sur l'embarcation ou à terre. En surface, la situation s'amende le plus souvent rapidement. Si les signes respiratoires persistent, un diagnostic différentiel doit être évoqué (œdème pulmonaire d'immersion, barotraumatisme pulmonaire, noyade) et une oxygénothérapie normobare doit être débutée dès que possible.

La prévention de l'hypercapnie fait appel à des notions simples : ne pas descendre lorsque l'on est essoufflé en surface, modérer les efforts au fond, se protéger efficacement contre le froid, utiliser du matériel en bon état, et un gaz conforme dans les bouteilles, vérifier que la bouteille soit bien ouverte, ne pas avoir une combinaison trop serrée, vérifier lors de l'utilisation d'un appareil à recyclage de gaz l'état de la chaux sodée ainsi que l'étanchéité de l'appareil.

Hyperoxie

Paul Bert a décrit en 1878, dans son ouvrage *La Pression barométrique*, des phénomènes toxiques de l'oxygène sur l'organisme. Il observe, en particulier, un effet toxique de l'oxygène respiré sous pression : « L'empoisonnement par l'oxygène se caractérise chez le chien par des convulsions survenant par crises toniques et cloniques, la mort apparaissant après une à deux crises. » Cette neurotoxicité, appelée depuis « effet Paul Bert », apparaît pour des PiO_2 (pressions inhalées d'oxygène) élevées. Les accidents observés ont lieu le plus souvent chez les plongeurs qui respirent de l'oxygène pur ou à haute concentration (par exemple les nageurs de combat), à PiO_2 > 1,7 ATA (1 700 hPa) pour des expositions de longue durée. Ils sont rares dans les conditions actuelles de l'oxygénothérapie hyperbare (OHB).

Physiopathologie

Les mécanismes de la toxicité neurologique de l'oxygène ont fait l'objet de travaux in vitro comme in vivo à l'origine de nombreuses controverses. Il est souvent difficile de déterminer précisément si les différentes observations effectuées sont responsables ou concomitantes de la crise hyperoxique [5].

Les mécanismes identifiés[1] font intervenir les radicaux libres de l'oxygène à l'origine de la lipoperoxydation cérébrale et des altérations du métabolisme des neuromédiateurs centraux, ainsi que des modifications de la vasomotricité cérébrale, en rapport avec des modifications d'activité du NO (monoxyde d'azote) et dans certains cas une élévation de la $PaCO_2$.

Vasomotricité cérébrale et hyperoxie

La levée de la vasoconstriction cérébrale hyperoxique semble être un élément déterminant dans le déclenchement de la crise hyperoxique.

1. Pour plus de détails, voir « Effets des gaz sous pression sur le système nerveux central », chapitre 2.

L'hyperoxie diminue le flux sanguin cérébral par blocage transitoire de la relaxation vasculaire cérébrale basale médiée par le NO. À l'opposé, le CO_2 provoque une vasodilatation cérébrale par hyperproduction locale de NO au niveau endothélial ou neuronal [3].

La crise hyperoxique pourrait dans ces conditions s'expliquer par les variations du débit sanguin cérébral avec lâchage métabolique du verrou vasoprotecteur cérébral, secondaire à une production de NO par stimulation de la NO synthase constitutive neuronale (nNOS). Le NO aurait également une action directe sur les récepteurs NMDA (N-méthyl-D-aspartate) et favoriserait la neurotoxicité glutaminergique [5].

Clinique

Circonstances d'apparition

Les manifestations neurologiques de la toxicité de l'oxygène sont précédées d'une phase de latence asymptomatique, inversement proportionnelle à la PiO_2 et à la durée d'exposition. La relation qui lie ces deux paramètres suit une hyperbole à asymptote horizontale estimée à 1,6 ATA (1 600 hPa) chez l'homme (figure 8.1). Il semble qu'il existe un système de protection cérébrale contre l'hyperoxie jusqu'à ce seuil. Des expositions prolongées à une PiO_2 inférieure à 1,6 ATA peuvent entraîner des manifestations cliniques mais plus rarement des convulsions.

Cette relation toxicité-durée connaît cependant des variations intra- et interindividuelles importantes, sans qu'aucun facteur prédictif ne soit défini. La tolérance nerveuse à l'hyperoxie est abaissée par l'effort physique, le froid, l'essoufflement. Elle est plus élevée en hyperbarie sèche qu'en plongée : l'application de PiO_2 de 2,8 ATA est habituelle en thérapeutique hyperbare sur des sujets au repos avec très peu de crises.

Le facteur de risque majeur de la crise hyperoxique en plongée est représenté par l'hypercapnie. En effet, une élévation de la $PetCO_2$ (pression partielle de CO_2 en fin d'expiration) est observée chez l'homme à l'exercice en hyperoxie, parfois de manière majeure chez certains plongeurs, probablement par diminution de la stimulation ventilatoire. Ces plongeurs peu sensibles à l'hypercapnie et qui retiennent le CO_2 ont un risque accru de crise hyperoxique. L'utilisation d'appareils à recyclage de gaz majore ce risque par augmentation

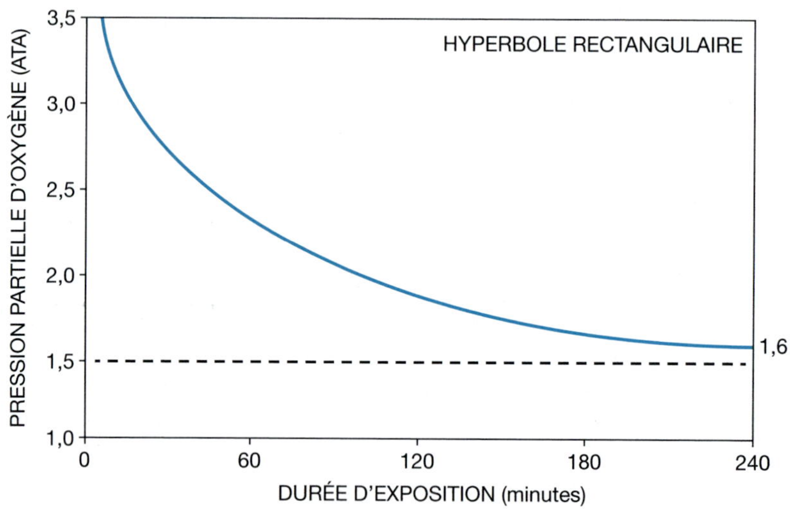

Figure 8.1. Relation pression durée d'exposition pour la toxicité neurologique de l'oxygène sur le système nerveux central.

Les valeurs de PiO_2 au-dessus de la courbe entraînent les effets toxiques.

Source : D'après Clark JM. The toxicity of oxygen. Am Rev Respir Dis. 1974 Dec;110(6 Pt 2):40-50. doi: 10.1164/arrd.1974.110.6P2.40. PMID: 4613232. Citée par : Clark JM. Oxygen toxicity. In: Bennett P, Elliott D (eds). The physiology and medicine of diving 4th edition. London: WB Saunders Company Ltd 1993; p. 121-169.

de la $PiCO_2$ dès que l'épuration des gaz expirés en CO_2 est inefficace [1].

Symptomatologie

Prodromes

Plusieurs auteurs ont identifié une symptomatologie d'alarme ou prodromique de la crise hyperoxique. Les symptômes décrits sont très divers, inconstants, variables d'un jour à l'autre, peu spécifiques car parfois intriqués avec des symptômes d'hypercapnie. Lorsque « l'aura préconvulsive » est documentée, elle peut être parfois rapidement suivie par la crise et perd alors sa valeur d'alerte ; par ailleurs une crise peut survenir sans prodrome. Chez le plongeur, les signes précurseurs passent souvent inaperçus, souvent par méconnaissance. Pourtant, il est important de pouvoir les identifier lorsque cela est possible afin d'interrompre la plongée avant la survenue de convulsions [7].

Les symptômes classiquement rapportés sont : troubles de l'humeur et du comportement, anxiété, appréhension, agitation, angoisse, champ visuel limité avec vision en tunnel, hallucinations visuelles (photopsie : scotomes scintillants, lumières colorées) ou auditives (bourdonnements d'oreille, son de cloche, voix), nausées, hoquet, vertiges, acouphènes, dyspnée et myoclonies (en particulier des petits muscles de la face : orbiculaires des lèvres, paupières, etc.).

Les salves de tachycardie associées ou non à des troubles du rythme cardiaque sont assez prédictives de l'apparition d'une crise hyperoxique. Elles imposent la surveillance régulière de la fréquence cardiaque des patients en caisson.

L'EEG (électroencéphalogramme) n'est pas contributif à la prévision de la crise puisqu'il n'existe pas d'événements précurseurs de la crise électrique synchrone à la crise clinique. Cependant, Rostain et al. décrivent chez des nageurs de combat, à partir de la 30e minute d'exposition (au repos, en immersion et en atmosphère gazeuse) à des PiO_2 comprises entre 0,8 et 2,6 ATA, l'apparition d'une activité thêta survenant en régions frontale et frontopariétale, en l'absence d'hypercapnie. Cette activité, individuellement reproductible aux mêmes délais, ne se produit pas dans une série témoin de plongeurs naïfs pour les hautes PiO_2.

Crise hyperoxique

Dans sa forme la plus habituelle, elle est cliniquement identique à une crise comitiale de type grand mal qui, une fois déclenchée, suit son cours normal même si le mélange respiré n'est plus hyperoxique.

Il s'agit d'une crise convulsive inaugurée par une perte de connaissance et se déroulant en trois phases :

- une phase tonique de contracture généralisée en extension. Les quatre membres sont raidis, la cage thoracique et le diaphragme sont immobilisés en expiration forcée. En plongée, le patient se fige en *opisthotonos* et est incapable de maintenir son immersion. Cette phase dure en moyenne 30 secondes ;
- une phase clonique ou convulsive : le patient est agité par des secousses brusques, rythmées, qui deviennent de plus en plus fortes et de moins en moins fréquentes. Ces contractions sont synchrones dans tout le corps avec morsure de la langue et émission d'urines. Cette phase dure 2 à 3 minutes ;
- une phase de coma post-critique d'une dizaine de minutes, avec reprise de la ventilation et retour progressif de la conscience dans un état confus avec parfois une grande agitation. La prise en charge d'un plongeur pendant cette phase doit se faire sans stimulation intempestive pour limiter l'agitation et éviter le suraccident par une réimmersion accidentelle.

Des formes bravais-jacksonniennes peuvent être observées. Dans tous les cas, l'amnésie de la crise est habituelle.

Si le patient est retiré de l'ambiance hyperoxique, la récupération a lieu en général sans séquelle. En revanche, le maintien de l'hyperoxie entraîne la succession de crises convulsives réalisant un véritable état de mal épileptique mettant en jeu le pronostic vital.

En plongée, cette crise qui débute par une expiration forcée peut provoquer la noyade si le plongeur a perdu l'embout de son appareil respiratoire et n'est pas soustrait rapidement du milieu aquatique. Les autres complications habituellement suspectées (barotraumatisme pulmonaire par surpression ou traumatismes divers) sont rarissimes.

Cet accident s'observe principalement chez les nageurs de combat dont les techniques de plongée les exposent à des PiO_2 limites pendant plusieurs heures.

Prévention

Il est difficile de préciser les limites de tolérance à l'hyperoxie tant il existe des différences de susceptibilité individuelle et chez un même individu. Les tests de susceptibilité à l'oxygène effectués autrefois par la marine française (30 minutes à PiO_2 = 2,8 ATA en caisson) et par la marine US ne sont plus considérés comme pertinents. Les limites de sécurité proposées habituellement ont été établies sur des données empiriques en plongée à l'oxygène pur.

Chez le plongeur, la seule mesure de prévention de l'apparition d'une crise hyperoxique reste le respect des limites de plongée au nitrox et à l'oxygène, exprimées sous la forme de durées d'exposition maximales en fonction de la PiO_2. Des modèles prédictifs, basés sur des régressions logistiques, ont été établis à partir de bases de données. Elles donnent des temps d'exposition limite qui reflètent globalement cette relation toxicité-.

Arieli et al. ont déterminé un index de toxicité cumulatif jusqu'au seuil d'apparition des signes cliniques (prodromes et convulsions compris) [6].

$$\text{Index de toxicité } K = t^2 \times PiO_2^{\,6,8}$$

- Index établi dans les conditions d'un exercice à 4,4 MET (*Metabolic Equivalent of Task* ou équivalent métabolique).
- Avec t en minutes et PiO_2 en ATA.

Ces auteurs proposent un algorithme prédictif de la toxicité de l'oxygène hyperbare chez l'homme en activité ou au repos. La gamme de symptôme étant étendue, l'algorithme, qui vise à réduire le risque au minimum, prend en compte le temps d'exposition (tableau 8.2). L'algorithme implique également l'expérience du plongeur qui peut être qualifié d'aguerri (risque acceptable de 4 %) ou de peu aguerri (risque acceptable de 1 %). La distinction entre sujets « novices » et « aguerris » introduit le concept d'acclimatation et de désacclimatation à l'oxygène [6]. Un plongeur pourrait être considéré comme acclimaté après un entraînement d'une durée de 6 à 12 semaines. La notion de désacclimatation reste, à ce jour, mal définie.

Cette modélisation, même affinée, ne peut intégrer les nombreux facteurs de variabilité interindividuelles.

Les recommandations actuelles, appliquées par la très grande majorité des constructeurs d'appareil pour la plongée sportive et récréative avec des recycleurs à gestion électronique de la PiO_2, sont en faveur d'une valeur cible optimale de 1,3 ATA (hors décompression) pour limiter significativement le risque de survenue d'une crise convulsive hyperoxique.

Par ailleurs, le parallèle clinique entre la crise hyperoxique et l'épilepsie justifie de rechercher, lors de l'examen médical initial à l'entrée dans la profession chez les plongeurs professionnels (mili-

Tableau 8.2. Modélisation d'Arieli précisant les durées maximales calculées selon le niveau de risque hyperoxique retenu (1 ou 4 %) en fonction de la PiO_2.

PiO_2 (ATA)	Durée d'exposition maximale (min) avec risque à 1 %	Durée d'exposition maximale (min) avec risque à 4 %
1,7	27	73
1,8	22	60
1,9	18	50
2	15	42
2,1	13	36
2,2	11	30

ATA : atmosphère technique absolue ; PiO_2 : pression inhalée d'oxygène.

taires et civils) susceptibles d'y être confrontés, une contre-indication à l'exposition aux pressions élevées d'oxygène. On recherche chez ces sujets un seuil épileptogène bas par l'enregistrement d'un EEG sous stimulation lumineuse intermittente. En revanche, la crise hyperoxique étant rare en caisson dans les modalités actuelles de l'OHB, cette recherche n'est pas de mise chez les patients.

À côté des facteurs individuels, un certain nombre de facteurs exogènes sont susceptibles de modifier, dans un sens ou dans l'autre, la tolérance à l'oxygène.

L'administration d'antioxydants de type vitamines C, A, E ou de succinate de K^+ ou de Mg^{2+} (magnésium) n'a pas fait ses preuves. En revanche, d'autres antioxydants comme le disulfirame et les inhibiteurs du cytochrome P450-mono-oxygénase comme le diéthyldithiocarbamate (DDC), le 21-amonistéroïde ou le propranolol semblent retarder l'apparition de la crise hyperoxique. Leur innocuité doit cependant être étudiée chez l'homme [5].

Enfin, les molécules visant à déprimer l'activité cérébrale pour éviter les crises comme les benzodiazépines posent le problème de la baisse de la vigilance du plongeur.

En caisson, une protection pharmacologique de la crise hyperoxique ne semble pas non plus nécessaire de manière systématique. Elle peut être contrôlée chez les patients vulnérables (épileptiques connus, ou présence d'une symptomatologie irritative corticale) par l'injection préalable d'une benzodiazépine. L'utilisation d'une méthode d'administration séquentielle d'O_2 et d'air (25 minutes d'O_2 pour 5 minutes d'air) a été proposée pour limiter les effets toxiques de l'oxygène. Elle s'adresse essentiellement à la toxicité pulmonaire de l'O_2. Il semble cependant qu'elle retarde l'apparition de la crise hyperoxique.

Traitement

En plongée, l'accidenté doit être remonté en toute sécurité en surface par un coéquipier (remontée lente), puis débranché de son appareil respiratoire et surtout protégé de la noyade. Les plongeurs militaires utilisent des appareils à recyclage de gaz possédant des sangles de maintien d'embout en bouche et sont reliés entre eux par un lien physique (sangle, cordelette). Ces dispositifs permettent une sécurité optimale de prise en charge en cas de crise hyperoxique. En caisson, la permutation de l'alimentation des inhalateurs sur de l'air doit être instantanément réalisable.

Le reste de la prise en charge est identique à celle d'une crise comitiale de type grand mal : respect de la liberté des voies aériennes, contention pour éviter tout traumatisme, mise au calme pour limiter le plus possible la phase d'agitation post-critique. L'injection d'un anticonvulsivant est inutile au cours de la crise. Il peut être prescrit en prévention secondaire.

Hypoxie

L'hypoxie aiguë en plongée sous-marine est plus rare qu'en apnée, mais elle peut survenir chez le plongeur de loisir en circuit ouvert en cas de « panne d'air » [8], par contamination lors d'un gonflage (CO), lors d'un défaut de rinçage (bouteille gonflée à l'azote), ou encore par défaut d'entretien de la bouteille (corrosion interne avec réaction d'oxydoréduction consommant l'oxygène) [9].

L'hypoxie représente 15 % des accidents toxiques chez le plongeur militaire utilisant un recycleur et survient principalement dans un contexte de problème technique ou de défaut de matériel [1].

Elle concerne également les plongeurs techniques utilisant des mélanges hypoxiques (à la pression atmosphérique : concentration en oxygène inférieure à 16 %) utilisés pour atteindre de grandes profondeurs (au-delà de 70 m) ou des appareils à recyclage de gaz.

Les symptômes et les signes d'hypoxie deviennent évidents lorsque la PaO_2 (pression artérielle d'oxygène) descend en dessous de 50 mmHg. Cela correspond à une concentration inspirée au niveau de la mer de 8 à 10 %. Le risque de survenue de symptômes hypoxiques est documenté pour des valeurs de PiO_2 inférieures à 0,16 ATA, et des valeurs seuils supérieures à 0,175 ATA ont été proposées pour éviter le risque hypoxique, notamment dans le domaine aéronautique. Si la diminution de la PiO_2 est rapide, la perte de connaissance est immédiate sans prodrome. Avec des chutes plus lentes, un observateur peut noter un manque de coordination ou une mauvaise performance au travail. L'euphorie, l'excès de confiance et l'apathie ont également été signalés. La mémoire est défectueuse et le jugement est altéré, ce qui entraîne des réactions inappropriées ou dangereuses à l'urgence qui peuvent également mettre en danger les autres. Le plongeur peut se plaindre de fatigue, de maux de tête ou d'une vision floue.

Cependant, compte tenu de la réactivité et de l'inertie des matériels de plongée, il est souhaitable de prévoir un déclenchement d'un système d'alerte (visuel ou sonore) pour des valeurs de PiO_2 supérieures à ces dernières.

En circuit ouvert et en circuit semi-fermé, l'hypoxie peut survenir lors des phases de transition et lorsque le mélange gazeux contenu dans les bouteilles est employé à une profondeur inférieure à celle prévue pour son utilisation nominale. En circuit semi-fermé, l'hypoxie peut également survenir en cas d'absence de renouvellement du mélange gazeux dans la boucle respiratoire ; ce peut être en cas de débit massique constant insuffisant ou, pour un appareil à renouvellement proportionnel, en cas de fuite volumétrique insuffisante (petit sac mal monté ou percé) ou de débit massique proportionnel insuffisant. En circuit fermé à l'oxygène pur, l'hypoxie peut survenir si un rinçage complet, destiné à remplacer l'air contenu dans les poumons et dans l'appareil par de l'oxygène pur, n'a pas été effectué en début de plongée. En cas de plongée prolongée, un nouveau rinçage devra être réalisé en cours de plongée pour compenser le relargage d'azote dans les poumons lié à la dénitrogénation. Avec les autres appareils à circuit fermé (*Closed Circuit Rebreather*, CCR), la PiO_2 est mesurée en continu par des capteurs ; elle est maintenue à une valeur fixe, soit manuellement (mCCR), soit électroniquement (eCCR). Les causes d'hypoxie en CCR sont avant tout humaines et peuvent être prévenues par la réalisation préalable d'une liste de vérification (*checklist*). Dans la majorité des cas, il s'agit d'une bouteille d'oxygène restée fermée, plus rarement d'une bouteille vide. Exceptionnellement, un solénoïde bloqué fermé peut être à l'origine de l'hypoxie.

Avec un appareil à circuit fermé, en cas de baisse significative de la $PiO_2 < 0,4$ ATA, la conduite à tenir est de passer sur circuit de secours. Il faut éviter une remontée intempestive qui ne ferait que majorer l'hypoxie du fait de la baisse de la pression ambiante. En l'absence de complication, le plongeur reprend rapidement connaissance à partir du moment où il respire à l'air libre.

Narcose à l'azote et autres gaz

L'azote respiré sous pression au-delà de PiN_2 (pression inhalée d'azote) > 4 ATA induit un syndrome neurologique appelé narcose, caractérisé par des désordres comportementaux et des perturbations neurochimiques au sein du système nerveux central (tableau 8.3).

Tableau 8.3. Principaux troubles rencontrés chez l'homme soumis à une narcose à l'azote (d'après [10]).

Troubles narcotiques	Manifestations
Troubles de l'humeur	Euphorie ou dépression, pouvant conduire à des comportements aberrants et dangereux
Troubles de l'orientation	Défaillance dans l'évaluation des distances, de l'orientation et de l'écoulement du temps
Troubles du schéma corporel	Dysmétrie
Troubles de l'idéation	Détérioration des facultés de concentration, du raisonnement et une augmentation de la production d'idées sans rapport avec le réel
Troubles de la mémoire (immédiate)	Déficit de mémorisation donnant une amnésie lacunaire partielle, parfois une déstructuration de la conscience
Troubles des fonctions de perception	Décalage entre la perception et son interprétation, pouvant aboutir à des hallucinations visuelles ou auditives
Troubles psychomoteurs	Détérioration de la dextérité manuelle (croissante)

La narcose à l'azote est :

- insidieuse. Le plongeur ne se rend pas compte de son apparition, d'autant qu'il existe un déficit mnésique ;
- progressive de 35 à 60 m de profondeur en plongée à l'air sans effet de seuil et systématique au-delà de 60 m ($PiN_2 > 5,6$ ATA) ;
- réversible rapidement dès que la PiN_2 devient inférieure à 4 ATA (soit 40 m en plongée à l'air). La persistance d'une symptomatologie en surface doit faire évoquer un autre diagnostic ou une complication ;
- et variable d'un individu à l'autre et chez un même individu.

D'autres gaz que l'azote ont été mis en cause dans ces phénomènes de narcose : l'argon (Ar), utilisé dans les méthodes de soudure en chambre hyperbare de l'industrie pétrolière, l'hydrogène, dans des plongées profondes expérimentales, au-delà de 31 ATA. Le xénon (Xe), le krypton (Kr), le protoxyde d'azote sont narcotiques à la pression atmosphérique.

Physiopathologie

L'effet biologique de l'azote à des pressions partielles élevées se situe au niveau du système nerveux central[2]. Il est actuellement admis que les effets narcotiques ou perturbateurs des gaz diluants sont associés à leurs propriétés physiques, en particulier leur poids moléculaire, leur liposolubilité et leur coefficient de partage graisse/eau.

Le pouvoir narcotique est ainsi lié à la capacité du gaz à se dissoudre dans la bicouche lipidique de la membrane cellulaire, entraînant son expansion (hypothèse du volume critique ou théorie de Meyer-Overton) ou formant des agrégats (icebergs, clathrates) peu perméables aux ions et aux gaz, avec les molécules d'eau, voire des liaisons directes gaz-protéines. Ces modifications membranaires induiraient une perturbation des échanges locaux d'O_2 et de CO_2 et des changements de conformation des protéines membranaires (canaux ioniques, récepteurs) à l'origine de perturbations des systèmes de neurotransmission (dopaminergique, glutamatergiques, cholinergiques et gabaergiques) [11].

2. Voir « Effets des gaz sous pression sur le système nerveux central », chapitre 2.

Clinique

Le cortège de signes de la narcose a souvent été comparé à l'intoxication éthylique d'où le surnom « d'ivresse des profondeurs ». En fait, ceux-ci s'apparentent plus à une intoxication aux psychodysleptiques avec :

- troubles de l'idéation : difficultés attentionnelles, de concentration, de raisonnement, d'anticipation, ralentissement du flux idéique réalisant une forme de « viscosité mentale » ;
- désorientation temporospatiale : incapacité à évaluer l'écoulement du temps ;
- troubles mnésiques essentiellement de la mémoire immédiate avec des amnésies lacunaires ;
- troubles psychomoteurs : altérations de la dextérité manuelle, et des performances intellectuelles (calculs simples, reconnaissance de signes, etc.) ;
- troubles perceptifs et hallucinations : modifications de la perception de la douleur avec hypoalgésie, intensification des perceptions visuelles et auditives, hallucinations visuelles et auditives, état délirant ;
- troubles de l'humeur : euphorie, comportement aberrant et dangereux, instabilité de la thymie avec bouffées d'angoisse ou accès d'hilarité incontrôlable, replis sur soi, comportement d'allure autistique ;
- troubles de la conscience avec perte de connaissance sous la forme d'un endormissement.

Facteurs favorisants

Certaines situations semblent favoriser la survenue de la narcose :

- l'altération de la condition physique (fatigue, manque de sommeil) ;
- l'anxiété, l'inexpérience ;
- l'effort, l'hypercapnie ;
- la qualité de la descente : manque de repères, de visibilité, rapidité.

Traitement et prévention

L'ensemble de ces troubles est parfaitement et immédiatement réversible avec la soustraction du plongeur aux fortes pressions de gaz inerte. Mais dans certains cas graves, le sujet peut être incapable de provoquer lui-même son retour vers la surface. Il n'existe actuellement aucune drogue permettant de supprimer ou de diminuer les effets de la narcose.

La prévention consiste à éviter l'exposition à des pressions partielles de gaz diluant connus pour produire une intoxication. Dans la pratique, la plongée en toute sécurité à l'air comprimé nécessite une prise de conscience de son effet sur les performances et le jugement à des profondeurs supérieures à 30 m. La limite de profondeur maximale pour une plongée à l'air doit être comprise entre 30 et 60 m (PiN_2 < 5,6 ATA), en fonction de l'expérience du plongeur et de la tâche à accomplir. Plonger en toute sécurité à une plus grande profondeur nécessite la substitution d'un agent moins narcotique pour diluer l'oxygène, comme l'hélium, ou l'hydrogène (une forme de plongée « technique »).

Bien qu'une amélioration des performances ait été rapportée de façon subjective chez le plongeur expérimenté, il n'a pas été mis en évidence de mécanisme d'adaptation ou d'habituation à la narcose [11]. L'entraînement permet un apprentissage stéréotypé d'éventuels gestes de sécurité mais ne permet pas de répondre correctement à une situation nouvelle.

Bien que les amphétamines améliorent le ralentissement narcotique du temps de réaction, l'utilisation de médicaments pour réduire la narcose n'a pas sa place en plongée. À l'inverse, les plongeurs doivent être avertis des risques liés à la prise de médicaments dépresseurs du système nerveux central, qui, chez le plongeur, peuvent inclure de l'alcool, des antihistaminiques sédatifs (dans les préparations contre le rhume et les sinusites) et des médicaments contre le mal des transports. Il en est de même avec les traitements prescrits pour les troubles du déficit de l'attention avec ou sans hyperactivité (TDHA), de la maladie de Parkinson, de syndrome de Gilles de la Tourette, qui interfèrent tous avec le métabolisme de la dopamine striatale (ces questions se posent dans le cadre de l'autorisation de plongée de ces certaines catégories de personnes en situation de handicap). Ces médicaments peuvent agir en synergie avec l'azote en altérant les performances et le jugement, bien que cela n'ait été clairement démontré qu'avec l'alcool.

Syndrome nerveux des hautes pressions (SNHP)

Le syndrome nerveux des hautes pressions (SNHP) désigne un ensemble hétérogène de symptômes observé en plongée très profonde par perturbation du fonctionnement du système nerveux central. On a longtemps pensé que les tremblements survenant chez les plongeurs profonds étaient liés à un effet narcotique de l'hélium (*heliox tremor*). Il s'avère en fait que ces symptômes seraient plutôt liés à l'effet propre de la pression. Le SNHP n'est donc pas un accident « biochimique » secondaire aux variations de pression mais plutôt un accident « toxique » lié à l'effet de la pression per se. Les troubles sont d'ordres sensoriels, perceptifs et moteurs qui sont le reflet d'une hyperexcitabilité du système nerveux central liée à la pression hydrostatique et à sa vitesse d'établissement. Une susceptibilité individuelle semble intervenir avec un seuil de profondeur différent en fonction des individus dans la survenue du SNHP, s'exprimant avec plus ou moins d'intensité selon les gaz inspirés. Chez les plongeurs respirant des mélanges à base d'hélium, les signes débutent entre 150 et 200 m par des tremblements, qui peuvent être un facteur limitant pour des plongées plus profondes.

Signes cliniques et électrophysiologiques associés au SNHP

Le SNHP se présente sous la forme d'un ensemble de signes avec :

- des tremblements fins et des myoclonies débutant au niveau des extrémités ;
- une désorganisation des cycles du sommeil, une somnolence ;
- une diminution des performances psychomotrices, une dysmétrie ;
- une dysphorie, voire une paranoïa ;

- des symptômes gastro-intestinaux à type de nausées, vomissements, diarrhées, perte d'appétit ou aversion pour la nourriture. Ils seraient dus à une perturbation du réflexe vestibulo-oculaire.

Ces signes peuvent survenir à partir de la zone des 150-200 m de profondeur en fonction de la vitesse de compression. Ils s'expriment différemment en fonction de la profondeur atteinte, et s'intensifient au fur et à mesure que la profondeur augmente.

Physiopathologie

Le mécanisme exact de survenu du SNHP n'est pas complètement élucidé. L'hypothèse la plus consensuelle concerne l'effet de la pression sur l'architecture des membranes excitables du système nerveux. Un « écrasement » de la bicouche phospholipidique pourrait altérer la géométrie et la fonction des protéines transmembranaires, des récepteurs de surface membranaires et des canaux ioniques. Un tel mécanisme permet d'expliquer l'effet bénéfique des gaz narcotiques dont la dissolution dans la membrane peut restaurer son architecture originale.

Les neurotransmetteurs et leurs récépteurs (acide gamma-aminobutyrique — Gaba —, dopamine, sérotonine, acétylcholine, N-méthyl-D-aspartate — NMDA) sont impliqués dans la pathogenèse du SNHP[3]. Le tremblement résulterait d'une hyperactivité de la boucle réflexe myotatique. Les hautes pressions modifient également l'excitabilité du néocortex et de l'hippocampe [11].

Facteurs influençant l'apparition et l'intensité du SNHP

Modalités de la compression

La compression et la vitesse de compression jouent un rôle dans l'apparition des différents signes cliniques du SNHP. Une vitesse de compression rapide de l'ordre de 180 m/h entraîne des troubles importants. Des vitesses de compression plus lentes, voire de plus en plus lentes en fonction de la profondeur, associées à des paliers et à des profondeurs intermédiaires, diminuent l'intensité des symptômes et leur profondeur d'apparition. A contrario, le SNHP est augmenté par des compressions rapides, continues et linéaires. Cependant, si le fait de rallonger les durées de compression améliore l'apparition et l'intensité du SNHP, il a été démontré lors des plongées Sagittaires IV par la Comex qu'au-delà de certaines valeurs de pression la survenue du SNPH n'est plus modifiée par ce paramètre.

Pression per se

De nombreuses études physiologiques ont démontré [12] que la pression exerce une action sur l'activité motrice à type d'hyperexcitabilité, puis une inhibition : la pression subie par le plongeur, et son augmentation au fur et à mesure de la descente, est le facteur principal de survenue du SNHP.

Mélange gazeux ventilé

La modification du mélange de gaz respiratoires a été utilisée pour retarder ou modifier le SNHP. Il a été démontré que de petites quantités d'azote (5 à 10 %) introduites dans le mélange hélium-oxygène réduisent considérablement les tremblements, mais pas les anomalies EEG.

L'hydrogène a également été employé à cet effet dans les mélanges de gaz respiratoires. Moins dense que l'hélium, il diminue le travail ventilatoire par réduction des résistances des voies aériennes. Étant plus liposoluble que l'hélium, l'hydrogène exerce un pouvoir narcotique qui peut être utilisé pour réduire certains symptômes du SNHP. Il semble que le pouvoir narcotique de l'hydrogène soit trop élevé pour qu'il puisse être utilisé seul avec de l'oxygène dans des applications très profondes, mais des mélanges hydrogène-hélium-oxygène contenant environ 50 % d'hydrogène ont permis de réaliser des plongées de travail jusqu'à 500 m ($PiH_2 \leq 25$ ATA) sans symptômes significatifs de SNHP et avec une diminution minimale des performances. Les changements électrophysiologiques et les perturbations du sommeil étaient cependant toujours présents.

3. Voir « Effets des gaz sous pression sur le système nerveux central », chapitre 2.

Traitement, évolution

Il n'y a pas de traitement spécifique du SNHP. La plupart des manifestations cliniques persistent mais ont tendance à s'améliorer à pression constante avec la durée de la plongée. La majorité des symptômes s'amendent à la décompression.

En conclusion

La prévention de ces troubles toxiques, susceptibles de favoriser des accidents graves, est essentielle. Elle repose sur la formation et sur le respect des limites de pression de gaz à ne pas dépasser. C'est la raison pour laquelle, pour ce qui concerne les activités professionnelles, la réglementation du travail (Code du travail, art. R.4461-17 à 20) fixe les pressions partielles inhalées maximales admissibles pour les gaz couramment employés (tableau 8.4). La pression partielle d'hélium n'est pas limitée. Les pressions admissibles des autres gaz inertes (néon, argon, hydrogène) ne sont pas prises en considération par cette réglementation.

Tableau 8.4. Pressions partielles maximales inhalées admissibles pour les gaz respiratoires. L'hydrogène n'est pas pris en compte. La pression partielle d'hélium n'est pas limitée par la réglementation.

Gaz respiré	Pression partielle maximale de gaz inhalé	Conditions d'exposition
CO_2	10 hPa	
CO	5 Pa	
N_2	5 600 hPa	
O_2 (hors administration d'urgence ou thérapeutique)	1 600 hPa	En immersion ou durée d'exposition < 3 h
	1 400 hPa	Durée d'exposition < 4 h
	1 200 hPa	Durée d'exposition < 5 h
	1 000 hPa	Durée d'exposition < 6 h
	900 hPa	Durée d'exposition < 8 h
	800 hPa	En décompression > 24 h
	> 300 et < 450 hPa	Repos en saturation > 24 h

Source : Code du travail, articles R.4461-17 à 20.

Références

[1] Gempp E, Louge P, Baltteau JE, et al. Descriptive epidemiology of 153 diving injuries with rebreathers among French military divers from 1979 to 2009. Mil Med 2011 ; 176(4) : 446-50.

[2] Lanphier EH. Carbon dioxide poisoning. In: Waite CL, editor. Case histories of diving and hyperbaric accidents. Bethesda : Undersea and Hyperbaric Medical Society ; 1988. p. 199-213.

[3] Schmetterer L, Findl O, Strenn K, et al. Role of NO in the O_2 and CO_2 responsiveness of cerebral and ocular circulation in humans. Am J Physiol 1997 ; 273(6) : R2005-12.

[4] Daubresse L, Vallee N, Druelle A, et al. Effets du CO_2 sur la survenue des accidents de désaturation. Revue de la littérature. Bull Med Sub Hyp 2023 ; 33(1) : 1-12.

[5] Louge P, Méliet JL. Toxicité neurologique de l'oxygène. In: Broussole B, Méliet JL, Coulange M (éds). Physiologie et médecine de la plongée. Paris : Ellipse Éditions Marketing ; 2006. p. 282-94.

[6] Arieli R, Aviner B. Acclimatization and deacclimatization to oxygen: determining exposure limits to avoid CNS O_2 toxicity in active diving. Front Physiol 2020 ; 11 : 1105.

[7] Arieli R, Arieli Y, Daskalovic Y, et al. CNS oxygen toxicity in closed-circuit diving: signs and symptoms before loss of consciousness. Aviat Space Envir Med 2006 ; 77(11) : 1153-7.

[8] Sundal E, Irgens Å, Troland K, et al. Prevalence and causes of loss of consciousness in former North Sea occupational divers. Int Marit Health 2013 ; 64(3) : 142-7.

[9] Druelle A, Daubresse L, Mullot JU, et al. Hypoxic loss of consciousness in air diving: two cases of mixtures made hypoxic by oxidation of the scuba diving cylinder. Diving Hyperb Med 2023 ; 53(4) : 356-9.

[10] Bennett PB, Rostain JC. Inert gas narcosis. In: Brubakk AO, Neuman TS, editors. Bennett and Elliott's physiology and medicine of diving. 5th ed. London : Saunders ; 2003. p. 300-22.

[11] Rostain JC, Abraini J, Risso JJ. La narcose aux gaz inertes. In: Broussole B, Méliet JL, Coulange M (éds). Physiologie et médecine de la plongée. Paris : Ellipse Éditions Marketing ; 2006. p. 313-29.

[12] Rostain JC. Le syndrome nerveux des hautes pressions. In: Broussole B, Méliet JL, Coulange M (éds). Physiologie et médecine de la plongée. Paris : Ellipse Éditions Marketing ; 2006. p. 337-56.

Chapitre 9

Les accidents de désaturation

Jean-Éric Blatteau, Emmanuel Gempp, Mathieu Coulange

Points clés

- Les accidents de désaturation sont des accidents de plongée fréquents avec une majorité de symptômes neurologiques ou cochléovestibulaires qui apparaissent le plus souvent dans les premières heures après la sortie de l'eau.
- Ils s'observent malgré le respect des procédures avec une occurrence et une sévérité accrues avec l'âge et la présence de facteurs de risque.
- L'expression clinique est souvent atypique avec des diagnostics différentiels à prendre en compte.
- Le traitement de référence est l'oxygénothérapie hyperbare en urgence qui permet de limiter le risque de survenue de séquelles.
- Comme l'aggravation dans les 24 premières heures est possible, il est important de surveiller et réévaluer le patient.

Introduction

Avec le développement de la plongée à l'air comprimé pour des activités de loisir ou professionnelles, des millions d'individus dans le monde sont exposés à la survenue d'un accident de désaturation (ADD).

Sur nos côtes, l'occurrence d'un ADD, rapportée au nombre de plongées, est faible, de l'ordre de 0,01-0,03 % [1,2]. Les conditions liées à la plongée, comme la profondeur [2], influencent le risque de survenue, mais des facteurs individuels sont également à prendre en compte [3-5] (tableau 9.1). On recense, en France, environ 300 ADD pris en charge chaque année dans les centres hyperbares, la grande majorité survenant malgré le respect des paramètres de l'ordinateur. Environ 70 % des symptômes apparaissent dans l'heure qui suit la sortie de l'eau. Les formes sévères surviennent précocement après l'émersion, avec parfois les premiers signes au cours des paliers. Les formes retardées après 6 heures sont moins fréquentes avec de rares manifestations tardives jusqu'à 48 heures. Les symptômes d'ADD sont dominés par les formes neurologiques et cochléovestibulaires (figures 9.1 et 9.2) [6]. Les ADD neurologiques médullaires sont à redouter, car ils sont les plus fréquents et les plus graves avec 20 à 30 % de séquelles, à l'issue de la prise en charge en centre hyperbare [7,8].

Tableau 9.1. Facteurs de risque environnementaux et individuels de survenue d'un ADD.

Facteurs environnementaux	Facteurs individuels
Liés à la plongée : variations d'immersion (yoyo) profondeur (> 40 m) températures extrêmes durée prolongée (nombreux paliers) non-respect de la procédure répétition des plongées (successives) Vol aérien après plongée (< 24 h)	Âge (> 40 ans) Tabagisme Surcharge pondérale Shunt droite-gauche Mauvaise condition physique (endurance) Manque d'entraînement à la plongée Antécédent d'ADD Effort intense pendant et après la plongée

ADD : accident de désaturation.

Épidémiologie

En France métropolitaine, les ADD surviennent principalement en Méditerranée, mais peuvent également se produire sur l'ensemble de notre territoire (plongées en eau intérieure ou plongées souterraines). La « saison » des accidents de plongée débute généralement à l'occasion des fêtes du mois de mai (plongeurs non préparés physiquement), avec un pic estival (augmentation du nombre de plongées) et une recrudescence en fin de saison touchant plus particulièrement les encadrants de clubs (fatigue accumulée). Le nombre d'accidents en hiver est constamment en augmentation, du fait de la poursuite de la plongée durant la saison froide.

L'analyse de 1 014 cas d'accidents de plongée traités de 2011 à 2018 sur Toulon montre la prédominance des accidents de désaturation (50 % des admissions) avec une majorité de formes neurologiques et cochléovestibulaires tandis que les atteintes articulaires et cutanées sont moins fréquentes [6] (figure 9.2). Les ADD sont plus souvent retrouvés dans une population de plongeurs de sexe masculin (sex-ratio de 5), à l'exception des formes à manifestation cutanée (sex-ratio de 1). Il s'agit de plongeurs de loisir civils, expérimentés, d'âge médian de 47,5 ans, effectuant une plongée saturante (profondeur supérieure à 30 m et durée importante), avec la réalisation pour 27 % des cas d'une autre plongée dans les 48 heures précédentes.

Physiopathologie

En plongée de loisir, les bouteilles étant remplies d'air, les gaz respirés sont l'oxygène et l'azote sous pression qui diffusent au travers de la membrane alvéolo-capillaire, et vont se dissoudre dans le sang, avant d'être distribués à l'ensemble des tissus, c'est la phase de *saturation* de l'organisme. Si l'oxygène est consommé par les métabolismes cellulaires, l'azote doit être restitué lorsque la pression ambiante diminue. Lors de la remontée, l'azote se trouve en *sursaturation* c'est-à-dire en excès de concentration dans les tissus, il doit être éliminé par la circulation veineuse jusqu'à l'échangeur pulmonaire, on parle de *désaturation*. Il peut être véhiculé sous forme dissoute mais également sous forme de microbulles qui proviennent de phases gazeuses ou nanobulles préexistantes qui vont s'enrichir en azote et grossir lors de la décompression [9]. Une présence excessive de bulles tissulaires et vasculaires dans l'organisme peut aboutir à l'ADD. On distingue schématiquement l'*accident bullaire initial*, à l'origine d'effets mécaniques ou occlusifs immédiats (figure 9.3), responsable des premiers symptômes après la plongée, et la *maladie de décompression*, qui correspond à l'activation secondaire de processus rhéo-

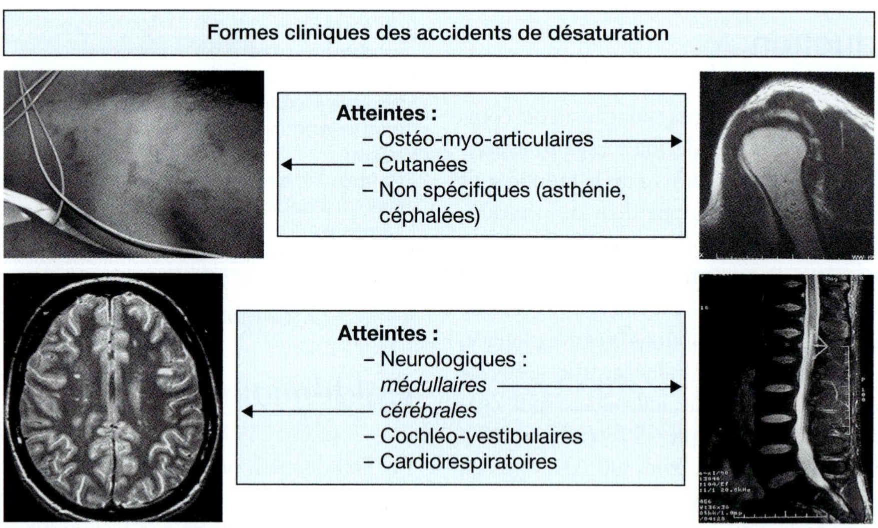

Figure 9.1. Différents types d'ADD.
Source : HIA Sainte-Anne, Toulon.

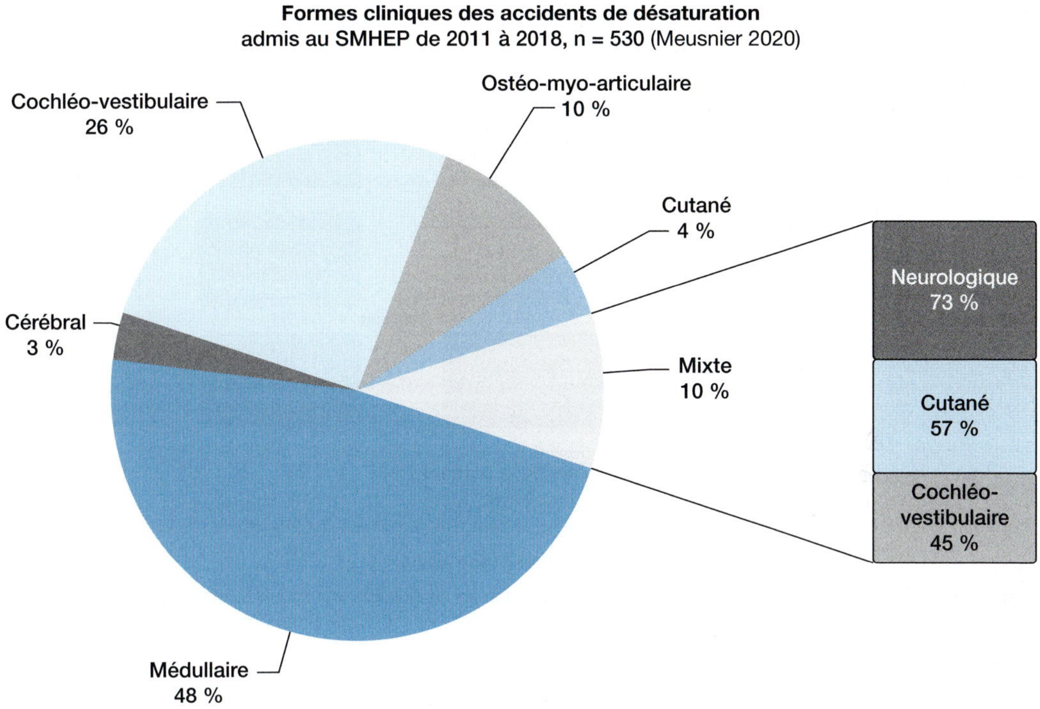

Figure 9.2. Formes cliniques des ADD admis au centre hyperbare de l'HIA Sainte-Anne à Toulon de 2011 à 2018, *n* = 530.
Source : Meusnier, 2020.

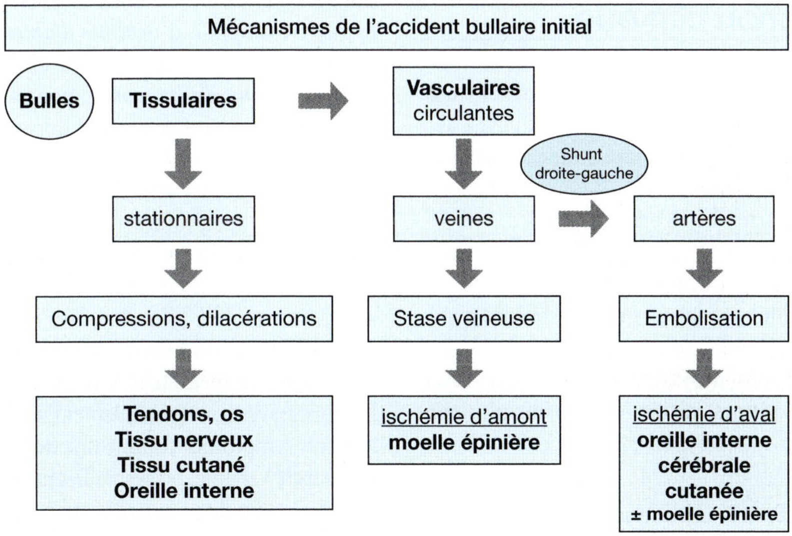

Figure 9.3. Mécanismes de l'accident bullaire initial.

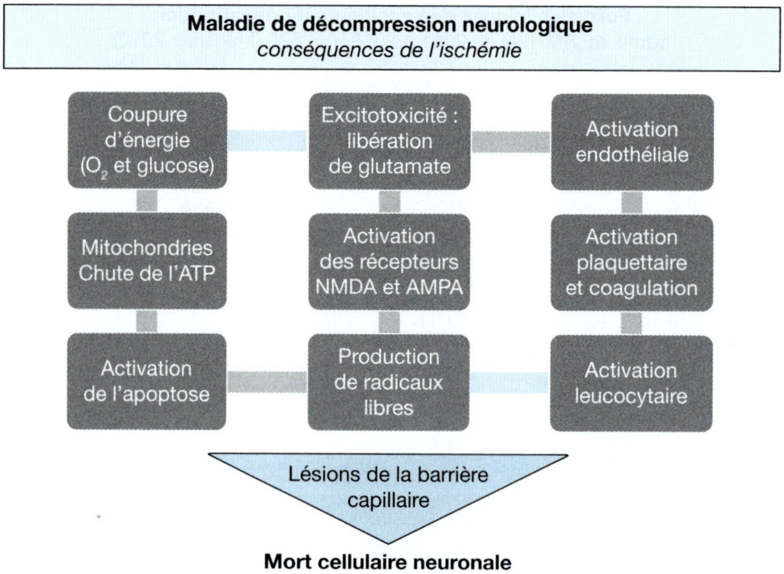

Figure 9.4. Maladie de décompression neurologique (conséquence de l'occlusion vasculaire et de l'ischémie).
ATP : adénosine-triphosphate ; AMPA : alpha-amino-3-hydroxy-5-méthyl-4-isoxazole-propionique acide ; NMDA : N-méthyl-D-aspartate ; O_2 : oxygène.

logiques, humoraux et immuno-inflammatoires (figure 9.4), responsables de l'évolution des symptômes au cours des 24 premières heures [4,10].

Description clinique

L'ADD peut se manifester par différentes formes cliniques [4] (figure 9.1) :

- neurologiques, médullaires et/ou cérébrales ;
- cochléovestibulaires ;
- ostéo-myo-articulaires ou *joint bends* ;
- cutanées ;
- cardiopulmonaires, appelées *chokes* ;
- non spécifiques appelées « manifestations générales ».

Les symptômes sont souvent évolutifs avec, assez souvent, des formes mixtes, combinant plusieurs atteintes.

Accidents de désaturation médullaires

Le mécanisme est celui d'une ischémie localisée de la moelle épinière dont l'origine est multiple (figure 9.5). Des bulles in situ peuvent léser les microcapillaires de la substance blanche médullaire. Il a également été mis en évidence un phénomène de stase sanguine liée à la présence de bulles dans les plexus veineux drainant la moelle épinière : on parle d'*ischémie d'amont* [4,10]. Le passage de bulles artérielles via une communication ou *shunt droite-gauche* pourrait également contribuer à ces processus [11].

Il faut distinguer les symptômes neurologiques *objectifs* avec déficit sensitif ou moteur à l'examen clinique, de symptômes purement *subjectifs* avec des paresthésies isolées des extrémités (souvent des fourmillements). Bien qu'il soit difficile de les classifier, on considère jusqu'à preuve du contraire que ces paresthésies ou hyperesthésies sont l'expression d'une atteinte médullaire a minima. Les accidents les plus graves sont généralement accompagnés par d'autres symptômes comme une douleur vertébrale d'intensité variable, pouvant aller jusqu'à une sensation de « coup de poignard » qui peut faire évoquer un lumbago aigu. Les déficits moteurs peuvent s'installer de manière insidieuse, à bas bruit, en quelques heures, avec initialement des sensations de lourdeur ou de faiblesse musculaire. On observe

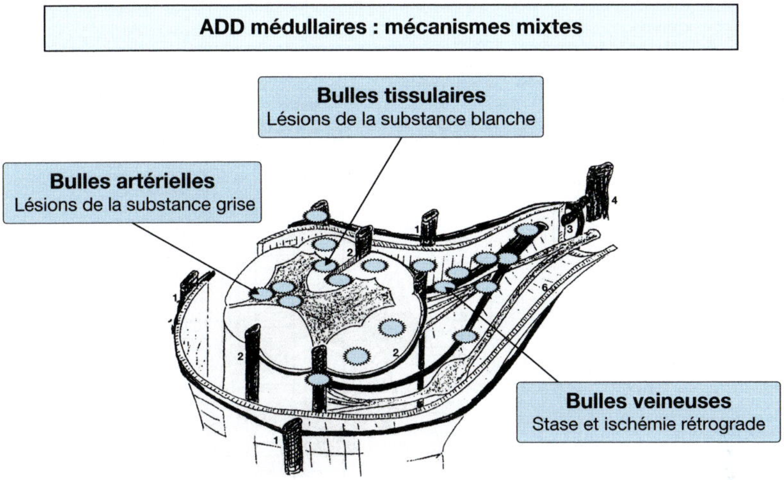

Figure 9.5. Mécanismes mixtes de l'ADD médullaire.

assez souvent une atteinte sphinctérienne avec rétention d'urine, de mauvais pronostic [7]. Des difficultés à la marche sont fréquentes et souvent liées à un déficit de la sensibilité profonde (atteinte des cordons postérieurs de la moelle) responsable d'ataxie proprioceptive. La particularité des accidents médullaires est la possibilité d'aggravation déficitaire et sphinctérienne dans les 12 à 24 heures malgré la recompression et avec un risque de séquelles à terme majoré [12].

L'examen neurologique recherchera un déficit moteur focalisé, une hypoesthésie en explorant les différentes voies des sensibilités lemniscale et extralemniscale, un syndrome irritatif pyramidal et lorsque cela est possible un trouble de la marche pouvant révéler une ataxie proprioceptive. Les niveaux lésionnels sensitifs et moteurs, souvent dissociés dans l'ADD, seront recherchés en utilisant le score ASIA (American Spinal Injury Association) (figure 9.6). L'échographie peut mettre en évidence un résidu postmictionnel témoignant d'une atteinte sphinctérienne et indiquant la nécessité d'un sondage urinaire. Il est important d'établir à l'admission le score clinique de sévérité initiale de Medsubhyp (Société de médecine subaquatique et hyperbare) (tableau 9.2) qui est prédictif du risque de séquelles à terme [7,8].

Lors du bilan sanguin initial on recherchera une élévation de l'hématocrite [13], des D-dimères et une diminution de l'albumine plasmatique qui sont également associées à la sévérité [14].

Le bilan secondaire comprend une IRM (imagerie par résonance magnétique) cervicodorsale, réalisée au minimum 3 jours après l'ADD, qui permet de mettre en évidence, dans les formes graves, une atteinte ischémique et parfois l'existence d'un facteur compressif anatomique (protrusion discale ou canal rachidien étroit) en regard de la lésion médullaire [11] et qui constitue un risque de survenue et de récidive d'ADD médullaire (compression du réseau de drainage veineux médullaire).

Accidents de désaturation cérébraux

Plus rare que l'ADD médullaire, les ADD cérébraux sont liés dans 80 % des cas à l'existence d'un shunt droite-gauche (le plus fréquent étant le foramen ovale perméable (FOP) au niveau des oreillettes) avec passage de bulles veineuses au niveau artériel (figure 9.7) : on parle d'aéroembolisme cérébral [4].

La symptomatologie est celle d'un AVC (accident vasculaire cérébral) avec de nombreuses formes cliniques possibles. Les formes sévères peuvent entraîner des troubles de conscience, des convulsions, une hémiplégie, mais on observe plus

Date de l'examen ______ Heure de l'examen ______

Nom de l'examinateur ______ Signature ______

Nom de l'examinateur ______ Signature ______

○ PT ○ Chirurgien rachidien ○ Physiatre ○ Infirmière ○ Autre (spécifiez): ______

DROITE — MUSCLES-CLÉS MOTEUR — SENSITIF POINTS SENSITIFS-CLÉS Toucher Léger (TL) Piqûre (P)

C2, C3, C4

MSD (Membre Supérieur Droit)

- Fléchisseurs du coude C5
- Extenseurs du poignet C6
- Extenseurs du coude C7
- Fléchisseurs des doigts C8
- Abducteurs des doigts (petit doigt) T1

Commentaires (muscle non-clé? Raisons pour NÉ? Douleur? Condition autre que médullaire?):

T2, T3, T4, T5, T6, T7, T8, T9, T10, T11, T12, L1

MID (Membre Inférieur Droit)

- Fléchisseurs de la hanche L2
- Extenseurs du genou L3
- Dorsifléchisseurs de la cheville L4
- Extenseurs du gros orteil L5
- Fléchisseurs plantaires de la cheville S1

S2, S3, S4-5

(CAV) Contraction anale volontaire (Oui/Non)

TOTAUX DROIT (MAXIMUM) (50) (56) (56)

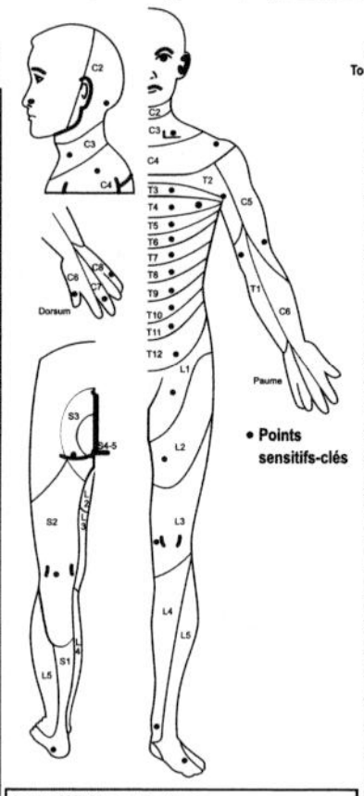

Autre déficit neurologique

- Myélopathie
- Lésion nerveuse périphérique sans lésion médullaire
- Lésion nerveuse périphérique avec lésion médullaire
- Aucun
- Inconnu

GAUCHE — SENSITIF POINTS SENSITIFS-CLÉS Toucher Léger (TL) Piqûre (P) — MUSCLES-CLÉS MOTEUR

C2, C3, C4

MSG (Membre Supérieur Gauche)

- C5 Fléchisseurs du coude
- C6 Extenseurs du poignet
- C7 Extenseurs du coude
- C8 Fléchisseurs des doigts
- T1 Abducteurs des doigts (petit doigt)

T2 … L1

MOTEUR (POINTAGE AU VERSO)

0 = Paralysie totale
1 = Contraction visible ou palpable
2 = Mouvement actif sans gravité
3 = Mouvement actif contre gravité
4 = Mouvement actif contre une certaine résistance
5 = Mouvement actif, contre pleine résistance
NÉ = Non-évaluable
0*, 1*, 2*, 3*, 4*, NÉ* = Condition autre que médullaire

SENSITIF (POINTAGE AU VERSO)

0 = Absent; 1 = Altéré; 2 = Normal; NÉ = Non-évaluable; 0*, 1*, NÉ* = Condition autre que médullaire

MIG (Membre Inférieur Gauche)

- L2 Fléchisseurs de la hanche
- L3 Extenseurs du genou
- L4 Dorsifléchisseurs de la cheville
- L5 Extenseurs du gros orteil
- S1 Fléchisseurs plantaires de la cheville

S2, S3, S4-5

(PAP) Pression anale profonde (Oui/Non)

TOTAUX GAUCHE (MAXIMUM) (56) (56) (50)

NORMES INTERNATIONALES POUR LA CLASSIFICATION DES LÉSIONS MÉDULLAIRES (ISNCSCI)

SOUS-TOTAUX MOTEURS

MSD ___ + MSG ___ = FMMS TOTAL ___ — MAX (25) (25) (50)

MID ___ + MIG ___ = FMMI TOTAL ___ — MAX (25) (25) (50)

SOUS-TOTAUX SENSITIFS

TLD ___ + TLG ___ = TL TOTAL ___ — MAX (56) (56) (112)

PD ___ + PG ___ = P TOTAL ___ — MAX (56) (56) (112)

RBC: ○ Présent ○ Absent ○ Inconnu — Syndrome de la queue de cheval: ○ Oui ○ Non ○ Inconnu — Besoin d'aide? Outil de classification informatisée disponible à: www.isncscialgorithm.com

NIVEAUX NEUROLOGIQUES (Étapes 1-6 pour la classification au verso): 1. SENSITIF (D, G); 2. MOTEUR (D, G)

3. NIVEAU NEUROLOGIQUE DE LA LÉSION (NNL)

4. COMPLÈTE OU INCOMPLÈTE? Incomplète = toute fonction sensitive ou motrice en S4-5

5. ÉCHELLE DE SÉVÉRITÉ ASIA (AIS)

6. ZONE DE PRÉSERVATION PARTIELLE (Pour les lésions avec absence de fonction motrice ou sensitive au niveau S4-5 seulement) — Niveau le plus caudal avec innervation — SENSITIVE (D, G), MOTRICE (D, G)

Ce formulaire a été modifié à partir de la feuille de travail INSCSCI version REV 04/19 avec la permission de l'American Spinal Injury Association.

RHI Version: V2019-05-07

Évaluation de la fonction motrice

0 = Paralysie totale

1 = Contraction visible ou palpable

2 = Mouvement actif, pleine amplitude sans gravité

3 = Mouvement actif, pleine amplitude, contre gravité

4 = Mouvement actif, pleine amplitude contre gravité et résistance modérée dans une position musculaire spécifique.

5 = Mouvement actif (normal), pleine amplitude contre gravité et pleine résistance dans une position musculaire fonctionnelle attendue d'un individu sans déficit.

NÉ = Non évaluable (i.e. en raison d'une immobilisation, de douleur intense limitant l'évaluation, une amputation d'un membre ou une contracture >50 % de l'amplitude normale).

0*, 1*, 2*, 3*, 4*, NÉ* = Condition autre que médullaire

Évaluation de la fonction sensitive

0 = Absente **1** = Altérée, sensation soit diminuée/affectée soit hypersensibilité

2 = Normale **NÉ** = Non évaluable

0*, 1*, NÉ* = Condition autre que médullaire

Note: Les scores moteurs et sensitifs anormaux doivent être identifiés par un * pour indiquer que la déficience est due à une condition autre que médullaire. La condition autre doit être expliquée dans la zone Commentaires, ainsi que des informations sur la manière dont la mesure est déterminé pour les besoins de classification (au moins normal ou anormal pour la classification)

Quand évaluer les muscles non-clés

Pour un patient ayant une classification apparente AIS B, la fonction des muscles non-clés doit être testée sur plus de 3 niveaux sous le niveau moteur de chaque côté pour classifier la lésion de façon plus précise (différencier les AIS B et C).

Mouvement	Racine
Épaule: Flexion, extension, abduction, adduction, rotation interne et externe. **Coude:** Supination.	C5
Coude: Pronation **Poignet:** Flexion	C6
Doigt: Flexion à l'articulation proximale, extension. **Pouce:** Flexion, extension et abduction du pouce.	C7
Doigt: Flexion à l'articulation MCP. **Pouce:** Opposition, adduction et abduction perpendiculaire à la paume.	C8
Doigt: Abduction de l'index.	T1
Hanche: Adduction.	L2
Hanche: Rotation externe.	L3
Hanche: Extension, abduction, rotation interne. **Genou:** Flexion. **Cheville:** Inversion et éversion. **Orteil:** Extension des articulations MTP et IP.	L4
Hallux et orteil: Flexion et abduction articulations IPP et IPD.	L5
Hallux: Adduction.	S1

Échelle de sévérité ASIA (AIS)

A = Complète. Aucune fonction sensitive ou motrice préservée dans les segments S4-5.

B = Sensitive incomplète. La fonction sensitive est préservée sous le niveau neurologique, mais pas la fonction motrice, et inclut les segments sacrés S4-5 (toucher léger ou piqûre en S4-5 ou pression anale profonde) ET aucune fonction motrice n'est préservée à plus de trois niveaux sous le niveau moteur de chaque côté du corps.

C = Motrice incomplète. La fonction motrice est préservée aux segments sacrés les plus caudaux pour la contraction anale volontaire (CAV) OU le patient répond au critère pour le statut sensitif incomplet (fonction sensitive préservée aux segments sacrés les plus caudaux (S4-S5) pour le toucher léger, la piqûre et la pression anale profonde) et possède une préservation de la fonction motrice sur plus de trois niveaux sous le niveau moteur ipsilatéral de chaque côté du corps. (Ceci inclut la fonction des muscles clés et non-clés utilisée pour déterminer un statut moteur incomplet). Pour les AIS C, moins de la moitié des muscles clés sous le niveau neurologique a une cote musculaire ≥ à 3.

D = Motrice incomplète. La fonction motrice est préservée sous le niveau neurologique, et au moins la moitié (la moitié ou plus) des mucles-clés sous le NNL a une cotation > 3.

E = Normal. Si la fonction sensitive et motrice, testée à l'aide du ISNCSCI, est notée comme normale pour tous les segments alors que le patient avait des déficits antérieurs, le niveau de sévérité sur l'AIS est alors de E. Un individu sans LM initiale ne recevra pas de niveau de sévérité sur l'AIS.

Utiliser ND (Non Déterminé) pour documenter les niveaux sensitifs et moteurs, le niveau neurologique, l'échelle de sévérité ASIA et/ou la zone de préservation partielle lorsqu'ils ne peuvent être déterminés à l'aide des résultats de l'examen.

NORMES INTERNATIONALES POUR LA CLASSIFICATION NEUROLOGIQUE DES LÉSIONS MÉDULLAIRES

Étapes de la classification

L'ordre suivant est recommandé afin de déterminer la classification des individus ayant une LM.

1. Déterminer les niveaux sensitifs pour les côtés droit et gauche.

Le niveau sensitif est le dermatome intact le plus caudal pour les tests de piqûre et de toucher léger.

2. Déterminer les niveaux moteurs pour les côtés droit et gauche.

Tel que défini par le muscle-clé le plus bas ayant une cotation d'au moins 3 (en décubitus dorsal), pour autant que la fonction motrice des muscles-clés situés au-dessus de ce niveau soit jugée intacte (cotation de 5).
Note : dans les régions où il n'y a aucun myotome, le niveau moteur est présumé être le même que le niveau sensitif si la fonction motrice située au-dessus de ce niveau est normale.

3. Déterminer le niveau neurologique de la lésion (NNL)

Ceci fait référence au segment le plus caudal où les fonctions sensitives sont intactes et la force musculaire contre gravité est présente (3 ou plus), pour autant que les fonctions motrices et sensitives rostrales sont intactes. Le NNL est le plus céphalique des niveaux sensitifs et moteurs déterminés aux étapes 1 et 2.

4. Déterminer si la lésion est complète ou incomplète.

(i.e. absence ou présence de fonction au niveau du segment sacré)
Si contraction anale volontaire = Non ET tous les scores sensitifs pour les niveaux S4-5 = 0
ET pression anale profonde = Non, alors la lésion est Complète.
Si non la lésion est Incomplète.

5. Déterminer le grade selon l'échelle de sévérité ASIA (AIS):

La lésion est-elle complète? **Si OUI, AIS=A** et la ZPP peut être enregistrée (dermatome ou myotome le plus bas sur chaque côté avec une certaine préservation)

NON ↓

La lésion est-elle complète au niveau moteur? **Si OUI, AIS=B**

NON ↓ (Non= contraction anale volontaire OU fonction motrice sur plus de trois niveaux sous le niveau moteur d'un côté spécifique si le patient a une lésion incomplète sensitive)

<u>Au moins</u> la moitié (la moitié ou plus) des muscles-clés sous le <u>niveau neurologique</u> de la lésion ont une cotation plus grande ou égale à 3?

NON ↓ **AIS=C** — **OUI** ↓ **AIS=D**

Si la fonction sensitive et motrice est normale pour tous les segments, AIS = E

Note : AIS E est utilisé pour les évaluations effectuées lors des suivis lorsqu'un individu ayant une LM documentée retrouve des fonctions normales. Si aucun déficit n'est trouvé lors de l'évaluation initiale, l'individu est neurologiquement intact et l'échelle ASIA ne s'applique pas.

6. Déterminer la zone de préservation partielle.

La ZPP est utilisée uniquement pour les lésions avec absence de fonction motrice (CAV) OU sensitive (pas de PAP, pas de sensibilité TL et pas de sensibilté P) dans les segments sacrés S4-5 les plus bas, et fait référence aux dermatomes et myotomes partiellement innervés sous les niveaux moteurs et sensitifs. Avec une préservation de la fonction sensitive sacrée, la ZPP sensitive n'est pas applicable et, "NA" est inscrit dans la case. Par conséquent, si CAV est présent, la ZPP motrice n'est pas applicable et est noté NA

Figure 9.6. Score ASIA moteur.
Source : https://asia-spinalinjury.org/wp-content/uploads/2019/01/ASIA-ISNCSCI-Final-French-Version-Jan-2019.pdf.

Tableau 9.2. Évaluation clinique des ADD neurologiques à l'admission : le score de sévérité « Medsubhyp » détermine un risque de séquelles plus élevé en cas de valeur supérieure ou égale à 8.

Score Medsubhyp		0	1	2	3	4	5	6
Âge ≥ 42 ans	Non	X						
	Oui		X					
Douleur vertébrale	Non	X						
	Oui		X					
Évolution avant recompression	Amélioré	X						
	Stable				X			
	Aggravé						X	
Signes sensitifs objectifs	Non	X						
	Oui					X		
Signes moteurs	Non	X						
	Parésies					X		
	Paraplégie						X	
Atteinte sphinctérienne urinaire	Non	X						
	Oui							X

Source : Société Française de Plongée et de Médecine Hyperbare.

souvent des atteintes focalisées des fonctions supérieures et des paires crâniennes, avec par exemple des troubles visuels (amaurose, altération du champ visuel), des troubles de la parole (aphasie, difficultés d'élocution), des troubles psychiques (prostration, agitation).

En fonction de la présentation clinique, de l'âge et de la présence de facteurs de risque cardiovasculaires, le principal diagnostic différentiel est celui d'un accident vasculaire cérébral ou d'une hémorragie sous-arachnoïdienne [15]. Au moindre doute, une IRM cérébrale en urgence doit être réalisée car la prise en charge est différente selon le diagnostic avec une orientation soit vers une unité neurovasculaire, soit vers un centre hyperbare.

La symptomatologie cérébrale pose également le problème du diagnostic différentiel avec un barotraumatisme pulmonaire qui peut aussi entraîner un aéroembolisme cérébral en cas de brèche alvéolo-capillaire. En faveur d'un ADD cérébral, on recherchera la notion d'une plongée saturante, sans remontée panique et sans blocage expiratoire, l'absence de signes pulmonaires ou d'emphysème sous cutané témoignant du barotraumatisme pulmonaire. Un scanner thoracique peut être contributif à ce diagnostic différentiel. Dans le cas de l'ADD cérébral, l'IRM peut mettre en évidence une atteinte ischémique focalisée, et parfois des atteintes punctiformes

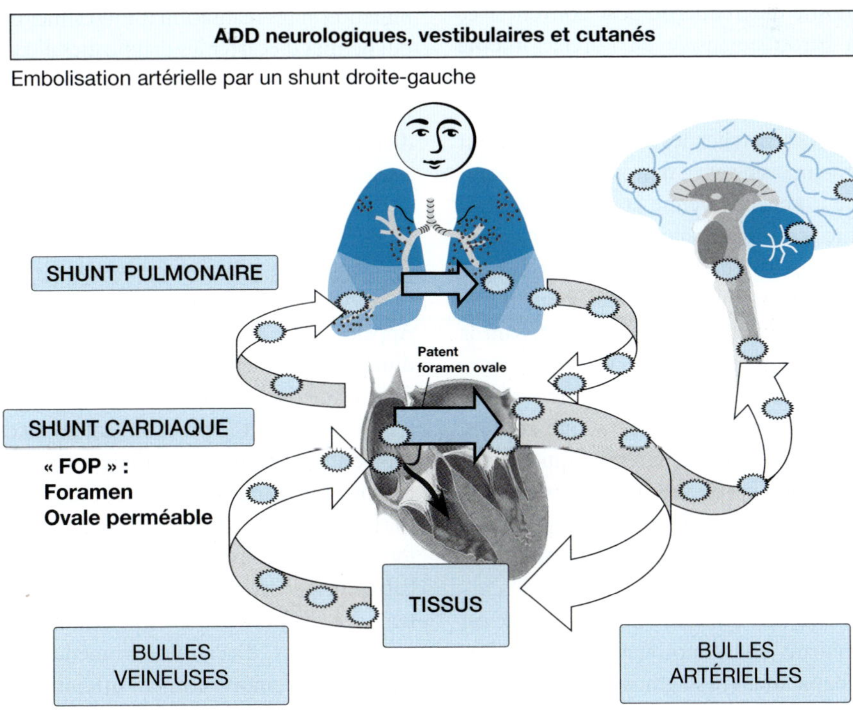

Figure 9.7. Embolisation artérielle par shunt droite-gauche.

multiples disséminées de la substance blanche. La recherche d'un shunt droite-gauche (par écho-doppler transcrânien, transœsophagien ou échographie cardiaque avec épreuve de contraste) doit être systématique en présence de signes neurologiques.

Accidents de désaturation cochléovestibulaires

Ils sont également le plus souvent liés à la présence d'un shunt droite-gauche avec embolisation artérielle de l'oreille interne (préférentiellement du côté droit), dont la vascularisation est de type terminal (figure 9.7). L'atteinte purement vestibulaire est la plus fréquente (trois quart des cas) : peu de temps après l'émersion, survient un vertige rotatoire intense, accompagné de nausées et vomissements [16].

L'examen retrouve un nystagmus horizontal spontané, avec un syndrome vestibulaire harmonieux témoignant d'une atteinte de type périphérique. Hypoacousie et acouphènes peuvent être associés en cas d'atteinte cochléaire concomitante (17,5 % des cas).

Le diagnostic différentiel se pose souvent avec celui d'un barotraumatisme de l'oreille interne dont les signes s'expriment généralement pendant la plongée et sans période de latence.

Il faut ainsi rechercher les éléments en faveur d'un barotraumatisme avec des difficultés d'équilibration de l'oreille moyenne et/ou une otalgie à la descente et des signes cochléaires souvent au premier plan. En cas de doute, il faut privilégier la recompression thérapeutique en s'assurant d'une bonne équilibration et si besoin en ralentissant la vitesse de compression.

Si l'on suspecte un barotraumatisme sévère avec fistule périlymphatique, liée à une rupture de membranes de l'oreille interne, qui se traduit par des signes cochléaires fluctuants selon la position de la tête, il convient de privilégier l'avis ORL (oto-rhino-laryngologique) par rapport à la recompression.

Bien que rare, une atteinte vertébrobasilaire est possible donnant une symptomatologie vestibulaire de type central (nystagmus multidirectionnel), dans un contexte neurologique avec troubles de conscience. Dans ce cas, la recompression est également indiquée.

Le bilan comporte la réalisation d'un vidéonystagmogramme (VNG) et une audiométrie pour confirmer et quantifier le niveau d'atteinte. La recherche d'un shunt droite-gauche, retrouvé dans 80 % des cas d'ADD cochléovestibulaire, doit être systématique.

Accidents de désaturation cardiorespiratoires

Ces accidents également appelés *chokes* sont peu fréquents et s'observent essentiellement lors de plongées profondes et saturantes, sans notion de blocage expiratoire. Ils se manifestent dès le retour en surface par des symptômes respiratoires souvent transitoires avec oppression ou douleur thoracique [3]. Un collapsus cardiovasculaire est possible mais exceptionnel en cas de formation massive de bulles dans la circulation pulmonaire. Les *chokes* peuvent également être associés à un ADD neurologique.

Le diagnostic de *chokes* est un diagnostic d'élimination après réalisation d'un scanner thoracique qui permet d'écarter les diagnostics d'œdème pulmonaire d'immersion ou de barotraumatisme pulmonaire. Le scanner peut alors montrer un aspect d'embolie pulmonaire et d'atélectasie, parfois associé à une aéroportie [17].

Accidents ostéo-myo-articulaires

Appelés *joint bends* en langue anglaise, il s'agit d'une douleur articulaire, à type de broiement, avec irradiation, dont l'intensité augmente avec le temps. Ils siègent le plus souvent au niveau d'une grosse articulation, et notamment les épaules chez le plongeur. L'impotence fonctionnelle est en rapport avec l'intensité de la douleur. Il existe deux formes distinctes selon la localisation des bulles : l'atteinte périarticulaire, la plus fréquente (deux tiers des cas), touchant les insertions musculaires et tendineuses, d'évolution immédiatement favorable à la recompression et l'atteinte osseuse (un tiers des cas), non calmée, voire aggravée, par la recompression et susceptible d'évoluer vers une ostéonécrose dysbarique (OND) [18]. La survenue d'un ADD osseux représente un risque de développement précoce de lésions médullaires osseuses, précurseurs d'une OND. La prévalence de lésion osseuse à type d'OND définitive après un ADD osseux est de l'ordre de 20 %. Certains auteurs considèrent qu'il existe d'autres facteurs associés, prédisposant à l'ischémie osseuse, comme des troubles de la coagulation, la présence d'embolies graisseuses, l'hyperoxie ou l'hypoxie, et même une vitesse de compression élevée, qu'il convient de rechercher [18].

Les formes osseuses doivent donc être identifiées précocement en réalisant une IRM articulaire car, dans ce cas, la poursuite de séances d'OHB (oxygénothérapie hyperbare) de consolidation est justifiée pour limiter le risque d'évolution vers une ostéonécrose. Dans tous les cas, des IRM de contrôle devront être prescrites pour suivre l'évolution de la cicatrisation osseuse qui peut prendre plusieurs mois.

Accidents de désaturation cutanés

Les ADD cutanés peuvent s'exprimer par des atteintes érythémateuses, ubiquitaires et fluctuantes, d'allure urticariennes, mais l'aspect le plus caractéristique est celui de marbrures violacées, arborescentes appelées « moutons » qui correspondent à un *livedo racemosa* (ramifié), à tort désigné sous le terme de *cutis marmorata* qui est en fait un *livedo* « en maille » de type *reticularis* (réticulaire) [19]. Les atteintes isolées de types « puces » avec prurit ne sont pas forcément liées au phénomène bullaire mais plutôt secondaires à une vasoconstriction périphérique pendant la phase de décompression. Plus rarement, la présence de bulles dans les vaisseaux lymphatiques peut se manifester par un œdème douloureux au niveau des seins ou des extrémités, avec parfois un aspect de « peau d'orange » [3].

Des études cliniques montrent qu'il existe un lien fort entre les accidents cutanés et la présence d'un shunt droite-gauche (*foramen ovale* perméable — FOP — le plus souvent) qui est observé dans environ 80 % de ces cas d'ADD cutané [20,21]. Compte tenu de ce mécanisme, on observe plus souvent des formes mixtes avec des signes vestibulaires et/ou neurologiques que des formes cutanées isolées. La recompression est dorénavant systématiquement indiquée dans ces cas. Par ailleurs, il existe une association plus élevée avec le sexe féminin que dans les autres formes d'ADD [6].

La physiopathologie des ADD cutanés s'avère plus complexe qu'on ne le pensait, mettant en jeu un mécanisme d'embolisation artérielle de bulles circulantes au niveau des territoires cutanés, tout à fait compatible avec un aspect de *livedo* par occlusion artériolaire. Ce mécanisme reste cependant discuté. Il est en effet probable que le processus d'embolisation lié au FOP vienne potentialiser la formation locale de bulles tissulaires déjà présentes et observables, tandis que d'autres auteurs évoquent la possibilité d'une embolisation bullaire du tronc cérébral perturbant le fonctionnement du système nerveux autonome à l'origine d'un *livedo* « dysautonomique » [22-24]. Cependant, la détection de bulles sous-cutanées facilement visualisables par échographie n'est pas en faveur de cette dernière hypothèse.

Face à des symptômes cutanés à la sortie de l'eau, il convient d'éliminer d'autres causes d'atteinte cutanée comme des causes allergiques (allergie de contact avec le néoprène, origine alimentaire et/ou liée à l'effort physique). En cas d'aspect d'urticaire, il faut évoquer l'urticaire au froid, à la pression ou encore l'urticaire aquagénique responsable d'une éruption micropapuleuse prurigineuse qui peut durer 1 à 2 heures après le contact de l'eau.

« Manifestations générales » ou symptômes non spécifiques

Le signe essentiel est une asthénie intense, survenant après la sortie de l'eau, qui peut obliger le sujet à se coucher et parfois à dormir. Elle peut s'accompagner d'une angoisse et de céphalées. Le risque réside dans le potentiel évolutif vers une forme constituée d'ADD.

Prise en charge

Prise en charge initiale

Dès l'alerte donnée, le plongeur est déséquipé, séché et réchauffé afin de prévenir l'hypothermie. La prise en charge d'une détresse vitale n'est pas spécifique, mais il faut penser à certaines dispositions comme gonfler le ballonnet de la sonde d'intubation avec un liquide ou utiliser des poches de perfusion souples pour conditionner l'accidenté en vue d'un traitement hyperbare. Si un ADD est suspecté, c'est l'apport d'oxygène qui est le plus utile, au masque facial à haute concentration avec un débit de 15 L min^{-1}. Une réhydratation par voie orale ou voie veineuse (sérum salé isotonique, 500 mL en 1 heure) est également souhaitable, car l'immersion entraîne une déshydratation.

Le traitement repose sur l'oxygène et la recompression thérapeutique. Pour la plupart des formes d'ADD, la recompression est d'autant plus efficace qu'elle est réalisée suffisamment tôt en moins de 6 heures. Cependant, dans le cas des ADD neurologiques, les patients présentant des critères précoces de sévérité clinique doivent être recomprimés le plus rapidement possible, en moins de 3 heures, pour limiter le risque de séquelles [8]. Un questionnaire simplifié basé sur le score de sévérité initiale de Medsubhyp permet d'identifier les patients devant être évacués par le moyen disponible le plus rapide [8].

On propose à l'heure actuelle une évacuation vers un centre hyperbare dès que le diagnostic d'ADD est probable, y compris en présence de symptômes subjectifs. On ne doit pas hésiter à mettre en œuvre les moyens les plus rapides comme l'hélicoptère (altitude maximale de 300 m) en cas de critères de sévérité. La prise d'oxygène normobare doit être immédiate et maintenue pendant toute la durée de l'évacuation. Cela permet souvent d'améliorer l'état du plongeur, voire d'obtenir une résolution des symptômes, ce qui est un facteur de bon pronostic [7]. Mais cela ne doit pas amener à nier le diagnostic d'ADD et il faut dans tous les cas maintenir l'évacuation vers un centre hyperbare [25].

Recompression thérapeutique

Une recompression initiale à 2,8 ATA (18 m) (figure 9.8), avec inhalation d'oxygène pur pendant 2 à 3 heures (type table B18 ou table USN T5), est justifiée dans toutes les situations où le diagnostic d'accident de désaturation, quelle que soit sa forme clinique, est posé [7,12,16,18].

Pour les ADD neurologiques présentant des critères de sévérité à l'admission, le choix de la table

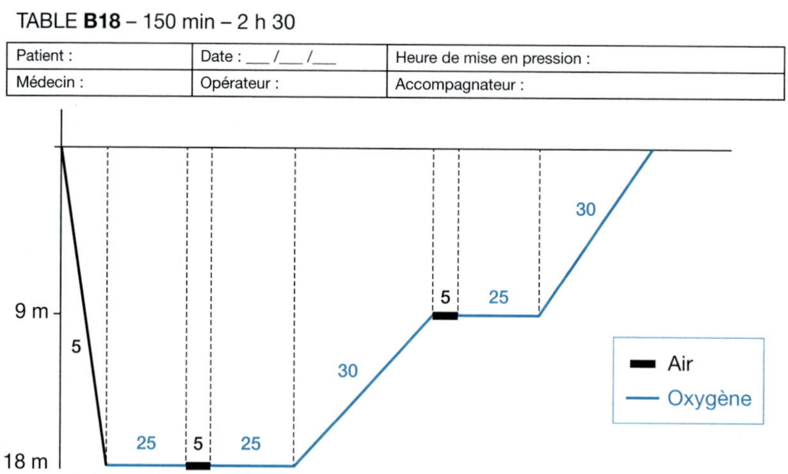

Figure 9.8. Table de recompression initiale à 2,8 ATA.

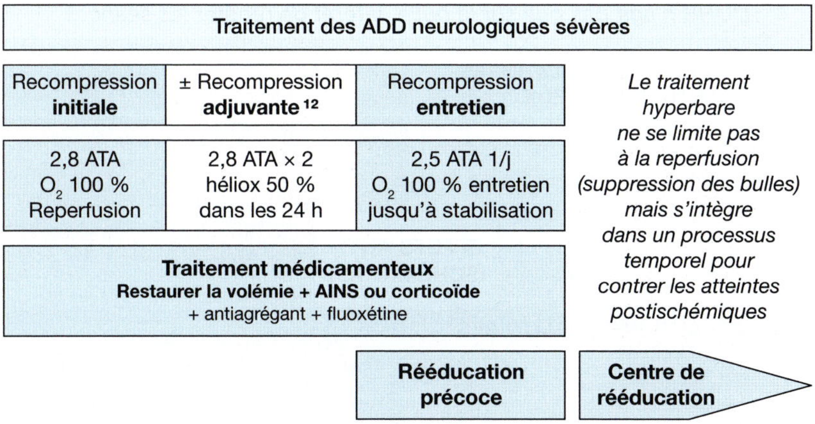

Figure 9.9. Protocole de traitement des ADD neurologiques sévères.

initiale a fait l'objet de nombreux débats opposants les tables à l'O_2 (oxygène) pur à 2,8 ATA (USN T6, durée d'environ 5 h) et les tables à 4 ATA de type Comex 30 (durée d'environ 7 h). Une étude récente montre en fait que la table à 4 ATA de type Comex 30 est associée à une moins bonne récupération neurologique que les tables à 2,8 ATA [12]. Le traitement optimal semble être un équilibre entre la capacité à délivrer de l'O_2 à une pression partielle élevée de 2,8 ATA et un temps d'exposition limité qui n'entraîne pas d'inflammation pulmonaire associée à la toxicité de l'O_2. Les tables courtes à 2,8 ATA (de type USN T5, 2 h 30 environ) semblent apporter une meilleure réponse clinique que les tables longues (équivalentes à l'USN T6).

En cas d'absence de réponse ou d'aggravation après la première table, des séances complémentaires avec une PiO_2 (pression inhalée d'oxygène) ≤ 2 ATA sont proposées dans les 24 heures suivantes, associées notamment à un mélange à base d'hélium (héliox 50 % à 2,8 ATA), pour son action potentiellement neuroprotectrice [12,26] (figures 9.8 et 9.9).

Les jours suivants, des séances d'OHB standard sont réalisées (2,5 ATA pendant 90 min, 1 fois/j) jusqu'à atteindre une phase de plateau des signes cliniques, obtenue en général après une dizaine de séances (figures 9.9 et 9.10). Une rééducation proprioceptive, motrice et sphinctérienne (autosondages) doit être débutée précocement si nécessaire.

Traitement médicamenteux

Il existe très peu d'études évaluant l'efficacité d'une thérapeutique médicamenteuse chez l'homme. La prescription se base essentiellement sur la connaissance physiopathogénique et les études sur le modèle animal [27].

- En cas de déshydratation avérée, un remplissage par cristalloïdes est légitime, car la fuite plasmatique secondaire à l'atteinte endothéliale peut s'observer dans la maladie de décompression.
- L'usage d'antiagrégants plaquettaires pour limiter les phénomènes prothrombotiques n'est pas consensuel [28]. L'aspirine est souvent prescrite en France, mais n'a pas montré d'efficacité sur le modèle animal [29], contrairement au clopidogrel [30] ou aux anti-GPIIb-IIIa comme le tirofiban [31], qui ne sont actuellement pas prescrits dans cette indication.
- Une anticoagulation préventive est justifiée en cas d'immobilisation prolongée en caisson.
- Un traitement AINS (anti-inflammatoire non stéroïdien) par ténoxicam [32] ou une corticothérapie unique à la dose de 1 mg kg^{-1} en IV peuvent être prescrits au centre hyperbare malgré un niveau de preuve limité. La prescrip-

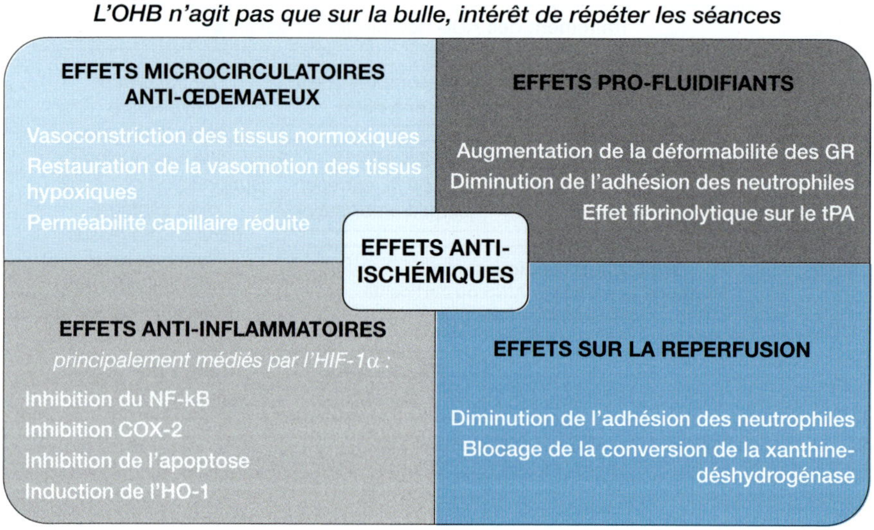

Figure 9.10. Modes d'action de l'OHB lors de séances itératives.
L'OHB n'agit pas que sur la bulle, d'où l'intérêt de répéter les séances.

tion d'une corticothérapie à forte dose n'est en revanche pas recommandée [28].

- Des substances vasoactives ont souvent été employées dans le passé, elles sont actuellement délaissées.
- La prescription précoce de fluoxétine à dose usuelle peut être proposée dans les formes neurologiques sévères en raison de ses effets neuroprotecteurs rapportés sur le modèle animal d'ADD [33,34], comme par ailleurs une amélioration de la récupération clinique dans l'AVC ischémique chez l'homme [35]. Ce traitement antidépresseur participe également au soutien psychologique de patients qui seront secondairement transférés dans des centres de rééducation pendant de long mois.
- La lidocaïne en perfusion continue sur 24 à 48 heures, qui avait été proposée dans les formes sévères d'ADD neurologiques [28], ne semble en revanche pas contributive et devrait être évitée en raison de l'absence de bénéfice documenté et des risques liés au traitement [12].
- Pour les patients avec détérioration de l'état neurologique, le repos strict au lit permet de limiter l'extension de l'œdème médullaire. Il est dans ce cas également important de contrer les facteurs d'agression neurologique d'origine systémique (hyperthermie, hypotension, hypoglycémie, hyponatrémie...).

Surveillance

Une surveillance rapprochée de tout ADD admis dans un centre hyperbare est indispensable afin de s'assurer de l'absence d'aggravation neurologique toujours possible dans les 24 premières heures malgré la recompression et pour s'assurer de l'absence de complication liée à un syndrome de fuite capillaire.

Le syndrome de fuite capillaire est une entité clinicobiologique rare principalement caractérisée par des œdèmes, une hypotension artérielle et une insuffisance rénale fonctionnelle qui se dépiste initialement par une élévation de l'hématocrite et une diminution de l'albumine plasmatique. Dans ce contexte, il s'agit d'une forme particulière de la maladie de décompression secondaire à l'action des bulles de gaz sur la paroi des vaisseaux, à l'origine de lésions de la barrière endothéliale. Un remplissage vasculaire précoce avec de l'albumine en cas d'hypoalbuminémie doit être réalisé dès les premières heures de la prise en charge pour éviter la survenue d'un choc hypovolémique qui peut engager le pronostic vital [36].

Conclusion

Les accidents de désaturation offrent une grande diversité clinique avec de nombreux diagnostics différentiels. Leur diagnostic repose pour l'essentiel sur un interrogatoire minutieux des conditions de plongée et sur un examen clinique et neurologique répété. L'ADD peut évoluer sur une période de 24 heures, et il ne faut pas écarter le diagnostic devant un état normalisé, qui ne le sera plus quelques heures plus tard. L'indication d'une recompression doit être large et se justifie malgré la présence de signes subjectifs ou la résolution des symptômes sous oxygène normobare. Après un ADD, il est essentiel de bénéficier d'un avis spécialisé avant toute reprise de la plongée afin de contrôler les principaux facteurs de risque individuels et environnementaux (tableau 9.1).

Références

[1] Vann RD, Butler FK, Mitchell SJ, et al. Decompression illness. Lancet 2011 ; 377(9760) : 153-64.

[2] Blatteau JE, Guigues JM, Hugon M, et al. Plongée à l'air avec la table de décompression MN 90. Bilan de 12 années d'utilisation par la Marine française. À propos de 61 accidents de désaturation de 1990 à 2002. Sci Sports 2005 ; 20(3) : 119-23.

[3] Francis TJR, Mitchell SJ. Pathophysiology of decompression sickness. In : Brubbak AO, Neuman TS, Elliot DH, editors. The Bennett and Elliot's physiology and medicine of diving. 5e éd. Londres : WB Saunders ; 2003. p. 530-56.

[4] Francis TJR, Mitchell SJ. Manifestations of decompression disorders. In : Brubbak AO, Neuman TS, Elliot DH, editors. The Bennett and Elliot's physiology and medicine of diving. 5e éd. Londres : WB Saunders ; 2003. p. 578-99.

[5] Louge P, Gempp E, Constantin P, et al. Prise en charge des accidents de décompression médullaire en plongée sous-marine : actualités en 2010. Presse Med 2010 ; 39(7-8) : 778-85.

[6] Meusnier B. Contribution à l'analyse séméiologique et diagnostique des accidents de plongée survenant sur la côte méditerranéenne française : à propos de 1 014 cas admis au centre hyperbare de l'HIA Sainte-Anne à Toulon de 2011 à 2018 [Thèse de doctorat en médecine]. Marseille : Aix-Marseille université, Sciences du Vivant [q-bio] ; 2020. Disponible sur : https://dumas.ccsd.cnrs.fr/dumas-03048838.

[7] Blatteau JE, Gempp E, Simon O, et al. Prognostic factors of spinal cord decompression sickness in recreational diving : retrospective and multicentric analysis of 279 cases. Neurocrit Care 2011 ; 15(1) : 120-7.

[8] André S, Lehot H, Morin J, et al. Influence of prehospital management on the outcome of spinal cord decompression sickness in scuba divers. Emerg Med J 2022 : emermed-2021-211227.

[9] Blatteau JE, Souraud JB, Gempp E, et al. Gas nuclei, their origin, and their role in bubble formation. Aviat Space Environ Med 2006 ; 77(10) : 1068-76.

[10] Blatteau JE, Boussuges A, Hugon M. L'accident bullaire initial. In : Broussolle B, Méliet JL, Coulange M, editors. Physiologie et médecine de la plongée. 2e éd. Paris : Ellipses Éditions Marketing ; 2006. p. 385-93.

[11] Gempp E, Blatteau JE, Stephant E, et al. MRI findings and clinical outcome in 45 divers with spinal cord decompression sickness. Aviat Space Environ Med 2008 ; 79(12) : 1112-6.

[12] Simonnet B, Roffi R, Lehot H, et al. Therapeutic management of severe spinal cord decompression sickness in a hyperbaric center. Front Med (Lausanne) 2023 ; 10 : 1172646.

[13] Boussuges A, Blanc P, Molenat F, Bergmann E, Sainty JM. Haemoconcentration in neurological decompression illness. Int J Sports Med 1996 ; 17(5) : 341-55.

[14] Gempp E, Morin J, Louge P, Blatteau JE. Reliability of plasma D-dimers for predicting severe neurological decompression sickness in scuba divers. Aviat Space Environ Med 2012 ; 83(8) : 771-5.

[15] Bourron A. Signes neurologiques en sortie de plongée : accident de décompression à expression cérébrale ou accident vasculaire cérébral [Thèse de doctorat en médecine]. Marseille : Aix-Marseille université, Sciences du vivant [q-bio] ; 2019. Disponible sur : https://dumas.ccsd.cnrs.fr/dumas-02117296.

[16] Gempp E, Louge P. Inner ear decompression sickness in scuba divers : a review of 115 cases. Eur Arch Otorhinolaryngol 2013 ; 270(6) : 1831-7.

[17] Blatteau JE, Morin J, Roofi R, et al. Clinical problem solving : mental confusion and hypoxaemia after scuba diving. Diving Hyperb Med 2020 ; 50(2) : 181-4.

[18] Gempp E, Blatteau JE, Simon O, Stephant E. Musculoskeletal decompression sickness and risk of dysbaric osteonecrosis in recreational divers. Diving Hyperb Med 2009 ; 39(4) : 200-4.

[19] Hartig F, Reider N, Sojer M, et al. Livedo racemosa — the pathophysiology of decompression-associated cutis marmorata and right/left shunt. Front Physiol 2020 ; 11 : 994.

[20] Wilmshurst PT. The role of persistent foramen ovale and other shunts in decompression illness. Diving Hyperb Med 2015 ; 45(2) : 98-104.

[21] Gempp E, Lyard M, Louge P. Reliability of right-to-left shunt screening in the prevention of scuba diving related-decompression sickness. Int J Cardiol 2017 ; 248 : 155-8.

[22] Kemper TC, Rienks R, Van Ooij PJ, et al. Cutis marmorata in decompression illness may be cerebrally mediated : a novel hypothesis on the aetiology of cutis marorata. Diving Hyperb Med 2015 ; 45(2) : 84-8.

[23] Germonpre P, Balestra C, Obeid G, et al. Cutis marmorata skin decompression sickness is a manifestation of brainstem bubble embolization, not of local skin bubbles. Med Hypotheses 2015 ; 85(6) : 863-9.

[24] Qing L, Ariyadewa DK, Yi H, et al. Skin lesion in swine with decompression sickness: clinical appearance pathogenesis. Front Physiol 2017 ; 8 : 540.

[25] Coulange M, Hugon M, Blatteau JE. Prise en charge préhospitalière des accidents de plongée de l'alerte à l'admission. In : Broussolle B, Méliet JL, Coulange M, editors. Physiologie et médecine de la plongée. 2e éd. Paris : Ellipses Éditions Marketing ; 2006. p. 417-24.

[26] Berganza CJ, Zhang JH. The role of helium gas in medicine. Med Gas Res 2013 ; 3(1) : 18.

[27] Montcalm-Smith EA, Fahlman A, Kayar SR. Pharmacological interventions to decompression sickness in rats: comparison of five agents. Aviat Space Environ Med 2008 ; 79(1) : 7-13.

[28] Moon RE, Gorman DF. Treatment of the decompression disorders. In : Brubbak AO, Neuman TS, Elliot DH, editors. The Bennett and Elliot's physiology and medicine of diving. 5e éd. Londres : WB Saunders ; 2003. p. 600-50.

[29] Bessereau J, Coulange M, Genotelle N, et al. Place de l'aspirine dans le traitement médicamenteux de l'accident de désaturation. Thérapie 2008 ; 63(6) : 419-23.

[30] Pontier JM, Vallée N, Ignatescu M, et al. Pharmacological intervention against bubble-induced platelet aggregation in a rat model of decompression sickness. J Appl Physiol (1985) 2011 ; 110(3) : 724-9.

[31] Lambrechts K, de Maistre S, Abraini JH, et al. Tirofiban, a glycoprotein IIb/IIIa antagonist, has a protective effect on decompression sickness in rats : is the crosstalk between platelet and leukocytes essential ? Front Physiol 2018 ; 9 : 906.

[32] Bennett MH, Lehm JP, Mitchell SJ, Wasiak J. Recompression and adjunctive therapy for decompression illness. Cochrane Database Syst Rev 2012 ; 2012(5) : CD005277.

[33] Blatteau JE, Barre S, Pascual A, et al. Protective effects of fluoxetine on decompression sickness in mice. PLoS One 2012 ; 7(11) : e49069.

[34] Blatteau JE, de Maistre S, Lambrechts K, et al. Fluoxetine stimulates anti-inflammatory IL-10 cytokine production and attenuates sensory deficits in a rat model of decompression sickness. J Appl Physiol (1985) 2015 ; 119(12) : 1393-9.

[35] Chollet F, Tardy J, Albucher JF, et al. Fluoxetine for motor recovery after acute ischaemic stroke (FLAME) : a randomised placebo-controlled trial. Lancet Neurol 2011 ; 10(2) : 123-30.

[36] Morin J, Simon K, Chadelaud F, et al. Syndrome de fuite capillaire secondaire à un accident de décompression : à propos d'un cas. Rev Med Interne 2019 ; 40(1) : 38-42.

Chapitre 10

Les œdèmes pulmonaires d'immersion

Pierre Louge, Emmanuel Gempp, Anne Henckes, Vincent Lafay

Points clés

- L'œdème pulmonaire d'immersion peut survenir en l'absence d'antécédents notables, dans toutes les activités immergées ; il représente une cause de détresse cardiorespiratoire à risque vital.
- Son incidence et sa sévérité augmentent avec l'âge et la présence de comorbidités cardiopulmonaires. Tout plongeur de plus de 50 ans devrait être sensibilisé et bénéficier d'une évaluation médicale pour dépister un terrain à risque, en particulier une hypertension artérielle.
- Le diagnostic de cet accident est primordial au moment de la prise en charge en raison du risque de récidive pour le pratiquant.
- L'orientation de ces patients doit se faire en concertation avec le médecin hyperbare du service de médecine hyperbare du secteur concerné.

Introduction

Les manifestations cardiopulmonaires sont fréquentes en plongée sous-marine. L'organisme du plongeur est soumis à des contraintes environnementales qui font de la gêne respiratoire un symptôme relativement fréquent, témoin d'un problème pouvant être de gravité très variable. Une dyspnée en eau et persistante à la sortie de l'eau est un symptôme important qui peut avoir plusieurs étiologies plus ou moins intriquées mais dont le diagnostic précis est souvent porté durant la prise en charge hospitalière.

L'œdème pulmonaire du plongeur sous-marin est un accident dont les premières descriptions remontent aux années 1980. Il est mieux identifié et connu depuis les années 2000. Cette pathologie présente une certaine analogie avec les œdèmes pulmonaires qui surviennent en natation et parfois en apnée subaquatique permettant ainsi de regrouper cette entité clinique sous la terminologie « d'œdème pulmonaire d'immersion » (OPI). L'incidence réelle de l'OPI en plongée est mal connue. Il concernerait 2,2 % des plongeurs en bonne santé d'après une enquête réalisée sur 460 sujets [1], et 1,4 % des triathlètes [2]. Ces taux sont très certainement sous-estimés car cet accident est parfois mal reconnu par le plongeur et par le personnel médical.

Ces œdèmes pulmonaires sont liés aux contraintes que génère l'immersion sur l'organisme et le système cardiorespiratoire, associées aux contraintes de l'activité immergée (froid, stress, ventilation en charge, masse volumique du gaz respiré, matériel respiratoire, effet de contention de la combinaison de protection thermique…). L'effort physique et l'exposition au froid semblent être des facteurs prépondérants ainsi que l'âge et le sexe féminin [3].

L'OPI s'observe pour tous les niveaux d'expérience en plongée mais on retrouve souvent un contexte de plongée de formation ou d'évaluation, dans lequel le stress émotionnel est important. On distingue deux populations potentiellement affectées par cette pathologie dans deux contextes distincts [4,5] :

- les sujets âgés d'environ 50 ans et plus qui présentent souvent des facteurs de risque cardiovasculaires : l'accident est susceptible de survenir dans une activité type loisir ;

Médecine de la plongée

- les sujets jeunes et entraînés : l'accident est susceptible de survenir à l'occasion de contraintes particulièrement importantes telles qu'un effort physique important, dans un contexte de stress émotionnel particulier.

Quel que soit le profil du pratiquant, il s'agit d'un accident volontiers récidivant, laissant supposer qu'il existe une susceptibilité individuelle.

Lors de la plongée en apnée en profondeur (apnée en eau libre), il existe aussi des épisodes respiratoires comportant fréquemment une hémoptysie, avec gêne respiratoire peu marquée, dont les mécanismes en sont un peu différents comme nous le verrons plus loin. Ces accidents sont plus fréquents : jusqu'à 26,4 % des instructeurs interrogés ont ainsi rapporté avoir déjà présenté au moins un épisode respiratoire [6].

Physiopathologie

Les avancées récentes dans la compréhension de la physiopathologie et de l'occurrence de l'OPI indiquent qu'il est le résultat de l'interaction entre une prédisposition individuelle et des circonstances environnementales, dont l'équipement utilisé par les plongeurs en scaphandre autonome. Le facteur contributif central, par définition, est l'immersion, quelle qu'en soit la profondeur, qui entraîne une augmentation du volume sanguin central et donc des pressions de remplissage cardiaque.

Il se caractérise par l'apparition d'un œdème interstitiel de type transsudatif compliqué de lésions hémorragiques alvéolaires qui seraient secondaires à une altération de l'intégrité anatomique et fonctionnelle de la barrière alvéolo-capillaire engendrée par l'augmentation de la pression transmurale.

L'exercice physique, le froid ambiant, le stress et le port d'une combinaison néoprène augmentent les effets cardiovasculaires de l'immersion ; cependant, d'autres facteurs peuvent contribuer à l'extravasation de liquide dans les poumons, comme la compression du thorax par la combinaison et la respiration à pression négative [7].

Par ailleurs, des facteurs peuvent concourir à une augmentation de la perméabilité capillaire pulmonaire et/ou à une perturbation de la capacité de drainage du liquide interstitiel par le système lymphatique pulmonaire (figure 10.1).

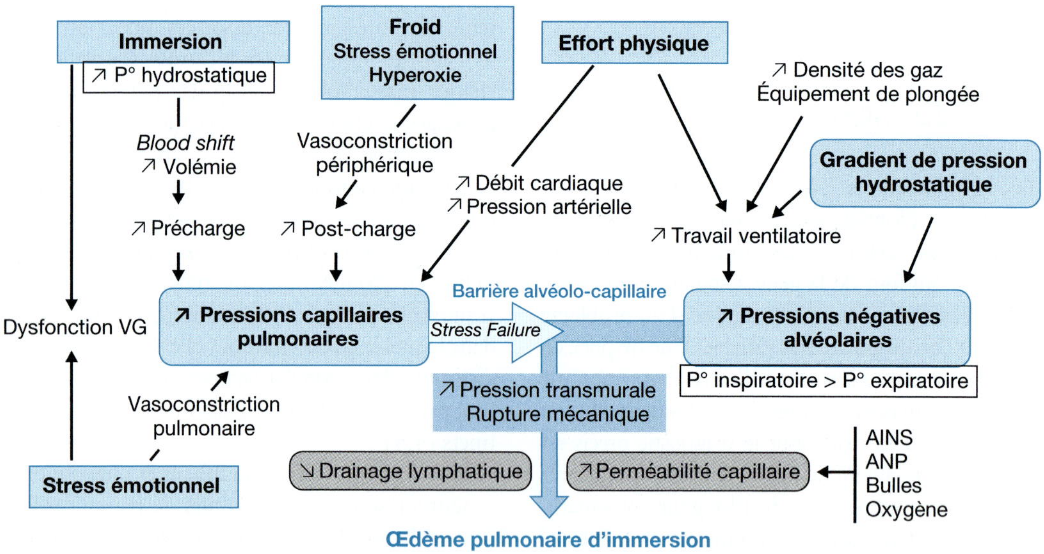

Figure 10.1. Schéma représentatif des principaux mécanismes physiopathologiques qui interviennent dans la survenue de l'OPI chez le plongeur en scaphandre autonome.

Élévation des pressions vasculaires

Lors de l'immersion, la pression hydrostatique provoque un transfert du liquide interstitiel vers le compartiment vasculaire, à l'origine d'une augmentation du volume plasmatique mais surtout une redistribution passive du sang veineux capacitif périphérique et des viscères vers les cavités cardiaques et les vaisseaux pulmonaires. Le volume de cette redistribution sanguine centrale est estimé à 700 mL en condition expérimentale, tête hors de l'eau à thermoneutralité. Cet effet est majoré par le port d'une combinaison néoprène [8].

L'exposition au froid entraîne une vasoconstriction périphérique, responsable d'une augmentation de la post-charge cardiaque mais aussi d'une élévation des résistances vasculaires pulmonaires, favorisée par la ventilation d'un gaz détendu, donc froid et sec, majorant ainsi l'augmentation de la précharge provoquée par l'immersion. De plus, l'activation nerveuse sympathique induite par le froid majore le retour veineux thoracique par veinoconstriction des veines capacitives. La protection thermique « tête seule » pour éliminer les réflexes induits par le froid du cuir chevelu et des nerfs sensoriels faciaux n'atténue pas l'augmentation de la pression artérielle pulmonaire [9].

L'exercice physique (comme le palmage) provoque une augmentation du débit cardiaque, des pressions artérielles systémique et pulmonaire. L'augmentation des pressions artérielles pulmonaires d'effort est plus marquée avec l'âge.

En immersion, l'élévation de ces pressions est également plus marquée qu'au sec, avec des augmentations significatives liées à l'effort et l'immersion du corps en eau froide, indépendamment de l'exposition de la tête. Par ailleurs, un effort modéré en immersion entraîne une augmentation des pressions artérielles pulmonaires aussi importante qu'un effort terrestre intense, avec une importante variabilité interindividuelle [7].

L'hyperoxie due à l'élévation de la pression partielle d'oxygène contenu dans les mélanges gazeux respirés ne semble pas avoir d'effet significatif sur les pressions artérielles pulmonaires [10] ; elle est en revanche susceptible de majorer les résistances vasculaires systémiques et la post-charge cardiaque.

Le stress émotionnel rencontré dans certaines situations de plongée peut également accentuer l'élévation des résistances vasculaires systémiques.

Modifications des régimes pressionnels intra-alvéolaires

Le sujet immergé voit sa compliance pulmonaire diminuée par l'afflux sanguin thoracique, la pression hydrostatique et la combinaison néoprène [11].

La ventilation d'un mélange gazeux dense, sec et froid à travers un détendeur de plongée entraîne une élévation des résistances ventilatoires internes et une augmentation du travail ventilatoire.

L'effort physique nécessite une augmentation des débits ventilatoires qui se fait pour un effort modéré principalement par l'augmentation du volume courant, d'abord aux dépens de la réserve inspiratoire, puis de la fréquence respiratoire pour un effort intense.

Enfin, suivant la position du plongeur dans l'eau et le type d'équipement respiratoire porté (bouteille et détendeur ou recycleur), le centre pneumoïque (centroïde pulmonaire) peut se situer au-dessous de l'appareil de plongée. Il existe dans cette situation un gradient de pression hydrostatique négatif nécessitant un plus grand travail inspiratoire tandis que l'expiration est facilitée (figure 10.2). Le nageur, respirant tête hors de l'eau ou par un tuba avec le tronc immergé, se trouve également dans cette situation de ventilation en pression négative avec travail inspiratoire augmenté [12].

L'ensemble de ces conditions de régime ventilatoire en charge est responsable à l'inspiration d'une augmentation des pressions négatives intrathoraciques susceptible de majorer la pression transmurale capillaro-alvéolaire.

Perméabilité de la membrane alvéolo-capillaire

La distension des oreillettes secondaire à l'augmentation des pressions intracardiaques et la ventilation en charge provoqueraient la libération de peptide atrial natriurétique plasmatique à l'origine

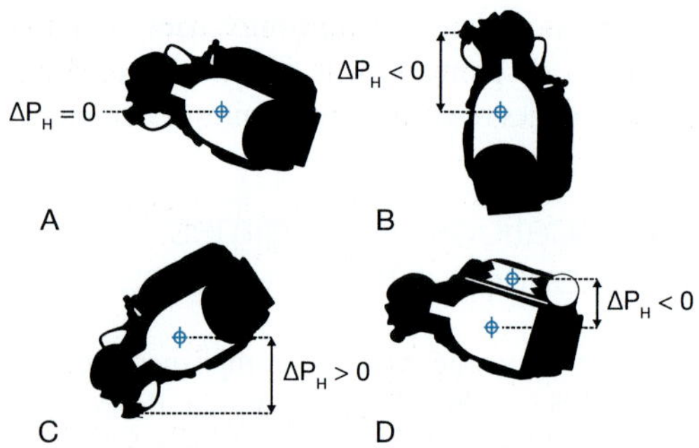

Figure 10.2. Variation du gradient de pression hydrostatique (ΔP_h) mesuré entre le centre pneumoïque et le détendeur en bouche (situations A, B et C) et le centre pneumoïque et le sac ventilatoire porté sur le dos du plongeur (situation D).

A. Le plongeur est en position horizontale. Le gradient est négligeable, voire nul.

B. Le plongeur est en position verticale, tête vers le haut (remontée). Le gradient devient négatif ; il majore le travail inspiratoire.

C. Le plongeur est en position déclive, tête vers le bas. Le gradient est positif favorisant l'aide inspiratoire avec apparition concomitante d'une pression expiratoire positive.

D. Plongée en recycleur à port dorsal en position horizontale, le gradient est négatif en permanence. Il crée un régime de pression inspiratoire négative continue pendant la plongée.

d'une augmentation de la perméabilité capillaire pulmonaire et d'une réduction des capacités de réabsorption du liquide interstitiel par les vaisseaux lymphatiques.

Il est possible que d'autres facteurs modifient la perméabilité de la barrière alvéolo-capillaire, comme l'oxygène du mélange gazeux ventilé qui entraîne un stress oxydatif et une altération de l'endothélium vasculaire, mais l'influence de l'hyperoxie dans cet accident n'est pas clairement définie.

Drainage lymphatique

Au repos, il existe un petit débit liquidien vers l'espace interstitiel, pris en charge par le réseau lymphatique pulmonaire. À l'effort, ce débit liquidien augmente et le débit lymphatique s'adapte, de façon corrélée et adaptée à l'augmentation du débit cardiaque et des pressions vasculaires. L'hyperpnée d'effort joue un rôle important dans cette adaptation. Il est possible que les catécholamines y participent aussi. La diminution de la compliance pulmonaire en plongée peut être un facteur limitant l'hyperpnée d'effort et donc son effet sur le drainage lymphatique.

L'œdème pulmonaire clinique intervient lorsque ce drainage lymphatique est dépassé. La fuite capillaire débute au niveau des gaines péribronchiques où la trame interstitielle est lâche puis au niveau des cloisons interlobulaires.

En résumé, les contraintes environnementales liées à l'immersion, au froid, au régime ventilatoire particulier, et à l'équipement respiratoire et de protection thermique créent un déséquilibre vasculaire et capillaro-alvéolaire à l'origine d'un effet de « poussée » transmurale. Des facteurs de décompensation comme l'effort, le stress, le travail ventilatoire, l'hyperventilation et le gradient de pression hydrostatique pulmonaire accélèrent et aggravent le processus initial par un effet de « traction » transmurale chez des sujets présentant une prédisposition.

Facteurs de risque

Susceptibilité individuelle

Dans la plupart des séries de cas publiés, quels que soient le type et le cadre de pratique, environ 20 % des accidentés ont présenté des récidives.

Il est possible, mais non démontré, que cette susceptibilité individuelle repose sur les mêmes déterminants que les œdèmes pulmonaires d'altitude.

Elle peut reposer sur une hyperréactivité vasculaire pulmonaire chez les sujets prédisposés en réaction à des stimulus comme l'effort, le froid, le stress émotionnel [10].

La présence d'anomalies constitutionnelles du parenchyme pulmonaire (faible densité du réseau lymphatique, anomalies de la matrice collagénique de la barrière alvéolo-capillaire) ou des altérations de la compliance pulmonaire chez les sujets susceptibles est également évoquée [13].

Facteurs individuels

L'hypertension artérielle (HTA), qui est une maladie de la vasomotricité artériolaire avec pour conséquence une altération de la fonction diastolique, est un facteur prédisposant fort de la survenue d'un OPI comme le montrent toutes les études épidémiologiques [14].

Dans le cadre de la pratique de l'activité de loisir, l'âge de 50 ans et plus apparaît également comme un facteur de risque [3,4,15]. L'âge entraîne des modifications cardiovasculaires : altération des capacités contractiles du myocarde, nécessitant une augmentation du travail myocardique pour un moindre effort, et diminution de compliance des parois artérielles, entraînant une augmentation de la pression artérielle systémique à l'effort, plus marquées que chez le sujet jeune. Le vieillissement s'accompagne également d'altérations de la mécanique respiratoire, avec diminution de l'élastance pulmonaire et diminution de force des muscles respiratoires. Elles participent à une augmentation du travail ventilatoire et en particulier inspiratoire d'effort.

Le sexe féminin semble être un facteur de risque [3,15]. À l'effort, le travail ventilatoire est plus élevé chez les femmes que chez les hommes, en rapport avec un volume pulmonaire et un calibre des voies aériennes plus réduits.

Enfin, l'existence de comorbidités ou facteurs de risque cardiovasculaires (valvulopathie, cardiopathie ischémique, hypertrophie du ventricule gauche, diabète, dyslipidémie) augmente le risque d'OPI [4]. Il en est de même pour ce qui augmente le travail ventilatoire comme l'obésité et les troubles ventilatoires restrictifs.

Autres facteurs de risque

La profondeur de la plongée influence le risque d'OPI par plusieurs mécanismes [15]. Le travail ventilatoire augmente en profondeur. Le temps passé pour la remontée et la sortie d'eau favorise, en cas d'apparition d'OPI, l'aggravation des signes, conduisant à une meilleure identification et prise en charge. Par ailleurs, la profondeur expose probablement à davantage de stress et de froid. Le rôle de l'hyperoxie est mal identifié : elle augmente les résistances vasculaires périphériques, mais semble avoir moins d'effet sur les pressions vasculaires pulmonaires à thermoneutralité [10].

À côté du froid, de l'effort et du stress, d'autres facteurs favorisants dont le rôle n'est pas clairement démontré pourraient aussi être incriminés dans la genèse des OPI :

- un équipement respiratoire mal réglé, une combinaison néoprène trop ajustée sont susceptibles d'augmenter le travail ventilatoire ;
- la prise de médicaments avant la plongée a également été évoquée :
  - les antiagrégants plaquettaires augmentent le risque hémorragique,
  - les anti-inflammatoires sont susceptibles d'avoir un effet hypertenseur et augmenteraient la perméabilité capillaire,
  - il est probable que la prise de médicaments avec effet cardiotrope ou vasculotrope tels que les vasoconstricteurs présents dans les décongestionnants nasaux influent sur le risque d'OPI.

Cas particulier de l'apnée

Dans le cas particulier de la plongée en apnée en profondeur, il existe des mécanismes spécifiques de survenue de manifestations respiratoires qui s'ajoutent aux effets de l'immersion (figure 10.3).

La diminution du volume pulmonaire lors de la descente entraîne un afflux sanguin supplémentaire (*blood shift*). En deçà du volume résiduel, il règne une dépression intrathoracique (*lung squeeze*) avec engorgement circulatoire intrathoracique maximal et effet constrictif sur le cœur. Une corrélation positive entre la profondeur maximale atteinte et la quantité de lignes B en échographie pulmonaire a été retrouvée, ainsi qu'avec l'existence de symptômes respiratoires [16]. À faible profondeur, l'apnée à poumons vides est aussi susceptible d'entraîner des hémoptysies [17].

Dans ce type d'activité, la profondeur atteinte est un facteur associé à la survenue de manifestations respiratoires. Ce risque augmente lorsque l'apnéiste dépasse la profondeur à laquelle son volume pulmonaire atteint le volume résiduel. Les facteurs de risque propres au pratiquant évoqués dans le paragraphe « Facteurs individuels » semblent avoir peu ou pas d'influence. Les contractions diaphragmatiques involontaires liées à la phase de lutte en fin de plongée (« soif d'air »)

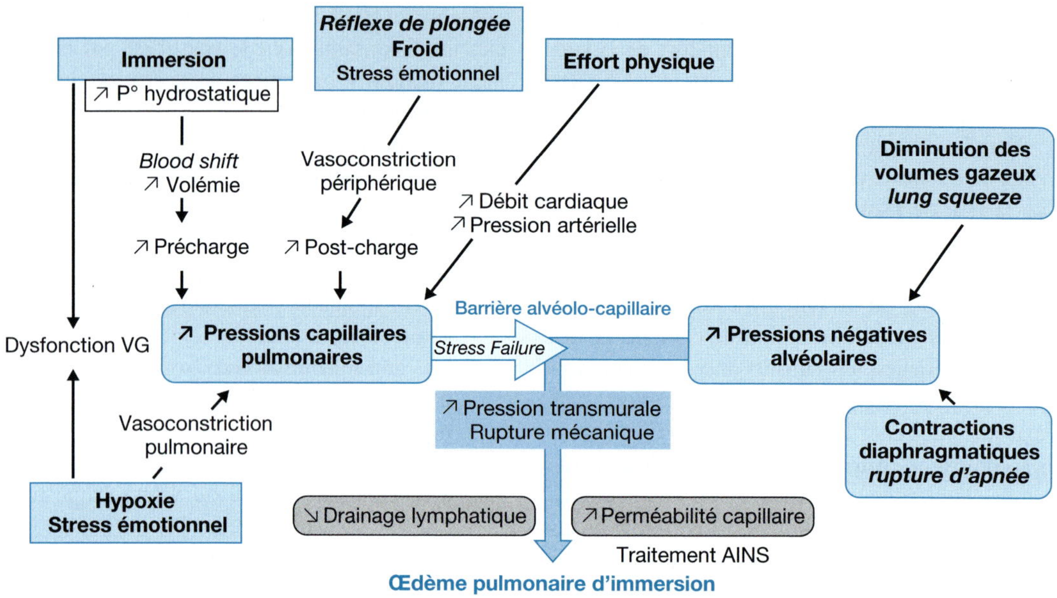

Figure 10.3. Schéma représentatif des principaux mécanismes physiopathologiques qui interviennent dans la survenue de l'OPI chez le plongeur en apnée.

sont responsables d'à-coups de dépressions intra-alvéolaires qui peuvent contribuer à la survenue de ces manifestations. D'autres facteurs ont été évoqués comme la notion de difficulté d'équilibrage des oreilles, des conditions de stress ou une sensation de froid. Plus de la moitié des apnéistes ayant présenté des symptômes respiratoires avaient ressenti une sensation thoracique anormale à un moment de l'apnée, majoritairement dans les derniers mètres de la descente ou au fond [6].

Présentation clinique et prise en charge

Présentation clinique

L'OPI débute généralement après un délai de 15 à 20 minutes après le début de l'immersion par la survenue progressive ou brutale d'une dyspnée précédée d'une toux irritative, un grésillement laryngé et une sensation d'oppression thoracique sans véritable douleur. Ces manifestations ont tendance à se majorer lors de la remontée et en surface tant que le plongeur est immergé y compris tête hors de l'eau.

Des formes à début immédiat à l'immersion ou brutal sont aussi décrites, notamment en situation de stress ou lorsque des manifestations minimes au cours d'une immersion antérieure dans les heures ou jours précédents ont été négligées.

Une perte de connaissance hypoxique est retrouvée dans 15 à 20 % des cas, exposant le plongeur à une noyade secondaire. En surface, la sensation d'étouffement et de mort imminente peut être majeure suivant la rapidité d'installation et la gravité du tableau.

Une fois la victime extraite de l'eau et déséquipée, l'auscultation pulmonaire peut retrouver des râles crépitants diffus. Le plongeur est cyanosé, polypnéïque et parfois agité. Il présente une expectoration mousseuse rosée, voire une hémoptysie franche. Un collapsus hémodynamique associé à une inhalation d'eau peut rapidement aboutir à un arrêt cardiorespiratoire de mauvais pronostic.

Prise en charge initiale et diagnostic

La prise en charge initiale repose sur l'extraction rapide du plongeur de l'eau et son déséquipement pour supprimer l'effet délétère de la contention hydrostatique et élastique de la combinaison sur l'organisme. Elle doit être suivie par l'administration précoce d'oxygène au masque à haute concentration et à fort débit (12 à 15 L min^{-1}), chez le sujet installé en position demi-assise ou assise.

En cas d'arrêt cardiorespiratoire, les mesures de réanimation ne sont pas spécifiques.

Quels que soient la gravité du tableau initial et son évolution, l'appel des secours doit être systématique et l'orientation de ces patients par le médecin régulateur du SAMU (service d'aide médicale d'urgence) doit se faire en concertation avec le médecin hyperbare du service de médecine hyperbare du secteur concerné.

L'anamnèse de l'accident, le profil du plongeur et de l'activité immergée (en particulier le profil de plongée le cas échéant) permettent le plus souvent d'éliminer un diagnostic différentiel tel que la noyade, la surpression pulmonaire, l'accident de désaturation (ou le *chokes* des Anglo-Saxons), l'essoufflement hypercapnique.

Dans tous les cas, l'accidenté devra être pris en charge en centre hospitalier, pour la suite du traitement et la réalisation du bilan complémentaire diagnostique.

La réhydratation parentérale doit être mesurée afin de ne pas majorer l'œdème tandis que les médicaments diurétiques sont à éviter en raison de la déshydratation constante du plongeur à la sortie de l'eau (natriurèse et diurèse d'immersion). La mise en place d'une ventilation à pression positive continue de type CPAP (*Continuous Positive Airway Pressure*) pendant le transport peut s'avérer utile. L'administration de dérivés nitrés peut être discutée pour réduire la précharge.

À l'hôpital, l'oxygène est poursuivi pendant 6 à 12 heures, puis suivant les besoins en oxygène du patient ; il peut éventuellement être associé à des séances de nébulisation par bêta-2 mimétiques qui favoriseraient la clairance alvéolaire. Dans les formes sévères, l'instauration d'une ventilation non invasive avec aide inspiratoire et pression expiratoire positive sera privilégiée. Une recompression préventive en caisson hyperbare peut être envisagée en cas d'erreur de procédure associée (remontée rapide, interruption des paliers) et suivant l'état clinique du patient. La prise en charge d'une urgence spécifiquement cardiologique sera appliquée en fonction de la clinique et du bilan paraclinique.

Les examens paracliniques à réaliser en urgence comprennent :

- un ECG (électrocardiogramme) à la recherche de troubles de la repolarisation, d'un BBG (bloc de branche gauche), d'une HVG (hypertrophie ventriculaire gauche) électrique ;
- une gazométrie artérielle, ou au moins la surveillance de la saturation capillaire ;
- un bilan biologique sanguin avec en particulier les marqueurs cardiaques (myoglobinémie, troponinémie) ;
- une échographie pleuropulmonaire peut être effectuée à la recherche de lignes B ou fusées pleurales diffuses compatibles avec un œdème pulmonaire ;
- une tomodensitométrie thoracique dont la sensibilité est bien meilleure qu'une radiographie standard, notamment pour confirmer le diagnostic d'OPI (figure 10.4) et éliminer une noyade associée ou un barotraumatisme pulmonaire ;
- une échographie cardiaque surtout en cas de douleur thoracique, d'anomalies ECG ou biologiques évocatrices d'une souffrance myocardique, à la recherche d'un trouble de la cinétique du ventricule gauche compatible avec une myocardiopathie de stress (Tako-Tsubo [18]) ou un syndrome coronarien aigu toujours possible. Dans un tiers des cas environ, on retrouve une dysfonction myocardique transitoire chez les plongeurs de plus de 50 ans, diabétiques et hypertendus dont l'origine pourrait être liée à une souffrance hypoxique ou à une stimulation sympathique par excès de catécholamines [14]. Une valvulopathie décompensée, en particulier une insuffisance mitrale, peut être également révélée par cet accident ;
- une coronarographie ne sera réalisée en urgence qu'en cas de souffrance myocardique caractérisée. En effet, elle aboutit exceptionnellement à une angioplastie coronaire du fait de l'absence le plus souvent de sténose significative [18].

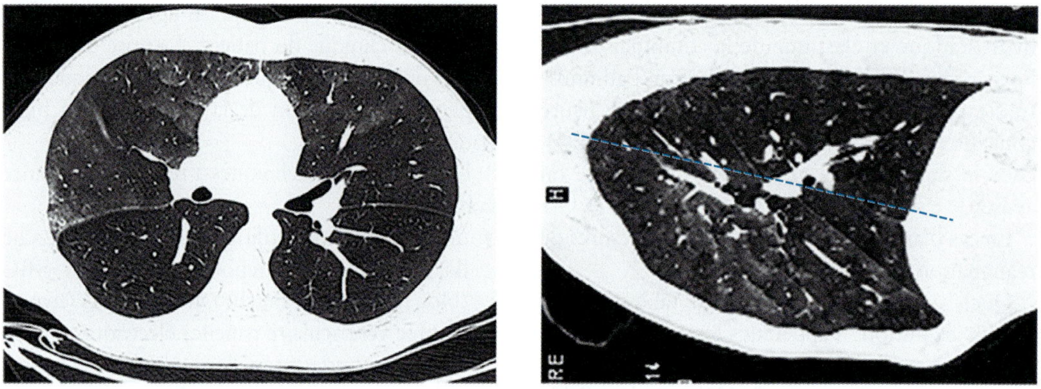

Figure 10.4. Coupes tomodensitométrique axiale (A) et sagittale (B) du thorax, caractéristiques d'un OPI avec opacités alvéolaires et syndrome radiologique interstitiel bilatéral prédominant au niveau des segments antérieurs du parenchyme pulmonaire.
La distribution particulière de ces anomalies est en rapport avec la position habituelle du plongeur en eau avec des lésions qui apparaissent dans les régions ou le gradient hydrostatique est le plus important (symbolisé par la ligne pointillée).
Source : HIA Sainte-Anne, Toulon.

Suivi après l'accident

Une abstention de plongée d'au moins 1 mois est la règle avant une éventuelle reprise d'une activité immergée.

À distance, il est indispensable d'effectuer des examens complémentaires à la recherche d'une circonstance médicale favorisante présente dans près de 50 % des cas [4] comme :

- une hypertension artérielle méconnue, souvent révélée à l'occasion de l'accident, par une mesure ambulatoire de la pression artérielle ;
- une recherche d'un trouble métabolique par un bilan biologique avec glycémie et bilan lipidique si celle-ci n'a pas été réalisée dans l'année ;
- une cardiopathie sous-jacente (valvulopathie, hypertrophie ou dysfonction du ventricule gauche…) par la réalisation d'une échocardiographie plus poussée si besoin, avec une approche plus spécifique de la fonction diastolique.

La suspicion d'une coronaropathie (clinique, terrain) incitera à la réalisation d'une épreuve d'effort, qui sera au mieux une échographie d'effort avec mesure des pressions pulmonaires à l'effort.

D'autres examens sont à prévoir en fonction du contexte (Holter rythmique, IRM [imagerie par résonance magnétique] cardiaque, évaluation pneumologique…).

Chez le sujet jeune, les résultats du bilan complémentaire sont généralement normaux.

Cas particulier de l'apnée en profondeur

Ce tableau associe souvent une hémoptysie franche à une toux et parfois une gêne thoracique, sans franche dyspnée, ni oxygénodépendance. Le plongeur apnéiste doit cependant consulter et réaliser un minimum d'explorations pour s'assurer qu'il n'y a pas de retentissement cardiopulmonaire (voir chapitre 12).

La reprise de l'apnée ne pourra se faire qu'après vérification de l'absence de symptomatologie à l'effort terrestre, puis immergé en milieu protégé.

Pronostic

Très peu de cas mortels d'OPI en scaphandre autonome sont répertoriés dans la littérature médicale (3 %), tous âgés de plus de 45 ans. Ces chiffres sont certainement sous-évalués, notamment si on estime que le diagnostic de « noyade » en plongée est certainement surévalué. En effet, près de la moitié des décès en plongée en France sont d'origine cardiaque et une grande partie pourrait être liée à un OPI sévère associé à une décompensation cardiaque aiguë d'évolution fatale sur le site même de plongée. De plus, un certain nombre de noyades en plongée sont secondaires à une perte de connaissance hypoxique liée à un OPI [19]. Pour la majorité des plongeurs, les symptômes sont habituellement modérés et réversibles en quelques heures. Une hospitalisation brève de 48 à 72 heures en réanimation est rarement nécessaire.

En natation, peu de cas mortels ont été rapportés, mais il est à relever que la majorité des décès durant le triathlon surviennent durant l'épreuve de natation et chez des pratiquants d'âge moyen ou avancé. À l'autopsie, des anomalies cardiovasculaires ne sont pas systématiquement retrouvées. Le diagnostic d'OPI post mortem peut être difficile à porter par rapport à celui d'une noyade.

Dans tous les cas, le pronostic immédiat est le plus souvent favorable si une prise en charge adaptée avec sortie de l'eau rapide est mise en œuvre. Il faut néanmoins garder en mémoire qu'il s'agit d'un accident susceptible de récidive et pouvant mettre en jeu le pronostic vital.

Prévention

En prévention primaire, lors de la visite médicale, les facteurs de risque cardiovasculaires doivent être systématiquement recherchés. L'anamnèse doit rechercher toute une symptomatologie à l'effort et plus particulièrement en immersion. L'examen cardiovasculaire doit être complet. Toute anomalie devra faire l'objet d'une évaluation cardiologique spécialisée. Le contrôle pondéral devra être encouragé ainsi que l'activité physique régulière le cas échéant.

Après un premier épisode, le risque de survenue d'un nouvel épisode est réel (17 %) mais imprévisible. Parmi les facteurs individuels étudiés chez 73 patients traités consécutivement pour un OPI entre 2006 et 2013, il est apparu qu'une hypertension artérielle (traitée ou non) était un facteur significatif de récidive avec un risque relatif estimé à 5,5 [20].

En l'absence de marqueur prédictif spécifique, les sujets à risque doivent bénéficier d'une information sur le caractère potentiellement grave des manifestations respiratoires.

Les mesures de prévention restent empiriques.

Conditions de reprise

La reprise de la plongée ne peut être envisagée qu'après récupération *ad integrum* et récupération des performances physiques antérieures à l'accident, sans symptômes. Par ailleurs, le pratiquant devra être informé du risque imprévisible de récidive et du caractère potentiellement mortel de cet accident.

Dans ce cas, et après correction des éventuels facteurs de risque, des restrictions devront être apportées. Ces dernières visent à limiter d'une part les facteurs favorisants (diminution de l'effort, vêtement de taille adaptée avec une protection thermique efficace, plongée en eau tempérée, contrôle de la résistance du détendeur et usage préférentiel de recycleur à port ventral…) et d'autre part la dangerosité d'une éventuelle récidive (pas d'encadrement, plongée sans palier, possibilités de sortie d'eau rapide en cas de manifestations ventilatoires évocatrices).

L'hyperhydratation et la prise d'aspirine ou d'anti-inflammatoires non stéroïdiens avant de plonger doivent être évitées et en général l'automédication sans avis d'un médecin de plongée est à proscrire.

Après un 2e épisode, une reprise de l'activité n'apparaît pas raisonnable, pour la sécurité du pratiquant et de ses équipiers.

L'accès à la profondeur dans la pratique de l'apnée doit se faire très progressivement, sans manœuvre brutale d'équilibrage des oreilles, de retournement au fond, et sous la supervision d'un entraîneur qualifié.

Conclusion

L'OPI est une pathologie circonstancielle potentiellement grave dont les facteurs favorisants sont nombreux, intriqués et incomplètement étudiés. Cet accident concerne principalement les plongeurs âgés de plus de 50 ans avec des comorbidités cardiopulmonaires présentes près d'une fois sur deux. Chez le sujet plus jeune en bonne santé, la survenue d'un stress adrénergique important (effort physique, froid, émotion) sur un terrain particulier (susceptibilité individuelle) semble être une cause déterminante.

Le *lung squeeze* des apnéistes en profondeur se distingue de ces OPI par ses manifestations respiratoires moins marquées, l'absence de facteurs de risque propres au pratiquant et une physiopathologie bien spécifique mettant en jeu des contraintes pulmonaires particulières liées à la profondeur.

Références

[1] Pons M, Blickenstorfer D, Oechslin E, et al. Pulmonary oedema in healthy persons during scuba-diving and swimming. Eur Respir J 1995 ; 8(5) : 762-7.

[2] Miller CC, Calder-Becker K, Modave F. Swimming-induced pulmonary edema in triathletes. Am J Emerg Med 2010 ; 28(8) : 941-6.

[3] Hårdstedt M, Kristiansson L, Seiler C, Braman Eriksson A, Sundh J. Incidence of swimming-induced pulmonary edema: a cohort study based on 47,600 open-water swimming distances. Chest 2021 ; 160(5) : 1789-98.

[4] Peacher DF, Martina SD, Otteni CE, et al. Immersion pulmonary edema and comorbidities : case series and updated review. Med Sci Sports Exerc 2015 ; 47(6) : 1128-34.

[5] Wolff D, Castagna O, Morin J, et al. Characterizing immersion pulmonary edema (IPE) : a comparative study of military and recreational divers. Sports Med Open 2023 ; 9(1) : 108.

[6] Cialoni D, Sponsiello N, Marabotti C, et al. Prevalence of acute respiratory symptoms in breath-hold divers. Undersea Hyperb Med 2012 ; 39(4) : 837-44.

[7] Tetzlaff K, Swenson ER, Bärtsch P. An update on environment-induced pulmonary edema — "When the lungs leak under water and in thin air". Front Physiol 2022 ; 13 : 1007316.

[8] Castagna O, Blatteau JE, Vallee N, Schmid B, Regnard J. The underestimated compression effect of neoprene wetsuit on divers hydromineral homeostasis. Int J Sports Med 2013 ; 34 : 1043-50.

[9] Wester TE, Cherry AD, Pollock NW, et al. Effects of head and body cooling on hemodynamics during immersed prone exercise at 1 ATA. J Appl Physiol 2009 ; 106(2) : 691-700.

[10] Peacher DF, Pecorella SRH, Freiberger JJ, et al. Effect of hyperoxia on ventilation and pulmonary hemodynamics during immersed prone exercise at 4.7 ATA : possible implications for immersion pulmonary edema. J Appl Physiol (1985) 2010 ; 109(1) : 68-78.

[11] Castagna O, Michoud G, Prevautel T, et al. Broad individual immersion-scattering of respiratory compliance likely substantiates dissimilar breathing mechanics. Sci Rep 2021 ; 11(1) : 9434.

[12] Castagna O, Regnard J, Gempp E, et al. The key roles of negative pressure breathing and exercise in the development of interstitial pulmonary edema in professional male SCUBA divers. Sports Med Open 2018 ; 4(1) : 1.

[13] Castagna O, Druelle A, Michoud G, Prevautel T, Lacour JR. Individual changes in respiratory compliance upon immersion may predict susceptibility to immersion pulmonary edema. Sports Med Open 2023 ; 9(1) : 39.

[14] Gempp E, Demaistre S, Louge P. Hypertension is predictive of recurrent immersion pulmonary edema in scuba divers. Int J Cardiol 2014 ; 172(2) : 528-9.

[15] Henckes A, Cochard G, Gatineau F, et al. Risk factors for immersion pulmonary edema in recreational scuba divers: a case-control study. Undersea Hyperb Med 2019 ; 46(5) : 611-8. PMID : 31683358.

[16] Patrician A, Dujić Ž, Spajić B, Drviš I, Ainslie PN. Breath-hold diving — the physiology of diving deep and returning. Front Physiol 2021 ; 12 : 639377.

[17] Lindholm P, Ekborn A, Oberg D, Gennser M. Pulmonary edema and hemoptysis after breath-hold diving at residual volume. J Appl Physiol 2008 ; 104(4) : 912-7.

[18] Demoulin R, Poyet R, Castagna O, et al. Epidemiological, clinical, and echocardiographic features of twenty "Takotsubo-like" reversible myocardial dysfunction cases with normal coronarography following immersion pulmonary oedema. Acta Cardiol 2021 ; 76(3) : 296-302.

[19] Vinckel J, Bak P, Juel Thiis Knudsen P, Hyldegaard O. Forensic case reports presenting immersion pulmonary edema as a differential diagnosis in fatal diving accident. J Forensic Sci 2018 ; 63(1) : 299-304.

[20] Gempp E, Louge P, Henckes A, et al. Reversible myocardial dysfunction and clinical outcome in scuba divers with immersion pulmonary edema. Am J Cardiol 2013 ; 111(11) : 1655-9.

Chapitre 11

Noyade

Daniel Meyran, Béatrice Riu-Poulenc, Hedi Gharsallah

Définition

La noyade est définie comme un état résultant d'une insuffisance respiratoire provoquée par la submersion ou l'immersion en milieu liquide [1]. On parle de submersion lorsque la totalité de l'organisme est sous l'eau et d'immersion lorsque la face de la victime c'est-à-dire ses voies aériennes sont recouvertes par le liquide. La conséquence majeure et la plus néfaste de la noyade est l'hypoxie et la durée de cette hypoxie est le facteur essentiel qui conditionne le devenir des victimes de noyade.

Épidémiologie

L'OMS (Organisation mondiale de la santé) estime le nombre de décès annuels des noyades à 236000 [2]. Les hommes sont plus touchés que les femmes et les décès touchent particulièrement l'enfant de sexe masculin et ceux d'autant plus qu'il ne sait pas nager. Les adultes jeunes constituent le deuxième groupe à risque et la consommation d'alcool est un facteur favorisant rencontré dans plus de 70 % des décès par noyade.

En France, on a recensé en 2021 plus de 1400 noyades accidentelles, dont 394 décès [3]. Tous les âges sont concernés, mais particulièrement les enfants de moins de 6 ans et les personnes de plus de 45 ans (figure 11.1). Ces noyades surviennent pour la plupart en mer (46,5 %), en piscine privée (18,5 %), en cours d'eau (12 %) et en plan d'eau (11 %).

Circonstances de survenue

Toute noyade est provoquée par un événement qu'il soit intentionnel (tentative de suicide, homicide…) ou non.

La noyade peut provenir d'une incapacité de la personne à maintenir ses voies aériennes hors de l'eau à la suite :

- d'une chute accidentelle volontaire ou la survenue d'un traumatisme dans l'eau ;
- à l'impossibilité de fournir un effort nécessaire à maintenir la tête hors de l'eau à cause de crampes ou d'un épuisement (courant, baïnes) ;
- à un emprisonnement de la victime sous l'eau (bateau qui a coulé, victime incarcérée dans un véhicule).

La noyade peut être provoquée par une affection médicale (16 %) qui entraîne une perte de connaissance ou une altération des capacités physiques de l'individu comme la survenue d'une crise convulsive, d'un accident vasculaire cérébral, d'un trouble du rythme ou d'un arrêt cardiaque.

La noyade peut aussi survenir après un accident de plongée. Les problèmes spécifiques liés à

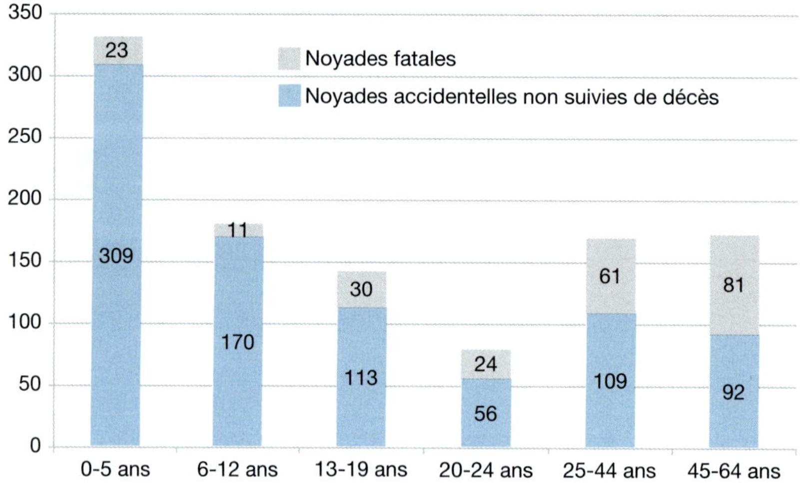

Figure 11.1. Nombre de noyades accidentelles suivies ou non de décès par classe d'âge, France, 1er juin au 30 septembre 2021 (n = 1 456).
Source : Surveillance épidémiologique des noyades. Résultats de l'enquête NOYADES 2021, 9791028907846, Ung A, Gautier A, Chatignoux E, Beltzer N, Santé publique France, 2022.

l'accident de plongée se surajoutent alors à ceux de la noyade [4].

L'hypothermie, la prise d'alcool ou de toxiques sont des facteurs qui, en altérant les capacités physiques et intellectuelles d'un individu, sont générateurs ou facilitateurs d'une noyade.

Physiopathologie

Les lésions observées au cours de la noyade sont la conséquence des phénomènes initiaux qui se produisent lors de l'immersion.

Réaction à l'immersion

La noyade débute dès lors que les voies aériennes de la victime se trouvent sous l'eau et que la victime s'arrête volontairement de respirer. Cet arrêt respiratoire est suivi d'un laryngospasme involontaire et d'une apnée réflexe réactionnelle aux premières gouttes de liquide qui pénètrent dans l'arbre trachéobronchique. Pendant cette phase, la victime avale le plus souvent une grande quantité d'eau, devient hypoxique, hypercapnique et présente rapidement une acidose métabolique [5]. Alors que la concentration artérielle en oxygène continue de s'effondrer, le laryngospasme se lève dans la grande majorité des cas et entraîne une irruption d'eau dans les voies aériennes sous l'effet de quelques mouvements respiratoires persistants. La quantité de liquide inhalé varie considérablement d'une victime à l'autre. Si la victime n'est pas sortie de l'eau et réanimée, un arrêt cardiaque survient en conséquence de l'hypoxie. Le cœur et le cerveau sont deux organes particulièrement sensibles à une hypoxie même si elle est de courte durée. Le développement d'une encéphalopathie postanoxique avec ou sans œdème cérébral est la cause principale des décès hospitaliers des victimes de noyades réanimées.

Conséquences respiratoires

La détresse respiratoire, depuis l'hypoxémie modérée, réagissant bien à l'administration d'oxygène jusqu'au syndrome de détresse respiratoire aiguë, domine le tableau clinique. Cette hypoxie est la conséquence de la période d'apnée et de l'irruption du liquide dans les voies aériennes. Cette irruption entraîne, quelle que soit la nature de l'eau, une altération pulmonaire (œdème lésionnel) par destruction du surfactant, un collapsus alvéolaire, des atélectasies et un effet shunt intrapulmonaire. Néanmoins, le fait que la détresse respiratoire soit rapidement résolutive [6] ainsi que l'intérêt thérapeutique grandissant pour la pression expiratoire positive suggère une possible participation hémodynamique à ce processus.

Conséquences cardiovasculaires

Les conséquences cardiovasculaires doivent être appréhendées comme la somme des modifications physiologiques inhérentes à la submersion dans le milieu liquide, à l'hypothermie et aux atteintes physiopathologiques de la détresse hypoxémique. Lors de la submersion d'un corps, il existe une augmentation du retour veineux et de la précharge cardiaque qui entraîne un accroissement du travail cardiaque et une libération de peptides natriurétiques par la mise en tension des cardiomyocytes. Ces peptides ont un effet diurétique et augmentent également la perméabilité vasculaire, ajoutant ainsi une composante hémodynamique à la détresse respiratoire en majorant l'œdème pulmonaire. L'hypovolémie constatée est due à la fuite de liquide vers l'interstitium pulmonaire et à la diarrhée liée à la charge osmotique de l'eau de mer déglutie et à l'hypoxie du tube digestif [4]. La souffrance cardiaque constatée est surtout hypoxique, majorée par la tachycardie et l'augmentation de la précharge qui accroît la demande myocardique en oxygène. Des anomalies électrocardiographiques en rapport avec l'hypoxémie, l'hypothermie et l'ischémie myocardique ont également été décrites au décours de la noyade (allongement du QT, fibrillation ventriculaire, bigéminisme, anomalies du segment ST).

Conséquences neurologiques

Les lésions neurologiques sont secondaires à l'hypoxie cérébrale, aux phénomènes ischémiques qu'elles engendrent et à la constitution d'un œdème cérébral. Ces lésions conditionnent le pronostic de la victime.

Conséquences hydroélectrolytiques

Les modifications de la volémie et l'apparition de troubles hydroélectrolytiques chez une victime de noyade sont plus dépendantes de la quantité de l'eau aspirée que de la qualité de l'eau. Pour que ces modifications apparaissent, il faut que le volume d'eau aspiré soit > 11 mL kg^{-1}. Pour qu'elles soient durables et aient des conséquences cliniques, il faut qu'elles soient au moins > 20 mL kg^{-1}, ce qui est rarement le cas chez les victimes survivantes initialement à une noyade [7]. Toutefois, il ne faut pas négliger les conséquences digestives et hydroélectrolytiques de l'eau déglutie (diarrhée) au décours de la noyade, d'où l'intérêt du drainage précoce de l'estomac.

Hypothermie

L'hypothermie chez la victime de noyade est constante, elle se constitue rapidement et relève de deux mécanismes de perte de chaleur [4]. Le premier est un mécanisme de perte calorique dans l'eau par conduction et convection, car la température de l'eau est toujours inférieure à la température de l'organisme puis par évaporation au cours de la phase initiale du sauvetage. Ce phénomène est amplifié chez le nourrisson et l'enfant en raison de l'importance relative de la surface cutanée par rapport au poids corporel. Le deuxième mécanisme est un refroidissement interne par le liquide principalement dégluti. L'hypothermie est un facteur aggravant, car elle augmente considérablement le métabolisme et la consommation d'oxygène de la victime et l'expose au risque de bradycardie, d'asystolie et de fibrillation ventriculaire [8].

La présence d'une hypothermie chez le noyé est de mauvais pronostic, car elle est toujours synonyme d'une importante durée de submersion.

Paradoxalement, des survies exceptionnelles sans séquelles neurologiques ont été constatées lors de la survenue d'une immersion prolongée dans l'eau « glacé » et ce particulièrement chez l'enfant [9,10]. L'effet protecteur cérébral d'une hypothermie d'installation rapide pourrait expliquer cette survie.

Les troubles de l'hémostase (thrombopénies, coagulopathies de consommation) et les complications infectieuses (pneumopathies) sont aussi des conséquences secondaires de l'hypothermie.

Clinique, classification des noyades

La noyade, ou du moins ses conséquences peuvent être classifiées selon l'évaluation clinique de l'état de conscience, de l'état respiratoire et circulatoire lors de la prise en charge initiale. Si Santé publique France adopte, dans son analyse épidémiologique, une classification en quatre stades (tableau 11.1) [3], la classification de Szpilman est plus adaptée à une description clinique de la victime et à sa prise en charge thérapeutique (figure 11.2) [11].

Prise en charge

Prise en charge préhospitalière

Le pronostic de la noyade se fixe au moment de la prise en charge initiale, n'autorise pas d'erreur d'appréciation, ni d'interruption de la chaîne des secours.

Dégagement et sauvetage

Toute personne victime de noyade doit être le plus rapidement possible retirée de l'eau tout en assurant la sécurité du ou des sauveteurs. Les premiers témoins peuvent porter assistance à une personne victime de noyade sans entrer dans l'eau, en lui parlant et en lui présentant un bâton, un vêtement ou en lui lançant une corde ou une bouée pour lui permettre de s'accrocher. Un sauveteur non spécialisé ne doit pas se mettre en danger, mais, au minimum, donner l'alerte. Une

Tableau 11.1. Stade de gravité de la noyade.
Stades de gravité selon l'Institut national français de veille sanitaire.

Stades	Conscience	Respiration	Circulation
Stade I « Aquastress » Inhalation : 0 Déglutition : +	Normale Épuisé/angoissé	Normale ± Polypnée	Normale ± Tachycardie
Stade II « Petite noyade ou petit hypoxique » Inhalation : + Déglutition : ++	Normale ± Agitation	Encombrement Toux, polypnée Cyanose modérée	Normale Tachycardie
Stade III « Grande noyade ou grand hypoxique » Inhalation : +++ Déglutition : +++	Agitation Obnubilation Coma réactif	Encombrement +++ Cyanose +++ Bradypnée, pauses	Normale HypoTA
Stade IV « Anoxique » Inhalation : +++++ Déglutition : +++++	Coma aréactif État de mort apparente	Gasp	ACR

ACR : arrêt cardiorespiratoire.
Source : D'après Ung A, Gautier A, Chatignoux E, et al. Surveillance épidémiologique des noyades. Résultats de l'enquête NOYADES 2021. Saint-Maurice: Santé publique France; 2022.

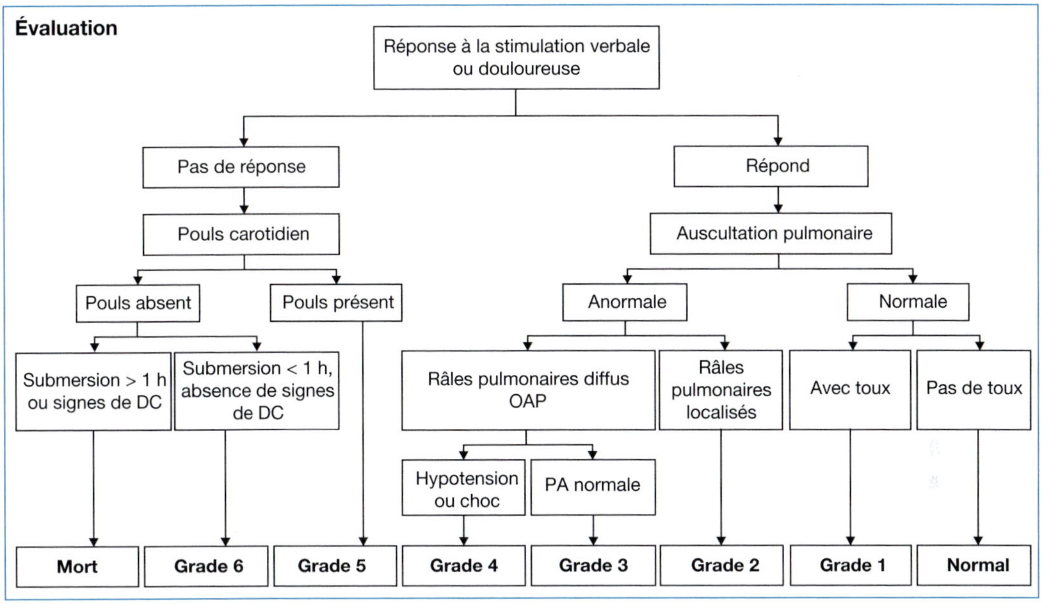

Figure 11.2. Classification de Szpilman.
Source : Szpilman D, Bierens JJLM, Handley AJ, et al. Drowning. N Engl J Med. 2012;366(22).

fois sorti de l'eau et dans l'attente des secours, le sauveteur réalise les gestes de premier secours nécessaire y compris une RCP (réanimation cardiopulmonaire) de base si la victime est en arrêt cardiaque [12]. L'intervention de sauveteurs spécialisés, formés et entraînés est souvent nécessaire pour réaliser le dégagement de la victime de l'eau. Ces derniers peuvent débuter une ventilation artificielle dans l'eau tout en dégageant la victime [13]. La sortie de la victime de l'eau doit se faire si possible en position horizontale afin de limiter le collapsus tensionnel lié à la levée de la contention hydrostatique. Des précautions particulières destinées à préserver la rectitude du rachis peuvent être prises lorsque les circonstances de l'accident (sport ou loisir avec utilisation de planche à eau ou équivalent, accident traumatique identifié, intoxication à l'alcool) ou les plaintes de la victime font évoquer un traumatisme médullaire. En l'absence de ces critères, le traumatisme du rachis est peu probable et la mise en place ou l'utilisation de dispositifs d'immobilisation n'est pas recommandée [12].

Gestes de premiers secours

Dès la sortie de l'eau, une évaluation de l'état de la victime est réalisée. La technique du bilan qui utilise la procédure « ABCDE » développée par les Anglo-Saxons est ici particulièrement adaptée. La prise en charge d'un ACR (arrêt cardiorespiratoire) ne diffère en rien de celle d'un arrêt cardiaque en général en dehors de l'intérêt d'initier des insufflations dès le début de la RCP (5 insufflations puis alternance 30 compressions thoraciques/2 insufflations).

Dès la sortie de l'eau, les sauveteurs doivent débuter une RCP en commençant par la ventilation artificielle devant toute victime de noyade inconsciente qui ne respire plus ou respire anormalement.

Pour lutter contre l'hypoxie, les sauveteurs peuvent administrer de l'oxygène en complément, en utilisant un masque à haute concentration (MHC) si la victime respire, ou à l'aide de l'insufflateur manuel si la victime est en arrêt cardiaque. Les régurgitations et l'inhalation de liquide gastrique sont fréquentes tant que les voies aériennes de la victime ne sont pas efficacement protégées. Devant une victime inconsciente qui vomit, le sauveteur doit immédiatement tourner la tête de la victime sur le côté et retirer les débris alimentaires présents dans la bouche. Si le matériel nécessaire est disponible, une aspiration de l'oropharynx à l'aide d'un aspirateur de mucosité vient compléter cette désobstruction.

Prise en charge en équipe médicalisée

La prise en charge de la victime par une équipe préhospitalière médicalisée doit être adaptée à l'état clinique de la victime (tableau 11.2). Elle a pour objectif :

- d'assurer la sécurité des voies aériennes de la victime en cas d'arrêt cardiaque ou de trouble de la conscience ;
- de lutter contre la défaillance respiratoire et l'hypoxie qu'elle génère ;
- de maintenir une stabilité cardiovasculaire et de limiter les effets de l'hypothermie ;
- de préparer l'accueil hospitalier de la victime.

Prise en charge hospitalière

Dès lors que la victime présente une détresse vitale, la poursuite de la prise en charge devra être réalisée dans une unité adaptée (SAU [service d'accueil des urgences], déchocage, réanimation).

Tableau 11.2. Prise en charge préhospitalière selon la classification de Szpilman.

Grade	Clinique	Conduite à tenir
6	Arrêt cardiaque	RCP avancée. Si la victime présente une température corporelle ≤ 30 °C, limiter le nombre de chocs électriques délivré à trois et poursuivre la RCP.
5	– Perte de connaissance. – Détresse respiratoire avec tachypnée. – Cyanose ou désaturation à l'oxymètre de pouls. – Râles diffus pulmonaires bilatéraux.	– Sédation sous induction à séquence rapide après oxygénation. – Intubation orotrachéale avec manœuvre de Sellick. – Vidange gastrique. – Ventilation artificielle sous oxygène et pression expiratoire positive (5 cm H_2O). – Remplissage sous surveillance de la PA. Utilisation des vasopresseurs rarement nécessaire. – Transport sous surveillance médicalisée vers l'établissement hospitalier de destination.
4	– Signes de détresse respiratoire objectifs. – Cyanose. – Hypotension artérielle. – Agitation, obnubilation.	– Oxygène à forte concentration puis adapté à la SpO_2. – Vidange gastrique. – Si pas d'amélioration en 10 minutes, sédation à séquence rapide, intubation et ventilation artificielle. – Remplissage en cas d'hypotension artérielle. – Transport sous surveillance médicalisée vers l'établissement hospitalier de destination.
3	– Tachypnée, toux, difficultés respiratoires. – Râles crépitants des champs pulmonaires. – Pâleur, cyanose des extrémités. – Désaturation en oxygène corrigée par l'administration d'oxygène. – Hémodynamique conservée. – Angoisse.	– Oxygène à forte concentration puis adapté à la SpO_2. Ventilation non invasive si possible. – Voie veineuse périphérique d'attente. – Monitorage de la ventilation et surveillance attentivement de la victime. – Évacuation de la victime vers un service hospitalier d'accueil pour surveillance.
2	– Toux. – Pouls rapide. – Rôles crépitants ou sibilants aux bases pulmonaires.	– Administration d'oxygène en inhalation. – Surveillance de la SpO_2. – La victime doit être hospitalisée, car il existe un risque de dégradation secondaire de la situation respiratoire.
1	– Pas d'inhalation d'eau. – Auscultation pulmonaire normale. – Angoisse.	– Rassurer. – Réchauffer. – Assurer un soutien psychologique.

RCP : réanimation cardiopulmonaire ; SpO_2: saturation de pouls en oxygène.
Source : Szpilman D, Bierens JJLM, Handley AJ, et al. Drowning. N Engl J Med. 2012;366(22):2102-10.

Le conditionnement systématique comprend une LVA (libération des voies aériennes) (canule de Guédel, aspiration…), l'oxygénothérapie (MHC 10-15 L min^{-1}), un collier cervical adapté, une VVP (voie veineuse périphérique) de bon calibre (18 et 16 G), le monitorage des paramètres vitaux, un ECG (électrocardiogramme). Une gazométrie artérielle et des lactates seront réalisés pour évaluer l'état de gravité. Cet examen pourra être répété en fonction de l'évolution. La pose d'un cathéter artériel (KTA) sera nécessaire en cas d'instabilité hémodynamique et permettra le suivi gazométrique. Une voie veineuse centrale (VVC) permettra l'administration de catécholamines.

Prise en charge respiratoire

Dans les noyades sévères, le tableau respiratoire est au premier plan et la prise en charge sera fonction de l'état clinique d'hypoxémie du patient et de son état général. L'inhalation d'eau entraîne un collapsus alvéolaire et un œdème alvéolaire que le mécanisme soit lésionnel ou hémodynamique.

Un certain nombre de patients vont évoluer vers un syndrome de détresse respiratoire aiguë (SDRA) défini par le rapport P_iO_2 (mmHg)/F_iO_2 < 200 et des images alvéolo-interstitielles bilatérales sans atteintes myocardiques. La physiologie est encore mal comprise mais d'après la littérature environ 20 % des noyés en détresse respiratoires évolueraient vers un SDRA [14].

Dans des études animales, la prise en charge en VNI (ventilation non invasive) aurait montré son efficacité [15,16]. En clinique, dans une série de 15 patients, l'administration d'une VNI précoce vs MHC aurait montré une résolution plus rapide de la détresse respiratoire [17]. Une étude rétrospective française menée dans 7 réanimations du pourtour méditerranéen de 2009 à 2012 s'est intéressée aux patients noyés en détresse respiratoire en analysant leur prise en charge. Sur 126 patients, 48 ont pu bénéficier de VNI avec seulement 2 échecs nécessitant la mise sous ventilation artificielle et une durée de séjour en réanimation plus courte [18]. Ces résultats montrent que chez les noyés sévères sans atteintes cérébrales une VNI de première intention aurait sa place. Après intubation orotrachéale (si indiquée), mise en place d'une sonde gastrique et d'une sonde vésicale pour surveiller la diurèse. Concernant l'antibiothérapie, elle n'est pas systématique et une série de cas à montrer que l'incidence des pneumopathies était faible de l'ordre de 15 %. Une antibiothérapie sera recommandée si inhalation d'eau contaminée.

Prise en charge des complications neurologiques

L'œdème cérébral est classique chez le noyé comateux en réanimation. Il est la conséquence de l'état d'hypoxémie du patient noyé sévère. Une prévention des facteurs d'agression cérébrale secondaire d'origine systémique (ACSOS) est la règle. Le monitorage de la pression intracrânienne (PIC) peut se discuter. Des prises en charge spécifiques associant hypothermie thérapeutique, barbituriques et corticothérapie n'ont pas montré de supériorité par rapport à une prise en charge standardisée [19]. La place de l'oxygénation par circulation du sang sur membrane extracorporelle (ECMO) est encore à préciser. Il existe quelques cas publiés dans la littérature. Ko Ho Hyun [20] a publié une série de 9 patients noyés graves ayant bénéficié de la mise en place d'une ECMO précoce pour un arrêt cardiaque ($n = 2$), soit pour un SDRA ($n = 7$). Sept patients sont sortis de l'hôpital sans séquelles neurologiques et 2 sont décédés.

Pronostic

Le devenir d'une personne victime de noyade est très difficile, sinon impossible à établir finement pour un individu donné. La souffrance cérébrale en est le déterminant principal. L'ensemble des travaux publiés s'accorde sur le caractère essentiel de la précocité de la réanimation préhospitalière [21], la durée de submersion [22] et la gravité de l'état clinique initial de la victime (tableau 11.3) [11].

De nombreux indicateurs numériques ont été construits dans le but d'évaluer le pronostic chez l'enfant. Le score de Glasgow (CGS) semble corrélé à une récupération neurologique complète [23]. D'autres scores ont été proposés (score d'Orlowski, PRISM (*Pediatric Risk of Mortality*), classification de Christensen), toutefois aucun ne permet de prédire avec certitude la présence ou

Tableau 11.3. Score prédictif de mortalité.

Stade	Description clinique	Mortalité (%)
I	Auscultation pulmonaire normale, avec toux	0
II	Auscultation pulmonaire anormale, quelques râles	0,6
III	Œdème pulmonaire aigu sans hypotension artérielle	5,2
IV	Œdème pulmonaire aigu avec hypotension artérielle	19,4
V	Arrêt respiratoire isolé	44
VI	Arrêt cardiorespiratoire	93

Source : Szpilman D, Bierens JJLM, Handley AJ, et al. Drowning. N Engl J Med. 2012;366(22):2102-10.

l'absence de séquelles [24-26]. L'hypothermie est un facteur pronostique de survie discuté. Bien que des observations exceptionnelles de survie après submersion prolongée en eau très froide soient décrites, dans la plupart des situations, la température de l'eau ne semble pas avoir d'effet protecteur sur le pronostic neurologique [27].

Toutes les victimes de noyade quels que soient leur âge et leur état clinique doivent être admises à l'hôpital. Si la prise en charge des patients graves ne pose pas de réel problème d'orientation, le maintien en surveillance ou pas des victimes moins sévères est à considérer. Causey et al. estiment que les patients qui arrivent à l'hôpital avec un CGS ≥ 13, dont la SaO_2 (saturation artérielle de l'hémoglobine en oxygène) > 95 % en air ambiant, dont l'auscultation pulmonaire est normale et qui restent stables pendant 4 à 6 heures aux urgences, ne présentent jamais de complications et peuvent regagner leur domicile [28].

Conclusion

La noyade est une cause importante de décès en Europe et particulièrement en France. La conséquence majeure et la plus néfaste de la noyade est l'hypoxie, c'est pourquoi lors de la prise en charge d'une victime de noyade, l'oxygénation, la ventilation et la circulation doivent être restaurées le plus précocement possible. La RCP de base précoce par les premiers témoins, poursuivie par des équipes spécialisées et médicalisés sur les lieux mêmes de l'accident, est essentielle pour améliorer le pronostic et la survie des victimes. L'amélioration de la prise en charge hospitalière des victimes dont le but est de rendre le pronostic neurologique meilleur est basée sur le recueil des données, la poursuite d'études cliniques et la mise en œuvre de nouvelles méthodes thérapeutiques. Le développement et la mise en œuvre de mesures de prévention préconisés par l'OMS et destinés à la population sont absolument nécessaires si l'on veut faire diminuer la fréquence des noyades et leur sombre pronostic.

Références

[1] Idris AH, Berg RA, Bierens J, et al. Recommended guidelines for uniform reporting of data from drowning: the "Utstein style". Circulation 2003 ; 108(20) : 2565-74. doi:10.1161/01.cir.0000099581.70012.68.

[2] World Health Organization. Global report on drowning : preventing a leading killer. Genève : World Health Organization ; 2014.

[3] Ung A, Gautier A, Chatignoux E, Beltzer N. Surveillance épidémiologique des noyades. Résultats de l'enquête NOYADES 2021. Saint-Maurice : Santé publique France ; 2022.

[4] Mercier L, Rondeau N, Ronchi L. Noyades. EMC Urgences 2006 [Article 24-115-A-15].

[5] Layon AJ, Modell JH. Drowning : update 2009. Anesthesiology 2009 ; 110(6) : 1390-401.

[6] Gregorakos L, Markou N, Psalida V, et al. Near-drowning : clinical course of lung injury in adults. Lung 2009 ; 187(2) : 93-7.

[7] Michelet P, Dusart M, Boiron L, et al. Drowning in fresh or salt water : respective influence on respiratory function in a matched cohort study. Eur J Emerg Med 2019 ; 26(5) : 340-4.

[8] Steinman AM. Cardiopulmonary resuscitation and hypothermia. Circulation 1986 ; 74(6 Pt 2) : IV29-32.

[9] Bolte RG, Black PG, Bowers RS, Thorne JK, Corneli HM. The use of extracorporeal rewarming in a child submerged for 66 minutes. JAMA 1988 ; 260(3) : 377-9.

[10] Wollenek G, Honarwar N, Golej J, Marx M. Cold water submersion and cardiac arrest in treatment of severe hypothermia with cardiopulmonary bypass. Resuscitation 2002 ; 52(3) : 255-63.

[11] Szpilman D, Bierens JJLM, Handley AJ, Drowning Orlowski JP. N Engl J Med 2012 ; 366(22) : 2102-10.

[12] Wyckoff MH, Singletary EM, Soar J, et al. 2021 international consensus on cardiopulmonary resuscitation and emergency cardiovascular care science with treatment recommendations : summary from the basic life support ; advanced life support; neonatal life support ; education, implementation, and teams ; first aid task forces ; and the COVID-19 working group. Circulation 2022 ; 145(9) : e645-721.

[13] Szpilman D, Soares M. In-water resuscitation — is it worthwhile ? Resuscitation 2004 ; 63(1) : 25-31.

[14] Ranieri VM, Rubenfeld GD, Thompson BT, et al. Acute respiratory distress syndrome : the Berlin definition. JAMA 2012 ; 307(23) : 2526-33.

[15] Lindner KH, Dick W, Lotz P. The delayed use of positive end-expiratory pressure (PEEP) during respiratory resuscitation following near drowning with fresh or salt water. Resuscitation 1983 ; 10(3) : 197-211.

[16] Bergquist RE, Vogelhut MM, Modell JH, Sloan SJ, Ruiz BC. Comparison of ventilatory patterns in the treatment of freshwater near-drowning in dogs. Anesthesiology 1980 ; 52(2) : 142-8.

[17] Brahmi N, Amanou H, Ajmi S, et al. Intérêt de la ventilation non invasive au cours des noyades. Abstract du congrès de la SRLF 2003. Reanimation 2002 ; 11(Suppl 3) : sp29.

[18] Charmensat O, Michelet P, groupe AZUREA, et al. Prise en charge de la noyade en région PACA-Languedoc. Étude rétrospective observationnelle, multicentrique sur 118 observations. Données préliminaires. Abstract du congrès de la SRLF. Paris : Février ; 2013.

[19] Bohn DJ, Biggar WD, Smith CR, Conn AW, Barker GA. Influence of hypothermia, barbiturate therapy, and intracranial pressure monitoring on morbidity and mortality after near-drowning. Crit Care Med 1986 ; 14(6) : 529-34.

[20] Kim KI, Lee WY, Kim HS, Jeong JH, Ko HH. Extracorporeal membrane oxygenation in near-drowning patients with cardiac or pulmonary failure. Scand J Trauma Resusc Emerg Med 2014 ; 22 : 77.

[21] Jeong J, Hong KJ, Shin SD, et al. Relationship between drowning location and outcome after drowning-associated out-of-hospital cardiac arrest : nationwide study. Am J Emerg Med 2016 ; 34(9) : 1799-803.

[22] Quan L, Bierens JJLM, Lis R, et al. Predicting outcome of drowning at the scene : a systematic review and meta-analyses. Resuscitation 2016 ; 104 : 63-75.

[23] Dean JM, Kaufman ND. Prognostic indicators in pediatric near-drowning : the Glasgow coma scale. Crit Care Med 1981 ; 9(7) : 536-9.

[24] Orlowski JP. Prognostic factors in pediatric cases of drowning and near-drowning. JACEP 1979 ; 8(5) : 176-9.

[25] Zuckerman G, Santos S, Gregory P. Predictors of death and neurologic impairment in pediatric submersion injuries : the pediatric risk of mortality score. Arch Pediatr Adolesc Med. 1998 Feb ; 152(2) : 134-40.

[26] Christensen DW, Jansen P, Perkin RM. Outcome and acute care hospital costs after warm water near drowning in children. Pediatrics 1997 ; 99(5) : 715-21.

[27] Quan L, Mack CD, Schiff MA. Association of water temperature and submersion duration and drowning outcome. Resuscitation 2014 ; 85(6) : 790-4.

[28] Causey AL, Tilelli JA, Swanson ME. Predicting discharge in uncomplicated near-drowning. Am J Emerg Med 2000 ; 18(1) : 9-11.

Chapitre 12

Les accidents de la plongée en apnée

Arnaud Druelle, Lucile Daubresse, Jean-Éric Blatteau

Points clés

- Les accidents spécifiques de la pratique de la plongée en apnée peuvent être répertoriés selon leurs mécanismes physiopathologiques.
- L'accident à redouter est de type toxique avec la syncope hypoxique, responsable chaque année de 15 à 20 décès par noyade sur nos côtes.
- Les barotraumatismes ORL sont les accidents les plus fréquents avec notamment l'atteinte de l'oreille interne qui nécessite un bilan spécialisé.
- Les œdèmes pulmonaires d'immersion sont régulièrement observés chez l'apnéiste et nécessitent une prise en charge hospitalière.
- Une forme spécifique d'accident de décompression appelé syndrome de *taravana* peut parfois survenir chez l'apnéiste profond.

Introduction

La plongée en apnée est une immersion avec interruption temporaire volontaire de l'automatisme ventilatoire, responsable d'une situation d'hypoxie progressive avec une phase initiale de « bien-être » suivie d'une « phase de lutte » jusqu'à l'envie incoercible de ventiler. Le facteur limitant la tenue de l'apnée est la consommation d'oxygène (O_2) par la respiration cellulaire. Des adaptations physiologiques vont se mettre en place face à cette situation de stress pour assurer l'intégrité de l'organisme : préserver les organes « oxygénosensibles » (cœur/cerveau) et diminuer la consommation d'O_2 jusqu'à un certain seuil d'enclenchement réflexe de la rupture de l'apnée avec le besoin impérieux de respirer associé à des contractions diaphragmatiques (voir chapitre 3). Des mécanismes physiologiques adaptatifs permettent d'améliorer la tolérance et la durée des apnées avec l'entraînement.

Bénéficiant d'une popularité qui ne cesse d'augmenter, la pratique de l'apnée revêt diverses formes, chaque discipline possédant ses propres règles et records, qui évoluent régulièrement :

- les apnées en piscine ou *indoor* :
  - statiques (STA), où il faut rester le plus longtemps possible sans faire de mouvement (record actuel à plus de 11 min),
  - dynamiques (DYN), où il faut parcourir la plus grande distance horizontale, avec palmes (nage avec palmes — NAP) ou sans palmes (*Dynamic No Fin* — DNF), dont les records actuels sont de 301 et 250 m, respectivement ;
- les apnées en profondeur et en mer ou *outdoor* :
  - en immersion libre (*Free Immersion* — FIM), où l'apnéiste descend et remonte sans palme, en s'aidant du filin qui le guide,
  - à poids constant (*Constant Weight* — CWT), où l'apnéiste descend et remonte avec un lestage sans toucher le filin qui le guide ; se pratique avec monopalme, bipalmes (CWTB) ou sans palme (*Constant Weight No Fin* — CNF),
  - à poids variable (*Variable Weight* — VWT), où l'apnéiste descend avec l'aide d'une

gueuse (maximum 30 kg) et remonte à la force de ses palmes ou en s'aidant du câble, avec possibilité d'épreuves sans palme (*Variable No Fins* — VNF),
- *No Limit* (NL), où l'apnéiste descend avec une gueuse et remonte sur son parachute, dont le record actuel est de 214 m.

D'autres disciplines utilisent l'apnée comme méthode de plongée : la chasse sous-marine, le hockey ou le rugby subaquatique, la natation synchronisée...

Pour pratiquer l'apnée en toute sécurité, il est recommandé d'intégrer un club comprenant des encadrants formés selon des référentiels reconnus (FFESSM [Fédération française d'études et de sports sous-marins], AIDA [Association internationale pour le développement de l'apnée], CMAS [Confédération mondiale des activités subaquatiques], par exemple).

L'objectif pour l'apnéiste compétiteur ou débutant est d'améliorer son temps en apnée ou d'atteindre des profondeurs de plus en plus importantes, ces deux objectifs pouvant être combinés.

Du point de vue physiologique, l'apnéiste est soumis à diverses contraintes (voir chapitre 3) :

- l'immersion qui entraîne un transfert sanguin ou *blood shift* de la périphérie vers le bloc cœur-poumon ;
- des variations de la pression ambiante (sauf cas particulier de l'apnée en surface), avec la modification des volumes gazeux de l'organisme ;
- des modifications des concentrations alvéolaires et tissulaires d'oxygène et du CO_2 (dioxyde de carbone) secondaires à l'interruption volontaire de la ventilation ;
- des réponses réflexes cardiovasculaires (bradycardie, vasoconstriction, contraction splénique) et ventilatoires.

Si la majeure partie des accidents liés à la pratique de l'apnée sont des accidents communs à toute situation d'immersion et/ou de variation de pression, certains accidents sont spécifiques à cette pratique.

Le risque principal est la perte de connaissance (PC) par hypoxie aiguë dont la complication majeure est la noyade par reprise ventilatoire en pleine eau avec malheureusement la survenue d'une dizaine de décès par an sur nos côtes.

Dans ce chapitre ne seront abordés que les accidents survenant en apnée volontaire immergée.

Accidents spécifiques de la pratique de l'apnée

Accidents toxiques

Perte de connaissance hypoxique

L'accident le plus grave en apnée est la perte de connaissance (PC) hypoxique. Elle survient sans prodrome lors de la remontée. La reprise de conscience est rapide dès le retour en surface, en respirant l'air ambiant. Il n'y a généralement pas de déficit post-critique à la différence de la crise hyperoxique.

Le facteur limitant de l'apnée est la persistance de la consommation d'O_2 par les cellules alors que les échanges gazeux ventilés sont interrompus. Il en découle une baisse des pressions d'oxygène alvéolaire (PAO_2) et artérielle (PaO_2) de manière progressive, à l'origine de l'hypoxie cérébrale. Lors de l'apnée avec immersion en profondeur, ce phénomène est au début masqué par l'augmentation de pression, qui se traduit par une élévation transitoire de la PAO_2 permettant le maintien d'un gradient de pression des alvéoles vers les capillaires. Ce phénomène n'existe pas en apnée en surface, sans variation de pression.

Lors de la remontée, la survenue de l'hypoxie est consécutive à la consommation cellulaire d'O_2 et à la chute de la PAO_2 selon la loi de Dalton. La perte de connaissance hypoxique survient ainsi préférentiellement pendant la remontée ou en surface.

Si la reprise ventilatoire survient en eau, le risque de noyade est réalisé, avec une inondation trachéobronchique pouvant engager le pronostic vital.

Des signes précurseurs d'hypoxie doivent alerter le plongeur d'assistance en charge de la surveillance de l'apnéiste : il s'agit de troubles posturaux avec des mouvements incontrôlés et saccadés de l'extrémité céphalique appelés « samba » par référence à la danse du même nom, avec un état confusionnel transitoire.

Le contrôle ventilatoire est sous la dépendance de chémorécepteurs carotidiens et centraux sensibles aux variations d'O_2, de CO_2 et de pH (stimuli humoraux), et de mécanorécepteurs pulmonaires (stimuli pariétaux). La réponse réflexe effectrice aboutit à une contraction involontaire des muscles inspiratoires. On retrouve la PC hypoxique dans différentes situations de contrôle ventilatoire dépassé :

- stimuli pariétaux « non écoutés » et consommation d'O_2 dépassée. Les stimuli pariétaux sont les premiers à être ressentis par un système d'afférence-efférence sur les muscles intercostaux et diaphragmatiques. Cela provoque des contractions douloureuses qui indiquent le besoin de respirer pour l'organisme. L'entraînement physique et mental peut réussir à surpasser cette sensation désagréable mais qui reste cependant un indicateur physiologique important de nécessité de reprise ventilatoire ;
- stimuli humoraux modifiés, inhibant le besoin de respirer. La soif d'air irrépressible est en effet en partie déclenchée par l'élévation de la pression partielle artérielle en CO_2 ($PaCO_2$) au cours de l'apnée via les chémorécepteurs périphériques et centraux sensibles aux variations de $PaCO_2$ et du pH. Dans le cas d'une hyperventilation préalable (qui est fortement déconseillée), l'apnéiste va d'une part un peu augmenter sa PAO_2 mais surtout significativement diminuer sa $PaCO_2$ inhibant ainsi le stimulus déclencheur de la respiration avant que l'hypoxie ne soit critique (figure 12.1).

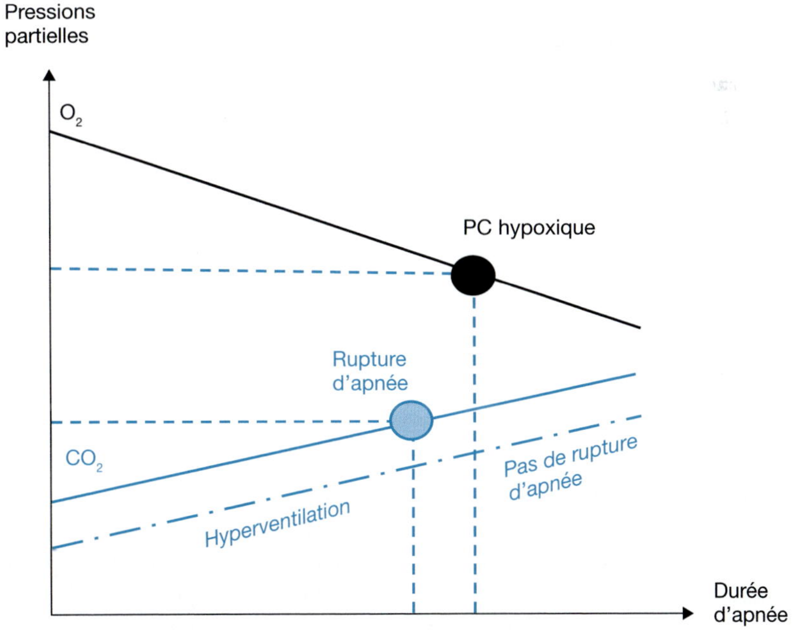

Figure 12.1. Modifications des pressions partielles des gaz en apnée.
La figure montre l'évolution des pressions partielles d'O_2 et de CO_2 en fonction de la durée de l'apnée. Le seuil de déclenchement du point de rupture d'apnée (sous l'influence de l'élévation du CO_2) est atteint avant le seuil de perte de connaissance hypoxique, en l'absence d'hyperventilation.

À noter que d'autres mécanismes de perte de connaissance en apnée sont possibles à type de syncope cardiaque ou lors d'un OPI (œdème pulmonaire d'immersion) majeur (voir paragraphes suivants).

Narcose

La narcose en apnée est assez rare et survient essentiellement chez des apnéistes « profonds » capables de descendre au-delà de 40 m souvent avec des vitesses de descente rapide (utilisation de scooter sous-marin par exemple). Elle peut engendrer un état confusionnel avec des erreurs de jugement, une désorientation spatiale et des perceptions sensorielles altérées.

Hypercapnie

Elle survient dans des contextes très particuliers d'apnées répétées associées à des efforts physiques intenses, comme la pratique du hockey subaquatique ou de chasse sous-marine. Des durées prolongées d'activité sur plusieurs heures, associées à des périodes très courtes de récupération en surface dans un contexte d'efforts de palmage intense, contribuent à la production et à l'accumulation de CO_2 dans l'organisme. Il en résulte une hypercapnie souvent responsable de céphalées et de nausées, mais rarement d'une perte de connaissance.

Barotraumatismes ORL et pulmonaires

Barotraumatismes ORL

Les mécanismes sont identiques à ceux de la plongée en scaphandre autonome (voir chapitre 7). Néanmoins, les manœuvres d'équilibration varient en apnée par rapport à celles pratiquées en plongée en scaphandre autonome. L'apnéiste dispose de moins de réserve d'air pour équilibrer d'où un apprentissage spécifique nécessaire pour éviter une incidence forte des barotraumatismes ORL (oto-rhino-laryngologiques) notamment de l'oreille moyenne et de l'oreille interne (BTOM et BTOI). L'efficacité des manœuvres de Valsalva est limitée en apnée et elle génère des « coups de piston » itératifs de l'étrier sur l'oreille interne. Il faut donc préférer d'autres méthodes de compensation comme la manœuvre de Frenzel ou la béance tubaire volontaire. La technique de la « carpe inversée » ou *reverse packing* est une méthode utilisée par certains apnéistes profonds au-delà de 40 m pour faciliter l'équilibration de l'oreille moyenne. L'apnéiste s'entraîne à vider ses poumons « bouche pleine », avec un équivalent de manœuvre d'équilibration de Frenzel.

Par ailleurs, la vitesse de descente de l'apnéiste est volontiers plus rapide que celle du plongeur en scaphandre autonome, facteur facilitant le risque barotraumatique. Les BTOI sont fréquents avec apparition de sensations vertigineuses et de nausées en rapport à une atteinte vestibulaire ou d'acouphènes témoignant d'une atteinte cochléaire. La prise en charge n'est pas spécifique avec mise en route d'une corticothérapie orale et un bilan ORL complet (audiogramme et vidéonystagmogramme) afin d'éliminer une fistule périlymphatique et de déterminer le niveau d'atteinte de l'oreille interne.

D'autres formes de barotraumatismes mineurs sont possibles notamment au niveau oculaire par placage du masque, par oubli de compenser la dépression qui règne dans l'espace mort du masque lors de la descente.

Des barotraumatismes dentaires ou digestifs avec gastralgies sont également possibles en cas de répétition d'apnées sur des durées prolongées.

Barotraumatismes pulmonaires

La pratique de l'apnée entraîne une dépression ou *squeeze* pulmonaire lors de la phase de descente. On a longtemps considéré que les symptômes respiratoires observés chez l'apnéiste relevaient de ce mécanisme. Le *squeeze* pulmonaire s'avère en fait facteur favorisant de l'œdème pulmonaire d'immersion, très fréquent chez l'apnéiste, qui sera traité dans le paragraphe suivant.

En revanche, d'autres formes de barotraumatismes pulmonaires en apnée peuvent être favorisées par les techniques glossopharyngées, appelées communément la « carpe » ou *lung packing* [1]. Cela consiste, après une inspiration maximale, à avoir de petites inspirations complémentaires lèvres pincées pour compacter un plus grand volume d'air. Le but est d'augmenter la capacité pulmonaire totale (CPT) d'environ 1,5 à 2 L supplémentaires : on parle d'hyperinflation avant immersion [2]. L'intérêt pour l'apnéiste est « d'emmagasiner » une plus grande réserve d'O_2 et ainsi de prolonger le temps d'apnée. Les risques de cette pratique sont la création de microlésions alvéolaires, s'aggravant lors du *squeeze* pulmonaire, pouvant ainsi favoriser la survenue d'un barotraumatisme pulmonaire.

Chez l'apnéiste, l'inhalation d'un gaz de plongée au fond (fourni par un plongeur en scaphandre par exemple) est une pratique fortement déconseillée, car elle peut être responsable d'un barotraumatisme pulmonaire explosif lors de la remontée, si l'expiration est réalisée tardivement ou en surface.

Accidents d'origine cardiaque ou pulmonaire : syncope, œdème pulmonaire d'immersion (OPI)

L'apnée favorise le réflexe de plongée ou *diving reflex* (vestige de l'adaptation de l'homme au milieu maritime) : apparition d'une bradycardie (environ 20 % de la fréquence cardiaque de repos) et d'une vasoconstriction périphérique dans le but de limiter la consommation d'O_2 et de préserver les organes nobles oxygénodépendants. On observe également une augmentation de la pression artérielle et une diminution du débit cardiaque.

L'immersion de la face amplifie la bradycardie par activation des thermorécepteurs du visage et du nerf trijumeau. Le *blood shift* accentue la précharge cardiaque ; le froid va accentuer la vasoconstriction périphérique.

De par ces contraintes imposées au système cardiologique, des perturbations électrocardiographiques sont fréquemment retrouvées chez les apnéistes, à type de troubles du rythme (extrasystoles ventriculaires, blocs auriculo-ventriculaires…) qui peuvent se coupler à des modifications de la balance du système sympathique/parasympathique susceptibles d'entraîner des syncopes vasovagales.

Syncopes d'origine cardiaque

Une syncope peut survenir chez l'apnéiste par trouble du rythme ou de la conduction cardiaque. Cette perte de connaissance à l'emporte-pièce est favorisée par différents mécanismes dont la bradycardie d'immersion, l'hypoxie, l'acidose, le froid ou encore les manœuvres glossopharyngées. Elle peut être à l'origine de la découverte d'une pathologie cardiaque sous-jacente méconnue.

Un autre mécanisme de syncope sur terrain prédisposant a été évoqué : il s'agit de la survenue de syncopes vasovagales chez des sujets présentant une adénosine plasmatique basale élevée associée à une bradycardie réflexe marquée (suggérant l'implication des récepteurs A1 de l'adénosine) [3].

Le risque majeur de la syncope cardiaque est la perte de connaissance avec noyade secondaire.

Œdème pulmonaire d'immersion

La survenue d'une hémoptysie plus ou moins associée à d'autres symptômes respiratoires (dyspnée, toux, crachats, oppression thoracique) est fréquente dans un contexte d'apnée. Ces symptômes relèvent habituellement d'un OPI avec une physiopathologie dans un contexte d'apnée qui est différente de l'OPI en scaphandre autonome.

En apnée, plusieurs phénomènes vont favoriser la survenue de l'OPI (figure 12.2) :

- l'effet important de la dépression alvéolaire avec le *squeeze* pulmonaire ;
- l'effet de l'immersion : le *blood shift* avec l'augmentation de la pression capillaire et l'augmentation de la précharge, majorée par le *squeeze pulmonaire* ;
- le rôle majeur de l'hypoxie qui augmente la précharge par veinoconstriction de la circulation pulmonaire ;
- l'effet du *diving reflex* : la vasoconstriction périphérique avec augmentation de la postcharge aggravée par les « coups de piston » des contractions diaphragmatiques créant de fortes dépressions au niveau pulmonaire ;
- on peut aussi s'interroger sur l'effet d'autres facteurs contributifs comme la technique de la carpe créant des microeffractions alvéolaires avant l'immersion.

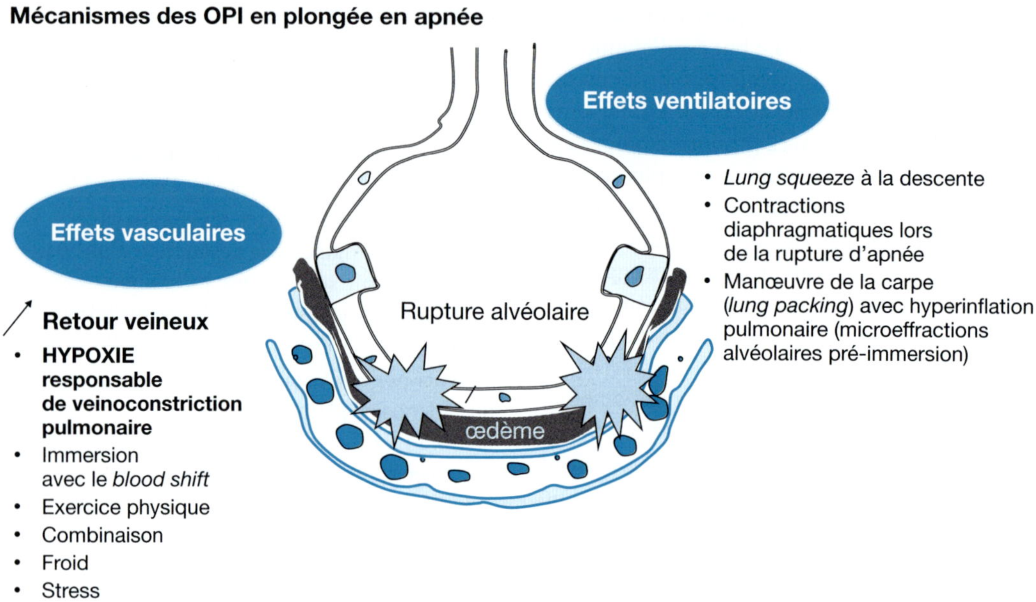

Figure 12.2. Les différents mécanismes évoqués dans la survenue des OPI en apnée.

En imagerie thoracique, il est classique de retrouver des images scannographiques en verre dépoli avec une distribution périhilaire, sans que cette localisation soit exclusive de l'OPI de l'apnéiste (figure 12.3).

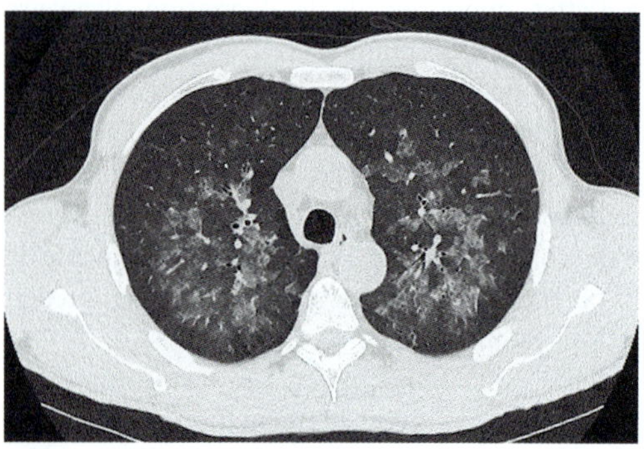

Figure 12.3. Scanner thoracique d'OPI avec atteinte diffuse des deux champs pulmonaires.
Apnées répétées entre 10 et 20 m, dernière apnée suivie de crachats sérosanglants avec malaise différé et perte de connaissance brève.
Source : HIA Sainte-Anne, Toulon.

De plus, les victimes d'OPI nécessitent une surveillance médicale hospitalière les 24 premières heures suivant l'accident car il peut entraîner la décompensation d'une cardiopathie sous-jacente, jusque-là silencieuse ou générer une cardiopathie de stress de type Tako-Tsubo (voir chapitre 10). Certains plongeurs apnéistes présentant régulièrement des signes respiratoires modérés au décours des apnées peuvent être tentés de ne pas aller consulter, ce qui est une erreur importante. En effet, d'une part, le niveau d'atteinte pulmonaire n'est pas corrélé à la clinique et, d'autre part, les complications cardiaques ne sont pas forcément identifiables sans bilan.

Accidents neurologiques en apnée

Longtemps source de questionnements physiopathologiques, la majorité des experts actuels estime que l'apnéiste peut être victime d'un accident bullaire après une plongée en apnée [4], rattachant ainsi la survenue de symptômes neurologiques après certaines apnées aux accidents de décompression. Initialement appelé syndrome de *taravana*, cette entité a été décrite pour la première fois en 1956, par le Dr Truc, médecin des Troupes de Marine, dans les îles Tuamotu. *Taravana* veut dire « devenir fou » en langue polynésienne. Ce syndrome regroupant des troubles neurologiques cérébraux, parfois paralytiques, avec des tableaux psychiques a été décrit chez les pêcheurs de perles, qui réalisaient des plongées profondes en apnées grâce à des lests, avec des vitesses de remontée rapides, et des intervalles en surface relativement courts. D'autres observations ont été faites plus tard chez les *Ama* japonaises, qui réalisaient aussi des apnées répétitives et longues, occasionnant des ADD (accidents de désaturation ou de décompression) cérébraux, authentifiés par IRM (imagerie par résonance magnétique). Même si l'apnéiste ne ventile pas en pression, il subit une saturation en azote qui peut aboutir à l'accident [5].

Pour le médecin hyperbariste, la clinique des ADD en apnée, exclusivement cérébraux, est bien différente de la clinique des ADD en scaphandre autonome, dominée par les ADD médullaires. La physiopathologie, incomplètement élucidée dans les deux cas, est probablement différente dans le cas de l'apnée avec une charge azotée plus faible qu'en plongée en scaphandre autonome.

Une des théories souvent rapportée est que le syndrome de *taravana* est lié à l'embolisation de bulles de gaz d'origine veineuse franchissant un shunt droite-gauche (*foramen ovale* ou shunt pulmonaire). L'hypoxie pourrait jouer un rôle en favorisant le recrutement des shunts pulmonaires, permettant aux bulles d'azote veineuses de passer dans la circulation artérielle. Cependant, les bulles circulantes dans la circulation veineuse après une apnée sont rarement détectées et généralement en petite quantité.

L'hypothèse alternative est que les bulles se formeraient directement au niveau du cerveau, qui est un tissu « rapide » très bien vascularisé. Les dernières données d'imagerie suggèrent un aspect proche d'un syndrome neurologique particulier, appelé « PRES » pour *Posterior Reversible Encephalopathy Syndrom* (syndrome d'encéphalopathie postérieure réversible), lié à une atteinte de la barrière hématoencéphalique par inflammation et hypoxie locale et/ou secondaire à des poussées hypertensives (figure 12.4). Les variations de pression rapides en apnée, l'hypoxie et la formation de bulles au niveau des capillaires cérébraux pourraient altérer le fonctionnement de cette barrière avec une perte de l'autorégulation cérébrale, à l'origine d'un œdème vasogénique ou cytotoxique [6]. Un tel syndrome a été décrit dans les suites d'une plongée, dont le traitement par oxygénothérapie hyperbare a été salvateur [7]. La prise en charge d'un syndrome de *taravana* est celle d'un ADD avec oxygénothérapie normobare dès que possible et évacuation vers un centre hyperbare dans les meilleurs délais. En présence d'un syndrome de *taravana*, l'imagerie cérébrale en urgence permet d'éliminer un diagnostic différentiel d'AVC (accident vasculaire cérébral) (spasme ou thrombose par dissection, hémorragie). Elle doit être complétée par un scanner thoracique en cas de suspicion d'embolie gazeuse cérébrale d'origine barotraumatique. Lorsque le diagnostic est établi, la recompression permet souvent la résolution des symptômes cérébraux sans séquelles.

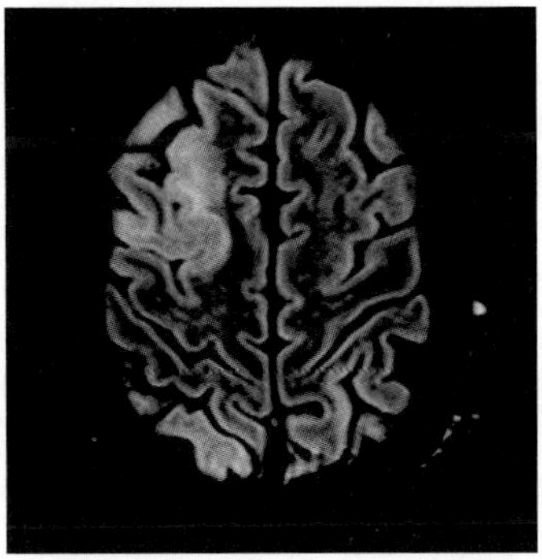

Figure 12.4. IRM cérébrale d'un syndrome de *taravana* évoquant un PRES lors d'apnées répétées à 40 m avec des remontées rapides en scooter sous-marin.
Source : HIA Sainte-Anne, Toulon.

Effets de l'entraînement

Un entraînement régulier et bien mené permet d'augmenter la tolérance à l'apnée et de prévenir la survenue d'accidents.

Il est constaté chez les apnéistes de haut niveau :

- une meilleure réponse cardiovasculaire avec une bradycardie d'apparition plus rapide et plus marquée, ainsi qu'une vasodilatation plus importante au niveau cérébral (meilleure protection contre l'hypoxie) ;
- une meilleure réponse du contrôle ventilatoire avec une plus grande tolérance à l'hypercapnie et à l'hypoxie avec un déclenchement de la phase de lutte plus tardive. On observe également une augmentation des volumes pulmonaires ;
- une amélioration de la contraction splénique favorisant la libération de globules rouges et de leucocytes ;
- une meilleure lutte contre le stress oxydatif avec une diminution de la lactatémie et de la production de radicaux libres d'O_2.

Conclusion

L'apnée est une pratique sportive vertueuse sur le plan physique et psychologique. Néanmoins, les contraintes cardiorespiratoires sur l'organisme imposent un entraînement régulier et progressif avec un suivi médical adapté. Les accidents restent rares mais peuvent s'avérer mortels. La perte de connaissance reste la « bête noire » de l'apnéiste. La connaissance des accidents en apnée est essentielle pour rédiger le certificat médical d'absence de contre-indication (CACI) qui est requis pour la pratique de certaines activités d'activités d'apnées.

Il est important de rappeler les consignes de sécurité pour prévenir de la perte de connaissance en eau :

- plonger à deux au minimum, avec surveillance d'un plongeur par l'autre ;
- ne pas hyperventiler avant l'apnée ;
- ne pas se focaliser sur l'objectif à atteindre ;
- se relâcher au maximum avant et pendant la plongée ;
- planifier la profondeur maximale avant l'immersion et ne pas la dépasser ;
- ne pas rester trop longtemps au fond (temps limite à contrôler) ;
- éviter tout effort musculaire à la remontée (lestage adéquat) ;
- espacer les apnées pour éliminer le CO_2 ;
- bien ventiler après l'émersion ;
- ne pas faire d'apnées après une plongée à l'air ;
- contrôler les vitesses de descente et de remontée (risque de barotraumatismes ORL et d'accident de décompression), éviter l'usage de scooters sous-marins avec vitesses débridées.

Références

[1] Linér MH, Andersson JPA. Suspected arterial gas embolism after glossopharyngeal insufflation in a breath-hold diver. Aviat Space Environ Med 2010 ; 81(1) : 74-6.

[2] Eichinger M, Walterspacher S, Scholz T, et al. Lung hyperinflation : foe or friend ? Eur Respir J 2008 ; 32(4) : 1113-6.

[3] Joulia F, Coulange M, Lemaitre F, et al. Plasma adenosine release is associated with bradycardia and transient loss of consciousness during experimental breath-hold diving. Int J Cardiol 2013 ; 168(5) : e138-41.

[4] Bosco G, Paganini M, Rizzato A, et al. Arterial blood gases in divers at surface after prolonged breath-hold. Eur J Appl Physiol 2020 ; 120(2) : 505-12.

[5] Muth CM, Ehrmann U, Radermacher P. Physiological and clinical aspects of apnea diving. Clin Chest Med 2005 ; 26(3) : 381-94, v.

[6] Cross TJ, Kavanagh JJ, Breskovic T, et al. Dynamic cerebral autoregulation is acutely impaired during maximal apnoea in trained divers. PloS One 2014 ; 9(2) : e87598.

[7] Sánchez-Villalobos JM, Fortuna-Alcaraz ML, Serrano-Velasco L, et al. Breath-hold diving-related decompression sickness with brain involvement: from neuroimaging to pathophysiology. Tomography 2022 ; 8(3) : 1172-83.

Chapitre 13

Accidents en plongée à saturation

Emmanuel Gouin, Jean-Yves Massimelli, Jean-Éric Blatteau

Généralités

Rappels sur les principes de la plongée à saturation

La plongée à saturation est une méthode de plongée particulière (voir chapitre 5). Elle permet de séjourner de façon prolongée sous pression [1,2] sans devoir réaliser de décompression jusqu'à la pression atmosphérique entre chaque incursion dans la zone de travail. La pression partielle des gaz dissous (Pgaz) dans l'organisme se trouve à l'équilibre avec le mélange respiré. L'unique phase de décompression jusqu'à la pression atmosphérique dure plusieurs heures à plusieurs jours. Le profil de cette décompression finale ne dépend plus de la durée d'exposition mais uniquement de la profondeur et du mélange respiratoire utilisé. Les plongeurs vivent dans des systèmes complexes comprenant des chambres hyperbares connectées entre elles, installées à terre ou sur le pont d'un navire support ancré ou à positionnement dynamique. L'équipe de surface, spécialisée, assure le fonctionnement et la maintenance des équipements qui garantissent la stabilité du support ainsi que la qualité de l'environnement des plongeurs, dans le système de saturation et dans la zone d'intervention. La plongée à saturation expose à des risques spécifiques qu'il est essentiel de prendre en compte. Son coût et sa complexité la réservent principalement à l'industrie offshore. Elle présente également un intérêt pour les opérations militaires, scientifiques, spéléologiques ainsi que pour les chantiers de construction de tunnels [3,4].

Réglementation de la plongée à saturation

Du fait du caractère multinational de la plongée commerciale, des institutions telles que l'*European Diving Technology Committee* (EDTC) ou l'*International Marine Contractors Association* (IMCA) tentent d'optimiser méthodes et procédures. Le but est d'assurer la sécurité des plongeurs et de protéger leur santé sur le court et long terme tout en permettant l'exécution des travaux à réaliser. Le *Diving Medical Advisory Committee* (DMAC) prépare des recommandations médicales destinées à l'industrie *offshore*. Certains pays imposent une réglementation et des normes spécifiques. À bord, le superviseur de plongée est responsable de la sécurité des plongeurs.

Contraintes de l'environnement sur le plongeur en saturation

Les plongeurs sont exposés à un environnement de séjour et de travail confiné le plus souvent éloigné de la surface par plusieurs dizaines d'heures

Médecine de la plongée

de décompression. Bien que surveillés et contrôlés, les paramètres de cet environnement peuvent brutalement présenter des variations de grande amplitude. Certaines contraintes sur l'organisme sont souvent identiques à celles de la plongée classique d'incursion. D'autres, liées à la profondeur, aux pressions partielles de gaz, aux durées d'exposition, aux méthodes, aux procédures et aux équipements sont plus intenses et complexes à gérer [2]. De nombreux travaux se sont intéressés aux impacts physiologiques et psychologiques de ces plongées qui peuvent conduire à des problématiques de santé dont une liste indicative est présentée dans le tableau 13.1.

Problématique de la toxicité pulmonaire de l'oxygène

Les données concernant la toxicité pulmonaire de l'oxygène chez l'homme en saturation sont limitées. Une étude objective toutefois une atteinte de l'ensemble des sujets (n = 12) saturés en ambiance air, en chambre hyperbare, pendant 48 heures à 5 ATA (atmosphère technique absolue) (40 m), soit une PO_2 (pression partielle en oxygène) de 100 kPa. Les premiers signes cliniques apparaissent dès la 12e heure et s'accentuent avec le temps. La toux devient permanente et s'accompagne de précordialgies et de dyspnée. On observe une diminution des paramètres fonctionnels respiratoires (capacité vitale et diffusion alvéolo-capillaire notamment). Il existe une grande variabilité interindividuelle dans l'expression et la gravité des symptômes. La récupération dure en moyenne 8 jours mais peut se prolonger sur plusieurs mois [5]. Si l'exposition hyperoxique persiste, le pronostic vital peut être engagé par une insuffisance respiratoire aiguë liée à la fibrose irréversible du tissu pulmonaire. Il existe un certain nombre de méthodes pour quantifier ce niveau de toxicité, la plus connue étant l'unité de toxicité de l'oxygène (*Oxygen Toxicity Unit*, OTU) qui est fonction de la durée d'exposition et de la PO_2. La méthode « Repex », qui utilise l'OTU, a été employée avec succès lors d'expérimentations d'habitats sous-marins [4,6]. Le principe est de ne pas dépasser des doses cumulées d'OTU afin de limiter le risque d'atteinte pulmonaire. Il convient de noter les récentes évolutions en matière d'évaluation de la toxicité pulmonaire de l'oxygène lors des plongées unitaires [7].

Prévention médicale et organisation des secours

En cas de problème d'ordre médical, une évacuation urgente ne peut se faire sans respecter la longue phase de décompression au risque d'aggraver l'état du plongeur. L'accès à une structure de soins spécialisés est alors différé de plusieurs heures à plusieurs jours et la prise en charge médicale initiale doit être envisagée directement au sein du système de saturation. La protection médicale impose un haut niveau de préparation et de prévention des risques.

Sélection et formation des plongeurs

Le plongeur commercial est avant tout un travailleur et la plongée est un moyen d'exécuter sa tâche. Il est spécifiquement formé et évalué. Il est soumis à des examens médicaux d'aptitude périodiques dont les modalités diffèrent selon les pays.

Selon les entreprises et les chantiers, le responsable des soins à bord peut être un professionnel de santé ou, le plus souvent, un plongeur ayant suivi une formation avancée en secourisme hyperbare de « technicien médical de plongée » et faisant partie de l'équipe de saturation. Ces soignants peuvent prodiguer des soins médicaux complexes dans les chambres hyperbares et sont aptes à participer à la conduite d'une recompression thérapeutique.

Communication et surveillance

Le centre de contrôle, à proximité des installations hyperbares, assure une surveillance continue des opérations ainsi que de l'environnement (P_{gaz}, pression ambiante, température et hygrométrie). Il est doté d'alarmes ainsi que d'un système de surveillance vidéo et audio. Il gère les transferts

Tableau 13.1. Contraintes de l'environnement sur le plongeur en saturation.

Facteurs environnementaux		Impacts physiologique et psychologique	Moyens de prévention
Gaz	Oxygène	Effet Lorrain-Smith (pulmonaire) Effet Paul-Bert (neurologique) Production accrue d'espèces réactives de l'oxygène impactant plusieurs autres mécanismes physiopathologiques à long terme (carcinogenèse, insulinorésistance, athérosclérose…)	Monitorage Limitation des PO_2 à 40-60 kPa en procédures normales Limitation des durées d'exposition
	Hélium	Saturation tissulaire en gaz — maladie de décompression	Procédures de décompression lente
		Dysrégulation thermique — hypothermie pouvant favoriser les accidents par diminution des performances cognitives et physiques	Réchauffement de l'environnement et réchauffement actif en plongée par combinaison « eau chaude »
		Modification de la voix et difficulté de compréhension	Utilisation de décodeurs électroniques
	Contaminants	Production métabolique (CO_2) et autres contaminants	Monitorage. Ventilation et systèmes de filtration (chaux sodée et charbon actif)
Pression	SNHP	Trouble neurologique aigu au-delà de 150 m	Compression lente avec période de repos et ajout d'azote possible dans le mélange respiratoire
	Barotraumatisme	Sinusien, dentaire, pulmonaire, « squeeze » casque et vêtement	Suivi et aptitude médicale, éviction temporaire en cas d'infection Hygiène dentaire Entraînement
	Syndrome d'immersion	Déshydratation et troubles hydroélectrolytiques aggravés par les pertes insensibles (respiratoire et sudation en combinaison « eau chaude »)	Hydratation et humidification de l'atmosphère
	Métabolisme	Augmentation du métabolisme basal avec altération du métabolisme énergétique et diminution de la synthèse protéique	Apports caloriques et nutritionnels adaptés et contrôlés
Humidité/ chaleur	Développement bactérien	Risque d'inflammation — infection (problématique spécifique des otites externes à *P. Aeruginosa* et atteintes cutanées)	Hygiène stricte personnelle et de l'environnement
Confinement	Perte du rythme circadien	Troubles du sommeil (en qualité et durée), fatigue pouvant favoriser les accidents par défaut d'attention	Zone de repos obligatoire, lits individuels
	Espace réduit, isolement	Anxiété, dépression, névrose	Sélection des plongeurs
	Faible activité physique	Désadaptation à l'effort	
Travail	Manipulation du matériel	Risque traumatique par chute d'objets, défaillance matérielle, etc.	Procédures de travail
	Manipulation de produits à risque (ex. pétrochimiques) et postes spécifiques (ex. soudure)	Intoxication (CO, sulfure d'hydrogène, mercaptans, ammoniac, méthane ou autres composés volants organiques et fumées) — brûlures	Monitorage Ventilation des chambres sèches de soudure et systèmes de filtration (non efficace sur tous les contaminants)
	Exposition au bruit	Perte auditive	Réduction à la source, isolation Protection individuelle
	Travail en quarts — posté	Tâches répétitives, fatigue pouvant favoriser les accidents par défaut d'attention	

CO : monoxyde de carbone ; CO_2 : dioxyde de carbone ; PO_2 : pression partielle en oxygène ; SNHP : syndrome nerveux des hautes pressions.

sous pression des plongeurs et du matériel entre la surface et les chambres hyperbares.

Le médecin référent de la compagnie est le plus souvent éloigné du chantier. Un système performant et fiable de communication permet un lien direct, par téléconsultation, entre le médecin, l'équipe de surface et le patient en saturation. Le médecin peut ainsi guider les prises en charge et doit pouvoir s'appuyer sur un réseau de spécialistes médicaux et chirurgicaux pour des avis complémentaires adaptés aux différentes situations.

Dotations médicales

Le contenu de la dotation médicale dépend de nombreux facteurs (spécificités du chantier, éloignement des côtes, moyens de communication et d'évacuation, effectif, compétence en premiers secours du personnel sur place, etc.). Elle doit couvrir les situations les plus fréquentes et les plus graves. Le DMAC propose une dotation minimale pour les opérations en saturation [8,9]. Le matériel est stocké sur le chantier sous forme de kits prêts à l'usage dans des contenants résistants et étanches (tableau 13.2).

La pharmacie contient des médicaments d'urgence, des antiallergiques, des traitements psychotropes (antipsychotique, anxiolytique et anticonvulsivant) ainsi que plusieurs classes d'antibiotiques, à large spectre, systémiques et locaux [9].

Plan d'assistance et de secours

Un plan d'assistance et de secours détaillé doit être établi par l'employeur et consigné dans le manuel de sécurité hyperbare. Il est propre à chaque chantier et doit être impérativement préparé en concertation avec une équipe d'assistance médicale 24/7 spécialisée et avec les structures d'urgences locales pour permettre l'accueil d'un patient ou la fourniture de matériel et de médicaments dans des délais appropriés. Il permet en outre de rendre les prises en charge médicales efficaces et sert de référentiel pour la délégation des soins.

Une équipe médicale doit pouvoir être projetée le plus rapidement possible sur le site de plongée. Elle permet une expertise ainsi que l'acheminement de matériels spécialisés adaptés à la situation (respirateur hyperbare, seringue électrique, médicaments ou matériel de chirurgie et d'imagerie).

Outre l'aspect purement médical, des plans et procédures de secours sont également mis en place : secours et récupération d'une tourelle, uti-

Tableau 13.2. Proposition sur la constitution des kits médicaux en plongée à saturation.

Tourelle, chambre sèche et caissons de « vie » « Matériel de premiers secours »	Moyens hyperbares d'évacuation d'urgence (HRU, SPHL)	Site de plongée/navire support Rapidement transférable dans les caissons de « vie » par sas
Garrot tourniquet Ventilation (canule oropharyngée, masque laryngé, *pocket mask*) Système d'aspiration manuelle[1] Rince œil Collier cervical Gants Pansements…	Idem « matériel de premiers secours » + antivomitifs et antidiarrhéiques Solutés de réhydratation orale Sacs absorbants de récupération des fluides corporels	Kit de diagnostic médical[2] Kit de drainage thoracique — exsufflation Kit de sondage urinaire Kit de pansements Kits stériles procédures générales et spécifiques Kit de petits instruments Kit de réanimation et ventilation Kit d'accès vasculaire — hydratation[3] Défibrillateur[4]

HRU : *Hyperbaric Rescue Unit* ; SPHL : *Self-Propelled Hyperbaric Lifeboat.*

[1]Des systèmes électriques plus puissants sont idéalement disponibles dans les kits spécialisés ou dans les caissons de « vie ».

[2]La majorité du petit matériel électronique de diagnostic est compatible en chambre hyperbare (glucomètre, otoscope, etc.). L'utilisation de brassards à tension manuels est fiable.

[3]Les systèmes électriques d'accès intraosseux sont contre-indiqués en chambre hyperbare et des dispositifs mécaniques sont donc privilégiés.

[4]L'utilisation du défibrillateur fait débat. L'US Navy contre-indique toujours son utilisation en caisson mais plusieurs tests ont été effectués avec succès. Idéalement le défibrillateur est maintenu en dehors de la chambre avec un accès des électrodes par des passe-câbles.

Sources : The Diving Medical Advisory Committee. Medical Equipment to be Held at the Site of an Offshore Diving Operation. DMAC 2021 ; 15(5). Disponible sur : www.dmac-diving.org/guidance/DMAC15.pdf ; The Diving Medical Advisory Committee. The Provision of Emergency Medical Care for Divers in Saturation. DMAC 2014;28(3). Disponible sur : www.dmac-diving.org/guidance/DMAC28.pdf.

lisation de robot téléopéré, autonomie en gaz, etc. Une chambre hyperbare du complexe doit être identifiée comme lieu préférentiel des soins avec une accessibilité rapide pour tout plongeur. Elle est équipée en conséquence (éclairage supplémentaire, support pour perfusion, alimentation en gaz et connexion, etc.) et dispose de tous les moyens de communication nécessaires ainsi que d'un sas de transfert pour le matériel et médicaments. Elle doit pouvoir être isolée du reste du complexe pour permettre la décompression finale d'un patient et de ses accompagnants.

Plan d'évacuation d'urgence du complexe de saturation

Des incidents ou accidents peuvent imposer l'évacuation d'urgence des plongeurs (notamment un naufrage imminent, un incendie, une collision ou des dommages majeurs du système de saturation). La priorité est alors à une évacuation urgente tout en maintenant un environnement stable et viable. Les complexes disposent obligatoirement d'une unité d'évacuation hyperbare de secours (*Hyperbaric Rescue Unit*, HRU) composée d'une chambre de sauvetage hyperbare (*Hyperbaric Rescue Chamber*, HRC) conçue pour flotter et être remorquée ou d'un navire autopropulsé pouvant être largué du support de plongée (*Self-Propelled Hyperbaric Lifeboat*, SPHL) et disposant d'une autonomie théorique minimale de 72 heures [10]. En cas d'évacuation d'urgence, un traitement préventif antinaupathique est systématique (comprimés à action rapide suivi de patchs à diffusion lente type scopolamine) associé à une réhydratation pour limiter le stress de la décompression. Un bateau spécifiquement préparé et dédié (*Nominated Rescue Vessel*, NRV) doit impérativement rester à proximité du navire de plongée abritant le système de saturation principal afin de permettre de récupérer le HRU dans les 2 heures qui suivent le déclenchement de l'évacuation. Par ailleurs, un système de survie (*Life Support Package*, LSP) doit être stocké sur le pont du NRV pour être connecté au HRC ou SPHL dès que possible. Le LSP est composé notamment d'une réserve de mélange gazeux respirable, d'un équipement de surveillance et de contrôle de l'environnement hyperbare ainsi que des services externes appropriés pour alimenter le HRU. Une installation de réception hyperbare (*Hyperbaric Reception Facility*, HRF), qui est un système de saturation spacieux sur lequel le SPHL pourra être connecté, permet le transfert des plongeurs dans un environnement contrôlé dans lequel la décompression sera complétée jusqu'à la surface.

Une décompression adaptée est essentielle. Dans certaines situations, des décompressions accélérées ont été réalisées avec succès alors que la sortie en sécurité pouvait se jouer à quelques heures [11]. Il est important de noter que celles-ci ne concernent jamais des évacuations liées à un problème médical initial. L'augmentation du risque d'accident de désaturation (ADD) par ces procédures accélérées doit être prise en compte.

Prises en charge médicales

Les blessures et pathologies peuvent se produire ou se manifester au cours des phases de travail dans l'eau, dans la tourelle ou dans les caissons. Dans la tourelle, les contraintes d'espace qui imposent une position verticale ou semi-assise de la victime peuvent être problématique en cas d'instabilité hémodynamique ou de troubles de conscience, etc. La situation est plus facile dans les caissons de « vie », mieux adaptées à une prise en charge médicale

Pathologies médicales ou chirurgicales « courantes »

Toutes les pathologies médicochirurgicales ou traumatiques peuvent survenir. Il est fréquemment rapporté des problématiques infectieuses, principalement cutanées. Des manifestations psychiatriques peuvent également apparaître (anxiété, bouffée délirante aiguë, etc.), favorisées par le confinement, l'effet narcotique des gaz et des hautes pressions ou des troubles du sommeil.

Une grande variété de pathologies médicochirurgicales et de blessures peuvent survenir. Il est fréquemment rapporté des problématiques infectieuses, principalement cutanéomuqueuses, des irritations ou des brûlures chimiques, des manifestations allergiques, des blessures graves provoquées par des outils. Des syndromes psychiatriques sont également rencontrés (anxiété, bouffée délirante aiguë, etc.). Le confinement et les autres paramètres de l'environnement hyperbare peuvent par ailleurs impacter le sommeil, l'alimentation et l'hygiène générale.

La prévention médicale apparaît essentielle (sélection des plongeurs, équipement de protection individuel, hygiène, repos, sécurité alimentaire, etc.) [12].

Pathologies liées à l'environnement et intoxications

Les plongeurs sont exposés au risque d'hypothermie parfois sévère pouvant être consécutif à une dysfonction des systèmes de protection (réchauffement des gaz et/ou combinaison à eau chaude). L'hyperthermie est moins fréquente mais peut conduire également à des complications.

Le syndrome nerveux des hautes pressions (SNHP) constitue un accident spécifique lié à un effet toxique de la pression per se qui peut survenir pour des profondeurs supérieures à 150 m. Il se manifeste initialement par des tremblements puis des troubles sensoriels et cognitifs (voir chapitre 8). La vitesse de compression est un facteur essentiel dans la survenue du SNHP, il existe par ailleurs une forte susceptibilité individuelle.

Des accidents toxiques peuvent survenir et entraîner rapidement coma ou décès. La respiration d'un mélange gazeux inadapté à la profondeur expose au risque d'hypoxie ou d'hyperoxie. La contamination des mélanges, notamment par le monoxyde de carbone (CO), peut survenir. Une hypercapnie peut s'observer par production accrue ou défaut d'élimination (résistances respiratoires, défaut matériel ou des systèmes absorbants). L'irruption dans la zone de travail de gaz contaminants présents dans l'environnement pétrolier et gazier, tels que le sulfure d'hydrogène (H_2S) ou des vapeurs d'hydrocarbures (méthane), peut rapidement conduire à des défaillances respiratoires et neurologiques graves.

La prévention passe avant tout par le contrôle de la qualité et de la composition des gaz ainsi que leur identification et stockage appropriés. Des détecteurs pour les principaux toxiques (H_2S, hydrocarbures, CO) doivent être disposés dans les espaces de travail. En cas de suspicion d'intoxication, une mise en sécurité des plongeurs est immédiate. Si possible, la source de contamination est éliminée. Les systèmes BIBS permettent un changement de gaz approprié. Un rinçage des circuits respiratoires, de l'atmosphère de la tourelle ou de la chambre concernée doit être effectué ainsi qu'une décontamination de l'environnement si nécessaire (hydrocarbures). Le traitement médical est adapté à l'état clinique avec recours à une assistance respiratoire, remplissage vasculaire, amines, réanimation cardiopulmonaire, etc.

Pathologies liées à la décompression

Le retour à la pression atmosphérique de sujets en état de saturation, sans réaliser une procédure de décompression, est susceptible d'entraîner des lésions neurologiques graves, voire le décès. Une étude animale a été réalisée sur des porcs saturés à l'air à des pressions comprises entre 2,52 et 5,55 ATA (15,2 à 45,5 m) avec un retour direct en surface à la vitesse de 9 m min^{-1} [13]. Il a été observé 61 % d'ADD sévères ; la moitié sont morts dans l'heure suivant le retour en surface tandis que les autres présentaient des paralysies des membres. La fréquence et la gravité de ces accidents augmentaient avec la pression de saturation.

En cas de perte brutale de pression dans le complexe par défaut technique ou erreur de manipulation d'un système de clampage, une décompression explosive entraînerait le décès immédiat des plongeurs (accident du *Byfrod Dolphin*, 1983).

Toutefois, le risque de pathologies liées à la décompression reste rare en plongée à saturation [14]. L'incidence des ADD est estimée à 0,095 % avec les procédures actuelles [2]. Les symptômes apparaissent le plus souvent au décours d'incursions ascendantes ou, plus rarement, durant la décompression finale. Il s'agit essentiellement de manifestations ostéoarticulaires (*bends*) mais qui parfois peuvent être plus sévères avec des atteintes neurologiques et/ou vestibulaires. Les ADD ostéoarticulaires s'expriment par des douleurs préférentiellement au niveau des membres inférieurs et notamment les genoux, contrairement à la plongée d'incursion pour laquelle la localisation principale est l'épaule. La survenue de complications à long terme de type ostéonécrose, à la suite ou non d'un *bend*, est également plus fréquente.

Les atteintes vestibulaires surviennent presque exclusivement au retour d'excursions ascendantes. Elles provoquent un syndrome vestibulaire le plus souvent isolé. Elles seraient dues à l'artérialisation de bulles circulantes vers l'oreille interne dont la sursaturation en gaz inertes est prolongée par rapport aux tissus cérébraux environnant.

Le traitement d'usage des ADD repose sur la respiration d'un mélange suroxygéné pour des PO_2 comprises entre 150 et 280 kPa (avec des pauses séquentielles en atmosphère). Il peut être associé à une interruption de la décompression, voire une recompression plus profonde à visée thérapeutique. Quelques mètres peuvent suffire pour soulager une douleur articulaire tandis qu'en cas de symptômes plus sévères, une recompression plus profonde peut être réalisée. L'inhalation d'oxygène s'effectue sur des inhalateurs individuels avec masques étanches pour limiter la contamination de l'atmosphère par l'oxygène. Un traitement symptomatique et une réhydratation doivent également être mis en place. Le traitement est maintenu au minimum 2 heures après la résolution des symptômes.

Bien que plus rare, le risque d'ADD à la sortie de saturation persiste. Les procédures imposent le maintien et la surveillance des plongeurs dans le complexe de saturation à la pression atmosphérique dans les heures qui suivent la fin de la décompression, puis, le maintien à proximité d'un moyen de recompression pendant 12 à 48 heures après la sortie (recommandations DMAC). Le délai avant de pouvoir prendre l'avion est indiqué par le DMAC. Il est raisonnable de respecter un délai d'au moins 72 heures, compte-tenu des cas rapportés de survenue d'ADD dans ce contexte. La durée de repos avant une nouvelle mise en saturation est au minimum égale à la durée de la saturation précédente.

En cas d'apparition de symptômes après la sortie, la prise en charge sera assurée par une équipe médicale spécialisée, le plus souvent avec des tables classiques à 2,8 ATA à l'oxygène pur.

Conclusion

Le développement technique et l'avancée des connaissances physiologiques médicales ont permis d'améliorer l'efficacité et la sécurité de cette méthode de plongée. Les contraintes de la plongée à saturation, les contraintes spécifiques liées à la géographie du site, à la méthode et aux outils de travail, au support et au lieu de plongée, à la profondeur et à la durée imposent l'expertise et l'excellence, à la fois dans la préparation et dans l'exécution de l'intervention médicale. Il ne peut pas s'agir d'un médecin isolé. L'équipe médicale et technique doit être impliquée dès la conception du projet, puis, au cours de sa préparation et de son exécution. Cette équipe devra faire preuve d'agilité et d'adaptabilité au changement tant les situations médicales peuvent être variées, complexes et dynamiques.

Références

[1] Gardette B, Plutarque M. Comex, 50 ans de recherche et d'innovations. Marseille: Club des anciens de Comex ; 2012 Auto-édition.

[2] Brubakk AO, Ross JA, Thom SR. Saturation diving ; physiology and pathophysiology. Compr Physiol 2014 ; 4(3) : 1229-72.

[3] Blatteau JE, Hugon J, Castagna O, et al. Submarine rescue decompression procedure from hyperbaric exposures up to 6 bar of absolute pressure in man : effects on bubble formation and pulmonary function. PLoS One 2013 ; 8(7) : e67681.

[4] Gouin E, Blatteau JE, Dugrenot E, et al. Scientific shallow saturation dive expedition using diving rebreathers and a specific dry habitat : medical management of the "Capsule" program. Int Marit Health 2023 ; 74(1) : 36-44.

[5] Eckenhoff R, Dougherty J Jr, Messier A, et al. Progression of and recovery from pulmonary oxygen toxicity in humans exposed to 5 ATA air. Aviat Space Environ Med 1987 ; 58(7) : 658-67.

[6] Hamilton RW, Thalmann ED. Decompression practice. In : Brubakk AO, Neuman TS, editors. Bennett and Elliott's physiology and medicine of diving. 5e éd. Londres : Saunders ; 2003.

[7] Risberg J, van Ooij PJ, Matity L. From UPTD to ESOT : monitoring hyperoxic exposure in surface-oriented diving. Undersea Hyperb Med 2023 ; 50 : 301-6.
[8] The Diving Medical Advisory Committee. Medical equipment to be held at the site of an offshore diving operation. DMAC 15 Rev 5 [En ligne] December 2021. [Consulté le 13 janvier 2023]. Disponible sur : www.dmac-diving.org/guidance/DMAC15.pdf.
[9] The Diving Medical Advisory Committee. The provision of emergency medical care for divers in saturation. DMAC 28 Rev. 3 [En ligne]. December 2014. [Consulté le 13 janvier 2023]. Disponible sur : www.dmac-diving.org/guidance/DMAC28.pdf.
[10] Cadieux C. Description of a saturation diving system; [August 2021]. Available from : https://diving-rov-specialists.com/docs-diving-rov-specialists.htm.
[11] Imbert JP, Massimelli JY, Kulkarni A, et al. A review of accelerated decompression from heliox saturation in commercial diving emergencies. Diving Hyperb Med 2022 ; 52(4) : 245-59.
[12] Cadieux C. Saturation diving handbook; [2021-2022]. Available from : https://diving-rov-specialists.com/docs-diving-rov-specialists.htm.
[13] Dromsky D, Toner C, Survanshi S, et al. Natural history of severe decompression sickness after rapid ascent from air saturation in a porcine model. J Appl Physiol (1985) 2000 ; 89(2) : 791-8.
[14] Imbert JP, Matity L, Massimelli JY, Bryson P. Review of saturation decompression procedures used in commercial diving. Diving Hyperb Med 2024 ; 54(1) : 23-38.

Chapitre 14

Les accidents en plongée spéléo

Fabrice Couraud, Jennifer Hunt, Frank Vasseur, Jérôme Hontarrede

Point clés

- Plongée sous plafond.
- Profil de plongée imposé.
- Formations, matériels et procédures spécifiques.
- Secours complexes.
- Prévention et prise en charge des accidents adaptés.

Introduction

Quelle que soit la raison de sa pratique, en loisir, pour performer ou étudier le milieu, le plongeur dans les activités de spéléologie (que l'on nommera par simplicité « plongeur spéléo » ou « plongée spéléo ») est soumis au profil de la cavité. Différents types d'explorations sont possibles : la plongée simple dans une résurgence, en multisiphons ou en fond de trou. Les contraintes du milieu peuvent être à l'origine d'incidents et engendrer des accidents dont les secours sont souvent complexes. En effet, la progression se fait sous plafond, la visibilité peut rapidement se dégrader, la navigation peut être entravée par le risque d'éboulis ou d'effondrement. Le plongeur peut s'égarer, se retrouver seul, avec un fil d'Ariane piégé dans une étroiture (figure 14.1). À ces dangers s'ajoutent ceux inhérents à la plongée subaquatique. En parallèle, le développement de matériel performant permet l'accès des sites au plus grand nombre, mais expose à des risques spécifiques [1].

Il est difficile d'avoir une estimation de la prévalence des accidents en plongée spéléo [2]. Le nombre de plongées par an est peu connu et les accidents sont sous-déclarés. Si la prise en charge d'un accident n'est théoriquement pas différente de celle d'un accident en mer, l'accessibilité limitée des victimes accidentées constitue un enjeu majeur dans l'organisation des secours. Dans une démarche de maîtrise de risque, des formations et des configurations techniques adaptées ont été élaborées aussi bien pour la pratique de l'activité que pour la gestion et l'intervention complexe des secours.

Figure 14.1. Plongeur spéléo en cours de progression, équipé d'un recycleur et progressant le long d'un fil d'Ariane. Source : Franck Vasseur et Mehdi Dighouth ©.

Prévention primaire des accidents de plongée spéléo (encadré 14.1)

Encadré 14.1

La plongée spéléo se prépare, le matériel comme les plongeurs, de façon spécifique en fonction de la cavité. Le partage du plan de secours entre les différents protagonistes, plongeurs, secours (SSF, SDIS), SAMU, est un moyen d'en assurer le déroulement le plus optimal.

Préparation du plongeur

Les spécificités du milieu imposent une préparation particulière du plongeur. La planification des plongées revêt plusieurs aspects avec en amont, la collecte d'informations sur la cavité, sur le milieu. La localisation, la topographie, les accès, les conditions de météo, les caractéristiques propres à la cavité en sont les bases. Elles permettent de définir les objectifs et les moyens humains et matériels qui devront être mis en œuvre pour envisager la plongée. Revues de la Fédération française de spéléologie (FFS), magazines spécialisés, sites internet, spéléologues sont les sources des informations recherchées. Suivant le type de cavité et l'engagement, la pratique peut différer. La logique de progression en équipe, parfaitement adaptée aux galeries larges, peut être un handicap dans une cavité étroite ou en fond de trou. Le plongeur adapte sa configuration matérielle, circuit ouvert dorsal, *sidemount* (« montage latéral » est une configuration de plongée où les bouteilles sont placées de chaque côté du plongeur, plutôt que sur le dos), recycleur, double recycleur, scooters, etc., à la technique de progression choisie. Quelle qu'elle soit, la redondance de tous les éléments de sécurité est la clé : bouteilles, détendeurs, flottabilité, éclairages, instruments, etc. La communication, les stratégies de secours, de prévention et les objectifs, distance maximale, profondeur, temps d'immersion doivent être définis et partagés par toute l'équipe. Ces plongées demandent aussi une approche mentale rigoureuse. Tout plongeur souterrain doit être en mesure de faire face à tout moment à un incident, sur lui-même ou sur un coéquipier, et de le régler pour assurer son retour. L'engagement qu'implique la plongée spéléo nécessite de plus, pour une pratique sécuritaire, la maîtrise de compétences non techniques : conscience de la situation, communication, travail en équipe, prise de décision, gestion du stress [3]. Une bonne connaissance de soi, de ses capacités physiques et mentales est indispensable pour s'engager et profiter de ce milieu souterrain en sécurité.

Organisation des secours en plongée spéléo

Un retard prolongé ou le non-retour à l'entrée doivent faire considérer le plongeur comme s'étant perdu dans la galerie et toujours vivant jusqu'à ce qu'il soit retrouvé. L'alerte doit comporter : le nom de la cavité, sa localisation, l'objectif de la plongée, le type d'équipement, l'expérience du plongeur, l'heure d'engagement, sa connaissance de la cavité et les particularités de celle-ci.

En France, la sécurité civile avec les services départementaux d'incendie et de secours (SDIS) et le Spéléo secours français (SSF), association agréée de sécurité civile, ont les équipements, les personnels et les formations pour organiser les secours en milieu souterrain.

La spécificité technique de la plongée, les caractéristiques de la cavité font que l'équipe du plongeur accidenté est la première source d'information sur les conditions de la plongée et l'éventuelle localisation du plongeur [4]. Enfin, l'équipement du plongeur donne son autonomie. Si le plongeur en circuit ouvert peut espérer une survie en se réfugiant dans une cloche naturelle [5], le plongeur recycleur a plusieurs heures d'autonomie sous l'eau.

Les SDIS s'adaptent aux risques. Les départements ayant des sites de plongée spéléo ont donc des plongeurs (sauveteurs aquatiques légers : SAL 1, 2 et 3 en fonction de leur niveau de compétence) formés à la plongée en surface non libre

(SNL). Il existe deux qualifications de plongeurs SNL, les SAL SNL1 qui peuvent aller à 60 m de la surface d'entrée et les SAL SNL2 qui sont autonomes jusqu'à 200 m de la surface d'entrée [6]. En fonction de la profondeur, des gaz utilisés, il existe plusieurs niveaux de qualifications : 30, 50 et 70 m. Le maillage territorial des SDIS permet des délais d'intervention rapides. Le commandement des interventions en milieu souterrain incombe au SDIS, qu'il intervienne seul ou avec le concours du SSF.

Au-delà des limites du SDIS, seul le SSF est habilité à intervenir. Le SSF regroupe des spéléologues bénévoles qui pour certains sont aussi plongeurs [5]. Membres de la Fédération française de spéléologie, ils s'entraînent et sont équipés de façon spécifique pour pouvoir porter secours. Les moyens humains et matériels sont répartis partout en France et permettent le plus souvent une intervention de proximité.

En cas d'interventions de grande envergure, pompiers et spéléologues sont organisés au niveau départemental, zonal, voire national pour procéder à des recherches sur de grandes distances et de grandes profondeurs. Ces interventions peuvent durer plusieurs jours.

Le déclenchement d'un sauvetage peut impliquer l'intervention dans l'urgence des premiers intervenants. Lorsque la montée en puissance de ces opérations de secours mobilise ces personnels pas toujours formés au fonctionnement en équipe, le choix des plongeurs, la gestion des priorités, la définition des objectifs, la constitution des binômes doivent faire l'objet d'une réflexion et d'une gestion draconienne afin de préserver la sécurité des sauveteurs et éviter les suraccidents.

Les SDIS ont une sous-direction santé au sein de laquelle des médecins et des infirmières sont formés et entraînés à intervenir en milieu souterrain. Le SSF a également des infirmières et des médecins urgentistes capables d'intervenir.

L'histoire est riche d'épisodes surtout heureux durant lesquels un plongeur égaré ou en détresse a trouvé refuge à l'air libre. À plusieurs reprises, les victimes ont dû leur salut à une cloche providentielle inconnue jusqu'alors d'elles-mêmes mais également des équipes de secours. La localisation du disparu, s'il n'a pas pris soin de baliser sa position en abandonnant du matériel, idéalement à l'aplomb de sa situation, peut nécessiter de longues recherches. Le plongeur peut aussi être accidenté dans un intersiphon après avoir fait surface mais toujours sous terre. À partir de cette partie exondée, les délais pour prévenir les secours ou pour ceux-ci d'intervenir peuvent être longs [7].

Retrouvée en vie, la victime sera affectée psychologiquement, affaiblie physiquement, affamée, refroidie et éventuellement intoxiquée au CO_2 (dioxyde de carbone). Une évacuation pourra s'imposer, vers un « point chaud » confortable et sécurisé où une équipe d'assistance à victime (ASV) va la reconstituer avant d'envisager de la réimmerger. Il y est possible de sécher, réchauffer, hydrater et traiter le plongeur en attendant que le trajet de retour soit possible. La préparation et la sécurisation pour le trajet de retour prennent du temps en fonction des aménagements nécessaires (nettoyage, élargissement, équipement de certains passages). Le SSF a développé des moyens de communications souterrains pour faciliter la remontée d'informations en temps réel. Une fois tout en place et que l'on est prêt, l'évacuation du blessé se fait alors sans interruption.

Plan de secours spécialisé

Faire un plan de secours spécialisé adapté permet d'anticiper les problèmes auxquels une équipe de plongeurs peut être confrontée en cas d'accident.

Le plan de secours regroupe un annuaire de l'ensemble des contacts indispensables au déclenchement et au suivi d'un secours. On y retrouve les coordonnées du directeur de plongée, du médecin, de l'infirmier ou secouriste sur place, des caissons les plus proches, du SAMU (service d'aide médicale d'urgence) et CTA (centre de traitement des appels 18) Codis (centre opérationnel départemental d'incendie et de secours) local.

Intégrer dans le plan de secours quelques références bibliographiques ciblées permet au médecin régulateur de prendre en compte efficacement la demande de secours, notamment les pages se référant à la plongée du guide d'aide à la régulation au SAMU centre 15 [8].

L'environnement hyperbare est décrit succinctement :

- coordonnées GPS (*Global Positionning System*) de l'entrée, d'un *drop zone* (DZ) de proximité (les évacuations des lieux de plongées, le plus souvent isolés, vers des caissons hyperbares, peu nombreux, imposent des transports routiers souvent long). Elles sont avantageusement remplacées par des évacuations héliportées qui nécessitent une zone de posé (DZ) proche ;
- altitude de la vasque. Un delta de plus de 300 m entre le point d'émersion et l'altitude de vol doit faire discuter la pertinence d'une évacuation héliportée. Une prise d'altitude de moins de 3 minutes pour passer un col ou changer de vallée est moins problématique ;
- profondeur maximum, durée des plongées, paliers, configurations techniques et gaz utilisés ;
- profil de la cavité. Le report surface (tracé sur carte de la localisation de la cavité) peut être utile lorsqu'un forage peut accélérer le déroulement du sauvetage ;
- température de l'eau, courant, visibilité ;
- l'impossibilité de capter un réseau téléphonique doit être notée, ainsi que la distance nécessaire pour se connecter. L'impossibilité d'accéder à un réseau sur les lieux de l'accident entraîne la dispersion des plongeurs, du retard au déclenchement, et complique la communication entre les premiers sauveteurs et le reste de la chaîne des secours.

Les consignes de prise en charge d'un accident de plongée (O_2 [oxygène], réhydratation, modalités d'administration) y sont rappelées. Indiquer les qualifications secouristes, paramédicales ou médicales avec le matériel à leur disposition permet au médecin régulateur ou au médecin du caisson de conseiller le début de la prise en charge.

La rédaction du plan de secours rassure l'équipe et en cas d'accident permet à tous de l'appliquer en limitant les oublis liés au stress.

Prévention secondaire des accidents de plongée en milieu souterrain

La fatigue n'est pas homogène au sein d'une équipe. Lors des premiers jours, elle dépend de la longueur et de la pénibilité du voyage. Veiller à la qualité et à la quantité de sommeil permet de s'assurer que chaque plongeur est suffisamment reposé pour plonger.

Avant la plongée, il faut penser à détecter les petits soucis de santé qui peuvent compliquer le retour à la surface. L'eau douce est plus agressive sur les muqueuses que l'eau de mer, et une oreille qui ne s'équilibre pas sur un point bas sur le trajet de retour complique la plongée.

Une juste planification et homogénéité des mélanges gazeux utilisés permet de faciliter la mutualisation des bouteilles en cas de besoin. Les volumes emportés doivent convenir dans tous les cas de figures, quelle que soit la consommation des différents membres de l'équipe, l'homogénéité des mélanges gazeux « fond » permet un équivalent narcotique identique pour toute l'équipe et l'utilisation des mêmes mélanges pour la décompression lui permet de rester groupée.

Les zones de repli, les cloches naturelles doivent être balisées et connues de tous. Pour les explorations complexes et en équipe, laisser en surface le personnel capable de gérer un accident relève du bon sens. De la même façon, le serre-file ne doit pas être le plus lent, le moins expérimenté.

À la fin de la plongée, la vasque permet souvent une sortie de l'eau progressive. Cela permet une hydratation *per os* pendant la levée de la pression hydrostatique sur les membres. Les efforts post-plongée sont évitables avec une équipe, encore faut-il s'organiser. En revanche, sous terre, lorsque la plongée a lieu après un parcours plus ou moins long en technique spéléo, il convient de veiller au repos, avant d'entreprendre le retour vers la surface. Au besoin, la mise en place d'un point chaud permet de prendre le temps de se reposer pendant la fin de la décompression avant de refaire des efforts obligatoires.

La présence d'un médecin au sein d'une équipe, par son implication, la rédaction et le partage du plan de secours, peut aider à diminuer le risque d'accident en proposant des limites, des aménagements qui sécurisent les plongées.

Prévention tertiaire : prise en charge d'un accident de plongée spéléo (encadré 14.2)

Encadré 14.2

Les accidents en plongée spéléo ne sont pas différents des autres accidents de plongée. Cependant, la possibilité de faire des paliers en sécurité dans une cloche de décompression permet d'élaborer différentes stratégies de prise en charge en fonction de l'accident et de la configuration de la cavité. L'organisation du secours doit se faire en coordonnant les expertises des différents intervenants, secours, SAMU, médecin hyperbare.

Les accidents peuvent être d'étiologies très différentes. La prise en charge de l'accidenté est similaire à celle des plongeurs en mer, avec certaines particularités inhérentes au milieu souterrain.

Accidents de désaturation ou de décompression (ADD)

Cloche de décompression

La cloche de décompression (figure 14.2) est de plus en plus utilisée en plongée spéléo, lorsque le profil de la cavité permet son transport ou impose son utilisation en raison d'une longue décompression (plusieurs heures). De volume et de matière variable, elle permet de faire un palier le tronc hors de l'eau. Le plongeur peut ainsi facilement se restaurer, s'hydrater, échanger avec son équipe.

Figure 14.2. Plongeur spéléo en cours de décompression dans une cloche.
Source : Franck Vasseur et Mehdi Dighouth ©.

En cas d'accident, la cloche permet un interrogatoire, un examen clinique sommaire et la mise en route du traitement. Selon son éloignement de la surface et la difficulté technique pour y parvenir, la cloche de décompression peut servir à réaliser une oxygénothérapie hyperbare. Ainsi, en fonction de l'importance de l'accident, de la nature de celui-ci et de la situation de la cloche, il peut être pertinent en attendant que la chaîne des secours s'organise, de prolonger les paliers à l'oxygène. Le plongeur quitte la cloche pour être immédiatement évacué vers le caisson hyperbare. La cloche est une fausse sécurité en cas d'aggravation de la victime. L'aggravation de troubles moteurs alors que la progression vers la surface empêche un plongeur d'assistance d'intervenir (étroitesse de la galerie) doit faire discuter une évacuation anticipée du plongeur. Le prolongement ou l'interruption des paliers, la réimmersion thérapeutique du plongeur dans la cloche sont des décisions médicales à prendre en concertation entre les secours sur place et le médecin hyperbare (voir chapitre 24).

Accidents de désaturation ou de décompression (ADD)

Le système karstique imposant des profils de plongée complexes entraîne des décompressions souvent hors des protocoles habituels. L'utilisation de l'hélium, de multiples mélanges différents, majore le risque d'accident.

Des ADD (accidents de désaturation ou de décompression) cochléovestibulaires peuvent survenir, avec la problématique d'apparition de vertiges et de vomissements. La présence d'un fil d'Ariane, le contact des parois peuvent aider le plongeur à retrouver la sortie et maintenir sa flottabilité tout en gardant à la main une surface immobile. La possibilité de faire les paliers dans une cloche de décompression allège considérablement la gestion des vomissements. En cloche, il peut être envisagé de poser une voie veineuse périphérique (VVP) sur le dos de la main du plongeur, sous réserve de réchauffer les extrémités, permettant la réhydratation et l'administration d'un antinauséeux.

Les autres formes d'ADD, neurologiques, ostéoarticulaires ou cutanées, peuvent s'observer.

Dans ce cas, la vasque, la cloche de décompression permettent d'élaborer des stratégies de prise en charge. Il peut être envisagé de réimmerger ou de faire redescendre le plongeur d'un palier ou à la profondeur antalgique [9]. En cloche, l'hydratation *per os* est facilitée. Longtemps considéré comme bénin, l'accident cutané est à prendre en compte comme un accident neurologique. Le traitement ne présente pas de particularité dans sa prise en charge. La résolution des symptômes d'ADD au fond ne doit pas entraîner un déni d'accident. En effet, tout ADD, même résolutif, doit faire l'objet d'une évacuation vers le centre hyperbare le plus proche, avec prise d'oxygène normobare à 15 L min^{-1} pendant l'évacuation. Des aggravations secondaires sont en effet toujours possibles dans les premières 24 à 48 heures, nécessitant des séances d'oxygénothérapie hyperbare complémentaires et la réalisation d'un bilan paraclinique pour identifier des séquelles ou des facteurs de risque (voir chapitre 9).

Œdème pulmonaire d'immersion

Les facteurs favorisant l'œdème pulmonaire d'immersion (OPI) sont nombreux en plongée spéléo, particulièrement lors de l'utilisation de recycleurs à port dorsal. Le froid et la durée des plongées constituent des facteurs de risque. L'effort physique généré par les déplacements contraints est également un facteur contributif significatif dans la survenue des OPI.

Les plongées à faibles profondeurs, par les variations de pressions répétées de type yoyo qu'elles imposent, favorisent l'OPI par la succession des dépressions alvéolaires qu'elles génèrent.

Lors de la réalisation des paliers à l'O_2, le plongeur peut également se retrouver en situation de dépression alvéolaire pendant la phase d'injection de l'O_2 après rinçage des faux poumons.

En cas de difficulté respiratoire, et afin de limiter les effets du déséquilibre hydrostatique (voir « Éléments de physiologie respiratoire », chapitre 2), il est conseillé pour le plongeur en recycleur de réaliser les paliers en position verticale en limitant les dépressions lors des phases de rinçages de la boucle. En revanche, le plongeur en circuit ouvert doit adopter une position plutôt horizontale pendant la réalisation des paliers.

Autres accidents

Traumatologie

La trousse de secours emmenée par le plongeur spéléo est le plus souvent sommaire, voire inexistante. Le secouriste l'adapte en fonction des éléments donnés lors de l'alerte. Elle contient a minima de quoi nettoyer, désinfecter, et panser les petites plaies et brûlures. Au point chaud, un réchaud et quelques poches d'acétate de sodium permettent de maintenir la température de l'accidenté.

Accidents toxiques

Du dioxyde de carbone (CO_2), du sulfure d'hydrogène (H_2S) inodore au-delà de 100 ppm, ou du méthane (CH_4) peuvent polluer l'atmosphère des galeries. Ils sont issus de la décomposition des matières organiques. Lorsque le risque de présence de CO_2 est avéré, par exemple un temps d'exposition élevé dans un siphon peu volumineux, les plongeurs s'équipent de détecteurs de CO_2. Si des zones à risque sont identifiées, il convient de rester branché sur son appareil de plongée. Les accidents toxiques peuvent également survenir du fait de l'utilisation des appareils à recyclage des gaz (voir chapitre 8).

Autres accidents

D'autres formes d'accidents plus anecdotiques ont été rapportées, notamment lors de plongées longues qui imposent l'utilisation de combinaison étanche. Pour uriner, les couches ou des systèmes de « purge pipi » sont utilisés. Une mauvaise hygiène du système de tuyauterie peut être à l'origine de prostatite par remontée de gaz contaminés dans le système urinaire lors de la remontée et la détente de ceux-ci [10].

Références

[1] Covington DB, Sadler C, Bielawski A, et al. Is more complex safer in the case of bail-out rebreathers for extended range cave diving ? Diving Hyperb Med 2022 ; 52(1) : 49-53.

[2] Harris RJ, Frawley G, Devaney BC, et al. A 10-year estimate of the incidence of decompression illness in a discrete group of recreational cave divers in Australia. Diving Hyperb Med 2015 ; 45(3) : 147-53. PMID : 26415066.

[3] Buzzacott P, Nelson C, Hill K, Hires L. Recovery of deceased scuba divers from within flooded subterranean caves. Forensic Sci Int 2017 ; 275 : 167-70.

[4] Van Waart H, Harris RJ, Gant N, et al. Deep anaesthesia : the Thailand cave rescue and its implications for management of the unconscious diver underwater. Diving Hyperb Med 2020 ; 50(2) : 121-9.

[5] Spéléo secours français. Spécialité pongée souterraine [En ligne]. [Consulté le 19 juin 2023]. Disponible sur : www.speleo-secours.fr/?p=20.

[6] Arrêté du 7 décembre 2022 relatif à la formation de spécialité « interventions en milieu aquatique et hyperbare » des sapeurs-pompiers professionnels et volontaires [En ligne]. [Consulté le 19 Juin 2023]. Disponible sur : www.legifrance.gouv.fr/jorf/id/JORFTEXT000046737854.

[7] Schneider TM, Bregani R, Stopar R, et al. Medical and logistical challenges of trauma care in a 12-day cave rescue : a case report. Injury 2016 ; 47(1) : 280-3.

[8] Accidents de plongée. In : Guide d'aide à la régulation au SAMU-centre 15. Paris : Société française de médecine d'urgence ; 2019. [Consulté le 15 avril 2024]. Disponible sur : www.guide-regulation-medicale.fr/index.php?module=Fiche&action=FrontDetailView&record=545.

[9] Doolette DJ, Mitchell SJ. In-water recompression. Diving Hyperb Med 2018 ; 48(2) : 84-95.

[10] Barash A, Stern E, Hoelle R. A case report of acute prostatitis secondary to use of P-valve condom catheter during cave diving. Clin Pract Cases Emerg Med 2021 ; 5(4) : 436-9.

3

Du symptôme au traitement

Plan de la partie

Chapitre 15

Prise en charge préhospitalière

Mathieu Coulange, Sophie André, Laurent Caumont

Points clés

- Tout signe qui apparaît dans les 24 heures qui suivent une plongée est un accident de plongée jusqu'à preuve du contraire. Une plongée sans erreur ne met pas à l'abri d'un accident. Toute erreur de procédure de décompression est considérée comme un accident de plongée, y compris en l'absence de signes cliniques.
- Les accidents en apnée, en recycleur ou en hyperbarie sèche doivent être pris en charge de la même façon qu'un accident de plongée en circuit ouvert.
- L'accidenté doit bénéficier au minimum et sans délai d'une oxygénation, d'une réhydratation et d'une alerte précoce. L'avis spécialisé hyperbare doit être systématique.
- En cas de détresse vitale, l'accidenté est un œdème pulmonaire d'immersion et potentiellement un noyé jusqu'à preuve du contraire. En cas de remontée panique ou de blocage expiratoire, on évoque un barotraumatisme pulmonaire qui peut se complique, d'un pneumothorax suffocant ou d'un aéroembolisme cérébral. Les gestes élémentaires de survie doivent donc débuter par une série d'insufflations. La mise en place d'un défibrillateur automatisé externe (DAE) doit être la plus précoce possible et adaptée aux conditions humides. Les compressions thoraciques ne doivent pas être interrompues pendant plus de 10 secondes.
- En cas de décès, un obstacle médicolégal doit être prononcé.

Introduction

L'accident de plongée est un accident rare mais potentiellement gravissime. Il peut apparaître dans moins de 10 m de profondeur ou en piscine, y compris en l'absence d'erreur de procédure. Les principales étiologies sont représentées par l'accident de désaturation ou de décompression (ADD) lié à un relargage de gaz sous forme bullaire en fin de plongée, les barotraumatismes consécutifs aux variations des volumes gazeux dans les cavités aériques de l'organisme lors des variations de pression, l'œdème pulmonaire d'immersion (OPI) provoqué par une surcharge myocardique liée aux contraintes environnementales et les accidents toxiques ou « biochimiques » engendrés par l'augmentation des pressions partielles des gaz ventilés avec la profondeur. Le polymorphisme clinique impose que tout signe apparaissant dans les 24 heures qui suivent une plongée est un accident de plongée jusqu'à preuve du contraire, de même que toute erreur de procédure de décompression y compris en l'absence de signe. Tout accident de plongée doit bénéficier de premiers gestes de secours initiés par l'entourage et d'une alerte précoce pour une prise en charge en urgence dans une filière spécialisée.

Ce chapitre aborde les premiers soins effectués par l'entourage, l'alerte, la régulation médicale, la prise en charge spécialisée préhospitalière, les modalités de transfert et l'orientation.

Premiers soins effectués par l'entourage

Les pratiquants ont l'obligation d'avoir à disposition un matériel de secours qui comprend au minimum une fiche de prise en charge, une fiche d'alerte, un masque à haute concentration, un ballon autoremplisseur à valve unidirectionnelle (BAVU) avec sac de réserve d'oxygène, masques et tuyau de raccordement, un ensemble d'oxygénothérapie médicale normobare d'une capacité suffisante pour permettre une prise en charge adaptée jusqu'à l'arrivée des secours spécialisés, avec un manodétendeur et un régulateur de débit, permettant l'administration d'oxygène à au moins deux plongeurs de façon concomitante, un kit d'aspiration optionnel, une bouteille d'eau plate de 1 L, une couverture de survie et un kit de pansement. L'acquisition d'un garrot type garrot « tourniquet » et d'un pansement compressif est fortement conseillée. Le défibrillateur semi-automatique n'est pas obligatoire mais son accès dans un délai court est recommandé, en particulier lors de plongées engagées en situation d'éloignement des secours ou en cas d'effort immergé intense en eau froide.

En cas d'accident, les premiers soins sont débutés au plus tôt par l'entourage conformément aux recommandations [1-4]. En l'absence d'une détresse vitale, l'accidenté est séché et placé au repos strict dans la position la mieux tolérée, à l'abri des chocs et protégée du froid avec une couverture de survie placée au plus proche de la peau (côté face argentée vers le patient) en englobant la tête. La position allongée est privilégiée en cas d'accident de désaturation. Le Trendelenburg (tête vers le bas) est actuellement déconseillé [3]. En cas de signe respiratoire, la position semi-assise est préférée. De façon concomitante, la victime est mise sous oxygène au masque à haute concentration à 15 L min^{-1} quelle que soit la saturation artérielle en oxygène (figure 15.1). Cette oxygénation ne doit jamais être modifiée ou interrompue sans une validation médicale. Elle est associée à une réhydratation de 0,5 à 1 L d'eau par heure en l'absence de vomissements, de troubles de la conscience ou de barotraumatisme digestif. La prise d'aspirine à la dose de 250 à 500 mg en l'absence d'allergie ou de saignement est actuellement fortement remise en question [5]. La réimmersion en eau à visée thérapeutique n'est pas recommandée sur le territoire français métropolitain, mais elle peut cependant être mise en place en situation d'isolement, sous réserve de l'application d'un protocole avec matériel adéquat (réimmersion à l'oxygène) et d'une formation adaptée (chapitre 24).

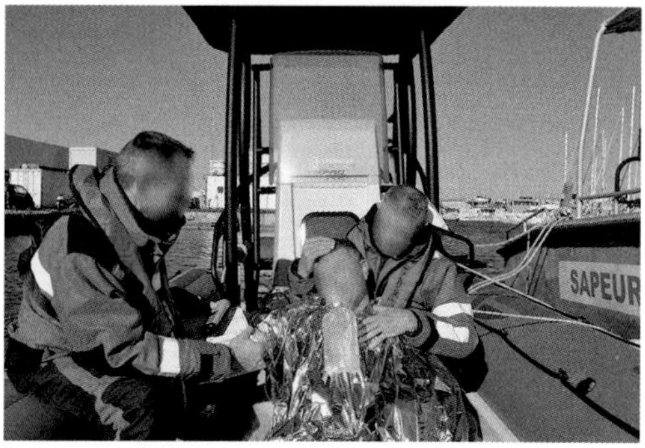

Figure 15.1. Prise en charge initiale d'un accident de plongée conscient avec oxygénation, hydratation, protection thermique et repos strict.

En cas d'arrêt cardiaque, l'accidenté est extrait de l'eau au plus vite après le retrait de son gilet stabilisateur grâce à des clips présents sur les deux bretelles ainsi que sur la ceinture abdominale et l'attache thoracique (figure 15.2A). L'utilisation d'une sangle peut faciliter l'extraction de l'eau (figure 15.2B). La réanimation cardiopulmonaire commence par une série de 5 insufflations car l'accident de plongée est un œdème pulmonaire d'immersion et potentiellement un noyé jusqu'à preuve du contraire. En cas de remontée panique ou de blocage expiratoire on évoque un barotraumatisme pulmonaire qui peut se compliquer d'un pneumothorax suffocant ou d'un aéroembolisme cérébral. La réanimation est ensuite identique aux recommandations en vigueur (30 compressions thoraciques suivies de 2 insufflations et un rythme de 100 à 120 compressions par minute, jusqu'à l'arrivée des secours). Elle est adaptée aux contraintes d'ergonomie et d'isolement (figure 15.3). Le défibrillateur automatisé externe (DAE) est mis en place le plus précocement possible. L'accidenté est allongé sur une surface sèche, non métallique, ou isolé du sol par deux serviettes ou un plan dur. Le torse est séché, en particulier entre les deux électrodes. Le moteur du navire est idéalement coupé pour faciliter l'analyse du tracé. Le choc peut alors être délivré lorsque l'appareil l'indique et que les conditions sont favorables.

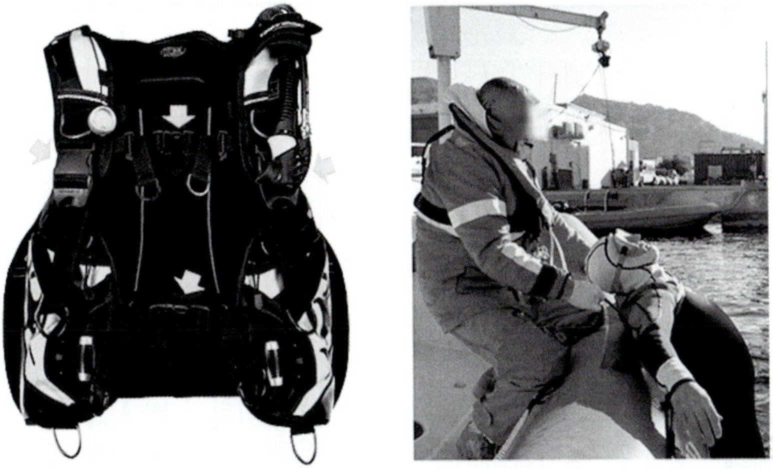

Figure 15.2. A. Gilet stabilisateur de plongée avec système de clips permettant un retrait rapide avant extraction en cas d'urgence. B. Technique d'extraction en urgence avec une sangle en cas d'urgence vitale.

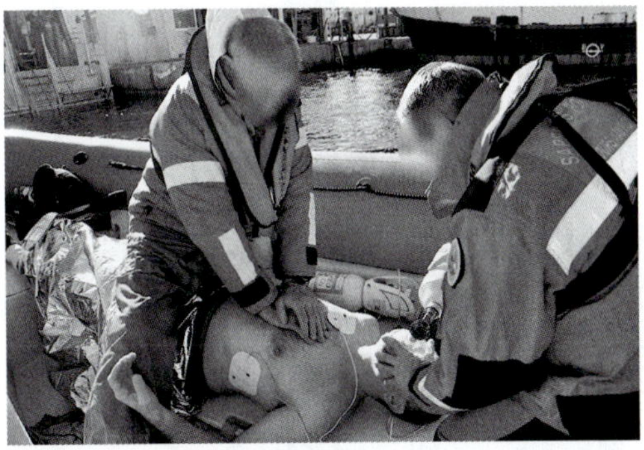

Figure 15.3. Prise en charge initiale d'un accident de plongée en arrêt cardiaque avec ventilation au BAVU, massage cardiaque et pose du DAE.
BAVU : ballon autoremplisseur à valve unidirectionnelle ; DAE : défibrillateur automatisé externe.

Alerte

À terre, l'accidenté appelle le 15, le 18 ou le 112. En mer, l'alerte est faite au centre régional opérationnel de surveillance et de sauvetage (Cross) par appel VHF (*Very High Frequency*) canal 16 ou VHF-ASN (appel sélectif numérique) canal 70 [6]. La VHF-ASN permet de lancer un appel de détresse avec une identification grâce au numéro ISMM (numéro d'identité dans le service mobile maritime) et une position exacte grâce au système GPS (*Global Positionning System*). En l'absence de VHF et si le réseau téléphonique le permet, le Cross peut être contacté avec un téléphone portable en composant le 196. Les appels reçus par d'autres services (centre 15, centre opérationnel départemental d'incendie et de secours, centre hyperbare, etc.) doivent être basculés sur le Cross lorsque l'accidenté se trouve encore en mer afin de garantir une prise en charge optimale adaptée aux spécificités du milieu maritime. L'opérateur du Cross dispose d'une fiche réflexe de prise d'alerte qui précise la localisation de l'accidenté, le délai pour rejoindre le point à terre le plus proche, les caractéristiques du navire, les paramètres de plongée, les premiers signes et le traitement initié par l'entourage (figure 15.4). Cette fiche est transmise au SAMU (service d'aide médicale d'urgence) de coordination médicale maritime (SCMM) et aux différents intervenants. L'enregistrement au préalable du support plongée au Cross, en précisant entre autres sa longueur, sa couleur et la possibilité d'un hélitreuillage, est un gain de temps non négligeable. En cas d'arrêt cardiaque, l'opérateur du Cross a pour consigne de transférer immédiatement l'appel au médecin régulateur du SCMM.

Le plongeur accidenté ou son entourage remplissent également une fiche d'alerte comme celle du Cross ou celle proposée par l'association « PHYMAREX », (« Institut de physiologie et de médecine en milieu maritime »), pour faciliter la transmission d'information (figure 15.5). Cette fiche est également utilisable sur terre pour la transmission

CROSS | **FICHE PRISE D'ALERTE** | **ACCIDENT DE PLONGEE**

OPERATION N° : **DATE :** **HEURE** (UTC) :

SEXE : HOMME FEMME AGE : ans

NUMERO DE TEL PORTABLE (en cas de perte de contact VHF)
➔ :

En cas d'arrêt cardiaque
CONFERENCE A 3 IMMEDIATE entre APPELANT /CROSS/SCMM

1er ETAPE ➔ NAVIRE
éléments recueillis par le CROSS

NOM du SUPPORT :
POSITION :
Site de plongée :
γ : **N**
G : **E**
Azimut / référence / distance

Palanquée à l'eau :
multi victime : **nbre :**
délai pour atteindre le port le plus proche :
min **Port:**

caractéristiques du support de plongée :
S/P répertorié :
----
si S/P non répertorié => poser les questions :
longueur du navire : **mètres**
couleur du navire :
Hélitreuillage depuis le support de plongée
Possible ?

2e ETAPE ➔ PLONGEE
éléments recueillis par le CROSS

TYPE de PLONGEE :
◊ APNEE ◊ BOUTEILLE ◊ RECYCLEUR

TYPE DE MELANGE :
◊ AIR ◊ NITROX ◊ TRIMIX
◊ AUTRE ……………………..
Durée totale de la plongée : Min
Profondeur maxi : Mètres
Durée à la profondeur maxi : Min
Paliers effectués :
Heure de sortie de l'eau :
ORIGINE DE L'ACCIDENT :
Erreur de procédure
Absence de palier
Remontée rapide
Autre:

PLONGEE PRECEDENTE < 24 h :

Profondeur: mètres

3e ETAPE ➔ VICTIME
éléments recueillis par le CROSS

MEDECIN A BORD :
Heure des 1ers signes :

SIGNES :	**oui**	**Non**	**NC**
Conscient			
Respire			
Gène respiratoire			
Crachats sanglants			
Paralysie :			
Vertiges			
Fourmillements :			
Douleurs dorsales			
Autres :			

SOINS EFFECTUES :			
Oxygène : L/min)			
Réanimation cardio-pulmonaire			
Eau : volume L			
Autres :			

HEURE DEBUT DES SOINS:

4e ETAPE ➔ CONFERENCE A 3 : SUPPORT PLONGEE / CROSS / SCMM

EVACUATION DECIDEE AVEC LE CROSS
EVACUATION : **MEDICALISATION :**
VECTEUR :
- **Héliporté :** ☐ Depuis S/P ☐ Autre support nautique ☐ Depuis DZ
- **Nautique :**
- **Ambulance :** Lieu de jonction :

DESTINATION :

IDENTITE DU PLONGEUR :
NOM :
PRENOM :

TRANSMISSION à : **Centre hyperbare:** **SAMU:** **Autre:**

Figure 15.4. Fiche d'alerte du Cross.
Source : Secrétariat général de la mer.

FICHE D'ALERTE – ACCIDENT DE PLONGEE

Remplir en urgence les trois parties pour ***faciliter l'émission du message d'alerte***

ALERTE

En mer, le CROSS...

VHF-ASN Canal 70

Sélection du message - Appui maintenu sur **Distress** jusqu'à 5 bips courts et un long

Attendre accusé de réception pour passer le message - Mode émission (bouton PTT)

VHF Canal 16

MAYDAY (x 3) de ____________________ (nom du navire x 3), situé aux points

GPS ___ ° ___ ' ___ '' N ___ ° ___ ' ___ '' E - *Attendre réception pour passer le message*

Demande assistance immédiate pour accident de plongée ❑ en arrêt cardiaque

Mon délai pour atteindre ____________________ (le point à terre le plus proche) est de ____ min.

Le bateau est répertorié : ❑ OUI ❑ NON Longueur navire _____ m. Couleur ____________

A terre, tél. 15 ou 18 ou 112

Je suis ____________________

Je me situe ____________________

Je suis joignable au __ __ __ __ __

J'alerte pour un accident de plongée

« en cas d'arrêt cardiaque, le préciser sans délai »

PARAMETRES de PLONGEE

SEXE ❑ M ❑ F **AGE** ____ ans **NOM** : ____________________ **PRENOM** : ____________________

Niveau de plongée : ___ ❑ Apnée ❑ Bouteille ❑ Recycleur ❑ Loisir ❑ Formation ❑ Professionnel

❑ Air ❑ Nitrox ❑ Trimix ❑ Héliox Autre mélange : ____________________

Profondeur max. : _____ mètres **Durée totale** : _____ min. **Heure de sortie** : ____ H ____

Paliers de décompression : ____________________ ❑ Ordinateur ❑ Table : ____________________

Incident : ____________________

Plongée précédente < 24 h : ❑ OUI ❑ NON Intervalle : ___ h. Profondeur : ___ mètres Durée : ___ min.

BILAN & PREMIERS SOINS

Médecin sur place : ❑ OUI ❑ NON **Qualification**: ❑ Médecine de plongée ❑ Autre : ____________________

Bilan : ❑ Inconscient ❑ Ne respire pas ❑ Gène respiratoire (fréquence respiratoire : _____ / min)

❑ Saignement (localisation : ____________________) ❑ Vertige

❑ Paralysie (localisation : ____________________) ❑ Fourmillement ou perte de sensibilité (localisation : ____________________)

❑ Peau : éruption ou démangeaison (localisation : ____________) ❑ Douleur (localisation : ____________________ Intensité : __ /10)

❑ Autres : ____________________

Heure des 1ers signes : ___ h ___ Heure de début des soins : ___ h ___

Soins : ❑ Oxygène (débit ___ L/min.) ❑ Eau (volume ____ mL) ❑ ± Aspirine (dose 250 mg)

❑ Réanimation cardio-pulmonaire (heure de début : ___ h ___) ❑ Défibrillateur sur site

Autres : ____________________

PHYMAREX
Institut de Physiologie et de Médecine en Milieu Maritime et en Environnement Extrême

Figure 15.5. Fiche d'alerte proposée par « PHYMAREX ».

d'information au centre de régulation du SAMU départemental. Les modalités d'alerte doivent être anticipées par les pratiquants dans un plan de secours écrit, adapté au lieu et à l'activité.

Dans certaines parties des départements et territoires d'outre-mer, le Cross est remplacé par le Maritime Rescue Coordination Center (MRCC), et le SAMU départemental fait office de SCMM.

Régulation médicale

En mer, le Cross transmet au SCMM les éléments nécessaires à l'ouverture d'une fiche « Opération ». Si le SCMM ne peut être joint dans un délai immédiat, le SAMU départemental concerné en premier lieu, ou le centre de consultation médicale maritime (CCMM) en second lieu peuvent être amenés à assurer le rôle dévolu au SCMM. À terre, l'alerte est transmise directement au SAMU départemental.

Dans tous les cas, le médecin régulateur doit contacter au plus tôt le médecin hyperbare du secteur pour discuter de la prise en charge globale. Ils doivent également éliminer un diagnostic différentiel pour éviter une erreur d'orientation en particulier en cas d'apparition de signes neurologiques au décours d'une plongée qui peuvent être en rapport avec un accident de désaturation ou avec un AVC (accident vasculaire cérébral). La publication récente de critères de régulation permet d'en limiter les risques en préconisant une IRM (imagerie par résonance magnétique) cérébrale avant toute recompression thérapeutique, en présence d'au moins un signe d'alarme compatible avec un AVC : facteur de risque cardiovasculaire ou âge supérieur à 50 ans, de signes moteurs d'emblée, céphalée, systématisation de signes, troubles phasiques, troubles visuels, atteinte de la face, absence d'évolution favorable sous ONB (oxygénothérapie normobare) ou intervalle libre important entre la sortie de l'eau et l'apparition des signes cliniques [7].

Le médecin régulateur et le médecin hyperbare veillent également à ce que les premiers gestes soient conformes aux recommandations [1-4]. La médicalisation est limitée aux détresses vitales, aux signes cardiorespiratoires, aux symptomatologies à forte évolutivité et aux situations d'éloignement. Une détresse vitale doit bénéficier d'une médicalisation précoce. En cas de délai d'intervention, la régulation met tout en place pour projeter une équipe de secouristes et garantir un choc électrique précoce. Une jonction à terre est privilégiée lorsque les délais d'intervention en mer sont importants ou que le support de plongée est inadapté à une réanimation cardiopulmonaire spécialisée. En cas de symptomatologie thoracique, la médicalisation permet de discuter un drainage thoracique en urgence en cas de barotraumatisme thoracique, ou un geste de revascularisation en cas d'ischémie myocardique. La projection sur le terrain d'un appareil d'échographie et celle d'un dispositif de ventilation en pression positive continue (CPAP [*Continuous Positive Airway Pressure*]) ou de ventilation non invasive (VNI) sont des éléments diagnostiques et thérapeutiques essentiels devant tout signe cardiothoracique. La situation d'éloignement impose une médicalisation systématique pour permettre un examen clinique précis et ainsi éviter une erreur d'orientation qui pourrait être préjudiciable en termes de délai. A contrario, une médicalisation non justifiée peut être à l'origine d'une augmentation sensible du délai d'évacuation sans bénéfice évident sur le plan thérapeutique. De ce fait, un trouble moteur sévère sans détresse vitale, comme une paraplégie, ne doit pas être médicalisé afin de garantir un délai de recompression le plus court possible.

Médicalisation préhospitalière

En mer, elle est assurée par un service mobile d'urgence et de réanimation (SMUR) maritime, et à terre par un SMUR de proximité. L'équipe médicale doit effectuer un bilan lésionnel clinique et paraclinique rapide, s'appuyant notamment sur l'échographie clinique (ECMU 1 et 2) cardiovasculaire et pleuropulmonaire pour toute symptomatologie cardiothoracique et abdomino-pelvienne en cas de symptomatologie digestive ou d'ADD médullaire sévère. La mise en place d'un traitement symptomatique comprenant au minimum une oxygénation et un remplissage vasculaire est recommandée.

Oxygénothérapie normobare

Elle est effectuée au masque à haute concentration avec une FiO_2 (fraction inspirée en oxygène) à 100 % et un débit de 15 L min^{-1}. En cas d'intubation, le ballonnet est gonflé à l'eau pour éviter un risque d'extubation par diminution du volume gazeux en pression lors de la recompression thérapeutique. Les volumes et les pressions de crête doivent être adaptés pour limiter le risque de lésion pulmonaire, en particulier dans un contexte de barotraumatisme thoracique. La mise en place d'une pression expiratoire positive (entre 8 et 10 cm d'H_2O) peut être nécessaire pour limiter les effets délétères d'un œdème pulmonaire. En cas de pneumothorax suffocant, l'exsufflation à l'aiguille doit être discutée en première intention avant d'entreprendre le protocole habituel de prise en charge d'un pneumothorax.

Remplissage vasculaire

Les contraintes d'immersion provoquent une hypovolémie qui doit être compensée rapidement par l'administration d'au moins 500 mL de sérum salé isotonique dans la première demi-heure. En cas de choc hypovolémique, le protocole de remplissage est effectué selon les recommandations habituelles. Le remplissage doit être prudent en cas de détresse respiratoire. L'usage de poches de perfusion souples est préconisé en cas de traitement hyperbare pour éviter la survenue d'une embolie gazeuse iatrogène consécutive à une augmentation brutale du volume gazeux dans un flacon rigide lors de la décompression.

Sondage vésical

En cas d'accident de désaturation médullaire sévère, le sondage vésical peut être indiqué précocement ou discuté avant une évacuation héliportée. Le matériel de sondage doit donc être disponible dans le sac de médicalisation.

Recompression sur site

Dans le cadre professionnel, la réglementation impose un délai d'accès au caisson hospitalier le plus proche de moins de 6 heures pour des travaux subaquatiques (mention A) ne nécessitant pas de palier de décompression. Pour toutes les autres activités (mentions B, C et D), il n'y a pas de délai de recompression précisé. En cas de palier de décompression obligatoire, pour l'ensemble des activités hyperbares (mentions A, B, C et D), le délai d'accès ne doit pas excéder 2 heures pour une durée totale de paliers inférieure à 15 minutes, et 1 heure pour une durée totale de paliers supérieure à 15 minutes. Lorsque ces délais ne peuvent pas être respectés, l'employeur s'assure qu'un caisson de recompression de sauvegarde, ou caisson de recompression d'urgence (CRU), équipé d'au moins deux postes ventilatoires et d'un sas à personne, est disponible en cas d'accident, et que les travailleurs présents pour le mettre en œuvre sont formés et régulièrement entraînés. Seul un personnel titulaire d'un certificat d'aptitude à l'hyperbarie est autorisé à pénétrer dans un caisson sous pression pour effectuer une surveillance ou un soin. En cas d'accident, le rapport bénéfice/risque entre une recompression précoce in situ dans un caisson « rustique » versus une recompression plus tardive dans un centre hospitalier disposant d'une chambre de réanimation doit être systématiquement discuté avec le médecin régulateur et le médecin hyperbare.

La recompression thérapeutique par réimmersion n'est pas recommandée sur le territoire français métropolitain, mais peut cependant être discutée en situation d'isolement, sous réserve de l'application d'un protocole et d'une formation adaptés [3]. Elle doit être faite à l'oxygène pur sous l'eau à une profondeur maximale de 9 m, avec une protection thermique adaptée ainsi qu'une surveillance permanente sous l'eau par un plongeur et en surface par un superviseur. Elle peut être remise en question en cas de vertiges, de vomissements, de troubles de la conscience, d'instabilité hémodynamique, ou de détresse respiratoire (voir chapitre 24).

Transfert préhospitalier

L'accident de plongée doit être transféré sans délai vers un service spécialisé. À distance des côtes, l'hélicoptère est l'un des vecteurs les plus adaptés. Toutefois, la montée en altitude par rapport au lieu de l'accident doit être si possible inférieure à 300 m, et pour certains auteurs, inférieure à 150 m [3], pour éviter une dépressurisation importante qui aggraverait un ADD ou un barotraumatisme pulmonaire. De plus, les contraintes de treuillage et l'étroitesse de la cellule peuvent faire préférer un transfert par voie maritime. À proximité des côtes, un retour à terre par moyens personnels est souvent préférable à une attente sur site d'un vecteur spécialisé, y compris en cas d'indications de médicalisation. Le déclenchement d'un vecteur nautique peut être une bonne alternative, en particulier dans un contexte de prompt secours. En cas d'arrêt cardiaque, l'utilisation d'une table automassante peut faciliter le transfert de la victime. À terre, le choix entre un vecteur terrestre ou aérien dépend de la proximité du service receveur. Lorsque l'avion est le seul moyen pour atteindre un centre hyperbare, l'utilisation d'appareils capables de maintenir la pression du sol en cabine doit être privilégiée dans la phase initiale, en particulier en cas d'accident de désaturation sévère [3]. En cas d'utilisation d'un avion de ligne classique ou a fortiori d'un aéronef non pressurisé, un traitement initial uniquement médical par oxygénothérapie normobare pendant 24 heures peut être discuté avant le transfert vers un centre hyperbare [8].

Orientation

L'orientation d'un accidenté est systématiquement discutée avec le médecin hyperbare lors de l'appel. L'ADD, l'embolie gazeuse coronarienne et/ou cérébrale d'origine barotraumatique, et l'erreur de procédure sans signe clinique doivent être dirigés en première intention vers un centre hyperbare. En cas de doute diagnostique, le transfert vers un centre hyperbare doit être également privilégié. Le délai de recompression doit être le plus court possible. Un délai supérieur à 6 heures rallonge la durée de récupération et accroît le niveau de séquelle [3]. Une publication récente est même en faveur d'une majoration des séquelles lorsqu'il est supérieur à 3 heures chez des patients présentant une sévérité clinique initiale élevée [9]. Afin d'optimiser la prise en charge, les SCMM ainsi que les SAMU départementaux doivent tenir à jour la liste des caissons hyperbares disponibles dans leur zone de compétence et organiser la filière de soins. Tout décès en plongée doit faire l'objet d'un obstacle médicolégal. Le matériel du plongeur décédé et de son binôme ainsi que leurs ordinateurs de plongée doivent être récupérés et remis à l'officier de police judiciaire et toute action sur ce matériel doit lui être signalée. La réalisation d'un scanner post mortem idéalement dans un délai de moins de 3 heures est un élément essentiel dans la compréhension des causes de décès [10].

Références

[1] Coulange M. Accidents de plongée. In : Société française de médecine d'urgence (éd.). Pathologies circonstancielles. Journées thématiques et interactives de la SFMU, Toulon 2019. Paris : Société française d'éditions médicales ; 2019.

[2] Société française de médecine d'urgence, Samu-Urgences de France. Référentiel « aide médicale en mer » [En ligne]. Disponible sur : www.samu-urgences-de-france.fr/medias/files/155/768/ref_aidemedenmer_2013.pdf.

[3] Mitchell SJ, Bennett MH, Bryson P, et al. Pre-hospital management of decompression illness: expert review of key principles and controversies. Diving Hyperb Med 2018 ; 48(1) : 45-55.

[4] Coulange M, Blatteau JE, Le Pennetier O, et al. Accidents en plongée subaquatique et en milieu hyperbare. EMC Médecine d'Urgence 2015 ; 25-030-G-20 : 1-17.

[5] Bessereau J, Coulange M, Genotelle N, et al. Aspirin in decompression sickness. Therapie 2008 ; 63(6) : 419-23.

[6] Instruction du Secrétariat général de la mer du 31 mai 2021 relative au traitement des accidents subaquatiques survenus en mer [En ligne]. Disponible sur : www.info.gouv.fr/upload/media/organization/0001/01/sites_default_files_contenu_piece-

jointe_2021_05_076-20210531-sgmer-traitement_des_accidents_subaquatiques.pdf.
[7] Bourron A. Signes neurologiques en sortie de plongée : accident de décompression à expression cérébrale ou accident vasculaire cérébrale [Thèse de médecine]. Marseille : Aix-Marseille université ; 2019.
[8] Coulange M, Hugon M, Blatteau JE. Prise en charge préhospitalière de l'accident de plongée : de l'alerte à l'admission. In : Broussolle B, Méliet JL, Coulange M, editors. Physiologie et médecine de la plongée. Paris : Ellipses ; 2006. p. 417-24.
[9] Andre S, Lehot H, Morin J, et al. Influence of prehospital management on the outcome of spinal cord decompression sickness in scuba divers. Emerg Med J 2022. Online ahead of print.
[10] Laurent PE, Coulange M, Mancini J, et al. Postmortem CT appearance of gas collections in fatal diving accidents. AJR Am J Roentgenol 2014 ; 203(3) : 468-75.

Chapitre 16

Conduite à tenir devant une détresse vitale sur le site de la plongée ou du chantier

Pierre Louge, Mathieu Coulange

Points clés

Introduction

Les détresses vitales chez un plongeur sous-marin sont des situations extrêmement rares, mais susceptibles d'engager le pronostic vital en l'absence de manœuvres de ressuscitation adaptées et immédiates. Cette prise en charge doit tenir compte des recommandations en vigueur [1] et des spécificités cliniques et thérapeutiques des pathologies rencontrées.

L'enjeu de cette prise en charge est de permettre aux premiers intervenants d'avoir une démarche consensuelle et rapide, gage d'efficacité, dans un milieu particulièrement hostile (isolement, milieu maritime, stress, climat d'effervescence). Il repose sur la présence sur le site de personnes formées aux gestes de premiers secours et nécessite de prépositionner un minimum de matériel.

L'enseignement réalisé par les centres d'enseignement et de simulation à la médecine d'urgence a montré son efficacité par l'application uniforme d'un algorithme simple à tout le personnel de la chaîne de santé : ABCDE. Il nous a semblé intéressant d'utiliser cet algorithme adapté à la situation particulière du plongeur subaquatique pour la prise en charge d'une détresse vitale à la sortie de l'eau. Nous excluons le cas particulier de la plongée à saturation.

Cet algorithme a été établi en 2015 sur la base d'un travail collégial en présence de médecins spécialistes de médecine de la plongée, de médecins urgentistes et anesthésistes-réanimateurs [2]. Il est intégré dans les formations de médecine de la plongée pour les médecins et infirmiers militaires qui bénéficient d'un enseignement par simulation [3].

L'analyse épidémiologique des décès en plongée en milieu sportif révèle que les causes principales du décès sont l'hypoxie par noyade ou œdème pulmonaire d'immersion puis la surpression pulmonaire par aéroembolisme massif ou tamponnade gazeuse [4].

Deux situations d'urgence vitale à la sortie de l'eau sont identifiées :

1. le plongeur est en arrêt cardiorespiratoire (ACR) ;
2. le plongeur est inconscient.

Démarche diagnostique initiale

Elle ne doit pas retarder la prise en charge immédiate. Elle tient compte, en revanche, d'éléments anamnestiques liés au contexte de l'accident.

Le contexte et les circonstances de survenue de l'accident sont en effet déterminants pour orienter le diagnostic initial ou ses complications éventuelles sans jamais oublier que tout événement en plongée peut se compliquer d'une noyade. L'anamnèse initiale rapide doit s'intéresser en particulier :

- au type de plongée effectuée (instruction, exercice de remontée, remontée sur expiration, appareil ou mélange utilisé) ;
- aux circonstances (perte de connaissance, panique, signes précurseurs) ;
- à la survenue par rapport à la plongée (descente, au fond, remontée, après) ;
- au type de remontée : rapide, blocage expiratoire, lâché d'embout, inhalation.

La présentation clinique d'un plongeur en détresse vitale à la sortie de l'eau se résume le plus souvent à un plongeur inconscient en surface, avec ou sans signes de détresse ventilatoire, pour lequel l'examen initial est largement entravé par le matériel et la combinaison de plongée. Durant cette phase, les intervenants doivent s'appliquer à maintenir la tête hors de l'eau pour éviter une noyade secondaire, tout en assurant la liberté des voies aériennes.

L'accès au thorax de l'accidenté doit être immédiat afin de visualiser l'existence et la qualité de la ventilation, après avoir évalué la perméabilité des voies aériennes et recherché un encombrement (noyade, œdème). Il faut ensuite dégager le plus rapidement possible le thorax et le cou par un système de découpe rapide du néoprène. Puis, il faut répondre aux questions suivantes :

- Le plongeur respire-t-il ? Si oui, est-ce que sa fréquence respiratoire est adaptée ? Est-elle rapide et superficielle ou ample et lente ? Présente-t-il des gasps ?
- Comment sont ses veines jugulaires ? Si elles sont dilatées, il est probable qu'il existe une hyperpression thoracique liée à un pneumothorax suffocant.
- Le thorax se soulève-t-il de manière symétrique et harmonieuse ?
- Y a-t-il un emphysème sous-cutané ?
- Quelle est la coloration cutanée ?

Plongeur en arrêt cardiorespiratoire (ACR)

La prise en charge de cet ACR dans sa phase initiale doit suivre les recommandations actuelles de l'ERC (European Resuscitation Council) [5]. Elle repose sur une chaîne de survie (figure 16.1) incluant la reconnaissance de l'ACR, l'appel à l'aide, la réanimation cardiopulmonaire (RCP) de base, la défibrillation, la RCP spécialisée et la réanimation postarrêt cardiaque.

Chez le plongeur, une des causes curables d'ACR la plus fréquente étant l'hypoxie par noyade ou l'œdème pulmonaire d'immersion (OPI), la RCP

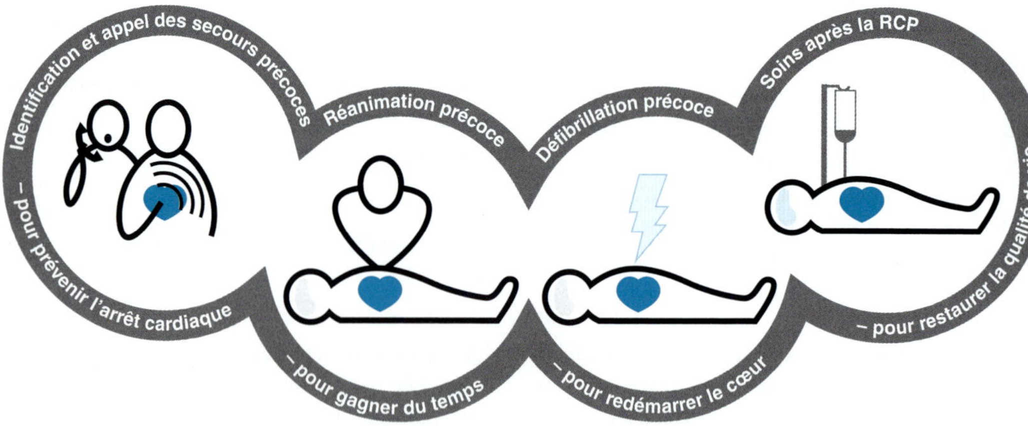

Figure 16.1. Chaîne de survie.
Source : Christian MD, Couper K. COVID-19 and the global OHCA crisis: an urgent need for system level solutions. Resuscitation 2020;157: 274-276. 10.1016/j.resuscitation.2020.11.004.

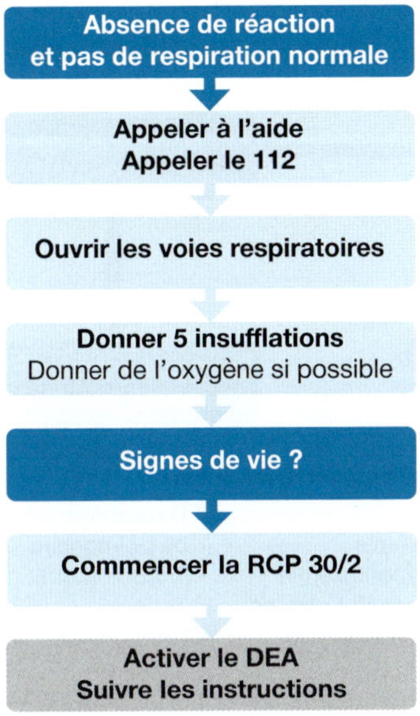

Figure 16.2. RCP de base chez l'hypoxique ou noyé.
DEA : défibrillateur externe automatisé ;
RCP : réanimation cardiopulmonaire.
Source : Monsieur KG, Nolan JP, Bossaert LL, et al. European Resuscitation Council Guidelines for Resuscitation 2015. Section 1. Executive summary. Resuscitation. 2015;95:1-80.

commence par une oxygénation initiale après libération des voies aériennes et plus ou moins mise en place d'une canule de Guédel (figure 16.2).

Réanimation cardiopulmonaire médicalisée

La technique et la séquence sont les mêmes que pour la RCP de base. Elle la complète par des mesures spécifiques chez le plongeur. Les interventions nécessaires à l'ensemble de la prise en charge doivent limiter au maximum les interruptions du massage. Chaque arrêt de massage doit être planifié et chronométré. L'utilisation de systèmes de massage cardiaque externe (MCE) automatiques se développe actuellement ; ils peuvent être contributifs en particulier lors d'un MCE prolongé ou la nécessité de déplacer le patient durant la RCP.

La mise en place d'un abord veineux de préférence périphérique est préconisée théoriquement en première intention. Dans le contexte particulier du plongeur, la perfusion intraosseuse peut être recommandée d'emblée. Le contrôle des voies aériennes peut être envisagé en présence d'une équipe médicale formée et entraînée à l'intubation orotrachéale. Il ne doit pas entraîner une interruption trop longue du MCE (figure 16.3). L'utilisation d'un dispositif supraglottique peut être considérée comme une bonne alternative à l'intubation orotrachéale en particulier en conditions dégradées.

En cas d'absence de reprise de l'activité cardiaque ou de rythme non choquable initialement, il peut être discuté une exsufflation thoracique à l'aiguille orientée par la clinique ou unilatérale droite « à l'aveugle », voire bilatérale, afin de traiter rapidement une tamponnade gazeuse (étiologie curable d'ACR chez le plongeur). En cas d'inefficacité de l'exsufflation à l'aiguille constatée par l'absence de reprise d'une activité circulatoire, une thoracostomie bilatérale au doigt peut être réalisée sous réserve que l'équipe soit formée et entraînée à ce geste spécifique.

En fonction des conditions d'apparition de cet ACR, il faut envisager l'éventualité de la survenue d'un aéroembolisme massif du cœur et des gros vaisseaux. La neutralisation des volumes gazeux obstructifs passe par une prise en charge hyperbare en tentant une recompression hyperbare « de sauvetage ». Celle-ci n'est envisageable qu'en présence d'un caisson de chantier (plongée professionnelle) ou une évacuation rapide vers un caisson hospitalier.

Cette recompression « de sauvetage » pose les problèmes (tableau 16.1) :

- de la continuité et de la qualité de la RCP dans un caisson : obligation du maintien de l'oxygénation nécessitant un dispositif spécifique installé dans le caisson (débitmètre hyperbare et déverseur pour récupérer les gaz expirés, masque insufflateur dont l'air a été remplacé par de l'eau) ;
- de l'interdiction de l'utilisation d'un défibrillateur en hyperbarie ;
- de l'incompatibilité des planches automassantes avec la pression ;
- de la durée prolongée de certaines tables de recompression pouvant être incompatible avec la poursuite d'un massage cardiaque ;

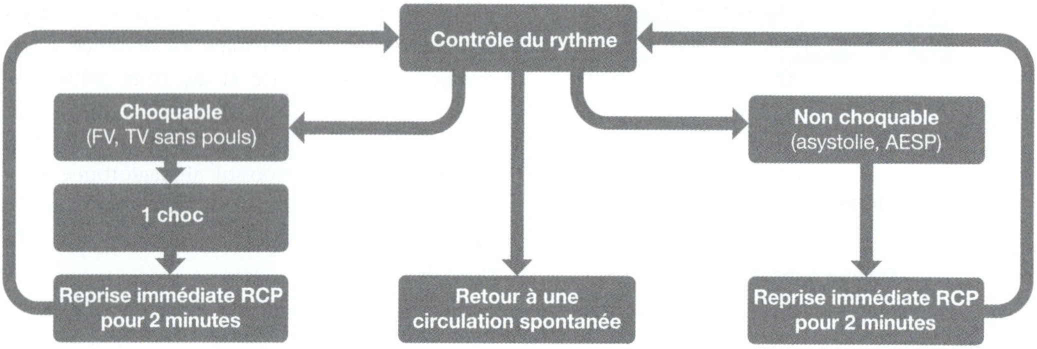

Assurer des compressions thoraciques de haute qualité et :

- ✓Donner de l'oxygène
- ✓Utiliser un capnographe
- ✓Compression thoraciques continues quand les voies aériennes sont sécurisées
- ✓Accès vasculaire (intraveineux ou intraosseux)
- ✓Donner de l'adrénaline toutes les 3-5 minutes
- ✓Administrer de l'amiodarone après 3 chocs

Traiter les causes réversibles :

- ✓Hypoxie
- ✓Hypovolémie
- ✓Hypo/hyperkaliémie/ troubles métaboliques
- ✓Hypo-hyperthermie
- ✓Thrombose coronaire ou pulmonaire
- ✓Pneumothorax sous Tension
- ✓Tamponnade cardiaque
- ✓Toxiques

Règle des 4 H et 4 T

Figure 16.3. RCP médicalisée chez l'adulte.
AESP : activité électrique sans pouls (bradycardie sévère, collapsus sévère, asystolie : pneumothorax compressif, tamponnade) ; FV : fibrillation ventriculaire ; RCP : réanimation cardiopulmonaire ; TV : tachycardie ventriculaire.
Source : D'après Olasveengen TM, Semeraro F, Ristagno G, et al. European Resuscitation Council guidelines 2021 : basic life support. Resuscitation. 2021;161:98-114.

Tableau 16.1. Conditions pour réaliser une recompression de sauvetage chez un plongeur en ACR.

Conditions pour réaliser une recompression de sauvetage chez un plongeur en ACR
Permanence du massage cardiaque externe
Recompression à 2,8 ATA maximum
Patient sous O_2 à 100 %
Utilisation d'un BAVU hyperbare avec un dispositif spécifique de débitmètre hyperbare et de branchement au déverseur, ainsi qu'un masque insufflateur dont l'air a été remplacé par de l'eau
Aspirateur de mucosités disponible
Kit d'exsufflation ou mini-drain thoracique disponible
Préparation et entraînement régulier de l'équipe médicale

ACR : arrêt cardiorespiratoire ; ATA : atmosphère technique absolue ; BAVU : ballon autoremplisseur à valve unidirectionnelle ; O_2 : oxygène.

- du risque de « suraccident » pour le personnel accompagnateur, avec notamment un risque d'accident de décompression survenant à la suite de manœuvres de réanimation intenses et prolongées (MCE) en pression.

En cas de décision d'une recompression « de sauvetage », celle-ci doit tenir compte de ces contraintes. L'utilisation d'une table de recompression à 2,8 ATA (atmosphère technique absolue) avec une inhalation d'O_2 (oxygène) à 100 %, qui optimise l'oxygénation tissulaire dans ce contexte d'hypoxie sévère, doit être privilégiée.

En cas de reprise de l'activité cardiorespiratoire, et s'il existe un doute sur la présence d'un pneumothorax, il faudra envisager une exsufflation à l'aiguille ou la pose d'un mini-drain thoracique avec valve antireflux unidirectionnelle bichambre type Heimlich afin de sécuriser une éventuelle expansion d'un pneumothorax à la remontée du plongeur. La perméabilité des orifices thoraciques (après exsufflation ou thoracostomie) doit être vérifiée régulièrement toutes les 10 minutes. La mise en place d'un drain thoracique de plus gros calibre peut être utile.

En pratique : la prise en charge d'un ACR à la sortie de l'eau comprend l'extraction en sécurité de l'accidenté, l'appel aux secours, le déséquipement et les manœuvres de RCP. Ensuite, 2 situations se présentent :

- en absence de caisson sur zone (cas le plus fréquent), effectuer le dérouler de l'arbre décisionnel, puis mise en condition d'évacuation ;
- en présence d'un caisson de recompression sur place (plongée professionnelle), proposer la recompression de sauvetage avec toutes limitations décrites précédemment.

Plongeur inconscient en surface avec ventilation spontanée

La démarche diagnostique et thérapeutique doit prendre en compte le type de plongée (mélange gazeux utilisé, recycleur de gaz), les circonstances de survenue (au fond, pendant la remontée, en surface) et les signes précurseurs de la PC (perte de connaissance) (voir chapitre 17).

L'évaluation initiale du niveau de conscience doit être simple sur un chantier de plongée.

Le score AVPU (*Alert/Voice/Pain/Unreactive*) utilisé et enseigné pour la prise en charge d'un blessé en milieu militaire est bien adapté pour cette première évaluation (tableau 16.2). Le praticien complétera l'évaluation par un score de Glasgow.

En l'absence de reprise de conscience, et si l'intubation orotrachéale a été réalisée, l'évacuation doit être privilégiée et planifiée avec le SAMU (service d'aide médicale d'urgence) pour permettre un transport sécurisé vers un centre hyperbare hospitalier disposant d'un respirateur hyperbare avec surveillance multiparamétrique dans un environnement sécurisé (à proximité immédiate du service d'urgences et de la réanimation).

En présence d'un caisson de chantier, la problématique de la prise en charge d'un plongeur inconscient à la sortie de l'eau est de déterminer une indication de recompression thérapeutique. À ce titre, il faut savoir se donner un peu de temps afin d'évaluer une reprise de conscience après extraction du milieu hostile et mise sous oxygène normobare. En cas d'absence de signes neurologiques déficitaires, le plongeur est maintenu sous oxygénothérapie normobare (à l'exception de la crise hyperoxique non compliquée d'une noyade). Dans l'éventualité d'une détresse respiratoire persistante (suspicion de noyade ou d'OPI), le plongeur doit être évacué avec mise en place d'une pression expiratoire positive idéalement à l'aide d'un système de ventilation non invasive (VNI). En présence de signes neurologiques déficitaires, la recompression en urgence est réalisée en première intention par une table thérapeutique à l'oxygène pur à 2,8 ATA. L'évolution des pratiques et l'état actuel des connaissances sont en défaveur d'une recompression en mélange suroxygéné à 4 ATA dans ces conditions.

Tableau 16.2. Score AVPU.

Alert	Parle spontanément
Voice	Réactif à la voix
Pain	Réactif à la douleur
Unreactive	Aréactif

Source : Brunker C, Harris R, How accurate is the AVPU scale in detecting neurological impairment when used by general ward nurses? An evaluation study using simulation and a questionnaire. Intensive and Critical Care Nursing. 2015; 31(2):69-75.

Tableau 16.3. Conditions pour réaliser une recompression thérapeutique chez un plongeur inconscient.

Conditions pour réaliser une recompression thérapeutique chez un plongeur inconscient
Recompression à 2,8 ATA maximum
Patient placé en PLS, sous masque à haute concentration d'O_2 100 %
Disponibilité d'un BAVU hyperbare à proximité avec un dispositif spécifique de débitmètre hyperbare et de branchement au déverseur, ainsi qu'un masque insufflateur dont l'air a été remplacé par de l'eau
Aspirateur de mucosités disponible
Kit d'exsufflation ou mini-drain thoracique disponible
Selon l'évolution de l'état de conscience et de l'état clinique général : – *stabilité clinique et score de Glasgow < 8 : table « courte » à 2,8 ATA à l'O_2 100 % ;* – *état clinique instable et score de Glasgow < 8 : discuter décompression contrôlée*
Préparation et entraînement régulier de l'équipe médicale

ATA : atmosphère technique absolue ; BAVU : ballon autoremplisseur à valve unidirectionnelle ; O_2 : oxygène.

Dans un contexte évocateur d'aéroembolisme cérébral, dans le cas où l'intubation orotrachéale n'a pas été réalisée et que le plongeur inconscient maintient une ventilation spontanée régulière, il peut être envisagé de réaliser une recompression thérapeutique si l'on dispose d'un caisson de chantier. Si au bout de 30 minutes à 2,8 ATA sous O_2 100 %, l'état de conscience ne s'améliore pas, et que le patient présente un état clinique instable, le séjour hyperbare peut être interrompu en réalisant une décompression contrôlée (de l'ordre de 1 m par minute). Dans le cas d'une amélioration significative de l'état de conscience avec un score de Glasgow supérieur ou égal à 8 et un état clinique stable, une table thérapeutique « courte » à 2,8 ATA (150 min) peut être réalisée (voir chapitre 37) sous réserve d'une surveillance clinique rapprochée (tableau 16.3).

Une recompression préventive peut également se discuter pour le coéquipier, même sans signe clinique, en particulier en cas d'erreur de procédure.

En pratique

La prise en charge d'une urgence vitale chez un plongeur subaquatique impose des actions hiérarchisées et mécanisées pour ne rien oublier, ne pas passer à côté d'un geste salvateur, ne pas paniquer et arriver rapidement à un éventuel traitement spécifique.

Dans ce contexte, nous proposons un algorithme de prise en charge des détresses vitales chez le plongeur en tenant compte des spécificités des pathologies rencontrées en plongée et sur le modèle de l'algorithme de prise en charge des urgences (figure 16.4).

Cette démarche peut être proposée pour des chantiers de plongée professionnelle dotés d'un caisson de recompression thérapeutique à la condition que du personnel soit formé spécifiquement. Elle reste applicable en milieu sportif pour la réanimation de base puis médicalisée jusqu'au transfert vers un centre hyperbare hospitalier.

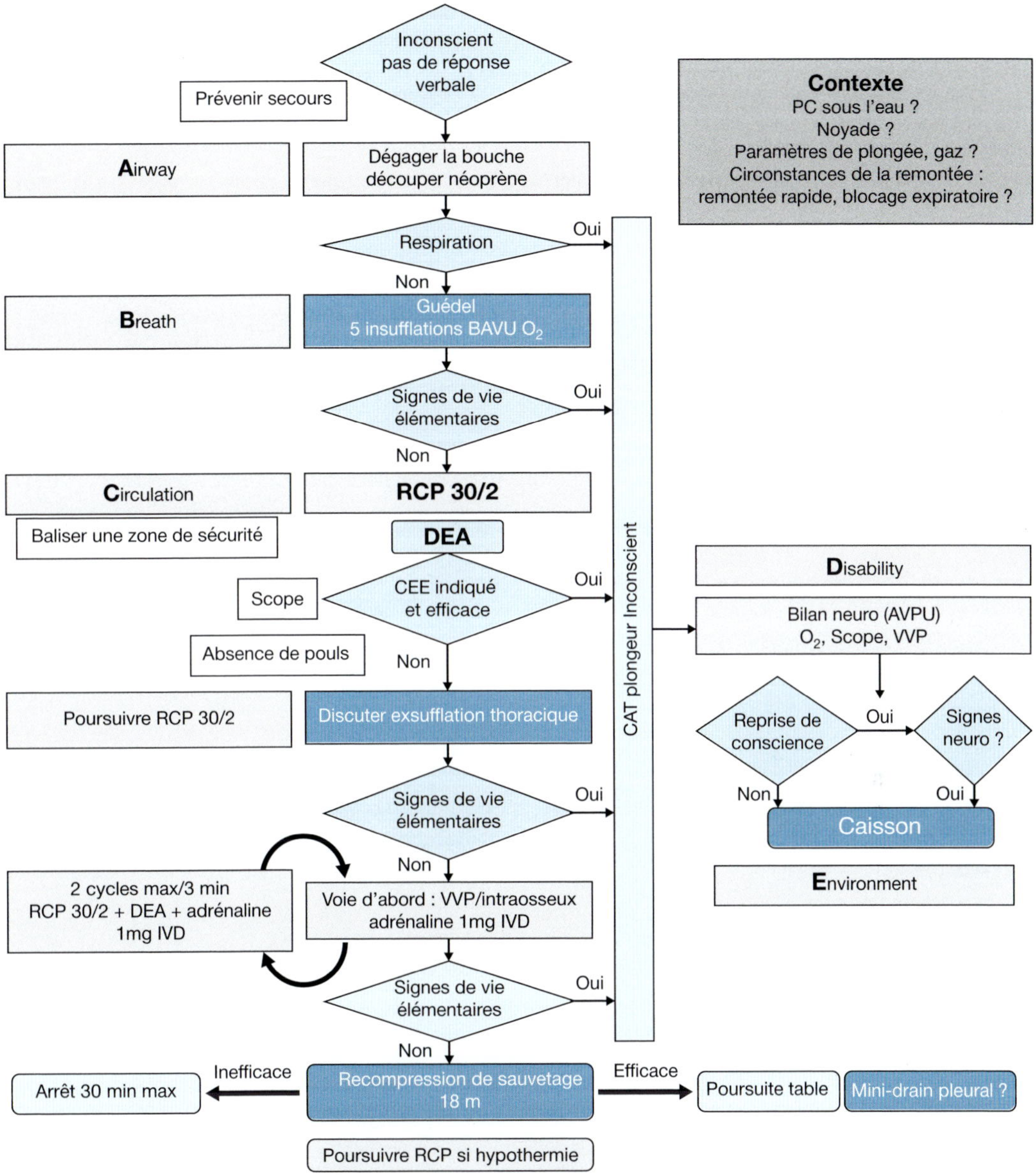

Figure 16.4. Algorithme de prise en charge d'une urgence vitale en plongée.
AVPU : *Alert/Voice/Pain/Unreactive* ; BAVU : ballon autoremplisseur à valve unidirectionnelle ; CAT : conduite à tenir ; CEE : choc électrique externe ; DEA = défibrillateur externe automatisé ; IVD : intraveineuse directe ; O_2 : oxygène ; RCP : réanimation cardiopulmonaire ; VVP : voie veineuse périphérique.

Références

[1] Perkins GD, Graesner JT, Semeraro F, et al. European Resuscitation Council guidelines 2021 : executive summary. Resuscitation 2021 ; 161 : 1-60.

[2] Louge P, Druelle A, De Maistre S, et al. Conduite à tenir devant une détresse vitale en plongée sous-marine en milieu militaire. Bull Med Sub Hyp 2019 ; 29(1) : 13-20. Disponible sur : www.med-

subhyp.fr/wp-content/uploads/2023/01/Bulletin-MSH-2019-tome-29-1.pdf.
[3] Service de santé des armées. Note technique relative à la prise en charge médicale des accidents de plongée militaire à l'usage des médecins et infirmiers. 2e éd. Paris : Ministère des Armées ; 2017.
[4] Buzzacott P. DAN annual diving report 2017 edition : a report on 2015 diving fatalities, injuries, and incidents [En ligne]. 2017. Divers alert network annual diving reports.
[5] Olasveengen TM, Semeraro F, Ristagno G, et al. European Resuscitation Council guidelines 2021 : basic life support. Resuscitation 2021 ; 161 : 98-114.

Chapitre 17

Conduite à tenir en cas de perte de connaissance transitoire pendant ou au décours d'une plongée

Arnaud Druelle, Guillaume Janet-Maitre, Jean-Éric Blatteau

Points clés

- La perte de connaissance (PC) pendant ou au décours d'une plongée est un accident potentiellement redoutable avec un risque de noyade immédiat qui peut aggraver le pronostic initial.
- Le type de plongée, les circonstances et notamment le moment de survenue de la PC, ainsi que la présence de symptômes associés permettent d'orienter le diagnostic.
- Une PC survenant au cours de la plongée avec récupération de la conscience au retour en surface est souvent secondaire à un accident toxique (hypercapnie, hyperoxie, hypoxie, narcose).
- En présence de symptômes respiratoires, on recherchera une noyade, un œdème pulmonaire d'immersion ou un barotraumatisme pulmonaire.
- En présence de signes neurologiques, on recherchera un accident de désaturation ou un aéroembolisme cérébral sur barotraumatisme pulmonaire.

Introduction

La perte de connaissance (PC) en plongée est une altération brutale de l'état de conscience entraînant une perte de contact avec l'entourage. La première action salvatrice à effectuer est d'extraire le plongeur inconscient de l'eau afin d'éviter le risque majeur et immédiat représenté par la noyade qui peut engager le pronostic vital. Après extraction, l'évaluation du niveau de conscience doit être rapidement réalisée par un score AVPU (*Alert/Voice/Pain/Unreactive*), complété si besoin par un score de Glasgow.

Nous ne traiterons ici que le cas des PC transitoires avec reprise de conscience au retour en surface. Deux questions essentielles doivent être posées pour orienter le diagnostic et la prise en charge :

- À quel moment la PC est-elle survenue, pendant la plongée ou lors du retour en surface ?
- Le plongeur est-il asymptomatique après avoir repris conscience ? Présente-t-il des symptômes respiratoires ou neurologiques ?

Les causes de PC transitoires bien identifiées en plongée sont généralement liées à l'expression d'un accident toxique (hypercapnie, hyperoxie, hypoxie, narcose) qui survient assez fréquemment mais pas exclusivement avec un appareil à recyclage des gaz [1].

Chez l'apnéiste, la PC est un accident redouté et relativement fréquent, qui survient généralement par un mécanisme de syncope hypoxique [2], responsable d'une dizaine de morts par an par noyade secondaire.

En cas de symptômes respiratoires associés, on recherchera une inhalation associée. On évoquera chez le plongeur autonome, la survenue d'un œdème pulmonaire d'immersion (OPI) qui peut se compliquer d'une PC par hypoxie et secondairement d'une noyade.

Médecine de la plongée

En cas de symptômes neurologiques associés, on évoquera l'accident de désaturation ou de décompression (ADD) cérébral à la suite d'une plongée saturante ou l'aéroembolisme cérébral sur barotraumatisme pulmonaire en cas de remontée rapide ou de blocage expiratoire.

Dès que le plongeur accidenté a été extrait du milieu aquatique, la recherche de signes évocateurs d'une détresse vitale par noyade est la priorité dans la PEC initiale. S'ensuit la recherche d'arguments en faveur d'une atteinte cérébrale liée à la décompression ou un aéroembolisme qui nécessite une recompression thérapeutique en urgence. Après avoir pris en considération ces deux priorités, la fonction ventilatoire du plongeur accidenté doit être optimisée, avant que ce dernier ne soit évacué vers un centre hospitalier.

Prise en charge initiale

Le cas d'une détresse vitale neurologique ou cardiocirculatoire est traité dans le chapitre 16.

Sur les lieux de la plongée

Après avoir extrait de l'eau et déséquipé le plongeur accidenté, ce dernier doit être séché et protégé contre le risque d'hypothermie.

Une attention particulière doit être portée sur l'appareil respiratoire, fonction vitale menacée en priorité dans ces types d'accident. L'appréciation de la qualité de la ventilation se fait sur la recherche d'une cyanose, d'une dyspnée, d'une ventilation superficielle et rapide, de bruits respiratoires anormaux, de crachats hémoptoïques, d'expectorations mousseuses saumonées.

Après avoir vérifié la liberté des voies aériennes supérieures, l'oxygénothérapie normobare au masque à haute concentration est mise en place immédiatement.

Si le sujet accidenté a des difficultés importantes pour ventiler, une aide inspiratoire au BAVU (ballon autoremplisseur à valve unidirectionnelle) peut lui être proposée, de même qu'une PEP (pression expiratoire positive).

La recherche de signes d'aéroembolisme cérébral est la deuxième priorité dans la PEC de ces accidents. Il faut rechercher un syndrome déficitaire dépendant du territoire neurologique ischémié. La recompression thérapeutique devient alors une urgence et doit être réalisée sur place en présence de moyens adaptés, ou au centre hyperbare dans les plus brefs délais, après mise en condition d'évacuation.

En l'absence de noyade et d'aéroembolisme cérébral, le plongeur sera évacué pour bilan et PEC vers un service d'accueil des urgences en lien avec un centre hyperbare.

Évacuation sanitaire

Toute PC en plongée doit faire l'objet d'investigations en milieu hospitalier spécialisé. Cependant, le risque d'aggravation pendant le transport nécessite une mise en condition d'évacuation en toute sécurité.

En présence de symptômes respiratoires, la position demi-assise est à privilégier. Un abord veineux périphérique est souhaitable, de manière à débuter une réhydratation par un sérum salé isotonique. Une surveillance des constantes vitales par scope ECG (électrocardiogramme), un monitoring de la pression artérielle et de la saturation en oxygène permettent de réaliser cette évacuation dans des conditions optimales. L'évacuation pourra être médicalisée sur avis du médecin régulateur du centre 15 (ou autre). Le vecteur d'évacuation sera choisi en favorisant une évacuation la plus rapide possible vers le centre hyperbare, où une possible recompression thérapeutique pourra être réalisée.

PEC hospitalière

Selon le tableau clinique du patient à l'arrivée au centre hyperbare, différentes options sont possibles :

- en présence de symptômes neurologiques associés, une table thérapeutique sera réalisée en urgence ; si les circonstances sont évocatrices d'un barotraumatisme pulmonaire, il faudra s'assurer de l'absence de pneumothorax (évaluation clinique et/ou radiologique) qui peut compliquer la PEC hyperbare ;

- en présence de symptômes respiratoires associés, le traitement par oxygénothérapie normobare sera poursuivi avec une gazométrie artérielle initiale en air ambiant pour évaluer le retentissement ventilatoire.

Selon l'orientation clinique, le bilan étiologique pourra intégrer la réalisation de différents examens complémentaires :

- une échographie pulmonaire et trans-thoracique à la recherche d'une atteinte pulmonaire (signe de pneumothorax, présence de lignes B...) et d'une atteinte cardiaque dans un contexte d'OPI (cardiopathie de stress ou cardiopathie sous-jacente) ;
- un scanner thoracique qui permettra d'orienter le diagnostic en faveur d'un OPI, d'un barotraumatisme thoracique ou d'une noyade ;
- une IRM (imagerie par résonance magnétique) cérébrale qui permettra d'orienter le diagnostic en faveur d'un ADD, d'un aéroembolisme ou le cas échéant évoquer un diagnostic différentiel d'AVC (accident vasculaire cérébral).

Conduite à tenir diagnostique

La PC en plongée peut survenir au cours de la plongée ou lors du retour en surface. Après extraction de l'eau et déséquipement, le plongeur accidenté peut retrouver un état de conscience normalisé immédiatement ou progressivement. Le moment de survenue de la PC et la présence de symptômes associés sont les deux critères essentiels qui vont orienter le diagnostic étiologique (figure 17.1).

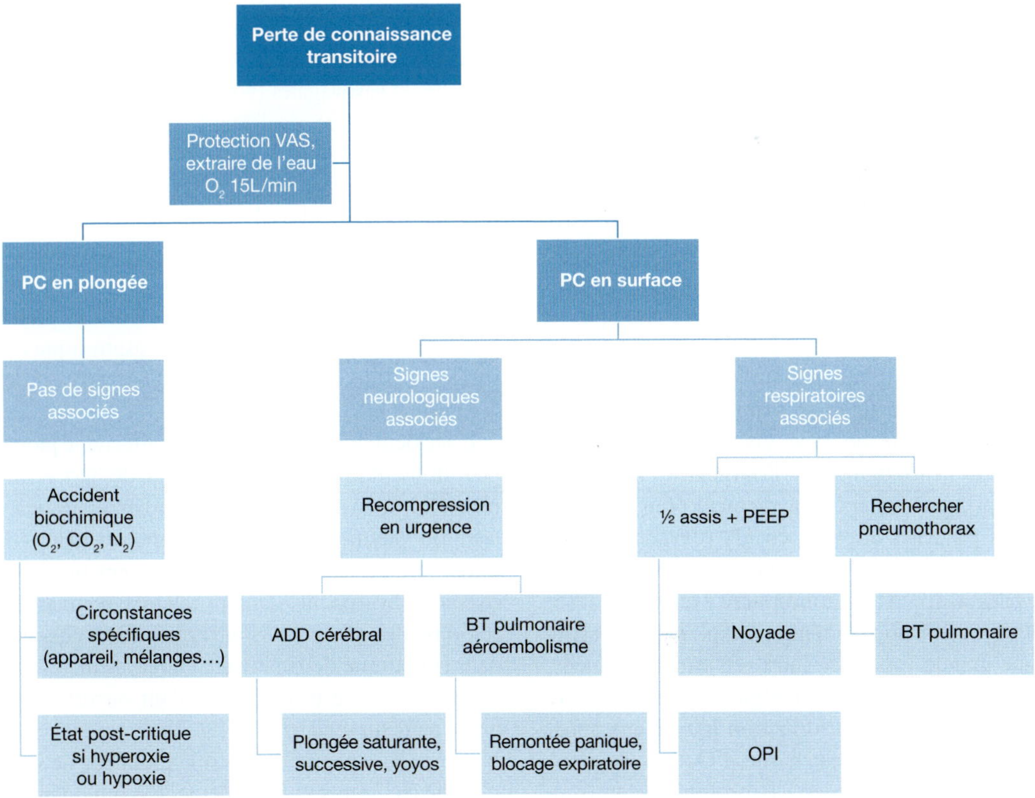

Figure 17.1. Synthèse des principaux diagnostics d'accidents de plongée responsables d'une PC transitoire.
ADD : accident de désaturation ou de décompression ; BT : barotraumatisme ; CO_2 : dioxyde de carbone ; O_2: oxygène ; OPI : œdème pulmonaire d'immersion ; PC : perte de connaissance ; PEEP : *Positive End-Expiratory Pressure* ; N_2 : azote ; VAS : voies aériennes supérieures.

PC survenant pendant la plongée avec récupération en surface

L'accident toxique (ou « biochimique ») est fréquent avec les appareils de protection respiratoire à recyclage des gaz [1,3]. Cependant, ces accidents peuvent aussi se rencontrer avec des appareils en circuit ouvert (voir chapitre 8). La PC survient généralement pendant la plongée avec une reprise de la conscience rapide ou progressive lors du retour en surface.

L'hypercapnie est le plus fréquent des accidents biochimiques [1]. L'origine peut être « endogène » par excès de production de CO_2 (dioxyde de carbone) lors d'efforts importants avec une ventilation inadaptée ou d'un lestage inadéquat. L'hypercapnie peut être « exogène » par défaut d'épuration du CO_2 par la cartouche de chaux sodée en cas d'utilisation d'un recycleur ou par la pollution du mélange gazeux initial lors du gonflage des bouteilles. L'hypercapnie se manifeste initialement par une hyperventilation et des céphalées. Le plongeur ressent un essoufflement, souvent mal toléré, qui entraîne l'arrêt de l'effort et/ou de la remontée. Si l'hypercapnie se prolonge ou en cas de majoration de la pression partielle de CO_2, une PC peut survenir, parfois précédée de signes précurseurs d'altération de la conscience ou « carbonarcose ». À noter que l'hypercapnie peut favoriser la survenue d'une crise hyperoxique en raison de la vasodilatation cérébrale, et pourrait également contribuer à la survenue des ADD.

L'hyperoxie aiguë se manifeste par une crise tonico-clonique de type grand mal liée à une toxicité neurologique de l'oxygène (« effet Paul Bert »), qui survient généralement pour des pressions partielles inspirées en O_2 (oxygène) (PiO_2 [pression inhalée d'oxygène]) supérieures ou égales à 1,7 ATA (atmosphère technique absolue), en fonction du temps d'exposition. Il existe une grande variabilité intra- et interindividuelle. Ce type d'accident était régulièrement rapporté dans un contexte de formation initiale aux appareils militaires à circuit fermé d'O_2 lors de plongées de longues durées à la profondeur de 6 m, associant un effort de palmage significatif et un début d'hypercapnie [1,3]. La crise hyperoxique peut survenir lors de l'utilisation de tous types de recycleurs de plongée, qui utilisent des mélanges hyperoxiques ou lors de plongée en circuit ouvert aux mélanges nitrox. Elle peut exceptionnellement survenir lors de plongée à l'air réalisée au-delà des profondeurs recommandées. La crise hyperoxique est parfois précédée de prodromes, elle cède rapidement en faisant respirer de l'air ambiant au retour en surface avec une phase post-critique de durée variable.

L'hypoxie en plongée concerne souvent l'apnéiste [2] qui a dépassé ses capacités physiologiques et qui lors de la remontée perd connaissance sans prodromes du fait de sa dette en oxygène. La consommation de l'oxygène est aggravée par l'exercice musculaire. L'hyperventilation préalable doit être évitée car elle entraîne une hypocapnie qui retarde la survenue de la soif d'air, stimulus majeur de la reprise ventilatoire, au-delà du seuil hypoxique. À noter que d'autres causes de syncopes peuvent également survenir en apnée et qui ne sont pas liées à une hypoxie, il s'agit des syncopes cardiogéniques (liées à un trouble du rythme) et vasovagales (voir chapitre 12).

L'hypoxie peut également survenir dans un contexte d'OPI sévère, notamment chez le plongeur autonome en circuit ouvert ou utilisant un recycleur à port dorsal. La notion d'effort en plongée est souvent présente avec des symptômes d'essoufflement qui apparaissent au fond et se majorent au cours de la remontée pour le plongeur en circuit ouvert, avec un état asphyxique en surface, parfois majoré par le gonflage excessif de la brassière.

L'accident hypoxique peut aussi affecter le plongeur utilisant un appareil à recyclage des gaz ayant réalisé un mauvais « rinçage » du circuit respiratoire ou victime d'un défaut d'enrichissement en oxygène du mélange ventilé qui devient progressivement hypoxique. Des problèmes techniques responsables d'hypoxie sont également fréquents dans la pratique de la plongée en recycleur.

Dans le cas de plongée en circuit ouvert, l'hypoxie peut survenir :

- en cas de « panne d'air » si le plongeur ne surveille pas bien son manodétendeur indiquant le passage sur réserve [4] ;
- par une faute de procédure lors de la révision, avec une bouteille non rincée, gonflée à

l'azote ; des PC survenant au bout de quelques minutes de plongée et compliquées de noyade ont déjà été rapportées dans ce contexte ;
- par contamination avec de monoxyde de carbone lors du gonflage ;
- par consommation d'oxygène dans le cas d'une bouteille non entretenue, présentant une corrosion interne avancée (réaction d'oxydo-réduction avec formation d'oxyde de fer) [5].

L'hypoxie survient sans prodrome avec une récupération rapide si la PC est brève. Cependant, une crise tonico-clonique avec une phase post-critique peut compliquer une hypoxie prolongée.

La narcose est une cause identifiée de PC en plongée, notamment dans un contexte de formation à la plongée professionnelle ou militaire. La narcose peut survenir pour des profondeurs au-delà de 30-40 m, elle est favorisée par la réalisation d'effort de palmage à ces niveaux de profondeur. En l'absence d'inhalation, la reprise de la conscience est généralement précoce lors de la remontée.

PC survenant en surface avec des symptômes associés

Symptômes neurologiques associés

Une surpression pulmonaire avec aéroembolisme ou un ADD cérébral sont les deux causes principales de PC et de troubles de conscience apparaissant au retour en surface qui nécessitent une recompression thérapeutique en caisson hyperbare. La PEC d'un plongeur inconscient est traitée dans un autre chapitre de cet ouvrage (voir chapitre 16). Les troubles de conscience peuvent persister a minima ou être résolutifs, mais associés à un syndrome déficitaire unilatéral et/ou une atteinte des paires crâniennes. L'ADD est évoqué dans un contexte de plongées profondes saturantes, de plongées successives ou de plongées avec variations d'immersion (« yoyos »), tandis que le barotraumatisme pulmonaire avec aéroembolisme est évoqué en cas de remontée panique et/ou de blocage expiratoire quelle que soit la profondeur de plongée [6]. La survenue d'un AVC chez le plongeur est un diagnostic différentiel à évoquer en fonction de l'âge et lorsque des facteurs de risque cardiovasculaires sont retrouvés (voir chapitre 18).

Symptômes respiratoires associés

Une attention particulière doit être portée sur la fonction respiratoire en recherchant une dyspnée, une ventilation superficielle et rapide, des crachats hémoptoïques, une expectoration mousseuse saumonée, une cyanose, des bruits respiratoires anormaux. Il faut avant tout évoquer une complication par inhalation à la suite de la PC. Toutes les informations concernant les circonstances de l'accident et la possibilité d'inhalation doivent être recueillies auprès du coéquipier. Chez le plongeur autonome en circuit ouvert qui présente des symptômes respiratoires à la sortie de l'eau, il faut également évoquer la survenue d'un OPI. Les OPI sont souvent observés en circuit ouvert ou avec des recycleurs à port dorsal, mais également lors de la pratique de l'apnée ou de séances de natation en surface. Selon le degré de sévérité de cet œdème, une hypoxie majeure peut être responsable d'une PC qui peut survenir pendant la plongée ou lors du retour en surface. L'accidenté présente des symptômes respiratoires sans symptômes neurologiques déficitaires associés. À la reprise de la conscience, l'atteinte ventilatoire est plus ou moins sévère, avec parfois une détresse respiratoire pouvant menacer le pronostic vital en l'absence d'une PEC adaptée.

En dehors de l'OPI, une PC par barotraumatisme pulmonaire sans aéroembolisme cérébral associé est une circonstance possible mais beaucoup moins fréquente. La PC peut être dans ce cas liée à un pneumothorax compressif suffocant qui engage rapidement le pronostic vital et nécessite une exsufflation immédiate.

Diagnostic différentiel

Il faut avoir également à l'esprit qu'en dehors des accidents spécifiques liés à la pratique subaquatique, d'autres causes de PC en plongée peuvent survenir en recherchant [7] :
- une origine médicamenteuse, avec la recherche d'une modification récente d'un traitement, d'une interaction médicamenteuse... ;

- des antécédents d'addiction, une alcoolisation aiguë, la prise de drogues… ;
- une origine cardiaque : antécédent de syncope vasovagale, d'hypotension artérielle, de cardiomyopathie, de troubles du rythme, de pathologie coronarienne… ;
- des antécédents neurologiques : crise d'épilepsie, AIT (accident ischémique transitoire)… ;
- des antécédents endocriniens avec troubles métaboliques, hypoglycémie…

On parle volontiers d'accidents médicaux en plongée, dont il faudra proposer des investigations pour en évaluer le retentissement et la possibilité de récidive.

Conclusion

La PC transitoire en plongée est un accident potentiellement dangereux en raison du risque d'inhalation associé. La PEC doit assurer une ventilation optimale du sujet accidenté avec une évaluation clinique répétée à la recherche de symptômes associés, notamment neurologiques qui impliquent une recompression thérapeutique dans les meilleurs délais.

La prévention repose sur l'accompagnement du plongeur en évitant impérativement toute plongée en solitaire. Dans le cadre de la marine française, les plongées en recycleur sont réalisées systématiquement en binôme relié par une sangle qui permet une assistance immédiate en cas de PC. La capacité d'assistance du binôme est en effet essentielle pour effectuer une remontée contrôlée et surtout éviter la perte d'un plongeur. La protection des voies respiratoires peut être optimisée en adoptant des dispositifs de type sangle d'embout buccal ou par un masque facial qui ont fait leur preuve en milieu professionnel ou militaire. L'entretien du matériel est un aspect également crucial dans la prévention des accidents toxiques liés à un problème technique, aussi bien en circuit ouvert qu'en recycleur. Le contrôle des bonnes conditions de la plongée, l'adaptation de la ventilation à l'effort et la vérification du passage sur réserve sont également des notions de base à bien respecter.

Enfin, il ne faut pas oublier la prise en compte de l'état physiologique du plongeur, des pathologies intercurrentes, des traitements et habitudes toxiques qui doivent faire l'objet d'une évaluation médicale attentionnée lors de la visite auprès d'un praticien [8].

Références

[1] Gempp E, Louge P, Blatteau JE, Hugon M. Descriptive epidemiology of 153 diving injuries with rebreathers among french military divers from 1979 to 2009. Mil Med 2011 ; 176(4) : 446-50.

[2] Fitz-Clarke JR. Adverse events in competitive breath-hold diving. Undersea Hyperb Med 2006 ; 33(1) : 55-62.

[3] Haynes P. Increasing the probability of surviving loss of consciousness underwater when using a rebreather. Diving Hyperb Med 2016 ; 46(4) : 253-9.

[4] Sundal E, Irgens Å, Troland K, et al. Prevalence and causes of loss of consciousness in former North Sea occupational divers. Int Marit Health 2013 ; 64(3) : 142-7.

[5] Druelle A, Daubresse L, Mullot JU, et al. Hypoxic loss of consciousness in air diving : two cases of mixtures made hypoxic by oxidation of the scuba diving cylinder. Diving Hyperb Med 2023 ; 53(4) : 356-9.

[6] Chen R. Pulmonary barotrauma of diving. In : Xia ZF, Zhu F, Sun Y, editors. Burn and trauma associated lung injury. Singapore : Springer ; 2020.

[7] Leonardelli M, Mele F, Calvano M, et al. Lethal event in diving with self-contained underwater breathing apparatus : a forensic study. Undersea Hyperb Med 2023 ; 50(2) : 105-10.

[8] Méliet JL. Accidents de la plongée subaquatique et suivi médical des pratiquants. Médecine du sport pour le praticien. 6e éd. Issy-les-Moulineaux : Elsevier Masson ; 2020. p. 195-217.

Chapitre 18

Conduite à tenir en présence de symptômes neurologiques au décours d'une plongée

Emmanuel Gempp, Jean-Éric Blatteau, David Luis

Points clés

Les symptômes neurologiques apparaissant au décours d'une plongée sous-marine sont les manifestations d'accidents de décompression les plus fréquentes avec un risque de séquelles à terme important.

On doit distinguer les formes médullaires qui prédominent, des atteintes cérébrales, moins fréquentes, mais qui posent des problèmes de diagnostic avec l'AVC (accident vasculaire cérébral) dont la prise en charge spécifique ne relève pas de la recompression en urgence.

Introduction

Tout symptôme neurologique survenant dans les 24 heures après une plongée sous-marine doit être considéré jusqu'à preuve du contraire comme un accident de décompression, dont il constitue souvent le principal mode de révélation [1]. On distingue sous ce terme deux entités cliniques distinctes :

- les accidents de désaturation (ADD) neurologiques qui touchent préférentiellement la moelle épinière (environ 50 % des ADD), et plus rarement le cerveau ; à l'exclusion des manifestations cochléovestibulaires d'ADD, le plus souvent liées à une atteinte directe de l'oreille interne (voir chapitre 20),
- les accidents par aéroembolisme artériel secondaire à un barotraumatisme pulmonaire avec une atteinte cérébrale prédominante [2].

Dans ces deux situations le traitement repose sur l'oxygénothérapie normobare précoce et la recompression hyperbare qui doit être réalisée le plus rapidement possible.

La démarche clinique doit être exhaustive et sans *a priori* afin d'identifier les diagnostics différentiels comme l'accident vasculaire cérébral dont la prise en charge spécifique ne relève pas de l'oxygénothérapie hyperbare (OHB).

Orientation diagnostique selon les circonstances de survenue

Signes déficitaires avec troubles de conscience à la sortie de l'eau

C'est une situation rare (moins de 5 % des admissions pour accident de plongée) mais potentiellement mortelle avec un risque de séquelles neurologiques invalidantes. Le mécanisme lésionnel correspond à une rupture mécanique de la paroi des alvéoles pulmonaires lors de la remontée avec injection d'air sous pression dans les tissus adjacents, en particulier dans les vaisseaux capillaires pulmonaires. Les bulles d'air ainsi formées gagnent les cavités cardiaques gauches puis les artères cérébrales à l'origine de lésions ischémiques par occlusion vasculaire.

Cet accident peut survenir à très faible profondeur compte tenu de la pression de rupture alvéolaire de 10 kPa, qui correspond à 1 m d'eau [3]. On retrouve classiquement un contexte de remontée non contrôlée avec blocage expiratoire (panique, manœuvre de Valsalva à la remontée, bronchospasme suite à une irruption d'eau dans les voies aériennes supérieures, dysfonctionnement matériel, panne d'air) chez un plongeur peu expérimenté ou en cours de formation (exercice de remontée sans embout). La présence d'une formation aérique pulmonaire (kyste ou bulles d'emphysème) peut également être à l'origine du barotraumatisme pulmonaire.

Les manifestations neurologiques se rapprochent de celles décrites dans les infarctus cérébraux avec classiquement :

- une hémiplégie plus ou moins complète ;
- une paralysie faciale, un trouble du langage, des troubles visuels ;
- des troubles cognitifs qui touchent la compréhension, le comportement et l'orientation spatio-temporelle ;
- une crise comitiale ;
- des troubles de la vigilance qui peuvent aller jusqu'au coma dans les formes sévères.

Ces troubles neurologiques peuvent être isolés ou bien associés à un état de choc hypovolémique ou cardiogénique et des signes de détresse respiratoire en cas de pneumothorax compressif. Un emphysème sous-cutané cervical doit être systématiquement recherché car il témoigne de manière certaine d'un pneumomédiastin sous-jacent. La noyade et l'hypothermie peuvent compliquer le tableau initial.

Signes neurologiques au décours d'une plongée saturante

Le diagnostic à privilégier est celui de l'ADD neurologique dont le délai d'apparition est variable de quelques minutes à plusieurs heures (< 1 heure dans 85 % des cas) [1]. Dans certains cas les signes sont précoces, pouvant apparaître au palier.

L'histoire retrouve généralement l'existence de facteurs favorisants liés à une plongée saturante avec une profondeur supérieure à 30 m, des durées de plongée significatives nécessitant la réalisation de paliers de décompression, des plongées successives ou avec des variations d'immersion (« yoyo »). Les facteurs de risque peuvent également être liés à l'état du plongeur (présence de comorbidités, antécédent d'accident de décompression, présence d'un foramen ovale perméable, tabagisme, mauvaise condition physique, manque d'entraînement à la plongée) (voir chapitre 9).

Actuellement, plus de 80 % des cas d'ADD neurologiques surviennent malgré le respect de la procédure indiquée, quel que soit le modèle de décompression utilisé [4].

En fonction des signes cliniques présentés, il est classique de distinguer les ADD médullaires de ceux qui ont une localisation plutôt cérébrale même s'il peut être parfois difficile de déterminer la topographie exacte des lésions.

ADD médullaire

Cet accident est le plus problématique car il peut être à l'origine de séquelles neurologiques de sévérité variable dans 20 à 30 % des cas quels que soient la précocité et le type de traitement entrepris [5].

L'hypothèse physiopathologique la plus probable repose sur un mécanisme mixte de stase veineuse par les bulles de la décompression qui entraînent une ischémie d'amont au niveau de la moelle et la formation locale de bulles au sein de la substance blanche médullaire, en particulier des cordons postérieurs et latéraux. Une embolisation artérielle via un shunt droite-gauche pourrait également participer à l'atteinte lésionnelle [6]. L'événement bullaire associé à l'ADD ne représente que le facteur déclenchant d'une cascade de phénomènes inflammatoires et immunitaires, communément appelée « maladie de décompression », qui va évoluer pour son propre compte, entretenir et compliquer l'agression initiale des bulles sur l'endothélium vasculaire.

Cette « maladie de décompression » permet d'expliquer l'évolution clinique parfois retardée ou paradoxale des ADD médullaires malgré la précocité du traitement hyperbare.

La sémiologie des ADD médullaires est très polymorphe avec des signes déficitaires variables en intensité et en topographie. La plupart du temps, ils se caractérisent par des tableaux cliniques incomplets avec une atteinte mal systématisée, plus ou moins symétrique où les troubles sensitifs subjectifs à type de paresthésie prédominent. Des troubles moteurs peuvent s'observer avec une sensation de faiblesse musculaire, d'engourdissement d'un membre ou bien encore des difficultés à la marche liées à une ataxie proprioceptive. La particularité de ce type d'accident est son évolutivité avec la possibilité d'une aggravation dans les 12 à 24 heures malgré la prise en charge thérapeutique. La survenue précoce d'un déficit sensitivo-moteur objectif, d'une rétention urinaire progressive et l'absence de résolution des signes pendant le transport sous oxygène sont considérées comme des critères de mauvais pronostic. L'interrogatoire recherchera également une douleur rachidienne inaugurale et transitoire d'intensité variable (parfois en « coup de poignard ») qui témoigne également d'un risque d'évolution péjorative. Il existe un score de sévérité initiale qui permet d'estimer le risque d'évolution défavorable et de séquelles à terme (score de Medsubhyp [Société de médecine subaquatique et hyperbare]). Les patients qui présentent des critères de sévérité initiaux doivent être recomprimés le plus rapidement possible idéalement en moins de 3 heures [7].

ADD cérébral

Les formes cliniques d'ADD à expression uniquement cérébrale sont plus rares et de pronostic plutôt favorable après recompression hyperbare. L'ADD cérébral est lié à un mécanisme aéroembolique artériel paradoxal par passage des bulles veineuses circulantes à travers un shunt circulatoire droite-gauche : le *foramen ovale* perméable est retrouvé dans plus de 80 % des cas.

Il peut se manifester par une paralysie faciale centrale, une monoparésie ou une hémiparésie ou bien par des paresthésies unilatérales difficilement distinguables d'une atteinte médullaire sauf si les symptômes touchent la face. On peut observer un déficit en rapport avec une atteinte des paires crâniennes (atteinte visuelle), un trouble du langage, un trouble des fonctions supérieures (confusion, trouble du comportement) ou bien, plus rarement, une symptomatologie cérébelleuse.

Diagnostic différentiel

Même si le diagnostic d'ADD neurologique semble évident du fait de sa fréquence devant l'installation de symptômes neurologiques à l'issue d'une plongée sous-marine, certaines affections aiguës peuvent mimer un accident de plongée, en particulier un accident vasculaire cérébral avec dissection des vaisseaux supra-aortiques, une hémorragie sous-arachnoïdienne, une compression extrinsèque d'un nerf périphérique, une poussée inaugurale de sclérose en plaques, une polyradiculonévrite infectieuse, certaines affections parasitaires (ciguatera) [8,9], voire des manifestations psychosomatiques en cas d'attaque de panique de type « spasmophilie ». Une lombalgie aiguë peut également entraîner une douleur inaugurale en « coup de poignard » comme dans l'ADD médullaire.

L'arbre décisionnel suivant (figure 18.1) décrit les trois diagnostics principaux et les critères d'orientation à partir d'une analyse réalisée sur 56 patients de 2011 à 2016 à l'HIA (hôpital d'instruction des armées) Sainte-Anne de Toulon [10]. En présence de symptômes neurologiques cérébraux au décours d'une plongée, l'accident de désaturation est le diagnostic le plus fréquent, néanmoins il faut savoir évoquer un barotraumatisme pulmonaire avec aéroembolisme cérébral qui peut donner un tableau clinique similaire avec une recompression en urgence également nécessaire. Dans ce cas la réalisation d'un scanner thoracique en urgence permet de confirmer le diagnostic et de s'assurer de l'absence de pneumothorax qui doit être drainé pour la prise en charge hyperbare.

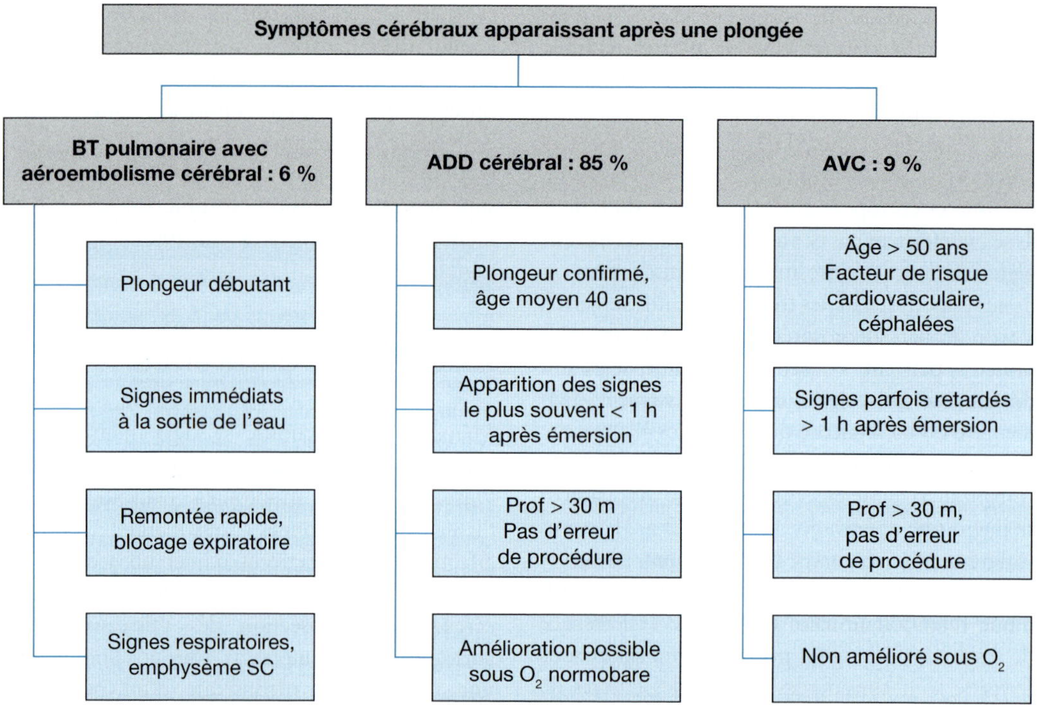

Figure 18.1. Arbre décisionnel en cas de signes cérébraux au décours d'une plongée.
ADD : accident de désaturation ou de décompression ; AVC : accident vasculaire cérébral ; BT : barotraumatisme ; O_2 : oxygène ; SC : sous-cutané.
Source : A. Bourron et JE. Blatteau.

Par ailleurs, en fonction de la présentation clinique, de l'âge et des antécédents, il faut évoquer un accident vasculaire cérébral ou une hémorragie sous-arachnoïdienne. En cas de doute, une IRM (imagerie par résonance magnétique) cérébrale en urgence doit être réalisée pour identifier la prise en charge adéquate avec une orientation vers une unité neurovasculaire ou vers un centre hyperbare. Un âge supérieur à 50 ans avec des facteurs de risque cardiovasculaires est en faveur d'un AVC, notamment la présence d'une HTA (hypertension artérielle), d'une dyslipidémie ou d'un tabagisme actif. La présence de signes déficitaires moteurs systématisés d'installation brutale, l'atteinte de la face, des troubles du langage et la présence de céphalées sont plutôt évocateurs d'un AVC. L'absence d'évolution favorable sous oxygène à la phase initiale est également en faveur d'un AVC.

Conduite à tenir

Sur les lieux de la plongée

Deux situations peuvent se présenter.

Troubles de conscience ou état convulsif au premier plan

Après avoir réalisé rapidement les gestes élémentaires de survie (position latérale de sécurité, désobstruction pharyngolaryngée, oxygénation et ventilation par insufflateur) et avoir débuté si nécessaire des manœuvres de réanimation cardiorespiratoire (massage cardiaque externe, défibrillateur, abord vasculaire), une exsufflation à l'aiguille d'un pneumothorax sous tension pourra être mise en œuvre. Dans certains cas exceptionnels (voir chapitre 24), une recompression de sauvetage sur le site de la plongée pourra être tentée. En l'absence de récupération d'une ventilation spontanée et en présence d'un coma persistant, le plongeur accidenté devra être évacué rapidement, après intubation orotrachéale, vers un centre hyperbare hospitalier en vue d'une recompression thérapeutique en urgence. Dans cette situation de barotraumatisme pulmonaire avec aéroembolisme cérébral, un délai de recompression supérieur à 6 heures est un facteur de moins bon pronostic [11]. Le maintien d'une normovolémie (colloïdes, amines vasopressives), celui d'une isocapnie ($PaCO_2$ [pression artérielle du dioxyde de carbone] = 40-45 mmHg) et celui d'une FiO_2 (fraction inspirée en oxygène) = 1 pendant le transport sont indispensables [12] ;

Déficit neurologique sans détresse vitale

Dès que l'alerte a été donnée, la victime est déséquipée, allongée, réchauffée puis placée systématiquement sous oxygène au masque facial à haute concentration et à fort débit (12 à 15 L min^{-1}). Une réhydratation orale ou par voie veineuse périphérique (cristalloïde) sera débutée précocement du fait de la déshydratation relative liée à l'immersion et de la fuite plasmatique secondaire à l'atteinte endothéliale qui peut s'observer dans la maladie de décompression. En présence d'un caisson sur les lieux de la plongée, une recompression hyperbare en urgence sera réalisée. Dans le cas contraire, l'évacuation du plongeur se fera dans les meilleures conditions de transport possible vers le centre hyperbare le plus proche, par voie routière ou par voie héliportée (altitude maximale 300 m) en fonction de la disponibilité des équipes d'aide médicale urgente et du délai de transport estimé. Un délai de recompression inférieur à 3 heures est à privilégier en cas de signes de sévérité clinique initiale [7]. L'utilisation précoce et le maintien de l'oxygénothérapie normobare pendant toute la durée du transport augmentent l'efficacité thérapeutique de la recompression [13].

Prise en charge avant la recompression

Avant de procéder à la recompression thérapeutique, la victime est interrogée sous masque à oxygène pour déterminer au mieux les circonstances de survenue et les premiers signes cliniques présentés ainsi que leur évolutivité. Dans le même temps, des échantillons de sang veineux sont prélevés pour des analyses biologiques complémentaires et la mise en place d'une voie veineuse périphérique est réalisée, si ce n'est pas déjà le cas, pour poursuivre la réhydratation initiée sur les lieux de la plongée (500 cc de sérum salé isotonique sur 30 min).

L'examen clinique va permettre d'évaluer la topographie (médullaire ou cérébrale) et le niveau lésionnel de l'accident (score ASIA [*American Spinal Injury Association*]) puis rechercher des signes déficitaires objectifs et une rétention urinaire qui vont permettre d'établir un score de gravité prédictif de séquelles à moyen terme (voir chapitre 9) [5].

Traitement pharmacologique

Peu d'études étant disponibles, la prescription repose surtout sur le mode d'action supposé d'un médicament dans les mécanismes physiopathogéniques et sur les résultats d'études expérimentales réalisées sur des modèles animaux (voir chapitre 9). En pratique courante, nous retenons l'utilisation comme traitement adjuvant à l'OHB :

- un remplissage par cristalloïdes, de type perfusion NaCl (chlorure de sodium) isotonique (1 L à passer en 3 h) ;
- une corticothérapie unique à la dose de 1 mg kg^{-1} en IV (intraveineux) ;
- la prévention du risque thromboembolique par HBPM (héparine de bas poids moléculaire) en cas d'alitement prolongé ;
- un antiagrégant plaquettaire, 250 mg d'aspirine en IV, en l'absence d'hémorragie intracérébrale ;
- pour les patients déficitaires, la prescription précoce d'un antidépresseur de type fluoxétine pour le soutien psychologique et ses effets neuroprotecteurs sur le modèle animal d'ADD neurologique ;

• la lidocaïne doit être évitée en raison de l'absence de bénéfice documenté et des risques liés au traitement.

Thérapeutique hyperbare (figure 18.2)

Pour les ADD neurologiques, le choix de la table initiale a fait l'objet de nombreux débats entre les partisans des tables à 2,8 ATA de type US Navy T5 ouT6 et ceux des tables à 4 ATA de type Comex 30 (voir chapitres 9 et 23). Une étude récente est en faveur des tables à 2,8 ATA [14]. À noter que les tables courtes à 2,8 ATA (2 h30) semblent apporter une meilleure réponse clinique que les tables longues (5 h) [14].

En l'absence d'amélioration ou en cas d'aggravation, des séances complémentaires avec une $PiO_2 \leq 2$ ATA sont proposées dans les 24 heures suivantes, avec un mélange à base d'hélium (héliox 50 % à 2,8 ATA), pour son action potentiellement neuroprotectrice [14,15]. Les jours suivants, des séances de consolidation sont réalisées (2,5 ATA pendant 90 min, 1 fois/j) jusqu'à stabilisation clinique, obtenue en général après une dizaine de séances. Une rééducation proprioceptive, motrice et sphinctérienne (autosondage) doit être débutée précocement si nécessaire.

La récupération clinique à la sortie du centre hyperbare mais également à distance doit également être évaluée. L'utilisation d'un score de séquelles détaillé comme celui de l'association orthopédique japonaise (score MJOAS [score modifié de séquelles de l'association orthopédique japonaise]) permet cette évaluation (figure 18.3).

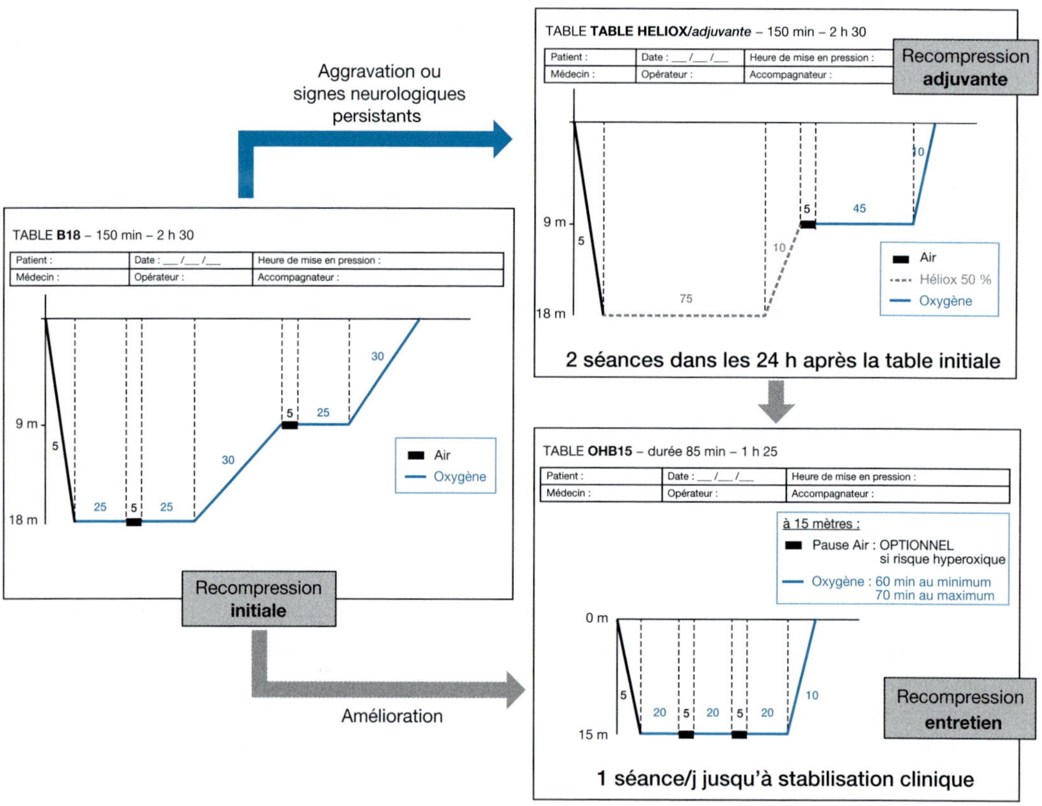

Figure 18.2. Exemple de tables d'oxygénothérapie hyperbare.

Score d'évaluation des séquelles à réaliser à la fin du séjour au centre
Modified Japanese Orthopedic Association – MJOAS

Atteinte motrice des membres supérieurs
0 incapable de se nourrir seul
1 incapable d'utiliser un couteau ou une fourchette, mais capable d'utiliser une cuillère pour s'alimenter
2 arrive à utiliser un couteau ou une fourchette avec grande difficulté
3 arrive à utiliser un couteau ou une fourchette avec une gêne modérée
4 RAS

Atteinte motrice des membres inférieurs
0 incapable de marcher
1 peut marcher sur un sol plat avec un système d'aide à la marche
2 peut monter des escaliers avec main courante, accès à un étage
3 marche possible sans aide mais avec instabilité
4 RAS

Atteinte sensitive aux membres supérieurs/thorax-abdomen/membres inférieurs
0 douleur ou perte de sensibilité majeure
1 déficit sensitif modéré
2 RAS
membres supérieurs : 0 1 2
thorax-abdomen : 0 1 2
membres inférieurs : 0 1 2

Atteinte sphinctérienne
0 miction impossible, sondage permanent et/ou constipation majeure, évacuation mécanique permanente
1 rétention fréquente, sondage intermittent et/ou constipation sévère, évacuation mécanique intermittente
2 difficultés mictionnels, pas de sondage et/ou constipation modérée
3 RAS

Score normal = 17

Figure 18.3. Score de séquelles modifié de l'association orthopédique japonaise (score MJOAS).
SMHEP : service de médecine hyperbare et d'expertise plongée.

Examens paracliniques complémentaires

La réalisation d'examens complémentaires ne doit pas retarder le traitement hyperbare initial sauf en cas de suspicion forte d'infarctus cérébral ou d'hémorragie sous-arachnoïdienne (céphalées, photophobie et vomissements au premier plan) ou de dissection carotidienne ou vertébrale (souffle vasculaire, cervicalgie) qui nécessiteront en urgence une IRM ou une angio-TDM (tomodensitométrie) cérébrale et des troncs supra-aortiques. Si le diagnostic d'AVC est confirmé, la prise en charge spécifique relève d'une unité neurovasculaire (figure 18.4).

En cas de suspicion de barotraumatisme pulmonaire avec aéroembolisme, un scanner thoracique sera réalisé pour éliminer un pneumothorax pouvant nécessiter la mise en place d'un drain thoracique avant la recompression (figure 18.4).

La figure 18.5 illustre le cas d'un barotraumatisme pulmonaire avec aéroembolisme cérébral diffus (A) secondaire à un pneumomédiastin observé à la radiographie pulmonaire (liséré aérique sur le bord gauche du cœur, B). Le scanner thoracique révèle un kyste pulmonaire (C) avec des zones de diffusion aériques périkystiques (D). La figure 18.6 montre un accident de désaturation cérébral avec des zones punctiformes diffuses d'atteinte ischémique.

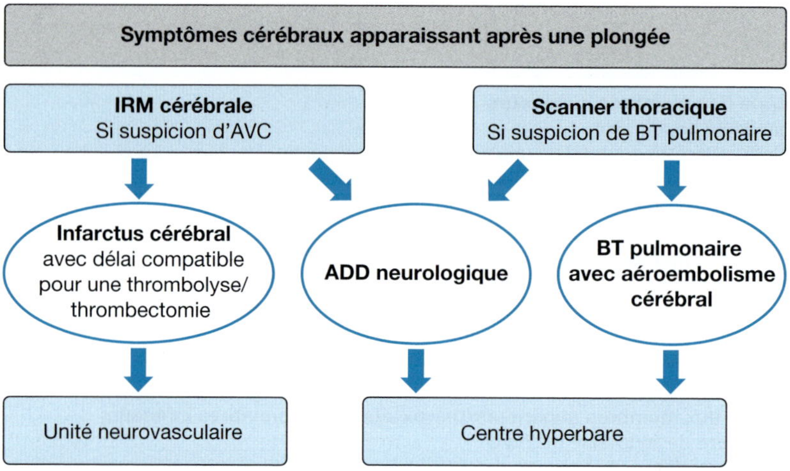

Figure 18.4. Priorisation de l'imagerie en cas de signes cérébraux au décours d'une plongée.
ADD : accident de désaturation ou de décompression ; AVC : accident vasculaire cérébral ; BT : barotraumatisme ; IRM : imagerie par résonance magnétique.

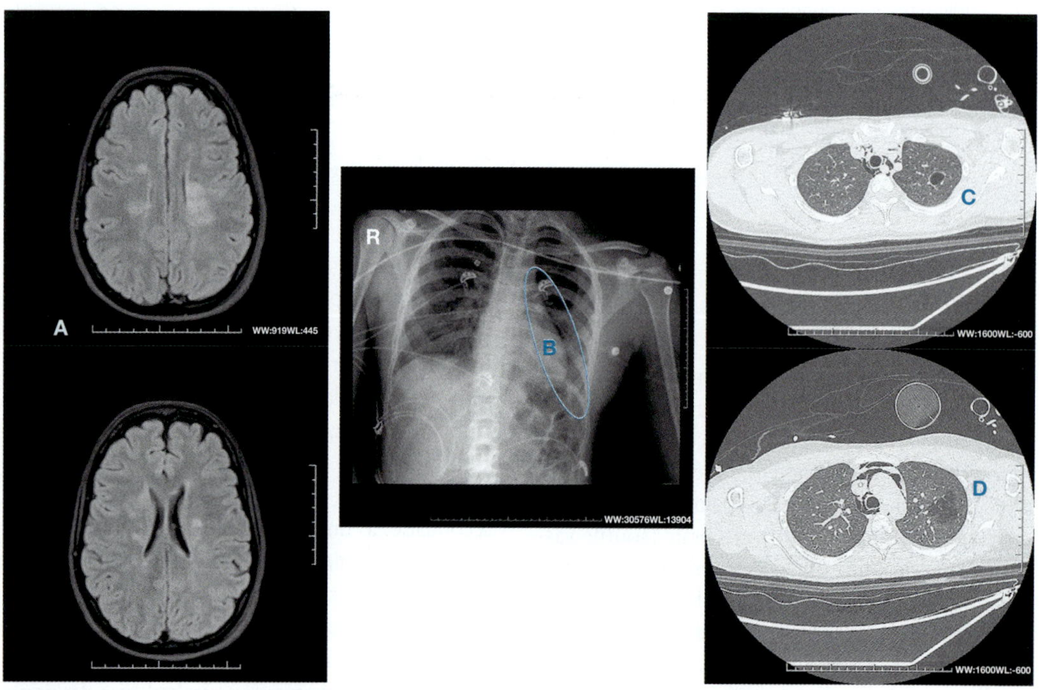

Figure 18.5. Imagerie d'un cas de barotraumatisme pulmonaire avec aéroembolisme cérébral (IRM en A) sur kyste pulmonaire (scanner thoracique en C et D) avec pneumodiastin (radiographie pulmonaire en B).
IRM : imagerie par résonance magnétique.
Source : HIA Sainte-Anne, Toulon.

La biologie va permettre d'évaluer l'importance de l'hémoconcentration (hématocrite) [16] et de l'activation de la coagulation (D-dimères) qui semblent être associées à un risque plus élevé des séquelles dans les ADD neurologiques [17]. L'élévation des CPK (créatine kinase sérique) est également considérée comme un facteur de moins bon pronostic en cas d'aéroembolisme cérébral [18].

À l'issue du traitement, certains examens paracliniques sont nécessaires pour confirmer le diagnostic, rechercher des facteurs favorisants et évaluer le pronostic en vue d'une éventuelle reprise de la plongée. Une IRM cérébrale réalisée précocement recherchera des lésions ischémiques récentes de topographie et d'importance variables (figure 18.6) tandis que la moelle épinière sera explorée dans sa partie cervicothoracique à partir du 3e jour pour dépister d'éventuels hypersignaux en T2 compatibles avec des lésions de myélopathie ischémique prédictives de séquelles ultérieures (figure 18.7A) [19]. L'existence d'anomalies disco-vertébrales dégénératives au contact du cordon médullaire en particulier au niveau cervical pourrait favoriser la survenue des ADD médullaires (figure 18.7B) [20]. Étant donné la relation étroite qui existe entre la présence d'un shunt droite-gauche et la survenue d'un ADD neurologique, cette prédisposition sera systématiquement recherchée par doppler transcrânien, échographie cardiaque trans-thoracique ou transœsophagienne avec épreuve de contraste [21]. D'autres explorations pourront être programmées en fonction du type et de l'importance des séquelles (EEG [électroencéphalogramme], potentiels évoqués, bilan urodynamique).

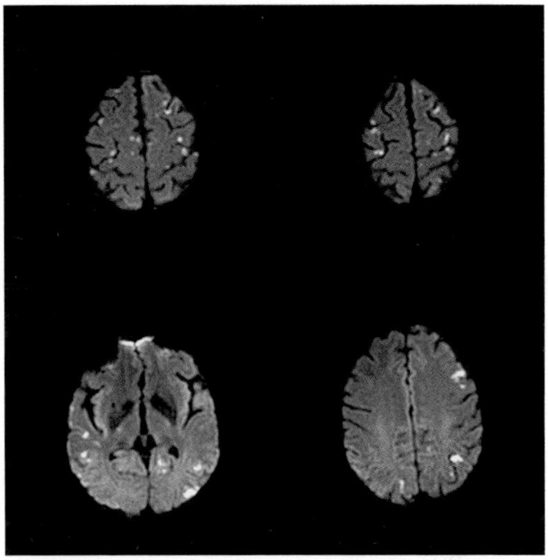

Figure 18.6. Cas d'accident de désaturation cérébral avec IRM montrant des zones d'ischémie diffuses.
IRM : imagerie par résonance magnétique.
Source : HIA Sainte-Anne, Toulon.

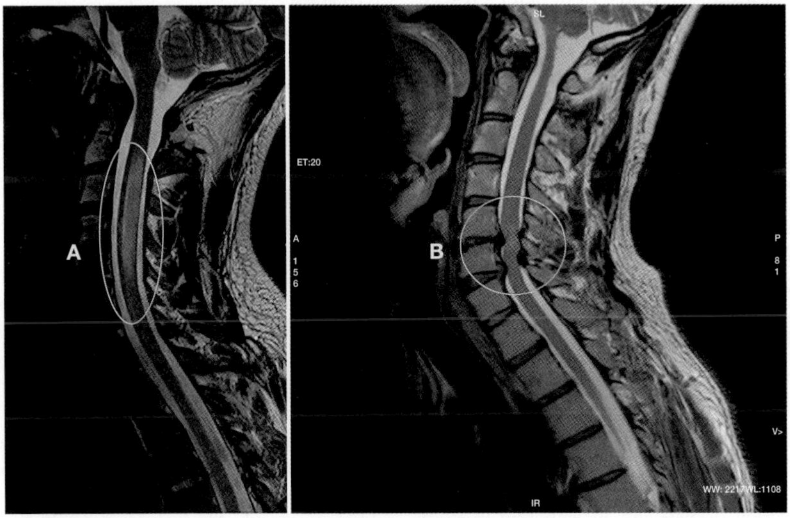

Figure 18.7. Cas d'accidents de désaturation médullaires avec IRM montrant une zone d'atteinte cervicale étendue en A et des protrusions discales compressives en B.
IRM : imagerie par résonance magnétique.
Source : HIA Sainte-Anne, Toulon.

Aptitude médicale et reprise de la plongée

La reprise de la plongée est envisagée après une période d'inaptitude temporaire de 3 à 6 mois, en fonction de la sévérité initiale. Elle sera autorisée en l'absence de séquelles neurologiques et sous réserve que les examens paracliniques soient normaux. Des recommandations avec restrictions d'emploi pourront être proposées pour éviter une récidive. La découverte d'un shunt droite-gauche de haut grade est susceptible de contre-indiquer la poursuite de la plongée sous-marine à l'air comprimé, mais dans certains cas le plongeur pourra être autorisé à reprendre les activités de plongée avec des restrictions d'emploi.

Conclusion

La survenue d'un trouble neurologique après une plongée sous-marine est le principal mode de révélation d'un accident de désaturation dont l'incidence varie entre un et trois accidents pour 10 000 plongées selon la population de plongeurs (de loisir ou professionnels). La survenue d'une embolie gazeuse cérébrale est rare mais souvent associée à des atteintes neurologiques sévères. Le plongeur doit bénéficier d'une recompression hyperbare en urgence devant l'apparition de tout symptôme neurologique. En l'absence de caisson sur les lieux de la plongée, le plongeur accidenté devra faire l'objet d'une évacuation sanitaire sous oxygène normobare vers le centre hyperbare le plus proche. Malgré la précocité du traitement, le risque de séquelles n'est pas négligeable.

Références

[1] Francis TJ, Mitchell SJ. Manifestations of decompression disorders. In : Brubakk AO, Neuman TS, editors. Bennett and Elliot's physiology and medicine of diving. Londres : Saunders ; 2003. p. 578-99.

[2] Dick AP, Massey EW. Neurologic presentation of decompression sickness and air embolism in sport divers. Neurology 1985 ; 35(5) : 667-71.

[3] Vann RD, Butler FK, Mitchell SJ, Moon RE. Decompression illness. Lancet 2011 ; 377(9760) : 153-64.

[4] Cantais E, Blatteau JE, Colombier O, et al. Respect de la procédure de décompression au cours des accidents de plongée de loisir. Bull Med Sub Hyp 2003 ; 13(Suppl) : 97-101.

[5] Blatteau JE, Gempp E, Simon O, et al. Prognostic factors of spinal cord decompression sickness in recreational diving : retrospective and multicentric analysis of 279 cases. Neurocrit Care 2011 ; 15(1) : 120-7.

[6] Louge P, Gempp E, Constantin P, Hugon M. Prise en charge des accidents de décompression médullaires en plongée sous-marine : actualités en 2010. Presse Med 2010 ; 39(7-8) : 778-85.

[7] Andre S, Lehot H, Morin J, et al. Influence of prehospital management on the outcome of spinal cord decompression sickness in scuba divers. Emerg Med J 2022 emermed-2021-211227.

[8] Friedman MA, Fernandez M, Backer LC, et al. An updated review of ciguatera fish poisoning : clinical, epidemiological, environmental, and public health management. Mar Drugs 2017 ; 15(3) : 72.

[9] L'Herondelle K, Talagas M, Mignen O, et al. Neurological disturbances of ciguatera poisoning : clinical features and pathophysiological basis. Cells 2020 ; 9(10) : 2291.

[10] Bourron A. Signes neurologiques en sortie de plongée : accident de décompression à expression cérébrale ou accident vasculaire cérébral [Thèse de doctorat en médecine]. Marseille : Université d'Aix-Marseille, Sciences du vivant [q-bio] ; 2019. Disponible sur : https://dumas.ccsd.cnrs.fr/dumas-02117296.

[11] Blanc P, Boussuges A, Henriette K, et al. Iatrogenic cerebral air embolism : importance of an early hyperbaric oxygenation. Intensive Care Med 2002 ; 28(5) : 559-63.

[12] Moon RE. Hyperbaric oxygen treatment for air or gas embolism. Undersea Hyperb Med 2014 ; 41(2) : 159-66.

[13] Longphre JM, Denoble PJ, Moon RE, et al. First aid normobaric oxygen for the treatment of recreational diving injuries. Undersea Hyperb Med 2007 ; 34(1) : 43-9.

[14] Simonnet B, Roffi R, Lehot H, et al. Therapeutic management of severe spinal cord decompression sickness in a hyperbaric center. Front Med 2023 ; 10 : 1172646.

[15] Berganza CJ, Zhang JH. The role of helium gas in medicine. Med Gas Res 2013 ; 3(1) : 18.

[16] Boussuges A, Blanc P, Molenat F, et al. Haemoconcentration in neurological decompression illness. Int J Sports Med 1996 ; 17(5) : 351-5.

[17] Gempp E, Morin J, Louge P, Blatteau JE. Reliability of plasma D-dimers for predicting severe neuro-

logical decompression sickness in scuba divers. Aviat Space Environ Med 2012 ; 83(8) : 771-5.
[18] Smith RM, Neuman TS. Elevation of serum creatine kinase in divers with arterial gas embolism. New Engl J Med 1994 ; 330(1) : 19-24.
[19] Gempp E, Blatteau JE, Stephant E, et al. MRI findings and clinical outcome in 45 divers with spinal cord decompression sickness. Aviat Space Environ Med 2008 ; 79(12) : 1112-6.
[20] Gempp E, Louge P, Lafolie T, et al. Relation between cervical and thoracic spinal canal stenosis and the development of spinal cord decompression sickness in recreational scuba divers. Spinal Cord 2014 ; 52(3) : 236-40.
[21] Lairez O, Cournot M, Minville V, et al. Risk of neurological decompression sickness in the diver with right-to left shunt : literature review and meta-analysis. Clin J Sport Med 2009 ; 19(3) : 231-5.

Chapitre 19

Conduite à tenir en présence de symptômes respiratoires au décours d'une plongée ou d'une exposition hyperbare

Sébastien de Maistre, Jennifer Hunt, Pierre Louge

Points clés

- L'apparition d'une symptomatologie respiratoire au décours d'une plongée sous-marine est une situation fréquente. Le contexte et la chronologie de survenue des signes orientent le diagnostic.
- Une échographie pulmonaire permet de conforter un diagnostic d'OPI et parfois de dépister un pneumothorax.
- La symptomatologie respiratoire peut évoluer vers une détresse cardiaque ou respiratoire pouvant mettre en jeu le pronostic vital.
- Elle impose une mise sous oxygène normobare systématique, et parfois l'adjonction d'une pression expiratoire positive. Les indications de médicalisation doivent être larges et une évacuation vers une structure hospitalière idéalement équipée d'une unité de soins intensifs cardiologiques et d'un centre hyperbare est nécessaire.
- En présence de signes neurologiques, une prise en charge en centre hyperbare s'avère nécessaire.

Introduction

Les manifestations respiratoires sont fréquentes en plongée sous-marine. Le poumon est classiquement décrit comme un « organe cible » et tous les types d'accidents de plongée peuvent donner lieu à une symptomatologie respiratoire. Par ailleurs, il ne faut jamais omettre de penser à une noyade qui peut être la cause ou compliquer un accident de plongée.

Une dyspnée au cours ou au décours d'une plongée sous-marine est le maître symptôme de ces manifestations respiratoires. Elle peut avoir plusieurs étiologies plus ou moins intriquées dont parfois le diagnostic précis ne peut être porté que secondairement à l'hôpital. À la différence d'une symptomatologie neurologique isolée, la présence de signes respiratoires doit entraîner précocement une prise en charge médicalisée du fait du risque de décompensation cardiocirculatoire, notamment chez un plongeur âgé et/ou ayant des antécédents cardiovasculaires. Elle doit également faire orienter le plongeur vers un centre hyperbare pour effectuer une recompression thérapeutique en cas de signes neurologiques qui peuvent avoir pour origine un aéroembolisme ou un accident de désaturation [1].

La prise en charge thérapeutique initiale est simple : elle repose sur une oxygénation immé-

Médecine de la plongée

diate au masque à haute concentration avant toute démarche diagnostique. L'oxygénation doit être débutée sur l'embarcation support de plongée après que le plongeur accidenté a été hissé à bord et déséquipé par son entourage.

Conduite diagnostique

Les circonstances de survenue et les symptômes associés permettent le plus souvent d'orienter le diagnostic (figure 19.1).

Signes débutants pendant le séjour en plongée, avant la remontée

La ventilation de gaz denses par l'intermédiaire d'un appareil de plongée peut être à l'origine d'une inadéquation entre la production endogène de CO_2 (dioxyde de carbone) et son élimination, à l'origine d'une hypercapnie. Cette situation fréquente se caractérise par la survenue d'une hyperventilation puis d'un essoufflement au cours de la plongée, en particulier en cas d'effort physique inadapté, d'un mauvais lestage, d'anxiété ou de sensation de froid. L'hypercapnie peut également être liée à un problème de chaux sodé en cas d'utilisation d'un appareil à recyclage de gaz. L'hypercapnie s'accompagne fréquemment de céphalées et de nausées. D'autres symptômes peuvent apparaître en cas d'aggravation, comme une tachypnée incontrôlable, une congestion du visage, des sueurs, des sensations ébrieuses, ainsi qu'une perte de connaissance avec un risque de noyade. Lorsque le diagnostic de certitude est posé et en l'absence de toute autre complication, en particulier une noyade, un simple traitement antalgique de premier niveau peut être prescrit en cas de céphalées persistantes.

En l'absence d'argument en faveur d'une hypercapnie, et si cette dyspnée a tendance à s'aggraver au cours de la plongée puis à la remontée (en particulier en cas de verticalisation en circuit ouvert), le diagnostic d'œdème pulmonaire d'immersion (OPI) doit être évoqué. L'œdème pulmonaire d'immersion est un accident décrit relativement récemment, et souvent méconnu [2,3]. Il est classiquement observé chez le plongeur en sca-

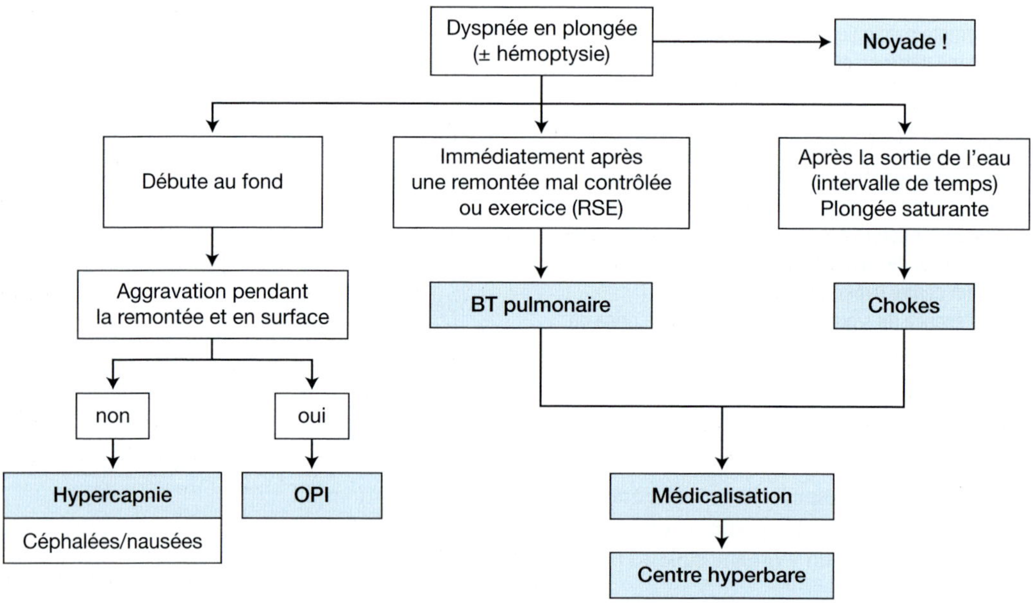

Figure 19.1. Conduite diagnostique face à une dyspnée en plongée.
BT : barotraumatisme ; OPI : œdème pulmonaire d'immersion ; RSE : remontée sans embout.

phandre mais peut concerner également l'apnéiste ou le simple nageur en surface [4]. Son origine est liée principalement aux conséquences des contraintes environnementales de l'immersion sur le système cardiovasculaire et respiratoire (voir chapitre 10). D'évolution habituellement favorable, il peut se compliquer de décompensations cardiaque, circulatoire ou respiratoire et mettre en jeu le pronostic vital [5].

Il se caractérise par un œdème interstitiel puis alvéolaire dont l'origine est attribuée à une augmentation de la pression dans les capillaires bronchiques et pulmonaires associée parfois à une diminution des pressions dans les alvéoles ou des lésions directes de cette membrane, responsables d'alvéolite hémorragique. La physiopathologie de l'OPI est complexe car elle fait intervenir de nombreux facteurs souvent intriqués [6] (voir chapitre 10).

L'apnée sous-marine peut être responsable également d'OPI, et dans ce cas, les principaux mécanismes en cause semblent la dépression intrathoracique au long de la descente (*lung squeeze*) couplée à la surpression dans les capillaires bronchiques et pulmonaires, les contractions diaphragmatiques involontaires liées à la forte stimulation inspiratoire en fin de plongée et enfin l'hypoxie (voir chapitre 12).

Cliniquement, l'OPI débute 10 à 20 minutes après le début de la plongée par une sensation de gêne respiratoire avec l'apparition de toux sèche, puis d'étouffement qui se majorent progressivement en particulier lors de la remontée. En surface, le plongeur est dyspnéique, cyanosé avec toux, grésillement laryngé et parfois expectorations rosées ou hémoptysie franche. Dans certains cas, l'hypoxie peut être sévère avec une perte de connaissance en eau au palier ou en surface responsable d'une noyade secondaire.

L'examen clinique met en évidence le plus souvent des crépitants diffus qu'il faut rechercher également sur les champs pulmonaires antérieurs. Une échographie pulmonaire permet de conforter un diagnostic d'OPI (présence de lignes B).

En l'absence de détresse respiratoire immédiate, l'évolution est habituellement favorable dès lors que le plongeur est sorti de l'eau (arrêt de la contrainte environnementale) et qu'il est mis sous oxygène normobare. La restauration clinique est souvent courte, mais peut nécessiter 48 heures [7]. En revanche, l'OPI peut faire décompenser une cardiopathie sous-jacente ou générer une cardiopathie de stress [8]. Dans ces cas, le risque est celui d'un choc cardiogénique, voire d'un arrêt cardiaque hypoxique.

La réhydratation doit être mesurée afin de ne pas majorer cet œdème ; les diurétiques ne sont pas préconisés afin de ne pas aggraver la déshydratation en fin de plongée. La mise en place d'une pression expiratoire positive [9] peut être discutée ainsi qu'une recompression préventive en cas d'erreur de procédure associée.

Signes débutants immédiatement après une remontée rapide

C'est un accident barotraumatique potentiellement grave occasionné par une augmentation brutale de la pression intrapulmonaire pendant la remontée, secondaire à un blocage expiratoire (inhalation d'eau, panique après panne d'air, exercice de remontée sans embout, Valsalva à la remontée...). Cet accident se rencontre classiquement chez le plongeur néophyte en cours de formation dans l'espace proche de la surface (profondeur de moins de 20 m) mais il peut aussi concerner un plongeur autonome à plus grande profondeur.

Les symptômes apparaissent d'emblée à la sortie de l'eau et sont dominés par une gêne ou une douleur thoracique, une dyspnée avec toux et une hémoptysie. Lorsque les signes pulmonaires sont isolés et bien tolérés on parle de simple distension alvéolaire. La palpation sus-sternale recherche un emphysème sous-cutané en faveur d'un pneumomédiastin sous-jacent tandis que l'auscultation et la percussion thoracique éliminent un pneumothorax qu'il faudrait exsuffler à l'aiguille en urgence en cas de forme compressive et suffocante. Une échographie pulmonaire permet parfois de dépister un pneumothorax non cliniquement décelable.

Plus rarement, le barotraumatisme pulmonaire peut s'accompagner de signes neurologiques par aéroembolisme artériel cérébral ou d'un état de choc qui font la gravité de cet accident. La prise en charge de cet accident doit alors aussi prendre en compte les lésions aéroemboliques et faire envisager une évacuation en urgence vers un centre hyperbare pour une recompression de sauvegarde.

Signes débutants à la sortie de l'eau dans un contexte de plongée saturante (profonde et/ou longue)

L'accident de désaturation ou de décompression (ADD) cardiopulmonaire ou *chokes* est dû à l'engorgement des capillaires pulmonaires par un afflux important de bulles vasculaires drainées par la circulation veineuse périphérique. Son incidence est faible. Il se manifeste comme un œdème pulmonaire avec plus spécifiquement une douleur thoracique initiale rapidement suivie d'une dyspnée avec cyanose. L'évolution peut être péjorative en cas de choc hypovolémique par fuite plasmatique ou bien s'accompagner d'un ADD neurologique en particulier médullaire par stase azygos puis dans le réseau veineux épidural [10].

Signes respiratoires en plongée avec recycleur

Dans les recycleurs, une cartouche de chaux sodée retient le dioxyde de carbone expiré par le plongeur. Ces appareils respiratoires sont dits « à circuit fermé » ou « semi-fermés » puisqu'ils sont, en principe, étanches à l'eau et aux gaz. Lorsque cette étanchéité est imparfaite, l'eau peut entrer en contact avec la chaux sodée. La réaction entre les deux éléments produit de la chaux caustique liquide dont le pH avoisine 12-14. Ce « cocktail caustique » peut se retrouver dans la boucle du recycleur, être ingéré ou inhalé par le plongeur, et engendrer des lésions tissulaires par brûlure chimique alcaline dans l'oropharynx, l'œsophage ou l'arbre trachéo-bronchique. Dans ces cas, les plongeurs doivent quitter le recycleur, et passer en circuit ouvert (*bail-out*) et se rincer la bouche abondamment avec de l'eau. Cliniquement le plongeur peut présenter des douleurs (de l'oropharynx, épigastrique, thoracique), une toux, une dyspnée ou une dysphagie [11-13]. Le diagnostic étiologique ne pose généralement pas de difficulté grâce à l'anamnèse de l'incident. Un avis médical est impératif et une hospitalisation recommandée devant la possibilité d'une dégradation de la fonction respiratoire, du besoin d'une exploration endoscopique et d'une prise en charge spécifique des lésions caustiques. L'ingestion par le plongeur de produits légèrement acides (comme du lait, des jus de fruits, du vinaigre…) ne doit pas être envisagée et seule l'eau doit être utilisée [11].

Noyades

Tout incident en plongée sous-marine (y compris en surface) est susceptible de déboucher sur une inhalation d'eau plus ou moins abondante. Le noyé inconscient doit être pris en charge avec une réanimation agressive décrite dans un autre chapitre (voir chapitre 11). Le noyé conscient, ou qui a repris connaissance rapidement, ventile spontanément et peut présenter une polypnée, une toux, une pâleur ou une cyanose, ou bien avoir un examen clinique initialement rassurant. Dans tous les cas, la victime doit être sortie de l'eau et bénéficier rapidement d'une oxygénothérapie normobare en position demi-assise, ainsi que d'une protection thermique. La prise en charge médicalisée est peu spécifique et s'adresse à la détresse respiratoire (oxygénothérapie, VNI [ventilation non invasive], ventilation mécanique…), à l'hémodynamique et à l'hypothermie. L'indication d'hospitalisation doit être large en raison des risques d'aggravation respiratoire secondaire et d'accident de plongée associé [14].

Conduite à tenir

Sur les lieux de la plongée

Dès l'apparition des signes respiratoires, le plongeur est extrait du milieu par son entourage qui le préserve de tout effort supplémentaire. Une oxygénation systématique et des mesures de protection thermique doivent être instaurées en position demi-assise. Elles doivent être maintenues pendant toute la durée d'évacuation. La chaîne des secours doit être déclenchée le plus rapidement possible.

Les dispositifs de délivrance d'une oxygénothérapie normobare par l'entourage doivent permettre une oxygénation correcte et une ventilation facilitée. L'autonomie est également un facteur à prendre en compte, en fonction de l'isolement du site où se trouve la victime. L'administration d'un débit d'oxygène de 15 L min^{-1} avec un masque à haute concentration est la plus efficace. Le débit peut être réduit à 10 L min^{-1} si l'isolement du site et l'autonomie le nécessitent. L'utilisation de masques reliés à des détendeurs « à la demande » aurait une moins bonne efficacité sur l'oxygénation des tissus, mais ces dispositifs peuvent être une option pour prolonger au maximum la réserve d'oxygène en attendant les secours et si la ventilation de la victime le permet [15]. L'utilisation d'un détendeur simple n'est pas une méthode efficace pour des plongeurs en détresse respiratoire car la ventilation active sur un détendeur majore la fatigue respiratoire. Certains dispositifs permettent de délivrer le gaz d'une bouteille de plongée via un masque à haute concentration (en le branchant sur un *direct-system* du détendeur). Cette solution peut être intéressante pour des plongeurs « techniques » disposant de bouteilles d'oxygène pur (recycleur) ou de mélanges enrichis en oxygène (destinés à la décompression) et qui n'auraient pas accès à une oxygénothérapie normobare.

Dans le cadre d'une prise en charge préhospitalière médicalisée ou paramédicalisée (dont l'indication doit être large devant tout symptôme respiratoire), une réhydratation modérée par voie veineuse périphérique (par cristalloïdes) est débutée du fait de la déshydratation relative à l'immersion.

S'il existe des signes de décompensation, et après avoir éliminé un pneumothorax, l'application d'une pression expiratoire positive par l'intermédiaire d'un kit pour CPAP (*Continuous Positive Airway Pressure*) de Boussignac, ou par ventilation non invasive (VNI), est justifiée. En cas de pneumothorax avéré et mal toléré, une exsufflation à l'aiguille doit être effectuée. En cas de détresse majeure avec collapsus cardiovasculaire les mesures de réanimation non spécifiques doivent être instaurées (massage cardiaque externe, défibrillation éventuelle, intubation orotrachéale), tout en sachant que le pronostic d'un arrêt cardiocirculatoire sur les lieux de la plongée est extrêmement sombre [1].

Lorsque c'est possible, ces patients doivent être orientés vers une structure hospitalière comportant un plateau technique prenant en charge les urgences cardiologiques et un centre hyperbare.

À l'hôpital

S'il persiste une détresse respiratoire et après avoir éliminé un pneumothorax qui doit être drainé, une VNI avec aide inspiratoire et pression expiratoire positive pourra être prescrite. L'administration exogène d'agonistes de l'AMPc (adénosine monophosphate cyclique), notamment les bêta-2 agonistes en aérosol, peut être prescrite. Ils accéléraient la résolution de l'œdème, qu'il soit hémodynamique ou lésionnel [16,17].

Une gazométrie artérielle doit permettre d'évaluer le degré d'hypoxémie dont le retentissement est apprécié par la mesure de la lactatémie. La gazométrie permet aussi d'éliminer une éventuelle intoxication au monoxyde de carbone due à la présence d'un gaz vicié pendant la plongée (appréciation qui peut être faussée par l'oxygénothérapie administrée au cours du transfert). Le bilan sanguin effectué à l'admission doit également comprendre les marqueurs de souffrance myocardique (troponine et myoglobine), ainsi que le NT (prohormone N-terminale du peptide natriurétique cérébral) pro BNP (peptide natriurétique de type B), qui s'élève classiquement dans les 12 à 24 heures en cas d'OPI. Un ECG (électrocardiogramme) doit être systématique.

L'auscultation pulmonaire trouve le plus souvent des râles crépitants dans les deux champs pulmonaires parfois audibles uniquement en antérieur.

L'examen complémentaire permettant d'orienter ou de confirmer le diagnostic est le scanner thoracique qui met en évidence :

- dans le cas d'OPI, des opacités en verre dépoli, prédominantes dans les champs pulmonaires antérieurs et associées à un élargissement des septa (ou septums) interlobulaires, secondaire à l'extravasation par engorgement veineux (figure 19.2) ;

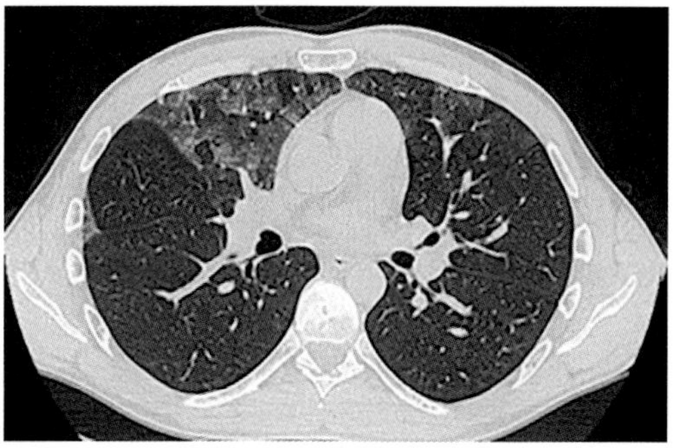

Figure 19.2. TDM thoracique caractéristique d'un OPI apparaissant comme un syndrome radiologique interstitiel bilatéral prédominant dans les segments antérieurs du parenchyme pulmonaire.
Cette distribution particulière des lésions semble en rapport avec la position déclive des plongeurs en eau.
OPI : œdème pulmonaire d'immersion ; TDM : tomodensitométrie.
Source : HIA Sainte-Anne, Toulon.

- dans le cas d'une surpression pulmonaire, un aspect d'alvéolite hémorragique, avec microeffractions aériques (figure 19.3), voire un pneumomédiastin (figures 19.4 et 19.5) et/ou un pneumothorax (figure 19.6), mais un scanner normal n'élimine pas le diagnostic de surpression pulmonaire ;

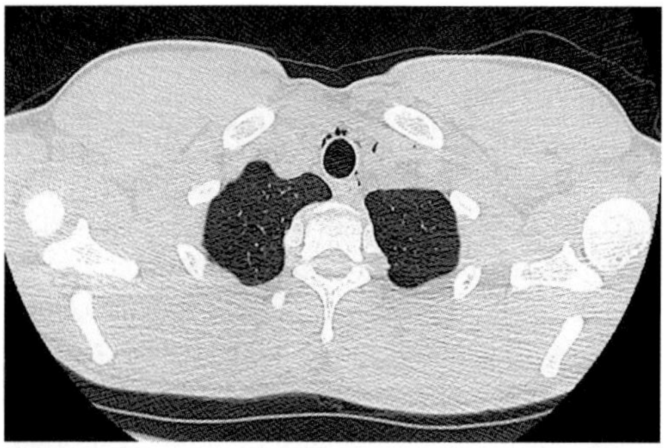

Figure 19.3. TDM thoracique en coupe axiale montrant des images caractéristiques de barotraumatisme pulmonaire simple par distension alvéolaire avec aspect d'alvéolites hémorragiques associées à des microeffractions aériques.
TDM : tomodensitométrie.
Source : HIA Sainte-Anne, Toulon.

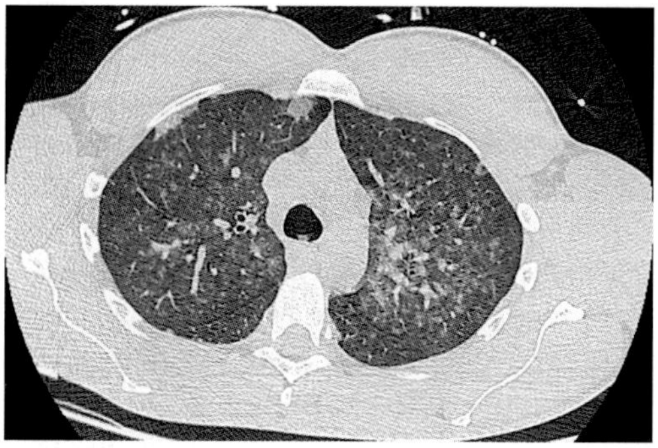

Figure 19.4. TDM thoracique avec pneumomédiastin de petite taille sans opacités alvéolaires signant le barotraumatisme pulmonaire chez un plongeur ayant effectué une remontée sans embout et, à la sortie de l'eau, victime de coma par aéroembolisme cérébral.
TDM : tomodensitométrie.
Source : HIA Sainte-Anne, Toulon.

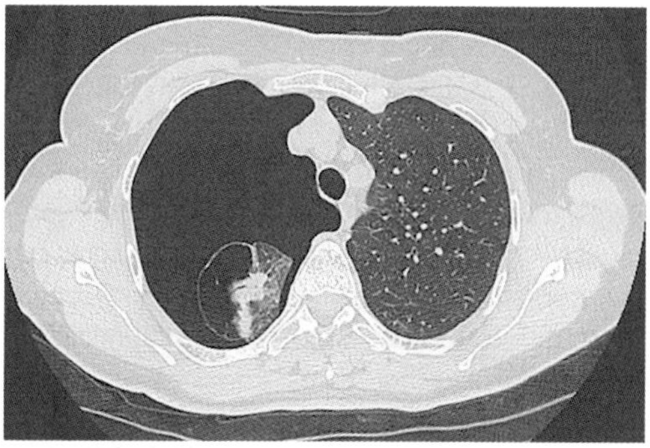

Figure 19.5. TDM thoracique montrant un pneumothorax précompressif droit chez une plongeuse qui, lors de la remontée, a présenté une dyspnée intense avec blocpnée, puis a effectué une erreur de procédure.
La rupture d'une lésion bulleuse apicale préexistante visible sur le cliché est vraisemblablement responsable de cet accident.
TDM : tomodensitométrie.
Source : HIA Sainte-Anne, Toulon.

- dans le cas d'une noyade, un aspect d'alvéolite plutôt déclive et prédominant à droite (figure 19.7).

Une surveillance en milieu hospitalier pendant 12 heures est de règle notamment pour évaluer une éventuelle dysfonction myocardique d'origine coronarienne, hypoxique ou catécholaminergique.

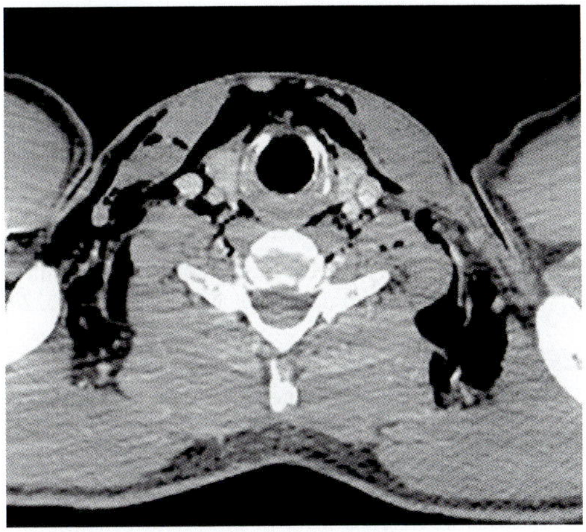

Figure 19.6. TDM cervicale visualisant un pneumomédiastin associé à un emphysème sous-cutané chez un plongeur qui a présenté une dyspnée simple avec gêne laryngée après la sortie de l'eau (notion de quinte de toux en eau).
TDM : tomodensitométrie.
Source : HIA Sainte-Anne, Toulon.

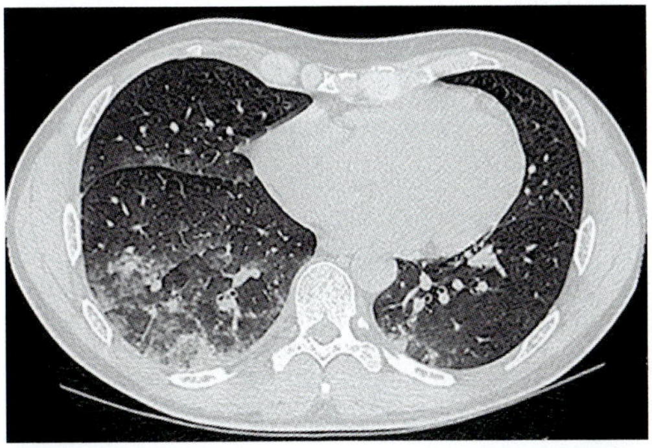

Figure 19.7. Sur cette coupe TDM thoracique effectuée après une noyade les lésions d'alvéolite prédominent à droite.
TDM : tomodensitométrie.
Source : HIA Sainte-Anne, Toulon.

Conditions de reprise de la plongée

À l'exception de l'hypercapnie simple, pour laquelle un arrêt de 24 heures peut être prescrit en fonction de l'importance des céphalées résiduelles, tous les autres accidents à l'origine de signes ventilatoires doivent entraîner une inaptitude d'au minimum 1 mois et la reprise ne doit être envisagée qu'à la condition que les examens paracliniques soient normalisés.

Dans le cadre d'un barotraumatisme pulmonaire isolé et non compliqué, la reprise de la plongée peut être envisagée après normalisation du scanner thoracique de contrôle.

Dans le cas d'un OPI, le bilan paraclinique effectué dans le mois qui suit recherche une HTA (hypertension artérielle), une cardiopathie sous-jacente (épreuve d'effort, échographie cardiaque, MAPA [mesure ambulatoire de la pression artérielle]) ou une pathologie bronchopulmonaire (EFR [exploration fonctionnelle respiratoire]). Le risque de récidive d'OPI est réel mais imprévisible et l'HTA fréquemment découverte dans les suites de l'accident semble être un facteur de risque important. En cas de récidive ou de terrain d'HTA se pose la question de la poursuite des activités subaquatiques en cas de récidive ou d'un terrain d'HTA [18].

Conclusion

Une symptomatologie respiratoire peut être révélatrice d'un accident de plongée. La démarche diagnostique est essentielle pour identifier la pathologie en cause et son potentiel évolutif. Les risques de complications doivent être pris en compte car les formes cardiogéniques d'OPI ou les surpressions pulmonaires sévères peuvent mettre en jeu le pronostic vital. La prise en charge immédiate par une oxygénation normobare est simple et suivie de l'évacuation médicalisée vers une structure dotée à la fois d'un plateau technique cardiologique et d'un centre hyperbare.

Références

[1] Coulange M, Barandiaran P, Bonafous M, et al. Accidents de plongée. In : SAMU de France & SFMU (coordonnateurs). Référentiel d'aide médicale en mer : Paris ; 2013. p. 27-36.
[2] Slade J, Hattori T, Ray CS, et al. Pulmonary edema associated with scuba diving. Chest 2001 ; 120(5) : 1986-94.
[3] Whilmshurst PT, Nuri M, Crowther A, Webb-Peploe MM. Cold-induced pulmonary oedema in scuba divers and swimmers and subsequent development of hypertension. Lancet 1989 ; 1(8629) : 62-5.

[4] Gnadinger C, Colwell C, Knaut A. Scuba diving-induced pulmonary edema in a swimming pool. J Emerg Med 2001 ; 21(4) : 419-21.
[5] Cochard G, Arvieux J, Lacour JM, et al. Pulmonary edema in divers : recurrence and fatal outcome. Undersea Hyperb Med 2005 ; 32(1) : 39-44.
[6] Coulange M, Rossi P, Gargne O, et al. Pulmonary oedema in healthy SCUBA divers : new physiological pathways. Clin Physiol Funct Imaging 2010 ; 30(3) : 181-6.
[7] Kristiansson L, Seiler C, Lundeqvist D, et al. Symptom duration, recurrence, and long-term effects of swimming-induced pulmonary edema : a 30-month follow-up study. Chest 2023 ; 164(5) : 1257-67.
[8] Gempp E, Louge P, Henckes A, et al. Reversible myocardial dysfunction and clinical outcome in scuba divers with immersion pulmonary edema. Am J Cardiol 2013 ; 111(11) : 1655-9.
[9] Sakuma T, Okaniwa G, Nakada T, et al. Alveolar fluid clearance in the resected human lung. Am J Respir Crit Care Med 1994 ; 150(2) : 305-10.
[10] Kondo Y, Shiohira S, Kamizato K, et al. Vascular hyperpermeability in pulmonary decompression illness : "the chokes". Emerg Med Australas 2012 ; 24(4) : 460-2.
[11] Buzzacott P, Dong GZ, Brenner RJ, Tillmans F. A survey of caustic cocktail events in rebreather divers. Diving Hyperb Med 2022 ; 52(2) : 92-6.
[12] Männle D, Scherl C, Wenzel A, et al. Accident involving a "caustic cocktail" while diving with a closed-circuit rebreather. Laryngorhinootologie 2019 ; 98(S02) : 206.
[13] Minns AB, Carstairs SD, Clark RF. "Caustic cocktail" : closed-circuit diving apparatus contamination leading to corrosive injury. Am J Emerg Med 2011 ; 28(7) : 843.
[14] Girasek DC, Hargarten S. Prevention of and emergency response to drowning. N Engl J Med 2022 ; 387(14) : 1303-8.
[15] Blake DF, Naidoo P, Brown LH, et al. A comparison of the tissue oxygenation achieved using different oxygen delivery devices and flow rates. Diving Hyperb Med 2015 ; 45(2) : 79-83.
[16] Mehta D, Bhattacharya J, Matthay MA, Malik AB. Integrated control of lung fluid balance. Am J Physiol Lung Cell Mol Physiol 2004 ; 287(6) : 1081-90.
[17] Roch A, Allardet-Servent J. Physiopathologie de l'œdème pulmonaire. Réanimation 2007 ; 16(1) : 102-10.
[18] Gempp P, Demaistre S, Louge P. Hypertension is predictive of recurrent immersion pulmonary edema in scuba divers. Int J Cardiol 2014 ; 172(2) : 528-9.

Chapitre 20

Conduite à tenir en présence de symptômes ORL au décours d'une plongée

Sébastien de Maistre, Jean-Baptiste Morvan, Anna Crambert

Résumé

Une otalgie ou une sinusalgie sont des symptômes fréquents en plongée qui correspondent le plus souvent à un accident barotraumatique d'évolution favorable (barotraumatisme de l'oreille moyenne [BTOM] ou d'un sinus). Néanmoins, il faut toujours avoir conscience qu'un barotraumatisme ORL (oto-rhino-laryngologique) bénin peut en cacher un autre plus sévère. La présence de symptômes cochléovestibulaires (vertiges, hypoacousie de perception, acouphènes) à la sortie de l'eau évoque un barotraumatisme ou un accident de désaturation de l'oreille interne ; elle impose un transfert vers un centre thérapeutique hyperbare. Devant une suspicion de barotraumatisme de l'oreille interne, il faudra rechercher une fistule périlymphatique, surtout en cas d'échec du traitement médical.

Introduction

La plongée sous-marine expose l'organisme à des contraintes environnementales importantes, en particulier liées à l'élévation de la pression hydrostatique. D'après la loi de Boyle-Mariotte, la variation de volume d'un gaz est inversement proportionnelle à la pression ambiante. Ainsi, les cavités aériques de la sphère ORL (oreilles, sinus) constituent des organes cibles en plongée et sont particulièrement exposées au risque de barotraumatisme, accident le plus fréquent en plongée [1,2]. Si la pathologie rencontrée est le plus souvent d'évolution favorable, il ne faut pas sous-estimer cependant le risque d'incapacité en plongée du fait d'une douleur ou de vertiges ou bien d'une répercussion éventuelle sur l'oreille interne.

La loi de Henry stipule que les gaz diluants présents dans le mélange gazeux respiré en plongée se dissolvent progressivement dans les différents tissus de l'organisme au cours de la plongée. À la remontée, ces gaz dissous sont restitués sous forme gazeuse dans le sang et/ou les liquides endo- ou périlymphatiques à l'origine dans certaines circonstances, d'un accident de désaturation de l'oreille interne.

Les principaux symptômes rencontrés en cas d'accident de plongée qui touche la sphère ORL sont l'apparition d'une douleur au cours de la plongée (otalgies, sinusalgies) ou l'existence de signes cochléovestibulaires aigus (vertiges, hypoacousie, acouphènes) qui surviennent au cours ou au décours d'une plongée.

De manière générale, voici un listing classé de tous les signes fonctionnels ORL possibles au décours d'une plongée :

- signes orientant vers une atteinte de l'oreille :
  - otalgie (BTOE [barotraumatisme de l'oreille externe], BTOM ou otite externe [à la mobilisation du pavillon, à la pression tragienne]),
  - otorragie (BTOE ou BTOM stade V),

- hypoacousie (transmission ou perception),
- sensation d'oreille pleine et autophonie (épanchement rétrotympanique dans un BTOM mais aussi parfois en cas de fistule périlymphatique),
- signes évoquant une atteinte de l'oreille interne (signes de gravité) :
  - acouphènes,
  - syndrome vertigineux, ataxie et pseudonaupathie,
- signes évoquant une complication d'un BTOM :
  - paralysie faciale périphérique (paralysie faciale dysbarique),
  - céphalée et syndrome méningé (pneumencéphalie),
- otorrhée (surinfection BTOE ou BTOM ou otite externe) ;

• signes orientant vers une atteinte des sinus :
- algie faciale d'origine sinusienne, céphalée du vertex,
- épistaxis,
- signes évoquant une complication d'un BTS (barotraumatisme sinusien) :
  - rhinorrhée purulente (surinfection),
  - perte d'acuité visuelle (neurapraxie du nerf optique),
  - douleur orbitaire, trouble du champ visuel et exophtalmie (pneumorbite),
  - hypoesthésie et paresthésie du V2 (atteinte du V2),
  - emphysème sous-cutané.

Otalgies en plongée

Les otalgies constituent la plainte la plus fréquente en plongée.

Elles traduisent la plupart du temps un barotraumatisme de l'oreille moyenne [2] qui survient à la descente par défaut d'équilibrage entre l'oreille moyenne et la pression ambiante qui s'exerce sur la face externe du tympan secondaire à une dysperméabilité tubaire passagère en lien avec une inflammation des voies aériennes supérieures ou une sténose congénitale ou acquise (postopératoire ou postradique). L'état de dépression relative de la caisse du tympan va entraîner un enfoncement de la membrane tympanique et des lésions ex-vacuo [3]. Les premières lésions sont muqueuses et liées aux modifications de perméabilité capillaire sous forme d'hyperhémie et d'œdème. À un degré plus important il va se former un épanchement dans la caisse qui compense la dépression : un transsudat ou du sang par rupture capillaire. Le tympan cède pour des variations pressionnelles supérieures à 50 kPa (ce qui représente 5 m d'eau), avec une grande variabilité interindividuelle (de 50 à 210 kPa).

L'otalgie est d'intensité variable, parfois progressivement croissante en quelques heures. Elle s'accompagne d'une sensation de plénitude de l'oreille, d'autophonie, de bourdonnements graves, voire d'une véritable hypoacousie. Le bilan fonctionnel s'appuie sur la recherche étiologique d'une obstruction tubaire par un examen ORL systématique. La réalisation d'un examen acoumétrique et audiométrique est indiquée en cas de troubles de l'audition à la recherche d'une surdité de transmission. L'épreuve de Rinne est dans ce cas négative avec un abaissement des seuils en conduction aérienne. Lors de l'épreuve de Weber, le son est perçu du côté de l'oreille atteinte. En audiométrie tonale, il existe une surdité touchant les fréquences en conduction aérienne, la conduction osseuse étant préservée. L'otoscopie permet de classer cet accident en cinq stades de gravité croissante selon la classification de Haines et Harris (figure 20.1) [4,5]. En cas de perforation tympanique, on peut également observer une otorragie et parfois un vertige alternocalorique fugace par stimulation calorique asymétrique des oreilles internes — dès lors que l'eau n'est pas à 37 °C —, source de panique ou désorientation sous l'eau, vecteur d'incapacité dangereuse. Le plongeur ou son binôme peut remarquer une échappée de bulles par l'oreille lors du Valsalva.

Le traitement a pour objectif de rétablir la perméabilité tubaire et de traiter l'inflammation. Il repose sur des pulvérisations nasales ou des nébulisations de décongestionnants localement et sur des antalgiques par voie générale. Les antibiotiques ne sont pas systématiques ; ils visent à prévenir une surinfection en cas de perforation tympanique, voire d'épanchement rétrotympanique. La prescription de gouttes auriculaires d'anesthésiants locaux à visée antalgique de type phénazone/lidocaïne peut s'avérer utile mais ils sont contre-indiqués en cas

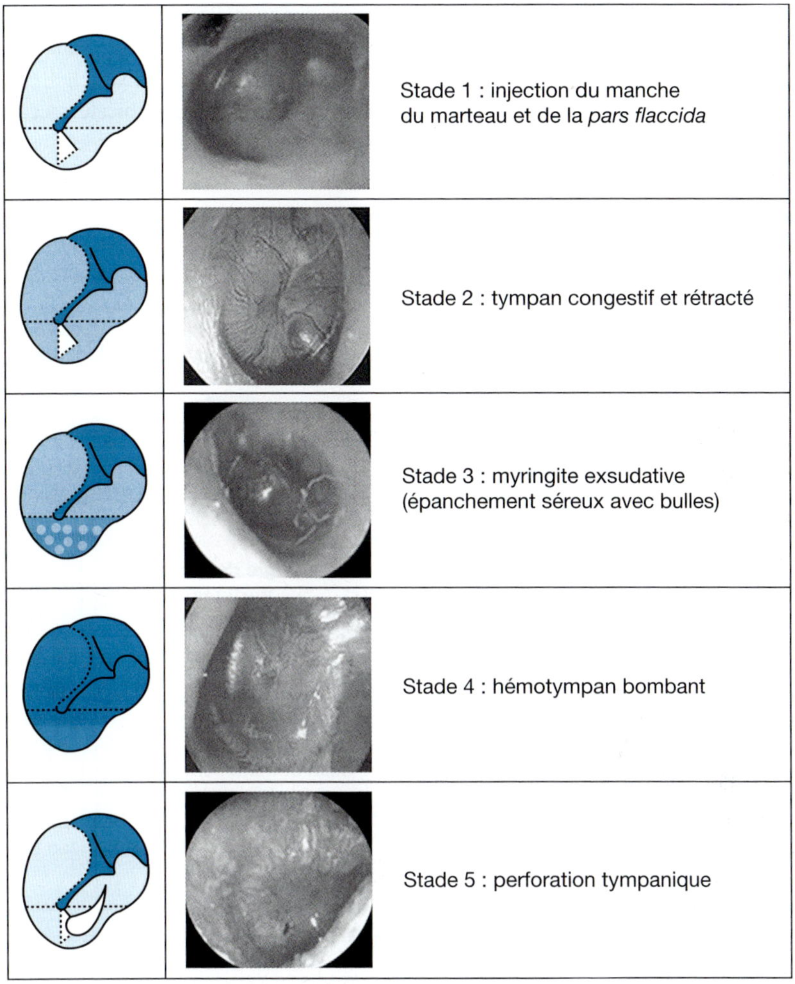

Figure 20.1. Classification des barotraumatismes de l'oreille moyenne d'après Haines et Harris.
Source : de Maistre S, Gempp E, Louge P, et al. Conduite à tenir en présence de symptômrs ORL au décours d'une plongée. Médecine et armées 2015;43(1):60-76.

de perforation tympanique et ne sont pas recommandés pour permettre une reprise anticipée de la plongée. L'évolution est habituellement favorable après une exemption de plongée pendant quelques jours. En cas de perforation tympanique, la reprise de la plongée ne sera autorisée qu'après contrôle de l'intégrité du tympan par un ORL (cicatrisation en général spontanée en 1 mois) et normalisation de sa mobilité.

Plus rarement, une otalgie dans les suites d'une plongée sera secondaire à une otite externe aiguë. Les facteurs favorisants sont la macération, les ambiances chaudes et humides (plus fréquemment sous les tropiques et l'été), les environnements pollués (plongée en eau sale, en piscine, port, lac), une exostose obstructive (classique chez le plongeur expérimenté, en réaction à l'exposition chronique à l'eau froide, rare chez les populations noires et asiatiques), un eczéma du conduit et l'utilisation de cotons-tiges. La douleur est exacerbée par la pression sur le tragus et la traction sur le pavillon de l'oreille. L'otoscopie, difficile du fait de l'otorrhée et de la sténose inflammatoire, retrouve soit une otite externe diffuse avec rétrécissement du conduit, soit un abcès du conduit auditif externe. L'otite externe peut se compliquer d'une périchondrite, en particulier en cas d'automédication par AINS (anti-inflammatoire non stéroïdien) ou d'une ostéite (aspect de polype inflammatoire), en particulier chez le diabétique ou l'immunodéprimé (« otite externe maligne »).

La survenue d'un syndrome vertigineux et/ou d'acouphènes aigus associés à la douleur doit faire évoquer l'existence d'un barotraumatisme de l'oreille interne (BTOI) sous-jacent considéré comme une urgence sensorielle [6]. Dans ce cas-là, une consultation médicale spécialisée s'impose sans tarder (figure 20.2).

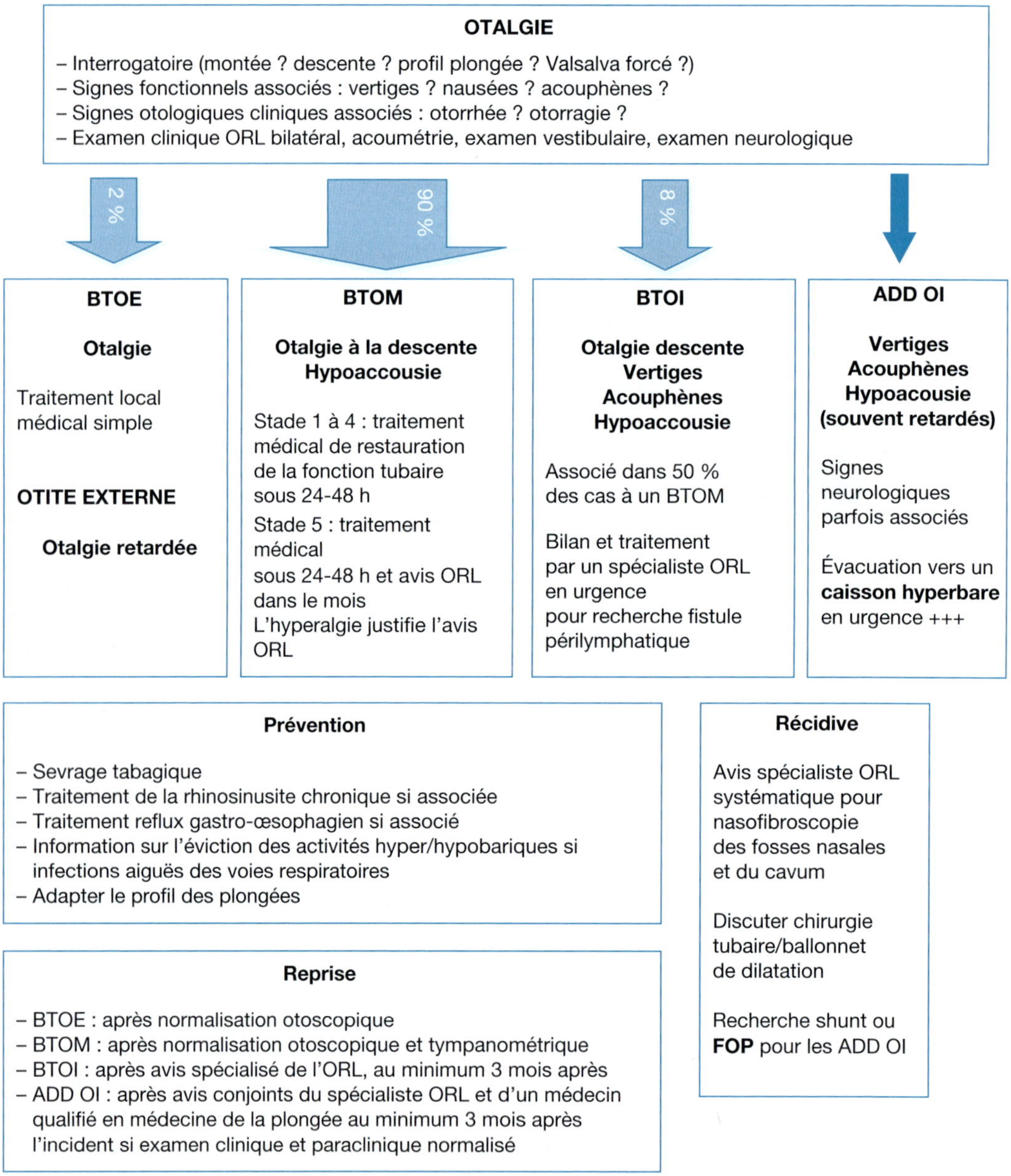

Figure 20.2. Algorithme thérapeutique simplifié pour la prise en charge d'une otalgie dans un contexte hyperbare.
ADD OI : accident de désaturation ou de décompression de l'oreille interne ; BTOE : barotraumatisme de l'oreille externe ; BTOI : barotraumatisme de l'oreille interne ; BTOM : barotraumatisme de l'oreille moyenne ; FOP : foramen ovale perméable ; ORL : oto-rhino-laryngologie.

Otorragie

L'otorragie, souvent source d'anxiété, ne constitue pas un critère de gravité. Elle se tarit spontanément excepté chez un plongeur sous anticoagulant, où elle peut nécessiter un petit tamponnement du conduit. Elle doit faire rechercher :

- soit un rare BTOE par squeeze de la cagoule ou dû à un bouchon de cérumen obstructif sous-jacent. Dans ce cas, des bains de conduits à l'eau oxygénée permettent d'évacuer les caillots source d'inconfort auditif ;
- soit un BTOM de stade V.

Elle ne nécessite que l'application d'une antibiothérapie locale type ofloxacine qui évitera la formation et la surinfection d'un caillot.

Sinusalgies en plongée

Elles correspondent la plupart du temps à un barotraumatisme des cavités sinusiennes par défaut d'équipression entre les sinus de la face et l'air ambiant présent dans les fosses nasales notamment en cas de dysperméabilité ostio-méatale (rhinite, polype, stase veineuse muqueuse en position déclive de la tête, déviation de cloison nasale). Les sinus concernés sont principalement les sinus frontaux (deux tiers des cas) puis les sinus maxillaires. Le canal nasofrontal est en effet l'ostium sinusien le plus long.

L'interrogatoire recherche des antécédents d'allergie, de polypose nasosinusienne, de rhinite infectieuse ou de sinusite chronique dans près de deux tiers des cas. Les sinusalgies surviennent le plus souvent à la descente (forme implosive) mais parfois à la remontée (forme explosive). Elles sont fréquemment accompagnées d'une épistaxis par ruptures des capillaires des muqueuses intrasinusiennes. On découvre souvent cette épistaxis secondairement — le temps que le sang passe du sinus à la fosse nasale —, relâchée à la remontée par augmentation du volume selon la loi de Boyle Mariotte, avec apparition classique dans le masque en sortie de plongée ; elle n'est jamais sévère ; en cas d'épistaxis bilatérale — par regorgement dans l'autre fosse nasale —, il y a toujours un côté initialement unilatéral à noter ; le rare diagnostic différentiel est une épistaxis par squeeze du masque mais il existe alors des ecchymoses ou pétéchies péri-oculaires et des conjonctives associées. Douleur et épistaxis survenant dans un contexte de variation de pression ambiante suffisent au diagnostic de barotraumatisme sinusien. Le tableau est souvent bruyant avec une douleur violente parfois syncopale dans la région du sinus atteint : sus ou rétro-orbitaire, irradiant parfois vers la tempe (sinus frontal), ou sous-orbitaire, avec irradiation dentaire (sinus maxillaire), derrière le crâne ou les yeux ou au vertex (sinus sphénoïde).

Tous les types de douleur ont été décrits : sensation de « choc d'une balle », de douleur punctiforme, de « clou », d'aiguille ou de piqûre, sensation de broiement, sensation d'éclatement du globe oculaire, sensation de bouchon qui saute. Leur degré est variable, et en aucun cas corrélé au stade du barotraumatisme. Il peut s'agir également de sensation de sinus plein, de pesanteur, de gonflement... Le type de douleur n'est donc pas spécifique. La douleur peut disparaître à la fin de la plongée, ou persister. La gravité de ces barotraumatismes sinusiens réside dans les douleurs syncopales, avec un risque réel de noyade, ou, à degré moindre, un risque de suraccident par remontée trop rapide du plongeur hyperalgique. L'examen peut retrouver une douleur provoquée à la pression, rarement une anesthésie du nerf sous-orbitaire qui pourrait correspondre à une déhiscence du canal du nerf dans son trajet juxtasinusien. Exceptionnellement un emphysème sous-cutané péripalpébral par un mécanisme de fracture barotraumatique du plancher de l'orbite ou de la lame papyracée est décrit. Plus tardivement, un œdème cutané en regard du sinus incriminé en cas de surinfection de la sinusite barotraumatique. L'imagerie, nécessaire en cas de récidive ou de complication, fait appel au scanner du massif facial du fait du caractère peu sensible et spécifique des radiographies standards. Le traitement vise, après la phase curative, à prévenir les récidives et restaurer l'aptitude compromise. L'évolution est le plus souvent favorable en quelques jours après exemption de plongée et traitement par décongestionnants locaux. Un traitement antibiotique peut être indiqué en cas de surinfection. En l'absence d'amélioration (sinus bloqué), une sinuscopie doit être pratiquée associée, le cas échéant, à un geste chirurgical complémentaire selon la nature des lésions rencontrées : méatotomie moyenne et/ou inférieure avec infundibulotomie. La restauration de l'aptitude est prononcée au vu d'images scannographiques attestant d'une parfaite ventilation sinusienne. Une épreuve en caisson est pratiquée, en cas de doute persistant.

Dans certains cas, une douleur sinusienne maxillaire rythmée par les plongées peut correspondre à une odontalgie pressionnelle sur une dent cariée, non traitée ou traitée par obturation canalaire non étanche (figure 20.3).

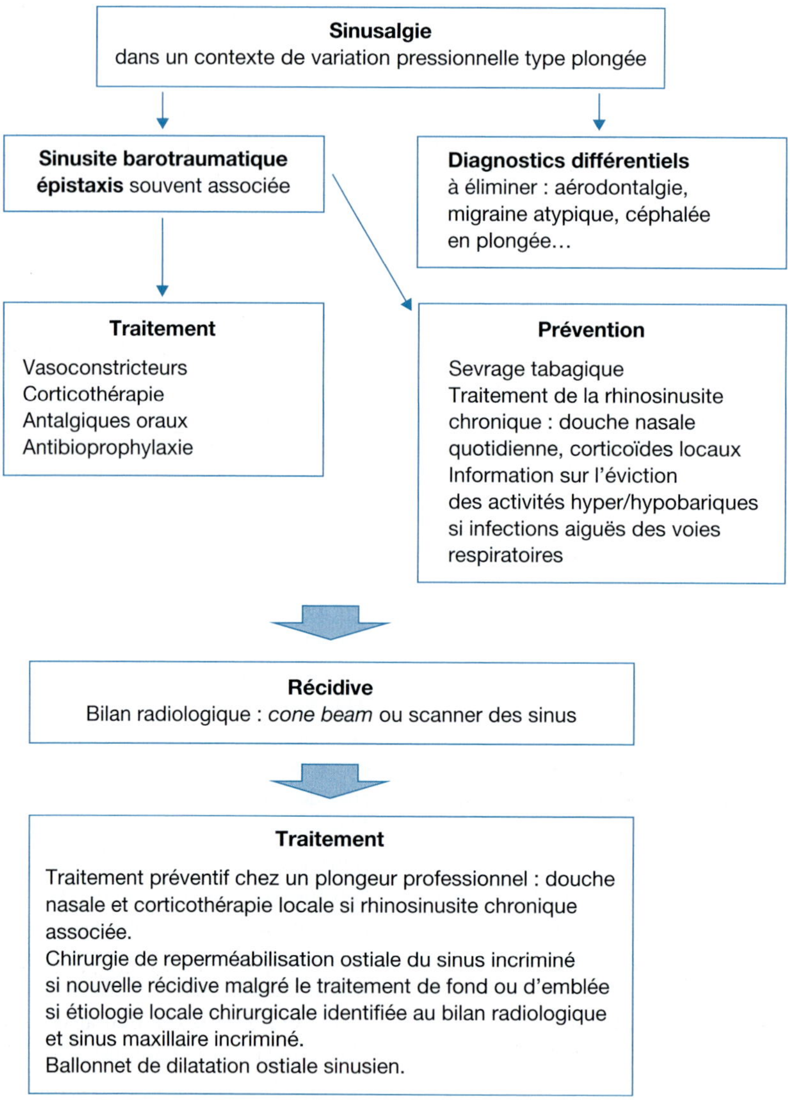

Figure 20.3. Algorithme thérapeutique pour la prise en charge d'une sinusalgie dans un contexte hyperbare.

Symptômes cochléovestibulaires et plongée

Différents tableaux cliniques

La présence de symptômes cochléovestibulaires (vertiges, hypoacousie de perception, acouphènes) associés ou non à des nausées doit faire évoquer deux entités dont le traitement est urgent du fait du risque potentiel de séquelles fonctionnelles parfois invalidantes. Il s'agit du barotraumatisme de l'oreille interne et de l'accident de désaturation cochléovestibulaire dont la physiopathologie diffère totalement (figure 20.4, tableau 20.1). Le vertige alternobarique constitue une entité à part. Au-delà de l'enjeu des séquelles fonctionnelles en cas de retard de prise en charge, il faut aussi, face à des symptômes cochléovestibulaires, être systématique avec la réalisation d'un examen neurologique complet car l'ADD (accident de désaturation ou de décompression) d'OI (oreille interne) peut être associé à un ADD neurologique, plus grave. Alors que l'OHB (oxygénothérapie hyperbare) constitue le traitement de référence d'un ADD OI, le caisson est non indiqué, voire contre-indiqué en cas de BTOI, tout particulièrement s'il est compliqué d'une rupture d'une fenêtre (= fistule périlymphatique) avec risque de mauvaise tolérance, voire surtout d'aggravation lésionnelle.

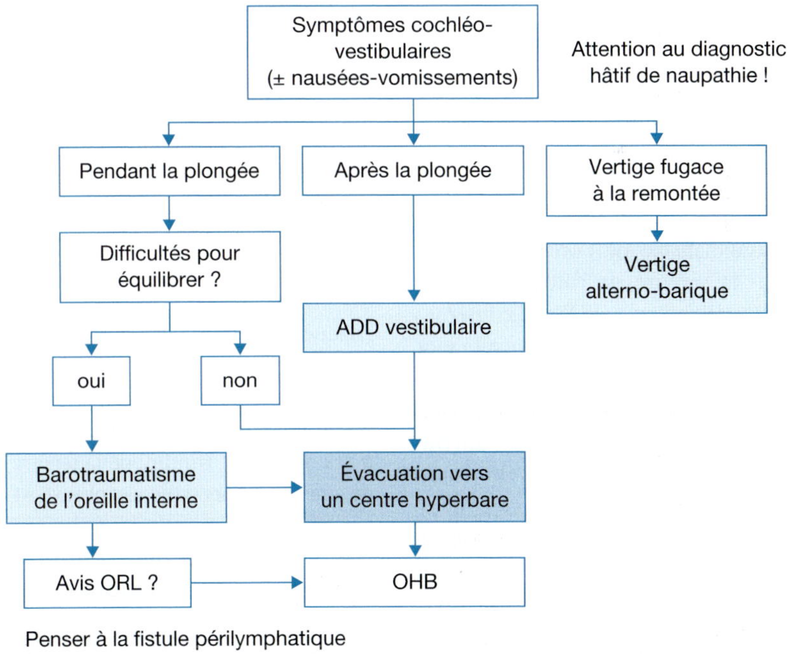

Figure 20.4. Orientation diagnostique face à des symptômes cochléovestibulaires persistants au décours d'une plongée.
ADD : accident de désaturation ou de décompression ; OHB : oxygénothérapie hyperbare ; ORL : oto-rhino-laryngologie.
Source : de Maistre S, Gempp E, Louge P, et al. Conduite à tenir en présence de symptômrs ORL au décours d'une plongée. Médecine et armées. 2015;43(1):60-76

Tableau 20.1. Éléments anamnestiques et cliniques permettant le diagnostic différentiel entre accident de désaturation et barotraumatisme de l'oreille interne.

Barotraumatisme	Accident de désaturation
✓ Survenue essentiellement en phase de compression	✓ Survenue exclusivement en phase de décompression
✓ Apparition des signes en plongée	✓ Apparition des signes après un intervalle libre, plus rarement aux paliers
✓ Signes cochléaires prédominants	✓ Signes vestibulaires prédominants
✓ Plongée en apnée avec descente rapide ou plongée « yoyo »	✓ Plongée saturante (profonde et prolongée), mais surtout successive
✓ Contexte de dysperméabilité tubaire associée	✓ Absence de dysperméabilité tubaire
✓ Déclenchement lors d'une manœuvre d'équilibration pressionnelle	✓ Absence de relation avec les manœuvres d'équilibration pressionnelle
✓ Otite barotraumatique associée	

Symptômes cochléovestibulaires pendant la plongée

Ils évoquent un barotraumatisme de l'oreille interne qui se voit souvent lors de la pratique de la plongée en apnée [7], de plongées avec descente non contrôlée, ou bien lors de plongées « yoyo » c'est-à-dire avec des variations répétées de la profondeur d'immersion. On retrouve fréquemment à l'interrogatoire la notion d'une manœuvre d'équilibrage (Valsalva le plus souvent) inefficace, intempestive (retardée ou forcée) ou inadéquate (à la remontée). Les signes cochléaires prédominent sur l'atteinte vestibulaire. Une fois sur deux, un barotraumatisme de l'oreille moyenne est associé mais la sévérité de l'atteinte tympanique n'est pas corrélée à celle de l'oreille interne.

Chaque oreille possède deux fines membranes appelées fenêtres cochléaire (ou fenêtre ronde) et vestibulaire (ou fenêtre ovale) qui séparent l'oreille moyenne (milieu gazeux) de l'oreille interne (milieu liquidien). La physiopathologie des barotraumatismes de l'oreille interne est complexe et fait appel à plusieurs mécanismes possibles dont la conséquence à craindre est la rupture d'une de ces fenêtres, particulièrement la fenêtre cochléaire plus fragile que la fenêtre vestibulaire, à l'origine d'une fistule périlymphatique dont le diagnostic peut être difficile. Le mécanisme le plus fréquent est le « coup de piston de l'étrier » dans la fenêtre vestibulaire décrit par Riu et Flottes [5], classique chez le plongeur plutôt expérimenté avec un système tympano-ossiculaire laxe. La dépression importante et rapide dans la caisse, en l'absence de manœuvre d'équilibrage efficace, va provoquer un mouvement de médialisation du tympan qui va se transmettre via les osselets dans la rampe vestibulaire (rapport de 1/20 entre fenêtre vestibulaire et tympan). Les « à coups de pression » se répercutent alors au niveau de l'oreille interne et lèsent les cellules sensorielles. À l'extrême, on peut observer une luxation stapédo-vestibulaire de dehors en dedans [8]. La lésion est d'autant plus grave que la rupture tympanique ne s'est pas produite.

Goodhill a décrit deux autres mécanismes impliquant une lésion des fenêtres [9,10]. Lors de la descente ou compression, l'ouverture brutale de la trompe d'Eustache après forçage pour dysperméabilité tubaire peut entraîner une brutale hyperpression dans l'oreille moyenne, alors responsable d'une rupture de la fenêtre cochléaire de dehors en dedans (voie « implosive »). Il peut exister également lors des manœuvres de Valsalva une hyperpression thoracique qui se transmet aux espaces méningés, induisant une hyperpression du liquide céphalorachidien. Cette hyperpression est transmise par l'aqueduc cochléaire aux liquides périlymphatiques, et expose à des risques de rupture de la fenêtre cochléaire de dedans en dehors (voie « explosive »).

Symptômes cochléovestibulaires qui apparaissent au décours de la plongée

Ils évoquent en priorité un accident de désaturation de l'oreille interne qui apparaît dans 80 % des cas dans l'heure qui suit la sortie de l'eau. L'atteinte purement vestibulaire est la plus fréquente et s'observe dans trois quarts des cas [11]. Cet accident survient fréquemment après des plongées successives dont les profils sont classiquement moins saturants que ceux associés aux accidents de désaturation neurologiques [11]. Des facteurs favorisants peuvent être observés : effort en plongée ou après plongée, essoufflement, froid au palier, non-respect de la procédure de décompression, âge supérieur à 45 ans, mauvaise condition physique, etc.

L'accident de désaturation de l'oreille interne résulterait de deux mécanismes pas forcément exclusifs l'un de l'autre :

- l'aéroembolisme artériel avec ischémie tissulaire en aval semble être le mécanisme principal [4,12]. Il implique la présence d'un shunt circulatoire droit-gauche permanent ou intermittent qui correspond en général à un shunt cardiaque (foramen ovale perméable) ou plus rarement à un shunt pulmonaire. La plupart des études actuelles constatent la présence de ce shunt droite-gauche dans les accidents de désaturation cochléovestibulaires. Dans notre centre, on a décelé un shunt droite-gauche de haut grade dans 77 % des accidents avec une latéralisation prépondérante droite (80 % des cas, $p < 0{,}001$) [11]. Ceci plaide en faveur d'un mécanisme préférentiel d'aéroembolisme artériel paradoxal sélectivement par le biais du tronc artériel brachiocéphalique situé à droite. La vascularisation de type terminal sans suppléance et la cinétique spécifique d'élimination de l'azote dissous (moins rapide que dans le cerveau) pourraient expliquer la vulnérabilité de l'oreille interne dans ce contexte [13] ;
- certains auteurs mettent en avant un autre mécanisme : les bulles pathogènes ne seraient pas intravasculaires, mais intratissulaires : le dégazage aurait lieu directement dans les liquides de l'oreille interne comme l'endolymphe ou la périlymphe qui sont des liquides à temps de saturation court [14].

Il faut évoquer le diagnostic différentiel qui fait souvent passer inaperçu l'ADD vestibulaire et trompe les accompagnants à bord : la naupathie +++.

Vertige fugace à la remontée ; disparition complète des signes en surface

Il évoque en premier lieu un vertige alternobarique décrit depuis 1965 par Lungren et l'école suédoise [15-17] qui reste la première cause de vertiges en plongée, 84 %. Les signes apparaissent à la remontée, caractérisés par un vertige rotatoire et des difficultés à nager vers la surface ou à rejoindre le support de plongée.

Le mécanisme est simple : la pression ambiante diminuant à la remontée, il existe une surpression relative dans la caisse du tympan qui normalement permet de chasser l'air de façon passive au travers de la trompe d'Eustache. S'il existe une obstruction unilatérale de la trompe d'Eustache (rhinite), cela va créer une surpression plus importante dans une des oreilles moyennes et engendrer un vertige par stimulation asymétrique des oreilles internes.

La prévention est facile : il est licite de pratiquer pendant la remontée un équilibrage volontaire par des déglutitions répétées, mais en aucun cas il ne faut réaliser une manœuvre de Valsalva qui ne ferait que majorer la surpression existante.

Un vertige bref en plongée peut également résulter d'une stimulation calorique asymétrique. L'intrusion d'eau froide dans le conduit auditif externe entraîne une inhibition calorique de l'oreille interne. Elle peut être causée par une obstruction unilatérale du conduit auditif externe (bouchon de cérumen, cagoule de plongée serrée d'un côté), ou par la présence d'une perforation tympanique unilatérale (par exemple barotraumatique) qui permet la pénétration de l'eau froide dans l'oreille moyenne.

But et déroulement de l'examen clinique

Devant des symptômes cochléovestibulaires persistants, isolés ou associés, survenus au cours ou au décours d'une plongée, l'examen clinique doit confirmer la réalité d'une atteinte de l'oreille interne, vérifier l'état naso-tubo-tympanique, rechercher un accident de désaturation neurologique associé et éventuellement éliminer une pathologie révélée en plongée (infarctus cérébelleux, névrite vestibulaire, schwannome vestibulaire). On débute évidemment par une otoscopie, idéalement sous microscope dont la vision binoculaire permet l'appréciation des reliefs. L'otoscopie se doit d'être bilatérale et comparative. Un tympan controlatéral cicatriciel orientera vers un passé otitique avec un probable antécédent de dysperméabilité tubaire.

Devant une sensation d'hypoacousie, on oriente le type de surdité par réalisation simple d'une acoumétrie au diapason. En cas de surdité de perception, l'épreuve de Rinne est dans ce cas positive avec une conduction aérienne meilleure que la conduction osseuse. Lors de l'épreuve de Weber (qui teste en conduction osseuse simultanément les deux cochlées par une vibration centrée au vertex), le son est perçu du côté opposé à l'oreille atteinte. Si l'on dispose d'une audiométrie tonale, on recherche une surdité perceptive (parallèlement en conduction aérienne au casque et en conduction osseuse au vibrateur), qui classiquement est en pente descendante, prédominant sur les fréquences aiguës.

En cas de vertige, on recherche un syndrome vestibulaire harmonieux caractéristique d'une atteinte périphérique. Ce syndrome est caractérisé par :

- un vertige rotatoire vrai dans le sens de la lésion ;
- un nystagmus horizonto-rotatoire avec une secousse lente du côté de la lésion ;
- une déviation axiale vers la lésion, pouvant être mise en évidence lors de la manœuvre de Romberg, des index, de la marche aveugle en étoile ou de l'épreuve de Fukuda.

En cas de doute, des tests cliniques complémentaires comme le *Head Impulse Test* (HIT) ou test d'Halmagyi, le *Head Shaking Test* (HST) et le nystagmus induit par le vibrateur (NIV) peuvent orienter vers une atteinte plutôt périphérique que centrale [18].

Enfin, un nystagmus induit par vibrations à haute fréquence appliquées sur la mastoïde est un argument supplémentaire en faveur d'une atteinte périphérique.

La fistule périlymphatique (qui n'est autre qu'un BTOI compliqué avec une perforation d'une des deux zones de faiblesse que sont les fenêtres ronde ou ovale et donc une fuite des liquides périlymphatiques dans l'oreille moyenne) sera suspectée dans un contexte d'accident barotraumatique d'oreille interne en cas :

- de vertiges ou d'instabilité déclenchés par des changements de position, des variations de pression (plongée, éternuements, toux, efforts) ou par des sons forts (effet Tullio) ;
- de surdité fluctuante dans le temps ou selon la position de la tête ;
- de sensation d'oreille pleine ;
- d'acouphènes.

L'examen clinique recherche systématiquement un signe de la fistule par pression digitale sur le conduit auditif externe, avec un nystagmus dirigé vers l'oreille saine et en sens inverse lors du relâchement de la pression. Un score supérieur à 7 sur l'échelle de Portmann est fortement évocateur d'une fistule périlymphatique, la sensibilité de cette échelle est de 100 %, sa spécificité de 70 % (tableau 20.2) [19].

Tableau 20.2. Échelle diagnostique des fistules périlymphatiques selon D. Portmann.

Symptômes		Pondération du score
Vertige	✓ À l'effort	3
	✓ Postural	2
	✓ Autre	1
Instabilité		1
Surdité	✓ Fluctuante	2
	✓ Mixte/transmission	1
	✓ Perception	1
Acouphène		1
Traumatisme	✓ Typique	3
	✓ Atypique	1
Surdité de perception qui s'aggrave		2
Signe de la fistule ou Valsalva positif		3
Hypoexcitabilité (VNG)		1
Scanner	✓ Pneumolabyrinthe	Pathognomonique
	✓ Fracture/dislocation ossiculaire	2
	✓ Densité des fenêtres cochléaire/vestibulaire	2
	✓ Fracture du rocher	2
	✓ Malformation oreille interne	2

VNG : vidéonystagmogramme.

Source : Portmann D, Souza Leao F, Bussières R, et al. Validation de l'échelle clinique pour le diagnostic des fistules périlymphatiques. Rev Laryngol Otol Rhinol. 2005;126(4):243-8.

Prise en charge des différents tableaux

Vertige fugace à la remontée ; disparition complète des signes en surface

Le vertige alternobarique ne pose pas de réel problème diagnostique et thérapeutique. Le vertige a disparu en surface. Le risque restant néanmoins présent pour un plongeur novice ou non averti, qui, en cas de désorientation et de panique sous l'eau, pourrait effectuer une remontée rapide pourvoyeuse de suraccident. Avant la reprise de la plongée, la consultation médicale s'impose pour s'assurer que les trompes d'Eustache sont bien perméables (endoscopie du cavum, tympanométrie, voire tubomanométrie).

Symptômes cochléovestibulaires persistants

La distinction entre accident de désaturation et barotraumatisme de l'oreille interne n'est pas toujours aisée à l'interrogatoire [20], alors qu'ils ont un traitement spécifique. Dans les deux cas, le patient doit être adressé vers un centre thérapeutique hyperbare. La décision de recompression thérapeutique dans un caisson de chantier ne devra être prise qu'après avis médical spécialisé. Initialement, il faut prendre en charge le plongeur comme un accident de plongée en l'oxygénant et en le réhydratant jusqu'à l'arrivée au caisson.

Si on suspecte un accident de désaturation, l'accès au caisson doit être le plus précoce possible. Dans l'attente de la recompression, le patient doit être placé en permanence sous oxygène normobare avec si possible une réhydratation intraveineuse associée à une perfusion d'aspirine et de corticoïdes. Les autres thérapeutiques ne sont qu'adjuvantes. Il s'agit du traitement symptomatique des nausées et vomissements (métoclopramide) et des vertiges (isoleucine intraveineuse).

Si on suspecte un barotraumatisme de l'oreille interne, le traitement initial repose essentiellement sur la corticothérapie à 1 à 2 mg kg^{-1}/jour en une prise, l'hyperhydratation et le repos. On peut y adjoindre des modificateurs de la déformabilité érythrocytaire (piracétam ou pentoxifylline) et des vasorégulateurs (naftidrofuryl). La recompression ne peut s'envisager qu'après avis ORL et élimination d'une éventuelle fistule périlymphatique chez un patient avec une perméabilité tubaire préservée. Il faut éviter d'aggraver le barotraumatisme en réalisant avec toute la prudence et la lenteur nécessaire les phases de compression et de décompression. Toute aggravation du tableau lors de l'oxygénothérapie hyperbare est un argument en faveur d'une fistule, et conduit à arrêter les séances et à discuter une exploration chirurgicale selon le rapport bénéfice/risque exposé au patient. Cette dernière donne d'excellents résultats fonctionnels en présence d'une fistule : récupération subtotale précoce et stable de l'audition dans 90 %, disparition rapide des vertiges dans 89,9 %, disparition des acouphènes dans 45 % et amélioration dans 27 % des cas [21]. À défaut de caisson ou en cas d'impossibilité d'équilibrage des oreilles, il existe des traitements alternatifs qui sont dispensés à l'hôpital dans les services d'ORL dont les bases thérapeutiques sont identiques à celles d'une surdité brutale de perception (vasodilatateurs par voie systémique ou en inhalation [carbogène], hémodilution normovolémique, corticothérapie locale par injection transtympanique).

Quel que soit le type d'accident, un bilan ORL devra être réalisé avec au minimum une audiométrie tonale et vocale et un examen vidéonystagmographique avec épreuve calorique à la recherche d'une hyporéflexie vestibulaire. Une tomodensitométrie des rochers en coupes millimétriques peut être utile en cas de doute sur une fistule : la présence d'un pneumolabyrinthe est pathognomonique de cette lésion. Dans le cadre d'un accident de désaturation, on recherchera également la présence d'un shunt circulatoire droit-gauche qui contre-indique la plongée à l'air de manière définitive.

La reprise de la plongée ne pourra être envisagée qu'après une rééducation vestibulaire efficace, chez les plongeurs présentant des lésions limitées et stables dans le temps, après avis ORL. En cas de lésion vestibulaire après un accident de désaturation, la récupération clinique subjective est le plus souvent bonne par l'effet de la compensation centrale même si les examens paracliniques peuvent révéler un grand nombre de séquelles objectives, jusqu'à 62 % à 3 mois [11]. En cas de persistance de manifestations infracliniques ou même cliniques, l'aptitude à la plongée peut être remise en question de manière transitoire ou définitive. En cas de lésions cochléaires, la récupération est moins bonne (40 % à 3 mois) avec comme séquelles fonctionnelles une hypoacousie persistante et/ou des acouphènes d'importance variable [11]. Les plongeurs devront être adressés après un délai minimum de 3 mois pour une visite d'expertise auprès d'un médecin qualifié en médecine de plongée.

Conclusion

La majorité des symptômes ORL présents au décours d'une plongée résultent d'un barotraumatisme ORL pouvant se traiter sur les lieux de l'accident. Néanmoins, il faut toujours avoir à l'esprit qu'un barotraumatisme ORL peut en cacher un autre (oreille moyenne-oreille interne, sinus-dent). Ainsi, des symptômes cochléovestibulaires persistants après une plongée ne sont pas anodins ; quel que soit le mécanisme suspecté, le plongeur doit être placé sous oxygène, réhydraté si possible et surtout évacué le plus rapidement possible vers un centre thérapeutique hyperbare. Si le délai de recompression est un facteur pronostique important pour les accidents de désaturation, le traitement initial d'un barotraumatisme de l'oreille interne repose essentiellement sur la corticothérapie. Une recompression thérapeutique ne peut s'envisager qu'après avoir éliminé une fistule périlymphatique.

Références

[1] Hugon M, Bares C. Incidents et accidents de plongées survenus de 1983 à 1986 à l'école de plongée de la marine nationale. Bull Med Sub Hyp 1986 ; 5(4) : 111-6.

[2] Klingmann C, Praetorius M, Baumann I, Plinkert PK. Otorhinolaryngologic disorders and diving accidents : an analysis of 306 divers. Eur Arch Otorhinolaryngol 2007 ; 264(10) : 1243-51.

[3] Coulet O, Louge P, Joseph JA, et al. Otopathies dysbariques. EMC Oto-rhino- laryngologie 2010 [Article 20-184-C-10].

[4] Renon P, Lory D, Casanova M, Belliato R. Pathologie ORL des plongeurs. J Fr ORL 1986 ; 35(5) : 223-9.

[5] Riu R, Flottes L, Bouche J, Le Den R. La physiologie de la trompe d'Eustache : applications cliniques et thérapeutiques. Paris : Arnette ; 1966.

[6] Renon P, Kovalski JL, Le Mouël C. L'oreille interne et la plongée sous-marine. Rev Laryngol Otol Rhinol 1983 ; 104(2) : 179-84.

[7] Nawara G, Portmann D, Costantino L, Bébéar JP. Données actuelles sur l'otopathie dysbarique à expression vestibulaire isolée au cours de la plongée en apnée. Rev Laryngol Otol Rhinol 1992 ; 113(1) : 21-5.

[8] Plante-Lonchamp G, Courty D, Wolkiewiez J. Étude analytique et approche pathogénique des barotraumatismes de l'oreille interne. Med Aéro Spat, Bull Med Sub Hyp 1977 ; 16 : 382-4.

[9] Goodhill V. Sudden deafness and round window ruptures. Laryngoscope 1971 ; 81(9) : 1462-74.

[10] Goodhill V, Harris I, Brockman S, Hantz O. Sudden deafness in labyrinthine window ruptures. Ann Otol Rhinol Laryngol 1972 ; 82(1) : 2-12.

[11] Gempp E, Louge P. Inner ear decompression sickness in scuba divers : a review of 115 cases. Eur Arch Otorhinolaryngol 2013 ; 270(6) : 1831-7.

[12] Juncker C, Petroianu G, Bergler W, et al. The influence of an arterial and veinous air embolism on the hearing level in laboratory minipigs. Acta Otolaryngol 1998 ; 118(6) : 803-7.

[13] Mitchell SJ, Doolette DJ. Selective vulnerability of the inner ear to decompression sickness in divers with right-to-left shunt : the role of tissue gas supersaturation. J Appl Physiol 2009 ; 106(1) : 298-301.

[14] Fraser WD, Landolt JP, Money KE, Laufer L. Decompression induced semi-circular canal fractures in squirrel monkeys. In : Proceedings EUBS Annual Scientific Meetings. Cambridge : Ed. DH Elliot ; 1981. p. 296-304.

[15] Lungren CEG. Alternic vertigo, a diving hazard. Br Med J 1965 ; 2(5460) : 511-3.

[16] Lungren CEG. On alternic vertigo. Epidemiologic aspects. Fösvarmedicin 1973 ; 9 : 406-9.

[17] Tjernstrom O. On alternobaric vertigo experimental studies. Förvarsmedicin 1973 ; 9 : 410-5.

[18] Wuyts F. Principle of the head impulse (thrust) test or Halmagyi head thrust test (HHTT). B-ENT 2008 ; 4(suppl 8) : 23-5.

[19] Portmann D, Souza Leao F, Bussières R, Noyon P. Validation de l'échelle clinique pour le diagnostic des fistules périlymphatiques. Rev Laryngol Otol Rhinol 2005 ; 126(4) : 243-8.

[20] Wong R, Walker M. Diagnostic dilemmas in inner ear decompression sickness. SPUMS J 2004 ; 34(1) : 5-10.

[21] Morvan JB, Cathelinaud O, Rivière D, et al. Diagnostic et traitement des fistules périlymphatiques post-traumatiques : à propos de 16 cas. Rev Laryngol Otol Rhinol 2012 ; 133(4-5) : 171-6.

Chapitre 21

Conduite à tenir en présence de signes cutanés au décours d'une plongée

Mathilde Barré, Lucille Daubresse

Points clés

- En présence de placards érythémateux ou de livedo apparaissant au décours d'une plongée, il faut évoquer en premier lieu un accident de désaturation ou de décompression (ADD) cutané, en prenant en compte la possibilité d'un diagnostic différentiel de type urticaire.
- L'ADD cutané se manifeste plus souvent chez la femme que pour les autres ADD, à prédominance masculine, sans explication évidente à ce jour.
- L'ADD cutané de forme isolée ne représente que 8 % de l'ensemble des ADD, tandis que les formes mixtes associées à des atteintes vestibulaires ou neurologiques sont plus fréquentes. Cela s'explique par un mécanisme commun d'embolisation artérielle des bulles de décompression par un shunt droite-gauche.
- Les accidents cutanés étaient jusqu'à présent considérés comme une forme bénigne d'ADD ; la fréquence des atteintes mixtes et leur mécanisme aéroembolique remettent en cause cette notion.

Aspects cliniques

L'ADD cutané s'exprime souvent par des placards érythémateux ou « rash », rouge foncé, souvent prurigineux, désignés sous le terme de « moutons », principalement localisés sur le torse, le dos, les fesses et les cuisses. L'aspect fluctuant et ubiquitaire, souvent résolutif spontanément ou sous oxygène, peut ressembler à une atteinte de type urticarienne.

Cependant, l'aspect le plus caractéristique, mais un peu moins fréquent, est celui de marbrures violacées arborescentes. Ces manifestations livedoïdes surviennent précocement, préférentiellement au niveau abdominal. Elles correspondent à un « *livedo* ramifié », souvent désigné de manière inadéquate comme un *cutis marmorata* [1]. En effet ce dernier correspond en fait à un « *livedo* réticulé », à mailles fines, fermées, de mécanisme vasomoteur, généralement déclenché par le froid et réversible après réchauffement, et localisé au sein des zones riches en récepteurs noradrénergiques (genoux et extrémités). En revanche, le *livedo* ramifié ou *racemosa* (du latin *racemus*, pour grappe) est cliniquement caractérisé par des mailles ouvertes plus ou moins grandes, irrégulières, asymétriques, érythémato-purpuriques (figures 21.1A et 21.1B). Les mailles ne s'effacent pas toujours à la vitropression, qui fait parfois apparaître un réseau jaunâtre. Ce *livedo* peut être accentué par le froid mais ne disparaît pas complètement au réchauffement. Il peut siéger sur une zone limitée, avec une topographie généralement suspendue sur les membres ou le tronc.

Médecine de la plongée

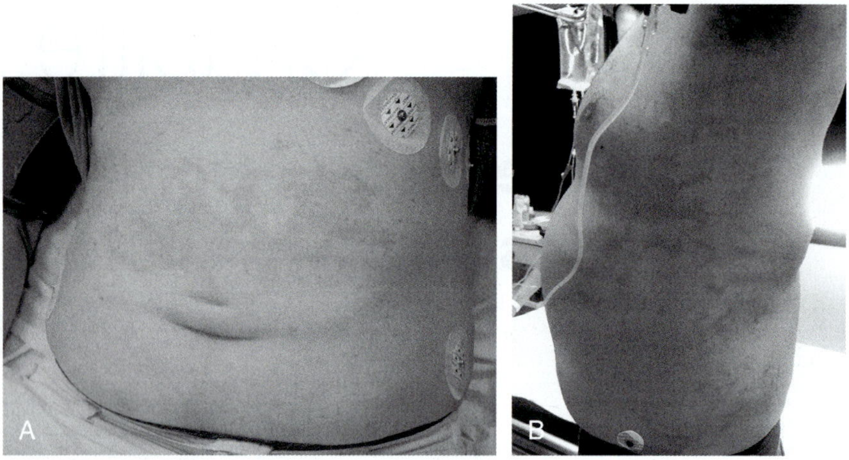

Figure 21.1. ADD cutanés avec aspect de *livedo racemosa* (A et B).
ADD : accident de désaturation ou de décompression.
Source : HIA Sainte-Anne.

On peut aussi relever un prurit isolé, désigné sous le terme de « puces » notamment en décompression sèche. Il n'est pas forcément lié à la formation de bulles mais plutôt secondaire à des phénomènes de vasoconstriction périphérique lors de variations thermiques rapides.

L'expression sous forme d'œdème lymphatique douloureux localisé notamment au niveau des seins ou des grosses articulations est plus rare, avec parfois un aspect de « peau d'orange » [2].

Physiopathologie

Longtemps, les ADD cutanés ont été considérés comme étant directement liés à la formation locale de bulles tissulaires dans le derme ou l'hypoderme. Cependant des études récentes ont montré une relation étroite entre l'ADD cutané et la présence d'un shunt droite-gauche qui est retrouvé dans environ 80 % des ADD cutanés dont 95 % sont d'origine intracardiaque (foramen ovale perméable-FOP) [3-5]. Ce mécanisme rend compte de la fréquence des formes mixtes avec des signes vestibulaires ou neurologiques et implique que la recherche de shunt droite-gauche soit dorénavant systématiquement indiquée en présence d'un ADD cutané.

La présence d'un *livedo racemosa* révèle classiquement un processus artériel thrombotique ou embolique. Ce concept d'occlusion artérielle suggère que le *livedo racemosa* dans l'ADD puisse être causé par une embolie gazeuse. L'hypothèse la plus probable est que le processus d'embolisation par des bulles artérielles majore la formation locale de bulles tissulaires déjà présentes et observables.

Cette physiopathologie reste cependant discutée. Certains auteurs ont évoqué la possibilité d'une embolisation du tronc cérébral et activation du système nerveux autonome avec survenue d'un *livedo* « dysautonomique » [6,7]. Cependant la détection de bulles sous-cutanées facilement visualisables par échographie n'est pas en faveur de cette dernière hypothèse [8]. Par ailleurs Qing et al. ont réalisé une étude animale ne retrouvant pas de lien entre FOP et ADD cutané de type *cutis marmorata* [9].

Diagnostic différentiel

Il faut garder en tête que toute éruption urticarienne au décours d'une plongée n'est pas forcément synonyme de « moutons ».

L'urticaire se manifeste sous forme de papules œdémateuses prurigineuses, migratrices et fugaces. On distingue l'urticaire aiguë spontanée, sans facteur déclenchant, concernant environ 10 % de la population au moins une fois dans sa vie, et l'urticaire inductible. Parmi les urticaires inductibles, on retrouve un certain nombre d'urticaires physiques, comprenant notamment l'urticaire cholinergique, déclenchée au décours d'un effort physique, en lien avec la stimulation des centres thermorégulateurs consécutive à l'élévation thermique et à la libération d'acétylcholine, l'urticaire au froid, l'urticaire solaire ou encore l'urticaire aquagénique.

Si l'urticaire cholinergique se manifeste classiquement sous forme de petites papules, de 2 à 3 mm de diamètre, disséminées sur la partie supérieure du tronc, des bras et le cou, avec parfois une sensation de brûlure associée, les autres formes d'urticaire inductible ne sont pas distinguables d'une urticaire spontanée. C'est l'anamnèse qui fera évoquer le caractère physique, reproductible par la suite par des tests allergologiques dits de provocation (tests physiques à type de test au glaçon pour l'urticaire au froid par exemple).

Au décours d'une plongée, notamment en eau froide, une urticaire aiguë disséminée peut faire évoquer notamment une urticaire au froid, à savoir identifier en raison de la survenue possible d'anaphylaxie, une urticaire cholinergique liée à l'effort physique, ou encore une urticaire aquagénique au simple contact de l'eau. Comme il faut notamment évoquer un *livedo* vasomoteur chez une femme jeune exposée au froid lorsque l'atteinte se limite aux extrémités ou en présence d'acrocyanose [10].

En cas de placard plutôt eczématiforme, en particulier en regard des zones de contact avec la combinaison de plongée, il faudra évoquer la possibilité d'une dermatite allergique de contact notamment aux agents de vulcanisation du caoutchouc (dérivés de la thiourée, thiurames et IPPD ou N-isopropyl-N-phényl-4-phénylènediamine) et aux colorants (notamment le paraphénylène diamine ou PPD).

Enfin, en cas de placard érythémateux en regard des zones photoexposées, l'hypothèse de photodermatose pourra être évoquée. On distingue au sein des photodermatoses, les phototoxicités, conséquence directe de la présence dans la peau d'une substance photosensibilisante (les antibiotiques de type cycline par exemple), des photoallergies, impliquant une réponse immunitaire du patient à un photoantigène formé dans la peau après irradiation lumineuse. Une photodermatose sera évoquée en cas d'érythème localisé aux zones découvertes (prédominance des lésions sur le visage, le front, les pommettes, le décolleté, la nuque et la face externe des bras ou des jambes), avec respect des zones protégées par l'habillement ou anatomiquement photoprotégées (région sous-narinaire, rétro-auriculaires ou sous-mentonnière).

Les différents diagnostics différentiels sont résumés dans la figure 21.2.

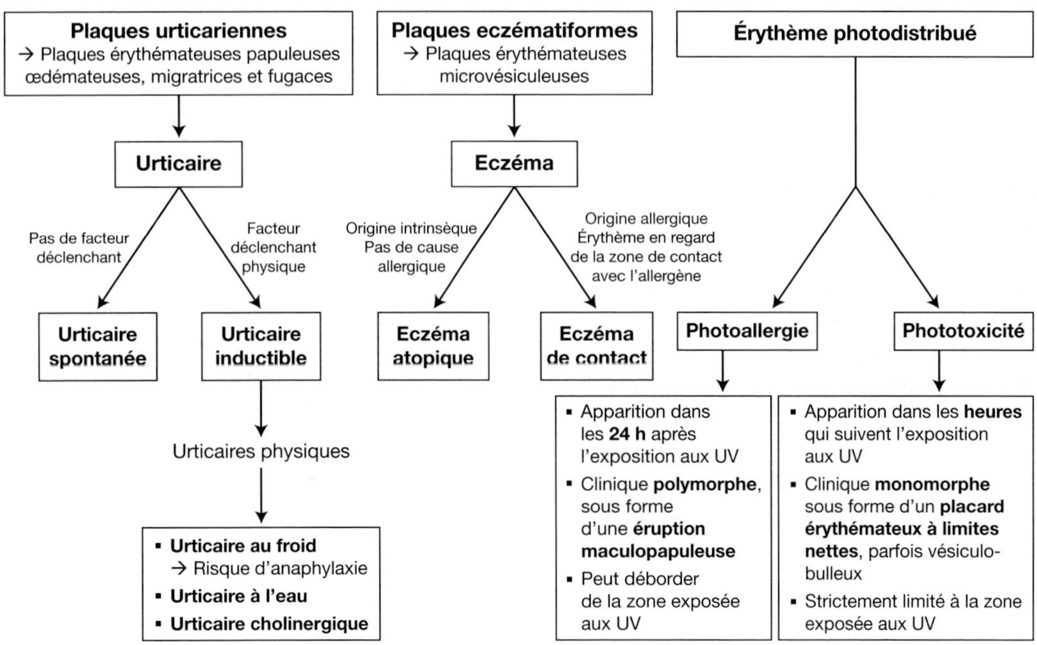

Figure 21.2. Diagnostics différentiels.

Conduite à tenir

Tout plongeur présentant une suspicion d'ADD cutané doit bénéficier d'une oxygénothérapie normobare, d'une hydratation précoce et d'un transfert vers un centre thérapeutique hyperbare pour prise en charge thérapeutique et bilan complémentaire. Une table d'oxygénothérapie hyperbare initiale à 2,8 ATA courte est généralement suffisante pour les ADD cutanés.

Néanmoins, les patients admis pour un ADD cutané doivent être bien évalués, car il peut s'agir des premiers symptômes d'une forme mixte d'ADD aéroembolique avec des signes neurologiques ou vestibulaires qui sont à rechercher. La présence d'une asthénie disproportionnée associée aux symptômes cutanés fait craindre une évolution vers une forme plus sévère d'ADD.

De rares cas de syndrome de fuite capillaire ont été décrits suite à un ADD cutané compliqué d'une embolisation généralisée [11,12]. Cette complication apparaît généralement dans les 12 à 24 heures suivant l'accident, avec un œdème généralisé pouvant réaliser un tableau d'anasarque et une hypovolémie.

Le bilan comporte obligatoirement une recherche de shunt droite-gauche, avec si besoin des explorations complémentaires dermatologiques et allergologiques en cas de doute sur un diagnostic différentiel.

La recherche de shunt peut être effectuée par échodoppler transcrânien avec épreuve de contraste (« test aux bulles ») en ventilation spontanée et après manœuvre de sensibilisation (expiration forcée de type test de Flack ou manœuvre de Valsalva). L'examen est facilement réalisable, peu invasif et non douloureux. Pour les plongeurs de loisir, l'information de la présence d'un shunt droite-gauche doit faire conseiller des restrictions de pratiques, permettant de prévenir une récidive d'ADD lors de la reprise de la plongée (voir chapitre 30).

Une période d'inaptitude de 1 mois est habituelle pour les formes cutanées simples non compliquées, en l'absence d'atteinte neurologique ou vestibulaire.

Références

[1] Hartig F, Reider N, Sojer M, et al. Livedo racemosa — the pathophysiology of decompression-associated cutis marmorata and right/left shunt. Front Physiol 2020 ; 11 : 994.

[2] Francis TJR, Mitchell SJ. Manifestations of decompression disorders. In: Brubbak AO, Neuman TS, editors. The Bennett and Elliott's physiology and medicine of diving. 5e éd. Londres : WB Saunders ; 2003. p. 578-99.

[3] Wilmshurst PT. The role of persistent foramen ovale and other shunts in decompression illness. Diving Hyperb Med 2015 ; 45(2) : 98-104.

[4] Gempp E, Lyard M, Louge P. Reliability of right-to-left shunt sceening in the prevention of scuba diving related-decompression sickness. Int J Cardiol 2017 ; 248 : 155-8.

[5] Abed S, Louge P, Gempp E, et al. Accidents de décompression cutanés associés à un shunt droite-gauche en plongée : neuf observations. Ann Dermatol Venerol 2013 ; 140(12S1) : S593-4.

[6] Kemper TCPM, Rienks R, Jam van Ooij P, van Hulst RA. Cutis marmorata in decompression illness may be cerebrally mediated: a novel hypothesis on the aetiology of cutis marmorata. Diving Hyperb Med 2015 ; 45(2) : 84-8.

[7] Germonpre P, Balestra C, Obeid G, Caers D. Cutis marmorata skin decompression sickness is a manifestation of brainstem bubble embolization, not of local skin bubbles. Med Hypotheses 2015 ; 85(6) : 863-9.

[8] García E, Mitchell SJ. Bubbles in the skin microcirculation underlying cutis marmorata in decompression sickness: preliminary observations. Diving Hyperb Med 2020 ; 50(2) : 173-6.

[9] Qing L, Ariyadewa DK, Yi H, et al. Skin lesion in swine with decompression sickness: clinical apparence pathogenesis. Front Physiol 2017 ; 8 : 540.

[10] Gibbs MB, English 3rd JC, Zirwas MJ. Livedo reticularis: an update. J Am Acad Dermatol 2005 ; 52(6) : 1009-19.

[11] Hibi A, Kamiya K, Kasugai T, et al. Acute kidney injury caused by decompression illness successfully treated with hyperbaric oxygen therapy and temporary dialysis. CEN Case Rep 2017 ; 6(2) : 200-5.

[12] Morin J, Simon K, Chadelaud F, et al. Syndrome de fuite capillaire secondaire à un accident de décompression : à propos d'un cas. Rev Med Interne 2019 ; 40 : 38-42.

Chapitre 22

Conduite à tenir en présence d'un syndrome douloureux au décours d'une plongée

Jean-Éric Blatteau, Emmanuel Gempp, Olivier Bayle

Points clés

- Une douleur aiguë qui apparaît dans un contexte de plongée est évocatrice en première intention de la survenue d'un accident de plongée, notamment un barotraumatisme ou un accident de décompression.
- La douleur de membre est souvent le symptôme principal d'un accident de décompression articulaire qui correspond le plus souvent à la formation de bulles au niveau des structures tendino-musculaires périarticulaires mais parfois également au niveau intraosseux.
- L'évolution de la douleur à la recompression, mais surtout l'IRM (imagerie par résonance magnétique) à réaliser dans les 2 mois permettent d'identifier l'atteinte osseuse qui est susceptible d'évoluer vers une ostéonécrose dysbarique (OND).
- Un suivi radiologique des accidents de décompression osseux est nécessaire pour s'assurer de la guérison et permettre la reprise de la plongée.

Introduction

La douleur est définie comme une expérience sensorielle ou émotionnelle désagréable associée à des lésions tissulaires réelles ou potentielles. Il s'agit d'une des principales raisons pour laquelle un patient consulte un médecin et c'est l'une des manifestations les plus fréquentes d'un accident de plongée. La douleur avertit d'un processus pathologique et incite souvent à cesser l'activité subaquatique pour aller consulter.

Il est à noter que la perception de la douleur peut être significativement modifiée par la plongée [1]. Il n'est pas rare de découvrir au décours d'une plongée des blessures importantes survenues pendant le déroulement de celle-ci. Cette diminution de la perception de la douleur pourrait être liée à différents facteurs comme l'exposition au froid avec vasoconstriction associée, à l'effet distracteur de l'activité subaquatique, à l'effet narcotique en fonction de la profondeur ou encore d'autres facteurs liés à un stress aigu.

Dans tous les cas, une douleur aiguë survenant pendant ou après une plongée doit faire l'objet d'une évaluation médicale rapide. Il existe de nombreuses causes possibles de douleur après une plongée, les barotraumatismes et l'accident de décompression rendent compte de la majorité des symptômes douloureux dans ce contexte. La localisation et la temporalité de la douleur aiguë par rapport à la plongée sont des informations essentielles pour déterminer le diagnostic d'accident de plongée. La présence d'une douleur chronique ou antérieure à la plongée doit également être prise en considération dans la démarche diagnostique et l'identification d'un diagnostic différentiel non lié à la plongée.

Médecine de la plongée

Douleur dans les accidents de plongée

La douleur est l'un des symptômes les plus courants des accidents de plongée. Elle survient souvent dans un contexte de variation de pression lors de barotraumatismes ORL (oto-rhino-laryngologiques) (oreilles et sinus), dentaires et digestifs (« colique du scaphandrier ») ou pulmonaires.

Dans ce chapitre nous ne traiterons pas de ces douleurs d'origine barotraumatique qui sont les plus fréquentes dans un contexte de plongée (voir chapitre 7) mais qui n'entraînent généralement pas d'évacuation vers un centre hyperbare, sauf cas particulier du barotraumatisme pulmonaire compliqué.

En cas d'accident de désaturation, la douleur peut toucher toutes les articulations, les grands groupes musculaires, le thorax et l'abdomen ou entraîner des céphalées. Le site le plus fréquent est la douleur articulaire au niveau des membres que nous détaillerons plus loin.

La douleur associée à la maladie de décompression peut s'exprimer selon tous les niveaux d'intensité « d'à peine perceptible » à « intolérable ». Comme l'ensemble des symptômes d'accident de désaturation (ADD), la douleur apparaît le plus souvent dans l'heure qui suit la sortie de l'eau. Mais il est possible de présenter des douleurs précoces apparaissant au palier de décompression notamment dans le cas des ADD neurologiques médullaires qui entraînent souvent des douleurs rachidiennes, parfois ressenties comme un « coup de poignard ». A contrario, les douleurs peuvent être décalées dans le temps par rapport à la plongée, s'exprimant plusieurs heures après la sortie de l'eau.

Dans le contexte d'ADD, la douleur n'est pas toujours isolée et s'avère parfois associée à d'autres symptômes comme des douleurs précordiales transitoires qui sont parfois observées dans les ADD neurologiques et qui témoignent d'un événement bullaire important, que l'on qualifie d'ADD cardiorespiratoire ou « chokes ». Les ADD cutanés qui sont souvent associés aux ADD neurologiques ou cochléovestibulaires peuvent également se manifester par des placards érythémateux ou des lymphœdèmes douloureux.

Cependant comme la douleur n'étant pas spécifique de l'ADD, il est important de rechercher des éléments d'orientation en faveur de ce diagnostic :

- s'agit-il d'une plongée « saturante » avec une profondeur supérieure à 30 m et/ou des durées de plongée significatives nécessitant la réalisation de paliers de décompression, des plongées successives ou des plongées avec variations d'immersion (« yoyos ») ?
- le plongeur présente-t-il des facteurs favorisants (comorbidités, antécédent d'accident de décompression, présence d'un foramen ovale perméable, tabagisme, mauvaise condition physique, manque d'entraînement à la plongée…) ?

Il faut toujours avoir à l'esprit que la douleur n'est pas forcément liée à un accident de plongée et rechercher un diagnostic différentiel par le recueil des antécédents. Cela comprend la recherche de pathologies chroniques douloureuses, traumatiques, infectieuses, inflammatoires ou psychologiques pouvant être en interférence avec la pratique de la plongée. Il est important de faire préciser à l'interrogatoire tout le contexte autour des activités de plongée notamment les problématiques de transport jusqu'au site de plongée ou le retour en avion, la gestion et la manutention de l'équipement, la réalisation de plongée en altitude, le manque de sommeil, le manque d'hydratation, la présence de troubles gastro-intestinaux, l'utilisation éventuelle de drogues, d'alcool, du décalage horaire, du manque de forme physique…

En dehors du contexte immédiat de la plongée, il faut savoir rechercher des problématiques de douleurs rachidiennes chroniques chez le plongeur. Une étude menée auprès de plus de 160 plongeurs expérimentés, âgés en moyenne de 35 ans, avait montré une incidence de plus de 50 % de lombalgie avec près d'un quart de symptômes irradiants. Plus de 50 % rapportaient une majoration des symptômes avec la manutention des équipements de plongée et presque tous souhaitaient une éducation sur la prévention des problèmes de lombalgie [2].

Quelques pièges classiques :

- les douleurs projetées, qui semblent provenir d'une zone mais dont le processus pathologique se produit dans une autre. Par exemple, les lésions médullaires d'ADD peuvent entraîner des symptômes douloureux à type de dysesthésies ressenties au niveau des membres inférieurs ou de l'abdomen alors que le processus lésionnel se situe au niveau cervical. Des atteintes d'ADD articulaire de la hanche peuvent passer au second plan en raison d'une douleur projetée au niveau du genou ;

- l'interférence de la douleur avec l'examen neurologique : la douleur peut être d'une telle intensité qu'elle peut limiter l'examen neurologique pour évaluer la force musculaire. Cette faiblesse motrice peut ainsi être secondaire à la douleur plutôt qu'à un déficit neurologique avéré (tableau 22.1).

Douleurs de membre au niveau articulaire ou musculaire

En présence de symptômes à type de douleur articulaire au décours d'une plongée, il faut évoquer en première intention un accident de désaturation « ostéo-myo-articulaire » également désigné sous le terme de *joint bend*. À noter que les *bends* sont actuellement peu fréquents puisqu'ils ne représentent qu'environ 10 % des accidents de désaturation admis dans les centres hyperbares en plongée de loisir sur les côtes méditerranéennes [3].

Tableau 22.1. Tableau d'orientation précisant les principaux sites douloureux et les diagnostics d'accidents de plongée qui s'y rapportent.

Localisation	Diagnostics	Caractéristiques	CAT
Otalgies	BT de l'oreille moyenne	À la descente, difficultés d'équilibration	Consultation, otoscopie
Douleurs faciales	BT sinusien	À la descente ou à la remontée	Consultation, TDM sinus
Céphalées	BT sinusien Hypercapnie ADD non spécifique	À la descente ou à la remontée Effort en plongée, dyspnée transitoire Plongée saturante, asthénie	Consultation, TDM sinus Consultation si non réversible Consultation au centre hyperbare
Douleur dentaire	BT dentaire	À la descente ou à la remontée	Consultation
Douleurs abdominales : « colique du scaphandrier »	BT digestif	À la descente ou à la remontée Si hyperalgique, suspecter un BT gastrique	Consultation TDM abdominal si hyperalgique
Douleur rachidienne	ADD médullaire	Plongée saturante, apparition possible au palier, intensité variable jusqu'au « coup de poignard »	Prise en charge en urgence au centre hyperbare
Douleur de membre articulaire	ADD ostéo-myo-articulaire	Plongée saturante	Prise en charge en urgence au centre hyperbare Imagerie (IRM) pour bilan secondaire
Douleur de membre extra-articulaire	ADD ostéo-myo-articulaire ADD cutané ADD neurologique	Douleur musculaire ou articulaire projetée Placard érythémateux ou œdème Dysesthésies douloureuses	Prise en charge en urgence au centre hyperbare Imagerie pour bilan secondaire
Précordialgies	ADD cardiorespiratoire (« chokes ») BT pulmonaire Œdème pulmonaire d'immersion avec dysfonction cardiaque	Plongée saturante, amélioration sous O_2 normobare Remontée panique, blocage expiratoire, possibilité de pneumothorax et d'aéroembolisme cérébral Effort de palmage, dyspnée et crachats au premier plan, antécédent cardiaque, ECG anormal	Prise en charge en urgence au centre hyperbare TDM thorax en urgence Prise en charge en urgence sur les lieux de la plongée évacuation vers un centre hyperbare TDM thorax en urgence Prise en charge en urgence en unité de soins cardiologiques TDM thorax et échographie cardiaque en urgence

ADD : accident de désaturation ou de décompression ; BT : barotraumatisme ; CAT : conduite à tenir ; ECG : électrocardiogramme ; IRM : imagerie par résonance magnétique ; O_2 : oxygène ; TDM : tomodensitométrie.

Il s'agit d'une douleur articulaire, à type de broiement, avec irradiation, dont l'intensité augmente avec le temps. Les *bends* siègent le plus souvent au niveau d'une grosse articulation, et notamment les épaules chez le plongeur autonome. L'impotence fonctionnelle est en rapport avec l'intensité de la douleur.

L'épaule est la région anatomique la plus touchée (80 % des cas), affectant autant le côté gauche que le côté droit. On retrouve par ailleurs des atteintes des coudes, des hanches et plus rarement des autres articulations.

À noter que les *bends* touchant les travailleurs en milieu hyperbare à saturation siègent préférentiellement au niveau des membres inférieurs. Cela pourrait être lié à l'impact différent des forces de gravité au niveau vasculaire et tissulaire qui s'exerce lors du maintien de positions orthostatiques prolongées en ambiance sèche que l'on ne retrouve pas chez le plongeur sous-marin.

Le délai de survenue des symptômes après la plongée montre que les *bends* surviennent précocement après l'émersion (médiane de 10 min), avec cependant quelques cas tardifs supérieurs à 6 heures.

Les *bends* touchent principalement des plongeurs expérimentés, après réalisation de plongées successives, longues et profondes (supérieures à 30 m), sans faute de procédure évidente [4-6].

La survenue de ces accidents ne semble pas être en rapport avec des facteurs individuels comme la surcharge pondérale, ou l'intensité de l'exercice physique au fond, contrairement à certaines notions avancées dans le passé [5,6].

Physiopathogénie

Il existe deux formes distinctes selon la localisation des bulles : l'atteinte périarticulaire, la plus fréquente (deux tiers des cas), touchant les insertions musculaires et tendineuses, d'évolution immédiatement favorable à la recompression et l'atteinte osseuse (un tiers des cas), non calmée, voire aggravée par la recompression et susceptible d'évoluer vers une ostéonécrose dysbarique (OND) [5-8] (figure 22.1).

En effet la survenue d'un *bend* osseux représente un risque de développement précoce de lésions médullaires osseuses, précurseurs d'une OND (figure 22.2).

Historiquement le terme d'OND est basé sur l'analyse radiographique, mais l'apport de l'IRM permet actuellement d'identifier des atteintes précoces œdémateuses et évolutives qui peuvent s'intégrer dans la classification de stade I de Ficat et Arlet sans lésion radiologique [8,9].

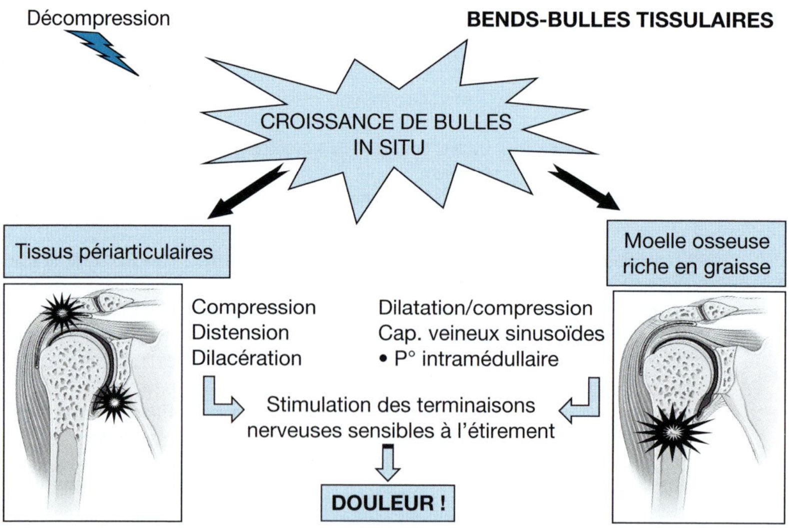

Figure 22.1. Schéma montrant les deux formes possibles d'atteinte bullaire correspondant à un accident de décompression articulaire ou *bend*.

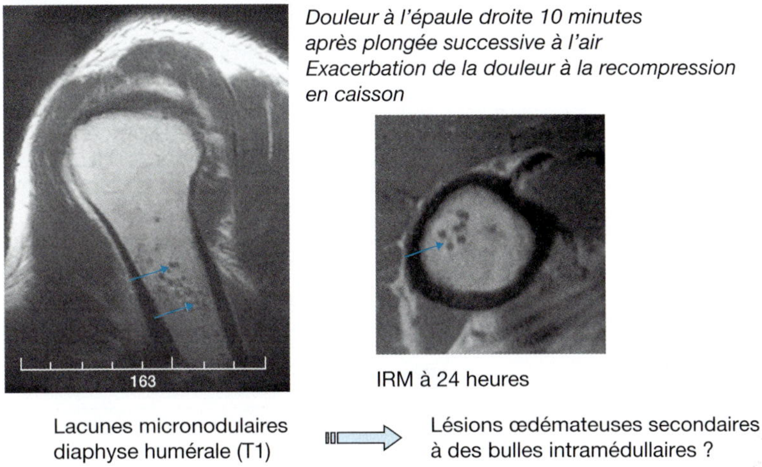

Figure 22.2. Illustration d'un *bend* avec atteinte osseuse précoce à l'IRM.
IRM : imagerie par résonance magnétique.
Source : HIA Sainte-Anne, Toulon.

À ce jour, il existe une grande disparité dans l'expression de l'OND en fonction de la pratique de plongée. La prévalence de lésion osseuse à type d'OND définitive après un *bend* osseux est de l'ordre de 20 à 50 % pour les plongeurs de loisir sur les côtes méditerranéennes [5-8]. L'OND est devenue peu fréquente en plongée militaire (de 0 à 4 %), tandis que sa prévalence reste considérable (de l'ordre de 50 à 70 %) dans les populations de plongeurs pêcheurs et plongeurs d'éponges [10-14]. Cette différence importante est certainement liée aux cadences de plongée imposées et à l'absence de respect de procédures de décompression codifiées dans ces populations. L'augmentation du nombre de plongeur de loisir *Tek* réalisant des plongées plus longues et plus profondes, avec emploi de mélanges spécifiques, ainsi que la disponibilité des appareils à recyclage de gaz pourraient accroître les atteintes de type OND dans les années à venir.

La douleur ressentie dans le *bend* osseux serait liée à une hyperpression au sein de la cavité médullaire, résultant de la formation de bulles à ce niveau. L'expansion des bulles dans le tissu graisseux de la cavité médullaire serait ainsi responsable de la stimulation des terminaisons nerveuses nociceptives présentes dans les sinusoïdes médullaires ou bien au niveau du périoste.

La formation de bulles peut également entraîner une atteinte vasculaire, avec altération du flux sanguin, stase veineuse et ischémie, contribuant ainsi à la genèse d'un syndrome compartimental avec hyperpression dans une structure close, susceptible de stimuler les terminaisons nerveuses. Il a été montré expérimentalement que la nécrose du tissu osseux peut résulter de l'action prolongée d'une hyperpression au niveau médullaire osseux [15].

Certains considèrent que la formation de bulles n'est pas suffisante en elle-même pour entraîner une OND, et qu'il existe d'autres facteurs associés, prédisposant à l'ischémie osseuse, comme des troubles de la coagulation, la présence d'embolies graisseuses, l'hyperoxie ou l'hypoxie, et même une vitesse de compression élevée [16-18]. À noter qu'il existe d'authentiques cas d'OND sans antécédent identifié de *bend* préalable, probablement liés à la répétition de nécrose infraclinique liée à la désaturation et/ou à des facteurs associés.

Il a été proposé une évolution en quatre phases à l'IRM pour rendre compte du lien entre un *bend* osseux et son développement potentiel en OND [8] (figures 22.3 et 22.4) :

- phase initiale de sidération de la moelle osseuse avec apparition progressive de modifications œdémateuses dans la 1re semaine ;

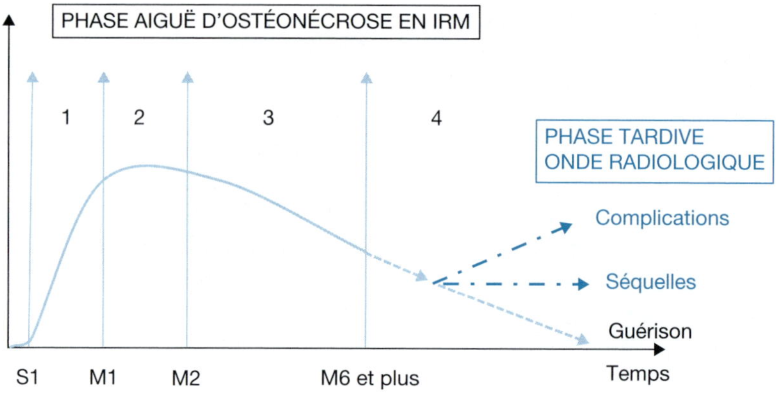

- Phase 1 : sidération de la moelle
- Phase 2 : focalisation des lésions-tissu de réparation périphérique
- Phase 3 : régression des lésions
- Phase 4 : guérison ou séquelles/complication

Figure 22.3. Quatre phases d'évolution du *bend* avec atteinte osseuse vers la guérison ou la constitution d'une ostéonécrose dysbarique (OND) permanente.
IRM : imagerie par résonance magnétique.

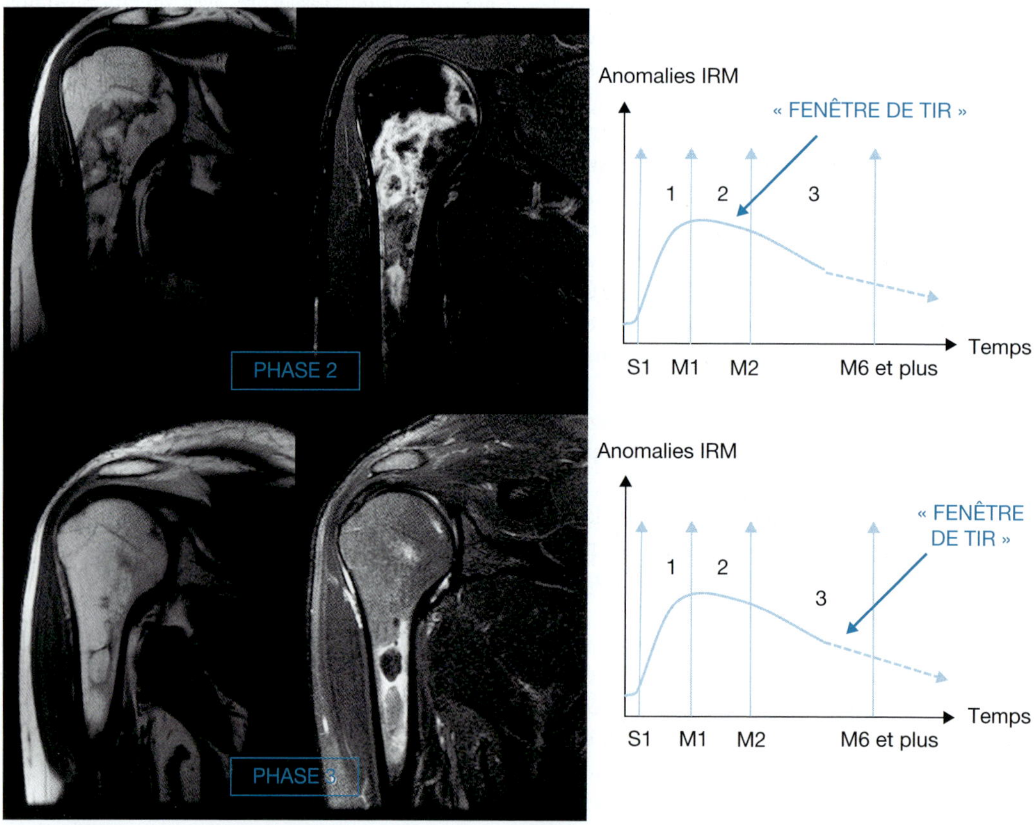

Figure 22.4. Illustration des phases 2 et 3 de *bend* osseux à l'IRM.
La « fenêtre de tir » correspond à la période optimale d'objectivation de l'OND.
IRM : imagerie par résonance magnétique.

- phase d'extension des lésions, qui est maximale au 2e mois, avec des zones œdémateuses étendues, donnant un aspect hétérogène grumeleux de la moelle ;
- phase de régression sur plusieurs mois avec apparition d'un liseré en périphérie de la lésion ;
- phase finale de disparition complète ou de persistance d'une lésion cicatricielle.

Démarche diagnostique

En l'absence d'antécédent d'atteinte musculosquelettique ou de pathologies à tropisme rhumatologique, la survenue d'une douleur articulaire au décours d'une plongée évoque un *bend* en première intention.

Dans certaines situations, un interrogatoire minutieux permettra d'évoquer une antériorité avec une pathologie non liée à la décompression d'origine traumatique ou musculaire avec par exemple une tendinopathie récemment majorée par la manutention des blocs de plongée, ou encore des lombo-sciatalgies exacerbées par le port de charges lourdes, la douleur radiculaire qui en résulte pouvant parfois porter à confusion. Mais en cas de doute, la suspicion d'un *bend* et la prise en charge par traitement hyperbare doivent être privilégiées.

En présence d'une probabilité forte de *bend*, il est essentiel de différencier le *bend* d'origine osseuse moins fréquent que le *bend* d'origine périarticulaire, mais qui est susceptible d'évoluer vers une OND.

Un critère clinique de différentiation pertinent est la réponse immédiate et antalgique de la recompression thérapeutique souvent observée dans les *bends* périarticulaires, tandis qu'on observe a contrario l'absence de soulagement, voire une douleur paradoxale lors de la recompression pour les *bends* osseux [5-7].

Dans tous les cas, la réalisation d'une IRM osseuse doit être systématique pour confirmer le diagnostic étiologique du *bend* [8,12,19].

Conduite à tenir

Un *bend* doit être recomprimé rapidement et préférentiellement dans un délai inférieur à 6 heures pour limiter le risque d'évolution vers une OND [5,6,20].

Une table d'oxygénothérapie hyperbare (OHB) initiale à 2,8 ATA courte est nécessaire et généralement suffisante pour les *bends* périarticulaires.

En revanche, en cas de *bend* osseux, il convient de réaliser des séances complémentaires d'oxygénothérapie hyperbare de consolidation à 2,5 ATA pour limiter les phénomènes œdémateux et favoriser la cicatrisation osseuse, en effet la pratique de séances itératives d'OHB conventionnelle semble limiter les lésions ischémiques osseuses dans le cas d'une ostéonécrose avasculaire de la tête fémorale à un stade précoce [21].

Pour toute forme de *bend*, la reprise de la plongée n'est envisagée qu'en l'absence d'atteinte osseuse documentée par une IRM, à réaliser préférentiellement dans les 2 mois qui suivent l'accident.

Il est conseillé de réaliser cet examen de préférence au 2e mois après l'accident au moment où l'IRM a la sensibilité maximale. Cela permet d'apprécier l'extension des lésions et de déterminer s'il existe une atteinte juxta-articulaire qui conditionne le pronostic fonctionnel. En effet ces lésions juxta-articulaires peuvent se compliquer à terme en fracture ostéochondrale et ostéo-arthropathie [8].

Des IRM de contrôle sont indispensables pour s'assurer de la bonne cicatrisation en cas de *bend* osseux. En cas de lésion juxta-articulaire, la période optimale de suivi est de 6 à 12 mois afin de s'assurer de la régression à ce niveau. Les atteintes persistantes dans cette localisation doivent bénéficier d'un suivi à long terme.

Diagnostic différentiel

En dehors des cas évidents de traumatismes pendant la plongée ou d'antécédents articulaires ou rhumatologiques spécifiques, un diagnostic alternatif est parfois évoqué au décours de la prise en charge hyperbare et la réalisation de l'IRM. L'absence de modification de la douleur lors de la recompression comme test diagnostic, et/ou sa persistance dans le temps peuvent en effet faire évoquer un diagnostic différentiel comme une pathologie dégénérative de type tendino/enthésopathie ou d'arthrose débutante (figure 22.5). À noter également la possibilité

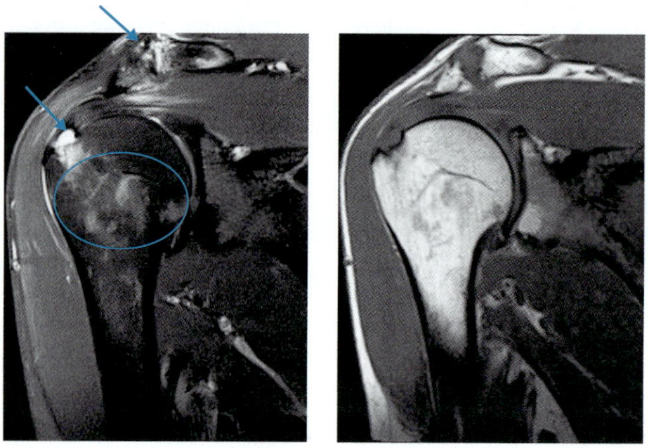

Figure 22.5. Diagnostic différentiel de lésion tendineuse associée.

de poser à tort un diagnostic positif d'ostéonécrose débutante en cas d'aspect de moelle hématopoïétique ou moelle « rouge » à l'IRM généralement bilatérale [8] (figure 22.6). La présence d'une douleur de hanche récurrente, rythmée par des plongées peu saturantes, peut faire évoquer la présence rare d'un pneumatokyste osseux souvent localisé au niveau de l'aile iliaque et qui correspond à un accident barotraumatique à partir d'un kyste osseux à contenu gazeux.

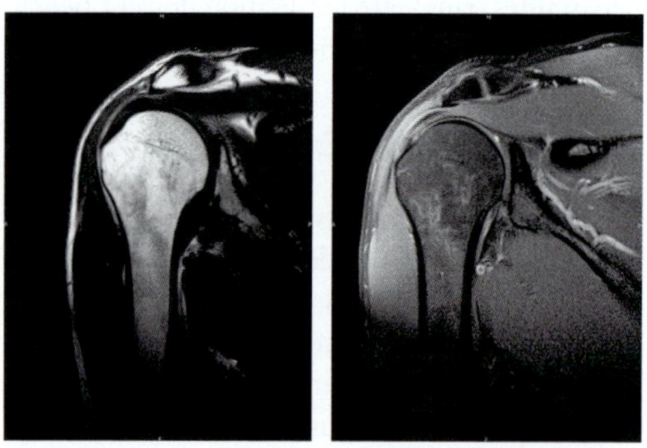

Figure 22.6. Diagnostic différentiel d'aspect de moelle hématopoïétique.
IRM : imagerie par résonance magnétique.

Conclusion

La douleur est un signal d'alarme important d'un processus pathologique qui peut survenir dans un contexte de plongée. Elle est complexe, et son signal est influencé par de nombreux facteurs, aussi elle est généralement insuffisante pour définir l'étiologie sans une anamnèse et un examen clinique détaillés. L'heure d'apparition, la caractéristique de la douleur, sa localisation, son évolution, la présence éventuelle de symptômes associés, ainsi que les circonstances de la plongée permettent généralement de préciser le type d'accident de plongée et la conduite à tenir.

La présence d'une douleur est souvent associée à un accident de décompression qui nécessite une évacuation et une évaluation en urgence dans un centre hyperbare. La douleur peut en effet s'inscrire dans la sémiologie des accidents de décompression neurologique, cutané, cardiorespiratoire ou ostéo-myo-articulaire. La douleur au niveau d'un membre est souvent le symptôme principal pour les accidents de décompression articulaires qui nécessitent un traitement hyperbare et une évaluation radiologique pour éliminer une atteinte osseuse, susceptible d'évoluer vers une ostéonécrose dysbarique.

Références

[1] Kroener K. Pain perception during scuba diving. SPUMS J 1997 ; 27(2) : 109-11.

[2] Plafki CH, et al. Spinal problems in scuba divers (abstract). Undersea and Hyperbaric Medical Society ; 1998.

[3] Meusnier B. Contribution à l'analyse séméiologique et diagnostique des accidents de plongée survenant sur la côte méditerranéenne française : à propos de 1 014 cas admis au centre hyperbare de l'HIA Sainte-Anne à Toulon de 2011 à 2018 [Thèse de doctorat en médecine]. Marseille : Université d'Aix-Marseille, Sciences du vivant [q-bio] ; 2020. Disponible sur : https://dumas.ccsd.cnrs.fr/dumas-03048838.

[4] Méliet JL. À propos de 47 cas d'accidents ostéo-arthro-musculaires de décompression. Bull Med Sub Hyp 1983 ; 2 : 17-24.

[5] Gempp E, Blatteau JE, Simon O, Stephant E. Musculoskeletal decompression sickness and risk of dysbaric osteonecrosis in recreational divers. Diving Hyperb Med 2009 ; 39(4) : 199.

[6] Gempp E, Louge P, De Maistre S. Predictive factors of dysbaric osteonecrosis following musculoskeletal decompression sickness in recreational SCUBA divers. Joint Bone Spine 2016 ; 83(3) : 357-8.

[7] Stéphant E, Gempp E, Blatteau JE. Role of MRI in the detection of marrow bubbles after musculoskeletal decompression sickness predictive of subsequent dysbaric osteonecrosis. Clin Radiol 2008 ; 63(12) : 1380-3.

[8] Bayle O, Coulange M. Accidents ostéo-arthro-musculaires de désaturation : bilan de 30 années d'exploration par IRM. Bull Med Sub Hyp 2018 ; 28(2) : 29-36.

[9] Ficat RP. Idiopathic bone necrosis of the femoral head. Early diagnosis and treatment. J Bone Joint Surg Br 1985 ; 67(1) : 3-9.

[10] Otah Y, Matsunaga H. Bone lesions in divers. J Bone Jt Surg Q 1974 ; 56(1) : 3-16.

[11] Toklu SA, Cimsit M, Kolat A. Does diving deteriorate preexisting dysbaric osteonecrosis lesions? European Journal Underwater Hyperbaric Medicine 2007 ; 8 : 36.

[12] Bolte H, Koch A, Tetzlaff K, et al. Detection of dysbaric osteonecrosis in military divers using magnetic resonance imaging. Eur Radiol 2005 ; 15(2) : 368-75.

[13] Uzun G, Toklu AS, Yildiz S, et al. Dysbaric osteonecrosis screening in Turkish navy divers. Aviat Space Environ Med 2008 ; 79(1) : 44-6.

[14] Hunter WL, Biersner RJ, Sphar RL, Harvey CA. Aseptic bone necrosis among US Navy divers : survey of 934 nonrandomly selected personnel. Undersea Biomed Res 1978 ; 5(1) : 25-36.

[15] Lanphier EH, Lehner CE, Lemos SE. The role of intramedullary pressure in hyperbaric osteonecrosis. In: Jardine FM, McCallum RI, editors. Engineering and health in compressed air work. Londres : E & FN Spon ; 1994. p. 148-55.

[16] Jones JP. Fat embolism, intravascular coagulation and osteonecrosis. Clin Orthop Relat Res 1993(292) : 294-308.

[17] Gregg PJ, Walder DN. Caisson disease of bone. Clin Orthop Relat Res 1986(210) : 43-54.

[18] Miyanishi K, Kamo Y, Ihara H, et al. Risk factors for dysbaric osteonecrosis. Rheumatology 2006 ; 45(7) : 855-8.

[19] Shinoda S, Hasegawa Y, Kawasaki S, et al. Magnetic resonance imaging of osteonecrosis in divers : comparison with plain radiographs. Skeletal Radiol 1997 ; 26(6) : 354-9.

[20] Lin TF, Lehner CE, Lanphier EH, et al. Prompt recompression of sheep with limb bends prevents the development of dysbaric osteonecrosis. Undersea Hyperb Med 1993 ; 20(Suppl) : E6.

[21] Ries ND, Schwartz O, Militianu D, et al. Hyperbaric oxygen therapy as a treatment for stage-I avascular necrosis of the femoral head. J Bone Surg Br 2003 ; 85(3) : 371-5.

Chapitre 23

Les tables de recompression thérapeutique pour le traitement des accidents de désaturation

Jean-Éric Blatteau, Rodrigue Pignel, Mathieu Coulange

Points clés

- Le traitement hyperbare des accidents de décompression repose sur les effets physiques de compression des phases gazeuses et l'augmentation de l'oxygène dissous qui favorisent l'élimination des bulles de gaz et la dénitrogénation.
- Les effets biologiques anti-inflammatoires et antiœdémateux sont également contributifs avec une réduction des effets délétères de l'ischémie-reperfusion.
- La recompression initiale des accidents de décompression repose actuellement sur des tables à l'oxygène pur à 2,8 ATA. En cas de symptômes résiduels, des séances de consolidation sont nécessaires.

Introduction

Le traitement hyperbare des accidents de plongée et plus particulièrement des accidents de désaturation (ADD) débute à la fin du XIXe siècle pour prendre en charge les travailleurs initialement exposés à la pression en ambiance sèche. La recompression thérapeutique se voit proposée par la suite aux scaphandriers et plongeurs avec de nombreuses modalités thérapeutiques et évolutions tout au long du XXe siècle. La grande diversité des formes cliniques des ADD et leur physiopathogénie complexe explique qu'il existe encore des disparités dans la prise en charge hyperbare.

Dans ce chapitre, nous rappelons les principaux concepts et les modes d'action de la thérapeutique hyperbare destinés au traitement des ADD. Nous présentons également les données disponibles dans la littérature sur l'efficacité des tables.

Concepts et modalités de la thérapeutique hyperbare

Retour en pression

Depuis l'instauration des dispositifs de chantier en air comprimé au XIXe siècle en France (tube de Triger) qui exposaient les travailleurs à des pressions absolues pouvant atteindre 4 atmosphères, les médecins hygiénistes français avaient observé que le retour en pression était à même de soulager les sujets présentant des douleurs articulaires [1].

C'est sur cette base que les premiers traitements hyperbares ont été mis en place à la fin du XIXe siècle aux États-Unis. Des chambres hyperbares réservées au traitement des ADD vont être mises en place sur les chantiers de construction de tunnels et de ponts, notamment pour la construction du pont de Brooklyn avec Smith (1874) [2]. Les premières tables thérapeutiques de recompression à l'air notamment avec Moir (1896) puis Keays (1909) [2] prévoient un retour en pression qui peut être à la pression maximale, ou alors aux deux tiers ou à la moitié de

Médecine de la plongée

la pression selon les protocoles afin d'obtenir le soulagement des douleurs avant de remonter lentement vers la surface [2].

Dès la fin du XIXe siècle, Paul Bert constate, sur la base d'expérimentations animales, que la recompression seule ne permet pas de limiter les séquelles neurologiques des ADD. Il soumet en effet à la pression de 7 ATA (atmosphère technique absolue) plusieurs chiens qu'il décomprime rapidement afin d'entraîner des ADD médullaire avec paraplégie. Il note que malgré un traitement par recompression à 7 ATA débuté 4 minutes après l'apparition des signes, l'état clinique ne s'améliore pas, avec le décès inéluctable de l'animal [1].

Paul Bert fait le constat que le retour en pression est surtout efficace sur les douleurs articulaires mais n'a pas ou peu d'action sur les atteintes neurologiques sévères.

Oxygène et pression

Paul Bert suggère de privilégier la prise d'oxygène en surface avant de recomprimer [1]. Zuntz (1897) puis Von Schrötter (1909) proposent d'associer l'oxygène et la pression en même temps [2]. Ce nouveau concept sera testé par Keays (1909) sur quelques sujets, mais il faudra quelques années de plus pour que Benhke et al. [3] démontrent l'intérêt des tables à l'O_2 (oxygène) qui seront par la suite intégrées dans les procédures de l'US Navy [2].

Après des débuts difficiles, liés à des choix de profondeur et de durée inadéquats, il faudra attendre quelques décennies pour que l'oxygène et la pression soient véritablement associés comme traitement de première intention des accidents de plongée au niveau de l'US Navy avec les tables (T) 5 et 6 de Goodman et Workman (1965) [4]. L'oxygène est dès lors délivré à la pression de 2,8 ATA, avec un effet thérapeutique certain et un risque modéré de crise hyperoxique (USN [US Navy] T5 et T6, annexe 3).

Combinaisons de pression et d'oxygène

L'utilisation de pressions de recompression plus élevées au-delà de 2,8 ATA se base sur des travaux expérimentaux d'embolies gazeuses carotidiennes de chiens anesthésiés [5]. Ces études suggèrent que la disparition des bulles serait favorisée par des pressions à 4 ATA, voire plus. Cependant ces résultats ne seront pas confirmés par la suite, en particulier avec les travaux expérimentaux de Leitch et al., qui n'observent pas de bénéfice en faveur des pressions supérieures à 2,8 ATA, à PO_2 (pression partielle en oxygène) égale, dans des modèles animaux d'embolie gazeuse ou d'accident de décompression médullaire [6,7].

Pourtant, la deuxième moitié du XXe siècle voit l'émergence de nombreuses propositions de traitements hyperbares modulant les niveaux d'oxygénation et de pression avec des procédures à 4 ATA, 6 ATA (voir annexe 3) et même jusqu'à 11 ATA pour des durées de traitement allant de quelques heures à plusieurs jours.

C'est ainsi que différentes procédures vont être utilisées en plongée militaire ou professionnelle. Le principe est de diluer l'oxygène au-delà de 2,8 ATA afin de réduire le risque de crise hyperoxique. Les gaz diluants sont généralement l'azote (mélanges dits « nitrox ») ou l'hélium (mélanges dits « héliox »). Du fait de cette dilution, et de la profondeur plus élevée, la durée totale de décompression doit être rallongée.

Modes d'action du traitement hyperbare sur l'accident de décompression

Effets « physiques »

On a longtemps considéré l'accident de décompression comme la simple résultante de la formation de bulles d'azote dans l'organisme.

Dans cette vision des choses, les tables thérapeutiques ont pour objectif premier d'éliminer ou de réduire les bulles formées (effet profondeur/pression) et d'empêcher la formation de nouvelles bulles, en favorisant la dénitrogénation.

L'effet de la pression peut être considéré d'un point de vue physique sur la réduction de la taille des bulles [2]. Il est surtout effectif sur la réduction du volume, plus importante que la réduction du diamètre. Mais dans le cas de bulles vasculaires qui entraînent une interruption du flux sanguin,

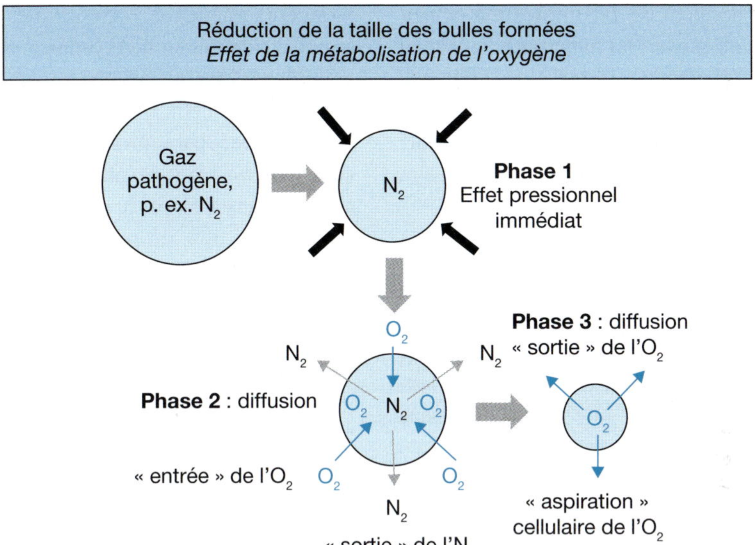

Figure 23.1. Schéma de l'effet de la métabolisation de l'oxygène sur la taille des bulles.
O_2 : oxygène ; N_2 : azote.
Source : D'après Strauss MB, Lu LQ. The role of oxygen and hyperbaric mechanisms. In: Wheelan T, Kindwall EP, editors. Hyperbaric medicine practice. 4e éd. North Palm Beach: Best Publishing Company; 2017. p. 263-322.

c'est bien la réduction du diamètre de la bulle qui a le plus d'impact. Force est de constater qu'il existe assez peu de différence en termes de réduction du diamètre théorique d'une bulle entre 18 et 30 m.

Lorsque la recompression s'associe à l'inhalation d'oxygène, il faut également prendre en compte les phénomènes de diffusion de l'oxygène au sein des bulles [8]. La taille des bulles est réduite par la recompression (relation pression-volume : loi de Boyle-Mariotte) avec une phase secondaire de sortie de l'oxygène qui est utilisé par le métabolisme cellulaire (figure 23.1).

Lorsque la recompression s'associe à l'inhalation d'hélium, il faut considérer les effets liés au changement de gaz. Il a en effet été montré qu'il existe des phénomènes de contre-diffusion isobare des gaz [9] qui surviennent notamment lors du passage d'un mélange air ou nitrox vers un mélange héliox. Cela entraîne une sursaturation transitoire avec formation de bulles, qui peut être à l'origine d'ADD cutanés ou vestibulaires. Cet effet de sursaturation semble cependant être neutralisé lorsque l'inhalation d'héliox est associée à une recompression [10].

Hyldegaard et al. [11] ont étudié l'effet des gaz inhalés sur la formation des bulles à partir d'un modèle animal avec des rats anesthésiés comprimés entre 3 et 3,5 ATA pendant 1 à 4 heures. Le modèle consiste à injecter préalablement des bulles dans différents tissus (le tissu adipeux, la substance blanche médullaire, le muscle et le tendon) afin de suivre leur évolution après décompression puis recompression à visée thérapeutique. Différentes modalités de recompression ont été testées à la profondeur de 18 m avec inhalation d'air, d'oxygène, d'héliox 80 et 50 % et à la profondeur de 30 m avec de l'héliox 50 %. Il en ressort que pour l'évolution des bulles au sein de la substance blanche de la moelle épinière qui est le tissu cible des ADD médullaire, les recompressions à l'oxygène et à l'héliox 50 % entraînent un taux de réduction de la taille des bulles plus élevé qu'avec l'air ou l'héliox 80 %. Il est également à noter que l'héliox 50 % n'est pas supérieur à l'oxygène vis-à-vis de la réduction de la formation des bulles au sein de ce tissu.

Ces données semblent cohérentes avec les travaux d'Arieli et al. [12] réalisés sur un modèle animal (rats) d'accident de décompression neurologique après une exposition hyperbare initiale au mélange trimix. Il n'est pas observé de différence de mortalité par ADD lorsque la recompression est réalisée au mélange héliox (3 ATA) par rapport à une recompression à l'oxygène (2,8 ATA).

Effets biologiques

Il est actuellement bien établi que les ADD, en particulier ceux avec atteinte neurologique, déclenchent des processus ischémiques et postischémiques qui persistent une fois le processus bullaire éliminé [13].

Ces phénomènes sont décrits dans la terminologie française sous le terme de maladie de la décompression par opposition à l'accident de décompression bullaire initial [14]. Il s'agit en fait d'un continuum entre l'occlusion bullaire initiale et des processus biochimiques induits ayant des voies d'activation et des cinétiques différentes. Cela aboutit généralement à un état clinique constitué à son acmé dans les 24 à 48 premières heures. Cette compréhension de la physiopathologie de l'accident de décompression permet d'expliquer les situations cliniques d'aggravation qui sont souvent observées dans les atteintes médullaires malgré la recompression thérapeutique initiale.

Le paradigme actuel est de considérer que l'aggravation est liée aux phénomènes postischémiques qu'il convient de limiter dans cette fenêtre temporelle.

L'action du traitement hyperbare ne se limite donc pas à la simple reperfusion initiale par élimination des bulles. Le traitement hyperbare s'intègre dans un processus temporel d'ischémie-reperfusion, avec des effets bénéfiques qui peuvent s'observer lors de la recompression initiale (reperfusion), mais également dans les 24-48 premières heures en répétant les séances d'oxygénothérapie hyperbare (OHB).

Efficacité des tables de recompression

Force est de constater que l'indication de recompression hyperbare des ADD n'a jamais fait l'objet d'une étude contrôlée comparant des groupes de plongeurs accidentés recomprimés avec des plongeurs accidentés non recomprimés maintenus en air ambiant ou sous oxygène normobare.

Néanmoins l'efficacité clinique de la recompression est attestée par le niveau de récupération clinique élevé observé dans la plupart des séries publiées, alors que cela n'est pas le cas dans les populations de plongeurs ne pouvant pas bénéficier d'un accès à un centre hyperbare.

Aujourd'hui, les tables US Navy T5 et T6 (annexe 3) sont les procédures les plus utilisées dans le monde, et sont, à ce titre, devenues des procédures considérées comme référentielles.

Les tables à 4 ATA nitrox ou héliox (annexe 3) sont utilisées dans certains pays pour la plongée militaire ou professionnelle disposant de caissons de chantier, ainsi que par certains centres hyperbares hospitaliers. Les tables utilisant des pressions supérieures ou égales à 6 ATA sont plus rarement utilisées, essentiellement en Chine ou à Hawaï.

Tables USN T5 et T6 à 2,8 ATA

L'intérêt de l'utilisation de tables à l'oxygène est mis en évidence dès le début du XXe siècle [3]. Mais il faudra attendre quelques décennies pour que les tables 5 et 6 de l'US Navy à l'O_2 soient considérées comme le traitement de référence sous l'impulsion de Goodman et Workman [4]. Ces tables proposent une recompression à 18 m, suivie d'une décompression à 9 m avant le retour en surface avec un temps total de décompression allant de 2 h 15 à 4 h 45 (annexe 3).

La table T5 plus courte est proposée en première intention pour les accidents de type I (ADD articulaires ou cutanés). La table T6 est proposée pour les accidents de type II (ADD neurologiques ou cochléovestibulaires) ou les accidents de type I n'ayant pas été soulagés par la T5. Ces modifications apportent de bons résultats pour les plongeurs militaires de l'US Navy victimes à l'époque en majorité d'accident de décompression de type articulaire. Dans une étude de Workman [15] rapportant 110 cas d'ADD militaire, il est observé 93 % de récupération, pour une majorité d'accidents de décompression de type I (64 % de douleurs articulaires) recomprimés en moins de 6 heures. Dans cette même étude, il est rapporté un plus faible taux de récupération à 62,5 % pour 40 plongeurs civils pris en charge avec ces mêmes tables. Mais il s'agissait en majorité d'ADD neurologiques (85 %) avec des délais de recompression plus longs.

Par la suite d'autres études vont confirmer l'efficacité des tables USN pour les ADD de type I [16], avec cependant une moins bonne efficacité pour les accidents de type II [17-19]. L'étude de Green et Leitch [19], sur une série de 132 cas d'ADD de type II recomprimés de 1965 à 1984, confirme l'efficacité des tables à l'oxygène (équivalentes aux USN T5 et T6) par rapport à des tables longues à l'air avec un taux de guérison de 46 % ($n = 94$) vs 32 % ($n = 38$), respectivement. Pour les formes sévères d'ADD neurologiques, il est noté un taux de 59 % de récupération complète avec l'USN T6 ($n = 61$) vs 50 % pour la T5 ($n = 28$), sans que cette différence soit significative.

D'autres études, notamment issues des rapports du Divers Alert Network (DAN 2005), confirment cette tendance avec des récupérations variables de 60 à 90 % selon le type d'accident de décompression et sa sévérité initiale.

Tables courtes ≤ 2,8 ATA à l'oxygène

La prise en charge de tous les ADD par une table unique a été développée pour les caissons de chantier aux États-Unis.

Ces tables courtes (2 h 30) à 18 m donnent de bons résultats dans les séries publiées.

Hart et al. [20] notent 79 à 95 % de récupération selon la forme clinique pour 77 ADD traités avec la table Hart-Kindwall.

Cianci et Slade [21] constatent 97,5 % de récupération sur une série de 140 ADD neurologiques avec signes cérébraux, notamment cognitifs, recomprimés tardivement (médiane de recompression à 48 h).

En revanche l'étude d'Hadanny et al. [22] sur 76 ADD recomprimés tardivement (délai > 48 h) n'est pas en faveur de tables moins profondes (10 m) et plus courtes (90 min). Il constate une différence non significative ($p = 0,07$) entre des tables à 10 m/90 min ($n = 27$) et les tables USN T6 ($n = 46$) avec 66,7 % de récupération pour la table 10 m vs 84 % pour la T6.

Tables longues à 4 ATA

En France, Barthélémy et al. introduisent dès 1964 des tables au nitrox à 30 m puis à l'O_2 à partir de 12 m (tables GERS [Groupe d'études et de recherches sous-marines] A, B et C) pour la marine française [23,24]. Actuellement une table au nitrox à 30 m d'une durée totale de 6 heures (table TRU [table de recompression d'urgence], annexe 3) est encore au catalogue des tables pouvant être utilisées pour la prise en charge des accidents neurologiques militaires en France. Sur une série de 59 ADD neurologiques (délai médian de recompression à 35 min) traités par des tables GERS B ou TRU, il est noté 75 % de récupération avec une majorité de séquelles sensitives mineures [25].

D'autres tables à 30 m avec utilisation d'un mélange héliox ont été développées comme la table Comex 30 et ont été utilisées par de nombreux centres hyperbares pour le traitement des ADD neurologiques sévères.

Tables longues à 6-8 ATA

Les tables « hawaïennes » proposent des recompressions initiales entre 50 et 70 m [26]. Dans une série de 567 ADD de type II recomprimés tardivement (20 h de délai moyen de recompression), les taux de récupération varient entre 75 et 91 % selon la sévérité. L'étude semble observer de meilleurs résultats avec la TT220 (*Treatment Table 220*) (recompression initiale à 67 m au nitrox 35 %). À noter qu'il est décrit trois cas d'ADD pour les accompagnants ainsi que trois crises hyperoxiques chez les accidentés lors de l'utilisation de ces tables longues et profondes.

Dans une série de 374 ADD de type II recomprimés tardivement (52 h de délai moyen de recompression), les tables à 50 m utilisées à Hong Kong [27] montrent des taux de récupération variables de 51 à 71 % selon la sévérité initiale et l'emploi de l'air ou du nitrox à 50 m. Les meilleurs résultats sont obtenus avec la table 6A1M utilisant un nitrox 40 % à 50 m.

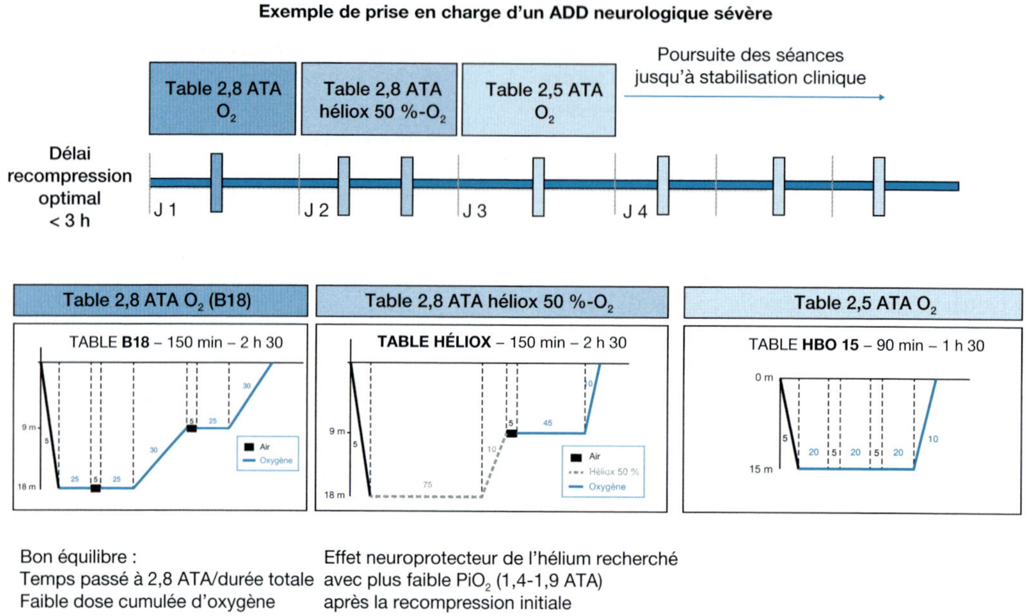

Figure 23.2. Schéma de synthèse pour la prise en charge d'un accident de décompression neurologique sévère. ADD : accident de désaturation ou de décompression ; ATA : atmosphère technique absolue ; HBO : oxygénothérapie hyperbare ; O_2 : oxygène ; PiO_2 : pression inhalée d'oxygène.

Xu et al. [28] constatent également une grande variabilité d'efficacité pour les tables utilisées à Shangai. Ils notent des taux de récupération de 59 à 94 % avec les tables à 50 m utilisées pour 1 438 cas d'ADD classés comme accidents modérés à sévères et recomprimés pour la plupart dans un délai inférieur à 12 heures.

Tables à saturation

Il existe de nombreuses variantes, de la table peu profonde à 18 m comme l'USN T7 (figure 23.2) qui dure 36 heures ou la table très profonde russe à 97 m pour une durée totale de 87 heures [29].

Seuls quelques cas cliniques ont fait l'objet de publications avec des résultats contrastés.

Le rapport bénéfice/risque reste très discutable aussi bien pour le patient que pour l'accompagnant : un cas d'un accident de décompression avec tétraparésies traité par une table de type USN T7 est démonstratif à cet égard. L'apparition au décours de cette table d'un syndrome de détresse respiratoire aiguë évoluant rapidement vers une fibrose pulmonaire, à l'origine du décès du patient, fait suspecter le risque iatrogène de cette table par l'action toxique pulmonaire de l'oxygène sur des patients fragilisés par la maladie de décompression [30].

Études comparatives

Dans une étude multicentrique concernant des ADD neurologiques [31], il a été montré que la prise en compte de la sévérité clinique initiale est essentielle pour comparer l'effet des tables thérapeutiques. L'évaluation de l'efficacité des tables est difficile car la plupart des études ne renseignent que des pourcentages d'amélioration ou de récupération sans forcément préciser l'état clinique à l'admission ou à la sortie du centre hyperbare (niveau de séquelles). Certaines études concernent des plongeurs militaires, jeunes et en bonne santé qui bénéficient d'une recompression précoce, tandis que d'autres décrivent des plongeurs civils plus âgés, présentant un état pathologique antérieur avec des délais de recompression beaucoup plus longs.

Comparaison des tables à 2,8 ATA par rapport aux tables à 4 ATA ou plus

Il existe très peu d'études comparatives. Une étude israélienne [32] a tenté de comparer l'utilisation de la table T6 de l'US Navy avec la table Comex 30 héliox dans une série de 33 patients victimes d'ADD neurologiques. Cette étude n'a pas montré de différence sur la qualité de la récupération clinique entre ces deux traitements. Les deux groupes n'étaient cependant pas homogènes avec une sévérité clinique initiale plus élevée dans le groupe traité par la table Comex 30.

Récemment, une étude sur un modèle animal d'ADD médullaire semble apporter des arguments en faveur des tables à l'oxygène à 2,8 ATA par rapport à des tables à pression plus élevée [33]. Des cochons ont été initialement soumis à une plongée à 7 ATA pendant 24 minutes, suivie d'une décompression rapide. Les 61 cochons ayant développé un ADD neurologique ont été répartis de manière aléatoire dans l'une des quatre modalités de traitement de tables de l'US Navy : T6, T6A-air (6 ATA, 21 % d'oxygène, 79 % d'azote), T6A-nitrox (6 ATA, 50 % d'oxygène, 50 % d'azote) et T6A-héliox (50 % d'oxygène, 50 % d'hélium). Les auteurs n'ont pas trouvé de différences significatives entre les groupes de traitement. Cependant, des taux plus bas de déficits fonctionnels et moins de lésions de la moelle épinière ont été observés chez les animaux traités avec la T6 (tendance statistique).

Dans une étude récente portant sur 102 plongeurs, l'analyse statistique comparant l'effet des tables initiales à l'oxygène 2,8 ATA (tables B18 ou C18, équivalentes des T5 et T6 de l'US Navy) par rapport aux tables à 4 ATA (Comex 30, héliox 50 %) en fonction de la gravité clinique initiale a montré un niveau de séquelles significativement plus faible avec les tables à 2,8 ATA [34].

L'efficacité des tables à 2,8 ATA pourrait s'expliquer par un seuil de pression atteint au-delà duquel l'effet sur la compression des bulles n'apporte plus de gain clinique significatif. En effet l'augmentation de pression jusqu'à 4 ATA apporte une réduction de volume et de diamètre modeste par rapport à une pression de 2,8 ATA [2]. Par ailleurs au-delà de 2,8 ATA, il est nécessaire de diluer l'O_2 par l'azote ou l'hélium pour éviter sa toxicité, ce qui entraîne une diminution du gradient de PO_2 sur les bulles. La diffusion tissulaire d'O_2 produite par l'OHB peut non seulement accélérer l'élimination du gaz inerte restant dans le tissu, mais aussi permettre à l'O_2 de pénétrer au sein des bulles et de chasser l'azote. Dans un deuxième temps, l'O_2 contenu dans les bulles sort par diffusion vers les tissus où la pression d'O_2 est plus faible en raison de l'utilisation cellulaire de l'O_2. Ces phénomènes de gradient et de diffusion de l'O_2 pourraient ainsi contribuer de façon majeure à la réduction des bulles de décompression [8].

Comparaison des tables courtes par rapport aux tables longues à 2,8 ATA

Dans la même étude réalisée sur 102 plongeurs [34], l'analyse des sous-groupes présentant une sévérité clinique comparable à l'admission montre que 15 % des patients traités par une table courte à 2,8 ATA (table B18, équivalent T5 US Navy) avaient des séquelles contre 41 % avec une table longue (table C18, équivalent T6 US Navy), avec une différence significative sur le score de séquelles.

Récemment, une étude prospective randomisée australienne a conclu qu'une table courte à 2,8 ATA (équivalent T5 US Navy) était également plus efficace que la table USN T6 pour traiter les formes moins sévères d'ADD sans déficit neurologique objectif [35].

En étudiant les corrélations entre les temps d'exposition à la dose maximale ou cumulative d'O_2 et le degré de séquelles [34], le traitement initial optimal semble être un équilibre entre l'administration d'une pression partielle d'O_2 élevée (2,8 ATA) et une durée d'exposition limitée qui n'entraîne pas de toxicité pulmonaire de l'oxygène. De ce point de vue, les tables courtes à 2,8 ATA apportent un temps suffisant à PiO_2

(pression inhalée d'oxygène) élevée (2,8 ATA) et il a été montré qu'elles génèrent moins d'inflammation pulmonaire que les tables longues à 2,8 ou 4 ATA [36].

Comparaison des tables complémentaires à 2,5, 2,8 et 4 ATA réalisées dans les 48 premières heures

Dans l'étude de Simonnet et al. [34], un certain nombre de patients, qui n'ont pas récupéré ou se sont aggravés après la recompression initiale, ont bénéficié de plusieurs modalités de traitements dans les premières 24 à 48 heures. Il s'agissait de tables Comex 30 (héliox 50 %, de durée réduite, une à deux sessions), de tables à 2,8 ATA (héliox 50 %, une à deux sessions) ou de tables quotidiennes à l'oxygène à 2,5 ATA. L'objectif de ces traitements était de limiter les phénomènes postischémiques survenant après la reperfusion initiale. Les tables complémentaires à 4 ATA s'avèrent moins efficaces que les tables à 2,8 ATA (héliox 50 %) ou 2,5 ATA (O_2 100 %). Cela pourrait être lié à la problématique déjà évoquée de l'inflammation pulmonaire [36] susceptible de majorer l'inflammation déjà importante de la maladie de décompression, liée à des processus délétères tels que l'activation leucocytaire [37]. En revanche, sous réserve de ne pas engendrer d'inflammation pulmonaire, les séances d'OHB sont contributives pour inhiber l'adhésion leucocytaire ou d'autres processus anti-inflammatoires [38].

Une analyse en sous-groupe a été menée pour comparer les tables à 2,8 ATA héliox aux tables O_2 à 2,5 ATA pour des patients ayant une sévérité élevée équivalente après la première table. Le résultat est en faveur des tables héliox à 2,8 ATA avec 57 % de patients présentant des séquelles contre 100 % pour ceux traités par les tables O_2 à 2,5 ATA, avec un résultat proche de la significativité statistique ($p = 0,06$).

Ces résultats vont dans le sens d'une étude antérieure [39,40] qui suggérait que l'utilisation de tables héliox 50 % à 2,8 ATA plutôt que de tables O_2 à 2,5 ATA pouvait réduire le nombre de patients nécessitant des séances d'OHB complémentaires, critère utilisé comme marqueur d'efficacité (9 sujets/25 contre 20/31). Ces données n'ont pas été publiées mais seulement présentées sous forme de résumé.

L'ensemble de ces résultats, malgré les limitations exposées, suggère que l'utilisation de l'hélium en combinaison avec l'OHB pourrait être bénéfique pour activer des effets neuroprotecteurs complémentaires dans les premières 24 heures, sous réserve de respecter des limitations de durée et de profondeur à 2,8 ATA avec des PiO_2 plus faibles (entre 1,4 et 1,9 ATA) que pour la table initiale.

Conclusion et perspectives

Si l'on veut progresser dans l'évaluation du traitement hyperbare des ADD, il est essentiel de mettre en place un processus standardisé de prise en charge thérapeutique, en s'aidant notamment de scores cliniques validés pour établir les critères initiaux de sévérité à l'admission. La récupération clinique à la sortie du centre hyperbare mais également à distance doit également être évaluée de façon précise.

On peut retenir que la plupart des tables thérapeutiques, courtes ou longues, sont efficaces sur les accidents cutanés, articulaires, cochléovestibulaires et neurologiques avec signes mineurs. Ce constat plaide pour l'emploi en première intention d'une procédure courte à 2,8 ATA de type USN T5 ou équivalent qui limite les risques liés à une profondeur de recompression plus élevée (accident de décompression pour le personnel accompagnant) ainsi que les risques liés à une exposition prolongée (risque hyperoxique et risque thrombotique de l'alitement pour l'accidenté).

Dans les formes sévères d'ADD, la recompression initiale par une table courte à 2,8 ATA semble également préférable. En cas d'évolution défavorable après la première table, il semble important de réaliser plusieurs séances d'OHB complémentaires dans la fenêtre temporelle des 24 à 48 premières heures en limitant la dose cumulée d'oxygène qui pourrait majorer l'inflammation. La réalisation de séances d'OHB avec mélange héliox 50 % à 2,8 ATA seraient de ce point de vue contributive, avec un bénéfice recherché en termes de neuroprotection de ce gaz inhalé principalement médié par son effet hypothermique central [41]. D'autres gaz, aux propriétés neuroprotectrices fortes comme le xénon (Xe) ou l'argon (Ar), pourraient également être utilisés en complément de l'OHB [42,43].

Références

[1] Bert P. La pression barométrique. In : Recherches de physiologie expérimentale. Paris : Masson ; 1878.

[2] Moon RE, Gorman DF. Treatment of the decompression disorders. In : Brubbak AO, Neuman TS, editors. The Bennett and Elliot's physiology and medicine of diving. 5e éd. Londres : WB Saunders ; 2003. p. 600-50.

[3] Behnke AR, Shaw LA. The use of oxygen in the treatment of compressed air illness. Navy Med Bull 1937 ; 35 : 1-12.

[4] Goodman MW, Workman RD. Minimal recompression oxygen-breathing approach to treatment of decompression sickness in divers and aviators. Rep US Navy Exp Diving Unit 1965 : 1-40.

[5] Waite CL, Mazzone WF, Greenwood ME. Cerebral air embolism. I. Basic studies. US Naval Submarine Medical center Report N°493. Panama City : US Navy Submarine Research Laboratory ; 1967.

[6] Leitch DR, Greenbaum LJ, Hallenbeck JA. Cerebral arterial air embolism : I. Is there benefit in beginning HBO treatment at 6 bar? Undersea Biomedi Res 1984 ; 11(3) : 221-35.

[7] Leitch D, Hallenbeck J. Pressure in the treatment of spinal cord decompression sickness. Undersea Biomed Res 1985 ; 12(3) : 291-305.

[8] Strauss MB, Lu LQ. The role of oxygen and hyperbaric mechanisms. In : Wheelan T, Kindwall EP, editors. Hyperbaric medicine practice. 4e éd. North Palm Beach : Best Publishing Company ; 2017. p. 263-322.

[9] Lambersten CJ, Idicula J. A new gas lesion syndrome in man, induced by "isobaric gas counterdiffusion". J Appl Physiol 1975 ; 39(3) : 434-46.

[10] Peterson RE, Hamilton RW, Curtsell I. Control of counterdiffusion problems in underwater dry welding. In : International diving symposium 80. Gretna : Association of diving contractors ; 1980. p. 181-8.

[11] Hyldegaard O, Kerem D, Melamed Y. Effect of combined recompression and air, oxygen, or heliox breathing on air bubbles in rat tissues. J Appl Physiol 2001 ; 90(5) : 1639-47.

[12] Arieli R, Svidovsky P, Abramovich A. Decompression sickness in the rat following a dive on trimix : recompression therapy with oxygen vs. heliox and oxygen. J Appl Physiol 2007 ; 102(4) : 1324-8.

[13] Francis TJR, Mitchell SJ. Pathophysiology of decompression sickness. In : Brubbak AO, Neuman TS, editors. The Bennett and Elliot's physiology and medicine of diving. 5e éd. Londres : WB Saunders ; 2003. p. 530-56.

[14] Méliet JL. La maladie de décompression. In : Broussolle B, Méliet JL, editors. Physiologie et médecine de la plongée. Paris : Ellipse éditions Marketing ; 2006. p. 404-16.

[15] Workman RD. Treatment of bends with oxygen at high pressure. Aerosp Med 1968 ; 39(10) : 1076-83.

[16] Gray CG. A retrospective evaluation of oxygen recompression procedures within the US Navy. In : Bachrach AJ, Matzen MM, editors. Underwater Physiology VIII. Proceedings of the eighth symposium on underwater physiology. Bethesda : Undersea Medical Society ; 1984. p. 225-40.

[17] Erde A, Edmonds C. Decompression sickness : a clinical series. J Occup Med 1975 ; 17(5) : 324-8.

[18] Kizer KW. Delayed treatment of dysbarism. A retrospective review of 50 cases. JAMA 1982 ; 247(18) : 2555-8.

[19] Green RD, Leitch DR. Twenty years of treating decompression sickness. Aviat Space Environ Med 1987 ; 58(4) : 362-6.

[20] Hart GB, Strauss MB, Lennon PA. The treatment of decompression sickness and air embolism in a monoplace chamber. J Hyperb Med 1986 ; 1 : 1-7.

[21] Cianci P, Slade JB. Delayed treatment of decompression sickness with short, no-air break tables : review of 140 cases. Aviat Space Environ Med 2006 ; 77(10) : 1003-8.

[22] Hadanny A, Fishlev G, Bechor Y, et al. Delayed recompression for decompression sickness : retrospective analysis. PLoS One 2015 ; 10(4) : e0124919.

[23] Mathe P, Barthélémy L, Michaud A. [Our experience with hyperbaric oxygen therapy]. Bull Mens Soc Med Mil Fr 1965 ; 59(10) : 601-12 PubMed PMID : 5898595.

[24] Barthélémy L, Parc J, Leterrier F. [Theoretical bases and applications of new therapeutic tables for the treatment of diving accidents]. Agressologie 1966 ; 7(2) : 181-92 PubMed PMID : 5930993.

[25] Blatteau JE, Gempp E, Constantin P, Louge P. Risk factors and clinical outcome in military divers with neurological decompression sickness : influence of time to recompression. Diving Hyperb Med 2011 ; 41(3) : 129-34.

[26] Smerz RW, Overlock RK, Nakayama H. Hawaiian deep treatments : efficacy and outcomes, 1983-2003. Undersea Hyperb Med 2005 ; 32(5) : 363-73.

[27] Lee HC, Niu KC, Chen SH, et al. Therapeutic effects of different tables on type II decompression sickness. J Hyperb Med 1991 ; 6(1) : 11-7.

[28] Xu W, Liu W, Huang G, et al. Decompression illness: clinical aspects of 5 278 consecutive cases trea-

ted in a single hyperbaric unit. PLoS One 2012 ; 7(11) : e50079.

[29] Thalmann ED. Principles of US Navy recompression treatments for decompression sickness. In : Moon RE, Sheffield PJ, editors. Treatment of decompression illness. Kensington : Undersea and Hyperbaric Medical Society ; 1996. p. 75-95.

[30] Louge P Cantais E, Palmier B. Syndrome de détresse respiratoire aiguë après oxygénothérapie hyperbare prolongée : un cas d'intoxication pulmonaire à l'oxygène ? Ann Fr Anesth Reanim 2001 ; 20(6) : 559-62.

[31] Blatteau JE, Gempp E, Simon O, et al. Prognostic factors of spinal cord decompression sickness in recreational diving : retrospective and multicentric analysis of 279 cases. Neurocrit Care 2011 ; 15(1) : 120-7.

[32] Shupak A, Melamed Y, Ramon Y, et al. Helium and oxygen treatment of severe air-diving-induced neurologic decompression sickness. Arch Neurol 1997 ; 54(3) : 305-11.

[33] Johnson WR, Roney NG, Zhou H, et al. Comparison of treatment recompression tables for neurologic decompression illness in swine model. PLoS One 2022 ; 17(10) : e0266236.

[34] Simonnet B, Roffi R, Lehot H, et al. Therapeutic management of severe spinal cord decompression sickness in a hyperbaric center. Front Med 2023 ; 10 : 1172646.

[35] Banham N, Hawkings P, Gawthrope I. A prospective single-blind randomised clinical trial comparing two treatments tables for the initial management of mild decompression sickness. Diving Hyperb Med 2022 ; 52(2) : 85-91.

[36] de Jong FJM, Wingelaar TT, Brinkman P, et al. Analysis of volatile organic compounds in exhaled breath following a COMEX-30 treatment table. Metabolites 2023 ; 13(3) : 316.

[37] Bigley NJ, Perymon H, Bowman GC, et al. Inflammatory cytokines and cell adhesion molecules in a rat model of decompression sickness. J Interferon Cytokine Res 2008 ; 28(2) : 55-63.

[38] Thom SR. Hyperbaric oxygen — its mechanisms and efficacy. Plast Reconstr Surg 2011 ; 127(Suppl1) : 131S-41S.

[39] Drewry A, Gorman DF. A progress report on the prospective randomised double blind controlled study of oxygen and oxygen helium in the treatment of air-diving decompression illness [Abstract]. Undersea Hyperb Med 1994 ; 21(Suppl) : 98.

[40] Bennett M, Lehm J, Mitchell S, et al. Recompression and adjunctive therapy for decompression illness. Cochrane Database Syst Rev 2007(2) : CD005277.

[41] David H, Haelewyn B, Chazalviel L, et al. Postischemic helium provides neuroprotection in rats subjected to middle cerebral artery occlusion-induced ischemia by producing hypothermia. J Cereb Blood Flow Metab 2009 ; 29(6) : 1159-65.

[42] Blatteau JE, David HN, Vallée N, et al. Xenon blocks neuronal injury associated with decompression. Sci Rep 2015 ; 5 : 15093.

[43] Nowrangi D, Tang J, Zhang J. Argon gas : a potential neuroprotectant and promising medical therapy. Med Gas Res 2014 ; 4(1) : 3.

Chapitre 24

Prise en charge d'un accident de plongée en situation isolée

Jean-Éric Blatteau, Cyril D'Andrea, Loïc Durand

Points clés

- La pratique de la plongée dans des zones isolées, loin de toute structure de soins, expose à des difficultés de prise en charge et d'évacuation d'un accident de plongée.
- En l'absence de médecin et de caisson sur place, une évaluation médicale à distance par téléconsultation doit être recherchée.
- Celle-ci a pour but de poser un diagnostic en identifiant les cas qui ne relèvent pas d'un traitement hyperbare, de ceux qui nécessitent une recompression.
- Sous réserve de la maîtrise de certains risques bien identifiés et d'une formation dédiée, la recompression thérapeutique par immersion peut être proposée en l'absence de caisson hyperbare.

Introduction

De nombreuses plongées professionnelles ou de loisir sont réalisées dans des régions isolées ne disposant pas de structure médicale de proximité. En cas de survenue de symptômes évoquant un accident de plongée, la prise en charge dépend avant tout du diagnostic et de la sévérité de l'atteinte clinique. Les barotraumatismes (BT) de l'oreille moyenne ou des sinus, très fréquents et le plus souvent bénins, ne nécessitent généralement pas d'hospitalisation. En revanche, les accidents de désaturation ou de décompression (ADD), les œdèmes pulmonaires d'immersion (OPI) et les barotraumatismes graves affectant l'oreille interne (OI) ou les poumons nécessitent une prise en charge en milieu hospitalier, notamment un traitement hyperbare pour les ADD et les barotraumatismes pulmonaires avec aéroembolisme cérébral.

La recompression associée à l'oxygène sous la forme d'oxygénothérapie hyperbare (OHB), introduite en 1939, est devenue le traitement de référence des ADD dans les années 1960 [1,2]. Au début des années 2000, alors que les voyages pour des séjours de plongée dans des endroits reculés se développent, l'idée que la recompression est nécessaire pour tous les cas d'ADD, quelle qu'en soit la gravité, fait l'objet de discussions. En effet, un certain nombre de cas d'ADD apparemment bénins se produisent dans des endroits reculés où les évacuations vers un centre hyperbare sont difficiles d'un point de vue logistique, très coûteuses et potentiellement dangereuses. Cette problématique a conduit à se demander si certains cas d'ADD pouvaient être traités sans recompression.

Un groupe de travail du congrès de l'Undersea and Hyperbaric Medical Society à Sydney en 2004 a été organisé pour y répondre [3].

La recommandation principale de ce groupe de travail était de considérer que certaines « formes légères » d'ADD pouvaient être traitées par inhalation d'oxygène normobare (ONB) sans recompression sous réserve de réévaluation et d'absence de symptômes neurologiques.

Il s'avère cependant que la majorité des ADD en plongée de loisir se manifeste par des formes neurologiques (47 % des ADD) et/ou cochléovestibulaires (28 %) chez des plongeurs respectant majoritairement des procédures de décompression validées [4].

Dans les communautés de plongeurs pêcheurs qui n'appliquent pas de procédures de décompression standardisées les ADD les plus fréquents sont des formes articulaires invalidantes avec ostéonécrose souvent associées à des atteintes neurologiques graves [5].

Le délai de recompression est souvent considéré comme un facteur pronostique même s'il s'avère difficile d'en déterminer une valeur seuil optimale. Dans plusieurs études, il est décrit une meilleure récupération clinique lorsque la prise en charge est inférieure à 6 heures après l'apparition des signes [6]. Dans les formes sévères d'ADD neurologiques qui s'expriment par des symptômes déficitaires précoces, le délai de recompression optimal apparaît même inférieur à 3 heures [7].

La disponibilité et l'accessibilité des chambres hyperbares hospitalières étant limitées dans le monde, des caissons de transport souples ou rigides, de faible encombrement ont été développés ces dernières décennies [8]. Ils sont cependant d'un coût relativement élevé et peu d'entre eux permettent de réaliser des séances d'OHB selon les standards de prise en charge (recompression à 2,8 ATA [atmosphère technique absolue] sous O_2 [oxygène] 100 %).

En l'absence de chambre hyperbare disponible, plusieurs communautés de plongeurs pêcheurs australiens et hawaïens ont développé dans les années 1970 des méthodes de recompression thérapeutique par immersion (RTI). La RTI consiste à traiter l'ADD en réimmergeant le plongeur accidenté en profondeur dès l'apparition des signes. La plupart des méthodes de RTI prescrivent l'emploi de l'oxygène pur pour plusieurs heures à la profondeur de 9 m [9] et s'apparentent donc à de véritables séances d'OHB en eau (figure 24.1). Le bénéfice de la RTI s'explique par l'effet pres-

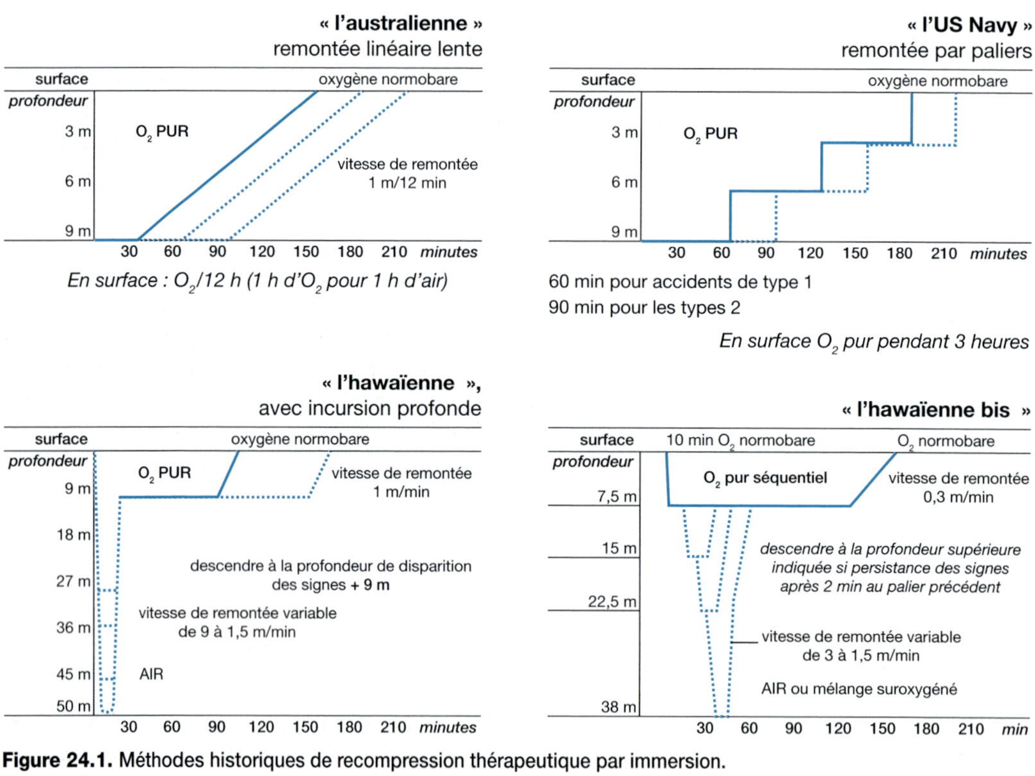

Figure 24.1. Méthodes historiques de recompression thérapeutique par immersion.
O_2 : oxygène.

sionnel immédiat de l'immersion (compression des bulles), et par l'effet de l'oxygénation hyperbare. Malgré ses avantages potentiels (simplicité, immédiateté, faible coût), la RTI a longtemps été controversée car elle expose à un certain nombre de risques spécifiques qui peuvent mettre en danger le plongeur accidenté.

La RTI fait actuellement l'objet de recommandations consensuelles [3,10,11] qui proposent un cadre spécifique pour minimiser la survenue des effets adverses.

L'objectif de ce chapitre est de préciser les critères de prise en charge d'un accident de plongée en situation d'isolement, c'est-à-dire en l'absence d'un médecin sur place et avec une accessibilité à plus de 12 heures d'une structure hyperbare.

Nous proposons des conduites à tenir en fonction de la symptomatologie et du diagnostic présomptif d'accident de plongée permettant d'identifier le traitement. Nous présentons dans un premier temps les cas ne nécessitant pas de recompression, puis ceux relevant d'une RTI, avec des informations sur cette méthode de traitement.

Conduite à tenir

Diagnostic et décision de traitement

En l'absence de médecin sur place, une évaluation médicale à distance doit être recherchée avec des moyens audio et/ou visuels permettant une téléconsultation.

Les principaux objectifs de cette téléconsultation sont :

- de vérifier l'absence de critères de détresse vitale nécessitant des gestes immédiats de premier secours ;
- de faire préciser les conditions de plongée et les circonstances de survenue ;
- d'identifier les antécédents, traitements et facteurs de risque individuels ;
- de faire préciser l'ensemble des symptômes apparus et leur chronologie.

Cette démarche doit aboutir à la formulation d'hypothèses diagnostiques permettant de retenir ou non un accident de plongée. Il est conseillé de remplir une fiche d'évacuation comprenant toutes les informations sur la plongée et l'anamnèse avec le ou les diagnostics évoqués (voir chapitre 15).

Lorsque le diagnostic d'accident de plongée est retenu :

- il convient, dans un premier temps, d'identifier les cas qui ne nécessitent pas d'ONB et les situations où la mise sous ONB est nécessaire ;
- par la suite, il faut distinguer les accidents de plongée dont le traitement repose uniquement sur l'ONB, comme l'OPI, de ceux qui nécessitent une recompression, c'est-à-dire les ADD et les barotraumatismes pulmonaires avec aéroembolisme cérébral ;
- lorsque le diagnostic d'ADD a été posé, et compte tenu de l'absence de chambre hyperbare à proximité, il faut déterminer les cas pouvant être traités par ONB et ceux qui requièrent la mise en place d'une RTI. Cette phase est délicate car il convient d'identifier par l'interrogatoire lors de la téléconsultation s'il existe ou non la présence de symptômes neurologiques ou cochléovestibulaires. Dans certains cas, il peut être fait appel à une tierce personne pour réaliser un examen clinique simplifié pour rechercher par exemple des zones d'hypoesthésie en s'aidant du score ASIA (American Spinal Injury Association). Compte tenu de l'évolutivité des ADD, des réévaluations sont nécessaires, pouvant aboutir à une modification de la décision thérapeutique initiale ;
- enfin, il faut également prévoir l'évacuation secondaire, en prévenant le centre hyperbare ou l'hôpital le plus proche, en considérant les délais d'acheminement, la possibilité de maintenir l'ONB et le niveau d'accompagnement nécessaire (médicalisation) pendant l'évacuation.

Prise en charge sans recompression

Syndrome douloureux survenant pendant la plongée

La douleur est l'un des symptômes les plus courants des accidents de plongée. Elle survient souvent dans un contexte de variation de pression lors de baro-

Tableau 24.1. Orientation diagnostique en fonction de la localisation de la douleur.

Localisation de la douleur	Circonstances de survenue	Diagnostic probable	Conduite à tenir
Otalgies	À la descente, difficultés d'équilibration	BT de l'oreille moyenne	Traitement de la douleur ; (Télé)consultation ORL si suspicion de perforation et/ou présence de signes cochléovestibulaires
Douleurs faciales	À la descente ou à la remontée	BT sinusien	Traitement de la douleur
Céphalées	À la descente ou à la remontée Effort en plongée, dyspnée transitoire Plongée saturante, asthénie	BT sinusien Hypercapnie ADD non spécifique	Traitement de la douleur, évacuation si douleur réfractaire Traitement de la douleur Mise sous ONB
Douleur dentaire	À la descente ou à la remontée	BT dentaire	Traitement antalgique
Douleurs abdominales : « colique du scaphandrier »	À la descente ou à la remontée Si hyperalgique, suspecter un BT gastrique	BT digestif	Traitement antalgique Urgence médicale/évacuation

ADD : accident de désaturation ; BT : barotraumatisme ; ONB : oxygène normobare ; ORL : oto-rhino-laryngologie.

traumatismes ORL (oto-rhino-laryngologiques) (oreilles et sinus), dentaires et digestifs (« colique du scaphandrier ») et plus rarement pulmonaires.

Le tableau 24.1 décrit l'orientation diagnostique en fonction de la localisation de la douleur.

Dans les cas identifiés, la prise en charge repose sur un traitement antalgique sans recours à l'ONB. Une consultation médicale peut s'avérer nécessaire pour les douleurs réfractaires.

À noter que dans ce tableau n'apparaissent pas des localisations spécifiques qui nécessitent un avis médical avec mise sous ONB immédiate :

- les douleurs rachidiennes, souvent associées à un ADD neurologique ;
- les douleurs précordiales, pouvant être associées à un BT pulmonaire ou un ADD, sans oublier le diagnostic différentiel d'atteinte coronarienne.

Signes respiratoires à traiter par oxygénothérapie normobare

Ils sont résumés dans le tableau 24.2.

L'apparition d'une symptomatologie respiratoire avec la dyspnée comme symptôme dominant au décours d'une plongée est une situation fréquente qui peut parfois évoluer vers une détresse cardiorespiratoire pouvant mettre en jeu le pronostic vital. Elle impose une mise sous oxygène normobare précoce à fort débit (15 L min^{-1} au masque à haute concentration-MHC) en position demi-assise, qui permet souvent la résolution des signes respiratoires. Une évacuation secondaire vers un service d'accueil des urgences doit être recherchée. Les circonstances, le moment de survenue et la nature des symptômes permettent le plus souvent d'orienter le diagnostic. Les pathologies respiratoires sont dominées par les œdèmes pulmonaires d'immersion qui s'observent pour tous les niveaux de plongée. Ils sont liés à la réalisation d'un effort physique en immersion avec inspiration à pression négative (plongées à l'air comprimé ou en recycleur à port dorsal), ou en plongée en apnée par dépression thoracique. Ils peuvent également s'observer lors de natations en surface (triathlon).

Le plongeur de plus de 50 ans, avec des facteurs de risque cardiovasculaires (HTA [hypertension artérielle]), est davantage concerné. Souvent paucisymptomatiques, avec dyspnée pendant la plongée et crachats à la sortie de l'eau, ces OPI peuvent provoquer une hypoxie sévère et une dysfonction cardiaque dans 30 % des cas [12]. Ils représentent une cause importante et sous-estimée de décès en plongée.

Le barotraumatisme pulmonaire qui s'observe souvent dans le contexte de la formation à la remontée d'urgence avec blocage expiratoire peut être responsable de décès en plongée, par pneumothorax compressif ou aéroembolisme cérébral. Seuls les barotraumatismes pulmonaires compli-

Tableau 24.2. Orientation diagnostique en présence de signes respiratoires à la sortie de l'eau.

Circonstances de survenue				
Notion d'effort en plongée	Notion d'effort en plongée avec palmage soutenu, froid, stress. Possible lors d'apnées ou de plongées avec recycleur	Perte de connaissance (PC) en plongée, plus fréquent avec des recycleurs ou pratique de l'apnée	Blocage expiratoire, remontée rapide	Plongée profonde successive
Aspects cliniques				
Disparition des signes respiratoires au repos, céphalées résiduelles fréquentes	Dyspnée et crachats en surface, avec désaturation (SpO_2), possibilité de PC, complications respiratoires ou cardiaques	Troubles de conscience réversibles en surface. Rechercher une toxicité des gaz (hypoxie, hyperoxie, hypercapnie, narcose)	Détresse respiratoire possible, emphysème sous-cutané, risque de pneumothorax et d'aéroembolisme cérébral (signes neurologiques)	Précordialgies souvent réversibles généralement associées à d'autres signes d'ADD notamment neurologiques
Diagnostic probable				
Hypercapnie	OPI	Noyade	Barotraumatisme pulmonaire	ADD cardiorespiratoire
Conduite à tenir				
Bénin et réversible, traitement antalgique si céphalées résiduelles	ONB Hospitalisation (bilan cardiopulmonaire)	ONB Évacuation/hospitalisation (évaluation de la fonction respiratoire)	Prise en charge d'une détresse vitale ONB Recompression si signes neurologiques	ONB Recompression

ADD : accident de désaturation ; ONB : oxygène normobare ; OPI : œdème pulmonaire d'immersion ; PC : perte de connaissance ; SpO_2 : saturation de pouls en oxygène.

qués d'embolie gazeuse cérébrale avec présence de signes neurologiques nécessitent une recompression en caisson hyperbare. Les ADD cardiorespiratoires sont également possibles mais peu fréquents avec des précordialgies associées à des signes neurologiques dans un contexte de plongée saturante ; ils relèvent également d'un traitement hyperbare.

Signes évocateurs d'une forme « légère » d'ADD susceptible d'être traitée par oxygène normobare sans recompression

La recompression en caisson hyperbare est le traitement de référence pour les ADD. Cependant, certains plongeurs présentant des symptômes ou des signes correspondant à une forme « légère » d'ADD peuvent être pris en charge sans recompression. Il s'agit d'une décision au cas par cas qui ne peut être prise que par un médecin qualifié en médecine de la plongée lors d'une (télé)consultation. Cette prise de décision ne doit en aucun cas être généralisée et faire l'objet d'une gestion systématique pour tous les plongeurs présentant un ADD apparemment léger.

Cette conduite à tenir repose sur l'absence de symptômes neurologiques ou cochléovestibulaires qui doivent être recherchés. L'anamnèse n'étant pas suffisante, il convient d'obtenir l'aide d'un personnel soignant sur site pour réaliser des explorations simples sous la conduite du médecin en (télé)consultation. Un déficit sensitif ou moteur peut ainsi être identifié par des explorations systématiques simples en s'aidant par exemple du score ASIA.

Tous les cas relevant de cette prise en charge doivent être surveillés régulièrement pendant 24 heures afin d'exclure l'apparition de nouveaux symptômes. La possibilité d'une recompression par RTI sur site peut parfois s'avérer nécessaire selon l'évolution.

Douleur articulaire

La présence d'une douleur articulaire siégeant au niveau d'un membre apparaissant après la plongée en particulier au niveau d'une épaule est très évocatrice d'un ADD ostéo-myo-articulaire.

La forme la plus fréquente est liée à la présence de bulles périarticulaires au niveau des insertions musculaires et/ou tendineuses. Elle impose une mise sous oxygène normobare précoce à fort débit (15 L min^{-1} au MHC) en position allongée qui peut suffire à entraîner une résolution de la douleur.

En l'absence d'efficacité au bout de 30 minutes, une RTI peut être envisagée. En effet, ces formes d'ADD répondent très bien à la recompression avec une résolution fréquente de la douleur à la mise en pression.

Cependant, dans certaines situations, la formation de bulles peut siéger au niveau intraosseux et dans ce cas, la douleur n'est pas calmée, et parfois même accentuée, par la recompression [13]. Ces formes d'ADD osseux sont susceptibles d'évoluer vers une ostéonécrose dysbarique. L'évacuation secondaire vers un centre hyperbare sera nécessaire pour diagnostiquer l'atteinte osseuse (l'IRM [imagerie par résonance magnétique] articulaire est l'examen de référence) et proposer des séances d'OHB complémentaires pour limiter l'œdème intraosseux et le risque d'évolution secondaire vers une ostéonécrose.

Signes cutanés avec livedo (aspect de marbrures), prurit ou œdème sous-cutané

Les ADD cutanés peuvent être traités par ONB sous réserve de ne pas être associés à d'autres formes cliniques d'ADD. Il convient notamment de s'assurer de l'absence de signes associés neurologiques ou cochléovestibulaires qui nécessitent une recompression. *En l'absence de disparition des signes cutanés au bout de 30 minutes d'ONB, une RTI peut être envisagée.*

Signes non spécifiques avec fatigue ou céphalées

Ces symptômes non spécifiques sont parfois rattachés à la décompression : on parle d'ADD « constitutionnels » dans un contexte de plongée saturante, entraînant une asthénie marquée dans l'heure qui suit la sortie de l'eau, associée ou non à des céphalées qui ne s'expliquent pas par un effort intense au fond (suspicion d'hypercapnie) ou un barotraumatisme ORL. Le traitement par ONB est recommandé, mais il convient de s'assurer de l'absence de signes neurologiques ou cochléovestibulaires, qui nécessiteraient une recompression.

Signes subjectifs (paresthésies)

La présence de paresthésies ou de dysesthésies au niveau d'un ou de plusieurs membres doit être considérée comme un signe neurologique. La mise sous ONB immédiate est indiquée. La réalisation d'un examen neurologique est indispensable. Il faut en effet rechercher des signes déficitaires neurologiques sensitifs, moteurs ou sphinctériens et cochléovestibulaires. La recherche de signes d'irritation pyramidale et l'évaluation des paires crâniennes doivent également être effectuées. Si l'ONB permet la disparition des paresthésies rapidement et en l'absence d'évolution défavorable vérifiée par des examens neurologiques répétés, le traitement par ONB peut suffire. *En cas de persistance des paresthésies ou d'apparition de signes neurologiques objectifs, une RTI doit être envisagée.*

Prise en charge avec recompression thérapeutique par immersion (RTI)

Dès la déclaration des symptômes, le plongeur accidenté est placé sous ONB à fort débit 15 L min^{-1} au MHC, avec une hydratation per os de 250 à 500 mL d'eau plate ou d'une solution de réhydratation orale sur 30 minutes.

Un traitement symptomatique peut être appliqué à ce stade en cas de douleurs, de vomissements ou de vertiges.

L'avis d'un médecin qualifié en médecine de la plongée en (télé)consultation est recherché immédiatement. Celui-ci identifie les contre-indications éventuelles et propose une RTI si la structure locale dispose des matériels et de personnels formés.

Contre-indication de la RTI

- Troubles de conscience.
- État convulsif.
- Signes de détresse respiratoire.
- Pneumothorax.

- Vertiges rotatoires.
- Vomissements répétés.

Indications de la RTI

- ADD ou barotraumatisme pulmonaire avec signes neurologiques déficitaires ;
- ADD avec paresthésies non soulagées par l'ONB ;
- ADD cutané avec persistance des signes malgré l'ONB ;
- ADD avec douleurs articulaires non soulagées par l'ONB ;
- ADD avec signes neurologiques déficitaires ;
- ADD avec signes cochléovestibulaires maîtrisés (disparition des vomissements et diminution des vertiges).

Mise en œuvre de la RTI

Le directeur de plongée identifie le lieu de la RTI selon les conditions d'environnement et rappelle tous les plongeurs disponibles. La RTI doit être débutée rapidement si possible après une période de 30 minutes d'observation sous ONB.

La RTI est effectuée à partir d'une embarcation légère disposant d'une bouteille d'O_2 de 20 L minimum (idéalement une bouteille de 50 L) gonflée à 180 bars minimum reliée à un détendeur 1er étage avec une connectique d'une longueur suffisante pour délivrer l'$O_2$100 % à la profondeur de 9 m par l'intermédiaire d'un détendeur 2e étage nitrox.

Le plongeur accidenté est équipé d'une sangle d'embout buccal pour éviter la perte du détendeur en cas de trouble de conscience.

Une ligne de vie reliée avec la surface permet de stabiliser le plongeur accidenté (avec par exemple un système de fixation sous les aisselles) et de lui éviter ainsi tout effort pour se maintenir en immersion à 9 m ou 7,5 m selon le protocole choisi (figure 24.2). Une ligne à paliers marquée tous les mètres est installée pour guider la remontée.

L'équipe comprend au minimum une personne sur l'embarcation pour contrôler les réserves d'O_2, le respect du protocole de RTI et les paramètres de plongée du ou des plongeurs d'assistance. À bord de l'embarcation, un bloc de bouteilles d'air de secours est toujours disponible pour le plongeur d'assistance.

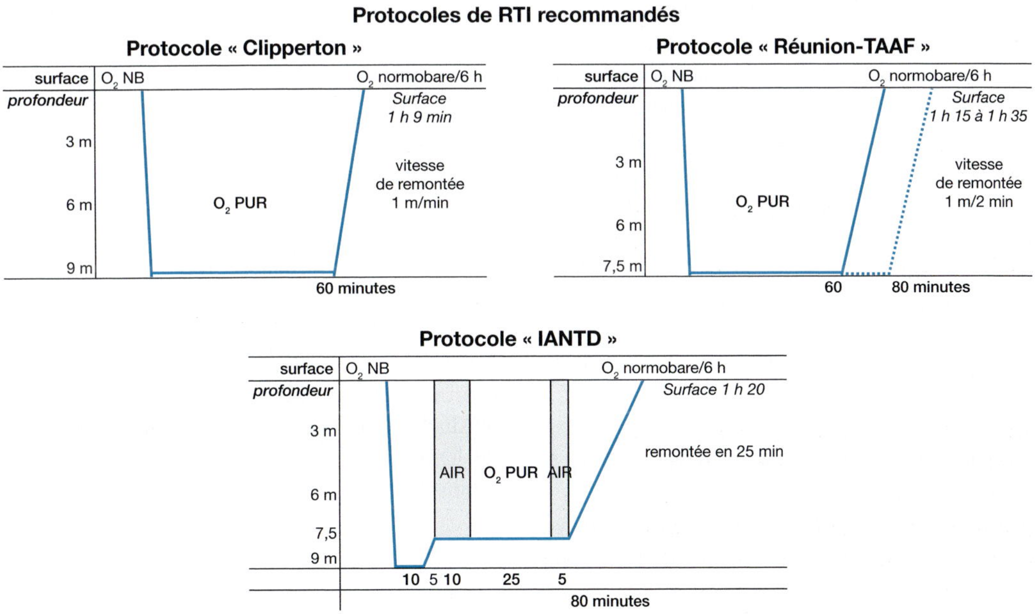

Figure 24.2. Méthodes actuelles recommandées de recompression thérapeutique par immersion.
IANTD : *International Association of Nitrox And Technical Divers* ; O_2 : oxygène ; RTI : recompression thérapeutique par immersion ; ONB : oxygène normobare ; TAAF : terres australes et antarctiques françaises.

Un, voire deux plongeurs accompagnants sont en effet indispensables auprès de l'accidenté pour lui porter secours au moindre problème et communiquer avec lui au moyen d'une planchette immergeable.

Des variantes sont possibles comme l'utilisation d'un masque facial intégrant un dispositif de communication avec la surface. Un harnais de type sellette peut également faciliter la position de repos du plongeur accidenté. Une poignée bloquante de type Jumar reliée à un mousqueton peut également faciliter la remontée. Dans certains cas, l'emploi d'un recycleur à circuit fermé à 100 % d'O_2 peut être envisagé pour des plongeurs formés à l'utilisation de l'appareil. Dans d'autres cas, l'utilisation de plusieurs blocs d'O_2 (10 ou 12 L) gonflés à 180 bars au pendeur peut être une alternative en fonction des conditions de la mer.

Une fois la RTI terminée, le patient est pris en charge : il est déséquipé, séché et réchauffé. L'ONB peut être poursuivie pendant les 3 premières heures en cas de persistance des symptômes ; l'hydratation per os doit être favorisée avec ingestion de 1 L d'eau plate ou d'une solution de réhydratation orale pendant ces 3 heures. Une réévaluation clinique doit être effectuée avec avis du médecin qualifié par téléconsultation. En cas d'ADD neurologique, la présence d'une atteinte sphinctérienne avec difficultés urinaires (rétention d'urines) doit être recherchée. En fonction de l'efficacité initiale, de la persistance ou de l'apparition de symptômes, le protocole de RTI peut être répété une à deux fois par jour, à l'instar d'une séance d'OHB. Le plongeur accidenté doit être régulièrement réévalué. Au décours de la ou des RTI, l'évacuation secondaire du plongeur accidenté vers un centre hyperbare doit être envisagée et organisée par téléconsultation avec le médecin référent.

Évacuation du plongeur accidenté

Une demande d'évacuation médicalisée en urgence peut être envisagée en première intention dans certaines situations critiques :

- troubles de conscience persistants ;
- signes de détresse respiratoire dans un contexte évoquant un OPI ou un BTP ;
- signes de dysfonction cardiaque dans un contexte évoquant un OPI ;
- vertiges rotatoires et vomissements persistants dans un contexte évoquant une atteinte sévère de l'OI (ADD ou BT).

Le plus souvent, l'évacuation sera décidée au décours de la prise en charge initiale par ONB ou RTI. L'évacuation secondaire du plongeur accidenté vers un centre hyperbare doit être envisagée pour tous les cas d'ADD présentant des symptômes résiduels mais également pour ceux qui ont récupéré mais qui nécessitent un suivi avec réalisation d'un bilan complémentaire. En effet, la récurrence de symptômes d'ADD dans les jours qui suivent reste possible malgré une recompression initiale.

L'évacuation est décidée en concertation lors d'une conférence à trois avec un médecin qualifié en médecine de plongée, le médecin du centre hyperbare et la régulation médicale en charge de l'évacuation.

En cas d'évacuation aérienne, une altitude inférieure à 300 m (altitude réelle ou altitude cabine dans le cas d'un aéronef pressurisé) est souhaitable lorsque la prise en charge s'effectue dans un délai inférieur à 24 heures après la survenue des symptômes.

Lorsqu'il n'est pas possible de maintenir une altitude basse, l'analyse bénéfice/risque évalue le potentiel d'aggravation clinique lié au retard d'évacuation par rapport au risque lié à la montée en altitude.

L'inhalation d'oxygène à une concentration aussi proche que possible de 100 % pendant l'évacuation doit être privilégiée dans tous les cas où cela est possible.

Les plongeurs ayant totalement récupéré après la prise en charge initiale ou présentant des signes résiduels mineurs peuvent être évacués par avion de ligne, de préférence après une période d'au moins 24 heures.

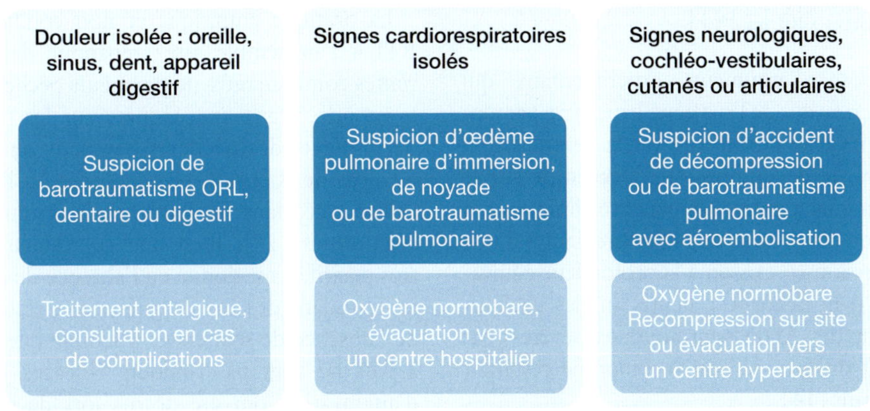

Figure 24.3. Schéma de synthèse précisant la prise en charge sans recompression en fonction des symptômes et du diagnostic retenu.
ORL : oto-rhino-laryngologie.

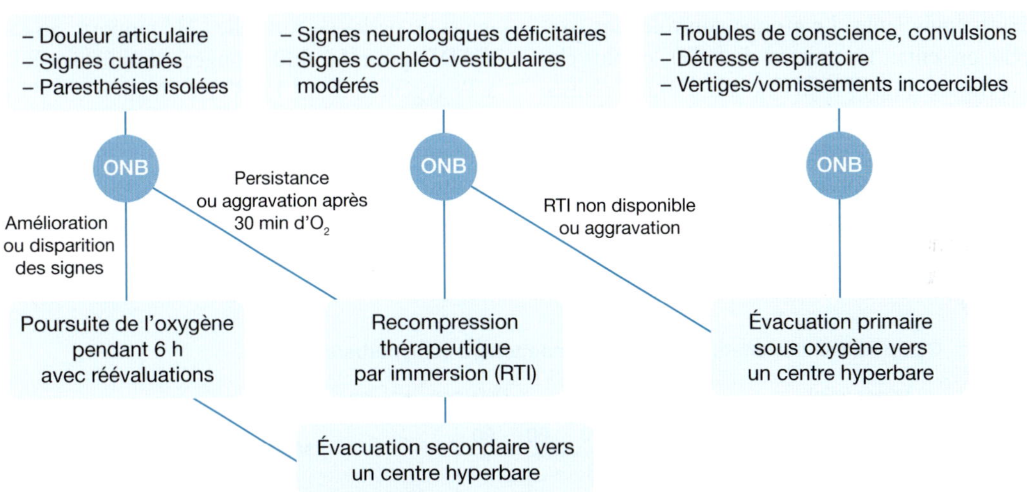

Figure 24.4. Schéma de synthèse précisant la prise en charge avec recompression thérapeutique par immersion en fonction des symptômes et du diagnostic retenu.
ONB : oxygène normobare ; O_2 : oxygène ; RTI : recompression thérapeutique par immersion.

Schémas de synthèse de prise en charge (figures 24.3 et 24.4)

Données complémentaires sur la recompression thérapeutique par immersion

La pratique de la plongée en zone reculée, loin de toute structure de soins s'est considérablement développée ces dernières années. Cela concerne aussi bien le plongeur de loisir, le plongeur *Tek* ou encore des plongeurs professionnels dans un cadre scientifique ou militaire ainsi que des apnéistes. Sous réserve de maîtriser certains risques bien identifiés et d'une formation dédiée, la RTI, en raison de sa simplicité et de son faible coût, peut être proposée en l'absence de caisson hyperbare. Il convient de brièvement rappeler les arguments en faveur de la RTI, les principaux risques et les protocoles proposés.

Efficacité de la RTI

On dispose d'arguments expérimentaux qui plaident en faveur de l'oxygène hyperbare par rapport à l'oxygène normobare sur la neutralisation des bulles de décompression. Une étude sur le modèle animal a montré le bénéfice clinique et la diminution des niveaux de bulles circulantes d'une recompression en caisson à la profondeur équivalente de 6 m pendant 1 heure sur des cochons présentant des ADD neurologiques sévères, par rapport à un groupe non recomprimé respirant l'air ambiant [14].

Sur des plongeurs sains il a été montré que la réimmersion à 6 m sous oxygène 100 % était plus efficace pour réduire les bulles circulantes que l'oxygène délivré en surface sur une période de temps équivalente. Le groupe contrôle sans oxygène présentait les niveaux de bulles les plus élevés (figure 24.5) [15]. Une autre étude réalisée sur 11 plongeurs confirme que la diminution des bulles circulantes est la plus importante lors d'une réimmersion comprise entre 7,5 et 9 m sous oxygène 100 % par rapport à l'ONB [16].

La pratique empirique et non codifiée de la RTI à l'air semble assez répandue dans différentes communautés de plongeurs pêcheurs dans le monde. Dans une enquête sur les pratiques de plongée, des pêcheurs hawaïens ont signalé 527 cas de RTI non protocolisées où l'air était utilisé avec, dans 78 % des cas, la résolution des symptômes [17]. Bien que ce résultat semble très positif, il est donné en l'absence de contrôle indépendant des cas de guérisons présumées et de l'absence de séquelles : il semble que les RTI à l'air ne sont pas toujours efficaces. Des cas d'aggravation ont été décrits lors de réimmersion à une profondeur importante [18-20], ce qui ne semble pas être le cas pour les RTI réalisées à l'oxygène à faible profondeur. En effet, une étude menée de 1988 à 1991 sur des plongeurs de perles en Australie [21] rapporte 56 cas d'ADD pour 11 000 plongées, traités par RTI à l'oxygène à 9 m. La RTI était mise en place dans les 30 minutes avec dans la plupart des cas une amélioration ou la disparition des signes. Aucune crise hyperoxique n'est rapportée. Une étude australienne ultérieure sur cette population

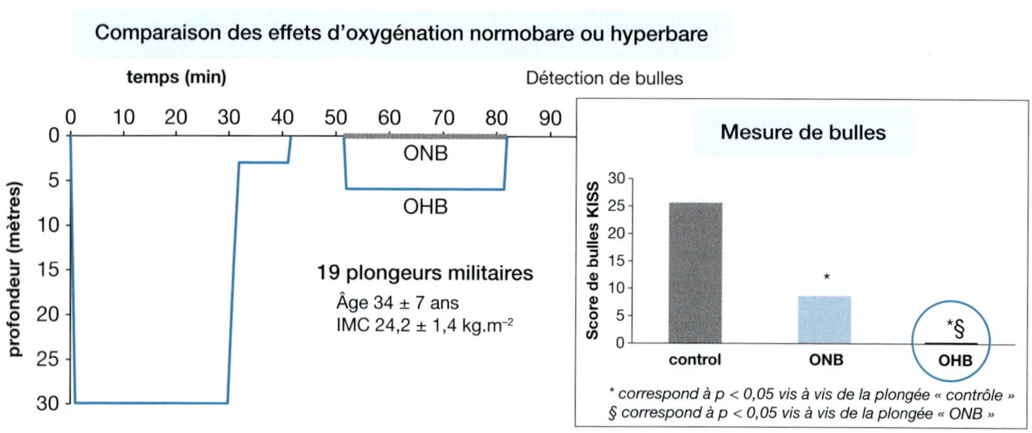

Chaque plongeur a réalisé 3 plongées : une plongée contrôle et 2 plongées suivies d'oxygénation normo-(ONB) ou hyperbare (OHB)

Figure 24.5. **Comparaison des effets d'oxygénation normobare ou hyperbare sur le niveau de bulles circulantes veineuses au décours d'une plongée à l'air à 30 m.**

IMC : indice de masse corporelle ; OHB : oxygénothérapie hyperbare ; ONB : oxygène normobare.

Source : Blatteau JE, Pontier JM. Effect of in-water recompression with oxygen to 6 msw versus normobaric oxygen breathing on bubble formation in divers. Eur J Appl Physiol. 2009;106(5):691-5.

de plongeurs de perles confirme ces bons résultats sur une trentaine de cas [22]. Cependant, comme pour les études hawaïennes, la sévérité initiale des ADD et la présence de séquelles n'ont pas fait l'objet d'une analyse détaillée.

Dans une autre série de 16 cas d'ADD de gravité variable, il a été montré que la RTI à l'oxygène est associée à une meilleure récupération et à moins d'aggravations secondaires que lorsqu'elle est réalisée à l'air [23].

Plus récemment, un programme conçu pour former les pêcheurs plongeurs vietnamiens à la pratique de plongées plus sûres et avec des méthodes de RTI standardisées décrit 24 cas d'ADD de différentes formes cliniques de types I et II traités par RTI à l'air ou à l'O_2. Dix cas présentant uniquement des douleurs articulaires ont bénéficié d'une RTI à l'air, et ont tous été soulagés. Dix cas d'ADD neurologique, dont quatre ont été traités par RTI à l'O_2 à 9 m pendant 1 heure, se sont tous complètement rétablis. En revanche, seuls 2 des 6 cas traités par RTI à l'air se sont immédiatement rétablis (figure 24.6). Cette étude suggère également que la RTI à l'O_2 est plus efficace que la RTI à l'air [24].

Identification et prise en compte des risques

Noyade

Elle est considérée comme un des risques les plus sérieux de la RTI. Elle peut résulter de causes environnementales ou de l'apparition de troubles de conscience. La prise en compte du risque prévoit la protection des voies respiratoires par l'utilisation d'une sangle d'embout buccal ou d'un masque facial et par l'installation du plongeur, relié à une ligne de vie avec la surface afin qu'il ne puisse pas couler. L'accompagnement systématique par un plongeur d'assistance est indispensable pour secourir l'accidenté et le remonter vers la surface si nécessaire.

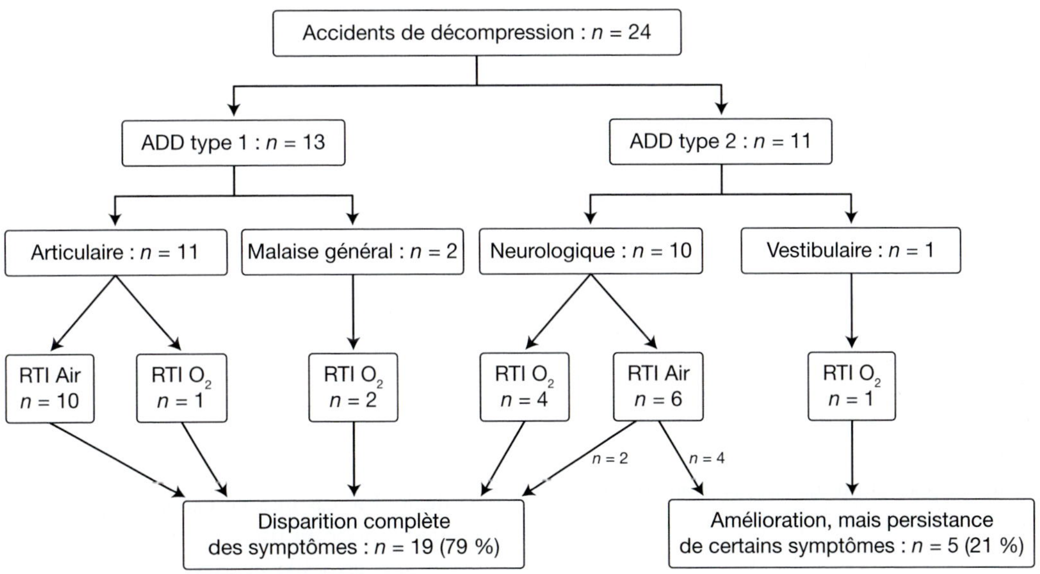

Figure 24.6. **Bilan des accidents de décompression traités par recompression thérapeutique par immersion au Viêtnam sur la période 2009-2012.**
ADD : accident de désaturation ou de décompression ; O_2 : oxygène ; RTI : recompression thérapeutique par immersion.
Source : Blatteau JE, Pontier JM, Buzzacott P, et al. Prevention and treatment of decompression sickness using training and in-water recompression among fishermen divers in Viêtnam. Inj Prev. 2016;22(1):25-32.

Toxicité de l'oxygène

L'inhalation d'oxygène pur sous pression peut favoriser la survenue d'une crise hyperoxique qui se manifeste par des convulsions habituellement réversibles au retour en air ambiant. La plupart des protocoles de RTI autorisent la respiration d'oxygène pur à la profondeur de 9 m (PiO_2 [pression inhalée d'oxygène] de 1,9 ATA) pendant 2 à 3 heures. Il s'agit d'un niveau d'hyperoxie inférieur à celui des patients au repos en chambre hyperbare pendant de nombreuses heures (seuil à 2,8 ATA) mais supérieur à celui accepté pour les plongeurs utilisant l'oxygène pur en eau, en situation d'effort physique et exposés à l'hypercapnie (seuil à 1,6 ATA). Afin de réduire ce risque, il a été proposé de limiter la durée d'exposition à 1 heure maximum à la PiO_2 de 1,9 ATA [9], ce qui est cohérent avec les données de modélisation d'Arieli pour un risque d'événement hyperoxique < 5 % [25] et les résultats documentés d'efficacité clinique évoqués précédemment.

Il est également possible de réduire la profondeur à 7,5 m avec une PiO_2 à 1,75 ATA permettant une durée de 80 minutes maximum si l'on veut rester cohérent avec le modèle d'Arieli [25]. Les protocoles IANTD (*International Association of Nitrox And Technical Divers*) et celui du centre hyperbare de la Réunion pour les missions dans les terres australes et antarctiques françaises (TAAF) sont basés sur cette profondeur de RTI.

Hypothermie

Plusieurs heures de réimmersion en position statique dans une eau froide peuvent entraîner un état d'hypothermie. L'emploi d'une protection thermique adaptée à la température de la mer permet de contrôler ce risque. Des essais de RTI en eaux polaires ont même été réalisés sous réserve d'une adaptation du matériel et d'un contrôle de la température centrale [26].

Aggravation de l'ADD

Il est bien connu que l'état clinique de certains plongeurs souffrant d'un ADD, notamment neurologique, peut se détériorer malgré (et même pendant) la recompression. Il est important d'anticiper cette situation :

- en contre-indiquant les patients qui présentent des troubles de conscience ;
- en sécurisant le site de la RTI pour éviter une interruption brutale du protocole ; il s'agit de prévoir un site protégé et compatible avec les conditions environnementales (vents, courants marins, houle, faune agressive...) ;
- en préparant le patient à la RTI avec au préalable réalisation d'une bonne oxygénation normobare, avec réchauffement et hydratation active. En effet, la déshydratation objectivée par l'hémoconcentration constitue un facteur pronostique dans l'ADD. Le niveau de déshydratation, essentiellement d'origine urinaire, étant corrélé avec la durée d'immersion, il est souhaitable de limiter la durée de RTI, comme avec le protocole de Clipperton qui prévoit 1 heure d'immersion maximum [9].

Standardisation du protocole de RTI

La RTI à l'oxygène à faible profondeur doit être privilégiée. En cas de RTI à l'air, les incursions profondes sont proscrites en raison des risques de narcose et de majoration de la charge en azote. Les durées de RTI supérieures à 2 heures apparaissent excessives en raison des risques de déshydratation, d'hypothermie et de crise hyperoxique.

Pour ces raisons, nous privilégions une procédure de RTI à l'oxygène avec une immersion pendant 1 heure à 9 m de profondeur maximum suivie d'une remontée à 1 m min^{-1} dont l'efficacité a été documentée (figure 24.2) [9]. Il est également envisageable d'utiliser un protocole de RTI à 7,5 m avec extension possible à 80 minutes pour un risque hyperoxique équivalent (protocoles TAAF et IANTD) (figure 24.2). La RTI peut être répétée en cas de persistance de symptômes et dans l'attente d'une évacuation secondaire.

FICHE DE RÉGULATION D'ACCIDENT DE PLONGÉE SUR SITE ÉLOIGNÉ*

Qui appelle : Date et heure : Lieu de plongée :

Homme : ☐ Femme : ☐ Âge :

ATCD: Cardiopulmonaire : ☐ Neurologique : ☐ ORL : ☐ Autre :

Facteur de risque cardiovasculaire :

Traitement : Allergie :

EXPÉRIENCE DU PLONGEUR

Nombre de plongées < 100 : ☐ 100-500 : ☐ > 500 : ☐ Nombre de plongées depuis 6 mois :

Niveau de plongée :

ATCD d'accident de plongée : ☐ Type d'accident et date :

LA PLONGÉE

Circuit ouvert : ☐ Recycleur : ☐ Apnée ☐

GAZ : Air : ☐ Nitrox : ☐ Trimix ☐

Plongée précédente < 12 h : ☐ Intervalle de surface : min

Plongée de formation : ☐ yoyo ☐

Durée totale : min Profondeur : mètres Heure de sortie :

Palier : Air : ☐ Nitrox/O_2 : ☐ Durée : Profondeur :

Erreur de procédure (palier) ☐ Remontée rapide ☐ Blocage expiratoire ☐

DÉBUT DES SYMPTÔMES :

À la descente : ☐ Au fond : ☐ À la remontée : ☐ À l'émersion : ☐

Heure d'apparition des signes :

Description :

EXAMEN

Cardiopulmonaire

TA : FC : SPO_2 en air ambiant : FR :

Décompensation respiratoire : ☐

Douleur/oppression thoracique persistante : ☐

Essoufflement : ☐ Toux : ☐ Crachats : ☐

Emphysème sous-cutané : ☐

Neurologique

Inconscient : ☐ réponse verbale : ☐ réponse à la douleur : ☐ aréactif : ☐

Conscient mais : désorienté ☐ prostré ☐ agité ☐

Déficit moteur : membre supérieur ☐ membre inférieur ☐ droit ☐ gauche ☐

Déficit sensitif : membre supérieur ☐ membre inférieur ☐ droit ☐ gauche ☐

Paresthésies : ☐

membre supérieur ☐ membre inférieur ☐ droit ☐ gauche ☐

Difficulté pour uriner : ☐ Difficulté pour marcher ☐ Instabilité debout yeux fermés ☐

Atteinte visuelle : ☐ Troubles du langage : ☐ Paralysie faciale : ☐

Cochléovestibulaire

Perte d'audition : ☐ Acouphènes : ☐ droite : ☐ gauche : ☐

Vertiges : ☐ Position debout impossible ☐ Nausées : ☐ Vomissements : ☐

Douleur

rachidienne : ☐ articulaire : ☐ oreille : ☐ face : ☐ abdominale ☐

Localisation : intensité (1 à 10) :

Éruption cutanée : ☐

marbrures ☐ érythème ☐ prurit ☐ piqûre ☐

PRISE EN CHARGE INITIALE

Localisation :

O_2 ☐ Masque à haute concentration ☐ Débit : Heure de mise en place :

Quantité d'O_2 disponible (Stock) :

Hydratation : ☐ orale : ☐ perfusion : ☐ quantité donnée :

Médicament :

Évolution sous O_2 :

DIAGNOSTIC ÉVOQUÉ

OPI ☐ Hypercapnie ☐ BT pulmonaire ☐ Noyade ☐

BT ORL ☐ BT digestif ☐ Toxicité des gaz ☐ Faune/flore ☐

ADD ☐ Neuro ☐ OI ☐ *Bend* ☐ Cutané ☐ *Chokes* ☐ Asthénie ☐

Autre :

CONDUITE À TENIR

Traitement médical : sur place ☐ à distance dans un hôpital ☐ évacuation en urgence ☐

Recompression ☐ sur place : caisson ☐ RTI ☐ à distance : centre hyperbare ☐

CONDUITE À TENIR POUR UNE RTI

NON-INDICATION : Oui ☐ Non ☐

CONTRE-INDICATION : Oui ☐ Non ☐

INDICATION À LA RTI : Oui ☐ Non ☐

<u>Si OUI :</u>
Accord du plongeur : Oui ☐ Non ☐

Équipe expérimentée : Oui ☐ Non ☐

Matériel disponible : Oui ☐ Non ☐

Condition de mer favorable : Oui ☐ Non ☐

Site de RTI identifié : Oui ☐ Non ☐

Nombre de plongeurs disponibles :

Heure de recompression :

Évolution pendant et après :

ÉVACUATION

Contact : Heure d'appel :
Moyen d'évacuation : avion ☐ hélicoptère ☐ bateau ☐ ambulance ☐

Nécessité d'oxygène : ☐ Nécessité de médicaliser : ☐

Lieu d'évacuation : centre hyperbare le plus proche ☐ service d'urgence le plus proche ☐

Délai estimé :

Observations :

* NB : cette fiche permet de recueillir l'ensemble des informations relatives à l'accident de plongée. Elle est renseignée initialement par le médecin au contact de l'accidenté, et permet de prendre en compte la conduite à tenir retenue en concertation avec la régulation médicale et le médecin hyperbariste référent. Ainsi peuvent être identifiés les patients ayant bénéficié d'une RTI, l'évolution des symptômes et les modalités d'évacuation.

Références

[1] Yarbrough OD, Behnke AR. The treatment of compressed air illness utilizing oxygen. J Industr Hyg Toxicol 1939 ; 21 : 213-8.

[2] Goodman MW, Workman RD. Minimal-recompression, oxygen-breathing approach to treatment of decompression sickness in divers and aviators. Rep US Navy Exp Diving Unit 1965 : 1-40.

[3] Mitchell SJ, Doolette DJ, Wachholz C, Vann RD, editors. Management of mild or marginal decompression illness in remote locations. In : 2004 Workshop Proceedings. Washington : Undersea and Hyperbaric Medical Society ; 2005.

[4] Meusnier B. Contribution à l'analyse séméiologique et diagnostique des accidents de plongée survenant sur la côte méditerranéenne française : à propos de 1 014 cas admis au centre hyperbare de l'HIA Sainte-Anne à Toulon de 2011 à 2018 [Thèse de doctorat en médecine]. Marseille : Université d'Aix-Marseille, Sciences du vivant [q-bio] ; 2020. Disponible sur : https://dumas.ccsd.cnrs.fr/dumas-03048838.

[5] Xu W, Liu W, Huang G, et al. Decompression illness : clinical aspects of 5 278 consecutive cases treated in a single hyperbaric unit. PLoS One 2012 ; 7(11) : e50079.

[6] Blatteau JE, Gempp E, Simon O, et al. Prognostic factors of spinal cord decompression sickness in recreational diving : retrospective and multicentric analysis of 279 cases. Neurocrit Care 2011 ; 15(1) : 120-7.

[7] Andre S, Lehot H, Morin J, et al. Influence of prehospital management on the outcome of spinal cord decompression sickness in scuba divers. Emerg Med J 2022 emermed-2021-211227.

[8] Bouak F. Lightweight portable hyperbaric chambers. Defence R&D Canada — Toronto Technical Memorandum DRDC Toronto TM 2003-157. December 2003.

[9] Blatteau JE, Jean F, Pontier JM, et al. Gestion d'un accident de plongée en situation d'isolement. Intérêt de la recompression thérapeutique par immersion. Revue et proposition d'un nouveau protocole à l'occasion d'une mission sur l'atoll de Clipperton. Ann Fr Anesth Reanim 2006 ; 25(8) : 874-83.

[10] Dituri J, Sadler R. Emergency management of stricken divers in remote locations. Lake City : International Association of Nitrox and Technical Divers ; 2015.

[11] Doolette DJ, Mitchell SJ. In-water recompression. Diving Hyperb Med 2018 ; 48(2) : 84-95.

[12] Gempp E, Louge P, Henckes A, et al. Reversible myocardial dysfunction and clinical outcome in scuba divers with immersion pulmonary edema. Am J Cardiol 2013 ; 111(11) : 1655-9.

[13] Gempp E, Louge P, De Maistre S. Predictive factors of dysbaric osteonecrosis following musculoskeletal decompression sickness in recreational SCUBA divers. Joint Bone Spine 2016 ; 83(3) : 357-8.

[14] Møllerløkken A, Nossum V, Hovin W, et al. Recompression with oxygen to 160 kPa eliminates vascular gas bubbles in the pulmonary artery, but does not prevent endothelium damage. European Journal of Underwater and Hyperbaric Medicine 2007 ; 8(1,2) : 11-6.

[15] Blatteau JE, Pontier JM. Effect of in-water recompression with oxygen to 6 msw versus normobaric oxygen breathing on bubble formation in divers. Eur J Appl Physiol 2009 ; 106(5) : 691-5.

[16] Dituri J, Sadler R, Siddiqi F, et al. Echocardiographic evaluation of intracardiac venous gas emboli following in-water recompression. Undersea Hyperb Med 2016 ; 43(2) : 103-12.

[17] Farm FP Jr, Hayashi EM, Beckman EL. Diving and decompression sickness treatment practices among Hawaii's diving fishermen. Sea Grant Technical Paper UNIHISEAGRANT-TP-86-01. [Cité 18 février 2018]. Honolulu : University of Hawaii Sea Grant College Program ; 1986. Disponible sur : http://nsgl.gso.uri.edu/hawau/hawaut86001.pdf.

[18] Gold D, Geater A, Aiyarak S, et al. The indigenous fisherman divers of Thailand : in-water recompression. Int Marit Health 1999 ; 50(1-4) : 39-48.

[19] Westin AA, Asvall J, Idrovo G, et al. Diving behaviour and decompression sickness among Galapagos underwater harvesters. Undersea Hyperb Med 2005 ; 32(3) : 175-84 PMID : 16119309.

[20] Blatteau JE, Lambrechts K, Ruffez J. Factors influencing the severity of long-term sequelae in fishermen-divers with neurological decompression sickness. Diving Hyperb Med 2020 ; 50(1) : 9-16.

[21] Edmonds C. Pearls from the deep. A study of Australian pearl diving 1988-1991. SPUMS J 1996 ; 26(Suppl) : 26-30.

[22] Wong RM. Pearl diving from Broome. SPUMS J 1996 ; 26(Suppl) : 15-25.

[23] Pyle RL, Youngblood D. In water recompression as an emergency field treatment of decompression illness. SPUMS J 1997 ; 27 : 154-69.

[24] Blatteau JE, Pontier JM, Buzzacott P, et al. Prevention and treatment of decompression sickness using training and in-water recompression among fishermen divers in Vietnam. Inj Prev 2016 ; 22(1) : 25-32.

[25] Arieli R, Yalov A, Goldenshluger A. Modeling pulmonary and CNS O2 toxicity and estimation of parameters for humans. J Appl Physiol 2002 ; 92(1) : 248-56.

[26] Sullivan P, Vrana A. Trial of in-water recompression therapy in Antartica. SPUMS J 1992 ; 22(1) : 46-51.

Chapitre 25

Conduite à tenir face à une envenimation par la faune sous-marine

Jean-Éric Blatteau, Jean-Jacques Morand

Points clés

- Les plongeurs sont exposés au risque d'envenimations marines aussi bien dans les mers tropicales que sur nos côtes. Il s'agit souvent de piqûres d'invertébrés, méduses, cônes et coraux, ou de poissons, vives, raies, rascasses, et poissons-pierres notamment.
- Le traitement repose sur l'identification de l'espèce en cause, l'extraction immédiate du milieu aquatique pour éviter la noyade et le déclenchement des secours.
- La mise en route rapide d'un traitement par la chaleur doit être effectuée pour les nombreuses espèces dont le venin est thermolabile.
- La prise en charge hospitalière des plaies profondes est la règle pour optimiser l'antalgie, effectuer un parage chirurgical, la vaccination antitétanique et mettre en route éventuellement une couverture antibiotique.
- Les formes graves peuvent bénéficier d'un traitement par sérum pour le poisson-pierre et par extension les poissons de la famille des scorpénidés, la méduse-boîte *Chironex fleckeri* et le serpent marin *Enhydrina schistosa*.

Introduction

Le nombre de voyageurs internationaux n'a cessé d'augmenter ces dernières années, avec un développement croissant des activités de plongée de loisir, souvent réalisées dans les zones intertropicales. Le plongeur subaquatique ou le plongeur réalisant des activités en surface (palmes, masque, tuba — PMT) est exposé au risque d'envenimation par la faune sous-marine. L'envenimation résulte le plus souvent d'une piqûre d'animaux marins vertébrés et invertébrés (cnidaires, coquillages, poissons), ou plus rarement d'une morsure (serpent).

Les envenimations marines sont un problème de santé publique dans certains pays comme l'Australie, en raison notamment de l'expansion des zones de présence des méduses-boîtes ou *box jellyfish*, dont *Chironex fleckeri*, extrêmement venimeuses qui provoquent régulièrement des décès. Avec les modifications climatiques, la présence des méduses-boîtes s'étend dans les zones intertropicales notamment en Asie du Sud-Est [1]. Les poissons de la famille des scorpénidés, dont les poissons-pierres, représentent une autre cause d'envenimation importante ; très venimeux, ils peuvent être responsables de complications chirurgicales et parfois provoquer une détresse vitale.

Les envenimations marines représentent environ 1 % des consultations postvoyage en France. Dans une étude portant sur 3 300 patients reçus à la Pitié-Salpêtrière entre 2008 et 2013 [2], 37 cas d'envenimations marines ont été recensés. Ils provenaient de piqûres d'invertébrés par des cnidaires, coraux (11 cas) et méduses (8 cas), avec quelques cas de piqûres par étoiles de mer et anémones de mer. Les piqûres de poissons étaient également bien représentées, avec le poisson-pierre (10 cas), les vives et les raies. Les destinations de voyage les plus fréquentes étaient l'Asie du Sud-Est et du Sud, suivie par les îles à l'est de l'Afrique (Madagascar, la Réunion, île Maurice, Rodrigues). Sur les côtes françaises les envenimations sont également présentes et dominées par des piqûres de vives, de rascasses et de méduses [3,4].

D'une manière générale, les envenimations marines représentent un danger croissant chez les plongeurs voyageurs, malgré la protection de l'équipement de plongée, qui est souvent allégée pour les plongées en eaux tropicales.

L'objectif de ce chapitre n'est pas de dresser une liste exhaustive de l'ensemble des envenimations marines potentielles, mais de décrire les principales causes et la prise en charge des envenimations majoritairement rencontrées chez le plongeur après un voyage en séjour tropical ou lors de plongées réalisées sur les côtes atlantique ou méditerranéenne.

Les piqûres par invertébrés marins

Les envenimations marines les plus fréquentes sont dues à la branche des cnidaires, qui comporte des invertébrés de forme fixe (les polypes) ou des créatures nageuses très variées (les méduses). Leur corps en forme de sac délimite une cavité digestive (cœlentéron) en continuité avec une bouche primitive entourée de tentacules. Il existe quatre classes distinctes comprenant les anthozoaires (coraux, anémones de mer), les hydrozoaires (physalies, coraux de feu ou *Millepora* qui ne sont pas de véritables coraux), les schiphozoaires (majorité des méduses), et les cubozoaires (méduses-boîtes) [2]. Les cnidaires possèdent des organelles appelées cnidocystes ou nématocystes, situés sur les tentacules, qui peuvent transpercer la peau et larguer du venin en cas de contact.

Méduses

L'appareil venimeux des méduses est constitué par les tentacules comportant des filaments sur lesquels sont apposées des cellules appelées nématocystes, qui, au contact, s'évaginent, propulsant un véritable harpon prolongé d'un filament barbelé, blessant la peau et permettant l'injection d'une dose de venin, différent selon l'espèce en cause (figure 25.1). L'évolution en deux temps est due à l'action cytotoxique du venin dont une petite partie seulement est libérée lors du contact cutané initial.

Les méduses de nos côtes sont essentiellement urticantes. Elles entraînent une sensation de brûlure avec un érythème régressif avec plus rarement l'apparition de phlyctènes et la possibilité à terme de lésions pigmentées et de cicatrices chéloïdes. Cependant l'espèce *Pelagia noctiluca*, de couleur violette, est susceptible d'entraîner de véritables brûlures cutanées hyperalgiques à type de décharge électrique [5].

Les physalies ou « galère portugaise » ou *blue bottle* appartiennent à la famille des hydrozoaires. Elles sont constituées par un flotteur qui maintient la colonie à la surface et possèdent de très longs filaments, parfois jusqu'à 30 m, couverts de nématocystes très urticants (figure 25.1). Les physalies les plus grosses de type *Physalia physalis* présentes en Atlantique sont à craindre avec le risque de s'enrouler dans les tentacules. La douleur est immédiate et intense avec formation de lignes érythémateuses très prurigineuses, laissant place parfois à des zones de nécrose. Des signes généraux avec atteinte cardiorespiratoire sont possibles avec un risque de détresse vitale et de noyade.

Les méduses-boîtes (*box jellyfish*, *boxfish*) appartiennent à la famille des cubozoaires ; transparentes, elles se trouvent souvent à proximité des plages proches des mangroves, dans des eaux calmes. On distingue les *Chironex* (dont la guêpe de mer ou *sea wasp*) qui entraînent régulièrement des décès sur les côtes australiennes mais aussi les *Chiropsalmus*, présentes dans les mers chaudes. La toxicité du venin est souvent inférieure à 1 heure, mais son action cardiotoxique peut provoquer très rapidement un collapsus cardiovasculaire avec asystolie et parfois un œdème aigu du poumon. Des complications à distance peuvent également survenir, notamment une insuffisance rénale aiguë ou une surin-

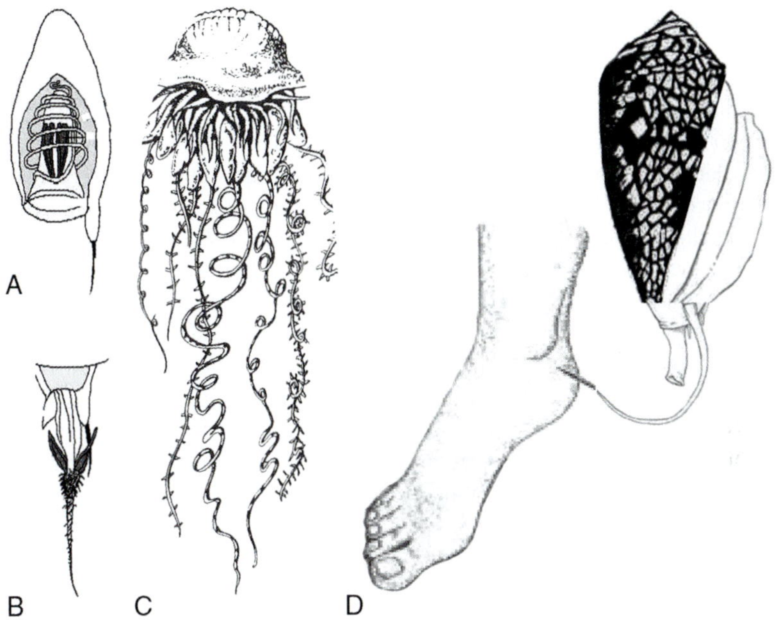

Figure 25.1. A. Cnidocyste ou nématocyste de méduse.
B. Nématocyste activé.
C. *Physalis* (« galère portugaise »).
D. Mécanisme de piqûre par un cône.

fection. Les lésions cutanées peuvent persister plusieurs mois, voire se réactiver spontanément sans nouvelle exposition et entraîner des cicatrices hypertrophiques, hyperpigmentées et des lipodystrophies localisées [5] (figure 25.2).

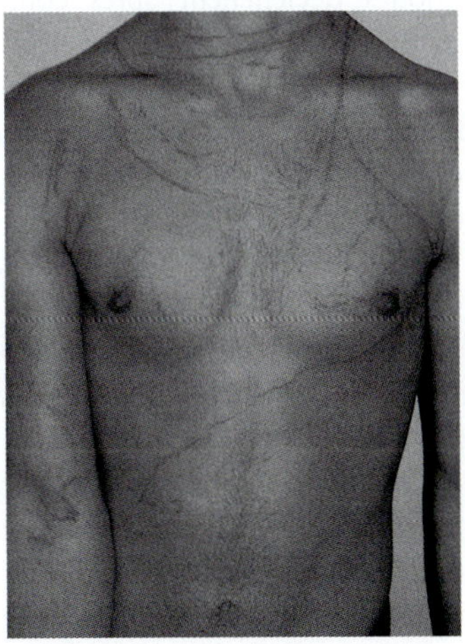

Figure 25.2. Piqûre et lacération par cuboméduse.

Depuis quelques années, les piqûres par *Carukia barnesi* sont rapportées sur les côtes de Floride, des Antilles ou de Thaïlande. Il s'agit d'une petite méduse transparente à l'origine du syndrome d'Irukandji. La piqûre est souvent peu douloureuse et peu marquée (aspect d'égratignures) mais est suivie dans les 30 minutes par un syndrome catécholaminergique avec piloérection au niveau de la blessure, céphalées, douleurs abdominales et dorsales violentes et paroxystiques, sensation d'oppression thoracique, tachycardie, poussée hypertensive, dans un contexte d'anxiété et d'agitation avec tremblements et sueurs profuses. Une décompensation cardiaque peut survenir dans les heures suivantes mais les formes létales s'avèrent exceptionnelles [5].

Conduite à tenir pour les piqûres de méduse

- Sortir de l'eau, prévenir les secours.
- Calmer la victime et l'empêcher de se frotter.

- Enlever avec une pince ou des gants les tentacules collées à la peau qui n'ont pas encore largué leur venin.
- Rincer immédiatement et doucement avec de l'eau de mer ou de l'acide acétique dilué (vinaigre ou jus de citron vert) en évitant absolument l'eau douce qui est hypo-osmotique et ferait éclater les cellules à venin.
- Utiliser de la mousse à raser pour piéger les tentacules (ou à défaut saupoudrer la peau humide de sable sec).
- Ôter sans frotter le sable ou la mousse en s'aidant d'un morceau de carton rigide ou d'un abaisse-langue.
- Rincer abondamment et longuement avec du sérum physiologique isotonique chauffé (température cible 42-45 °C) pendant 30 à 90 minutes, l'effet antalgique de la chaleur est en effet démontré sur les piqûres de méduses [6].
- Appliquer secondairement des antiseptiques locaux, des topiques cicatrisants et si besoin des dermocorticoïdes.

Pour les cuboméduses

- La prévention repose sur l'information dans les zones à risque et l'utilisation systématique d'une combinaison intégrale.
- Un sérum antivenimeux est disponible dans certaines zones fortement impactées, il peut être utilisé pour le traitement des formes graves [1].

Coraux

Les coraux appartiennent à l'embranchement des anthozoaires. Ils peuvent provoquer des blessures physiques à cause de leur structure calcaire, dure et tranchante, ou par envenimation par les nématocystes. Cette envenimation peut provoquer une réaction aiguë, retardée, et chronique.

Les réactions aiguës se développent quelques minutes à quelques heures après le contact. Il peut s'agir d'urticaire aiguë ou de lésions vésiculobulleuses. Les réactions retardées apparaissent quelques jours à quelques semaines après le contact et les réactions chroniques peuvent être des récurrences ou s'exprimer sous la forme de dermatose lichénoïde [5].

Les blessures sont difficiles à cicatriser du fait de la contamination des plaies par des germes hydriques (*Vibrios*, *Aeromonas*, *Pseudomonas*, mycobactéries, etc.) et par la persistance de fines particules de corail (à base de calcaire et de silice), irritantes, qui engendrent parfois un prurigo chronique, résistant aux dermocorticoïdes, pour lequel seule l'exérèse chirurgicale, en cas de lésion limitée, est efficace.

Les coraux de feu (*Millepora*) appartiennent à une autre classe, les hydrozoaires, comme les physalies. Ils sont présents en mer Rouge, dans la région Indo-Pacifique, et les Caraïbes. Ils provoquent des lésions érythémateuses, urticariennes, avec une brûlure due à l'acide formique contenu dans l'enveloppe externe de ce corail. La réaction aiguë peut être urticarienne, eczématiforme, vésiculobulleuse, hémorragique, nécrotique, ou ulcérée. Des réactions granulomateuses subaiguës ou des dermatoses lichénoïdes chroniques peuvent parfois se déclarer quelques semaines après le contact initial avec les nématocystes, avec une cicatrisation prolongée jusqu'à 15 semaines [5].

En cas de contact, l'application d'eau de mer peut soulager la douleur. L'application de vinaigre ou de citron vert est souvent réalisée en Polynésie. La désinfection avec de l'ammonium neutralise l'acide formique.

Anémones de mer

Les anémones déclenchent après contact avec leurs nématocystes une éruption mi-urticariforme mi-eczématiforme (figure 25.3), plus cuisante que prurigineuse, laissant volontiers une séquelle pigmentaire, qui peut bénéficier de l'application de dermocorticoïdes.

L'anémone méditerranéenne *Anemonia sulcata* est peu urticante.

La « maladie des pêcheurs d'éponge » est en réalité due à une anémone *Sagartia rosea* qui colonise les éponges.

Actinia radianthuris, présente en Nouvelle-Calédonie, entraîne une douleur locale immédiate, une rougeur avec œdème et des lésions ulcéronécrotiques en bouquet, suivies dans l'heure de manifestations vasculaires avec collapsus, voire état de choc, des douleurs abdominales avec nau-

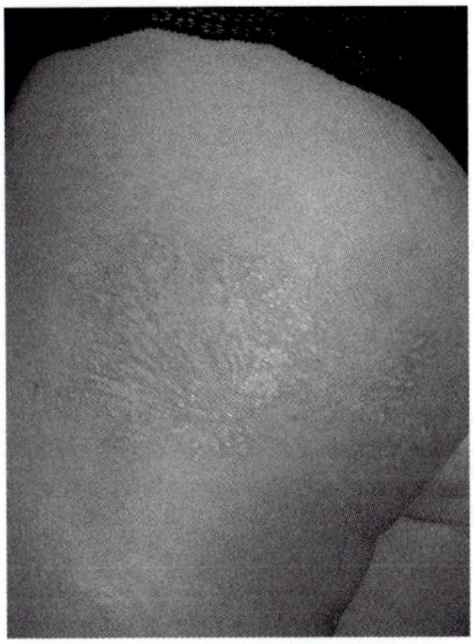

Figure 25.3. Piqûre d'anémone au niveau de la fesse.

sées et vomissements, et des crampes musculaires dans la région de la blessure.

Les anémones de la famille des actinodendron (« choux-fleurs » en Nouvelle-Calédonie) et les *Dofleinia* dans l'océan Indien et l'océan Pacifique auraient déjà provoqué des décès, notamment en Australie [5].

Étoiles de mer et oursins

Appartenant aux échinodermes (avec les oursins et les holothuries ou concombres de mer), les étoiles de mer sont peu dangereuses hormis *Acanthaster planci*, présente sur les bancs de corail indo-pacifiques. Elle est de grande taille avec de nombreuses épines acérées qui pénètrent facilement la peau en s'y cassant, entraînant de vives douleurs, une importante inflammation, une surinfection ou la formation de granulomes.

Les piqûres d'oursins sont très fréquentes. Les épines acérées et cassantes des oursins s'enfoncent profondément dans la peau, sont assez difficiles à extraire et peuvent même migrer dans les tissus profonds, y compris dans les articulations, se traduisant alors par un épanchement. La persistance de débris d'épines peut induire des granulomes, notamment sur les faces d'extension des membres, pouvant simuler des granulomes annulaires ou des nodules sarcoïdosiques.

Les espèces tropicales d'oursins sont bien plus dangereuses car elles peuvent être équipées d'épines de grande taille (*Diadema antillarum*), avec à leur extrémité un appareil venimeux globifère (*Asthenosoma varium*) ou de pédicellaires équipées de valves venimeuses (*Toxopneustes roseus*) induisant une douleur extrême et parfois des signes neurologiques [5].

Gastéropodes

Les cônes sont des gastéropodes ou coquillages caractérisés par un appendice extensible muni de microharpons, servant à capturer de petits invertébrés marins. Les plus gros, surtout piscivores (cônes textiles et géographes), sont particulièrement dangereux pour l'homme car ils peuvent projeter à plusieurs centimètres de distance leur dard dont la piqûre entraîne un œdème local très douloureux (figure 25.1), suivi rapidement d'une paralysie musculaire puis respiratoire par action curarisante, et d'une perte de conscience pouvant aboutir au décès souvent par noyade, notamment chez l'enfant.

L'évolution locale se fait vers la nécrose dont la cicatrisation est particulièrement lente, notamment au pied, principal site concerné par la piqûre du dard venimeux (figure 25.4).

Le venin est thermostable et il n'existe pas de traitement spécifique en dehors du traitement symptomatique [7].

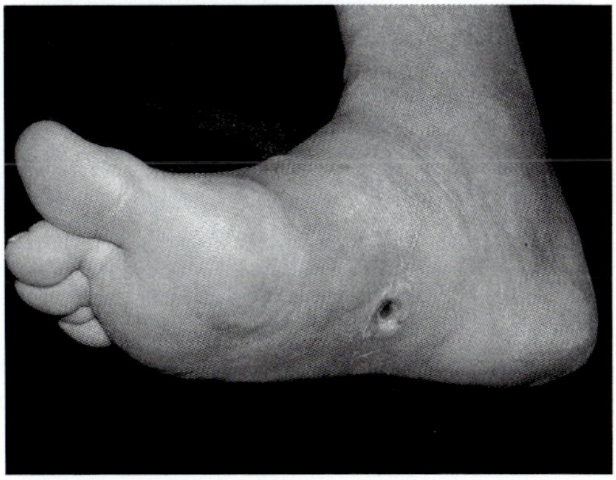

Figure 25.4. Piqûre de cône.

Les piqûres par vertébrés marins

Les piqûres et envenimations par les vertébrés marins sont dominées par les piqûres de vives sur la côte atlantique et les poissons de la famille des scorpénidés qui comprend les rascasses, les poissons-pierres et les *Ptéroïs* ou poissons-lions qui disposent de nombreuses épines dorsales piquantes et venimeuses. Bien que la plupart des poissons-pierres soient confinés à l'Indo-Pacifique, les rascasses sont ubiquitaires et très présentes en Méditerranée. Depuis les années 1990, le poisson-lion a envahi les récifs peu profonds de l'Atlantique Est, du golfe du Mexique et de la mer des Caraïbes [1].

Vives et rascasses

Sur le littoral français, les envenimations sont essentiellement dues aux vives (en particulier l'espèce *Trachinus draco*) en zone sablonneuse et aux rascasses en milieu rocailleux. Ces poissons disposent, sur les nageoires et les opercules, d'aiguillons reliés à une glande à venin (figure 25.5). La blessure survient en touchant ou en marchant sur les épines dorsales redressées. La douleur est immédiate, intense et irradiant dans tout le membre atteint. Un érythème et un œdème se constituent rapidement (figure 25.6). Les aiguilles acérées de la rascasse peuvent causer une plaie abondamment hémorragique et les piqûres de vive, très douloureuses, parfois syncopales, peuvent évoluer vers la nécrose locale.

Poisson-pierre

Le poisson-pierre (*Synanceia verrucosa*) est présent dans toute la région Indo-Pacifique. Il vit principalement à faible profondeur, sur des fonds rocheux, où sa couleur marron, grise, ou rosée,

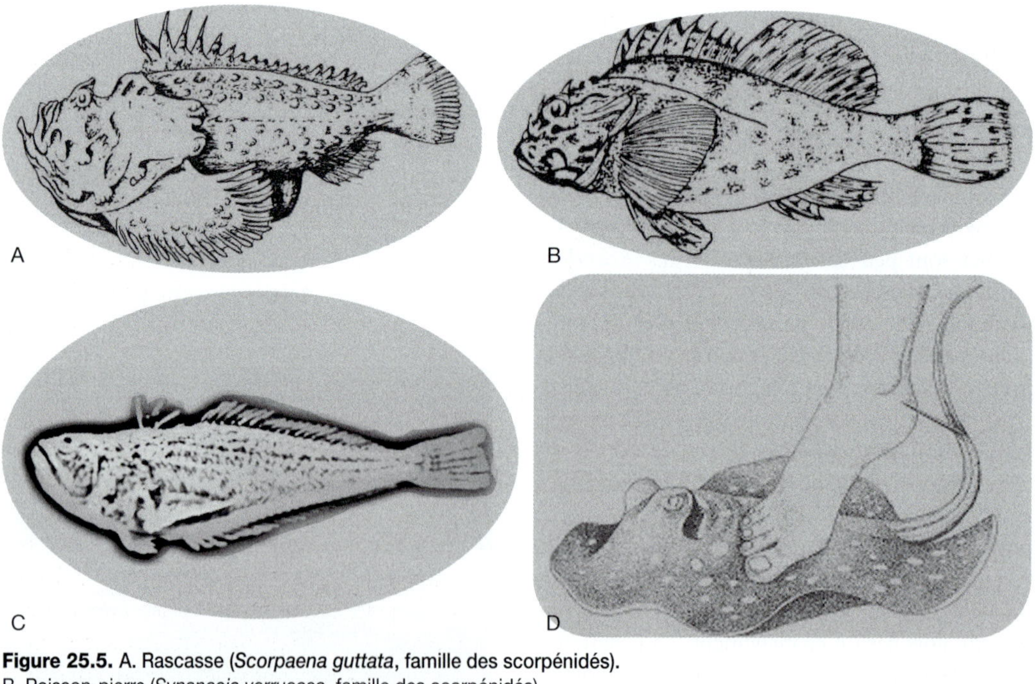

Figure 25.5. A. Rascasse (*Scorpaena guttata*, famille des scorpénidés).
B. Poisson-pierre (*Synanceia verrucosa*, famille des scorpénidés).
C. Vive (*Trachinus draco*).
D. Mécanisme d'une piqûre par une raie.

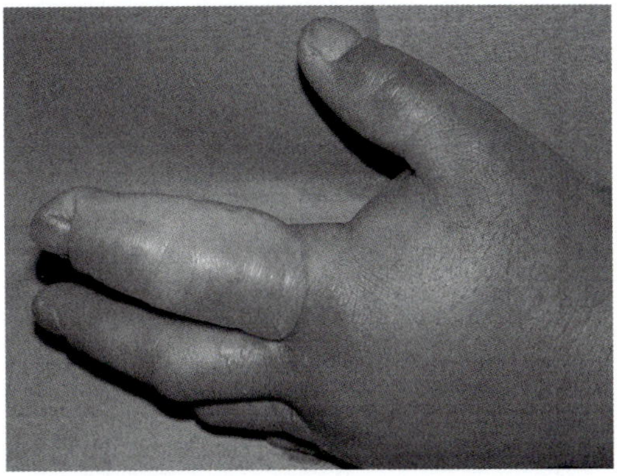

Figure 25.6. Piqûre de vive.

son immobilité, et ses nombreux appendices cutanés sont des atouts majeurs pour se dissimuler. Il peut également s'enterrer dans le sable. Sa nageoire dorsale dissimule 13 épines contenant du poison (figure 25.5). Ce venin est profondément injecté dans le corps lorsque l'on marche dessus par inadvertance. Il a un effet hémolytique et d'hyaluronidase, qui provoque des effets cardiovasculaires et neuromusculaires. La douleur syncopale lors de l'envenimation peut être à l'origine de la noyade. La région piquée prend rapidement un aspect inflammatoire avec cyanose, suivie d'une nécrose aux points d'injection. Les complications sont immédiates et systémiques : malaise, angoisse, sueurs, frissons, vertiges, parfois collapsus cardiorespiratoire pouvant conduire au décès. Des complications tardives locales, avec une cellulite nécrosante ou des ulcères chroniques sont possibles [5].

Poisson-lion (*Ptéroïs*, « poisson de feu »)

Comme les synancées (poisson-pierre), ils sont venimeux par leurs épines situées sur leurs nageoires : la douleur est de grande intensité, syncopale, croissante avec le temps. La zone de piqûre est ischémique, œdématiée, dure, puis une nécrose extensive et durable apparaît ensuite. Le venin des *Ptéroïs* contient principalement de l'acéthylcholine à forte concentration, tandis que celui des synancées contient un mélange de neurotoxines. Les collapsus, les détresses respiratoires, les convulsions, ainsi que les surinfections sévères, bien que décrits, restent rares [5].

Raies

Deux espèces de raies vivant sur nos côtes (pastenague ou raie-léopard, *Dasyatis pastinaca* ; aigle de mer, *Myliobatis aquila*) possèdent au-dessus de la queue un dard acéré à bords crénelés, capable de pénétrer profondément dans les tissus du baigneur qui, par mégarde, pose le pied sur elles (figure 25.5). Un geste chirurgical est nécessaire pour extraire la membrane externe du dard qui persiste dans la plaie et facilite la surinfection et l'évolution nécrotique de la blessure. Certaines raies tropicales comportent un aiguillon de plusieurs dizaines de centimètres de longueur pouvant infliger des blessures mortelles en dilacérant les tissus lors du retrait de ce véritable harpon, ainsi qu'un venin ayant un effet cardio- et neurotoxique. Mais surtout la douleur est intense et nécessite une anesthésie locorégionale, l'analgésie morphinique étant le plus souvent insuffisante.

Un cas particulier est celui de la raie torpille qui fabrique, grâce à ses cellules cérébrales, de l'électricité qu'elle accumule (comme une batterie) dans les muscles de ses nageoires latérales. Même moribonde, elle peut libérer une décharge électrique puissante au simple attouchement. De même, l'anguille électrique (*Electrophorus electricus*) qui mesure 2,5 m et se rencontre dans les mares et les rivières de la Guyane et du Brésil peut produire des décharges de 800 volts capables d'électrocuter un homme [5].

Conduite à tenir pour les piqûres de poisson :

- sortir de l'eau, prévenir les secours ;
- retirer immédiatement toutes les contentions (montres, bracelets, etc.) au niveau des extrémités blessées, qui doivent être surélevées pour favoriser le drainage lymphatique et veineux ;
- dès que possible, réaliser l'immersion de l'extrémité touchée dans de l'eau chaude (de préférence du sérum physiologique stérile) non brûlante (42 à 45 °C) pendant 30 à 90 minutes afin d'inactiver les composants thermolabiles du venin [1] ;
- pour les patients ne pouvant pas tolérer une telle température en permanence, il est possible

de réaliser l'immersion en mode séquentiel selon la tolérance [1] ;
- l'antalgie est essentielle, l'utilisation de dérivés morphiniques est souvent nécessaire pour le contrôle de la douleur qui ne répond pas à l'eau chaude, complétée si besoin d'une anesthésie locale sans adrénaline ou d'une anesthésie en bloc locorégional [8] ;
- désinfecter et exclure les corps étrangers, tels que les pointes d'épines, et réaliser une radiographie ou une échographie en cas de doute sur la persistance de corps étrangers ;
- penser à prélever et mettre en culture, en informant le laboratoire que des milieux de culture seront probablement nécessaires pour identifier des espèces *Vibrio* (milieux enrichis en sodium) ou des mycobactéries marines (colorants acido-alcooliques).

À l'exception des plaies mineures, une antibiothérapie de première intention à large spectre sera mise en route, compte tenu de la fréquence des infections à *Streptococcus iniae* qui se caractérisent par un impétigo et une cellulite, ou à *Erysipelothrix rhusiopathiae* qui provoquent des manifestations érysipéloïdes [1].

Le débridement chirurgical, l'incision et le drainage, ainsi que la fasciotomie ne sont pas indiqués en première intention, sauf en cas de nécrose ou de syndrome de loge [1].

La prophylaxie du tétanos est impérative. En effet les rappels vaccinaux sont souvent oubliés et des cas de tétanos ont été rapportés en Indonésie à la suite de plaies dans le contexte du Tsunami de 2004 [1].

Il existe un sérum antivenin pour le poisson-pierre (*Stonefish antivenom*, Commonwealth Serum Laboratories — CSL) qui possède des réactivités croisées de neutralisation des antigènes de la plupart des espèces de scorpénidés de l'Indo-Pacifique et de l'Atlantique [1] : il est indiqué en cas d'envenimation grave de scorpénidés dans le monde entier, notamment en cas de douleur intense non soulagée par la chaleur et/ou en présence de signes généraux. L'administration est effectuée par voie intramusculaire ou intraveineuse après dilution et après un test cutané pour évaluer tout risque de réaction anaphylactique au sérum d'équidés.

Envenimations par morsure

Nous n'aborderons pas la problématique des morsures de requins qui sont traitées dans un autre chapitre.

Murènes et congres

Ils peuvent mordre les plongeurs qui tentent de les nourrir ou qui aventurent leur main dans les anfractuosités où ces poissons s'abritent. Les murènes disposent d'une crinotoxine à action hémolysante et thermostable [7]. La plaie est souvent très délabrante, hémorragique et s'infecte constamment, imposant un parage chirurgical, une antibiothérapie à large spectre et la prophylaxie antitétanique.

Serpents marins

Comprenant deux sous-espèces d'élapidés, les hydrophydés se rencontrent du golfe Persique au nord de l'océan Indien jusqu'en Polynésie et au Japon. Seules quelques espèces sont agressives, mais leurs crochets venimeux sont implantés très en arrière de la bouche, elle-même fort étroite, rendant difficile la morsure d'un être humain. Fort heureusement car leur venin est le plus toxique connu : la toxicité musculaire est majeure, causée par une phospholipase A2. Le blessé peut se noyer, soit du fait de myalgies intenses avec contractures qui succèdent à la morsure elle-même plutôt indolore, soit en raison d'une paralysie ascendante due aux neurotoxines du venin [5].

Il existe un sérum antivenimeux pour *Enhydrina schistosa*.

Céphalopodes

Ils possèdent une mâchoire en forme de bec de perroquet et peuvent mordre s'ils se sentent agressés. Les seuls cas d'envenimations mortelles proviennent d'Australie et sont le fait d'un tout petit poulpe qui présente des anneaux bleu électrique sur fond brun-jaunâtre le rendant très attrayant pour le plongeur non averti. Les glandes venimeuses situées de part et d'autre du bec contiennent un maculotoxine pouvant tuer en quelques dizaines de minutes dans un tableau de paralysie et d'asphyxie. Il n'existe pas de sérum antivenimeux [7].

Conclusion

La prévention repose sur la bonne connaissance de la faune sous-marine et des risques liés à la rencontre avec les espèces régionales. Il est important de respecter les consignes et les informations délivrées par les autorités locales ou les clubs de plongée.

Le respect des règles d'observation en plongée sans toucher l'environnement est également essentiel. Le plongeur doit être vigilant et regarder où il pose ses mains, ses genoux ou ses pieds et surtout éviter tout comportement de nourrissage des animaux. Le port de chaussures hautes caoutchoutées permet d'éviter la plupart des morsures sur les zones de transition au niveau des platiers ou des plages. Le port d'une combinaison complète avec cagoule, adaptée à la température de l'eau, permet également d'éviter les piqûres de méduses.

Références

[1] Diaz JH. Marine Scorpaenidae envenomation in travelers : epidemiology, management, and prevention. J Travel Med 2015 ; 22(4) : 251-8.

[2] Henn A. Envenimations marines vues en consultation post-voyage à la Pitié-Salpêtrière entre 2008 et 2013. Thèse de Médecine, soutenue le 6 octobre 2014, Faculté de médecine Paris Descartes. dumas-01115408.

[3] Todd J, Edsell M. A diver's guide to subaquatic envenomation in the Mediterranean. Diving Hyperb Med 2019 ; 49(3) : 225-8.

[4] Bédry R, Pillet O, Rivet P, et al. Épidémiologie des agressions par animaux venimeux marins sur le littoral Atlantique sud pendant la période estivale 1996. Rean Urg 1998 ; 7(4) : 375-80.

[5] Morand JJ. Envenimations et morsures animales. EMC 2010 [Article 98-400-A-10].

[6] Atkinson PR, Boyle A, Hartin D, McAuley D. Is hot water immersion an effective treatment for marine envenomation ? Emerg Med J 2006 ; 23(7) : 503-8.

[7] Rual F. Les envenimations marines : l'exemple de la Nouvelle-Calédonie. Med Trop 1999 ; 59 : 287-97.

[8] Martin PV, Chataigneau A, Labadie M, Benois A. Évaluation d'un protocole analgésique et de l'intérêt de l'anesthésie locorégionale dans la piqûre de raie [En ligne]. SFMU 2013. Disponible sur : www.sfmu.org/upload/70_formation/02_eformation/02_congres/Urgences/urgences2013/donnees/communications/resume/posters/CP154.pdf.

Chapitre 26

Hémorragie grave par plaie de morsure de requin ou par hélice

Christian Poirel, Pierre-Matthieu Astrie, Adrien Vague

Points clés

- Prise en charge agressive et standardisée (par exemple XABCDE) visant à stopper l'hémorragie et à lutter contre ses conséquences (anémie, coagulopathie, hypocalcémie, acidose métabolique, hypothermie, infection).
- Chaîne de secours organisée et coordonnée du site de l'événement (souvent isolé) au centre de traumatologie hospitalier visant à réduire les délais de prise en charge.
- Nécessaire dotation et maîtrise des gestes élémentaires de secourisme : compression manuelle, garrot, pansements hémostatiques et compressifs.
- Le risque infectieux ne doit pas être négligé.
- Les actions de prévention et de formation aux premiers secours sont primordiales chez les marins professionnels, les plaisanciers et les pratiquants des sports nautiques.

Introduction

Les plaies hémorragiques lors de plongées sous-marines sont très rares mais peuvent être extrêmement graves du fait de la nature de l'agression et de la complexité du milieu dans lesquelles elles surviennent [1]. On distingue les plaies par morsures et les plaies accidentelles par hélice. Les plaies hémorragiques par morsures sont principalement causées par des requins dans les zones touristiques exposées (océan Indien, Amérique du Nord) [2]. Le nombre de morsures de requin répertoriées par an dans le monde reste stable sur la dernière décennie, avec une soixantaine de cas en moyenne mais avec un taux de mortalité élevé de l'ordre de 10 %. Les attaques ont concerné majoritairement des chasseurs sous-marins et des apnéistes (58 %), baigneurs, nageurs et adeptes du *snorkeling* pour 18,5 % et des pratiquants de surf pour 14 % [2-4].

Concernant les blessures par hélice, la littérature est peu informative. Entre cinq et dix événements graves (décès, amputations…) sont recensés par an en France [5].

Ce chapitre ne traite pas des envenimations marines (serpents, méduses, oursins, etc.) qui sont rarement hémorragiques mais plutôt à risque toxique et infectieux (voir chapitre 25).

Caractéristique des plaies par morsures ou par hélice

Les plaies par morsures ou par hélice se caractérisent tout d'abord par leur aspect délabrant (figures 26.1 et 26.2). Celles-ci touchent essentiellement les membres inférieurs (43 à 65 %) et les membres supérieurs (34 à 40 %), voire les deux (13 %) [3,4,6]. Elles nécessitent assez souvent des interventions chirurgicales répétées, avec le recours à l'amputation dans 11 % des cas.

Dans ce contexte, le risque hémorragique est accru par plusieurs facteurs : le défaut de formation aux premiers secours, l'absence de matériel médical immédiatement disponible, la nécessité

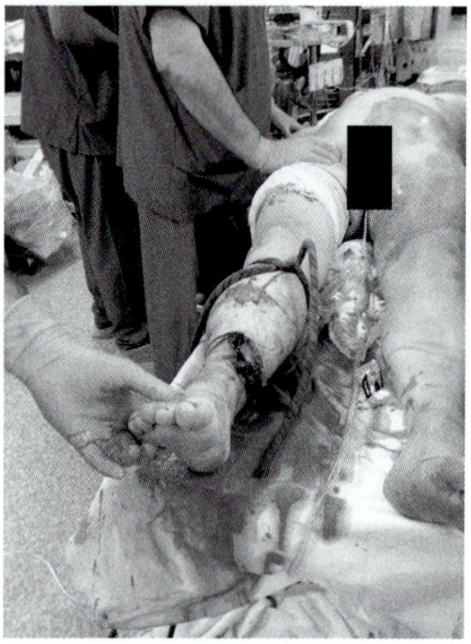

Figure 26.1. Plaie par hélice.

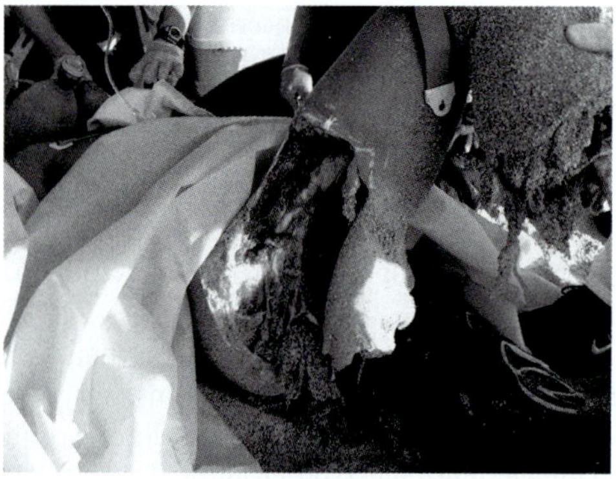

Figure 26.2. Plaie par morsure de requin.

de continuer à nager, le stress lié à l'agression physique, l'hypothermie, etc.

Lors d'une hémorragie, la fréquence cardiaque augmente pour compenser la perte de volémie et maintenir un débit de perfusion suffisant afin d'assurer la distribution de sang dans les organes vitaux. Dans un deuxième temps, si le saignement n'est pas arrêté, la pression artérielle s'effondre, le débit diminue, une détresse circulatoire et une souffrance tissulaire apparaissent. Cette évolution vers le « choc hémorragique » peut conduire à l'arrêt cardiaque en l'absence ou un retard de prise en charge.

Les plaies en eau de mer présentent également un risque infectieux non négligeable, notamment en eau chaude et salée, propice au développement

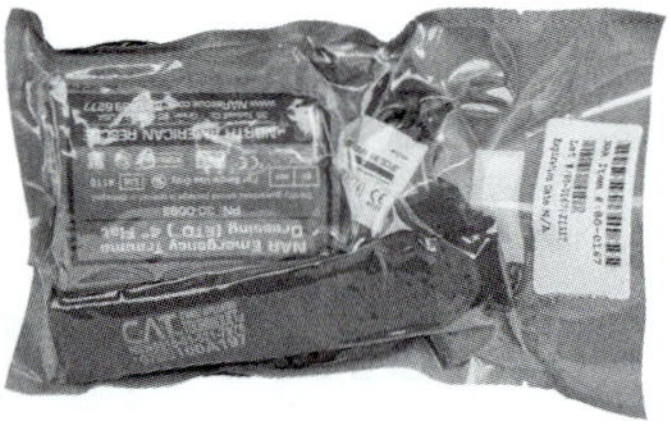

Figure 26.3. Exemple de kit d'urgence pour hémorragie en emballage sous vide (résistant à la corrosion saline) comprenant un garrot tourniquet CAT®, une compresse hémostatique, un pansement compressif d'urgence et une couverture de survie.

de bactéries spécifiques (par exemple de type *Vibrio* et *Aeromonas*) [6]. Les morsures animales génèrent également un risque infectieux majoré par des transmissions polymicrobiennes avec un mélange de micro-organismes aérobies et anaérobies [7].

L'objectif de ce chapitre est de donner les points clés de la prise en charge de l'hémorragie à destination du sauveteur ou une personne plus qualifiée sans matériel médical ou de kit de premiers secours (figure 26.3), ainsi que pour une équipe de secours médicalisée [8,9].

Le prérequis avant tout soin au blessé est de l'extraire du milieu hostile :

- s'éloigner d'un banc de requins ;
- couper le moteur du bateau encore en action ;
- sortir de l'eau pour éviter une noyade associée.

Ensuite toute action visera à lutter contre les conséquences en spirale « infernale » de l'hémorragie massive, résumée par le schéma du diamant létal (hypovolémie, hypothermie, acidose, hypocalcémie) (figure 26.4).

Prise en charge par le secouriste

Stopper l'hémorragie et évaluer la détresse circulatoire

L'hémorragie jusqu'à l'exsanguination est le risque le plus grave dans ce type de plaie délabrante. L'objectif principal est donc de stopper l'hémorragie le plus tôt possible par tous les moyens possibles : en l'absence de matériel médical adapté, le sauveteur pourra faire un point de

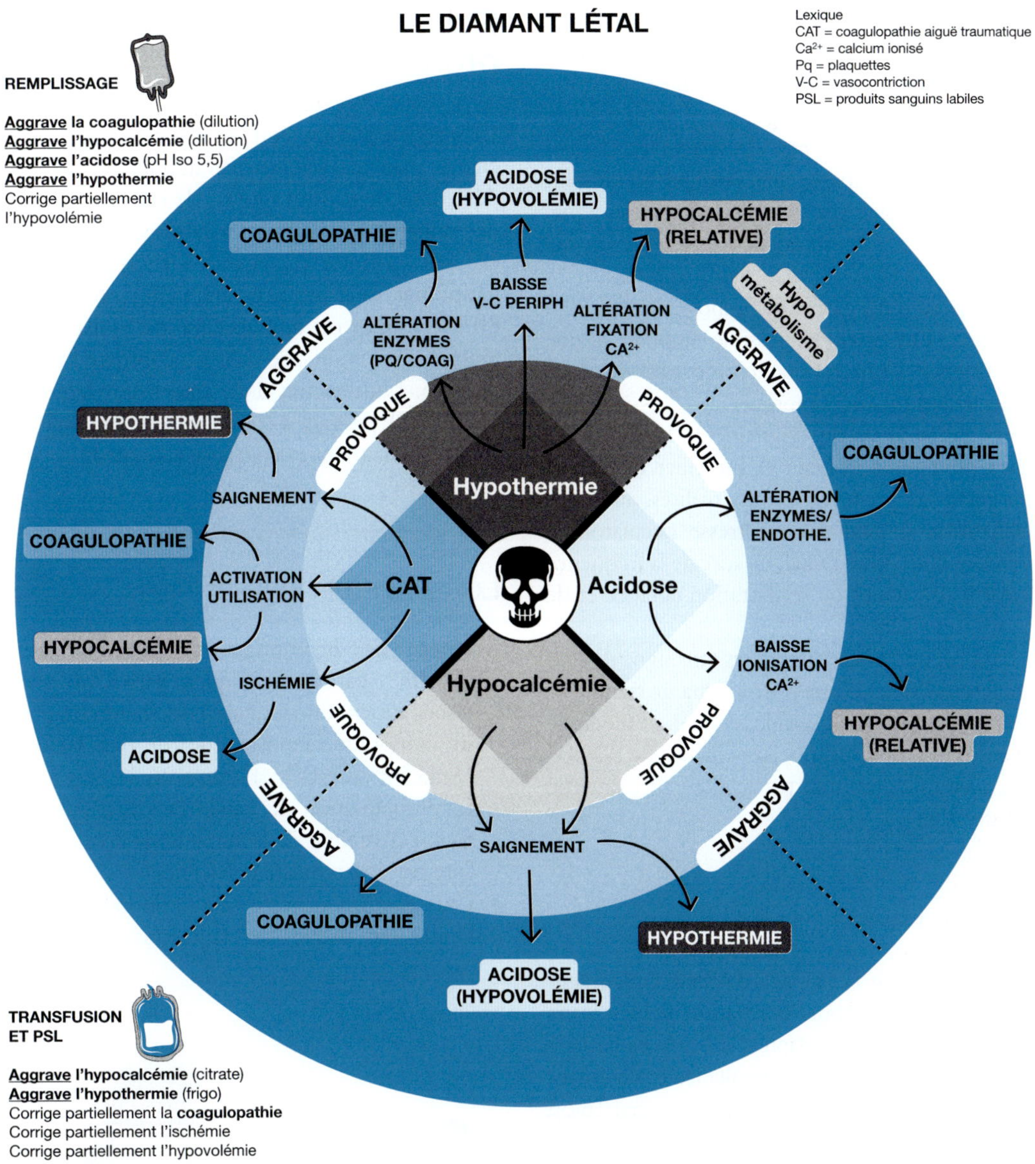

Figure 26.4. Le diamant létal.
CAT : coagulation aiguë traumatique ; Ca2+ : calcium ionisé ; PQ : plaquette ; PSL : produit sanguin labile ; V-C : vasoconstriction.
Source : © Dr Pierre Balaz, SMUR, Bataillon des marins-pompiers, Marseille.

compression, utiliser un pansement compressif ou un garrot tourniquet de fortune.

Selon le matériel disponible et l'origine de l'hémorragie, le sauveteur utilisera :

- un pansement compressif d'urgence (type pansement israélien ou *H bandage*) ;
- un garrot tourniquet (de type *SOF® Tactical*, figure 26.2) : longtemps en disgrâce, celui-ci a fait désormais ses preuves dans le choc hémorragique sur saignement de membre et particulièrement chez les patients mordus par des requins. L'ischémie aiguë (tolérance de

2 à 6 h) induite par la mise en place du garrot est à contrebalancer avec son effet antihémorragique. Indiqué en toute première intention sur des plaies hémorragiques, il pourra, sous stricte surveillance, être desserré avec la mise en place d'un pansement compressif adjoint d'un emballage par pansement hémostatique. En cas de reprise du saignement, le garrot sera resserré ;
- si la pose d'un garrot est impossible, il faudra utiliser une gaze si possible imbibée d'une substance hémostatique (compresse ou gaze hémostatique) et comprimer.

Après tarissement du saignement, le secouriste devra poursuivre le bilan et surveiller l'efficacité des gestes de premiers secours réalisés, ainsi que l'apparition de signes de détresse circulatoire : présence d'un pouls radial, mesure de la fréquence pulsatile, du temps de recoloration cutanée et de la pression artérielle.

Les plaies non hémorragiques sans signe de gravité feront l'objet d'une prise en charge standard : désinfection dès que possible, évaluation médicale de la nécessité de suturer, surveillance de l'évolution avec une attention particulière au risque de surinfection.

Donner l'alerte

Le secouriste ou l'équipage devront rapidement appeler les secours pour l'évacuation du blessé vers un centre hospitalier adapté (112, Cross [centre régional opérationnel de surveillance et de sauvetage] par VHF (*Very High Frequency*) canal 16 ou téléphone GSM 116).

Mise en condition

- Lutte contre l'hypothermie : il est nécessaire de protéger la victime contre le froid, la sécher, la réchauffer et mettre en place une couverture de survie, car l'hypothermie aggrave l'état de la victime.
- Position d'attente.
- Lavage, désinfection et pansement provisoire.
- Oxygénothérapie si possible.

Prise en charge médicale préhospitalière

La suspicion d'un état de choc à la prise en charge par les secouristes débouchera sur le déclenchement d'un moyen de secours médical nécessaire pour augmenter la survie du patient en état critique. Le choc hémorragique est défini par une pression artérielle inférieure à 80-90 mmHg ou une absence de pouls radial, malgré un remplissage dans un contexte hémorragique. L'utilisation d'un algorithme (de type XABCDE) permet à l'équipe soignante de ne pas méconnaître une défaillance et un geste de sauvetage.

Lutte contre l'hémorragie

- Stopper une hémorragie toujours active est la priorité : garrot tourniquet, garrot pneumatique, garrot jonctionnel, pansement compressif, compresse hémostatique (de type Celox®, QuikClot®, Olaes®…) (figure 26.5).
- L'immobilisation du bassin en cas d'une suspicion d'atteinte de la stabilité de celui-ci sera faite par une ceinture pelvienne.
- Une fracture ouverte sera immobilisée pour limiter le risque de saignement d'origine osseuse.

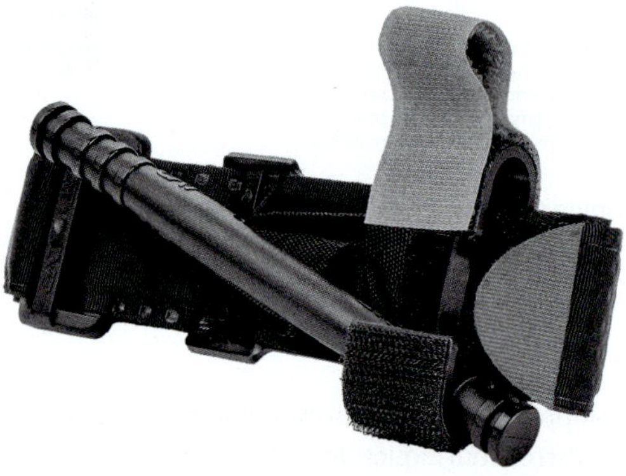

Figure 26.5. Garrot CAT®-tourniquet adapté au milieu maritime (absence d'éléments métalliques soumis à la corrosion).
Source : Used with the permission of North American Rescue (narescue.com).

Prise en charge des détresses vitales

- Voies aériennes (A : *airways*) : recherche d'une obstruction des voies aériennes :
  - retrait de corps étrangers, position demi-assise si détresse respiratoire ou traumatisme thoracique ;
  - intubation orotrachéale, ou coniotomie en cas de fracas de la face ou avec obstruction des voies aériennes supérieures ;
  - oxygénothérapie si possible.
- Respiration (B : *breathing*) : recherche d'une détresse respiratoire (pneumothorax, hémothorax) :
  - exsufflation à l'aiguille en cas de pneumothorax compressif, pansement trois côtés (ou valve d'Asherman) en cas de plaie pénétrante soufflante du thorax ;
  - oxygénothérapie si possible.
- Circulation (C) : recherche d'un état de choc :
  - remplissage à bas volume par cristalloïdes : 500 mL en 20 minutes à renouveler une fois avec un objectif de pression artérielle moyenne (PAM) > 60 mmHg ou un pouls radial perçu (selon le concept de l'hypotension permissive en l'absence de traumatisme crânien grave afin d'éviter toute hémodilution) ;
  - injection intraveineuse d'acide tranexamique, antifibrinolytique (de type Exacyl®) 1 g en bolus dans les 3 premières heures ;
  - si non-réponse au remplissage, l'utilisation précoce d'amine est indiquée sur une voie veineuse périphérique dédiée avec par exemple de la noradrénaline au pousse-seringue électrique avec un objectif de PAM > 60-65 mmHg (1 ampoule de 8 mg dans 46 mL, soit 0,16 mg/mL) ou un protocole de noradrénaline très diluée (dit *baby NAD*) ou à défaut l'utilisation d'un bolus d'adrénaline (1 ampoule de 1 mg dans 19 mL, soit 0,05 mg/mL/5 min).
- Conscience (D : *disability*) : recherche d'un trouble de conscience sur un traumatisme crânien, une complication de choc hémorragique ou une noyade secondaire :
  - mise en position latérale de sécurité ;
  - intubation orotrachéale si nécessaire.
- Examen général (E : *exposure*) : palpation de la tête aux pieds, face antérieure et dorsale à la recherche de lésions secondaires.

Prise en charge complémentaire

- Lutte contre l'hypothermie (sécher, isoler du sol, cocote avec couverture de survie, calotte céphalique, etc.).
- Lutte contre l'infection [6,7] :
  - lavage abondant avec désinfection et emballage des plaies ;
  - antibiothérapie probabiliste par amoxicilline – acide clavulanique 2 g en l'absence d'allergie connue.
- Antalgie (systématique lors de la mise en place d'un garrot) : titration morphinique, kétamine par voie intraveineuse ou intramusculaire.

Prise en charge hospitalière

Le patient sera accueilli dans un centre adapté de traumatologie selon son niveau de gravité. En présence d'un état de choc hémorragique, la prise en charge sera conjointe entre le contrôle chirurgical limité des dégâts (*damage control* [9]) et la réanimation médicale hémodynamique et transfusionnelle.

- La transfusion sera débutée dès que possible par concentré de globules rouges, du plasma (frais, congelé ou lyophilisé) et des plaquettes (ratio, culot de plasma frais, congelé/concentré globulaire réfrigéré compris entre 1/2 et 1/1).
- En situation d'isolement, la transfusion par sang total suivant un protocole rigoureux pourrait être mise en œuvre [10].
- Il pourra également être utilisé du fibrinogène si la fibrinogénémie est inférieure à 1,5 g/L. L'acide tranexamique sera poursuivi avec 1 g sur 8 heures. Un trouble de la crase sanguine lié à des anticoagulants sera corrigé rapidement (concentré de complexe prothrombinique).
- Le 4e facteur du diamant létal sera la correction de la calcémie.

La prise en charge chirurgicale s'orientera dans un premier temps vers la limitation des dégâts avec une chirurgie initiale écourtée, centrée sur le contrôle de l'hémorragie et l'emballage puis une reprise secondaire pour un traitement définitif des lésions après correction des troubles physiologiques (figure 26.4 : le diamant létal : acidose, coagulopathie, hypothermie, hypocalcémie). L'utilisation de pansement à pression négative et de greffe de peau sera fréquente dans ce type de plaie délabrante avec une importante perte de substance.

L'utilisation du caisson hyperbare trouvera sa place à distance dans l'optimisation de la cicatrisation postopératoire.

Conclusion

La prise en charge des plaies hémorragiques en milieu marin doit être extrêmement rapide pour éviter au patient d'évoluer vers le choc hémorragique. Des gestes de sauvetage simples peuvent permettre d'arrêter l'hémorragie et donc de sauver des vies. Dans certaines zones à risques d'attaques de requins, la présence dans des lots de plongée à bord des embarcations (y compris en 5e catégorie) de kits spécifiques pour hémorragies, comprenant au moins un garrot tourniquet et un pansement compressif d'urgence, au mieux conditionnés par un emballage sous vide (figure 26.5), peut être recommandée. La formation nécessaire, de type premiers secours civique de niveau 1, devrait être intégrée à la formation de tout permis maritime.

Références

[1] Auffray JP, Puidupin A. Hémorragies graves en milieu maritime. La Lettre de médecine maritime [En ligne] 2018 ; 19 : 5. [Consulté 11 avril 2024]. Disponible sur : www.medecine-maritime.fr/pdf/medmar/Lettre%20MM%20avril%202018.pdf.

[2] Masseguin T, Labarbe V, Marianne dit Cassou PJ. Le risque requin sur l'île de la Réunion [Mémoire DESIU de médecine maritime]. Marseille : Université Aix-Marseille ; 2016.

[3] Maillaud C, Tirard P, Borsa P, et al. Attaques de requins en Nouvelle-Calédonie de 1958 à 2020 : revue de cas. Med Trop Sante Int 2022 ; 2(1).

[4] Scala VA, Hayashi MS, Kaneshige J, et al. Shark-related injuries in Hawai'i treated at a level 1 trauma center. Trauma Surg Acute Care Open 2020 ; 5(1) : e000567.

[5] Poret F, Le Liboux JL. Expertise sur les mesures de prévention des accidents occasionnés par les hélices des bateaux [En ligne]. Rapport IGESER — IGAM mai 2021 : 94. [Consulté 9 avril 2024]. Disponible sur : www.igam.developpement-durable.gouv.fr/IMG/pdf/2021-084_igesr_-_2021-040_igam_pre_vention_accidents_he_lices_bateaux.pdf.

[6] Ganske W, Sharma R, Kaminski S, et al. Shark-related injuries in the United States : a national trauma data bank analysis. Am Surg 2021 ; 87(10) : 1661-5.

[7] Unger NR, Ritter E, Borrego R, et al. Antibiotic susceptibilities of bacteria isolated within the oral flora of Florida blacktip sharks : guidance for empiric antibiotic therapy. PLoS One 2014 ; 9(8) : e104577.

[8] Duranteau J, Asehnoune K, Pierre S, et al. Recommandations sur la réanimation du choc hémorragique. Anesth Reanim 2015 ; 1 : 62-74.

[9] Daban JL, Boddaert G, Hornez E. Damage control [En ligne]. SFAR 2016. [Consulté 11 avril 2024]. Disponible sur : https://sfar.org/wp-content/uploads/2016/12/damage-control-18-daban-1473933224.pdf.

[10] Sicard B, Marouzé F, Roche C, et al. Bleeding management in remote environment : the use of fresh whole blood transfusion and lyophilised plasma. Int Marit Health 2016 ; 67(2) : 79-82.

Chapitre 27

Plongeur à la dérive

Mathieu Coulange, Robert Cardolaccia, Pascale Scuitti

Points clés

- La perte d'un plongeur en surface est un risque méconnu mais malheureusement fréquent.
- Le plongeur doit donc être sensibilisé pour faire face à cette éventualité dont l'issue peut être fatale en quelques jours.
- En cas de dérive, il doit apprendre à se signaler avec des moyens simples pour pouvoir être récupéré dès les premières heures avant que l'hypothermie s'installe.
- L'absence de mouvement grâce au maintien d'une flottabilité avec le gilet stabilisateur, la mise en place d'une posture adaptée et le port d'une combinaison néoprène avec une cagoule peuvent fortement retarder les pertes thermiques. La durée de survie peut alors atteindre jusqu'à 72 heures.
- En cas de récupération, l'extraction doit être réalisée, si le temps le permet, en position allongée avec le moins d'à-coups possible, en particulier en cas d'hypothermie modérée ou sévère. La réhydratation doit être précoce ainsi que le réchauffement passif lors de l'évacuation, et complété par un réchauffement actif dès l'arrivée en milieu hospitalier pour les cas les plus graves. Les traitements associés doivent être symptomatiques en évitant tout médicament qui pourrait aggraver une insuffisance rénale ou hépatique. La prise en charge psychologique doit être concomitante pour prévenir le risque de syndrome post-traumatique.

Introduction

La dérive d'un plongeur est une situation fréquente avec un pronostic effroyable si le plongeur n'est pas récupéré rapidement. Bien que les données de la littérature scientifique soient limitées, les récits de grands naufragés comme Bombard [1] et les articles de presse permettent de proposer de façon empirique des techniques de survie adaptées aux plongeurs. Ces dernières données regroupent plus d'une quinzaine de récits avec en moyenne des groupes de quatre plongeurs [1-11], une médiane de durée de dérive de 3 heures (15 min-72 h) et une moyenne de distance parcourue de 39 km (1-100 km). Parmi ces récits, le périple de Rob Hewitt, plongeur néo-zélandais, qui dériva en 2006 pendant un peu plus de 3 jours au milieu de l'océan, illustre parfaitement les contraintes psychologiques et physiologiques liées à une immersion prolongée [2,3]. L'objectif de ce chapitre est d'aborder ces facteurs limitants et les stratégies de survie ainsi que les modalités de récupération et les premiers gestes à effectuer après l'extraction.

Signalement

En surface, la tête d'un plongeur se voit à 400 m et son parachute à moins de 1 km [2]. La présence d'une cagoule fluorescente peut majorer la zone de perception. En cas de dérive, le plongeur doit donc se signaler sans délai pour être récupéré au plus vite. Pour cela, il doit être équipé d'un minimum de matériel de signalisation (tableau 27.1) [4] comme un miroir qui peut se voir à plus de 10 km ou une lampe flash perçue à plus de 7 km. La vitre du masque de plongée peut être une alternative mais avec une visée et une zone de perception

Médecine de la plongée

beaucoup plus limitées. L'utilisation d'un bâton luminescent type Cyalume® est une bonne alternative à condition que leur durée d'éclairage soit de 12 heures et qu'il y en ait suffisamment pour être percuté pendant trois nuits.

Tableau 27.1. Limite de perception des différents moyens de signalisation.

Dénomination du moyen de signalisation	Limite de perception
Tête du plongeur	200 à 400 m
Plongeur dans l'eau	250 à 700 m
Fluorescéine (durée 5 h par mer calme)	500 m
Parachute DSMB (ou équivalent)	200 à 1 200 m
Avertisseur sonore (type Dive Alert®)	1 à 2 km
Bâton luminescent (durée 12 h)	4 km
Lampe flash (fixé sur la brassière, durée 30 à 80 h)	3 à 7 km
Fusées	4 à 9 km
Fumigènes (durée 20 min)	5 km
Miroir de signalisation (en cas de journée ensoleillée !)	10 km

Le plongeur peut être équipé de dispositifs plus performants comme une VHF/GPS type « Nautilus Lifeline® » avec une portée de 18 km, un système d'identification automatique (AIS) avec une zone d'émission de 90 km ou encore une balise individuel type PLB (*Personal Locator Beacon*) reliée au système mondial d'alerte et de localisation par satellite Cospas-Sarsat et pouvant être ainsi reçu de n'importe où dans les océans.

La nature peut également être un moyen de signalisation efficace comme en 2004 où 12 plongeurs ont été repérés après 30 heures de dérive au large de Quseir grâce à des dauphins ou encore un plongeur sapeur-pompier qui a été sauvé en 1979 par un pêcheur après 3 jours de dérive au large de Frontignan en Méditerranée grâce à un goéland qui le survolait depuis plusieurs heures. Des naufragés ont également été retrouvés sur une île grâce à un message de détresse écrit avec des feuilles de palmier.

La signalisation est donc une étape essentielle qui doit être parfaitement maîtrisée pour éviter que l'hypothermie s'installe et mette en jeu le pronostic vital.

Hypothermie

La zone de neutralité thermique désigne la température ambiante dans laquelle le corps n'a pas besoin de dépenser de l'énergie pour maintenir une température physiologique entre 36,5 et 37 °C. Dans l'air, sa valeur est entre 24 et 26 °C alors qu'en immersion, la forte conductivité thermique de l'eau, 25 fois supérieure à celle de l'air, la fait passer à 33 à 34 °C. Le risque d'hypothermie devient donc majeur, et une simple extraction de l'eau peut permettre de gagner plusieurs semaines de survie comme ces deux pêcheurs birmans qui ont survécu 25 jours en mer dans une glacière aux larges des côtes australiennes en 2009, alors qu'immergés, le décès serait survenu en moins de 3 jours. En effet, en cas d'immersion, bien que l'impact immédiat du froid aussi appelé « choc thermique » soit limité par le port de la combinaison néoprène, la bonne forme physique du plongeur et l'accoutumance à l'exposition au froid, la présence de mouvement et une position inadaptée peuvent accélérer la survenue de l'hypothermie en augmentant la perte thermique par des mécanismes de convection et de conduction au niveau de la peau associés à un phénomène de perspiration au niveau des voies aériennes. Dans les années 2000, des études faites à l'Institut de recherche biomédicale des armées (IRBA) en collaboration avec Aix-Marseille université chez des nageurs de combat de l'armée française immergés pendant 6 heures à différentes températures confirment que l'exercice donne un confort thermique et une augmentation de la température centrale de façon très transitoire, et que la chute thermique qui s'ensuit est majeure. Nous avons également démontré à l'occasion de cette expérience qu'un muscle qui se refroidit est un muscle qui s'épuise beaucoup plus vite [5]. Il est donc indispensable que le plongeur reste au repos strict grâce à la flottabilité de son gilet stabilisateur et maintienne si possible hors de l'eau les zones qui se refroidissent le plus vite comme la tête, les aisselles et les faces internes des racines de cuisses [6]. L'idéal est de garder la tête couverte avec la cagoule néoprène et de se mettre en position *HELP* (figure 27.1A), en groupant les bras et les jambes comme un fœtus ou à défaut en position verticale avec les bras croisés sur le

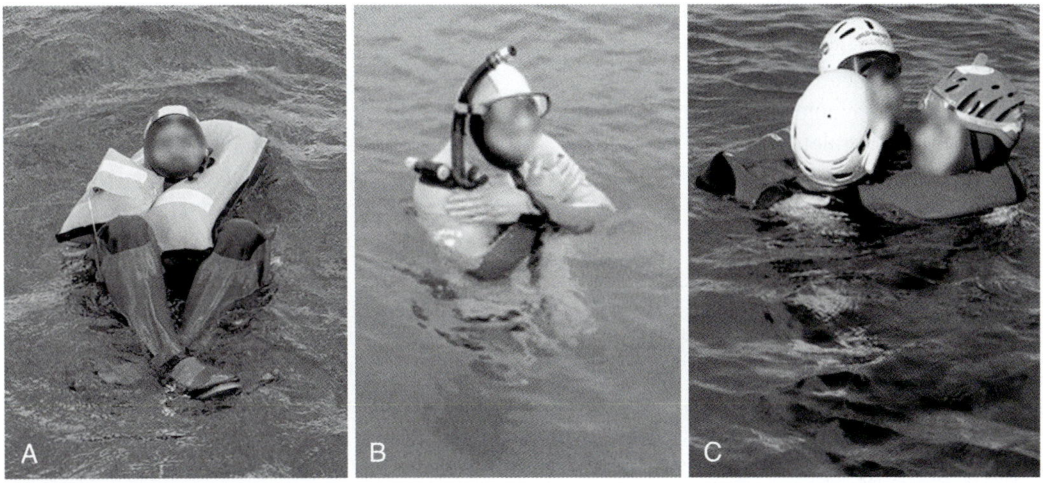

Figure 27.1. Positions de survie.
A. *Help*.
B. *Survival*.
C. *Grappe*.

torse, en position *SURVIVAL* (figure 27.1B). S'il y a plusieurs plongeurs, la *GRAPPE* (figure 27.1C), c'est-à-dire un regroupement des plongeurs en positionnant les plus fragiles au centre, est extrêmement efficace. L'objectif est de limiter les pertes thermiques et par voie de conséquence de retarder l'apparition de l'hypothermie qui peut être à l'origine d'une perte de dextérité, d'un épuisement, d'un trouble de la conscience, rendant impossible la participation active à une récupération lors du secours. Dans les cas les plus graves, l'arrêt cardiaque par trouble du rythme peut survenir à la moindre stimulation. L'hypothermie est donc le principal facteur limitant de la survie. Elle dépend d'une multitude de facteurs individuels, matériels et environnementaux qui vont directement se répercuter sur les durées de recherche et les moyens d'extraction. La formation et l'expérience des équipes médicales et de sauvetage semblent insuffisantes pour appréhender ces critères et ainsi ne pas sous-estimer les durées de survie en eau froide [7]. Des modèles mathématiques, souvent très complexes et peu applicables dans le cadre d'un secours, restent également imparfaits comme le montre un travail fait en 2010 par l'équipe d'Anne Virginie Desruelle et de Jean Claude Launay de l'IRBA. Cette équipe confirme que le dispositif, mis en place par le Dr Golden de l'université de Portsmouth (tableau 27.2), fondé sur l'analyse des accidents recoupée avec des résultats d'expérimentations en laboratoire, est probablement l'outil le plus simple et le plus performant. Ces données, utilisées depuis 2 décennies, permettent d'obtenir une corrélation claire entre la température de l'eau, le refroidissement du corps et les durées de survie. Devant la multitude de facteurs de variabilité, l'auteur recommande que la durée des recherches soit entre trois à six fois la durée de survie prévisible pour la moitié des naufragés. En cas de mer calme, les durées de recherche recommandées doivent être augmentées.

Tableau 27.2. Temps de recherche minimum pour des individus immergés.

Température de l'eau (°C)	Durée de survie prévue pour la moitié des individus (en heures)	Durée de recherche minimum recommandée (en heures)
Moins de 5	1	6
10	2	12
15	6	18
20 à 30	?	18 h à + de 24 h
Plus de 30	?	Plus de 2 à 3 j

Source : Golden FSC, Tipton M. Essentials of sea survival. Champaign, IL : Human Kinetics ; 2002.

Dans tous les cas répertoriés, la bonne connaissance des techniques de survie leur a permis de tenir plus de 24 heures et ainsi de se confronter aux contraintes physiologiques et psychologiques d'une immersion prolongée.

Immersion de plus de 24 heures

La plupart des récits rapportent l'apparition d'une sensation de soif liée à la diurèse d'immersion au bout de 24 heures. En effet, la pression exercée par l'eau sur les tissus mous aggravée par la bradycardie et la vasoconstriction au froid entraînent une redistribution des volumes sanguins vers le thorax avec distension du muscle cardiaque, sécrétion de peptide natriurétique et majoration de la diurèse. Les études faites chez des nageurs de combat déjà citées retrouvent une perte hydrique de 300 mL par heure d'immersion, soit un total de presque 2 L sur 6 heures. Cette perte doit être compensée au plus vite pour éviter un retentissement hémodynamique [9]. Dans le cas d'une dérive, ce mécanisme de déshydratation est souvent majoré par des vomissements consécutifs à la naupathie et par une perte hydrique par la ventilation en cas d'effort de nage, aussi appelée perspiration. Toutefois, l'hydratation avec de l'eau de mer reste fortement déconseillée pour éviter d'aggraver la déshydratation intracellulaire par un phénomène osmotique. Les protocoles de réhydratation avec de l'eau de mer ne peuvent se discuter que pour des durées de survie supérieures à 72 heures afin de prolonger un état de conscience suffisant pour assurer une veille. Cette stratégie n'empêche pas de retarder le décès qui survient généralement au bout de 5 à 7 jours. L'utilisation de poches d'eau ou d'eau de pluie doit donc être préférée si elles sont accessibles, à raison de 250 à 500 mL par jour à partir du deuxième jour. L'alimentation doit être évitée pour ne pas aggraver la déshydratation, sauf en cas d'immersion en eau froide afin d'apporter de l'énergie pour lutter contre l'hypothermie. Dans ce cas, elle doit se limiter à 100 g de glucides soit l'équivalent de deux barres de céréales.

Cette sensation de soif s'associe à d'autres facteurs environnementaux très anxiogènes. En effet, après une phase initiale de lutte pendant les 24 premières heures, la routine s'installe et le désespoir apparaît. Les moyens de secours qui passaient à proximité des plongeurs à la dérive sans les apercevoir sont de moins en moins fréquents. Le sel provoque des dermites mécaniques, aussi appelées salabrasions tandis que le soleil entraîne des brûlures sur la peau et la cornée. La macération des chairs attire les oiseaux qui deviennent de plus en plus agressifs. La présence de requins est fréquemment rapportée y compris sur nos côtes méditerranéennes. Certains naufragés qui ont réussi à regagner la terre doivent reprendre la mer pour fuir les comportements hostiles d'animaux sauvages comme le varan ou d'êtres humains apeurés par leur présence. Toutes ces contraintes aggravent le désespoir et incitent quasiment un tiers des plongeurs à la dérive à tenter de se suicider par submersion, mais leur état d'épuisement les empêche d'aboutir.

Au-delà de 48 heures, la confusion, l'introversion, la désorientation et les hallucinations, dont l'origine somatique ou psychologique reste incertaine, s'installent progressivement. Le groupe doit donc rester uni en s'attachant avec les sangles des gilets stabilisateurs ou les détendeurs et en évitant tout déplacement inutile. Au-delà de 75 heures, aucun récit ne rapporte la survie de plongeurs en dehors d'un cas qui a pu s'extraire de l'eau grâce au largage d'une chaîne SAR (*Search And Rescue*) contenant un canot de survie.

Récupération

Lorsque les plongeurs sont retrouvés, il est important d'évaluer le niveau d'hypothermie avant toute extraction. La prise de température centrale dans l'eau est impossible. Seul l'état clinique permet une estimation approximative. Il est alors important de rechercher un frisson qui correspond à une hypothermie légère (température centrale aux environs de 35 °C) et qui garantit une récupération rapide dès l'extraction et le séchage. L'absence de frisson avec la perte de dextérité sont en faveur d'une hypothermie modérée (température centrale entre 32 et 30 °C). L'extraction peut alors devenir difficile par le ralentissement psychomoteur et la limitation à effectuer des tâches manuelles par la victime. Lors de la sortie de l'eau, la perte de la contention hydrostatique et l'altération des réflexes des barorécepteurs peuvent entraîner un désamorçage cardiaque, aussi appelé *after drop* [10]. Il est donc essentiel, si le temps le permet, de privilégier une sortie en position horizontale. Enfin, dans l'hypothermie sévère (température centrale proche de 28 °C), le plongeur est dans un état de mort apparente et peut à tout moment être victime d'un arrêt cardiaque sur un trouble du rythme. Il doit donc être extrait de l'eau au plus vite mais avec une grande prudence pour éviter qu'un choc provoque une arythmie cardiaque.

Hors de l'eau, la victime doit être séchée, recouverte et placée au calme dans une zone protégée du froid et idéalement chauffée pour initier un réchauffement passif. La réhydratation, idéalement avec des solutés de réhydratation orale tiède, doit être débutée au plus tôt lors de l'évacuation.

À l'hôpital, l'hypothermie sévère est prise en charge en réanimation pour débuter au plus vite un réchauffement actif progressif. Dans les autres cas, le traitement doit être symptomatique en évitant de nuire comme avec l'utilisation d'anti-inflammatoires utilisées à des fins antalgiques mais sans tenir compte de la fonction rénale souvent altérée ou encore la prescription de paracétamol à des fins antipyrétiques alors que la fonction hépatique est souvent dégradée et que la fièvre est la simple conséquence d'une hypernatrémie qui doit être corrigée pour permettre une normalisation de la température centrale. La recherche d'une rhabdomyolyse doit être systématique ainsi que la présence de lésions cutanées souvent surinfectées et colonisées de micro-organismes se nourrissant des résidus de peaux macérées [11]. La prise en charge psychologique doit être précoce pour prévenir le risque d'apparition d'un trouble du stress post-traumatique qui fait souvent suite à une phase initiale d'euphorie faussement rassurante.

Références

[1] Bombard A. Naufragé volontaire. Paris : Ed Phébus ; 1996. p. 1-246.

[2] Massey H, Leach J, Davis M, Vertongen V. Lost at sea : the medicine, physiology and psychology of prolonged immersion. Diving Hyperb Med 2017 ; 47(4) : 239-47.

[3] je ne devrais pas etre en vie — face à face avec les requins — Vidéo Dailymotion.

[4] Health and Safety Executive. Diver emergency surface location devices. Offshore Technology Report : HSE Report OTO 1999 057. [Report unavailable from HSE site]. [Consulté 22 avril 2024]. Disponible sur : www.jeanelaine.co.uk/diveraids/contents.htm.

[5] Coulange M, Hug F, Kipson N, et al. Consequences of prolonged total body immersion in cold water on muscle performance and EMG activity. Pflugers Arch 2006 ; 452(1) : 91-101.

[6] Tipton M, Eglin C, Gennser M, Golden F. Immersion deaths and deterioration in swimming performance in cold water. Lancet 1999 ; 354(9179) : 626-9.

[7] Giesbrecht G, Pretorius T. Survey of public knowledge and responses to educational slogans regarding cold-water immersion. Wilderness Environ Med 2008 ; 19(4) : 261-6.

[8] Golden FSC, Tipton M. Essentials of sea survival. Champaign: Human Kinetics ; 2002.

[9] Jimenez C, Regnard J, Robinet C, et al. Whole body immersion and hydromineral homeostasis : effect of water temperature. Eur J Appl Physiol 2010 ; 108(1) : 49-58.

[10] Golden FSC, Hervey G, Tipton M. Circum-rescue collapse : collapse, sometimes fatal, associated with rescue of immersion victims. J R Nav Med Serv 1991 ; 77(3) : 139-49.

[11] Angelini G. Occupational aquatic dermatology. In : Kanerva L, editor. Handbook of occupational dermatology. Berlin, Heidelberg : Springer ; 2000.

Chapitre 28

Conduite à tenir en cas de recompression sur site d'un professionnel

Mathieu Coulange, Jennifer Hunt

Points clés

- Dans le cadre des travaux ou des interventions en milieu hyperbare, la réglementation du travail impose des délais de recompression en cas d'accident ou d'erreur de procédure.
- Les mentions A (travaux subaquatiques) doivent avoir un délai d'accès au caisson hospitalier de moins de 6 heures lorsqu'ils ne sont pas soumis à des paliers de décompression obligatoires.
- En cas de palier de décompression obligatoire, le délai d'accès au caisson hospitalier ne doit pas excéder 2 heures pour une durée totale de paliers de décompression inférieure à 15 minutes, et 1 heure pour une durée totale de paliers de décompression supérieure à 15 minutes, pour l'ensemble des activités hyperbares (mentions A, B, C et D).
- Lorsque le transfert vers le centre hyperbare hospitalier nécessite des délais supérieurs, l'employeur s'assure qu'un caisson de recompression d'urgence (CRU), aussi appelé caisson de recompression de sauvegarde, est disponible.
- La recompression sur site nécessite une chambre hyperbare avec au moins deux postes ventilatoires et un sas à personne. Elle est effectuée par une équipe formée composée d'au moins trois personnes qui doit pouvoir être en contact à tout moment avec un médecin hyperbare référent.
- La recompression ne peut être débutée qu'après validation médicale. La table de recompression est le plus souvent une table à l'oxygène à une pression maximale de 2,8 ATA (atmosphère technique absolue).
- Le médecin hyperbare référent peut également discuter avec le médecin régulateur d'un transfert vers un centre hyperbare hospitalier lorsqu'il estime que la symptomatologie de l'accidenté est incompatible avec une recompression sur site.

Introduction

Dans le cadre des travaux ou des interventions en milieu hyperbare, la réglementation du travail précise les délais de recompression en cas d'accident [1]. En l'absence de palier de décompression obligatoire, les intervenants effectuant des travaux hyperbares en milieu subaquatique (mention A) doivent avoir un délai d'accès au caisson hospitalier le plus proche de moins de 6 heures. Pour toutes les autres activités (mentions B, C et D), le délai de recompression n'est pas précisé. En cas de palier de décompression obligatoire, pour l'ensemble des activités hyperbares (mentions A, B, C et D), le délai d'accès au caisson hospitalier ne doit pas excéder 2 heures pour une durée totale des paliers inférieure à 15 minutes, et 1 heure pour une durée totale des paliers supérieure à 15 minutes. Lorsque ces délais ne peuvent pas être respectés, l'employeur s'assure qu'un caisson de recompression d'urgence (CRU) (figure 28.1), aussi appelé caisson de recompression de sauve-

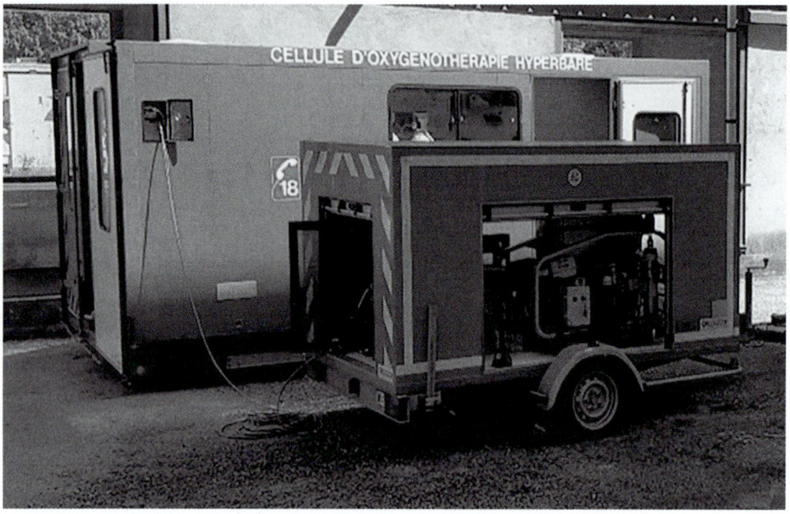

Figure 28.1. Caisson de recompression d'urgence avec sa station de gonflage.

garde, équipé d'au moins deux postes ventilatoires et d'un sas à personnel, est disponible en cas d'accident, et que les travailleurs présents pour le mettre en œuvre sont formés et régulièrement entraînés.

Ce chapitre aborde le matériel nécessaire, la formation des intervenants et la répartition des fonctions, les tables de recompression d'urgence ainsi que les modalités pratiques d'une recompression sur site et les incidents potentiels.

Caisson de recompression d'urgence

La recompression d'urgence sur site nécessite une chambre hyperbare avec au moins deux postes ventilatoires et un sas à personnel. Il doit répondre aux exigences réglementaires des équipements sous pression [2]. Le caisson doit être équipé d'un poste de contrôle regroupant les moyens de communication, d'alerte et de secours ainsi que les informations nécessaires sur la pression atmosphérique ambiante de l'enceinte hyperbare, la nature des gaz respirés et les volumes des stocks de gaz respiratoires disponibles (figure 28.2). Un analyseur d'oxygène doit permettre la surveillance permanente du taux d'oxygène dans l'ambiance hyperbare. Le taux doit être inférieur à 23 % pour prévenir le risque d'incendie. L'accès à la chambre hyperbare doit être adapté au site d'intervention et permettre l'évacuation d'un opérateur blessé ou inconscient ainsi que des travailleurs qui lui portent secours. La mise en place d'un plan dur à proximité est fortement recommandée. L'opérateur intervenant en milieu hyperbare doit avoir accès à un système lui permettant d'être informé des paramètres relatifs à son environnement. Le caisson doit disposer d'un moyen de communication permettant aux intervenants d'être en liaison permanente entre l'intérieur et l'extérieur de la chambre hyperbare. La soupape de sécurité doit être tarée pour permettre un traitement jusqu'à une pression relative maximale de 3 bars (pression équivalente à 30 mètres d'eau). L'enceinte hyperbare est pressurisée à l'air, le plus souvent par l'intermédiaire de bouteilles de 50 L préremplies à 200 bars. L'utilisation d'un compresseur qui gonfle des bouteilles tampons peut être une alternative. Le volume d'air disponible doit être suffisant pour assurer la totalité de la table de recompression avec une ventilation permettant de renouveler l'air régulièrement et d'éviter un taux d'oxygène trop important dans la chambre. Les gaz respiratoires ventilés par l'accidenté sont de l'air, de l'oxygène médical, voire dans certains cas un mélange suroxygéné type nitrox (oxygène et azote) ou héliox (oxygène et héliox). La pression

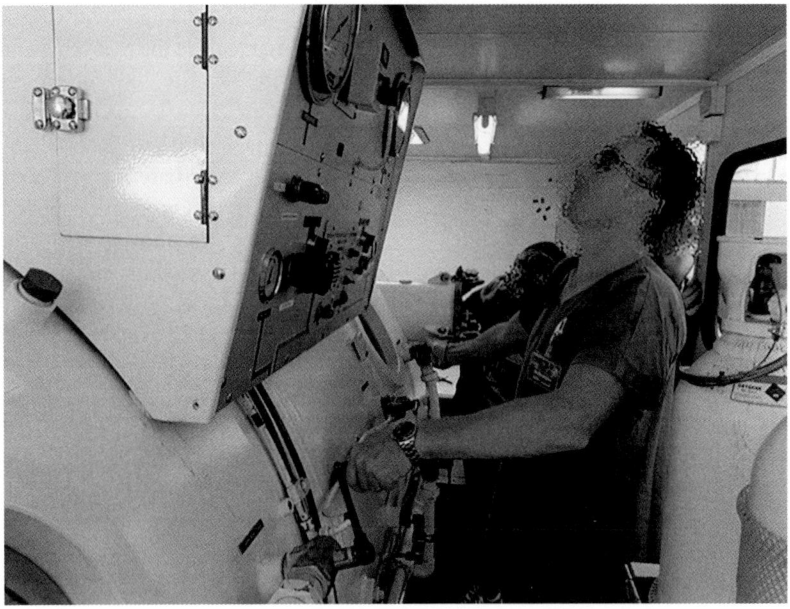

Figure 28.2. Pupitre de contrôle du caisson de recompression d'urgence.

partielle d'oxygène (produit de la fraction molaire par la pression ambiante) ne doit pas dépasser 2,8 bars pour l'accidenté. L'accompagnateur peut également être amené à ventiler de l'oxygène pour sa décompression mais à une pression partielle maximale de 2,2 bars soit de l'oxygène pur à une pression équivalente à une profondeur de 12 mètres. Le gaz est administré par une interface en débit continu ou à la demande via un détendeur (figure 28.3). Le débit continu a pour

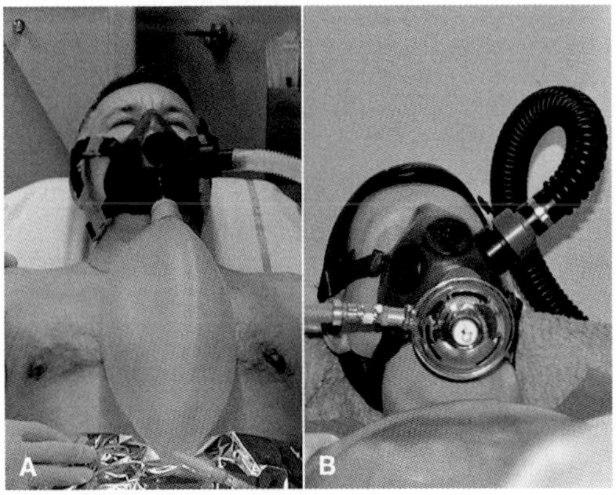

Figure 28.3. Masque en débit continu (A) et masque à la demande (B).

avantage de garantir une admission permanente et une limitation de l'effort ventilatoire mais au risque de fuites pouvant être importantes, entraînant une surconsommation et une majoration du risque d'incendie. Le système à la demande évite ces inconvénients mais nécessite un effort inspiratoire plus important et une étanchéité parfaite du masque pour permettre l'ouverture de la valve d'admission de gaz. Dans tous les cas, l'opérateur extérieur doit pouvoir sélectionner le bon gaz d'alimentation du masque et basculer sur de l'air en cas d'incident ou d'incendie. Un poste doit être équipé en permanence dans la chambre et dans le sas pour l'accompagnateur, en cas de besoin. Une prise d'oxygène doit être également présente pour pouvoir brancher un ballon autoremplisseur à valve unidirectionnelle (BAVU) en débit continu, avec la valve expiratoire reliée à un déverseur pour éviter de surcharger en oxygène l'atmosphère du caisson. L'air du bourrelet prégonflé du masque du BAVU doit être remplacé par de l'eau. Un extincteur hyperbare et/ou un système d'aspersion pressurisé, selon la réglementation, doivent être disponibles en permanence dans la chambre et dans le sas. Un affichage doit rappeler les matériels et objets interdits : dispositifs pouvant produire une flamme ou fonctionnant par catalyse, appareil fonctionnant sur pile ou sur batterie, produits volatils (alcool, éther...), cigarettes, corps gras, bombes aérosols (y compris médicaments), tissus synthétiques, sacs plastiques, journaux... La mise à disposition de tenues en coton prévient le risque de pénétrer dans l'enceinte avec des vêtements porteurs de graisses ou en matière synthétique.

Un kit de premiers secours hyperbare doit être positionné à l'intérieur de la chambre ou pouvoir être transféré par le sas à tout moment. Il doit être adapté à l'hyperbarie en contrôlant le risque d'incendie et l'absence de détérioration du matériel par les variations de volumes gazeux lorsque la pression varie. Il ne doit être utilisé que par du personnel formé et après validation médicale. Il permet d'effectuer l'évaluation et la surveillance de l'accidenté grâce à un kit de diagnostic. Il doit contenir le matériel nécessaire pour gérer une hémorragie externe, mettre en place ou entretenir une perfusion intravasculaire ou intraosseuse, mais également assurer une aspiration, une oxygénation, voire une intubation, avec une sonde intratrachéale ou un dispositif supraglottique. Il permet de prendre en charge une rétention aiguë d'urine, un pneumothorax compressif et une crise convulsive hyperoxique. Lorsque le sac est à l'extérieur du caisson, il est indispensable de positionner à l'intérieur de la chambre au minimum un BAVU, un urinoir, un sac pour recueillir les vomissements, une couverture en matière naturelle et une bouteille d'eau ou une poche de soluté pour la réhydratation.

Intervenants

Pour pouvoir initier une recompression sur site en dehors d'un milieu hospitalier, cinq fonctions doivent être assurées [3-5] :

- chef d'opération hyperbare (COH) : travailleur chargé, sous la responsabilité de l'employeur, de s'assurer de la mise en œuvre sur le site des mesures de prévention des risques prévues dans le manuel de sécurité hyperbare et de la coordination de l'équipe. Il s'assure également que les méthodes et conditions d'intervention sont consignées dans le livret individuel hyperbare de chaque travailleur ;
- surveillant ou manipulateur caisson : travailleur responsable de la mise en œuvre et du contrôle, en toute sécurité, du caisson hyperbare, en conformité avec les procédures de travail. Il veille à la sécurité des travailleurs intervenant en milieu hyperbare à partir d'un lieu adapté soumis à la pression atmosphérique locale et regroupant les moyens de communication, d'alerte et de secours, et est chargé de la gestion des paramètres du milieu hyperbare et de la communication avec l'opérateur ;
- opérateur hyperbare ou hyperbariste, aussi appelé par les Anglo-Saxons *Diver Medic* : travailleur intervenant en milieu hyperbare pour prendre en charge un ou plusieurs accidentés ;
- opérateur hyperbare de secours ou hyperbariste de secours : travailleur intervenant en milieu hyperbare, en cas de situation anormale de travail, pour prêter assistance à l'opérateur. Il peut également être chargé de l'environnement de travail de l'opérateur ;
- médecin référent hyperbare : médecin du travail de l'entreprise s'il est titulaire d'un diplôme universitaire de médecine hyperbare ou de soutien sanitaire à la plongée, ou tout autre médecin titulaire de ce diplôme universitaire.

Tous ces intervenants doivent être formés et régulièrement entraînés à la prise en charge d'un accidenté dans un CRU. Le surveillant et le COH doivent être formés et régulièrement entraînés à la manipulation du CRU. L'hyperbariste et l'hyperbariste de secours doivent être titulaires d'un certificat d'aptitude à l'hyperbarie et d'une classe permettant une intervention jusqu'à au moins une pression relative de 3 000 hectoPascal (classe I). Il est également fortement recommandé, et probablement à l'avenir imposé par la réglementation, qu'au moins l'hyperbariste soit également titulaire d'un certificat d'aptitude à l'hyperbarie mention C, c'est-à-dire d'une formation destinée aux interventions hyperbares sans immersion effectuées dans le cadre de la santé.

L'équipe minimale pour réaliser une recompression d'urgence est de trois travailleurs sur site. Le médecin hyperbare référent doit être joignable dans les meilleurs délais, en tant qu'expert, pour conseiller les intervenants ou les équipes de secours. Les intervenants peuvent occuper alternativement des fonctions différentes au sein de l'équipe sous réserve qu'ils aient les compétences requises. Le COH peut cumuler sa fonction avec celle de surveillant.

Les intervenants en milieu hyperbare doivent avoir une aptitude médicale en cours de validité [6].

Documentation

L'ensemble des risques inhérents à l'hyperbarie sèche dans le cadre de la santé figure dans le document unique d'évaluation des risques professionnels avec les moyens de préventions et la conduite à tenir en cas d'incidents, en accord avec le code européen de bonne pratique pour l'oxygénothérapie hyperbare [7].

Le manuel de sécurité hyperbare précise l'organisation de la prévention, la composition des équipes, les gaz ou les mélanges gazeux respiratoires, les appareils respiratoires et les équipements, les procédures et les moyens de compression et de décompression, les durées et les modalités d'intervention ainsi que les procédures de secours et la conduite à tenir en cas d'accidents liés à l'exposition au risque hyperbare.

La fiche de sécurité retranscrit les principaux paramètres de l'intervention : heure de mise en pression, pression maximale, durée de travail, table de décompression, palier, gaz, et heure de sortie. Ces paramètres doivent être également mentionnés dans le livret individuel hyperbare de chaque intervenant.

Tables de recompression d'urgence

La réglementation du travail propose trois tables de recompression (figure 28.4) [1]. La table n° 1 (oxygène pur — pression maximale à 2,2 ATA — 150 min) est applicable pour une recompression préventive suite à une erreur significative de décompression sans symptomatologie. La table n° 2 (oxygène pur — pression maximale à 2,8 ATA — 300 min) est applicable pour une suspicion d'accident de désaturation de type ostéo-arthro-musculaire ou cutané. La durée totale de cette table peut être raccourcie à 180 minutes en fonction de la symptomatologie et sous couvert d'une validation médicale. Pour les accidents de désaturation potentiellement graves (neurologiques cérébraux, médullaires et vestibulaires) ou les embolies gazeuses d'origine barotraumatique, deux options sont proposées : soit la table n° 2 (oxygène pur — pression maximale à 2,8 ATA — 180 à 300 min), soit la table n° 3 (héliox ou oxygène — pression maximale à 4 ATA — 450 min). Pour cette table, l'utilisation d'un mélange nitrox est possible pour un accident survenu au décours d'une intervention à l'air. Actuellement, les données de la littérature et les avis d'expert (voir chapitre 23) sont en faveur de l'abandon de la table n° 3 à 4 ATA. Son efficacité n'est pas démontrée alors que les contraintes et les risques liés à la pression et aux mélanges gazeux utilisés sont majeurs par rapport à la table n° 2. Le médecin hyperbare référent peut utiliser d'autres tables thérapeutiques en fonction de l'évolution des données scientifiques et de son expérience. Pour le traitement initial d'un accident de désaturation, quelle que soit sa forme clinique, les données de littérature (voir chapitre 23) sont en faveur de la réalisation d'une table à 2,8 ATA (table n° 2). La version courte de cette table (180 min) est actuellement privilégiée (voir chapitre 23).

Recompression d'urgence sur site

La recompression d'urgence sur site est effectuée :

- en cas d'incident ou d'accident entraînant l'omission d'une partie de la décompression, même si aucun symptôme ne se manifeste ;
- en cas d'apparition de symptômes d'accident de décompression même avec une décompression normale et seulement après une validation médicale.

Elle n'est effectuée qu'en l'absence de possibilité de transfert vers un centre de médecine hyperbare dans un délai compatible avec les délais réglementaires. Elle peut être remise en question en cas de doute diagnostique ou d'instabilité clinique du patient, nécessitant un transfert vers un centre hyperbare hospitalier ou un hôpital de proximité,

TABLE D'URGENCE N° 1

PRESSION Bar relatif	DURÉE	GAZ RESPIRÉ		MODALITÉS (*)	TEMPS CUMULÉS
		VICTIME	ACCOMPAGNANT		
1,2	120 min	Oxygène	Air	4 périodes	2 h 00
1,2 à 0	30 min	Oxygène	Oxygène	Continu	2 h 30

TABLE D'URGENCE N° 2

PRESSION Bar relatif	DURÉE	GAZ RESPIRÉ		MODALITÉS (*)	TEMPS CUMULÉS
		VICTIME	ACCOMPAGNANT		
1,8	90 min	Oxygène	Air	3 périodes	1 h 30
1,8 à 1,2	30 min	Oxygène	Air	1 période	2 h 00
1,2	150 min	Oxygène	Oxygène	5 périodes	4 h 30
1,2 à 0	30 min	Oxygène	Oxygène	Continu	5 h 00

TABLE D'URGENCE N° 3

PRESSION (Bar relatif)	DURÉE	GAZ RESPIRÉS		MODALITÉS (*)	TEMPS CUMULÉS
		VICTIME	ACCOMPAGNANT		
3	60 min	Héliox 50/50**	Air	Continu	1 h 00
3 à 2,4	30 min	Héliox 50/50**	Air	1 période	1 h 30
2,4	30 min	Héliox 50/50**	Air	1 période	2 h 00
2,4 à 1,8	30 min	Héliox 50/50**	Air	1 période	2 h 30
1,8	60 min	Oxygène	Air	2 périodes	3 h 30
1,8 à 1,2	30 min	Oxygène	Air	1 période	4 h 00
1,2	180 min	Oxygène	Oxygène	6 périodes	7 h 00
1,2 à 0	30 min	Oxygène	Oxygène	Continu	7 h 30

(*) : Période =	1 période correspond à la respiration au masque du mélange suroxygéné ou de l'oxygène pendant 25 minutes, puis de l'air pendant 5 minutes.
Continu =	Respiration au masque en continu.
(**) : Héliox 50/50	Pour le traitement des accidents résultant d'interventions à l'air, un mélange à 50 % azote/50 % oxygène peut éventuellement être utilisé.

Figure 28.4. Tables de recompression du ministère du Travail.
* Période : 1 période correspond à la respiration au masque du mélange suroxygéné ou de l'oxygène pendant 25 minutes, puis de l'air pendant 5 minutes. Continu : respiration au masque en continu. ** Héliox 50/50 : pour le traitement des accidents résultant d'interventions à l'air, un mélange à 50 % azote-50 % oxygène peut éventuellement être utilisé.
Source : annexe III à l'arrêté du 14 mai 2019 – JORF du 24 mai 2019.

y compris en cas de délai non compatible avec la réglementation du travail.

En cas d'erreur de procédure ou d'apparition de signes dans les 24 heures qui suivent une intervention hyperbare [8], l'intervenant potentiellement accidenté doit être mis au repos si possible à proximité du CRU. Le COH doit désigner un surveillant, un hyperbariste et un hyperbariste de secours. Si ces deux derniers ont déjà été exposés en hyperbarie dans un délai de moins de 12 heures, le COH doit vérifier que les paramètres de l'intervention précédente sont compatibles avec une intervention successive. L'hyperbariste doit prendre en charge l'accidenté en le mettant sous oxygène au masque à haute concentration et en le réhydratant per os. De façon concomitante, il doit effectuer un bilan secouriste spécifique en évaluant son état de conscience, sa respiration avec sa fréquence respiratoire et sa saturation artérielle en oxygène, sa fréquence cardiaque et sa pression artérielle ainsi qu'en recherchant un saignement, une douleur, un vertige, une paralysie, des fourmillements, une perte de sensibilité, une démangeaison ou une éruption sur la peau. Il doit préciser l'heure des premiers signes par rapport à la fin de l'exposition hyperbare ainsi que l'heure de début des soins et le type de soins effectués. L'ensemble de ces données est retranscrit par le COH sur la fiche de recueil d'alerte (voir chapitre 15) afin de pouvoir contacter le médecin du régulateur en mer par l'intermédiaire du Cross (centre régional opérationnel de surveillance et sauvetage) ou du MRCC (Maritime Rescue Coordination Center — VHF [*Very High Frequency*] canal 16), à terre via le centre de régulation du SAMU (service d'aide médicale d'urgence — tél. : 15).

Le médecin hyperbare référent doit, dans tous les cas, être informé au plus vite pour pouvoir apporter son expertise tout au long de la prise en charge.

L'alerte permet au médecin régulateur d'évaluer les délais de transfert vers un centre hyperbare hospitalier et surtout de la nécessité de projeter une équipe médicale sur site pour éliminer un diagnostic différentiel et faciliter le conditionnement de la victime avec la pose d'une voie veineuse en cas de signe de gravité ou de réhydratation per os impossible, la mise en place d'une sonde vésicale en cas de rétention aiguë d'urine ou encore pour la réalisation d'un drainage thoracique en présence d'un pneumothorax. En situation d'éloignement extrême, une délégation de compétence peut se discuter chez du personnel autorisé, comme le second d'un équipage de marine marchande, formé et entraîné, et sous couvert d'une validation médicale. En cas d'indication de recompression en urgence et d'impossibilité d'extraction dans un délai réglementaire vers un centre hyperbare hospitalier, le médecin régulateur doit valider la recompression sur site et le type de table, en accord avec le médecin hyperbare de proximité et/ou le médecin hyperbare référent de l'entreprise. Dans la plupart du temps, la table n° 2 (version courte 180 min) à l'oxygène à une pression maximale de 2,8 ATA peut être prescrite [1].

L'accidenté, après avoir été conditionné, est installé dans la chambre hyperbare (figure 28.5) [9]. Il est accompagné par l'hyperbariste qui veille à ce que l'oxygène ne soit jamais interrompu et que la réhydratation soit régulière. Tous deux doivent être en tenue adaptée, idéalement en coton, pour prévenir le risque d'incendie. Aucun matériel électronique ne doit être mis sous pression s'il ne satisfait pas la norme CE hyperbare [7]. Les batteries au lithium sont interdites en hyperbarie. L'utilisation d'appareils avec une pile saline ou alcaline peut se discuter en cas de nécessité, comme pour un laryngoscope, un appareil à glycémie, un otoscope ou un saturomètre. En cas de perfusion, l'hyperbariste doit mettre en place uniquement des

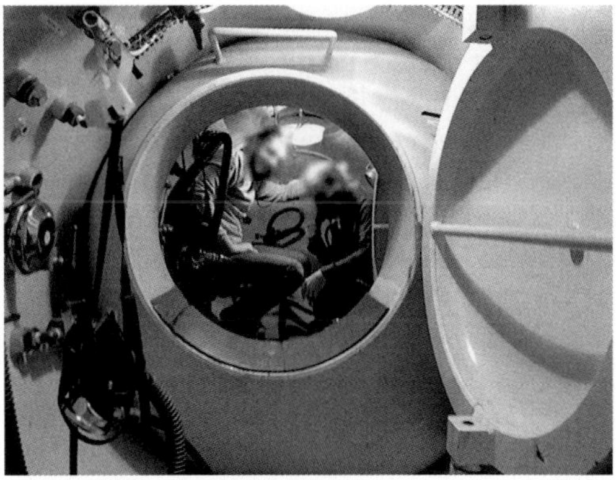

Figure 28.5. Installation de l'accidenté par l'hyperbariste dans la chambre hyperbare.

poches souples (les flacons rigides ou semi-rigides sont à éviter), si possible contenant au moins 500 à 1 000 mL de liquide. La prise d'air de la chambre de chasse du perfuseur doit être fermée et une poche souple de rechange doit être disponible. Le BAVU doit être également accessible ainsi qu'un urinoir, un sac pour recueillir les vomissements, une couverture en matière non synthétique et une bouteille d'eau. L'hyperbariste doit avoir à disposition des fiches de surveillance pour pouvoir retranscrire régulièrement les paramètres cliniques de la victime, en particulier l'évolution des fonctions vitales et des signes neurologiques.

Lorsque les membres de l'équipe sont prêts, le COH peut ordonner le début de la recompression. La vitesse de compression doit être adaptée à la tolérance de l'accidenté et de l'hyperbariste, en particulier au niveau de l'équilibration des oreilles. Lorsque la pression de traitement est atteinte, une ventilation peut être mise en place pour éviter que le taux d'oxygène ne dépasse 23 % dans la chambre hyperbare. La surveillance doit être permanente avec un examen plus précis toutes les 25 minutes lors de la pause à l'air. Ces informations doivent être retranscrites et transférées régulièrement au COH. Le surveillant doit tracer tous les paramètres de la table sur sa fiche de suivi. Le COH tient une main courante et informe régulièrement le médecin hyperbare référent. Avant toute phase de décompression, en cas de perfusion (non recommandée) avec une poche rigide ou semi-rigide, l'hyperbariste vérifie que le flacon n'est pas vide, que la prise d'air est fermée et que le volume d'air dans la chambre de chasse est inférieur à ¼ (figure 28.6). Dans le cas contraire, la décompression est retardée pour permettre à l'accompagnateur de changer le flacon, fermer la prise d'air et/ou de remettre du liquide dans la chambre de chasse. À 2,2 ATA, l'hyperbariste peut débuter sa décompression à l'oxygène si elle est nécessaire. Au décours de la séance, l'accidenté est transféré vers un centre hospitalier ou surveillé par l'entourage le temps que l'évacuation soit mise en place. L'hyperbariste doit rester au repos pendant au moins 2 heures au décours de la séance et être à proximité d'un caisson dans les 12 heures qui suivent.

Bien qu'exceptionnels, les principaux incidents [9] qui peuvent survenir lors de la recompression sont généralement directement liés à la variation de

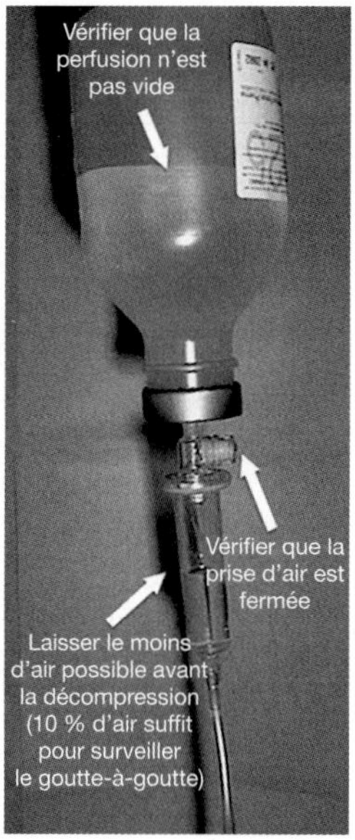

Figure 28.6. Contrôle de sécurité au niveau de la perfusion au cours d'une recompression d'urgence.

pression et à l'augmentation de la pression partielle en oxygène. Par conséquent, au moindre incident, il est indispensable de figer la situation en stoppant la compression ou la décompression, ou en encore en basculant le gaz ventilé par l'accidenté sur de l'air lorsque l'incident apparaît lors de la phase de palier. Le médecin hyperbare référent doit en être systématiquement informé dans les plus brefs délais. À la compression, l'accidenté ou l'hyperbariste peuvent avoir quelques difficultés d'équilibration des oreilles. Pour prévenir le risque de barotraumatisme de l'oreille, il est indispensable de stopper la compression à la moindre douleur pour leur permettre d'effectuer les manœuvres d'équilibration. Si la douleur persiste, il est nécessaire de légèrement décomprimer puis de réessayer les manœuvres. Si la douleur cède, la recompression est reprise tout en adaptant la vitesse de compression à la tolérance. Au palier, en cas de crise convulsive pouvant être liée à la toxicité de l'oxygène, le surveillant doit alimenter le masque de l'accidenté avec de l'air. L'hyperbariste doit lui retirer son masque, le mettre en position latérale de sécurité et le protéger pour lui éviter de se blesser. Dans ce cas, la crise hyperoxique cède en général rapidement, mais la poursuite de la table à l'air ou la remontée contrôlée vers la surface doivent être discutées avec un médecin hyperbariste. Si la crise persiste, il faut éliminer une hypoglycémie ou un trouble du rythme cardiaque. La crise convulsive peut être également liée à la lésion initiale ; dans ce cas, et sur avis médical, l'injection intraveineuse, intramusculaire ou intrarectale d'un anticonvulsivant peut permettre la poursuite de la séance hyperbare.

La survenue brutale d'un malaise lors de la décompression doit la faire arrêter immédiatement par le surveillant. L'hyperbariste doit contrôler la perfusion pour éliminer une éventuelle embolie gazeuse iatrogène. Si la tubulure est pleine de gaz, la recompression jusqu'à 2,8 ATA doit être immédiate et la perfusion retirée ou purgée selon une procédure bien précise. En l'absence de suspicion d'incident de perfusion, l'hyperbariste doit éliminer la décompensation d'un pneumothorax passé inaperçu lors de la prise en charge initiale. L'accidenté doit être mis en position semi-assise et les paramètres vitaux contrôlés en permanence en particulier, la conscience, la douleur, la saturation en oxygène, la tension artérielle et la fréquence cardiaque. En cas de dégradation de ces paramètres lors de la reprise de la décompression, le surveillant doit de nouveau stopper la décompression, voire légèrement recomprimer la chambre, si les paramètres vitaux se dégradent. L'hyperbariste doit rechercher une distension au niveau d'un hémithorax avec une altération de l'hémodynamique et de la conscience pouvant poser l'indication d'une exsufflation de sauvetage pour traiter un pneumothorax compressif. Ce geste doit être validé par le médecin hyperbare référent et entrepris uniquement en dernier recours. Enfin, en cas d'arrêt cardiaque au cours de la séance, l'accidenté doit être massé et ventilé sans délai. L'arrêt de l'oxygène peut se discuter si la cause de l'arrêt est liée à un état de mal épileptique par toxicité de l'oxygène. Seul un trouble du rythme nécessitant un choc électrique externe peut faire discuter une décompression en urgence (aucun choc électrique ne doit être délivré en pression).

En cas d'incendie, les masques doivent être alimentés en air. L'hyperbariste doit s'équiper d'un masque pour éviter d'inhaler des fumées et tenter de contrôler le foyer avec l'extincteur. L'aspersion doit être déclenchée au plus vite par l'hyperbariste ou le surveillant afin de permettre de refroidir l'ambiance. Le surveillant doit activer une décompression d'urgence pour pouvoir extraire l'accidenté et l'hyperbariste. Les secours doivent être alertés dès que possible.

Lors de ces différents incidents, si l'hyperbariste a effectué une décompression rapide avec un non-respect des procédures de décompression, il doit être placé sous oxygène et transféré vers un centre hyperbare ou recomprimé sur site pour une table de rattrapage à 2,2 ATA.

Références

[1] Annexe à l'arrêté du 14 mai 2019 relatif aux travaux hyperbares effectués en milieu subaquatique (mention A) [En ligne]. Disponible sur : https://sneti.eu/wp-content/uploads/2020/06/5-Annexes-Arr%C3%AAt%C3%A9-Mention-A-2019-TABLES-dae_20190524_0003_0001.pdf.

[2] Arrêté du 20 novembre 2017 relatif au suivi en service des équipements sous pression et des récipients à pression simples [En ligne]. Disponible sur : www.legifrance.gouv.fr/loda/id/JORFTEXT000036128632/.

[3] Décret no 2011-45 du 11 janvier 2011 relatif à la protection des travailleurs intervenant en milieu hyperbare [En ligne]. Disponible sur : www.legifrance.gouv.fr/loda/id/JORFTEXT000023413027.

[4] Décret no 2020-1531 du 7 décembre 2020 modifiant les dispositions relatives à la protection des travailleurs intervenant en milieu hyperbare [En ligne]. Disponible sur : www.legifrance.gouv.fr/jorf/id/JORFTEXT000042625173.

[5] Arrêté du 14 mai 2019 relatif aux travaux hyperbares effectués en milieu subaquatique (mention A) [En ligne]. Disponible sur : www.legifrance.gouv.fr/jorf/id/JORFTEXT000038501680.

[6] Société de physiologie et de médecine subaquatiques et hyperbares de langue française, Société française de santé au travail. Recommandations de bonne pratique. Prise en charge en santé au travail des travailleurs exposés au risque hyperbare. 3e éd [En ligne]. 2023. Disponible sur : www.medsubhyp.fr/wp-content/uploads/2023/12/Recommandations-pour-le-suivi-en-sante-au-travail-risque-hyperbare-2023.pdf.

[7] Kot J, Desola J, Lind F, et al. A European code of good practice for hyperbaric oxygen therapy — Review 2022. Diving Hyperb Med 2023 ; 53(4) (Suppl) : 1-17.

[8] Coulange M, Blatteau JE, Le Pennetier O, et al. Accidents en plongée subaquatique et en milieu hyperbare. EMC Médecine d'Urgence 2015 [Article 25-030-G-20].

[9] Blatteau JE, Coulange M, Parmentier-Decrucq E, et al. Oxygénothérapie hyperbare, principes et indications. EMC Anesthésie et Réanimation 2019 [Article 36-940-A-10].

Chapitre 29

Conduite à tenir en cas de plongeur décédé

Mathieu Coulange

Points clés

- Le décès en plongée est un événement rare, qui fait l'objet systématiquement d'un obstacle médicolégal.
- Le caractère multifactoriel et les spécificités du plongeur, de son matériel, de sa pratique et de son environnement nécessitent une démarche médicolégale pluridisciplinaire.
- Elle doit intégrer un médecin hyperbare expert ainsi qu'un expert technique pour préciser les circonstances de l'accident et rechercher des erreurs de pratiques, un environnement inadapté et/ou des dysfonctionnements de l'équipement pouvant être à l'origine du processus physiopathologique ayant abouti au décès.
- L'analyse de l'ordinateur de plongée est un élément indispensable à la compréhension des causes du décès, tout comme la tomodensitométrie post-mortem qui doit être réalisée dans un délai de moins de 4 heures pour éviter toute erreur d'interprétation.
- La recherche d'antécédents cardiovasculaires ou d'événements médicaux intercurrents est essentielle pour objectiver une origine cardiaque, principale cause de décès.

Introduction

L'arrêt cardiaque en plongée est un événement rare mais gravissime, aboutissant quasiment systématiquement au décès. Bien que le nombre d'accidents de plongée augmente régulièrement, l'incidence des décès en plongée reste stable à 2 décès pour 100 000 plongeurs selon une étude américaine publiée en 2015 [1]. D'après notre expérience, fondée sur l'analyse de plus d'une centaine de décès survenus en plongée en Méditerranée de 2007 à 2018 [2], l'accidenté est de sexe masculin dans 78 % des cas, âgé en moyenne de 50 ans et présentant des antécédents cardiaques dans un cas sur deux. Il est généralement plongeur de loisir (88 %), en circuit ouvert (88 %), à l'air (75 %) et expérimenté. Dans 20 % des cas, l'accident survient en formation. La profondeur maximale est de 37 mètres en moyenne et la durée de 20 minutes, dans une eau à 15 °C. Les premiers signes apparaissent sous l'eau dans plus de 70 % des cas à une profondeur de moyenne de 15 mètres. Il s'agit le plus souvent d'une perte de connaissance (54 %), d'une sensation de malaise (31 %) ou d'un essoufflement (14 %). L'alerte est effectuée en moyenne en 9 minutes (1 à 39 min), le plus souvent en mer (72 %) par l'intermédiaire du Cross (centre régional opérationnel de surveillance et sauvetage) (87 %). L'entourage met en place les gestes élémentaires de survie en moins de 1 minute (0 à 11 min). Les premiers secours arrivent en moyenne en 25 minutes (0 à 74 min), et le SMUR (service mobile d'urgence et de réanimation) en 37 minutes (10 à 65 min) en majorité par voie héliportée (51 %). Au moins un choc électrique est réalisé dans 10 % des cas. L'exsufflation et/ou le drainage thoracique sont effectués dans 5 % des cas, pour les cas de suspicion de barotraumatisme pulmonaire avec pneumotho-

Médecine de la plongée

rax, bien que l'analyse post-mortem montre que ce geste n'est pas justifié dans la plupart des cas (absence de pneumothorax). La durée totale de réanimation cardiopulmonaire est en moyenne de 60 minutes (0 à 130 min). La durée de réanimation spécialisée est en général d'une trentaine de minutes (8 à 76 min). Dans 10 % des cas, il y a une reprise d'activité temporaire avec en moyenne quasiment 100 % de décès à 24 heures.

Étiologie

Selon notre expérience, le facteur déclenchant à l'origine du décès est le plus souvent (figure 29.1) :

- un effort intense en eau froide associé à une pathologie cardiaque sous-jacente méconnue ou non avouée (45 %) ;
- une noyade secondaire à une erreur technique ou à un problème de matériel (25 %) ;
- une embolie gazeuse d'origine barotraumatique consécutive à une remontée sans embout ou une panique (16 %) ;
- un traumatisme avec plaie par hélice ou choc contre des rochers (5 %).

L'orientation diagnostique est complexe dans la phase initiale, d'autant que l'arrêt survient le plus souvent sur le fond et peut donc se compliquer d'une noyade par la perte de l'embout buccal, d'une surpression pulmonaire et/ou d'un dégazage massif consécutif à la remontée rapide vers la surface. Par conséquent, bien que le plongeur en arrêt cardiaque présente le même aspect qu'un noyé, il reste jusqu'à preuve du contraire un accident cardiaque, potentiellement noyé, avec éventuellement un pneumothorax compressif et une embolie gazeuse systémique massive.

Au niveau international, le DAN (*Divers Alert Network*) regroupe en quatre grandes catégories les incidents à l'origine du processus ayant engendré le décès : les conditions médicales préexistantes, les erreurs de procédures, les changements dans les conditions de plongée et les problèmes d'équipement [1]. Denoble et al. affinent l'orientation diagnostique en étudiant 947 décès en plongée avec la méthode d'analyse de chaîne d'événement [3]. Ce processus repose sur quatre éléments (tableau 29.1) : le déclencheur, l'agent invalidant, la blessure invalidante et la cause du décès. Le déclencheur est le premier événement identifiable qui transforme une plongée banale en plongée non conforme. L'agent invalidant est une action ou une circonstance qui engendre une lésion. La blessure invalidante est directement

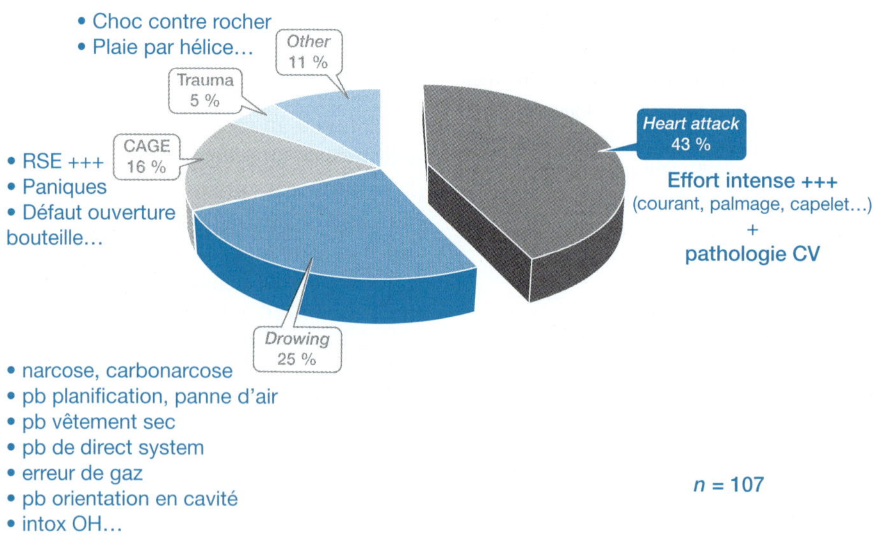

Figure 29.1. Étiologie des arrêts cardiaques en plongée d'après une analyse descriptive d'une centaine de cas de l'Assistance publique-Hôpitaux de Marseille [2].
CAGE : embolie gazeuse artérielle cérébrale ; CV : cardiovasculaire ; RSE : remontée sur expiration.

Tableau 29.1. Principaux éléments à l'origine des décès en plongée selon la méthode d'analyse de chaîne d'événement.

Déclencheur	Agent invalidant	Blessure invalidante	Cause du décès
Panne d'air : 41 %	Remontée d'urgence : 55 %	Asphyxie : 33 %	Noyade : 70 %
Entrave du plongeur : 20 %	Panne d'air : 27 %	Embolie gazeuse : 29 %	Âge : 14 %
Équipement : 15 %	Flottabilité : 13 %	Accident cardiaque : 26 %	Accident cardiaque : 13 %

Source : Denoble PJ, Caruso JL, Dear G de L, et al. Causes courantes de décès en plongée récréative en circuit ouvert. Undersea Hyperb Med. 2008;35(6):393-406.

responsable de la mort ou de l'incapacité ayant engendré la mort par noyade. La cause du décès est celle spécifiée par le médecin légiste, qui peut être la même que la blessure invalidante ou la noyade secondaire à la blessure.

En 2020, Lippmann et al. [4] démontrent que les maladies cardiaques sont un facteur majeur de décès en plongée. Trois ans plus tard, ces mêmes auteurs renforcent cette notion en mettant en évidence que l'âge avancé, l'obésité et les maladies cardiaques sont des causes de décès de plus en plus fréquentes [5]. En 2023, Balbo et al. publient une étude qui retrouve près de 50 % d'antécédents cardiovasculaires chez les plongeurs décédés, l'accident de désaturation restant exceptionnel. Ils insistent également sur l'importance d'avoir une approche pluridisciplinaire en intégrant un médecin légiste afin de reconstituer avec précision la dynamique de l'accident [6] et un expert subaquatique pour analyser l'ordinateur de plongée, le matériel et le déroulé de la plongée. L'accès à une tomodensitométrie corps entier précoce permet d'orienter l'autopsie et d'éviter des erreurs d'interprétation liées aux modifications gazeuses post-mortem.

Cette démarche collégiale permet d'affiner les causes du décès, en montrant notamment que la noyade est le plus souvent secondaire et que la cause principale chez les plongeurs en scaphandre autonome est en réalité un accident cardiaque ou un œdème pulmonaire d'immersion [7]. Pour les apnéistes, la première cause de décès reste la syncope hypoxique qui survient le plus souvent dans les 10 derniers mètres et qui se complique de noyade lorsque l'apnéiste n'est pas secouru par son binôme ou lorsqu'il plonge seul.

Ces données confirment les données obtenues en région marseillaise à travers un processus associant le médecin urgentiste intervenant sur le plongeur en arrêt cardiaque, le médecin légiste, le médecin hyperbare, le radiologue, l'anatomopathologiste, le toxicologue et l'expert technique. Cette méthodologie est précisée dans le paragraphe suivant.

Approche médicolégale

En 2005, une analyse des pratiques sur la prise en charge médicolégale des décès en plongée, au sein du service de médecine légale de l'Assistance publique-Hôpitaux de Marseille, aboutit à la mise en place d'une procédure spécifique multidisciplinaire avec le soutien des officiers de police judiciaire de la gendarmerie maritime. Cette procédure rappelle que tout accident mortel en plongée doit faire l'objet d'un obstacle médicolégal[1] qui implique généralement la réalisation d'une autopsie. Elle insiste également sur le rôle prépondérant des primo-intervenants, que ce soient les secouristes ou les équipes SMUR. Ces derniers, lorsque le décès est prononcé, doivent immédiatement geler la « scène », prendre quelques photos et veiller à ce que personne ne touche au matériel de plongée de la victime et de son binôme, dans l'attente de l'intervention de l'officier de police judiciaire (OPJ). Les ordinateurs de plongée ainsi que la fiche de sécurité doivent être également tenus à sa disposition. Les données concernant l'état initial de la victime doivent être retranscrites ainsi que la prise en charge médicale initiale qui peut directement impacter sur la compréhension des causes de décès, comme l'intubation orotrachéale, l'injection de sédatifs de type benzodiazépines ou

1. Le corps est alors à la disposition de la justice. Toutes les opérations funéraires sont suspendues jusqu'à autorisation donnée par l'autorité judiciaire.

de dérivés morphiniques, l'exsufflation thoracique ou encore la pose d'une voie veineuse centrale. Les primo-intervenants peuvent être sollicités par l'OPJ pour prélever des échantillons d'eau ou de tissus à la recherche de diatomées, marqueurs de noyade en eau douce et des échantillons sanguins pour le dosage du strontium, marqueur de noyade en eau de mer. Cela peut permettre de déterminer que le décès a bien eu lieu à l'endroit où la victime a été récupérée et confirmer éventuellement que la noyade est survenue avant le décès. L'OPJ peut également leur demander de ramener au plus vite le corps à la terre afin de garantir un délai de tomodensitométrie post-mortem le plus court possible. En effet, une étude marseillaise démontre que les gaz de dénitrogénation n'apparaissent qu'après la quatrième heure et les gaz de putréfaction au bout de 24 heures [8]. Ainsi, l'absence de gaz sur une tomodensitométrie réalisée dans les 4 premières heures permet d'éliminer une embolie gazeuse artérielle massive ou un accident de désaturation explosif alors que l'autopsie réalisée dans les 24 à 48 heures retrouve systématiquement des manchons gazeux au niveau cérébral dont l'origine peut être directement la cause de l'accident mais également un simple artefact lié à un dégazage post-mortem (figure 29.2). La ponction de gaz intracardiaque lors de la tomodensitométrie peut limiter ce risque d'erreur [9]. Cette cinétique gazeuse est confirmée par une étude prospective sur 4 ans des décès survenus en plongée en région marseillaise [10]. Ce travail démontre également que la pneumatisation complète des troncs supra-aortiques est un critère majeur d'accident de décompression dans les 24 premières heures. Au-delà de 24 heures, la tomodensitométrie reste utile car elle permet de distinguer une noyade d'un œdème pulmonaire d'immersion. En effet, une noyade est évoquée en cas de niveau liquidien dans les sinus avec dépôts de sédiment, de spume, voire de comblement trachéobronchique, de distension liquidienne dans l'œsophage et dans l'estomac, et d'aspects d'épaississement septal interlobulaire avec comblement alvéolaire et de condensations intraparenchymateuses avec gradient antéropostérieur (figure 29.3A et B). A contrario, les signes d'œdème pulmonaire d'immersion sont l'hypertrophie des veines pulmonaires, la redistribution vasculaire vers les sommets, les épaississements septaux, les épaississements péribronchovasculaires avec un aspect en ailes de papillon et les images en verre dépoli (figure 29.3C et D). La tomodensitométrie permet aussi d'optimiser la cartographie gazeuse et donc de simplifier l'autopsie en évitant une immersion du corps, indispensable pour rechercher des épanchements gazeux

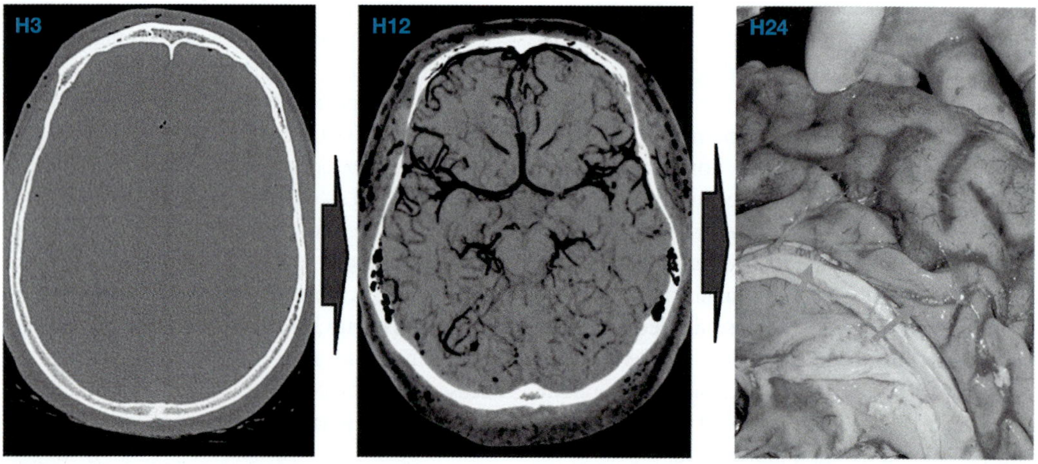

Figure 29.2. Cinétique de l'apparition de gaz post-mortem chez un plongeur décédé d'un œdème pulmonaire d'immersion.

H3 : absence de gaz intravasculaire au niveau cérébral sur la tomodensitométrie. H12 : présence diffuse de gaz intravasculaire sur la tomodensitométrie. H24 : présence de manchons gazeux intravasculaires lors de l'autopsie.

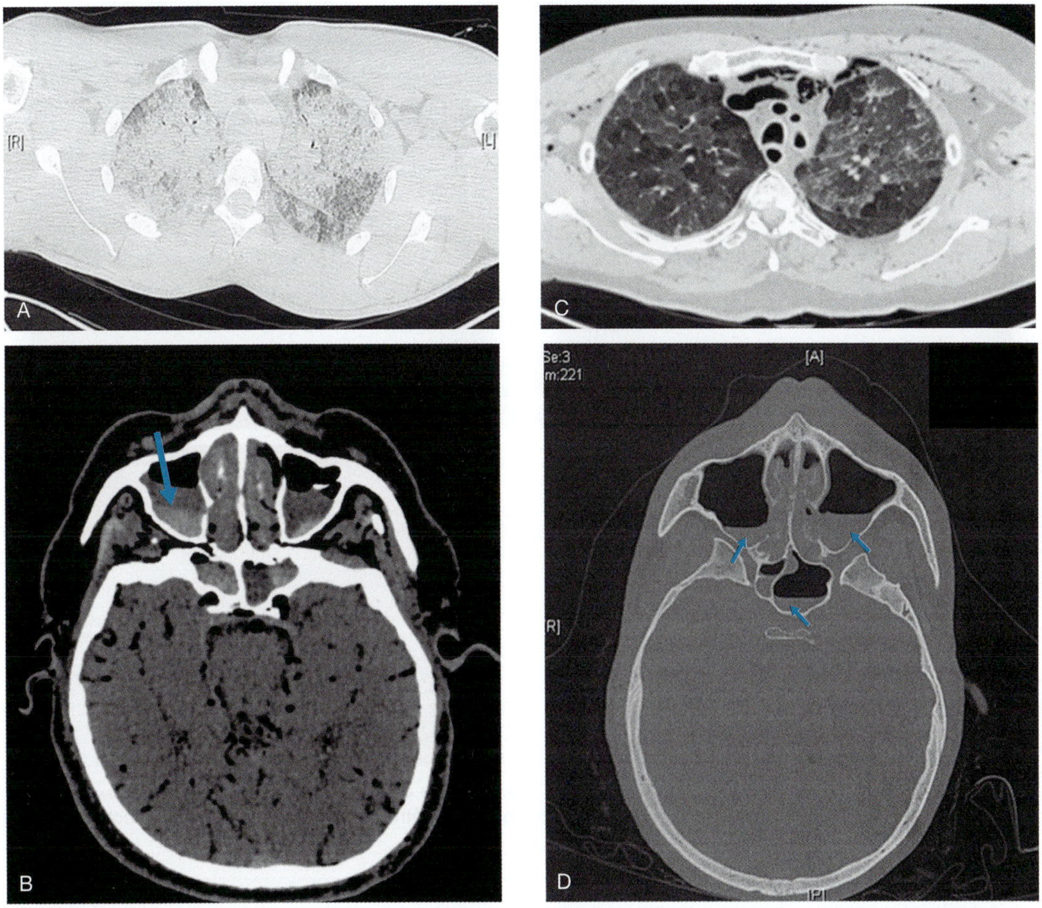

Figure 29.3. Tomodensitométrie post-mortem : différence sémiologique entre une noyade : niveau liquidien dans les sinus avec dépôts de sédiment (flèche bleue), comblement trachéobronchique et aspects d'épaississement septal interlobulaire avec comblement alvéolaire et condensations intraparenchymateuses diffuses (A et B), et un œdème pulmonaire d'immersion : niveau liquidien dans sinus sans dépôts de sédiment (flèches bleues), trachée aérée, épaississements septaux, épaississements péribronchovasculaires et images en verre dépoli (C et D).

(figure 29.4A). Elle peut également orienter l'autopsie en mettant en évidence une lésion difficilement décelable lors de la dissection (figure 29.4B et C). L'expertise du médecin hyperbare est tout aussi importante puisqu'il détient des informations précises sur le déroulé de la plongée grâce à la prise en charge du binôme dans le cadre d'une recompression préventive et de l'analyse des profils de plongées extraits des ordinateurs (figure 29.5). En effet, l'ordinateur enregistre à intervalles réguliers la profondeur et la température de l'eau. Il peut également être équipé d'un cardiofréquencemètre et d'une gestion d'air, permettant d'obtenir en continu la fréquence cardiaque et la consommation de gaz tout au long de la plongée. L'expert technique peut mettre en évidence un surlestage du plongeur, un défaut de flottabilité du gilet stabilisateur ou du vêtement étanche et/ou un dysfonctionnement ou une résistance inspiratoire du détendeur, à l'origine du processus physiopathologique ayant abouti au décès du plongeur.

Le décès en plongée est donc un événement rare qui nécessite une prise en charge spécialisée par une équipe pluridisciplinaire experte pour objectiver de façon formelle les causes du décès et ainsi les responsabilités éventuelles. Elle facilite également le processus de deuil des familles en leur apportant des réponses précises à leurs interro-

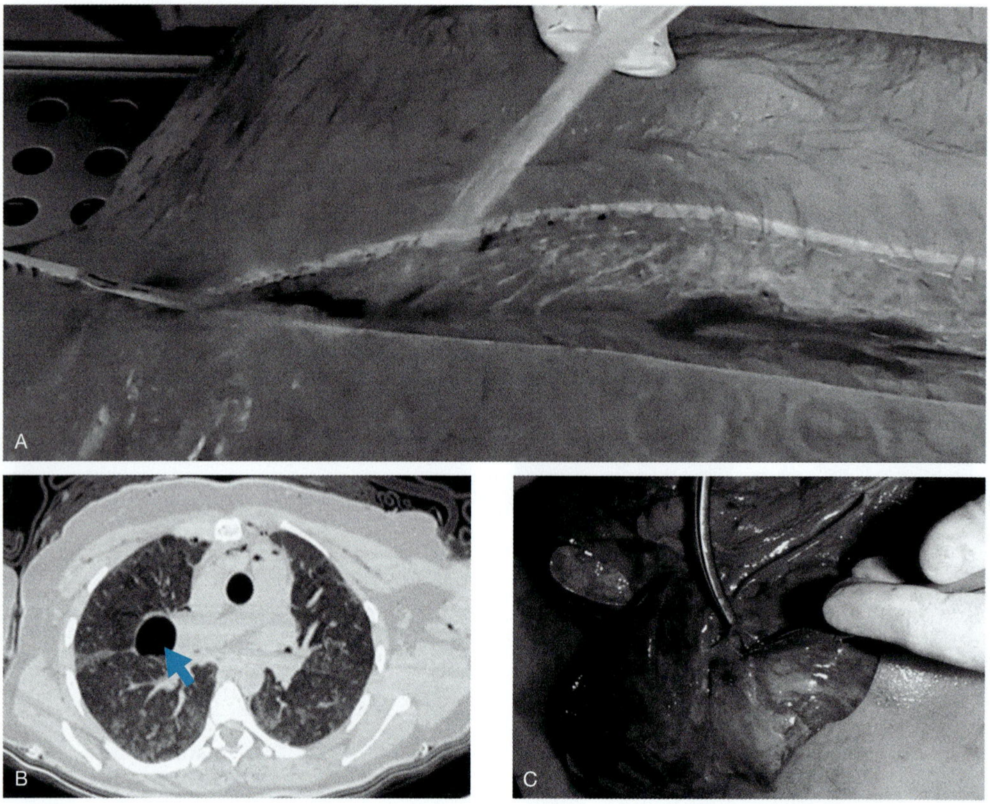

Figure 29.4. Technique d'immersion des cavités lors de l'autopsie pour objectiver les épanchements gazeux (A). Objectivation d'un kyste bronchogénique (B) sur une tomodensitométrie permettant d'orienter la dissection lors de l'autopsie (C).

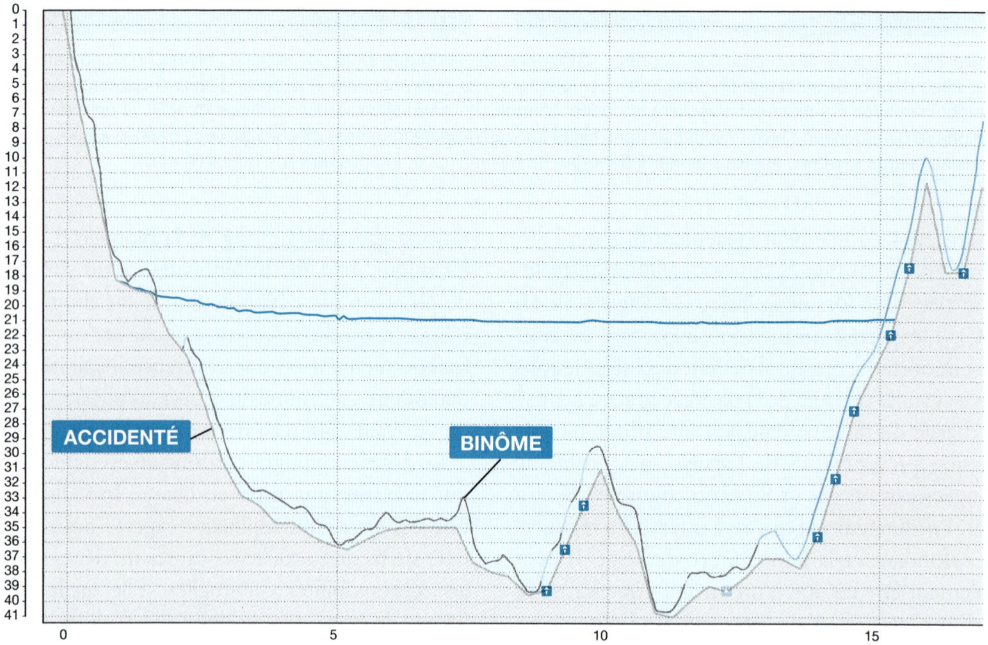

Figure 29.5. Profil de plongée d'un plongeur en scaphandre autonome avec son binôme, victime d'un œdème pulmonaire sur le fond avec une perte de connaissance lors de la remontée, suivi d'une assistance par son binôme avec une remontée rapide (petites flèches sur fond bleu) sans palier.

gations. Elle peut enfin permettre de déceler une prédisposition génétique (mise en évidence d'une cardiopathie congénitale, par exemple) nécessitant un dépistage familial pour prévenir tout nouveau risque de mort subite.

Références

[1] Penrice D, Cooper JS. Diving Casualties. In : StatPearls [Internet]. Treasure Island (FL) : StatPearls Publishing ; 2024.

[2] Coulange M. Accidents de plongée. In : Société française de médecine d'urgence (éd.). Pathologies circonstancielles. Journées thématiques interactives de la SFMU, Brest 2012. Paris : Société française d'éditions médicales ; 2013. p. 103-30.

[3] Denoble PJ, Caruso JL, Dear G de L, et al. Causes courantes de décès en plongée récréative en circuit ouvert. Undersea Hyperb Med 2008 ; 35(6) : 393-406.

[4] Lippmann J, Taylor D. Scuba diving fatalities in Australia 2001 to 2013 : Chain of events. Diving Hyperb Med 2020 ; 50(3) : 220-9.

[5] Lippmann J, Lawrence C, Fock A. Compressed gas diving fatalities in Australian waters 2014 to 2018. Diving Hyperb Med 2023 ; 53(2) : 76-84.

[6] Balbo A, Drommi M, Spigno F, et al. Fatal diving accidents in Genoa (North-West Italy) from 1968 to 2021: Forensic approach and literature review. J Forensic Leg Med 2023 ; 99 : 102580.

[7] Tarozzi I, Franceschetti L, Simonini G, et al. Black box of diving accidents : Contribution of forensic underwater experts to three fatal cases. Forensic Sci Int 2023 ; 346 : 111642.

[8] Laurent PE, Coulange M, Bartoli C, et al. Appearance of gas collections after scuba diving death : a computed tomography study in a porcine model. Int J Legal Med 2013 ; 127(1) : 177-84.

[9] Keller T, Desgraz B, Lossois M, et al. Multicentric case series of scuba diving fatalities : The role of intracardiac gaseous carbon dioxide in the forensic diagnosis. Forensic Sci Int 2023 ; 352 : 111845.

[10] Laurent PE, Coulange M, Mancini J, et al. Postmortem CT appearance of gas collections in fatal diving accidents. AJR Am J Roentgenol 2014 ; 203(3) : 468-75.

4

Médecine préventive

Plan de la partie

Chapitre 30

Certificat d'absence de contre-indication (CACI) et suivi médical du plongeur de loisir

Jean-Louis Ducassé, Bruno Grandjean, Frédéric Di Meglio

Chaque année, les pratiquants de la plongée de loisir consultent un médecin pour faire établir le certificat nécessaire pour pratiquer cette activité dans une structure commerciale ou au sein d'un club associatif affiliés à une fédération (principalement la Fédération française d'études et sports sous-marins — FFESSM, mais aussi la Fédération sportive et gymnique du travail — FSGT), comme l'exige le Code du sport. Il s'agit du certificat d'absence de contre-indication (CACI).

La Société de physiologie et de médecine subaquatiques et hyperbares de langue française (Medsubhyp) et la Société française de médecine de l'exercice et du sport (SFMES) ont élaboré conjointement des recommandations de bonne pratique pour le suivi médical des pratiquants d'activités subaquatiques sportives et de loisir [1]. La FFESSM, à travers le travail de sa commission médicale et de prévention, a de son côté émis des recommandations[1].

De quoi parlons-nous ?

Plongée de loisir

Elle est définie comme l'ensemble des activités de loisir ayant pour caractéristique commune de se dérouler sous la surface, avec ou sans utilisation d'un équipement permettant la respiration et sans volonté de performance ni de participation à des compétitions. Ces activités peuvent se dérouler à titre totalement privé, en dehors de toute structure ou encadrement, ou bien au sein d'établissements d'activités physiques et sportives (EAPS)[2]. La plongée subaquatique (c'est-à-dire la plongée en scaphandre en tous lieux et la plongée en apnée en milieu naturel et en fosse de plongée à plus de 6 m) est classée par le Code du sport parmi les « disciplines sportives à contraintes particulières » (art. R212-7).

Contre-indication

Il n'existe pas de définition légale ou réglementaire du terme contre-indication, pas plus d'ailleurs que de celui d'aptitude. Dans le cas particulier de la plongée de loisir, le terme d'aptitude est réservé par le Code du sport aux capacités techniques du plongeur. C'est la responsabilité du directeur de plongée d'évaluer et de définir l'aptitude du plongeur (art. A322-72 du Code du sport) qui par ailleurs n'a pas de contre-indication médicale à l'activité (dans les situations où un certificat médical est requis).

1. Disponible sur le site de la Commission médicale et de prévention nationale de la FFESSM : https://medical.ffessm.fr.

2. Voir chapitre 5.

On peut donc considérer qu'une contre-indication médicale est un état de santé qui fait courir des risques au sujet lors de la pratique d'une activité par ailleurs définie, en faisant l'hypothèse d'une réalisation technique satisfaisante. Deux niveaux de contre-indications peuvent être considérés :

- les contre-indications absolues : l'activité n'est pas possible. Le risque pour la santé et la sécurité du pratiquant ou des personnes évoluant avec lui est trop important ;
- les contre-indications relatives : l'activité doit être aménagée pour permettre une pratique sans risque ou avec un niveau de risque raisonnable pour le pratiquant ou ses coéquipiers.

Chacune des deux peut, selon le cas, être temporaire ou définitive.

Ainsi l'absence de contre-indication à la plongée ne préjuge pas des capacités techniques (aptitudes) du pratiquant dans le cadre d'une pratique de loisir.

Cette notion est importante pour les personnes en situation de handicap pour lesquelles l'aptitude réelle doit être évaluée en situation : la présence d'une déficience entraînant une situation de handicap en situation de vie « terrestre » n'entraîne pas nécessairement d'inaptitude technique en situation immergée : le législateur prévoit la possibilité d'une assistance adaptée en encadrement ou en matériel pour évoluer en plongée encadrée entre 0 et 40 m.

Certificat d'absence de contre-indication et rôle du médecin

La protection de la santé et la prévention des accidents repose à la fois sur la formation et l'apprentissage, l'entraînement, le respect des procédures et la connaissance et l'entretien du matériel et sur la recherche des contre-indications médicales.

Les médecins qui participent à cette mission sont « les médecins de santé scolaire, les médecins du travail, les médecins militaires et les médecins généralistes, en liaison avec les médecins spécialisés, et ayant reçu une formation initiale nécessaire à la pratique des examens médico-sportifs, contenue dans le deuxième cycle des études médicales et grâce à une formation continue adaptée » (Code du sport, art. L231-1). Une étude auprès de 454 médecins français (médecins du sport et médecins fédéraux) menée en 2017 et 2018 [2] a montré que les médecins ayant reçu une formation universitaire initiale et qui suivent une formation continue ont des réponses plus pertinentes sur les contre-indications médicales à la plongée de loisir que ceux qui n'en bénéficient pas.

Cette étude justifie le conseil de la commission médicale et de prévention nationale (CMPN) de la FFESSM qui recommande de faire appel pour la délivrance du CACI à un médecin fédéral ou à un médecin « spécialisé » en médecine subaquatique notamment lorsqu'il existe une pathologie à évaluer, lorsqu'il s'agit de pratique de plongée particulière telle que la plongée aux mélanges autres que l'air ou lorsqu'il s'agit de personnes en situation de handicap pour lesquels le CACI peut aussi être délivré par un médecin de médecine physique et de rééducation fonctionnelle.

En l'état actuel de la législation, le CACI est exigé :

- pour l'obtention d'une licence pour la pratique d'une activité sportive. Il doit dater de moins d'un an et permet d'établir l'absence de contre-indication à la pratique du sport ou, le cas échéant, de la discipline concernée (art. L231-2) ;
- annuellement pour le renouvellement de la licence pour les disciplines sportives à contraintes particulières ;
- une fois tous les 3 ans (art. D231-2-3) pour les autres disciplines (apnée horizontale en piscine, nage avec palmes, hockey subaquatique, tir sur cible). Dans l'intervalle, un questionnaire de santé, dont le modèle est fixé par le Code du sport, doit être renseigné (art. A231-3). Toute réponse positive à l'une des questions impose un examen médical.

L'article A231-1 précise en outre que pour les disciplines à contraintes particulières l'examen médical est effectué par tout médecin ayant, le cas échéant, des compétences spécifiques.

Il existe donc à ce jour en France trois situations distinctes de la pratique de la plongée dans les EAPS, au regard de l'intervention réglementée d'un médecin :

- le plongeur pratique au sein d'un club membre d'une fédération et demande une licence spor-

tive. Le certificat d'absence de contre-indication est obligatoire ;
- la personne pratique au sein d'un club une activité de découverte de courte durée, qui ne nécessite pas de licence fédérale. Il lui est alors délivré un autre titre de participation (ATP) qui ne nécessite pas de présenter un certificat médical ;
- le plongeur pratique au sein d'un EAPS qui ne lui impose pas la prise d'une licence fédérale ; il n'y a là encore aucune obligation de certificat médical.

Consultation médicale du plongeur de loisir

Même si le Code du sport précise (art. A231-1) que « pour la pratique de la plongée subaquatique, une attention particulière est portée sur l'examen ORL... et l'examen dentaire », il est certain que cet examen médical du demandeur doit être complet et soigneux.

Règles générales

La consultation de recherche d'absence de contre-indication à la pratique des activités subaquatiques présente deux particularités :
- la personne examinée n'est pas, *a priori*, une personne malade ; il s'agit d'un candidat à la plongée qui sollicite un certificat parce qu'il s'agit d'une obligation légale. Cette obligation, parfois vécue comme une contrainte, peut altérer la relation médecin/plongeur ;
- même bien conduit et rigoureux, cet examen ne doit pas être considéré comme optimal : s'il permet le dépistage de toutes les contre-indications flagrantes, dans la majorité des cas il ne peut que faire suspecter un état pathologique. Le médecin examinateur ne doit toutefois pas oublier que la délivrance du CACI engage sa responsabilité : une personne très motivée par la pratique de la plongée peut être tentée de dissimuler à l'anamnèse des antécédents ou un état morbide. La prescription d'explorations complémentaires, appréciant la valeur fonctionnelle des grandes fonctions impliquées, doit donc être systématique au moindre doute : le médecin doit avoir à l'esprit que, dans le milieu aquatique, la moindre défaillance physique, physiologique ou psychologique peut entraîner des conséquences graves sur le plan fonctionnel ou vital.

Examen médical

L'examen médical débute classiquement par une interrogation sur *les antécédents du demandeur* :
- Antécédents de plongée : s'agit-il d'un débutant ou d'un plongeur déjà plus ou moins confirmé ? Dans ce dernier cas, a-t-il vécu des incidents ou eu des accidents ?
- Antécédents médicaux et chirurgicaux : cet interrogatoire détaille les antécédents pathologiques familiaux et personnels (prise de médicaments, allergies), l'habitus (alcool, tabac, boissons caféinées, autres toxiques, pratique d'une activité physique) et les traitements en cours ou les substances médicamenteuses habituellement utilisées (vasoconstricteurs nasaux par exemple).

Cet interrogatoire peut être mené via l'utilisation d'un questionnaire imprimé (disponible sur le site de la commission médicale de la FFESSM : https://medical.ffessm.fr) permettant d'avoir une trace écrite des déclarations du demandeur auquel on demande de le signer pour en assurer l'authentification. C'est certes utile mais non dénué de risque puisqu'une étude a montré en 2021 [3] l'existence de plus de 15 % de difficultés de compréhension face à un questionnaire standardisé reconnu. Il est donc recommandé que le questionnaire soit revu par le médecin en présence du plongeur [4].

L'examen médical proprement dit doit intégrer la mesure de la taille et du poids et le calcul de l'index de masse corporelle.

Si chaque médecin est libre de mener comme il l'entend son examen clinique, il est possible, appareil par appareil, de conseiller :
- sur le plan respiratoire, une auscultation minutieuse en respiration normale et respiration ample, en étant particulièrement attentif aux bruits des bases ; la mesure du débit expiratoire maximum (*peak flow*) peut apporter des informations sur l'existence d'un éventuel syndrome obstructif ;

- sur le plan cardiovasculaire, une auscultation précordiale, la recherche des pouls périphériques et de souffles carotidiens, abdominal et fémoral, la mesure de la pression artérielle de repos en position semi-assise ;
- sur le plan locomoteur, l'analyse de la mobilité articulaire, l'examen du rachis, de l'équilibre du bassin et de la démarche ;
- sur le plan neurologique, l'examen des paires crâniennes, de la motricité, de la coordination, de la sensibilité à tous les métamères, des réflexes ostéotendineux à tous les étages et des réflexes cutanés plantaires ;
- sur le plan ORL, un examen de la cavité buccale, de la gorge, des fosses nasales, une otoscopie avec manœuvre de Valsalva, une palpation cervicale, la recherche de troubles de l'équilibration (épreuve de Romberg sensibilisée ou épreuve de Fukuda) et de l'audition (voix chuchotée en champ libre à 3 m ou acoumétrie au diapason) ;
- sur le plan dentaire, l'examen endobuccal recherche :
  - des dents endommagées, absentes ou cariées,
  - des signes précoces de carie (écaillage de l'émail, taches foncées sur les dents),
  - l'état des gencives comme la profondeur des poches parodontales, l'inflammation ou tout autre signe de maladie des gencives.

L'examen de l'articulation temporomandibulaire (ATM) à la recherche de douleurs de l'appareil manducateur doit compléter l'examen buccodentaire. La présence de telles algies et l'existence d'un bruxisme sont des facteurs de risque du syndrome buccal de la plongée sous-marine et doivent faire orienter le sujet vers un chirurgien-dentiste afin d'essayer de prévenir l'apparition d'un tel syndrome dont la prévalence est d'environ 33 % chez les plongeurs indemnes de douleurs de l'ATM avant de pratiquer la plongée [5]. L'orientation vers un embout buccal plus confortable pourra également être conseillée.

La palpation abdominale (foie, rate), des fosses lombaires et des aires ganglionnaires ne sera pas négligée.

L'équilibre psychique sera évalué par le dialogue, au regard du comportement et de la cohérence des réponses du sujet.

En complément de l'examen clinique, il est possible pour le médecin d'effectuer lui-même l'évaluation de la condition physique par un test de marche de 6 minutes couramment utilisé pour évaluer la capacité fonctionnelle d'effort à un niveau sous-maximal [6]. En fonction des résultats de l'examen clinique et de ce test, une évaluation plus précise de la condition physique peut nécessiter des investigations dans des structures spécialisées, le plus souvent sous la forme d'une épreuve d'effort sur ergocycle ou sur tapis roulant réalisée par des médecins formés (cardiologues ou médecins du sport).

Examens complémentaires et avis spécialisés

Le dépistage d'une pathologie cardiovasculaire, outre la clinique, passe par un électrocardiogramme initial, dont tout pratiquant d'activité subaquatique sportive ou de loisir devrait bénéficier ; cet examen est renouvelé tous les 3 ans entre 12 et 20 ans, puis tous les 5 ans jusqu'à 35 ans au moins, puis au-delà (tous les 1 à 5 ans) en fonction de l'évolution des éléments cliniques, thérapeutiques et des facteurs de risque [7]. Un bilan biologique est également nécessaire pour la détection ou le contrôle des facteurs de risque cardiovasculaires (diabète, dyslipidémie, insuffisance rénale) à partir de 40 ans (hommes) ou 50 ans (femmes). Un avis spécialisé auprès d'un cardiologue doit compléter tout doute sur l'existence d'une pathologie cardiovasculaire, en particulier par la réalisation d'une épreuve d'effort (encadré 30.1).

L'hypertension artérielle (HTA) fait l'objet d'une démarche précisée dans la figure 30.1 [8].

La recherche d'affections respiratoires pouvant contre-indiquer la plongée pourra nécessiter une analyse de la courbe débit-volume, quel que soit l'âge du sujet, en cas de doute à la suite de l'interrogatoire détaillé et de l'examen clinique approfondi. En cas d'anomalie, une EFR (exploration fonctionnelle respiratoire) complète peut être indiquée, au repos et éventuellement à l'effort. Aucun examen radiologique n'est indiqué à titre systématique. Si le contexte clinique l'impose, la tomodensitométrie thoracique à faible dose, ayant

Encadré 30.1

Indications de l'épreuve d'effort cardiologique dans le cadre de la délivrance du CACI

L'épreuve d'effort est indiquée :

- chez tous les sujets symptomatiques ;
- chez tous les sujets porteurs d'une cardiopathie connue, traitée ou non ;
- chez les sujets présentant des facteurs de risque particulièrement péjoratifs pour les activités subaquatiques : les hypertendus et les diabétiques ;
- chez les sujets présentant un risque cardiovasculaire modéré ou important suivant la classification score de la Société européenne de cardiologie (*Score Risk Charts*), schématisé par l'association d'au moins deux facteurs de risque parmi les suivants :
  - âge (> 40 ans chez les hommes, > 50 ans chez les femmes),
  - tabagisme (actif ou sevré depuis moins de 5 ans),
  - dyslipidémie (LDL-cholestérol > 1,5 g/L),
  - obésité (IMC [indice de masse corporelle] > 30),
  - hérédité.

D'après Medsubhyp et SFMES, 2020 [1].

démontré sa supériorité sur la simple radiographie thoracique, doit être privilégiée [9]. Les antécédents de pneumothorax traumatique ou iatrogène ou de chirurgie thoracique devront faire l'objet d'une exploration approfondie par pléthysmographie et tomodensitométrie. La décision devra prendre en compte l'avis du pneumologue et/ou du chirurgien traitant.

L'asthme concerne environ 6 % de la population en France [10] et présente un risque théorique lié à un éventuel bronchospasme. Seuls les sujets porteurs d'un asthme contrôlé (encadré 30.2) [11] confirmé par le pneumologue traitant peuvent éventuellement être autorisés à plonger en fonction du traitement nécessaire au contrôle de la maladie. Un traitement de niveau 1 ou 2 semble compatible, en excluant les antagonistes des récepteurs des leucotriènes, connus pour leurs effets secondaires psychiatriques. L'exploration de la fonction respiratoire par une courbe débit-volume avec étude de la réversibilité est dans ces cas recommandée une à trois fois par an : un test de réversibilité positif peut mettre en évidence un contrôle incomplet. L'épreuve de provocation à la recherche d'une hyperréactivité bronchique n'a pas d'intérêt.

Toute autre pathologie respiratoire devra faire l'objet d'explorations approfondies.

La sphère ORL est explorée avec des examens complémentaires qui relèvent du spécialiste : une audiométrie tonale sera demandée lorsque l'interrogatoire ou les épreuves cliniques simples font suspecter une altération de l'audition. La radiographie systématique des sinus n'a pas d'indication. Un examen tomodensitométrique pourra être prescrit sur indication par le médecin ORL.

Sur le plan odontologique, l'avis d'un chirurgien-dentiste est recommandé lors de la première visite pour les personnes ne bénéficiant pas d'un suivi dentaire régulier dès qu'il existe des éléments d'orientation à l'interrogatoire ou à l'examen endobuccal. Il pourra s'appuyer sur une radiographie panoramique dentaire si nécessaire.

Toute autre anomalie cliniquement constatée justifie de faire appel à un spécialiste.

Examen médical du plongeur en apnée

Que ce soit au sein de la FFESSM ou de la FSGT, la pratique de l'apnée en eau libre au-delà de 6 m n'est permise qu'à partir de 14 ans. Le CACI est délivré comme pour la plongée en scaphandre autonome au terme d'un examen clinique exhaustif. Toutefois, compte tenu des contraintes physiologiques de l'apnée, le système cardiopulmonaire doit faire l'objet d'une attention particulière. Il apparaît donc justifié que les recommandations de la société française de cardiologie [7] soient appliquées.

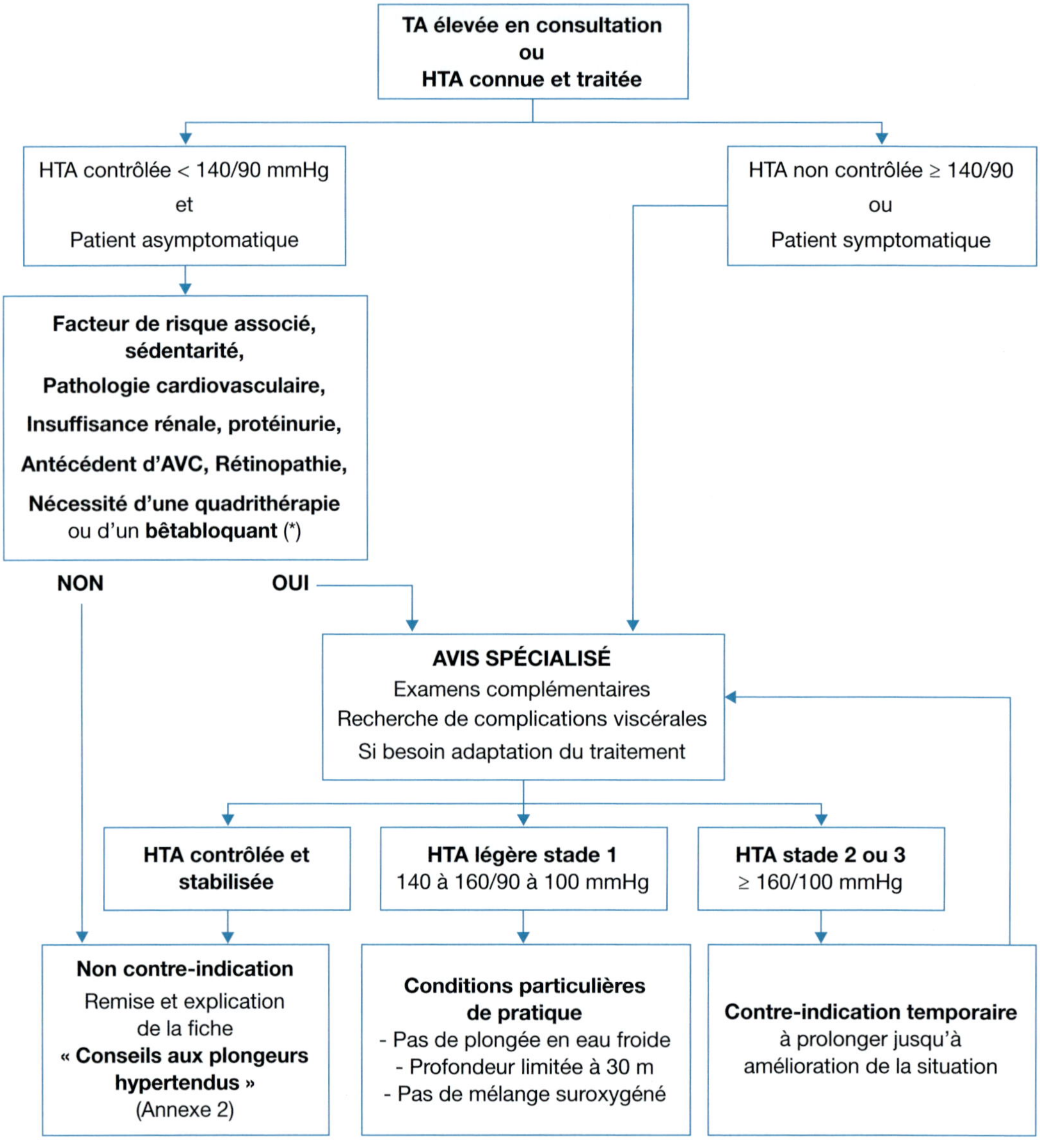

(*) Conditions particulières de pratique « Bêtabloquants et plongée ».

Figure 30.1. HTA et plongée.
Recommandations du groupe de travail de la FFESSM (janvier 2013).
AVC : accident vasculaire cérébral ; HTA : hypertension artérielle ; TA : tension artérielle.
Source : D'après Lafay V, Brouant B, Coulange M, et al. Pratique de la plongée et des sports subaquatiques par les patients ayant une hypertension artérielle systémique. Bull Med Sub Hyp. 2014;24(1).

L'échocardiographie avec étude de la fonction diastolique et les explorations de la fonction respiratoire sont du ressort du spécialiste.

La sphère ORL doit également faire l'objet d'un avis spécialisé si un déficit acoustique ou une dysperméabilité tubaire sont suspectés.

Analyse d'une contre-indication

Au terme de l'examen clinique complété le cas échéant par des examens complémentaires, le médecin devra s'interroger sur l'existence ou non chez ce plongeur de loisir de contre-indication

Encadré 30.2

Critères diagnostiques de l'asthme contrôlé

Évaluation sur les quatre dernières semaines :

Existence de symptômes diurnes : respiration sifflante, respiration superficielle, toux, oppression thoracique	Moins de 2 fois par semaine
Symptômes ou réveils nocturnes	Non
Fréquence du traitement de secours	Moins de 2 fois/sem
Retentissement sur les activités	Aucun
Exacerbations	Aucune
VEMS ou DEP	Normal

DEP : débit expiratoire de pointe ; VEMS : volume expiratoire maximum en une seconde.
D'après Raherison et al., 2016 [11].

absolue ou relative, définitive ou temporaire, ou à évaluer. La FFESSM publie sur le site de sa commission médicale et tient régulièrement à jour des listes indicatives de contre-indications pour la plongée en scaphandre autonome et en apnée, accompagnées de leurs conditions d'application. Elles sont reproduites dans les tableaux 30.1 et 30.2.

Tableau 30.1. Contre-indications à la plongée en scaphandre autonome (FFESSM).

Contre-indications définitives	Contre-indications temporaires ou à évaluer*
Cardiologie	
Insuffisance cardiaque symptomatique Cardiomyopathie obstructive Pathologie avec risque de syncope Tachycardie paroxystique BAV 2 ou complet non appareillé Maladie de Rendu-Osler	Cardiopathies congénitales* [a] Valvulopathies* Coronaropathies* Péricardites et myocardites* Traitement par antiarythmique* Traitement par bêtabloquant (voie générale ou voie locale)* Shunt droite-gauche* HTA non contrôlée
ORL	
Cophose unilatérale Évidement pétromastoïdien Ossiculoplastie Trachéostomie Laryngocèle Otospongiose opérée Fracture du rocher Destruction labyrinthique uni- ou bilatérale Fistule périlymphatique Déficit vestibulaire non compensé	Déficit auditif bilatéral* Chirurgie otologique Polypose nasosinusienne Difficultés tubotympaniques pouvant engendrer un vertige alterno-barique Crise vertigineuse ou décours immédiat d'une crise vertigineuse Tout vertige non étiqueté Asymétrie vestibulaire > ou = à 50 % (consolidé après 6 mois) Perforation tympanique et aérateurs transtympaniques Barotraumatisme ou accident de désaturation de l'oreille interne*
Pneumologie	
Insuffisance respiratoire Vascularite pulmonaire Maladie bulleuse	Asthme* Pneumothorax spontané ou traumatique* Pathologie infectieuse Pleurésie Traumatisme thoracique ou pulmonaire Pneumopathie fibrosante*

(Suite)

Tableau 30.1. Contre-indications à la plongée en scaphandre autonome (FFESSM). *(Suite)*

Contre-indications définitives	Contre-indications temporaires ou à évaluer*
Ophtalmologie	
Pathologie vasculaire de la rétine, de la choroïde ou de la papille, non stabilisée, susceptible de saigner Kératocône au-delà du stade II Prothèses oculaires ou implants creux	Affections aiguës du globe ou de ses annexes jusqu'à guérison Photokératectomie réfractive et LASIK : 1 mois Phacoémulsification, trabéculectomie et chirurgie vitrorétinienne : 2 mois Greffe de cornée : 8 mois Traitement par bêtabloquant par voie locale*
Neurologie	
Épilepsie Pertes de connaissance itératives Effraction méningée neurochirurgicale, ORL ou traumatique Paralysie cérébrale	Traumatisme crânien grave* Maladie de Parkinson Maladie neurodégénérative* Sclérose en plaques* Accident vasculaire cérébral*
Psychiatrie	
Affection psychiatrique sévère Éthylisme chronique	Traitement antidépresseur, anxiolytique, neuroleptique ou hypnogène* Alcoolisation aiguë, consommation de cannabis ou autres substances addictives Trouble déficitaire de l'attention avec ou sans hyperactivité* Troubles du comportement alimentaire*
Hématologie	
Thrombopénie périphérique Thrombopathie congénitale Phlébites à répétition	Trouble de la crase sanguine découvert lors d'un bilan d'une affection thromboembolique Hémophilie* Phlébite non explorée
Gynécologie	
	Grossesse
Métabolisme	
Diabète traité par antidiabétiques oraux hypoglycémiants	Diabète traité par insuline* Diabète traité par biguanides* Dystonie neurovégétative Troubles métaboliques ou endocriniens sévères
Dermatologie	
Différentes affections peuvent entraîner des contre-indications temporaires ou définitives, selon leur intensité ou leur retentissement pulmonaire, neurologique ou cardiovasculaire	
Gastro-entérologie	
	Manchon antireflux Chirurgie bariatrique Stomie
Toute prise de médicament ou de substance susceptible de modifier le comportement peut être une cause de contre-indication. La survenue d'une maladie de cette liste nécessite un nouvel examen.	
La reprise de la plongée après un accident de désaturation, une surpression pulmonaire, un passage en caisson hyperbare ou autre accident de plongée sévère, nécessite l'avis d'un médecin fédéral ou d'un médecin spécialisé selon le règlement médical.	

[a]Toutes les pathologies affectées d'un
*doivent faire l'objet d'une évaluation ; le CACI ne peut être délivré que par un médecin spécifique (règlement médical de la FFESSM).
NB : le cas particulier de la délivrance du CACI chez les personnes en situation de handicap fait l'objet du chapitre 35 (4e partie — Médecine préventive) : la plongée en situation de handicap.
BAV : bloc auriculo-ventriculaire ; HTA : hypertension artérielle ; LASIK : *Laser Assisted in Situ Keratomileusis* ; ORL : oto-rhino-laryngologie.
Source : Commission médicale et de prévention nationale de la FFESSM. Juin 2023. Disponible sur : https://medical.ffessm.fr.

Tableau 30.2. Liste des contre-indications à la pratique de l'apnée et disciplines associées (pêche sous-marine et tir sur cible).

Apnée et disciplines associées	Contre-indications définitives PK = poids constant PI = piscine	Contre-indications temporaires PK = poids constant PI = piscine
Cardiologie	Cardiopathie congénitale Insuffisance cardiaque CMO Pathologie à risque syncopal (valvulopathies type RAo RM) Tachycardie paroxystique BAV 2/3 non appareillé Accident vasculaire cérébral HTA non contrôlée après épreuve d'effort	HTA infarctus récent Angor Péricardite Stent vasculaire
ORL	PK-PI : trachéostomie Évidement pétromastoïdien Perforation tympanique résiduelle Déficit vestibulaire non compensé PK : otospongiose opérée Ossiculoplastie Cophose unilatérale	Syndrome vertigineux Perforation tympanique Obstruction tubaire Épisode infectieux
Pneumologie	PK-PI : pneumothorax spontané ou maladie bulleuse PK : asthme sévère (stade III) BPCO	Pleurésie Infection Trauma thoracique
Ophtalmologie	Kératocône > stade II Chirurgie oculaire récente 6 mois	PK-PI : décollement rétinien
Neurologie	Épilepsie Syndrome déficitaire Pertes de connaissance itératives	Traumatisme crânien récent avec perte de connaissance à évaluer Hernie discale cervicale ou lombaire symptomatique
Psychiatrie	Psychoses sévères IMC	PK : alcoolisation aiguë PK : TT antidépresseur et anxiolytique PK : tétanie normocalcique
Hématologie	Thrombopénies Hémophilie Thrombopathies congénitales	
Gynécologie		PK : grossesse
Métabolismes	Diabète de types I et II	
Dermatologie		Pathologies infectieuses en cours
Gastro-entérologie	PK : manchon antireflux	
Cancérologie		À évaluer cas par cas à la fin du traitement

BPCO : brochopneumopathie chronique obstructive ; CMO : cardiomyopathie obstructive ; HTA : hypertension artérielle ; IMC : indice de masse corporelle ; ORL : oto-rhino-laryngologie ; RAo : rétrécissement aortique ; RM : rétrécissement mitral ; TT : traitement.
Source : Commission médicale et de prévention nationale de la FFESSM. Disponible sur : https://medical.ffessm.fr.

Rédaction du certificat médical

Le certificat daté du jour de sa délivrance doit comporter l'en-tête médical complet du praticien et sa signature. L'identité du demandeur doit figurer de façon claire. Il est remis en main propre à la personne qui l'a sollicité.

Pour un plongeur mineur, le ou les titulaires de l'autorité parentale peuvent seuls faire une demande de certificat concernant leur enfant (et non un moniteur ou un président de club).

La commission médicale de la FFESSM propose sur son site un modèle de CACI à télécharger.

Il convient de noter que la consultation médicale qui précède la délivrance du certificat est un acte de médecine préventive dont le coût n'est pas pris en charge par l'Assurance maladie. Il appartient au praticien de fixer ses honoraires avec tact et mesure conformément au Code de déontologie médicale et de délivrer à son client une facture indiquant le montant des honoraires acquittés.

Suivi médical

Annuel, il fait l'objet d'un bilan aussi minutieux que le bilan initial. Il cherche à déceler toutes les affections ou anomalies qui sont des facteurs de risque. Le suivi médical périodique est aussi l'occasion de prodiguer des conseils de prévention en matière de santé, par exemple pour ce qui concerne les facteurs de risque cardiovasculaires ou le maintien de l'aptitude physique à l'effort.

L'absence de contre-indication n'est ni définitive, ni prédictive. Le renouvellement des examens médicaux de recherche de contre-indication est nécessaire : le suivi peut conduire dans le temps à des décisions de restrictions de pratiques évolutives.

Le bon sens voudrait également que l'absence de contre-indication soit réévaluée après toute affection médicale, chirurgicale ou tout autre motif mettant en cause l'intégrité anatomofonctionnelle ; un congé de maladie de plus de 30 jours devrait systématiquement conduire à cette réévaluation. Encore faut-il que le médecin ait connaissance de telles situations : certains sujets, conscients ou non des risques encourus peuvent être tentés de minimiser des faits déterminants. Le plongeur doit être averti qu'il est de sa responsabilité personnelle d'initier un tel processus de réévaluation de son état de santé avant de reprendre certaines activités subaquatiques comme l'apnée profonde ou la plongée autonome. Comme pour la visite initiale, la décision n'est pas toujours simple à prendre, d'autant que le sujet est déjà plongeur et… qu'il plonge avec l'anomalie dépistée : le recours à des investigations spécialisées peut aider à statuer et à convaincre le plongeur du bien-fondé d'une contre-indication. Dans ces conditions, l'expérience du médecin examinateur, sa connaissance du plongeur et de ses habitudes de plongée représentent les seuls moyens de se garder de décisions arbitraires. Dans tous les cas litigieux, le médecin doit peser ses décisions en tenant pour absolue la règle du moindre risque.

La décision devra prendre en compte, outre les données des examens cliniques et paracliniques, les contraintes liées :

- aux importantes variations des volumes gazeux au niveau des cavités pneumatiques ;
- aux phénomènes de saturation et désaturation tissulaire : toute cause susceptible de perturber le transport des gaz inertes peut favoriser l'apparition de bulles pathogènes ;
- à la vulnérabilité de certains organes plus particulièrement exposés.

Si prendre l'initiative d'interdire définitivement la plongée ou de restreindre le domaine d'intervention est parfois difficile sur le plan technique, cette décision est toujours désagréable à prononcer sur le plan humain : le médecin doit faire taire ses instincts bienveillants à l'égard de plongeurs qu'il côtoie bien souvent, mais il doit surtout exclure la solution sécurisante irréaliste qui consiste à interdire sans nuances ; ses décisions de contre-indication ou de limitation d'activité doivent être discutées et expliquées. Ce n'est qu'à cette condition que la contre-indication sera respectée, autrement dit que la prévention primaire de l'accident de plongée sous-marine recherchée par l'examen médical sera efficace.

Conclusion

Un bilan médical rigoureux pratiqué dans le cadre d'une visite de recherche de non-contre-indication préalable à la pratique des activités subaquatiques, puis au moins une fois par an, permet de réduire au minimum les risques d'origine constitutionnelle inhérents à ces activités contraignantes sur le plan physiologique. Dans cette évaluation médicale, il appartient au médecin examinateur de mettre en œuvre tous les moyens appropriés pour évaluer l'incidence de cette activité sur l'organisme et celle de problèmes de santé sur la pratique. Il est souhaitable qu'il soit très informé des spécificités techniques, biophysiques, physiologiques et médicales de cette activité.

Références

[1] Société de médecine subaquatique et hyperbare, Société française de médecine de l'exercice et du sport. Recommandations de bonne pratique pour le suivi médical des pratiquants d'activités subaquatiques sportives et de loisir. Juillet 2020. 303 p. Disponible sur : www.medsubhyp.fr.

[2] Attia C, Méliet JL, Pillet B, et al. Évaluation des pratiques des médecins généralistes pour le certificat d'absence de contre-indication à la plongée de loisir. Bull Med Sub Hyp 2018 ; 28(2) : 43-53.

[3] Cheung TK, Meintjes WAJ. The usefulness of the RSTC medical questionnaire in pre-participation health risk assessment of recreational scuba divers in Hong Kong. Diving Hyperb Med 2021 ; 51(2) : 173-81.

[4] Meehan CA, Bennett M. Medical assessment of fitness to dive — comparing a questionnaire and a medical interview-based approach. Diving Hyperb Med 2010 ; 40(3) : 119-24.

[5] Gunepin M, Derache F, Dychter L, et al. Dental barotrauma in French military divers : results of the POP study. Aerosp Med Hum Perform 2015 ; 86(7) : 652-5.

[6] Hôpitaux universitaires de Genève. Test de marche de 6 minutes. Disponible sur : www.hug.ch/sites/interhug/files/structures/pluriprofessionnels_de_sante/3.04testde6minutes.pdf.

[7] Carré F, Brion R, Douard H, et al. Recommandations concernant le contenu du bilan cardiovasculaire de la visite de non contre-indication à la pratique du sport en compétition entre 12 et 35 ans. Arch Cardiovasc Dis 2009 ; 182 : 41-3.

[8] Lafay V, Brouant B, Coulange M, et al. Pratique de la plongée et des sports subaquatiques par les patients ayant une hypertension artérielle systémique. Bull Med Sub Hyp 2014 ; 24(1) : 19-27.

[9] Bonnemaison B, Castagna O, De Maistre S, et al. Chest CT scan for the screening of air anomalies at risk of pulmonary barotrauma for the initial medical assessment of fitness to dive in a military population. Front Physiol 2022 ; 13 : 1005698.

[10] Delmas MC, Bénézet L, Ribet C, et al. Prévalence de l'asthme chez l'adulte en France, données de la cohorte Constances. Rev Mal Respir 2021 ; 38(8) : 797-806.

[11] Raherison C, Bourdin A, Bonniaud P, et al. Mise à jour des recommandations (2015) pour la prise en charge et le suivi des patients asthmatiques adultes et adolescents (de 12 ans et plus) sous l'égide de la Société de pneumologie de langue française (SPLF). Rev Mal Respir 2016 ; 33(4) : 279-325.

Chapitre 31

Conditions de reprise des activités subaquatiques après un accident de plongée

Jean Morin, Marc Luciani, Jean-Éric Blatteau

Points clés

- La reprise des activités subaquatiques après un accident de plongée relève d'une démarche médicale de prévention secondaire. Il s'agit de prévenir la récidive de l'accident qui est parfois associé à une pathologie médicale déjà diagnostiquée chez le patient.
- Cela nécessite une évaluation clinique à distance de l'accident de plongée en prenant en compte les facteurs de risque identifiés et les antécédents du patient.
- La démarche comporte la prescription d'examens paracliniques spécifiques de l'accident avec le respect d'un délai minimum de convalescence.
- La reprise de la plongée peut être complète, partielle ou formellement déconseillée.

Introduction

Après un accident de plongée, il est important de donner la priorité à la récupération avec le respect d'un délai minimum de convalescence qui sera fonction du type d'accident et du niveau d'atteinte résiduelle après la prise en charge initiale. Le plongeur peut avoir besoin de suivre une période de rééducation pour retrouver sa force, son autonomie et sa mobilité. On s'assurera dans un second temps que le plongeur est médicalement apte à reprendre la plongée, en s'aidant de divers outils, notamment des examens biologiques, électrophysiologiques et d'imagerie pour déterminer la présence de facteurs favorisants, si des problèmes de santé sous-jacents ont contribué à l'accident ou s'il existe des atteintes résiduelles.

L'évaluation des conditions de reprise des activités de plongée doit prendre en compte non seulement les capacités personnelles physiques pour réaliser une plongée en sécurité mais également ses facultés cognitives permettant une bonne intégration au sein de l'équipe de plongée. Des séquelles cognitives ou sensorielles éventuelles ne doivent en effet pas altérer la sécurité des autres plongeurs. Le plongeur autonome doit être en mesure de pouvoir réagir à des cas non conformes ou à un défaut de procédure. Si le doute persiste chez le praticien, il peut émettre des recommandations d'une pratique encadrée de la plongée et des limitations de l'activité.

Le nombre de patients concernés par une visite de reprise après un accident de plongée est difficile à déterminer en l'absence d'études spécifiques. Les accidents barotraumatiques ORL (oto-rhino-laryngologiques) sont les accidents de plongée les plus fréquents mais ils ne nécessitent habituellement pas de prise en charge hospitalière. En revanche, les centres hyperbares français reçoivent environ 400 accidents de plongée par an avec une majorité d'accidents de désaturation (ADD) neurologiques médullaires et cochléovestibulaires. Les œdèmes pulmonaires d'immersion sont également régulièrement observés, tandis que les barotraumatismes pulmonaires sont devenus peu fréquents. Dans ce chapitre nous nous limiterons à ces accidents de plongée cités et nous invitons le lecteur à consulter les chapitres correspondants pour avoir des informations plus détaillées sur ces accidents.

Prise en compte de l'évaluation médicale initiale

Lors de l'accident de plongée, un bilan initial précoce clinique et paraclinique est réalisé par un spécialiste en médecine de la plongée au centre hyperbare. Il permet de donner des indications sur l'évolution secondaire et le pronostic de récupération à court, moyen et long terme.

Ce bilan a pour but la recherche de séquelles anatomiques ou fonctionnelles qui pourraient altérer les capacités d'adaptation aux variations de pression, à l'effort, à l'immersion ou à la décompression. Les conclusions de la prise en charge médicale au centre hyperbare notamment les facteurs favorisants identifiés sont notifiés dans le compte-rendu d'hospitalisation avec l'ensemble des résultats des examens paracliniques réalisés et ceux prescrits. Une durée de convalescence est également préconisée.

Toutes ces informations sont transmises au patient et communiquées à ses médecins référents.

Pour la reprise de la plongée après un accident de plongée, le patient-plongeur peut demander à être réévalué par un médecin de plongée spécialisé ou être pris en charge par un de ses médecins référents.

Périodes minimales de convalescence

Au décours de l'accident de plongée, une période d'interruption des activités subaquatiques de plusieurs semaines à plusieurs mois est nécessaire en fonction du type d'accident et de la sévérité du tableau clinique initial. Les durées de convalescence sont à préciser au cas par cas.

Nous proposons les délais de reprise suivants (tableau 31.1), à titre indicatif, basés sur l'expérience des centres hyperbares pour des sujets ne présentant pas de séquelles cliniques :

Tableau 31.1. Durée d'interruption de plongée en fonction du type d'accident de plongée.

Types d'accidents	Durée d'interruption de plongée
ADD cutané isolé	1 mois
ADD articulaire (*bend* simple avec IRM normale)	1 à 2 mois
ADD ostéoarticulaire (*bend* osseux)	6-12 mois (normalisation IRM)
ADD oreille interne (récupération cochléaire et vestibulaire)	3 mois
ADD oreille interne (atteinte résiduelle compensée)	6 mois
ADD neurologique avec forme mineure non déficitaire	3 mois
ADD neurologique avec signes déficitaires initiaux	6 mois (si absence de lésion IRM)
Œdème pulmonaire d'immersion non compliqué	1 mois
Œdème pulmonaire d'immersion avec dysfonction cardiaque transitoire (syndrome de Tako-Tsubo)	3 mois
Barotraumatisme pulmonaire isolé	1 à 3 mois
Barotraumatisme pulmonaire avec signes neurologiques initiaux	6 mois (si absence de lésion IRM)
Barotraumatisme sinusien	Selon le stade, 2-21 jours
Barotraumatisme de l'oreille interne (récupération cochléaire et vestibulaire)	3 mois
Barotraumatisme de l'oreille interne (atteinte résiduelle compensée)	6 mois
Barotraumatisme de l'oreille moyenne sans perforation	Selon le stade, 2-21 jours
Barotraumatisme de l'oreille moyenne avec perforation simple	1 mois

ADD : accident de désaturation ; IRM : imagerie par résonance magnétique.

Visite médicale de reprise

Elle ne peut s'envisager qu'après plusieurs semaines à plusieurs mois d'interruption en fonction du diagnostic et de la sévérité du tableau clinique initial. Ce temps de repos sans activité subaquatique est essentiel pour permettre la récupération physique et psychologique du plongeur. À l'issue, le praticien s'appuiera sur les examens cliniques et paracliniques initialement prescrits au niveau du centre hyperbare et sur les examens complémentaires qu'il jugera nécessaire pour proposer *une reprise, une restriction ou une inaptitude à la plongée.*

La consultation médicale cherche à dépister l'ensemble des anomalies susceptibles d'avoir causé cet accident et de juger du potentiel de récidive. Il s'agit aussi bien de facteurs physiopathologiques, psychologiques ou liés aux conditions de la plongée. Il apparaît donc important de rechercher l'ensemble des éléments impliqués comportant l'analyse des conditions environnementales et matérielles ainsi que la dimension cognitive et psychologique.

La décision de reprise nécessite une certaine expérience de la part du praticien. L'information loyale et éclairée du plongeur ainsi qu'une discussion ouverte avec le praticien sont des clés importantes pour la confiance et le respect des procédures préconisées. Il est recommandé que le médecin, généraliste ou spécialiste, n'ayant pas de connaissance particulière dans le domaine de la plongée subaquatique adresse son patient avec tous les éléments nécessaires à un médecin formé dans le domaine.

Examens complémentaires

Le médecin recherche la persistance d'éventuelles fonctions lésées et la présence de facteurs de risque individuels. Les examens complémentaires sont initialement prescrits au niveau du centre hyperbare et peuvent être complétés lors de la visite d'évaluation des conditions de reprise de la plongée. Le tableau 31.2 suivant donne à titre indicatif les principaux examens habituellement réalisés selon le type d'accident (voir partie 2 de l'ouvrage).

Conduite à tenir pour la reprise de la plongée

Le tableau 31.3 suivant propose des conduites à tenir pour la reprise de la plongée en fonction du type d'accident. Le médecin peut contre-indiquer la reprise de la plongée ou proposer une reprise sans limitation ou avec des restrictions en fonction du tableau clinique, des circonstances de survenue de l'accident et des facteurs favorisants identifiés.

Restrictions de plongées

Les restrictions peuvent se référer à la pratique de la plongée par elle-même, mais également à l'ensemble des activités entourant la plongée ainsi qu'au plongeur, son mode de vie [1,2] et le maintien de ses conditions physiologiques et médicales.

En cas d'accident de désaturation ou d'œdème pulmonaire des recommandations préventives sont proposées dans les tableaux suivants (tableaux 31.4 et 31.5, respectivement). L'application de limitations d'activités subaquatiques est efficace pour réduire le risque de récidive d'un accident de désaturation tant en plongée de loisir [3] qu'en plongée professionnelle [4]. Il a en effet été observé que l'absence de mise en place de restrictions de plongée était un facteur déterminant de récidive après un premier ADD neurologique ou cochléovestibulaire [3]. La présence d'un shunt droite-gauche, notamment un foramen ovale perméable de taille importante, est également associée à un risque de récidive plus élevé, indépendamment de l'adoption des mesures de restrictions [3].

Reprise de la plongée dans un contexte post-Covid

L'infection à SARS-CoV-2 (*Severe Acute Respiratory Syndrome Coronavirus 2*), décrite sous le nom de Covid-19, est connue pour provoquer des atteintes pulmonaires, cardiaques, rénales, digestives ou neurologiques. La maladie peut laisser des séquelles graves comme une fibrose pulmonaire,

Tableau 31.2. Examens paracliniques conseillés en fonction du type d'accident de plongée.

Types d'accidents	Explorations
ADD cutané	Recherche de shunt droite-gauche Bilan identique à un ADD neurologique ou vestibulaire si atteinte mixte
ADD ostéo-myo-articulaire	IRM osseuse entre 1 et 2 mois après l'accident
ADD oreille interne	Recherche de shunt droite-gauche Audiométrie Vestibulonystagmogramme Plateau somesthésique/posturographie Kinésithérapie vestibulaire/avis ORL
ADD médullaire	Recherche de shunt droite-gauche IRM médullaire (recherche de facteurs compressifs : protrusion ou canal étroit) Bilan urodynamique (si troubles sphinctériens) Potentiels évoqués moteurs et somesthésiques (cas douteux)
ADD cérébral	Recherche de shunt droite-gauche IRM cérébrale
Œdème pulmonaire d'immersion	TDM thoracique à faible dose (contrôle) Échocardiographie transthoracique (contrôle) Épreuve d'effort (contrôle des chiffres tensionnels à l'effort) Holter tensionnel EFR avec DLCO Épreuve d'effort en immersion (cas particuliers professionnels, militaires)
Barotraumatisme pulmonaire isolé	TDM thoracique à faible dose (contrôle) EFR avec DLCO
Barotraumatisme pulmonaire avec signes neurologiques	TDM thoracique à faible dose (contrôle) EFR avec DLCO IRM cérébrale, EEG (si convulsions initiales)
Barotraumatisme sinusien	Scanner du massif facial Avis ORL (nasofibroscopie) Test fonctionnel en caisson (si besoin)
Barotraumatisme de l'oreille interne	Audiométrie/vestibulonystagmogramme/plateau somesthésique/scanner des rochers (si suspicion de fistule)/kinésithérapie vestibulaire/avis ORL
Barotraumatisme de l'oreille moyenne sans perforation	Otoscopie et vérification du Valsalva/audiométrie/tympanométrie
Barotraumatisme de l'oreille moyenne avec perforation	Otoscopie et vérification du Valsalva/audiométrie/tympanométrie/avis ORL

ADD : accident de désaturation ; DLCO : capacité de diffusion du monoxyde de carbone ; EEG : électroencéphalogramme ; EFR : exploration fonctionnelle respiratoire ; IRM : imagerie par résonance magnétique ; ORL : oto-rhino-laryngologie ; TDM : tomodensitométrie.

ainsi que des formes chroniques avec asthénie et des symptômes divers et variés regroupés sous le terme de « Covid long ».

Dans un contexte de reprise de la plongée, des recommandations ont été proposées par différents groupes d'experts européens et francophones (EUBS [*European Underwater Baromedical Society*], ECHM [*European Committee for Hyperbaric Medicine*] ICHF [Association internationale des centres hyperbares], Medsubhyp [Société de médecine subaquatique et hyperbare]) [5,6]. La démarche repose sur l'anamnèse et une évaluation clinique en ciblant la tolérance à l'effort par des tests simples. En présence d'anomalies des investigations complémentaires peuvent être prescrites (scanner thoracique, EFR-DLCO [exploration

Tableau 31.3. Conduite à tenir proposée en fonction du type d'accident de plongée.

Types d'accidents	Conduites à tenir
ADD cutané	Restrictions de plongée en cas de présence d'un shunt droite-gauche
ADD ostéo-myo-articulaire	En l'absence de signes fonctionnels et radiologiques d'OND, reprise autorisée Si présence de signes radiologiques d'OND, prolongation de la CI avec surveillance de l'imagerie par périodes de 6 mois (attendre normalisation IRM)
ADD oreille interne	En l'absence de séquelles auditives et/ou vestibulaires, reprise autorisée avec restrictions selon les résultats de la recherche de shunt droite-gauche
	En présence d'un déficit vestibulaire persistant, réévaluation à 6 mois avec posturographie
ADD médullaire	En l'absence de séquelles, reprise avec restrictions selon les résultats de la recherche de shunt droite-gauche Si existence de séquelles cliniques ou radiologiques, CI définitive Si persistance uniquement de séquelles sensitives mineures, reprise avec restrictions à discuter
ADD cérébral	Si existence de séquelles cliniques ou radiologiques, CI définitive
	En l'absence de séquelles, reprise avec restrictions selon les résultats de la recherche de shunt droite-gauche
Œdème pulmonaire d'immersion	En l'absence de séquelles, reprise avec restrictions sous réserve de chiffres tensionnels normalisés Si existence de séquelles cliniques ou radiologiques, CI définitive en s'appuyant sur l'avis cardiologique
Barotraumatisme pulmonaire isolé	Si normalisation des signes initiaux d'effraction alvéolaire, pneumomédiastin ou pneumothorax : reprise autorisée sous réserve d'un bilan sans anomalie
Barotraumatisme pulmonaire avec signes neurologiques	Si existence de séquelles cliniques ou radiologiques, CI définitive En l'absence de séquelles, reprise avec restrictions
Barotraumatisme sinusien	Reprise en l'absence d'infection ORL aiguë ou chronique et traitement étiologique Restriction si complication neurologique ou ophtalmologique
Barotraumatisme de l'oreille interne	En l'absence de séquelles significatives auditives ou vestibulaires, reprise autorisée En présence d'un déficit vestibulaire persistant au VNG, reprise autorisée sous réserve de compensation documentée avec avis ORL
Barotraumatisme de l'oreille moyenne sans perforation	Si normalisation tympanique et auditive, reprise autorisée
Barotraumatisme de l'oreille moyenne avec perforation	Si bonne cicatrisation tympanique reprise autorisée sur avis ORL

CI : contre-indication ; OND : ostéonécrose dysbarique ; VNG : vidéonystagmogramme.

fonctionnelle respiratoire-capacité de diffusion du monoxyde de carbone], ECG [électrocardiogramme], bilan sanguin, échographie cardiaque, épreuve d'effort…).

Il est recommandé de respecter une période de convalescence de 1 à 3 mois en fonction de l'évaluation médicale initiale et d'effectuer une reprise progressive de la plongée (temps de plongée, profondeur, effort physique…).

Sur le plan cardiaque, de nombreux travaux se sont concentrés sur les atteintes cardiaques de la Covid-19. Une méta-analyse de 2022 montre ainsi que parmi 8 000 athlètes, uniquement 2 % des ECG étaient pathologiques, et que le taux de myocardite variait entre 1 et 4 % [7].

Sur le plan respiratoire, une évaluation post-Covid de l'aptitude médicale à la plongée a été mise en place au début de la pandémie pour les plongeurs militaires français non vaccinés à cette époque [8]. Les résultats retrouvent avec 8,5 % de cas positifs sur cette population de plongeur, et relativement peu de cas avec des signes subjectifs persistants. Le principal résultat a été la découverte de 29 % de sujets asymptomatiques au moment de l'évaluation de l'aptitude qui présentaient des anomalies respiratoires à la spirométrie

Tableau 31.4. Restrictions de plongée proposées en cas d'accident de désaturation.

Recommandations pour prévenir la récidive d'un accident de désaturation		
Limiter la formation de bulles en plongée	Limiter le passage artériel en cas de shunt droite-gauche	Prendre en compte son état physiologique
Limiter la profondeur (< 30 m) et la durée des plongées Éviter les plongées avec paliers : respecter la « courbe de sécurité » Éviter les plongées successives et les yoyos Privilégier le nitrox (circuit ouvert ou recycleur) Privilégier l'O_2 ou le nitrox pour les paliers Éviter les efforts physiques importants pendant la plongée Respecter une progressivité dans la profondeur Utiliser un suivi régulier du comptage bullaire individuel	Éviter de réaliser des manœuvres de Valsalva forcées en plongée et à la remontée Éviter de remonter sur une embarcation avec une charge sur le dos Éviter les efforts physiques (port de charges lourdes, remonter une ancre…) dans les 6 heures après une plongée Ne pas pratiquer de séances d'apnée après une plongée en scaphandre la même journée	Savoir limiter son activité de plongée après 45 ans Maintenir une activité physique régulière de type « endurance » Maintenir un entraînement régulier et progressif à la plongée Limiter la plongée en cas de surcharge pondérale ou sédentarité Suspendre la plongée en cas de pathologie ou traitement intercurrents, en présence d'un stress psychologique ou de fatigue (nuit courte ou « alcoolisée ») S'hydrater régulièrement à l'aide de boissons isotoniques Savoir reporter une plongée

O_2 : oxygène.

Tableau 31.5. Restrictions de plongée proposées en cas d'œdème pulmonaire d'immersion.

Recommandations pour prévenir la récidive d'un œdème pulmonaire d'immersion		
Limiter la pratique de la plongée à l'air	Limiter les efforts physiques avant la plongée	Prendre en compte son état physiologique
Être en mesure de pouvoir remonter en surface à n'importe quel moment : éviter les plongées avec palier, en respectant « la courbe de sécurité » : *limiter la profondeur < 30 m* *limiter la durée de travail* Éviter de réaliser des plongées successives ou des yoyos Éviter tout effort physique pendant la plongée (le courant…) En cas d'essoufflement au fond, remonter en maintenant une position horizontale En surface, ne pas trop gonfler la brassière (éviter une compression excessive du thorax), et maintenir une position horizontale tête hors de l'eau sur le dos	Ne pas réaliser d'activité physique intensive si possible au moins 24 heures avant la plongée Limiter l'intensité des efforts physiques en privilégiant une activité d'endurance d'intensité < 70 % de la fréquence cardiaque maximale Éviter les efforts répétés à haute intensité (crossfit par exemple) Ne pas réaliser de natation en surface avant la plongée	Limiter son activité plongée après 45 ans Maintenir une activité physique régulière de type « endurance » Maintenir un entraînement régulier et progressif à la plongée Prendre en charge les facteurs de risque cardiovasculaires : surcharge pondérale, tabac, hypertension… Ne pas plonger en cas de pathologie cardiovasculaire non stabilisée notamment avec pression artérielle élevée Ne pas plonger en présence d'un état de stress ou de fatigue (nuit trop courte ou alcoolisée) Savoir reporter une plongée

ou au scanner. La spirométrie montrait des diminutions significatives aux dépens de l'arbre respiratoire distal tandis que le scanner thoracique montrait des opacités en verre dépoli bilatérales. L'étude suggère que si une anomalie est détectée, une normalisation est observée dans les 3 mois.

Au total, il est prudent d'attendre la normalisation des examens paracliniques avant de reprendre la plongée. En effet, les conséquences de la présence de ces anomalies ne sont pas connues avec un risque potentiel d'hyperréactivité bronchique ou de lésions alvéolaires infracliniques qui pourraient favoriser la survenue d'accidents de plongée.

Conclusion

L'évaluation de la reprise des activités subaquatiques doit prendre en compte les facteurs de risque identifiés lors de la prise en charge initiale de l'accident de plongée, de l'évolution et du bilan paraclinique à distance. L'expérience montre que pour identifier les causes d'un accident, il faut procéder à une évaluation exhaustive de l'ensemble des facteurs physiologiques, psychologiques mais aussi matériels et environnementaux qui pourraient conduire directement ou indirectement à l'accident. Le clinicien doit délivrer une information claire et loyale sur les risques de récidive en cas de reprise de la plongée en préconisant une approche prudente et progressive et en recommandant largement des limitations d'activités qui ont montré leur efficacité.

Références

[1] Dowse MSL, Cridge C, Smerdon G. The use of drugs by UK recreational divers : prescribed and over-the-counter medications. Diving Hyperb Med 2011 ; 41(1) : 16-21.

[2] Perrine MW, Mundt JC, Weiner RI. When alcohol and water don't mix : diving under the influence. J Stud Alcohol 1994 ; 55(5) : 517-24.

[3] Gempp E, Louge P, Blatteau JE, et al. Risk factors for recurrent neurological decompression sickness in recreational divers : a case-control study. J Sports Med Phys Fitness 2012 ; 52(5) : 530-6.

[4] Klingmann C, Rathmann N, Hausmann D, et al. Lower risk of decompression sickness after recommendation of conservative decompression practices in divers with and without vascular right-to-left shunt. Diving Hyperb Med 2012 ; 42(3) : 146-50.

[5] European Underwater and Baromedical Society, European Committee for Hyperbaric Medicine. EUBS & ECHM position statement on recreational and professional diving after the Coronavirus disease (COVID-19) outbreak [En ligne]. [Accédé 8 juillet 2022]. Disponible sur : www.echm.org/documents

[6] The International Association of Francophone Hyperbaric Centres. Position statement on resuming professional diving activities within the context of the coronavirus SARS-Cov-2 (COVID 19) pandemic [En ligne]. [Accédé 8 juillet 2022]. Disponible sur : http://association-ichf.org ‹ uploads ›2020/05.

[7] Modica G, Bianco M, Sollazzo F, et al. Myocarditis in athletes recovering from COVID-19 : a systematic review and meta-analysis. Int J Environ Res Public Health 2022 ; 19(7) : 4279.

[8] Morin J, Vallée N, Dufresne PL, et al. Symptomatic or asymptomatic SAR-CoV-2 positive divers should be medically evaluated before returning to scuba diving. Front Physiol 2022 ; 13 : 1022370.

Chapitre 32

Prévention et santé au travail des activités hyperbares

Jean-Louis Méliet, Mathieu Coulange, Anne Lachaize

Le travail en conditions hyperbares soumet l'organisme à des contraintes physiques environnementales (voir chapitres 1 et 2) auxquelles s'ajoutent, en milieu professionnel, les contraintes des chantiers : bruit, vibrations, toxicité des produits industriels, charge physique élevée (manutention, postures).

C'est pourquoi le Code du travail (CT) (art. L4161-1, R4624-23 et D4161-1) place les travaux hyperbares parmi les risques professionnels qui justifient un suivi individuel renforcé (SIR) comprenant un examen médical d'aptitude préalable à l'affectation au poste de travail et des examens périodiques. Le médecin du travail détermine les modalités de ce suivi en tenant compte des recommandations de bonne pratique (art. R4626-28). La Société de physiologie et de médecine subaquatiques et hyperbares de langue française (Medsubhyp) et la Société française de santé au travail (SFST) se sont associées pour élaborer des recommandations de bonne pratique à l'usage des médecins du travail. Elles sont en accès libre sur le site de Medsubhyp[1] et reposent sur les principes généraux de la médecine du travail : la connaissance du poste de travail et des risques de l'activité et la formation correspondante indispensable du médecin.

1. Accessibles sur www.medsubhyp.fr.

Définitions

Exposition hyperbare

Toute situation de travail au cours de laquelle la pression barométrique au poste de travail est supérieure d'au moins 100 hPa à la pression barométrique locale.

Aptitude médicale au poste de travail

Elle correspond à l'absence des éléments de santé, constitutifs ou acquis, qui seraient susceptibles de majorer les risques pour la santé auxquels le travailleur est exposé ou de retentir sur sa sécurité ou de ceux qui travaillent avec lui ou se trouvent dans son environnement immédiat. Il ne s'agit pas d'une aptitude générale à l'exposition aux conditions hyperbares. Elle est déterminée pour un individu à un poste de travail.

Évaluation des risques

L'employeur établit et tient à jour un document unique dans lequel il identifie et évalue les risques auxquels ses salariés sont exposés, ainsi que les mesures de prévention et les méthodes de travail propres à les réduire. Le médecin du travail doit

Médecine de la plongée

y formuler ses recommandations pour la surveillance de la santé des travailleurs (art. R4461-3 du CT).

Examen médical initial

C'est l'examen effectué avant toute exposition hyperbare, donc avant la formation ou avant un changement de statut (de plongeur de loisir à professionnel par exemple). La « visite d'embauche » a pour objet de mettre à jour (si besoin) le bilan de santé et de vérifier la compatibilité des éléments recueillis avec le poste de travail.

Examen médical périodique

Le SIR comprend le renouvellement périodique de l'examen médical d'aptitude. Cette périodicité ne peut être supérieure à 4 ans, avec une visite intermédiaire à 2 ans qui peut être déléguée à un autre professionnel de santé (collaborateur médecin, interne en médecine du travail ou infirmier en santé au travail).

Les recommandations Medsubhyp-SFST conseillent une périodicité annuelle et ne retiennent pas la possibilité de délégation, en raison de la nécessité d'une formation de base indispensable et des faibles effectifs concernés. L'examen quadriennal approfondi reprend les prescriptions de l'examen initial.

Examen médical de préreprise et de reprise

Ils sont effectués après accident ou maladie pour évaluer les séquelles et proposer à l'employeur des adaptations du poste de travail ou une modification des conditions d'exposition.

Examen médical occasionnel

Il peut être demandé à tout moment par l'employeur ou le salarié pour toute question sur le retentissement de son état de santé sur les risques au poste de travail.

Visite médicale de mi-carrière

Tout travailleur doit en bénéficier, à mi-carrière ou à l'âge de 45 ans, pour faire le point sur son état de santé, évaluer les risques de désinsertion professionnelle et le sensibiliser aux enjeux du vieillissement.

Visite médicale de fin de carrière

Elle a pour objet d'identifier les expositions actuelles ou passées aux facteurs de risque professionnels qui justifient une surveillance spécifique de l'état de santé. Elle comporte trois éléments : le bilan des expositions, un bilan de santé et, s'il y a lieu, la rédaction de préconisations pour le suivi post-professionnel à l'adresse du médecin traitant ou du médecin désigné par l'intéressé [1].

Formation de base des médecins du travail

Un minimum de connaissances est indispensable pour se prononcer sur l'aptitude à un poste de travail hyperbare. Le corpus comprend des notions de physique, les mécanismes physiopathologiques mis en jeu par l'exposition hyperbare, les pathologies induites, les accidents et leur prise en charge, les contre-indications. Les formations existantes sont détaillées dans le chapitre 39.

Contenu de l'examen médical

Les organes et appareils les plus sollicités au cours des interventions hyperbares doivent faire l'objet d'un examen attentif et approfondi : les contraintes de l'hyperbarie s'exercent essentiellement sur la sphère ORL, l'appareil respiratoire et le système cardiovasculaire.

Il est recommandé de faire précéder l'examen médical d'un questionnaire écrit pour permettre au médecin de prendre connaissance des antécédents et d'orienter la recherche des éléments pathologiques. Bien que sans valeur juridique, sa signature par l'intéressé est un élément d'authentification. Les recommandations Medsubhyp-SFST en fournissent un exemple.

L'interrogatoire complète les données du questionnaire et s'intéresse aux conditions de travail ; l'examen clinique est effectué appareil par appareil, suivi s'il y a lieu de la prescription d'examens complémentaires. Les examens systématiques (voir tableau 32.3) sont peu nombreux. La plupart sont prescrits sur indication(s) ou en fonction des spécificités du poste de travail. Il est recommandé au médecin du travail confronté à une difficulté de rechercher l'avis d'un spécialiste ayant des compétences en médecine hyperbare.

Appareil pleuropulmonaire et fonction respiratoire

Examens complémentaires

L'enregistrement systématique d'une boucle débit-volume est recommandé lors de l'examen initial. Il sera renouvelé, hors pathologie intercurrente, tous les 4 ans et annuellement après 40 ans. Les mesures sont exprimées par le Z-score [2], selon les normes GLI (*Global Lung Initiative*) (tableau 32.1).

Les résultats sont encore parfois exprimés selon les normes CECA (Communauté européenne du charbon et de l'acier) 1993. Dans ce cadre, peuvent être considérées comme pathologiques les valeurs suivantes :

- volumes mobilisables < 80 % de la valeur théorique ;
- VEMS (volume expiratoire maximum en une seconde) < 90 % de la valeur théorique ;
- coefficient de Tiffeneau (VEMS/CVF [capacité vitale forcée]) < 75 % ;
- DEM (débit expiratoire maximum) 50, DEM 25 et DEM 50-25 < 75 % de la valeur prédite.

L'imagerie thoracique peut s'avérer nécessaire. La méthode à privilégier en première intention est la tomodensitométrie thoracique (TDMT) basse dose [3]. Elle est indiquée lorsqu'il existe l'un des éléments suivants :

- des antécédents évoquant un pneumothorax ou un traumatisme thoracique, une pneumopathie infectieuse récente ou des infections pulmonaires récidivantes ;
- une dyspnée ou une douleur thoracique inexpliquée ;
- un examen clinique pulmonaire anormal ;
- un IMC (indice de masse corporelle) < 20 kg/m^2 associé à un tabagisme actif ou passé > 20 paquets-années chez l'homme ou 15 chez la femme, ou à une consommation régulière active ou passée de cannabis ou de cocaïne ;
- des résultats d'exploration fonctionnelle (en spirométrie simple ou en pléthysmographie) au-delà de la limite inférieure de la normale (Z-score < –1,64).

Asthme

La suspicion d'une maladie asthmatique justifie le recours au spécialiste. Eu égard aux contraintes ventilatoires rencontrées en hyperbarie, surtout immergée, chaque sujet devra bénéficier d'une évaluation clinique et complémentaire personnalisée.

Tableau 32.1. Valeurs de référence des paramètres de la courbe débit-volume pour l'aptitude aux activités hyperbares.

Z-score	Signification	Conséquences sur l'aptitude
> –1,64 et < 1,64	Les mesures sont dans les valeurs de 95 % de la population de référence considérée comme normale	Pas de contre-indication
Compris entre ± 1,64 et ± 2	Les mesures sont dans l'intervalle ± [98-95 %] de la population de référence considérée comme normale	Des investigations complémentaires sont nécessaires
< –2 ou > 2	Les mesures sont hors de l'intervalle [2-98 %] de la population de référence considérée comme normale	Il existe une contre-indication aux activités hyperbares

Source : D'après Wingelaar et al., 2018 [2].

Seuls les sujets porteurs d'un asthme contrôlé (selon les critères GINA [*Global Initiative for Asthma*] [4]) confirmé par le pneumologue peuvent éventuellement être déclarés aptes en fonction du traitement suivi. Un traitement de niveau 1 ou 2 semble compatible, en excluant les antagonistes des récepteurs des leucotriènes, connus pour leurs effets secondaires psychiatriques. Une courbe débit-volume avec étude de la réversibilité est dans ces cas recommandée une à trois fois par an : un test de réversibilité positif peut mettre en évidence un contrôle incomplet. L'épreuve de provocation à la recherche d'une hyperréactivité bronchique n'a pas d'intérêt.

Il n'y a pas de données permettant de dire s'il existe un risque pour les sujets suivant un traitement de niveau 3. Un traitement lourd au palier 5 de GINA indique un asthme dont la sévérité est *a priori* incompatible avec les activités hyperbares.

Bronchopneumopathies chroniques obstructives (BPCO)

Elles sont caractérisées par un trouble ventilatoire obstructif objectivable sur une boucle débit-volume et peuvent s'accompagner d'une distension caractérisée par l'augmentation du rapport VR/CPT (volume résiduel/capacité pulmonaire totale) et d'anomalies morphologiques emphysémateuses. Même cliniquement asymptomatiques, elles s'accompagnent d'une moindre tolérance à l'exercice. Il est légitime de penser que l'augmentation du travail ventilatoire en hyperbarie et en immersion facilite la survenue de complications.

Pour les sujets porteurs de dilatation des bronches, l'aptitude sera à considérer en fonction des données des explorations, essentiellement pour les activités subaquatiques (restriction des débits ventilatoires à l'effort).

Pathologies séquellaires

Les antécédents de tumeurs pulmonaires, de pathologies infectieuses graves, de bronches à clapet, d'une exérèse pulmonaire partielle sont considérés comme des contre-indications aux activités hyperbares.

Il en est de même des antécédents de pneumothorax spontané, en raison du risque de récidive allant de 8 à 74 %, même après cure chirurgicale [5]. Les sujets avec antécédents de pneumothorax iatrogènes ou post-traumatiques ou de traumatismes thoraciques pourront être déclarés aptes sous réserve d'une fonction ventilatoire correcte, de l'absence de kystes aériques et d'une parfaite cicatrisation attestée par une TDMT.

Au total

L'examen de l'appareil pleuropulmonaire est fondamental dans le suivi des travailleurs intervenant en milieu hyperbare. Seule la réalisation d'une boucle débit-volume est recommandée à titre systématique. En présence d'un élément pathologique, il pourra être demandé une exploration fonctionnelle complète ou une imagerie, de préférence par TDMT basse dose. L'avis d'un pneumologue ou d'un médecin hyperbariste est recommandé.

ORL

L'accident barotraumatique ORL est la pathologie la plus fréquente dans la pratique des activités hyperbares et subaquatiques. Le syndrome vertigineux, l'otite moyenne subaiguë ou chronique, l'hypoacousie par lésion cochléaire irréversible sont inscrits au tableau n° 29 RG (régime général) des maladies professionnelles (MP).

L'examen comporte deux volets : l'examen de la perméabilité tubaire et le contrôle de la fonction auditive. L'équilibration doit être contrôlée à l'examen initial et en cas d'antécédents.

Perméabilité tubaire

Elle est explorée par la pratique d'une manœuvre de Valsalva sous otoscopie, qui permet d'apprécier l'état du tympan et sa mobilité. L'immobilité tympanique indiquera, en l'absence de pathologie locale, la pratique d'un tympanogramme.

L'épreuve de compression en caisson hyperbare peut présenter un intérêt pour les travailleurs en ambiance sèche. Il est cependant préférable de privilégier un apprentissage progressif lors de la formation en mention D.

Fonction auditive

Il s'agit de dépister une atteinte auditive non compatible avec l'hyperbarie (cophose unilatérale, surdité bilatérale importante et/ ou évolutive) que le risque hyperbare pourrait aggraver. L'audiométrie tonale systématique lors de l'examen initial établit une référence. Son renouvellement dépend des incidents ou accidents éventuels et des autres facteurs de risque auxquels le sujet est exposé (bruit).

Il n'existe pas de valeur seuil de la perte auditive en dessous de laquelle les activités hyperbares seraient contre-indiquées. Cependant, un déficit atteignant 25 à 30 dB sur les fréquences conversationnelles, avec un retentissement fonctionnel quantifié par une audiométrie vocale, peut retentir sur la sécurité en fonction des impératifs de communication orale au poste de travail.

Équilibration

Les épreuves cliniques (Romberg simple et sensibilisé, marche de Fukuda, marche en étoile de Babinski si la place est disponible) permettent de dépister un trouble de l'équilibration. Le spécialiste sera consulté selon les données de l'interrogatoire et de la clinique.

Tout déficit labyrinthique, en particulier dû à un ADD ou à un barotraumatisme, fera reconsidérer l'aptitude aux activités subaquatiques (risques de vertiges et de désorientation).

Sinus

Une perméabilité parfaite des méats sinusiens est requise. Tout épisode aigu fera différer l'exposition hyperbare jusqu'à guérison. Les sinusites chroniques devront être évaluées par le spécialiste. Il en est de même après un barotraumatisme sinusien.

La radiographie conventionnelle des sinus n'est pas systématique. L'exploration par imagerie est du domaine du spécialiste.

Appareil cardiovasculaire

Le dépistage et la surveillance seront avant tout cliniques : l'interrogatoire est fondamental, en insistant sur les données familiales, surtout pour les sujets jeunes. Seront recherchés les facteurs de risque (dyslipidémie, HTA, diabète, traités ou non, tabac, sédentarité), un traitement en cours, une symptomatologie fonctionnelle (précordialgies, dyspnée, palpitations, malaises). Le niveau d'entraînement physique du sujet sera évalué.

L'examen physique reste souvent pauvre. La mesure de la pression artérielle est fondamentale. Elle doit être complétée au moindre doute par des mesures à domicile (automesure, Holter). La recherche de souffles vasculaires ou de signes d'insuffisance cardiaque est systématique.

Le bilan paraclinique comprend un électrocardiogramme (ECG) de repos, y compris chez le jeune en raison de sa sensibilité pour le dépistage des pathologies héréditaires. Une anomalie de l'ECG doit conduire à un avis spécialisé. L'allongement spontané de l'espace Q-T doit rendre très prudent en raison du risque de troubles du rythme graves favorisés par l'immersion [6]. L'ECG sera renouvelé tous les 4 ans jusqu'à 40 ans, puis tous les ans.

Un bilan biologique est nécessaire pour la détection ou le contrôle des facteurs de risque (diabète, dyslipidémie).

L'épreuve d'effort n'est pas systématique. Elle est indiquée chez les sujets asymptomatiques appartenant à certains groupes à risque :

- sujets présentant des facteurs de risque péjoratifs dans ce contexte professionnel : les obèses (IMC > 30), les hypertendus et les diabétiques ;
- sujets présentant l'association d'au moins deux facteurs de risque parmi les suivants :
  - âge > 40 ans chez les hommes, > 50 ans chez les femmes,
  - tabagisme actif ou sevré depuis moins de 5 ans,
  - dyslipidémie (LDL-cholestérol > 1,5 $g.L^{-1}$),
  - hérédité cardiovasculaire chez un ascendant du premier degré.

Elle sera renouvelée tous les 4 ans.

L'échocardiographie transthoracique est indiquée chez les sujets symptomatiques à l'effort et chez les hypertendus.

Les sujets symptomatiques à l'effort et les sujets porteurs d'une cardiopathie connue, traitée ou non, doivent être temporairement écartés de l'activité professionnelle hyperbare jusqu'à l'obtention d'un avis spécialisé.

L'examen médical de reprise sera orienté en fonction de la pathologie à l'origine de l'arrêt de travail. Chaque cas devra être évalué en collaboration avec un cardiologue de préférence compétent en médecine hyperbare. La présence d'un traitement anticoagulant ou d'une double antiagrégation plaquettaire induit un surrisque hémorragique qu'il faudra prendre en compte dans la compatibilité avec le poste de travail.

La recherche systématique d'un shunt droite-gauche fait partie du bilan étiologique des accidents de désaturation neurologiques. Un *foramen ovale* perméable — FOP — ou une maladie de Rendu-Osler doivent faire préconiser des restrictions sévères d'exposition hyperbare en immersion en termes de pression, de durée d'exposition et de méthode de décompression.

Si une fermeture percutanée du FOP a été réalisée, la reprise de l'activité hyperbare (subaquatique le plus souvent) ne sera autorisée qu'après objectivation de son étanchéité (à renouveler périodiquement), en restant vigilant quant à l'apparition de troubles du rythme.

Appareil locomoteur

Il s'agit d'évaluer le retentissement des éventuelles atteintes osseuses, articulaires ou périarticulaires sur leur probabilité de décompensation ou d'aggravation au poste de travail. L'altération des capacités fonctionnelles peut accroître le risque d'accident du travail (déplacements, chutes, manutention, etc.) et réduire les possibilités d'intervention et de secours aux coéquipiers en cas d'incident ou d'accident. Enfin, le dépistage de l'ostéonécrose dysbarique (OND) de la hanche, du genou ou de l'épaule (MP n° 29 RG) doit être systématique après tout ADD intéressant ces articulations.

On sera donc particulièrement attentif en présence :

- d'arthrose invalidante ;
- de déficits fonctionnels post-traumatiques ou postopératoires (amputation, raideur, état douloureux, dysfonction musculotendineuse ou insuffisance ligamentaire, paralysie) ;
- de luxations récidivantes ou d'une instabilité articulaire habituelle ;
- d'affections vertébrales dégénératives ou post-traumatiques (hernie discale) ;
- d'affections rhumatismales en phase aiguë.

Par ailleurs, tout accident de désaturation de forme ostéo-myo-articulaire (*bend*) devrait faire l'objet d'une investigation par IRM (imagerie par résonance magnétique) 4 à 6 semaines après l'accident et selon le résultat, du suivi de son évolution. Lors de la visite de reprise, la décision d'aptitude devra prendre en compte le déficit fonctionnel lié aux séquelles, les risques d'aggravation et les contraintes du poste de travail.

Ophtalmologie

L'acuité visuelle en plongée est réduite par deux éléments liés au milieu : la turbidité et la diminution de la luminance et du contraste, nécessitant un temps d'adaptation à la vision mésopique ou scotopique. Le travail sans aucune visibilité est fréquent. Le port de verres correcteurs (intégrés ou additionnels) ou de lentilles est possible selon les équipements de tête, mais ne rétablit pas toujours une acuité visuelle intégrale.

La perception des couleurs est modifiée par l'absorption par l'eau des longueurs d'onde courtes du spectre de la lumière incidente. La lumière naturelle tend à devenir monochromatique vers le bleu et le vert.

Le développement d'une cataracte ou d'une myopie transitoire a été rapporté aux effets de l'hyperoxie [7].

Lors de l'examen initial, adapté au poste de travail, le bilan comprend l'acuité visuelle avec et sans correction, en vision de près et en vision de loin. La conduite des embarcations ou la veille nautique en surface relèvent de la réglementation de la navigation maritime ou en eaux intérieures pour l'acuité et la vision des couleurs.

Un examen de dépistage annuel de type Visiotest® permet d'objectiver une dégradation des performances visuelles. Toute altération devra faire l'objet d'un examen spécialisé approfondi.

Reprise après affection ophtalmologique [8]

- La chirurgie réfractive moderne (kératotomie radiaire exclue) nécessite une éviction d'au moins 1 mois après l'intervention, avec une cicatrisation cornéenne complète et récupération d'une acuité normale.

- Après chirurgie de la cataracte, le délai de convalescence dépend du type d'incision pratiquée, sous réserve de respecter un délai d'une semaine après ablation de la suture cornéenne afin d'éviter le risque d'infection.
- Après chirurgie du glaucome, une hémorragie sous conjonctivale qui pourrait se produire en cas de dépression dans le masque facial pourrait augmenter le risque de complication postopératoire.
- Les greffes de cornée, après cicatrisation complète, ne semblent pas générer de risque de complication.
- La chirurgie du segment postérieur (vitré, rétine) nécessite une éviction d'au moins 2 mois des activités hyperbares.
- La mise en place d'une prothèse creuse souple est une contre-indication formelle à la reprise en raison des variations de volume liées aux variations de pression.
- La chirurgie du strabisme et des annexes ne nécessite qu'une éviction correspondant à la durée de la cicatrisation.

Dans tous les cas, l'avis du spécialiste sera requis.

Système nerveux, affections neurologiques et psychiatriques

L'évaluation de l'aptitude médicale à l'exposition au risque hyperbare passe par un bilan neurologique et psychiatrique en raison de la toxicité de l'oxygène et de l'azote à haute pression sur l'encéphale. Deux types principaux d'événements médicaux graves peuvent survenir :

- du point de vue neurologique : la crise convulsive hyperoxique, pour des $PiO_2 > 1,6$ ATA ;
- du point de vue psychiatrique : l'attaque de panique, dans un contexte de PiN_2 (pression partielle d'azote) élevée et d'un environnement stressant.

Tout trouble psychiatrique suspecté (psychotique, bipolaire, dépressif, panique, phobique…) ou identifié doit faire l'objet d'un avis spécialisé.

L'examen périodique s'attachera à rechercher l'existence de troubles neurologiques moteurs, sensitifs ou cognitifs qui pourraient être la conséquence d'accidents de décompression infracliniques, en particulier après 40 ans et chez les sujets ayant un passé significatif en nombre d'expositions à pression élevée (supérieure à 5 bars en pratique).

Dépistage du risque de crise convulsive hyperoxique

Il repose sur l'interrogatoire insistant sur les antécédents personnels neurologiques ou évocateurs de crise épileptique, les traitements en cours, la prise de toxiques et, en cas de doute (antécédents personnels ou familiaux), sur un avis spécialisé. L'EEG n'est indiqué qu'en cas de suspicion clinique lors de l'interrogatoire et sur avis spécialisé. La présence d'anomalies pourra contre-indiquer l'aptitude en milieu hyperbare parce qu'elles renforcent l'hypothèse d'épilepsie probable chez le sujet examiné.

En cas d'antécédent de crise épileptique une inaptitude sera envisagée, sauf lorsque l'ensemble des points suivant est réuni :

- crise épileptique isolée ou antécédent d'épilepsie bénigne de l'enfance résolutive avant l'âge de 5 ans ;
- absence de récidive depuis au moins 10 ans sans traitement ;
- absence de facteur de risque d'épilepsie (antécédent de pathologie cérébrale).

En cas de suspicion d'épilepsie en cours (sur des arguments cliniques et électroencéphalographiques), une inaptitude sera à envisager, en fonction du poste de travail, sur avis spécialisé.

Dépistage du risque d'attaque de panique

Il nécessite un interrogatoire adapté insistant sur les antécédents personnels psychiatriques et addictologiques, les antécédents d'attaques de panique, les antécédents d'accident en milieu hyperbare et l'anxiété anticipatrice associée. Le recours au spécialiste est indiqué en cas de doute sur un trouble psychiatrique ou addictif ou en cas de suspicion d'une vulnérabilité élevée au stress. En visite initiale, un test de compression en caisson pourra être proposé si le travailleur n'a jamais été soumis au milieu hyperbare et s'il existe un risque de mauvaise gestion du stress.

Dépistage des substances psychoactives

Le dépistage de l'usage habituel de produits psychotropes modifiant le comportement, le jugement ou les réactions psychomotrices est justifié par ses conséquences en matière de sécurité et donc d'accroissement des risques. Il repose sur l'interrogatoire, l'observation du comportement, l'examen clinique, tant lors de l'examen initial que des examens périodiques. En présence de signes évocateurs, des examens biologiques sanguins ou urinaires pourront être prescrits.

Affections hématologiques

L'examen clinique permet de suspecter un syndrome anémique, un syndrome polyglobulique, un syndrome hémorragique ou une hémopathie. Les antécédents individuels ou familiaux de maladie thromboembolique peuvent conduire à suspecter une thrombophilie, à rechercher en milieu spécialisé.

Le seul examen paraclinique recommandé est la numération formule sanguine, à renouveler tous les 4 ans en dehors d'affection intercurrente. Les anomalies qui pourraient avoir une incidence en termes de risques sont :

- l'anémie, qui augmente le risque d'hypoxie lors du retour en surface avec les appareils de protection respiratoire à recyclage des gaz. Un seuil minimal de 13 g dL^{-1} d'hémoglobine chez l'homme et de 11,5 g dL^{-1} chez la femme peut être proposé ;
- la polyglobulie, avec pour principale complication la thrombose. Un hématocrite à plus de 54 % chez l'homme (Hb > 17 g dL^{-1}) ou 47 % chez la femme (Hb > 15 g dL^{-1}) doit inciter à la prudence ;
- un taux de plaquettes inférieur à 30 giga L^{-1} (risque d'hémorragie spontanée) ou 50 giga L^{-1} (risque en cas d'hémorragie provoquée). Les thrombocytoses sont asymptomatiques et ne sont pas des facteurs de risque thrombotique. La thrombocytémie essentielle, où l'on rencontre les chiffres les plus élevés, rend nécessaire l'avis d'un spécialiste qui tienne compte des différents paramètres de la maladie et des traitements.

Chez les patients porteurs d'une anomalie hématologique préexistante et traitée, il peut être proposé une surveillance annuelle, voire biannuelle pour vérifier si les seuils ci-dessus sont respectés.

Les traitements anticoagulants oraux (antivitamines K, anticoagulants oraux directs) ne sont pas des contre-indications en soi. Ils peuvent avoir été prescrits pour des pathologies qui elles-mêmes contre-indiquent l'activité : coronaropathie, valvulopathie, fibrillation atriale. Ils incitent à la prudence en cas de risque de traumatisme ou de plaie et contre-indiquent les activités en des lieux où le recours rapide à une structure de soins n'est pas possible.

Fonction rénale et affections des reins

Il n'est pas décrit de risque néphrologique spécifique des conditions hyperbares. Les chantiers hyperbares (tunneliers) exposent fréquemment à une ambiance chaude et humide (vasodilatation, sudation) dans laquelle le rein doit ajuster le bilan hydrominéral.

L'immersion sollicite la fonction rénale pour l'ajustement de la volémie par augmentation de la diurèse. Après l'émersion, le rein participe à la reconstitution d'une volémie appropriée et des volumes liquidiens interstitiels et intracellulaires, avec leur composition électrolytique physiologique.

Une fonction rénale normale est donc requise pour assurer cet équilibre. L'interrogatoire et éventuellement l'autoquestionnaire doivent rechercher la notion de maladie rénale transitoire, chronique ou héréditaire (polykystose), l'existence de symptômes (protéinurie, hématurie) et leurs dates (durée, ancienneté…). L'existence d'une hypertension artérielle ou d'un diabète doit faire documenter leur ancienneté, les traitements en cours et faire vérifier la fonction rénale.

Deux examens sont indiqués en dehors d'avis spécialisés que requerraient des antécédents ou une symptomatologie significative : la mesure du débit de filtration glomérulaire (DFG) et la recherche de protéinurie.

Il semble raisonnable de contre-indiquer l'activité de plongée professionnelle lorsque le DFG (CKD-EPI [*Chronic Kidney Disease-Epidemiology Collaboration*]) est inférieur ou égal à 60 mL min^{-1} 1,73 m^{-2}.

Pour l'hyperbarie sèche, la décision d'aptitude pourrait être prise en concertation avec un néphrologue lorsqu'elle se situe autour de 60 mL min^{-1} 1,73 m^{-2}. Cela peut être le cas par exemple pour une participation limitée dans le temps à un chantier hyperbare.

La protéinurie et l'hématurie sont des indicateurs indépendants. Une protéinurie est considérée significative si elle est supérieure à 0,5 g/24 h. Une protéinurie supérieure à 1 g/24 h est une contre-indication à la plongée, même avec DFG > 60 mL min^{-1} 1,73 m^{-2}.

Chez une personne à rein unique, la microalbuminurie doit être inférieure à 30 µg/24 h.

Les kystes (unique ou polykystose) ne sont pas une contre-indication *a priori*. Il est cependant nécessaire de les documenter par une imagerie : de multiples gros kystes constitueraient une contre-indication raisonnable.

Diabète et affections endocriniennes

Diabète

Les risques présentés à court terme (hypoglycémie) comme à long terme (neuropathie, angiopathie, coronaropathie, altération de la fonction rénale) par les diabètes incitent à être circonspect en matière d'aptitude à l'hyperbarie professionnelle. Le dépistage d'un diabète lors de l'examen initial apparaît dès lors comme légitime par la réalisation d'une glycémie à jeun et la recherche d'une glycosurie. Chez le sujet jeune, la découverte d'un diabète de type I contre-indique l'exposition professionnelle à l'hyperbarie.

Lors de l'examen quadriennal, la découverte d'un diabète de type II doit faire pratiquer un bilan complet en milieu spécialisé. La décision d'aptitude devra prendre en compte, outre l'avis du diabétologue expert, les éléments inhérents au poste de travail et les éléments inhérents au sujet diabétique :

- diabète non insulinodépendant ;
- investissement personnel, connaissance et maîtrise du diabète ;
- absence d'obésité ;
- absence de complication neurologique, vasculaire, angéiologique, ophtalmologique ou rénale ;
- possibilité d'alimentation au poste de travail en cas de dépense physique intense ;
- traitement suivi. Les sulfamides et glinides, hypoglycémiants, sont incompatibles, ainsi que l'insulinothérapie chez le diabétique insulinorequérant.

La maladie évoluant fréquemment vers l'une ou l'autre des complications, le travailleur devra être informé le plus tôt possible que l'inaptitude est probable à plus ou moins brève échéance.

Affections endocriniennes

La décision d'aptitude, prise après avis du spécialiste endocrinologue et du spécialiste de médecine hyperbare, devra prendre en compte l'équilibre physiologique sous traitement de fond, les effets secondaires éventuels du traitement et les risques de décompensation en fonction des contraintes du poste de travail.

Affections cutanées

Peu de pathologies cutanées présentent un risque vital en conditions hyperbares. Les contre-indications à l'hyperbarie vont surtout survenir dans le cadre de maladies générales avec manifestations cutanées et risque d'atteinte d'autres organes ou de décompensation d'atteintes préexistantes :

- sarcoïdose avec atteinte pulmonaire (atteinte interstitielle) ;
- sclérodermie avec atteinte pulmonaire (fibrose) ;
- neurofibromatose (épilepsie) ;
- sclérose tubéreuse de Bourneville (épilepsie) ;
- malformations artério-veineuses en cas de shunt droite-gauche (risque d'accident de décompression neurologique grave) ;
- maladies de système de type lupus en cas de vascularites associées ou cryoglobulinémie (augmentation de la viscosité sanguine et risque d'accident de décompression) ;

- hyperéosinophilie (augmentation de la viscosité sanguine) ;
- ulcère artériel (risque de coronaropathie associé) ;
- angio-œdème.

Certaines pathologies cutanées ne constituent pas de contre-indication formelle mais les épisodes aigus doivent être contrôlés par précaution avant d'autoriser une exposition hyperbare (psoriasis étendu, eczéma étendu, maladies bulleuses).

D'autres constituent une contre-indication à l'immersion :

- urticaire au froid ou à l'eau ;
- allergies de contact (néoprène, caoutchouc) ;
- plaies chroniques ;
- cryoglobulinémies ;
- syndrome de Raynaud sévère ;
- dermatoses étendues ;
- panniculites au froid.

En cas de doute, une consultation chez un spécialiste compétent en hyperbarie est nécessaire.

Dents et appareil manducateur

Les activités hyperbares présentent pour l'appareil manducateur des risques liés aux variations de pression et à l'activité en immersion.

Les barodontalgies, dont l'incidence est d'environ 10 % [9], sont le plus souvent l'expression aiguë d'une pathologie préexistante. Elles peuvent être intenses avec des vertiges ou une incapacité subite qui peuvent compromettre la sécurité.

Les barotraumatismes dentaires avec fracture d'odontes sont favorisés par la présence de facteurs prédisposants pathologiques (caries) ou des obturations défectueuses. La diminution de la rétention des dispositifs prothétiques fixes et amovibles est liée au type de ciment utilisé pour les sceller (provisoire ou permanent) et à sa composition. Les fractures de matériaux et de tissus dentaires peuvent avoir comme conséquences une simple gêne ou blessure (bord tranchant) jusqu'à l'inhalation de débris pouvant mettre en péril la vie de l'intéressé.

En immersion, la tenue de l'embout buccal peut être à l'origine du « syndrome buccal de la plongée sous-marine » constitué de douleurs de l'articulation temporomandibulaire pouvant irradier vers le crâne ou le cou, liées à la protrusion mandibulaire et à la pression exercée par les dents sur l'embout buccal au cours de la plongée, d'autant plus que l'eau est froide ou que l'embout est mal adapté.

De même, la pression exercée par l'embout buccal sur un implant dentaire en phase d'ostéo-intégration peut compromettre celle-ci.

L'embout buccal peut également déloger les prothèses amovibles, surtout antérieures, mais on ne peut éliminer ce risque pour les prothèses amovibles latérales.

Le bilan d'aptitude doit donc comporter une recherche des pathologies (caries, pathologies pulpaires, pathologies parodontales) et des facteurs de risque :

- obturations défectueuses ;
- soins dentaires récents ;
- soins dentaires inadaptés : obturations temporaires, dispositifs prothétiques scellés avec un ciment temporaire, coiffages pulpaires directs et indirects, pulpotomies, restaurations profondes sans mise en place de fond de cavité ;
- communication buccosinusienne en phase de cicatrisation.

Pour les activités en immersion :

- présence d'une prothèse amovible. Elle devra être retirée avant la plongée ;
- implant dentaire en phase d'ostéo-intégration ;
- site de prélèvement d'un greffon ou ayant bénéficié d'une greffe en phase de cicatrisation ;
- sensibilité dentinaire.

L'édentement des arcades antérieures ne permet pas la tenue de l'embout buccal, mais peut être compensé par l'utilisation d'un masque oronasal.

Au total, l'avis d'un chirurgien-dentiste est recommandé. S'appuyant sur l'examen clinique, il pourra le cas échéant prescrire les examens radiographiques adaptés.

À la suite d'actes réalisés pour un traitement, une durée d'éviction des activités hyperbares est donnée à titre indicatif dans le tableau 32.2.

Appareil digestif

La recherche des éléments d'aptitude est avant tout clinique. Aucun examen complémentaire systématique n'est recommandé. Pour chaque examen initial ou périodique, le médecin devra

Tableau 32.2. Restrictions temporaires de travail en milieu hyperbare après traitement buccodentaire.

Type d'acte	Durée (indicative) de la restriction d'exposition au risque hyperbare
Endodontie	Du diagnostic jusqu'à 24 h après la disparition des symptômes après traitement définitif.
Soins conservateurs	24 à 72 h après tout soin ayant nécessité une anesthésie locale.
Chirurgie buccale simple (extraction)	1 à 2 sem. en fonction de la chirurgie pratiquée.
Chirurgie buccale complexe (greffes, interventions sur les sinus, etc.)	6 sem. à 2 mois après greffe osseuse selon son volume. 6 sem. à 2 mois après chirurgie du sinus. Cicatrisation à confirmer par un chirurgien-dentiste.
Communication buccosinusienne	2 sem., cicatrisation à confirmer par un chirurgien-dentiste.
Prothèses fixées (couronnes, bridges)	Pas d'exposition pendant le traitement prothétique. Éviter l'exposition hyperbare avec une prothèse provisoire ou scellée provisoirement.
Implantologie	À déterminer par l'implantologiste, au minimum 5 à 8 sem.

Source : Recommandations de bonne pratique. Prise en charge en santé au travail des travailleurs exposés au rique hyperbare, 2023. Document du Medsubhyp-SFST, disponible sur le site www.medsubhyp.fr/wp-content/uploads/2023/12/Recommandations-pour-le-suivi-en-sante-au-travail-risque-hyperbare-2023.pdf.

rechercher la compatibilité de la ou des affections gastro-entérologiques présentées avec les variations de pression et les conditions de pratique de l'activité. Les pathologies aiguës nécessitent un arrêt temporaire de l'activité. Les pathologies chroniques seront évaluées en fonction du retentissement sur l'activité physique, le comportement, la gêne sociale, et le risque de barotraumatisme.

Après chirurgie bariatrique, la reprise des activités est possible un an après l'intervention si le sujet a un poids stable et est exempt de complication. Les comorbidités et la condition physique devront être évaluées. Le port d'un ballon intragastrique gonflé à l'air et l'absence d'éructation sont des contre-indications formelles aux activités hyperbares.

Un avis spécialisé pourra être demandé à un hépato-gastro-entérologue avec demande circonstanciée explicitant le contexte. L'avis d'un médecin compétent en hyperbarie pourra s'avérer utile.

Gynécologie et grossesse

Le risque majeur de l'hyperbarie sur l'appareil gynécologique est le risque lié à la grossesse. En effet, le placenta joue le rôle de poumon pour le fœtus : les gaz inhalés par la mère (oxygène et gaz inertes) sont délivrés au fœtus. L'hyperoxie, les bulles circulantes lors de la décompression, l'hypoxie éventuelle des plongées en apnée pourraient être à l'origine de malformations fœtales ou d'accouchements prématurés. Les études disponibles sont cependant divergentes.

Les femmes en âge de procréer qui sont exposées aux conditions hyperbares doivent être parfaitement informées des risques pour la grossesse. Elles doivent déclarer leur état à leur employeur dès qu'il est connu et ainsi bénéficier des dispositions du Code du travail.

Dans le cas où une exposition hyperbare est survenue en cours de grossesse, les séries publiées dans la littérature font recommander les prescriptions suivantes :

- jusqu'à 6 semaines d'aménorrhée (SA), si les expositions hyperbares ont été réalisées à moins de 3 ATA d'air avec respect des procédures de décompression, le risque n'est pas avéré. Il est cependant conseillé d'éviter la plongée au cours du 1er trimestre [11] ;
- expositions entre 6 et 13 SA : surveillance rapprochée de la grossesse après analyse des profils d'exposition et des procédures de décompression ;
- expositions au-delà de 13 SA : le risque morphogénétique est avéré. Une surveillance échographique rapprochée doit être réalisée avec échographie morphologique très précise à la 20e semaine explorant en particulier les membres, le rachis, le cœur et les gros vaisseaux [12].

Aptitude en fonction de l'âge

Jeunes travailleurs

Le Code du travail dispose que les jeunes travailleurs (entre 15 et 18 ans) ne peuvent être exposés à un certain nombre de risques professionnels (art. L4153-8), dont les travaux hyperbares (art. D4153-23) autres que ceux de la classe 0. Il prévoit cependant la possibilité de dérogations temporaires pour les jeunes en formation professionnelle, sous réserve d'un avis médical d'aptitude.

Les risques spécifiques pour les jeunes travailleurs sont liés, selon les particularités du poste de travail :

- à la manutention de charges lourdes ;
- au risque d'accident de désaturation des extrémités osseuses qui pourraient concerner les cartilages de conjugaison ;
- au défaut de stabilité émotionnelle ;
- à la consommation de substances psychoactives.

Il est donc recommandé de délivrer l'aptitude médicale sous réserve des restrictions suivantes :

- limitation de l'activité à la classe I ;
- pas de décompression avec paliers, ou paliers effectués avec respiration d'oxygène pur à PiO_2 maximale de 1,6 bar.

Travailleurs âgés

Chez les sujets ayant une activité physique régulière, les performances sont plus longtemps conservées que chez les sédentaires. En plongée, les contraintes découplent les sollicitations fonctionnelles du seul besoin énergétique. Le risque est essentiellement cardiovasculaire et pulmonaire (œdème d'immersion).

Après 50 ans toute perception subjective d'une gêne fonctionnelle (sensation de pénibilité) ou de son augmentation au cours des activités professionnelles ou de loisir doit faire déclencher des investigations cardiaques et respiratoires complémentaires au repos et à l'exercice (épreuve d'effort respiratoire et cardiologique).

Des restrictions d'exposition pourront être prononcées, en termes d'activité physique, de durée ou de pression de séjour. Les expositions successives (au sens des procédures d'intervention annexées à l'arrêté du 30 octobre 2012) sont déconseillées.

Tableau 32.3. Tableau récapitulatif des examens cliniques et complémentaires recommandés pour la détermination de l'aptitude aux activités hyperbares.

	Examens systématiques			Examens sur indications
	Examen initial	Examen annuel	Examen quadriennal	
Autoquestionnaire	X	X	X	
Examen clinique IMC	X X	X X	X X	
Pneumologie Courbes débit-volume	X	Après 40 ans	X	TDMT basse dose EFR complète
ORL Otoscopie avec manœuvre de Valsalva Audiométrie tonale	X X	X Si exposition au bruit	X X	Explorations vestibulaires complémentaires
Cardiologie Examen clinique et mesure de la PA au repos ECG de repos	X X	X Après 40 ans	X X	Mapa Épreuve d'effort chez les sujets à risque Échographie
Évaluation de l'adaptabilité à l'effort	X Interrogatoire/questionnaire	X Interrogatoire/questionnaire	X Interrogatoire/questionnaire	Épreuve d'effort maximale avec recherche éventuelle des seuils ventilatoire et métabolique

▷

Tableau 32.3. *Suite*

	Examens systématiques			Examens sur indications
	Examen initial	Examen annuel	Examen quadriennal	
Appareil locomoteur				
Examen clinique	x	x	x	IRM des articulations
Ophtalmologie				Champ visuel
Acuité visuelle avec et sans correction	x	x	x	Examen des milieux transparents
Neurologie et psychiatrie				Test d'anxiété
Interrogatoire adapté	x	x	x	EEG
Examen clinique approfondi	x		x	IRM cérébrale et bilan neuropsychologique après 40 ans
Hématologie				
Examen clinique	x	x	x	Recherche d'une thrombophilie
Recherche d'antécédents	x	x	x	
NFS	x		x	
Dermatologie				
Interrogatoire	x	x	x	
Examen clinique	x	x	x	
Stomatologie				
Interrogatoire adapté	x	x	x	
Examen endobuccal	x	x	x	Radiographie dentaire
Gastro-entérologie				
Interrogatoire adapté	x	x	x	
Gynécologie-obstétrique				Test de grossesse
Interrogatoire adapté	x	x	x	Échographie si grossesse débutée
Examens biologiques complémentaires				Bilan hépatique
Glycémie à jeun				Recherche de substances
Bilan lipidique	x		x	psychoactives dans les urines ou
Créatininémie	x		x	le sang
Évaluation du DFG (CKD-EPI)	x		x	
Recherche d'une protéinurie	x		x	
	x		x	

CKD-EPI : *Chronic Kidney Disease–Epidemiology Collaboration* ; DFG : débit de filtration glomérulaire ; EEG : électroencéphalogramme ; EFR : exploration fonctionnelle respiratoire ; IMC : indice de masse corporelle ; IRM : imagerie par résonance magnétique ; Mapa : mesure ambulatoire de la pression artérielle ; NFS : numération formule sanguine ; ORL : oto-rhino-laryngologie ; PA : pression artérielle ; TDMT : tomodensitométrie thoracique.

Source : Recommandations de bonne pratique. Prise en charge en santé au travail des travailleurs exposés au rique hyperbare, 2023. Document du Medsubhyp-SFST, disponible sur le site www.medsubhyp.fr/wp-content/uploads/2023/12/Recommandations-pour-le-suivi-en-sante-au-travail-risque-hyperbare-2023.pdf.

Références

[1] Fantoni-Quinton S, Dewitte JD, Piron C, et al. Rôle des SPST (services de prévention et de santé au travail) pour la traçabilité des expositions, le SPE (suivi post-exposition) et le SPP (suivi post-professionnel) : cadre juridique, questions à traiter, outils disponibles et recommandations de la Société française de médecine du travail. Recommandation de la Société française de médecine du travail [En ligne]. [23 janvier 2023]. Disponible sur : www.cismef.org/sfmt/autres/Recommandation_SFMT.pdf

[2] Wingelaar TT, Clarijs P, van Ooij PA, et al. Modern assessment of pulmonary function in divers cannot rely on old reference values. Diving Hyperb Med 2018 ; 48(1) : 17-22.

[3] Grillet F. Pertinence de l'imagerie thoracique pour la recherche de contrindications à la pratique de la plongée en 2020. Bull Med Sub Hyp 2020 ; 30(2) : 47-52.

[4] Global Initiative for Asthma. Pocket guide for asthma management and prevention. Updated 2022 [En ligne]. [Consulté le 1er juin 2023]. https://

ginasthma.org/wp-content/uploads/2022/07/GINA-2022-Pocket-Guide-WMS.pdf.

[5] Walker SP, Bibby AC, Halford P, et al. Recurrence rates in primary spontaneous pneumothorax : a systematic review and meta-analysis. Eur Respir J 2018 ; 52(3) : 1800864.

[6] Bove AA. Cardiovascular concerns in water sports. Clin Sports Med 2015 ; 34(3) : 449-60.

[7] Onoo A, Kiyosawa M, Takase H, Mano Y. Development of myopia as a hazard for workers in pneumatic caissons. Br J Ophthalmol 2002 ; 86(11) : 1274-7.

[8] Daubas P, Deral-Stéphant V, Ferré M, Orsini F. Physiologie et ergonomie de la vision en plongée [éds]. In : Broussole B, Méliet JL, Coulange M, (éds). Physiologie et médecine de la plongée. Paris : Ellipses Éditions Marketing : 2006. p. 168-80.

[9] Zanotta C, Dagassan-Berndt D, Nussberger P, et al. Barodontalgias, dental and orofacial barotraumas : a survey in Swiss divers and caisson workers. Swiss Dent J 2014 ; 124(5) : 510-9.

[10] Gunepin M, Derache F, Zadik Y, et al. Prise en charge buccodentaire des plongeurs sous-marins. Importance du concept de « dentisterie de la plongée ». EMC Odontologie [En ligne] 2013 [Article 23-850-A-80]. [15 septembre 2023]. Disponible sur : www.em-consulte.com/article/904533/prise-en-charge-buccodentaire-des-plongeurs-sous-marins.

[11] Morales M, Dumps P, Extermann P. Grossesse et plongée sous-marine : quelles précautions ? J Gynecol Obstet Biol Reprod 1999 ; 28(2) : 118-23.

[12] Uguccioni DM, Moon R, Taylor MB. DAN explores fitness and diving issues for women. Alert Diver 1999. [Février 2018]. Disponible sur : https://dan.org/health-medicine/health-resources/diseases-conditions/womens-health-and-diving/ [6 juillet 2024]

Chapitre 33

Sport-santé et plongée

Mathieu Coulange, Elisabeth Carola, Frédéric Di Meglio

Points clés

- Longtemps considérée comme une activité à risque, la plongée est devenue depuis une dizaine d'années un vecteur de bien-être et de santé.
- Le niveau de preuve scientifique établissant ces effets bénéfiques a été renforcé par des études françaises principalement orientées vers la santé mentale et publiées dans des revues internationales.
- Des expérimentations cliniques ont démontré la faisabilité des programmes sport-santé en plongée, en particulier dans la résilience postcancer.
- La FFESSM (Fédération française d'études et de sports sous-marins) intègre et développe les bienfaits des activités aquatiques et subaquatiques dans le sport-santé, porté par les politiques publiques.

Introduction

La plongée, longtemps considérée comme un sport à risque, est devenue depuis plusieurs années une activité de bien-être et un outil thérapeutique dans la santé mentale. Cet article aborde les mécanismes d'action et les principales indications à travers les données de la littérature, puis quelques exemples concrets comme la résilience postcancer, et enfin les modalités pratiques pour faciliter l'accès au plus grand nombre. La plongée pour les personnes en situation de handicap et ses bienfaits sont abordés dans un chapitre spécifique.

Arguments scientifiques

L'apprentissage de cette activité sportive s'accompagne souvent d'une appréhension qui laisse la place à un état de bien-être et un besoin d'y retourner très connu et décrit par les plongeurs.

Il est établi que l'effet toxique de l'azote (voir « Effets des gaz sous pression sur le système nerveux central », chapitre 2) est lié à l'augmentation de sa pression partielle avec la profondeur. Il peut entraîner, dès 30 mètres, des troubles du comportement, de l'attention, de la perception de l'environnement, et notamment du danger. Ce phénomène est attribué à la diminution de production de neurotransmetteurs comme la dopamine et la sérotonine, et peut compromettre la sécurité du plongeur. Toutefois, une exposition répétée à des pressions élevées d'azote pourrait avoir un effet inverse et provoquer non plus une diminution mais une augmentation de ces neurotransmetteurs et, par voie de conséquence, un effet bénéfique antidépresseur [1]. Plusieurs études ayant pour objectif de démontrer les bienfaits de la plongée sur la santé psychique ont été menées.

Dans la première étude en 2015 [2], 37 plongeurs de loisir ont été comparés à 30 vacanciers participant à un stage de canoë et d'escalade. L'évaluation a été effectuée à l'aide de questionnaires psychométriques réalisés en début de stage, à la fin du stage, puis à 1 mois. L'analyse des résultats montre que l'amélioration dans les deux groupes concerne l'humeur et les capacités de pleine conscience. Les bénéfices sont significativement plus marqués pour le bien-être et la réduction du stress perçu dans le groupe des plongeurs avec un effet rémanent à 1 mois.

Dans une deuxième étude en 2017 [3], 34 patients souffrant de stress post-traumatique au décours des attentats de Paris ont été randomisés en un groupe plongée et un groupe multisport. Une amélioration plus marquée du score d'évaluation des troubles du stress post-traumatique PCL5 (*PTSD Checklist for DSM-5* [*Manuel de diagnostic et statistique des troubles mentaux – 5e édition*]) a été observée pour le groupe plongée avec un passage sous le seuil de stress post-traumatique, une rémanence à 1 mois avec cependant une atténuation des effets bénéfiques à 3 mois. Le groupe multisport a bénéficié secondairement du même protocole en 2018, avec une amélioration subjective très nette mais sans critère objectif statistiquement significatif.

En 2018, une vingtaine de blessés psychiques de l'armée de terre ont vu diminuer leur niveau de stress et leur sommeil s'améliorer en réalisant le même protocole de plongée. Les effets favorables sur leur psychisme ont même permis à certains de se resociabiliser. Les résultats sont en cours de publication.

L'ensemble de ces données scientifiques est en faveur d'un bénéfice de la plongée sur la santé psychique, avec un accès possible en toute sécurité pour les non-pratiquants. En effet, la majorité des participants à ces études n'avait aucune expérience en plongée et aucun événement indésirable grave n'a été déclaré. Il faut noter qu'un grand nombre d'entre eux étaient en rupture thérapeutique. Ils ont pu ainsi être réintégrés dans des filières de prise en charge.

D'autres équipes travaillent sur des thématiques très proches comme l'étude du rôle préventif des activités subaquatiques chez les vétérans de l'armée anglaise [4] ou encore en oncologie [5].

Mode d'action

L'hypothèse fondée sur l'effet de l'augmentation de la pression partielle en azote a été rapidement abandonnée puisque les bénéfices sont constatés sur des plongées de moins de 20 mètres et que la pratique de la plongée à plus de 30 mètres semble déraisonnable chez des personnes présentant des troubles psychiques.

Très vite, deux autres hypothèses apparaissent plus adaptées.

La première concerne la réactivation du système parasympathique par l'impact de la ventilation sur l'appareil cardiovasculaire en plongée. En cas de stress intense ou de dépression, le système parasympathique s'effondre et l'organisme, sous l'influence du système adrénergique, s'épuise. Il est possible de réactiver le parasympathique par une technique de contrôle respiratoire, couramment utilisée dans des activités de relaxation comme l'hypnose, le yoga ou la sophrologie. Elle consiste à réaliser une ventilation lente et ample à une fréquence d'environ six cycles par minute pendant plusieurs minutes, deux à trois fois par jour, pendant plusieurs semaines. À chaque expiration profonde, la pression intrathoracique augmente, réduisant le retour veineux au cœur, donc le remplissage des cavités cardiaques et le volume d'éjection systolique. Les barorécepteurs carotidiens et aortiques sont stimulés et provoquent une augmentation de l'activité parasympathique qui se manifeste par une bradycardie transitoire.

L'analyse de la variabilité de l'espace R-R confirme l'effet bénéfique à long terme de ces techniques par la mise en évidence de la réapparition d'une certaine stabilité de la variabilité de la fréquence cardiaque, aussi appelée « cohérence cardiaque ». Mais ce gain est souvent altéré par la non-observance du sujet stressé qui rencontre de grandes difficultés à réaliser de façon régulière ces techniques de relaxation qu'il trouve très contraignantes. En plongée, la respiration à l'aide d'un détendeur, la densité des gaz, la pression hydrostatique et la contention de la combinaison sur le thorax entraînent de façon totalement involontaire un ralentissement de la ventilation avec une fréquence proche de six cycles par minute. De plus, l'effet de la contention de l'eau sur les tissus mous des membres inférieurs et de l'abdomen provoque une redistribution des volumes sanguins périphériques vers le thorax et ainsi majore la stimulation des barorécepteurs carotidiens à chaque expiration. L'immersion de la face dans l'eau froide stimule également directement le système parasympathique par l'intermédiaire des terminaisons nerveuses du trijumeau sur le visage. La plongée est donc un moyen simple et ludique d'effectuer de façon totalement involontaire des techniques de relaxation fondées sur le contrôle ventilatoire.

Une deuxième hypothèse, non contradictoire, est fondée sur le concept de pleine conscience (*mindfulness* en anglais). Cet état, obtenu le plus souvent par la méditation, permet de porter son attention sans jugement sur l'expérience du moment présent pour oublier le flux de pensées négatives qui hante l'esprit en permanence. Or, la plongée, grâce à l'éveil des sens, à la beauté de l'environnement marin et à la découverte de l'inconnu, est un moyen simple et non intentionnel d'atteindre cet état de pleine conscience.

Encadrement

Des formations pour les moniteurs de plongée sont initiées par des structures privées et par la Fédération française d'études et de sports sous-marins (FFESSM) qui officialise un module de formation « sport-santé » avec un premier niveau « sport bien-être », destiné au maintien de la santé par les activités subaquatiques chez le sujet sain dans le cadre de la prévention primaire, et un deuxième niveau « sport sur ordonnance », consacré aux sujets atteints de pathologies chroniques pour lesquelles la plongée pourrait améliorer l'état de santé ou prévenir l'aggravation ou la récidive de la pathologie.

Exemples d'indications

Épuisement professionnel

Un projet de recherche intitulé *Bluehealth*, destiné aux personnels de santé qui se sont investis dans la crise sanitaire Covid a été initié en 2020 sous l'égide du Musée océanographique de Monaco. Il propose à une cinquantaine de soignants en épuisement professionnel une prescription de 10 plongées, prises en charge financièrement, à réaliser en moins de 10 semaines dans des centres de plongée choisis, avec des mesures physiologiques et psychocognitives avant la première plongée, juste après la dernière plongée puis à 1 mois, à 3 mois et à 6 mois. Les résultats de cette étude n'ont pas encore été publiés.

Cancer

On estime à 433 136 le nombre de nouveaux cas de cancer diagnostiqué en France en 2023 (Institut national du cancer). La survie de ces patients s'améliore grâce en particulier à des diagnostics plus précoces et des traitements plus efficaces. Par conséquent, il y a de plus en plus de personnes vivant après un cancer. Le Plan cancer 2021-2030 a donc défini un axe ayant pour objectif de limiter les séquelles et d'améliorer la qualité de vie.

Or, chaque étape de la maladie entraîne un impact psychologique jusqu'à la fin des traitements et après le traitement où un stress post-traumatique peut s'installer. Dans ce contexte, il se traduit souvent par une souffrance morale et des complications physiques qui altèrent la vie personnelle, sociale et professionnelle. Sa fréquence est très variable dans les études, allant jusqu'à 32 %. Il diminue dans le temps mais reste de l'ordre de 10 % à 4 ans.

Plus de 40 essais randomisés et contrôlés ont démontré des effets bénéfiques de l'activité physique adaptée (APA) chez les patients atteints de cancer : amélioration des capacités fonctionnelles, de la qualité de vie, de la qualité du sommeil, diminution de la douleur ressentie. Le cancer le plus concerné par ces études est le cancer du sein : une méta-analyse de 32 études avant et après radiothérapie chez des patientes atteintes d'un cancer du sein a montré une amélioration de la qualité de vie, de la morbidité et de paramètres psychologiques (fatigue, stress et qualité du sommeil) grâce à la pratique d'une activité physique modérée [6]. Depuis plusieurs années, des prises en charge et des activités complémentaires alternatives se développent pour aider à gérer les effets secondaires liés aux traitements, accroître le fonctionnement du système immunitaire, améliorer la qualité de vie, accroître la conscience du corps et les liens corps-esprit [7]. Pour réduire le stress des femmes atteintes d'un cancer du sein, un programme basé sur la pleine conscience, le *Mindfulness-Based Stress Reduction* (MBSR) a donné des résultats très encourageants [8]. Il en est de même pour l'impact du yoga sur la fatigue perçue par les patientes. Il est cependant difficile de conclure car les études concernent de petits effectifs et les méthodes varient pour évaluer la qualité de vie.

S'inspirant de ces principes, une association (Plongée résilience) propose depuis plusieurs années un programme de résilience postcancer à des patients atteints de cancer en rémission complète dans les 5 ans de la fin de leur traitement actif. En 2024, une trentaine de patients ont adhéré à ce programme et ont accédé à une formation de niveau 1 (plongée encadrée jusqu'à 20 mètres). Les premiers résultats semblent encourageants. Une étude est en cours pour valider la faisabilité ainsi que le bénéfice attendu sur la qualité de vie et sur l'amélioration du stress ressenti.

Intégration du concept sport-santé dans la stratégie des politiques publiques de prévention

Depuis la fin du XXe siècle, de nombreuses études témoignent du rôle de l'activité physique et sportive (APS) dans la prévention de certaines pathologies telles que l'obésité, le diabète, certains cancers, les maladies cardiovasculaires..., mais ces travaux, principalement épidémiologiques, restent descriptifs et confidentiels. La sédentarité et l'obésité des personnes par addiction aux écrans, le mal-être existentiel, l'augmentation de l'espérance de vie même avec des impotences fonctionnelles pendant de nombreuses années, incitent nos sociétés à ne plus considérer le sport comme un facteur de risque mais comme un outil de bien-être et de prévention des complications, récidives, exacerbations et aggravations des maladies chroniques quels que soient l'âge ou l'état de santé des pratiquants.

Le concept de sport-santé recouvre donc la pratique d'activités physiques ou sportives (APS) qui contribue au bien-être et à la santé du pratiquant, conformément à la définition de la santé par l'Organisation mondiale de la santé (OMS), en agissant au niveau physique, psychologique et social. Il a pour objectif le maintien de la santé chez le sujet sain mais également la prévention de l'aggravation ou de la récidive chez la personne atteinte d'une affection chronique. L'association de deux mots, sport et santé pour n'en faire qu'un, est un concept qui ouvre une nouvelle réalité sociétale.

De nombreux sports considérés à risques, comme la plongée, deviennent des activités bénéfiques pour le bien-être et la santé. Ceux qui pratiquent régulièrement connaissent ce bien-être régénérateur.

La prescription d'une activité physique adaptée (APA) a été instituée par le décret du 30 décembre 2016 complété par l'instruction du 1er mars 2017 [9]. Ainsi, le médecin traitant peut prescrire au patient atteint d'une affection de longue durée (ALD) une activité physique dispensée par l'un des intervenants suivants :

- les professionnels de santé paramédicaux ;
- les professionnels titulaires d'un diplôme de l'activité physique adaptée ;
- les professionnels et personnes certifiées de fédérations sportives disposant des prérogatives pour dispenser une activité sportive aux patients atteints d'une affection de longue durée.

Cependant, le texte ne prévoit pas la question du remboursement par la Sécurité sociale. Seules quelques assurances et mutuelles complémentaires, tout comme certaines collectivités, développent leurs propres solutions de financement. Le manque de formation des médecins sur ce type de prescription est également un obstacle.

Tous ces freins devraient être rapidement surmontés grâce à la création de plus de 500 maisons « sport-santé », destinées à accueillir et informer le public et à mettre en réseau les professionnels de santé et de la prise en charge sociale avec les professionnels du sport. La loi de démocratisation du sport du 2 mars 2022 dans son titre 1er relatif au développement pour le plus grand nombre vise à renforcer la promotion du sport-santé. En modifiant l'article L1172-1 du Code de la santé publique, elle étend les possibilités de prescription médicale d'activité physique adaptée, au-delà d'une affection longue durée, à toute personne atteinte d'une maladie chronique, présentant des facteurs de risque (hypertension, obésité...) et en perte d'autonomie. Afin de faciliter la prescription, la HAS (Haute Autorité de santé) a établi un guide définissant les modalités de la consultation et de la prescription médicale d'activité physique dans un but de santé chez l'adulte [10].

Application à la plongée

En 2019, la FFESSM a créé un module de formation « Sport sur ordonnance pour les activités subaquatiques » [11,12], validé par le Comité national olympique et sportif français (CNOSF). Il est destiné aux moniteurs et aux entraîneurs, au minimum 1er degré. Cette formation a été reconnue par arrêté au *JO* (*Journal officiel*) du 28 février 2021. En 4 ans, plus de 400 cadres ont été formés. Le cursus est réalisé sur quatre journées de présence et une journée d'enseignement à distance. Il est clôturé par un examen final comprenant un questionnaire à choix multiples sport-santé et maladies chroniques, et une épreuve écrite avec étude de plusieurs cas pratiques. Il permet d'acquérir sept compétences :

- être capable d'encourager l'adoption de comportements favorables à la santé ;
- comprendre les grandes lignes de la pathologie (maladie chronique) ;
- comprendre l'influence de la maladie sur l'état cardiorespiratoire et la capacité physique ;
- comprendre l'impact de certains médicaments sur l'activité physique ;
- comprendre la psychologie de ces publics particuliers ;
- ne pas transposer sans réflexion son expérience du sport à ces publics ;
- travailler en collaboration avec le médecin traitant, en détectant les signes d'intolérance et en évaluant les bénéfices du programme.

L'intégration en 2020 des activités subaquatiques par la FFESSM dans la 3e édition du Médicosport-santé [12] devrait également faciliter la prescription des activités physiques et sportives par les médecins à des fins préventives. Ce « Vidal du sport » précise les caractéristiques physiques, physiologiques et mentales nécessaires à chaque discipline sportive en fonction des pathologies. Il permet ainsi de mieux répondre au bénéfice santé attendu. Il est validé par le CNOSF en coopération avec la Société française de médecine de l'exercice et du sport (SFMES).

La FFESSM a établi un programme d'activité physique adaptée en deux niveaux.

Le premier niveau est destiné à la prévention primaire pour un public sédentaire et en baisse d'autonomie, avec des facteurs de risque (hypertension légère, sédentarité, surpoids, tabagisme), éloigné des pratiques sportives mais sans vraie limitation fonctionnelle. Il est intitulé « Palmer vers son bien-être ». Toutes les activités subaquatiques sont concernées.

Le second niveau s'effectue dans le cadre de la pratique adaptée avec une supervision médicale pour les maladies chroniques et les affections de longue durée. Il est intitulé « Palmer vers sa santé ». Le public concerné présente une limitation fonctionnelle discrète à modérée qui nécessite la mise en place de précautions particulières. Il correspond au sport sur ordonnance. Les activités concernées sont la pratique de l'apnée en milieu protégé, le « Fit'palmes » (dérivé de la nage avec palmes), la randonnée subaquatique en milieu naturel avec palmes, masque et éventuellement tuba, ainsi que la plongée en scaphandre selon certaines conditions et précautions.

La FFESSM a également développé un carnet de suivi constitué de quatre parties :

- l'espace médecin avec la fiche guide de prescription et le certificat médical ;
- l'espace patient avec des tests d'autoévaluation (estime de soi, santé perçue, niveau d'activité physique) ;
- l'espace éducateur sportif avec les bilans de prise en charge et les évaluations de la condition physique (test d'équilibre, test de souplesse, test de force des jambes, test de force des bras, test d'endurance de marche, test d'adaptation à l'effort) ;
- le carnet de séances et de suivi sur un minimum de 12 séances.

Il rappelle les intérêts potentiels de l'activité subaquatique dans la pratique sport-santé :

- sur la condition physique générale (coordination, équilibre, proprioception) ;
- sur le système locomoteur (masse musculaire, mobilité articulaire, apesanteur) ;

- sur le système cardiorespiratoire (endurance, rééducation respiratoire) ;
- sur le psychosocial (bien-être, gestion du stress, relaxation, concentration).

Il précise également l'intensité de l'activité subaquatique dans sa pratique adaptée sport-santé (tableau 33.1) :

Tableau 33.1. Intensité cardiorespiratoire et musculaire en fonction du type d'activité subaquatique.

Activité	Cardiorespiratoire	Effort musculaire	Sollicitation du squelette
Apnée	modérée à intense	faible	faible
Nage avec palmes	modérée	modéré	modérée
Randonnée subaquatique	faible à modérée	faible	faible
Plongée en scaphandre	modérée	faible	modérée

Source : Carnet sport santé FFESSM, réalisation CMPN.

La pratique subaquatique apporte et combine plusieurs facteurs : les bienfaits du sport (l'activité physique et sportive comme un médicament selon les concepts de sport et santé), les bienfaits d'une activité de pleine nature (« reliance » et bien-être), les bienfaits de l'immersion totale en milieu aquatique (« reviviscence fœtale ») et les bienfaits combinés de l'immersion et de l'hyperbarie (sensation d'apesanteur et « cohérence respiratoire ») tant pour l'apnée que la plongée scaphandre avec prise de conscience et contrôle de sa ventilation.

Tout est là pour que les activités subaquatiques, et plus largement les activités aquatiques et nautiques, deviennent de véritables vecteurs de bien-être et de santé. Il ne manque plus qu'à les promouvoir tant auprès des patients que des médecins, à en renforcer l'accessibilité pour tous et à développer des programmes de financement.

Références

[1] Lavoute C, Weiss M, Rostain JC. Alterations in nigral NMDA and GABAA receptor control of the striatal dopamine level after repetitive exposures to nitrogen narcosis. Exp Neurol 2008 ; 212(1) : 63-70.

[2] Beneton F, Michoud G, Coulange M, et al. Recreational diving practice for stress management : an exploratory trial. Front Psychol 2017 ; 8 : 2193.

[3] Gibert L, Coulange M, Reynier JC, et al. Comparing meditative scuba diving versus multisport activities to improve post-traumatic stress disorder symptoms: a pilot, randomized controlled clinical trial. Eur J Psychotraumatol 2022 ; 13(1) : 2031590.

[4] Morgan A, Sinclair H, Tan A, et al. Can scuba diving offer therapeutic benefit to military veterans experiencing physical and psychological injuries as a result of combat? A service evaluation of Deptherapy UK. Disabil Rehabil 2019 ; 41(23) : 2832-40.

[5] Carreño A, Fontdecaba E, Izquierdo A, et al. Blue prescription : a pilot study of health benefits for oncological patients of a short program of activities involving the sea. Heliyon 2023 ; 9(7) : e17713.

[6] Brown JC, Huedo-Medina TB, Pescatello LS, et al. Efficacy of exercise interventions in modulating cancer-related fatigue among adult cancer survivors : a meta-analysis. Cancer Epidemiol Biomarkers Prev 2011 ; 20(1) : 123-33.

[7] Sewitch MJ, Yaffe M, Maisonneuve J, et al. Use of complementary and alternative medicine by cancer patients at a Montreal hospital. Integr Cancer Ther 2011 ; 10(4) : 305-11.

[8] Johns SA, Brown LF, Beck-Coon K, et al. Randomized controlled pilot study of mindfulness-based stress reduction for persistently fatigued cancer survivors. Psychooncology 2015 ; 24(8) : 885-93.

[9] Instruction interministérielle no DGS/EA3/DGESIP/DS/SG/2017/81 du 3 mars 2017 sur les conditions de dispensation de l'activité physique adaptée prescrite par le médecin traitant.

[10] Haute Autorité de santé. Consultation et prescription médicale d'activité physique à des fins de santé chez l'adulte. Guide Recommander les bonnes pratiques [En ligne]. 13 juillet 2022. [Consulté le 6 juin 2024]. Disponible sur : www.has-sante.fr/upload/docs/application/pdf/2018-10/guide_aps_vf.pdf.

[11] Di Meglio F. Module de formation sport santé pour les activités subaquatiques [En ligne]. CNOSF FFESSM. Mai 2019. Disponible sur : https://ffessm.fr/uploads/media/docs/0001/01/00003562cdab52281411abd6f5f8c63a708d4834.pdf.

[12] Médicosport-santé. Dictionnaire à visée médicale des disciplines sportives. CNOSF, édition 2020. Fédération française d'études et de sports sous-marins. p. 424-45.

Chapitre 34

La plongée en situation de handicap

Michel Guenin, Nathalie Catajar, Myriam Vivier-Sanna, Jacques Piquet

Handicap et plongée

La plongée des personnes en situation de handicap (PSH) est apparue au début des années 1980. Son développement s'est considérablement accéléré avec de nouvelles dispositions législatives et réglementaires et l'apparition de cursus spécialisés dans les différentes activités subaquatiques sportives et de loisir.

Le champ de la question est si vaste qu'il est résumé à dessein dans le cadre de cet ouvrage. Pour plus de détails, le lecteur peut se reporter aux manuels de référence [1,2].

État des lieux

Le cadre légal garantit l'inclusion et l'autonomie des PSH en luttant contre toute forme de discriminations. Il est constitué de la loi 92-104 (Code pénal), du Code de déontologie médicale (Code de la santé publique [CSP]), de la loi 2005-102 sur le handicap (Code de l'action sociale et des familles), de la Convention internationale relative aux droits des personnes handicapées des Nations unies (CIDPH), et du Code du sport (art. L100-3).

Le développement du sport pour l'épanouissement de chacun est une mission d'intérêt général. Il contribue à la lutte contre l'échec scolaire, la réduction des inégalités sociales, culturelles et sanitaires (art. L100-1 du Code du sport). Il doit se faire sur la base de l'égalité des droits, des chances et de la participation des PSH (art. 30-5 de la CIDPH et loi 2005-102).

La loi n° 2005-102 du 11 février 2005 définit le handicap comme toute limitation d'activité ou restriction de participation à la vie en société subie dans son environnement par une personne en raison d'une altération substantielle, durable ou définitive d'une ou de plusieurs fonctions physiques, sensorielles, mentales, cognitives ou psychiques, d'un polyhandicap ou d'un trouble de santé invalidant. Le handicap ne peut donc résulter exclusivement d'une déficience telle qu'une lésion traumatique, une maladie ou un déficit cognitif. Il nécessite la conjonction des incapacités générées dans un contexte donné. La grande diversité des situations de handicap dépendra de cet environnement et des aides humaines ou matérielles apportées.

Ainsi, toute personne présentant une déficience compatible avec une pratique sportive ordinaire autonome doit être considérée, sans discrimination, comme sportif valide. Elle accède de fait, et en première intention, à une pratique inclusive intégrant la possibilité d'aménagements raisonnables prévus par la CIDPH.

Dans le cas contraire, et en l'absence de contre-indication médicale, elle peut bénéficier d'une pratique adaptée avec une aide matérielle ou humaine pour réaliser les aptitudes requises (art. A322-77 du Code du sport). Elle demeure une sportive à

Médecine de la plongée

part entière, même si certaines compétences sont partagées avec l'encadrant spécialisé, à l'instar d'une personne déficiente visuelle et son guide.

Une même personne peut passer d'une pratique adaptée à une pratique inclusive si elle progresse en autonomie et en compétences. Inversement, l'évolution du cursus standard vers le cursus adapté est prévue, de manière temporaire ou définitive, si ses capacités diminuent, notamment en cas d'atteinte dégénérative.

Pour l'application de ces dispositions législatives et réglementaires, la Fédération française d'études et de sports sous-marins (FFESSM), la Fédération française handisport (FFH) et la Fédération française du sport adapté (FFSA) se sont engagées par convention depuis 2011 et 2012 pour le développement conjoint de la pratique inclusive et la construction du cursus commun Handisub® de pratique adaptée.

Ce cursus permet :

- aux plongeurs encadrés en situation de handicap (PESH) de valider des brevets Handisub® déterminant la profondeur maximale basée sur les capacités fonctionnelles acquises après formation ;
- aux encadrants Handisub® (EH) d'acquérir les compétences requises par deux qualifications Handisub® successives : EH1 et EH2.

L'encadrant EH1, limité à l'encadrement des personnes les plus autonomes, doit déterminer si le plongeur qui lui est confié est en situation de handicap modéré en plongée correspondant à ses prérogatives. La qualification EH2 permet d'encadrer en plongée tout public en situation de handicap.

L'étroite collaboration entre le médecin et l'encadrant garantit la double expertise nécessaire à la prise en charge individualisée la plus adaptée et la plus sécurisée.

Établissement du certificat médical d'absence de contre-indication à la pratique des activités subaquatiques : la démarche

Le certificat d'absence de contre-indication (CACI) est obligatoire en plongée Handisub® dès le baptême. Il est signé par un médecin fédéral, du sport, de plongée ou spécialiste de médecine physique et réadaptation (sauf pour un baptême dans la zone des 2 m où il peut être signé par tout médecin).

Le médecin signataire du CACI devrait justifier d'une double compétence pour la plongée et l'évaluation de la déficience. À défaut, il doit solliciter l'expertise d'un spécialiste des connaissances requises (art. R4127-60 du CSP) et associer le médecin traitant à cet avis. La multiplication des intervenants ne doit cependant pas réduire les chances d'accès à la plongée, tout comme le manque d'adaptation du lieu ou des temps de consultation.

Les bénéfices de la plongée et de la découverte des fonds sous-marins sont considérables pour les personnes les moins autonomes, souvent très restreintes dans leurs choix d'activités sportives. Le médecin doit éviter tout *a priori*. Il doit prendre en compte le principe de précaution et les bénéfices escomptés. Les rares contre-indications spécifiques à la plongée Handisub® doivent être distinguées des points de vigilance.

Les enjeux physiques sont importants, en particulier pour les personnes à mobilité réduite ou en surpoids. En milieu aquatique, elles bénéficient pleinement de l'optimisation non traumatique des mouvements et d'une plus grande liberté de déplacement. En outre, le milieu aquatique peut être particulièrement apaisant pour certaines personnes présentant des troubles du neurodéveloppement (TND) ou du comportement.

L'impact psychosocial est également significatif : les plongées partagées avec des amis, la famille, des membres du club et les éventuelles sorties et voyages participent à la mixité sociale. La plongée devient vectrice de résilience par amélioration de l'estime de soi, y compris lors d'un simple baptême ou même si la progression est limitée à la surface (découverte de la nature, dépassement de soi, acquisition de nouvelles compétences...).

Analyse de la déficience et des pathologies associées

Elle prend en compte la typologie de la déficience (lésion médullaire, cérébrale, amputation...), sa localisation, l'étiologie (traumatique, médicale, congénitale ou acquise), l'ancienneté, le mode évolutif (stable ou dégénératif), le traitement en cours et son retentissement potentiel sur la pratique de la plongée.

Toute pathologie ou lésion peut entraîner des conséquences organiques ou systémiques regroupées par type dans cet ouvrage, qui devront être évaluées.Si la déficience est dégénérative, le ratio bénéfice/risque peut différer dans le temps et d'un individu à l'autre. Le médecin évalue alors l'évolution dans sa gravité, ses éventuelles répercussions psychiques, cognitives ou fonctionnelles et sa vitesse de progression. Il peut ainsi déterminer, avec l'avis complémentaire de l'encadrant, dans le respect du secret médical, si l'état général du plongeur reste compatible avec la pratique adaptée Handisub®.

Examen clinique

Il complète l'anamnèse et permet l'évaluation actualisée des différentes atteintes :

- neuropsychiques et cognitives : appréciation des capacités de communication, de compréhension des consignes, de mémorisation, de gestion émotionnelle et psychique. Recherche de troubles du comportement et leurs éventuels facteurs déclenchants, avec le témoignage des proches aidants lorsqu'il est possible ;
- neurologiques : bilan neurologique ciblé pour confirmer la stabilité lésionnelle ou préciser l'éventuelle évolution ;
- ORL : évaluation de l'état dentaire et des sinus, otoscopie bilatérale avec manœuvre de Valsalva ;
- ophtalmologiques : principalement évaluation de l'acuité visuelle, de la sensibilité à la lumière ;
- pulmonaires : spirométrie si besoin ;
- cardiovasculaire : œdèmes, bas ou chaussettes de contention ;
- dermatologiques : état cutané des points d'appui, des moignons. Recherche d'escarre même ancienne. Examen de la zone péristomiale en cas de stomie urinaire. Recherche de dispositifs médicaux implantés ;
- orthopédiques : examen ciblé des capacités fonctionnelles et de l'autonomie pour la marche ou le déplacement avec aide matérielle, l'équilibre debout ou assis, les amplitudes des membres, les capacités de transfert pour les personnes en fauteuil et les capacités de préhension. Les déficits moteurs, même majeurs, sont très rarement synonymes à eux seuls de contre-indication définitive à la plongée ;
- indice de masse corporelle (IMC).

Examens et avis complémentaires

Les examens complémentaires de base et leurs conditions de réalisation diffèrent peu de ceux recommandés pour les sujets valides. Le médecin peut notamment préconiser un électrocardiogramme, un doppler veineux, une exploration fonctionnelle respiratoire (boucle débit-volume). Une IRM (imagerie par résonance magnétique) médullaire est parfois requise.

Le médecin examinateur s'entoure également, si nécessaire, des avis circonstanciés du médecin traitant, du médecin en charge du handicap, éventuellement de médecins d'autres spécialités (pneumologue, cardiologue…).

Certificat d'absence de contre-indication et conseils au plongeur

Cette évaluation, parfois complexe, nécessite du temps. Ces échanges ont également vocation à sensibiliser le patient, et ses proches aidants, aux multiples enjeux de santé liés à sa situation.

Ce sportif est soumis aux contre-indications générales de la plongée. Les contre-indications spécifiques Handisub® restent rares compte tenu des innombrables possibilités d'adaptation de la pratique à chaque individu, et de l'encadrement spécialisé.

Le CACI peut mentionner des restrictions. Par exemple, l'évaluation préalable par un encadrant Handisub® pour l'orientation en cursus inclusif ou adapté. De même, la plongée peut être limitée à une évolution de surface ou une profondeur restreinte. Des recommandations complémentaires sont parfois formulées pour la température extérieure, de l'eau, la durée d'immersion, le nombre de plongées par jour ou l'environnement adapté à la pratique en cas de handicap mental, cognitif ou psychique.

Le médecin rappelle les points de vigilance pour chaque pratique individualisée. Ils peuvent concerner :

- les précautions logistiques liées aux transports, à l'accessibilité, à l'environnement (stress sensoriel ou social, coup de chaleur…) ;
- la gestion de l'alimentation, de l'hydratation, de l'effort physique, de la concentration, des phases de repos selon les modalités de chacun… ;
- le respect du traitement médical, les soins du corps. La responsabilisation du patient est essentielle pour la prévention de ses complications potentielles.

Différents types de handicap et points de vigilance

Les principales déficiences rencontrées en plongée ont des conséquences motrices et sensorielles, ou mentales, cognitives et psychiques. Certaines d'entre-elles, comme les lésions cérébrales, peuvent présenter l'ensemble de ces déficits.

Déficiences motrices et sensorielles

Lésions médullaires

En France, la prévalence des blessés médullaires (BM) serait de 19,4 par million d'habitants, avec 934 nouveaux cas annuels. Le sex-ratio est de 3,8 hommes pour une femme. L'âge moyen était de 37,6 ans en 2000.

L'établissement du CACI ne nécessite pas un examen neurologique complet. Il doit principalement confirmer la stabilité lésionnelle et les capacités fonctionnelles correspondantes.

Les paraplégiques sont les plus autonomes, surtout s'ils possèdent des abdominaux fonctionnels (lésion en dessous de T6). Une atteinte inférieure à C8 garantit la préhension nécessaire à une manipulation simultanée du direct système et de la manœuvre de Valsalva. La mobilité des plongeurs tétraplégiques dépend de leur capacité de propulsion par des mouvements de brasse sollicitant l'extension des avant-bras (C7) et leur flexion (C5). Au-dessus de C4, la perte d'autonomie respiratoire par paralysie diaphragmatique contre-indique la plongée.

Toute évolution clinique récente constatée avant le début ou durant la période de plongée requiert un bilan complet effectué en lien avec le centre de référence du BM.

Les points de vigilance sont en priorité : cutanés, urinaires, respiratoires, liés à la thermorégulation, cardiovasculaires et métaboliques, neurologiques, musculosquelettiques.

Cutanés

L'escarre est l'une des principales complications. Elle concerne un BM sur cinq [3] et 85 % d'entre eux ont au moins eu une escarre dans leur vie. Les conséquences sont considérables, synonymes d'hospitalisations fréquentes, d'interventions chirurgicales multiples, et de complications secondaires [4]. Elles dégradent le pronostic vital et affectent la qualité de vie des BM sur le plan psychologique, physique et social, notamment par les très longues et récurrentes périodes d'alitement. L'absence d'activité physique, le syndrome métabolique ou la baisse de mobilité sont prédictifs du risque. Les bénéfices attendus de la plongée à cet égard doivent impérativement être pris en compte dans l'évaluation médicale.

La pratique doit néanmoins être encadrée puisqu'un tiers des escarres sont associées par les patients eux-mêmes à un défaut d'autodiagnostic. La sensibilisation des sportifs à la nécessité d'une vigilance accrue durant les transferts, l'habillage ou déshabillage, les frottements et les chocs éventuels est primordiale.

La protection des extrémités et genoux durant l'immersion est importante pour éviter toute blessure favorisée par le déficit sensitif. De même, le contact ou la simple proximité avec des sources de chaleur peuvent engendrer de graves brûlures. C'est le cas des coussins anti-escarres laissés trop longtemps au soleil, de l'eau sanitaire trop chaude, d'un café renversé sur les genoux…

Urinaires

Toute plongée doit débuter vessie vide pour éviter une dysréflexie autonome. La suppression de la commande volontaire de la miction nécessite un sondage de la vessie neurologique, en moyenne toutes les 4 heures. Ce qui implique des WC accessibles, à défaut, un lieu d'intimité où le plongeur peut dignement effectuer les gestes requis.

Selon les capacités fonctionnelles du patient, une entérocystoplastie ou une cystostomie continente peuvent être réalisées en complément. Les infections de l'appareil urinaire constituent néanmoins les principales causes de réhospitalisation. Plus de la moitié des BM présentent une bactériurie asymptomatique avec une colonisation vésicale permanente engendrant des infections urinaires récurrentes. À terme, le risque majeur est la prolifération de bactéries multirésistantes responsables d'insuffisance rénale ou de septicémie.

L'infection urinaire symptomatique est une contre-indication le jour de la plongée si elle augmente la spasticité et la dysréflexie autonome.

Respiratoires

Toute atteinte au-dessus de C4 contre-indique la plongée compte tenu de la paralysie diaphragmatique. À terre, la capacité vitale des personnes tétraplégiques est généralement réduite de 30 % de la valeur prédite [5] et la compliance de la cage thoracique est diminuée. En revanche, certaines études démontrent que la pression thoraco-abdominale exercée par la pression hydrostatique lors d'une immersion jusqu'au cou peut améliorer la capacité vitale des sujets tétraplégiques jusqu'à 27 %. La fonction diaphragmatique est intacte à partir de C5.

L'expiration et la toux sont limitées par la paralysie des muscles thoraco-abdominaux. Attention à l'inhalation accidentelle d'eau, notamment en surface lorsque le détendeur n'est pas tenu hermétiquement en bouche.

Les tétraplégiques ont parfois un trouble ventilatoire obstructif, réversible après bronchodilatateurs, en raison de la perte de l'activité sympathique postganglionnaire.

Le plongeur et l'encadrant doivent veiller à ne pas entraver la respiration abdominale et diaphragmatique. La ceinture de plombs est proscrite et la combinaison doit être ajustée, idéalement réalisée sur mesure. Le profil de la plongée doit tenir compte du risque d'essoufflement en évitant les progressions trop longues ou à contre-courant. Un coup de chaleur avant la plongée peut également générer une polypnée et soudainement impacter l'état général.

Liés à la thermorégulation

Du fait de l'atteinte motrice et neurovégétative, le territoire sous-lésionnel présente une paralysie motrice, une anhidrose et une vasoplégie. Les mécanismes thermorégulateurs sont largement dégradés surtout chez les sujets tétraplégiques, mais avec de grandes diversités d'adaptation d'un individu à l'autre.

La prévention de ces troubles est essentielle. La lutte contre le refroidissement est plus facile. Elle exige simplement un matériel adapté à la température de l'eau (combinaison, gants, chaussons, masque facial…). Le principal risque reste, sans conteste, l'hyperthermie et la survenue brutale d'un coup de chaleur.

Une protection solaire (casquette, ombre…) et l'habillage au dernier moment sont recommandés. L'hydratation doit être maintenue pour lutter contre le risque d'infection urinaire, avec des boissons fraîches. Le refroidissement général peut également être envisagé (brumisation, immersion, pièce climatisée…).

Cardiovasculaires et métaboliques

Le risque de maladies cardiovasculaires est majoré chez le BM [6] ce qui justifie un bilan cardiologique régulier. L'obésité et le syndrome métabolique concernent plus de la moitié des sujets. Ces complications sont liées à la sédentarité et à la diminution de la masse musculaire avec dyslipidémie et diabète de type II.

Si l'atteinte lésionnelle se situe au-dessus de T6, les dysfonctions neurovégétatives entraînent une instabilité de la tension artérielle, des troubles du rythme cardiaque avec une baisse de l'adaptation à l'effort. En cas d'épine irritative (troubles urinaires, digestifs…) la réponse sympathique exacerbée induite par hyperréflexie autonome (HRA) peut entraîner une hypertension aiguë, une sudation profuse, des céphalées et souvent une bradycardie.

Toute crise de HRA ou épisode de céphalées non étiqueté impose une investigation médicale rapide et le traitement de la cause (sondage vésical, etc.). La mise en position demi-assise et l'administration de nifédipine (10 mg *per os* ou en sublingual) sont recommandées.

Neurologiques

Certains BM présentent une spasticité réflexe importante qui réclame une injection intrathécale continue de baclofène par dispositif implanté. Les plongées sont alors contre-indiquées au-delà de 10 m pour respecter la résistance de la pompe à la pression. La plongée entraîne souvent, au moins momentanément, une diminution de la spasticité.

Les douleurs neuropathiques du territoire sous-lésionnel sont présentes chez plus de la moitié des sujets. Elles sont souvent réfractaires aux traitements antalgiques classiques et altèrent significativement la qualité de vie. Toute médication (cannabinoïdes, opiacés, antidépresseurs, anticonvulsivants) nécessite une évaluation du retentissement sur la capacité à plonger.

L'aggravation éventuelle du déficit sensorimoteur requiert une évaluation avec imagerie médullaire à la recherche de complications secondaires comme la syringomyélie post-traumatique. L'augmentation récurrente des pressions intrathoraciques en plongée pourrait entraîner une progression de cette cavité médullaire vers le haut, responsable des modifications cliniques. Ce risque justifie une IRM tous les 5 ans.

Musculosquelettiques

L'altération du métabolisme osseux se traduit chez le BM par un risque accru d'ostéoporose et de fracture. Il impose aux plongeurs et encadrants la plus grande vigilance durant les phases de mobilisation. Une attention particulière doit être apportée à la sécurisation et fixation du matériel pour éviter tout risque de blessure.

La surutilisation des membres supérieurs est la règle chez les blessés médullaires, notamment chez les paraplégiques. Le syndrome de la coiffe des rotateurs est fréquent. La préservation des épaules doit être impérativement respectée.

Sclérose en plaques

La sclérose en plaques représente la première cause de handicap sensorimoteur sévère non traumatique chez l'adulte jeune. Les symptômes sont variables d'un individu à l'autre en lien avec la topographie lésionnelle. La maladie est caractérisée par ses poussées évolutives et une dégradation progressive du tableau clinique. Les déficits neurologiques sont souvent associés à des troubles de la mémoire, de la concentration, des épisodes dépressifs ou de fatigue intense.

La fluctuation importante de l'état général impose une adaptation de la pratique selon les capacités du moment. Il n'y a pas à ce jour de contre-indication spécifique à la plongée. La pratique sportive est néanmoins peu recommandée durant les phases aiguës de la maladie.

Paralysie cérébrale

Le diagnostic repose sur une atteinte motrice permanente, non évolutive. Le déficit intellectuel variable peut être absent. Le tableau clinique est très diversifié incluant parfois spasticité, ataxie ou mouvements involontaires. L'atteinte est périnatale et survient avant 2 ans avec une prévalence de 2 à 3 pour 1 000. Elle affecte notamment le tonus musculaire, la posture et la mobilité.

La dysarthrie souvent présente peut considérablement compliquer la communication et exiger des embouts thermoformables ou l'usage d'un masque facial. Il importe de ne pas confondre ces difficultés d'expression avec un déficit intellectuel.

Certaines personnes présentent des troubles de la perception extéroceptive. Ils provoquent invariablement des réactions de sursaut devant un stimulus inopiné. Le risque en plongée est la perte du détendeur et l'inhalation d'eau. L'entraînement, la répétition des situations déclenchantes n'améliorent pas significativement les symptômes. Un encadrement stable et chevronné est la meilleure garantie pour gérer les éventuels troubles du comportement, les déficits d'attention, de communication ou l'anxiété majorée.

Les antécédents d'épilepsie chez environ un tiers des sujets [7] nécessitent un avis spécialisé. La survenue ancienne de crises ne doit pas systématiquement écarter de la pratique sportive tout sujet stabilisé de longue date. La possibilité d'évoluer en surface peut être évaluée avec la plus grande prudence, par exemple en piscine où les encadrants ont pied.

Amputation traumatique et agénésie

Ces pathologies sont généralement stables et non évolutives. Elles diffèrent par leur étiologie (congénitale ou acquise) et de possibles douleurs de désafférentation de type algohallucinose (douleur du membre fantôme). Le principal enjeu est l'état cutané du moignon. Le médecin doit sensibiliser le plongeur à la nécessité d'une hygiène renforcée en milieu humide et de se déplacer avec la plus grande prudence s'il enlève sa prothèse pour l'activité subaquatique.

La prise en charge initiale est parfois proposée dans un cursus spécialisé pour une approche préliminaire individualisée dans un environnement adapté. La progression, généralement rapide, autorise l'accès au cursus standard après validation des aptitudes requises.

Déficience visuelle

La plongée est possible en pratique inclusive ou adaptée selon l'autonomie de déplacement et de communication subaquatique. Les échanges entre pratiquant et encadrant requièrent la maîtrise de codes basés sur le toucher ou acoustiques. Si le plongeur est non voyant, l'encadrant devient son guide et maintient un contact manuel permanent.

Déficience auditive

Les déficients auditifs ont généralement accès à l'ensemble des activités sportives sans aménagement spécifique. Seules les difficultés de communication nécessitent parfois des adaptations (audioprothèse en dehors des phases subaquatiques, lecture sur les lèvres...). Un avis ORL est recommandé pour confirmer l'absence de contre-indication et la profondeur maximale autorisée selon chaque type d'atteinte.

Troubles du neurodéveloppement et handicaps psychiques

Les troubles du neurodéveloppement (TND) apparaissent dès l'enfance et englobent les troubles du développement intellectuel (TDI), les troubles spécifiques du langage et des apprentissages (TSLA) appelés communément « troubles *dys*[1] », les troubles du déficit de l'attention et/ou hyperactivité (TDAH) et les troubles du spectre de l'autisme (TSA).

Les handicaps psychiques (HP) se définissent par des changements qui affectent la pensée, l'humeur ou le comportement d'une personne pouvant survenir aux différents âges de la vie, avec des causalités variables et un processus d'installation qui peut être long et progressif.

Les TND et/ou les HP entraînent un retentissement significatif sur le fonctionnement adaptatif scolaire, social et familial. De ce fait, ces personnes sont bien trop souvent perçues comme difficiles à intégrer dans le monde sportif et dans celui de la plongée en particulier.

Troubles du développement intellectuel (TDI)

Les TDI (ancienne terminologie : « retard mental ») entraînent un handicap parce que la personne éprouve des difficultés plus ou moins importantes de réflexion, de conceptualisation, de communication et de décision parfois associées à des difficultés d'adaptation sociale (humeur et/ou comportement). Le diagnostic est posé dans l'enfance, à des périodes variables selon l'étiologie, sachant que dans 40 % des cas l'origine du trouble reste inconnue.

Les outils de référence pour l'évaluation des TDI sont d'une part l'échelle du quotient intellectuel (QI) (WISC [*Wechsler Intelligence Scale for Children*] chez l'enfant, WAIS-IV [*Wechsler Adult Intelligence Scale-IV*] chez l'adulte) et d'autre part le test de Vineland-II pour évaluer les comportements adaptatifs.

L'Organisation mondiale de la santé (OMS) classe les TDI de la manière suivante :

- déficit intellectuel léger : QI entre 50 et 69 ; âge mental 9 à 12 ans ; communication correcte ; intégration sociale possible avec aide ;
- déficit intellectuel moyen : QI entre 35 et 49 ; âge mental entre 6 et 9 ans ; communication possible ; pas d'abstraction possible ;

1. Le terme de trouble *dys* n'apparaît pas dans les classifications *DSM-5* (*Manuel de diagnostic et statistique des troubles mentaux – 5e édition*) et *CIM-11* (*Classification internationale des maladies*) mais c'est un usage français de regrouper ces troubles sous ce terme.

- déficit intellectuel grave : QI entre 20 et 34 ; âge mental entre 3 et 6 ans ; autonomie nécessitant une tierce personne ; communication par phrases simples ;
- déficit intellectuel profond : QI inférieur à 20 ; âge mental inférieur à 3 ans avec retard massif de toutes les acquisitions de la petite enfance ; langage quasi inexistant.

Environ 2,2 % de la population auraient un QI inférieur à 69.

La première cause de TDI (1/2 000 naissances) [8] est génétique, il s'agit de la trisomie 21 (T21). La déficience intellectuelle est légère à moyenne. Environ 50 000 personnes T21 vivent en France, soit 0,08 % de la population. Pour ce syndrome, il existe des signes morphologiques caractéristiques ainsi que des malformations anatomiques variables : cardiaques, digestives, une hypotonicité, des laxités ligamentaires, des difficultés orthopédiques, visuelles... Environ 40 % des T21 présentent une malformation cardiovasculaire congénitale à authentifier avant de permettre la plongée. Les troubles ORL sont très fréquents mais mieux contrôlés depuis quelques années. L'insuffisance de tonicité musculaire peut notamment avoir des répercussions sur le langage, l'alimentation et la respiration. Les anomalies du rachis cervical avec instabilité atlas-axis sont décrites dans 10 à 20 % des T21 et majoritairement asymptomatiques. Hypothyroïdie et diabète de type I sont fréquemment retrouvés dans cette population.

Troubles spécifiques du langage et des apprentissages (TSLA)

Les TSLA ou troubles *dys* sont la conséquence de troubles neurodéveloppementaux avec déficience d'une ou de plusieurs fonctions cognitives. Ils touchent des enfants d'intelligence normale. Ces troubles sont fréquents et souvent associés chez une même personne ; leur nature et leur niveau de gravité sont variables [9]. Ils peuvent toucher le langage écrit et oral, la programmation et la coordination des gestes, le processus attentionnel et les fonctions exécutives. En France la prévalence dans la population est évaluée de 6 à 10 %. Ils perdurent la vie durant. Seuls les troubles particulièrement handicapants en plongée seront évoqués ici.

- La dysphasie est un trouble spécifique, sévère et durable du développement du langage oral. Le langage spontané est réduit, avec un vocabulaire imprécis, parfois rudimentaire et difficilement compréhensible en raison des troubles phonétiques et syntaxiques associés. Elle peut toucher l'expression et/ou la compréhension. Environ 1 % de la population d'âge scolaire serait touchée avec une nette prédominance de garçons (deux tiers des cas).
- La dyspraxie est un trouble spécifique, structurel et durable de l'apprentissage et du développement des habiletés motrices permettant de planifier dans l'espace et dans le temps, de coordonner, d'exécuter et d'automatiser des mouvements volontaires, appris, effectués dans un but précis (praxies). Les gestes à exécuter sont bien conçus mais du fait d'une atypie de développement neurologique, malgré un contrôle attentionnel, la personne n'arrive pas à les organiser et à les réaliser de façon adéquate. Cela peut affecter les activités motrices globales (courir, nager...) ou certaines tâches précises (habillage, graphisme...). Cette pathologie toucherait 5 à 7 % des enfants de 5 à 11 ans avec une grande majorité de garçons. Trois pour cent des enfants scolarisés auraient une dyspraxie visuo-spatiale.

Trouble du déficit de l'attention avec ou sans hyperactivité (TDAH)

Le TDAH est défini par l'association, selon des modalités variables, d'un déficit attentionnel (incapacité à maintenir son attention, à terminer une tâche, oublis fréquents...), d'une hyperactivité motrice (agitation, difficulté à rester en place...) et d'une impulsivité (tendance à interrompre les activités des autres, difficultés à rester en attente...). Ses causes restent, à ce jour, inconnues ; la recherche pose des hypothèses dont aucune n'est exclusivement causale.

La prévalence du TDAH [10] est estimée entre 2 et 7 % des enfants de moins de 18 ans au niveau mondial. Son diagnostic repose sur un faisceau d'indices cliniques et c'est le caractère persistant de ces observations qui validera le diagnostic. Le TDAH peut s'accompagner de troubles métaboliques (diabète, obésité) ou encore d'allergies. L'usage de thérapeutique par psychostimulants a fait preuve d'intérêt en cas de TDAH. À ce jour, un seul est disponible en France : le méthylphénidate.

Troubles du spectre de l'autisme (TSA)

Les troubles du spectre de l'autisme (TSA) ont une origine multifactorielle et en dépit d'un consensus international pour considérer qu'ils sont l'expression phénotypique d'altérations précoces du système nerveux central, de nombreuses questions demeurent quant aux causes et aux mécanismes de développement. Ils se caractérisent par une forte hétérogénéité des présentations cliniques sur une base de deux types de manifestations, on parle de dyade autistique :

- déficit persistant de la communication et des interactions sociales : le langage peut être acquis ou pas, avec des difficultés à percevoir les sous-entendus, l'humour ou le langage imagé, le contact visuel difficile à établir, des difficultés dans la perception et la compréhension des intentions et des émotions d'autrui ainsi qu'à exprimer les siennes ;
- caractère restreint et répétitif des comportements, des intérêts ou des activités : se balancer, battre des mains, allumer et éteindre la lumière de manière répétitive.

Ces signes s'accompagnent fréquemment d'une hyper- ou d'une hyporéactivité sensorielle.

Les personnes autistes présentent souvent des comorbidités, parmi lesquelles l'épilepsie, la dépression, l'anxiété, un trouble déficitaire de l'attention avec hyperactivité ainsi que des comportements difficiles comme des troubles du sommeil et des automutilations. Le niveau de fonctionnement intellectuel est extrêmement variable et peut aller de la déficience profonde à des capacités cognitives supérieures. L'évaluation du TSA doit être réalisée par une équipe spécialisée pluridisciplinaire et formée aux TND.

Les diagnostics de TSA sont en augmentation depuis les années 2000, avec une prévalence de 8 à 10/1 000 pour les enfants nés en 2010, sans doute parce que les diagnostics sont plus précis. Une personne sur 100 vit aujourd'hui avec un TSA, avec une nette prédominance masculine.

Handicaps psychiques (HP)

La maladie psychique entraîne un handicap parce qu'elle altère la pensée, l'humeur ou le comportement d'une personne. L'OMS retient cinq maladies mentales parmi les dix pathologies majeures du XXIe siècle : la schizophrénie, les troubles bipolaires, les dépressions, les addictions et les troubles obsessionnels compulsifs. Ces pathologies représentent l'une des premières causes d'invalidité et d'arrêts maladie de longue durée. Le diagnostic est clinique, susceptible d'être évolutif en fonction des symptômes et de la réponse aux traitements. Près de 30 % des personnes souffrent d'un trouble psychique à un moment ou à un autre de leur vie et plus de la moitié vont se retrouver en situation de handicap.

Pour ces pathologies, les bénéfices du sport sont reconnus comme thérapie adjuvante aux thérapeutiques usuelles. Le sport contribuerait directement à l'amélioration de la symptomatologie et permettrait la compensation des effets secondaires des traitements. La plongée apporte une expérience physique, sensorielle, psychologique, permet de lutter contre l'isolement relationnel, développe les habiletés sociales et contribue à l'épanouissement et au renforcement de l'estime de soi.

De plus, les patients avec troubles psychiques souffrent souvent de comorbidités telles que les addictions, des troubles neurologiques, cardiovasculaires, métaboliques.

Schizophrénie

C'est une maladie psychique chronique qui évolue par phases aiguës dans les premières années. Elle se stabilise avec des symptômes résiduels d'intensité variable. Des initiatives [11,12] proposent, depuis plus de 10 ans, d'utiliser la pratique de la plongée comme une approche thérapeutique. Le milieu sous-marin est un milieu privilégié pour le schizophrène qui franchit facilement la surface et évolue avec aisance. À la sortie de l'eau il est debout. Il puise dans l'immersion une force, un élan vital, une régénérescence « durable ». Ce mouvement de vie va s'exprimer par une meilleure organisation, un élargissement de son espace, la concrétisation de projets jusque-là endormis [12].

Stress post-traumatique

Deux études récentes, DivStress et DivHope [13], suggèrent l'intérêt de la pratique de la plongée dans la prise en charge de troubles de stress post-traumatique (critères *DSM-5*).

Points de vigilance pour la plongée pour une personne porteuse de TND et/ou de HP

Il est essentiel de prendre en compte le caractère variable des TND ou HP dans le temps et l'espace, ce qui implique d'être en mesure d'ajuster en continu les conditions d'aptitude et l'accompagnement proposé pour construire avec la personne les étapes de son parcours. La vigilance portera sur trois axes :

- compétences en matière de communication et interaction sociale : il s'agit de comprendre les capacités de communication, les outils utilisables (pictogramme, photos, objets, écriture Falc — facile à écrire et à comprendre...), la nécessité de reformulation et les éventuelles difficultés d'interaction sociale du sportif ;
- évaluation médicale : il est impératif de ne pas négliger l'analyse des comorbidités ainsi que le cas échéant, les éventuelles limites liées au traitement médicamenteux ;
- pédagogie et encadrement : elle repose sur la formation adéquate des encadrants, sur la reconnaissance de l'altérité du plongeur et sur la progressivité des apprentissages. Le projet sportif sera donc impérativement individualisé avec notamment la structuration de l'environnement de pratique (par exemple en piscine, marquer les lieux, photos du matériel...) et la mise en œuvre de routines pour faciliter la mémorisation. Il faut savoir que dans certains TND la mémorisation visuelle peut être supérieure à la norme, mais focalisée sur des détails plus que sur la globalité. La formation doit également permettre de savoir réagir justement face à des comportements atypiques (cris, refus de contact, regard fuyant, gestes parasites...). Le futur plongeur devra se familiariser avec le contexte, le matériel et les personnes qu'il sera susceptible de rencontrer dans chacun des contextes de pratique... (par exemple difficultés pour l'évolution en palanquée alors que la personne est à l'aise en piscine). Un travail de connaissance mutuelle encadrant/sportif permettra de former un parfait plongeur encadré et peut-être même un plongeur autonome.

Ce qu'il faut retenir

- L'existence d'un handicap ne peut à elle seule constituer une contre-indication à la pratique des activités subaquatiques. Au contraire, ces dernières sont souvent le meilleur rempart contre les effets délétères de la sédentarité ou de l'isolement fréquemment observés chez les PSH.
- Le médecin doit s'assurer en premier lieu de l'absence de contre-indication conformément aux recommandations. Toute PSH peut être intégrée en pratique inclusive dans un cursus fédéral standard si elle réalise en autonomie les aptitudes requises par le Code du sport. Dans le cas contraire, le médecin recommande sur le CACI une évaluation individuelle par un encadrant spécialisé qui déterminera si le plongeur doit être orienté vers un cursus adapté pour une pratique individualisée (Handisub®). Cette orientation peut évoluer dans le temps selon les progrès du plongeur ou l'aggravation de ses incapacités.
- Cette évaluation de la situation de handicap requiert une étroite coopération entre l'encadrant spécialisé et le médecin.
- La consultation médicale doit se dérouler dans des conditions tenant compte des contraintes liées au handicap. L'interrogatoire et l'examen porteront sur l'analyse de la déficience et des pathologies associées.
- Les examens complémentaires prescrits pour les plongeurs valides peuvent être complétés par des investigations supplémentaires selon la pathologie concernée.
- Pour les blessés médullaires :
  - une IRM médullaire est recommandée en l'absence d'examen de référence de moins de 5 ans, à la recherche d'une cavité syringomyélique qui peut justifier une contre-indication à la plongée ;
  - les points de vigilance à prendre en compte sont la fragilité cutanée, les troubles urinaires, les troubles de la thermorégulation, les troubles respiratoires, cardiovasculaires, digestifs, les douleurs chroniques, la spasticité, les troubles musculosquelettiques.
- La déficience visuelle impose de mettre en place un moyen de communication subaquatique fiable utilisant un autre canal que visuel.

- La déficience auditive profonde nécessite une communication de substitution.
- Pour les handicaps mentaux, cognitifs et psychiques, le rôle de l'encadrant est prépondérant : le certificat ne peut présager de l'état de la personne au moment de l'activité subaquatique. La pratique repose sur une approche pédagogique adaptée, réévaluée à chaque séance, avec l'aide de l'entourage familial et éducatif.
- À l'issue de l'examen, le médecin transmet au pratiquant une synthèse de son évaluation et en informe son médecin traitant (s'il est différent) et les spécialistes sollicités pour l'expertise ou en charge du suivi du patient. Elle résume les enjeux de la pratique sportive et liste les éventuels points de vigilance, les différents bénéfices attendus et confirme l'absence de contre-indication.
- Des restrictions techniques justifiées par les données de l'examen médical peuvent être précisées sur le CACI et doivent permettre à l'encadrant d'adapter la pratique en tenant compte des difficultés techniques. Les activités de surface devront être privilégiées dans les situations extrêmes et la contre-indication définitive doit rester une exception.

Références

[1] Guenin M, Piquet J. Handicap et plongée de loisir. In : Recommandations de bonne pratique pour le suivi médical des pratiquants d'activités subaquatiques sportives et de loisir. Marseille : Medsubhyp (ed.) ; 2020. p. 256-291. Disponible sur : www.medsubhyp.fr/wp-content/uploads/2022/12/RBP-Plonge-de-loisir-2020-Texte-complet.pdf.

[2] Fédération française d'études et de sports sous-marins, Fédération française handisport, Fédération française du sport adapté. Tronc commun activités, brevets et qualifications Handisub. In : Manuel de formation technique FFESSM. Marseille : FFESSM (ed) ; 2022. p. 15. Disponible sur : https://mft.ffessm.fr/a97b20e6-4117-4d86-9ef9-731b25ca3592.

[3] Chen HL, Cai JY, Du L, et al. Incidence of pressure injury in individuals with spinal cord injury : a systematic review and meta-analysis. J Wound Ostomy Continence Nurs 2020 ; 47(3) : 215-23.

[4] White BAB, Dea N, Street JT, et al. The economic burden of urinary tract infection and pressure ulceration in acute traumatic spinal cord injury admissions : evidence for comparative economics and decision analytics from a matched case-control study. J Neurotrauma 2017 ; 34(20) : 2892-900.

[5] Winslow C, Rozovsky J. Effect of spinal cord injury on the respiratory system. Am J Phys Med Rehabil 2003 ; 82(10) : 803-14.

[6] Wahl U, Hirsch T. A systematic review of cardiovascular risk factors in patients with traumatic spinal cord injury. Vasa 2022 ; 51(1) : 46-55.

[7] Gong C, Liu A, Lian B, et al. Prevalence and related factors of epilepsy in children and adolescents with cerebral palsy : a systematic review and meta-analysis. Front Pediatr 2023 ; 11 : 1189648.

[8] Sanlaville D, Touraine R, de Fréminville B. Synthèse à destination du médecin traitant. Extrait du protocole national de diagnostic et de soins (PNDS). Trisomie 21 [En ligne]. Janvier 2020. Disponible sur : www.has-sante.fr/upload/docs/application/pdf/2020-01/synthese_mg_trisomie_21.pdf

[9] Haute Autorité de santé. Comment améliorer le parcours de santé d'un enfant avec troubles spécifiques du langage et des apprentissages ? [En ligne]. Saint-Denis La Plaine : Haute Autorité de santé 2017. Disponible sur www.has-sante.fr/upload/docs/application/pdf/2018-01/guide_tsla_vf.pdf.

[10] Sayal K, Prasad V, Daley D, et al. ADHD in children and young people : prevalence, care pathways, and service provision. Lancet Psychiatry 2018 ; 5(2) : 175-86.

[11] Auboire G, Brosseau H, Hemmen JM, et al. La plongée sous-marine, une thérapeutique innovante pour les patients schizophrènes. Revue Institution 2013(52).

[12] Brosseau H, Guillard A, Auboire G. Sous l'eau mon corps est rassemblé. Santé Ment 2020(249) : 14-8.

[13] Beneton F, Michoud G, Coulange M, et al. Recreational diving practice for stress management : an exploratory trial. Front Psychol 2017 ; 8 : 2193.

Chapitre 35

Prévention de l'accident de décompression par des actions de préconditionnement

Costantino Balestra, Peter Germonpré, Jean-Éric Blatteau

Points clés

- Dans une démarche de prévention des risques liés à la pratique de la plongée, certaines actions réalisées avant la plongée, qui s'inscrivent dans le cadre d'un « préconditionnement », peuvent induire une plus grande tolérance au stress de la décompression et limiter la survenue d'un accident de désaturation (ADD).
- Lorsqu'elles sont réalisées avant la plongée, les actions suivantes sont efficaces pour limiter la formation de bulles et le risque d'ADD : la pratique d'un exercice physique d'endurance d'intensité modérée, une hydratation orale, l'exposition à la chaleur, l'exposition à des vibrations corps entier et la respiration d'oxygène normobare ou hyperbare.

La pratique de la plongée subaquatique est une activité qui expose le plongeur au risque de survenue d'un accident de désaturation ou de décompression (ADD) dont l'expression neurologique est particulièrement redoutée. En pratique courante, la maîtrise des risques passe par le respect des procédures de décompression et la limitation des plongées à risque. L'étape de l'évaluation médicale avec la recherche de facteurs de risque et l'élimination des contre-indications est également un aspect essentiel dans cette démarche de prévention (voir chapitre 32).

L'objectif de ce chapitre est de présenter un autre volet de la démarche préventive qui repose sur des méthodes simples et efficaces de limitation des risques d'ADD survenant le plus souvent sans violation des procédures de plongée. Ces méthodes sont principalement orientées sur la recherche de procédures qui agissent en amont de la plongée et participent à une forme de « préconditionnement » de l'organisme avant l'exposition hyperbare. Les travaux qui sont présentés dans ce chapitre ont fait l'objet de validations expérimentales et de publications scientifiques avec des résultats prometteurs pour la sécurité des plongeurs.

Les bulles de gaz vasculaires sont considérées comme l'élément principal de déclenchement de l'ADD. Les réactions biologiques de l'organisme secondaires aux effets physiques ou « mécaniques » des bulles sont souvent autant nocives que les effets mécaniques eux-mêmes. Ces réactions, mesurables et objectivables, ne produisent souvent aucun symptôme d'ADD — elles témoignent du « stress de décompression ». La réduction de la production de bulles circulantes représente donc un objectif logique pour diminuer le stress de décompression et le risque d'ADD. Les études présentées se sont basées sur la mesure de ces bulles circulantes détectables par technique doppler couplée ou non à l'échographie (figure 35.1) [1]. La quantification du niveau de bulles produites lors de la décompression permet en effet d'évaluer de façon non invasive le stress

Principes du préconditionnement

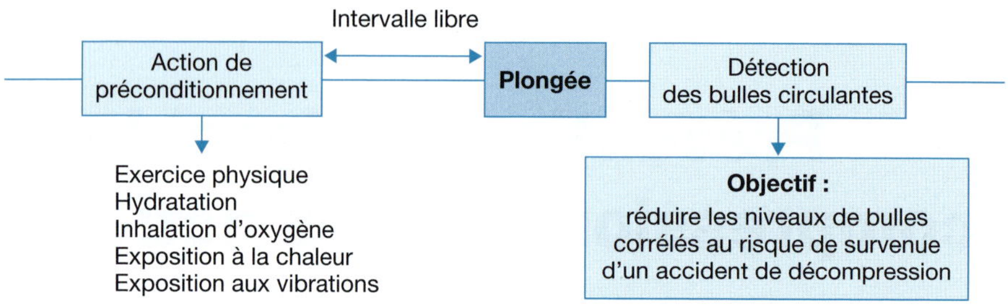

Figure 35.1. Schéma de principe des actions de préconditionnement réalisées avant une plongée afin de réduire la charge de bulles circulantes produites par la décompression.

de la décompression et le risque potentiel de survenue d'un ADD, sachant qu'il a été montré que ce risque est faible lorsque le niveau de bulles détectées est peu important. Les phénomènes qui interviennent dans la formation des bulles sont complexes et font intervenir la notion de noyaux gazeux préexistants dans l'organisme. L'hypothèse actuelle est que ces noyaux gazeux sont localisés au niveau des parois vasculaires, surtout veineuses, constituant des réservoirs de microbulles circulantes générées continuellement par des phénomènes de cavitation lors de l'activité musculosquelettique [2]. L'effet bénéfique des méthodes que nous présentons repose probablement sur une diminution de la quantité de noyaux gazeux par des mécanismes physiques et biochimiques qui modifient les propriétés du sang et des vaisseaux pour les rendre moins aptes à produire des bulles.

Exercice d'endurance avant la plongée

Il est admis qu'un plongeur ayant une bonne condition physique aérobie a moins de chance de développer un ADD qu'un plongeur en mauvaise condition. Les études sur le modèle animal ont montré que les rats entraînés sur tapis roulant présentaient un risque significativement réduit d'ADD par rapport aux groupes témoins non entraînés [3]. Cet effet était indépendant des différences d'âge, d'adiposité et de poids. Il est intéressant de noter que cet effet bénéfique semble disparaître après 2 jours d'inactivité. De même, il a été montré chez l'homme que les coureurs endurants avec une bonne capacité aérobie semblent présenter un risque plus faible de formation de bulles vasculaires que les sujets sédentaires. Le mécanisme expliquant ces phénomènes n'est pas encore précisé, étant donné qu'une séance d'exercice unique effectuée immédiatement avant la plongée était — jusqu'à présent — considérée comme étant défavorable vis-à-vis du risque d'ADD.

Cependant, cette notion est aujourd'hui sérieusement remise en question, car des études expérimentales sur des rats ont montré qu'une séance unique d'exercice à haute intensité 20 heures avant une plongée simulée réduisait de manière significative la formation de bulles et la mortalité [3]. Une étude humaine a confirmé ces données animales sur 12 plongeurs qui ont produit moins de bulles circulantes après avoir effectué un seul exercice aérobie sous-maximal 24 heures avant la plongée sèche en caisson hyperbare [4]. Deux autres études portant sur 32 plongeurs ont montré qu'une seule séance de course à pied sous-maximale (45 minutes à 60-80 % de la fréquence cardiaque maximale) effectuée 2 heures avant une plongée en caisson permet également de diminuer la production de bulles. Dans ces études, les plongeurs ont été comprimés à 30 m pendant 30 minutes selon les tables de la marine française. Dans une étude complémentaire, l'effet de deux intensités d'exercices sur ergocycle d'une durée de 45 minutes a été testé sur 31 plongeurs, 2 heures avant une plongée en mer. Les résultats ont confirmé les données obtenues en caisson et suggèrent un effet protecteur des exercices modérés (au seuil ventilatoire) et même à intensité plus élevée [5]. Une autre étude [6] a montré que l'exercice anaérobie répété de haute intensité sur ergocycle a non seulement des effets bénéfiques sur la réduction des bulles circulantes après la plongée, mais est également associé à une atténuation du nombre de microparticules après une plongée à 18 m pendant 41 minutes. Une autre étude a également montré que la course aérobie sur tapis roulant pendant 45 minutes, effectuée seulement une heure avant l'immersion, réduit de manière significative les niveaux de bulles chez 24 plongeurs [7].

Les mécanismes responsables de cet effet protecteur de l'exercice ne sont pas encore clairement établis. Initialement, une modification des propriétés de surface de l'endothélium vasculaire, par l'intermédiaire du monoxyde d'azote (ou oxyde, nitrique NO) au niveau des sites hydrophobes favorables à la formation des micronoyaux gazeux, a été suggérée. Le NO est un vasodilatateur et a des propriétés antiathérogènes. Il est possible que son augmentation favorise l'élimination des noyaux gazeux. En effet, il a été montré que l'activité de la NO synthase augmente immédiatement après 45 minutes d'exercice, ce qui pourrait expliquer la protection temporaire observée (la régénération de la population de micronoyaux se produirait entre 10 et 100 heures plus tard). Enfin, il a également été montré que le NO administré immédiatement avant une plongée réduisait la formation de bulles [8]. Cependant, ce mécanisme proposé n'est pas totalement convaincant, en particulier à la lumière des résultats expérimentaux selon lesquels la production de bulles est augmentée par le blocage du NO chez les rats sédentaires, mais pas chez les rats qui font de l'exercice [8]. L'effet de l'exercice pourrait être médié par d'autres processus que le NO. Dans le même ordre d'idée, il a été postulé que l'exercice avant la plongée peut induire des changements rhéologiques qui modifient la perfusion des tissus. En effet, l'absorption ou la libération d'un gaz inerte par un tissu particulier dépend à la fois de la vitesse du flux sanguin vers le tissu et de la vitesse de diffusion du gaz du sang dans ce tissu. Il a été noté que l'hypovolémie induite par l'exercice avant la plongée pouvait réduire le volume d'éjection systolique, diminuant ainsi le flux sanguin vers les différents tissus. Ce phénomène pourrait réduire l'absorption de gaz inerte pendant la plongée. D'autre part, une hydratation précoce — pendant ou immédiatement après l'exercice — semble renforcer les effets bénéfiques de l'exercice sur la décompression. D'autres auteurs ont observé que la réduction des niveaux de bulles était corrélée non seulement à la déshydratation par la sueur, mais aussi au volume d'eau ingéré à la fin de l'exercice [7]. Ces observations permettent de formuler l'hypothèse d'un effet biphasique de l'état d'hydratation sur la formation de bulles : une déshydratation modérée pourrait être bénéfique au début de la plongée, tandis que le rétablissement de l'équilibre hydrique doit être prioritaire pendant la décompression.

En résumé, les plongeurs doivent rester en bonne condition physique et maintenir un niveau de base de capacité cardiovasculaire aérobie. Bien que cela n'ait pas été recommandé depuis longtemps, des données récentes suggèrent qu'une seule séance d'exercice aérobie sous-maximal quelques heures avant la plongée réduit la formation de bulles et, par conséquent, le risque d'ADD. D'après ce que nous savons aujourd'hui, les effets bénéfiques de l'exercice sont probablement dus à des voies coexistantes différentes dont l'une serait médiée par le monoxyde d'azote et l'autre par des phénomènes de perfusion (figure 35.2).

Hydratation avant la plongée

La relation entre l'équilibre hydrique et le risque d'ADD n'est pas clairement établie chez l'homme et les données animales sont limitées et contradictoires [5]. Certaines études animales sur des porcs n'ont pas rapporté d'effet bénéfique de l'hydratation intravasculaire avant la plongée sur les formes neurologiques d'ADD. En outre, il a été noté que la déshydratation n'était pas associée à un risque accru d'ADD. Inversement, dans un modèle de lapin avec analyse des paramètres électrophysiologiques, il a été montré que la déshydratation extracellulaire préexistante semblait être un facteur majeur de lésion de la moelle épinière lors

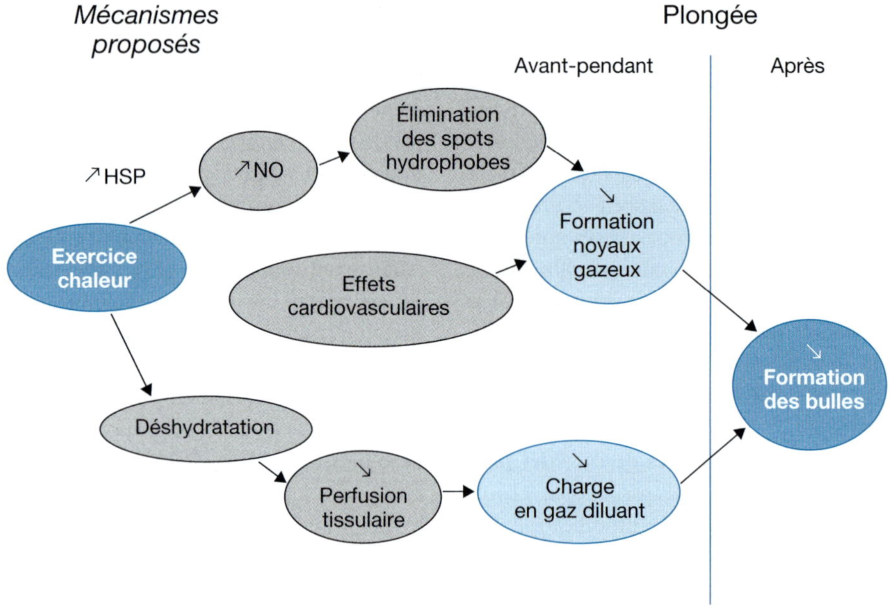

Figure 35.2. Principaux mécanismes pouvant expliquer les effets de l'exercice physique ou de l'exposition à la chaleur avant une plongée sur la formation des bulles circulantes produites par la décompression.
HSP : *Heat Shock Proteins* ; NO : monoxyde d'azote.

d'une décompression sévère. Une autre étude a montré que des porcs normalement hydratés présentaient un risque plus faible d'ADD sévère et de décès que ceux soumis à une restriction hydrique et à l'administration de diurétiques.

La déshydratation et l'hémoconcentration avant la plongée semblent être des facteurs prédisposant à l'ADD en augmentant la viscosité du sang et en altérant la perfusion microcirculatoire lors de la formation de bulles. Pendant l'immersion, les plongeurs subissent des déplacements de fluides qui entraînent une diurèse marquée, une déshydratation et une réduction du volume plasmatique. L'hémoconcentration résultant de la déshydratation après la plongée pourrait précéder et favoriser le développement de l'ADD en réduisant le taux de perfusion sanguine des tissus, entravant ainsi l'élimination du gaz inerte. Une étude analysant les pertes de liquide corporel après la plongée à l'aide de l'impédance bioélectrique chez des plongeurs professionnels a révélé que la perte moyenne de liquide corporel était corrélée avec le nombre de bulles mesuré après plongée [7].

De même, il a été montré dans un groupe de 8 plongeurs militaires que l'hydratation orale à l'aide d'une boisson saline glucosée (1 300 mL sur 50 à 60 min) avant une plongée à l'air en mer (profondeur de 30 m pendant 30 min) diminuait de manière significative les degrés de bulles circulantes après la plongée [9]. La condition de « préhydratation » a été conçue pour atténuer la déshydratation induite par la plongée et pour prévenir l'hypovolémie post-plongée. D'après les modèles théoriques, la croissance et la stabilité d'une bulle de gaz sont affectées par la tension superficielle du fluide et une faible tension superficielle favorise le développement de la bulle. Il a été montré expérimentalement que la formation de bulles après une décompression chez le porc était inversement proportionnelle à la tension de surface du sérum, alors que l'ingestion d'une solution saline isotonique avant une exposition hypobare pourrait offrir une protection contre l'ADD d'altitude en augmentant temporairement la tension de surface. Cependant, dans l'étude mentionnée sur les plongeurs militaires, l'hydratation n'a pas influencé la tension superficielle du plasma. De plus, il existe des preuves que la tension de surface du sérum chez les individus sains varie dans le temps, ce qui suggère des différences intraindividuelles possibles dans la formation de bulles vasculaires après la décompression.

En conclusion, il semble que l'hydratation orale avant la plongée puisse représenter un moyen simple de réduire le risque d'ADD. L'état d'hydratation permet probablement d'atténuer les effets négatifs associés à l'hypovolémie post-plongée.

Respiration d'oxygène avant la plongée

Le rôle de la respiration d'oxygène (O_2) dans la réduction du risque d'ADD a été largement étudié avant la décompression en altitude ou avant une activité extravéhiculaire dans l'espace, dans le cadre de protocoles de « préoxygénation ». Il est bien établi que l'exposition à des pressions partielles d'oxygène plus élevées pendant la plongée, sous réserve de respect des seuils de toxicité, est bénéfique pour la décompression. Des études ont clairement documenté le bénéfice de l'utilisation du nitrox en plongée autonome sur la réduction des niveaux de bulles circulantes par rapport à une plongée identique (profondeur-temps) en respirant de l'air [10]. La respiration d'oxygène est également utilisée pendant la décompression après une plongée opérationnelle profonde à l'air pour accélérer l'élimination de l'azote des tissus, raccourcissant ainsi le temps de décompression. Par ailleurs, des procédures de décompression à l'oxygène ont été développées dans le contexte d'expositions hyperbares à saturation pour accélérer la décompression lors des opérations de sauvetage en sous-marin.

Plusieurs études ont montré qu'une exposition unique à l'oxygène hyperbare (OHB) avant une plongée simulée dans un caisson sec semblait également être bénéfique pour prévenir l'apparition d'ADD chez les animaux [11] et réduire la formation de bulles vasculaires chez l'homme [12]. Les mécanismes qui sous-tendent ces effets protecteurs pourraient être liés directement aux effets physiques de la dénitrogénation et indirectement aux propriétés antioxydantes et anti-inflammatoires de l'OHB. Il est également suggéré que l'OHB avant la plongée pourrait entraîner le remplacement du gaz inerte dans les micronoyaux par de l'oxygène, avec dans un deuxième temps, une disparition des phases gazeuses par la captation cellulaire de l'oxygène. Certaines études ont montré que la préexposition de divers organes (cœur, poumons, cerveau, moelle épinière) à l'OHB pouvait conférer une protection contre l'ischémie aiguë ou les lésions oxydatives ultérieures. Les mécanismes moléculaires qui sous-tendent ce préconditionnement à l'OHB pour les lésions ischémiques restent mal compris mais pourraient impliquer la formation de NO, une augmentation des enzymes antioxydantes ou une régulation des protéines cytoprotectrices, secondaires à la présence des espèces réactives de l'oxygène induites par l'hyperoxie.

En 2009, une étude en pleine mer a été réalisée sur 21 plongeurs volontaires afin d'évaluer l'effet d'une respiration normobare d'O_2 (ONB) de 30 minutes, se terminant 15 minutes avant la plongée, sur la formation de bulles. Les participants ont effectué deux plongées en pleine mer (30 m pendant 30 à 100 minutes d'intervalle) réparties aléatoirement dans l'une des quatre conditions expérimentales : « air-air » (contrôle), « O_2-O_2 », « O_2-air » et « air-O_2 » où « O_2 » correspond à une plongée avec inhalation préalable d'oxygène et « air » à une plongée sans administration préalable d'oxygène. Il a été constaté que la préoxygénation permettait une réduction significative de la formation de bulles induites par la décompression, quelles que soient les conditions expérimentales [13]. L'effet bénéfique de l'oxygène avant la plongée a été observé après la première plongée et s'est maintenu après la deuxième plongée, même lorsque celle-ci n'a pas été précédée d'une préoxygénation. La condition « O_2-O_2 » a entraîné la plus forte réduction des scores de bulles mesurés après la seconde plongée. Ces résultats indiquent que l'oxygène a eu un effet protecteur prolongé dans le temps et que la dénitrogénation en soi n'est pas prépondérante dans l'efficacité de la préoxygénation sur la formation des bulles.

Le mécanisme pourrait être lié à la capacité de l'oxygène à remplacer l'azote par diffusion dans

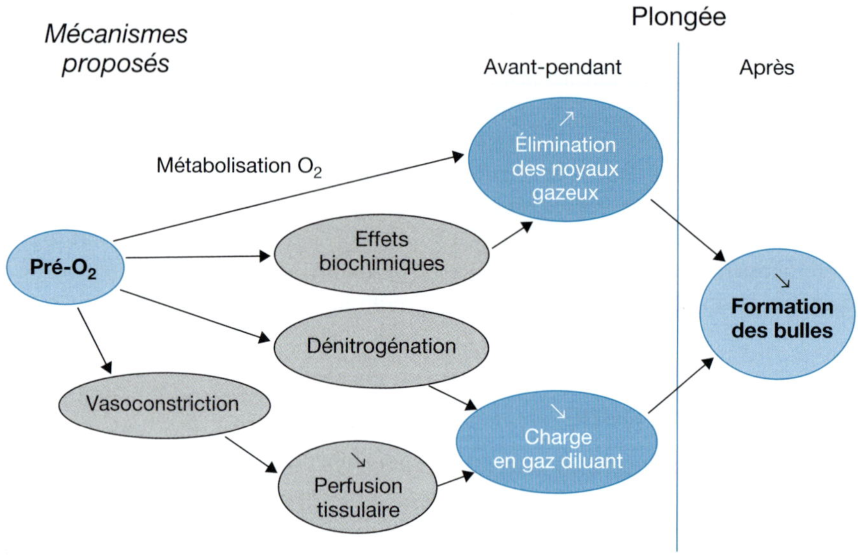

Figure 35.3. Principaux mécanismes pouvant expliquer les effets de la « préoxygénation » avant une plongée sur la formation des bulles circulantes produites par la décompression.
O_2 : oxygène.

les noyaux gazeux. Une autre possibilité est que l'administration d'oxygène induise des effets hémodynamiques tels que la diminution de la fréquence cardiaque, du débit cardiaque et l'augmentation des résistances vasculaires systémiques. Il en résulterait une réduction de la charge en gaz inerte dans les tissus périphériques pendant la plongée limitant ainsi la formation de bulles après la plongée (figure 35.3).

Ces résultats sont cohérents avec une autre étude qui comparait l'effet de la respiration d'oxygène normobare (ONB) avant la plongée pendant 20 minutes à celui de la respiration d'air avant la plongée et d'oxygène hyperbare dans l'eau à 6 et 12 m pendant 20 minutes (OHB) [12]. La formation de bulles après la décompression a été significativement réduite avec l'ONB et l'OHB par rapport à l'air, avec une réduction plus efficace en OHB et associée à une réduction de l'activité plaquettaire après la plongée. Cette différence entre l'ONB et l'OHB serait liée à l'augmentation de la teneur en oxygène du plasma et des tissus corporels pendant l'exposition hyperbare, ce qui entraînerait une élimination plus efficace de l'azote des micronoyaux préexistants.

Une autre utilisation de l'oxygène pour prévenir le risque d'accident de décompression consiste à respirer de l'ONB après la remontée en surface pour tenter de réduire les bulles induites par la décompression plus rapidement qu'elles ne le seraient avec de l'air atmosphérique. Cette procédure peut être pratiquée entre les plongées successives afin de prolonger la durée de la deuxième plongée ou de réduire le risque d'ADD. La capacité de l'oxygène à neutraliser les bulles circulantes post-plongée a été évaluée. L'influence de 30 minutes d'oxygénation en surface ou dans l'eau à 6 m sur la formation des bulles circulantes à la suite d'une plongée provocatrice chez 19 plongeurs militaires a été évaluée. Il a été montré que le nombre de bulles détectées était considérablement réduit avec les protocoles d'oxygène post-plongée par rapport à la plongée de contrôle. La recompression à l'oxygène en pression à 6 m a été plus efficace pour éliminer les bulles circulantes que l'oxygénation normobare en surface [14].

Une autre façon de comprendre l'effet bénéfique de la respiration d'oxygène au-delà du simple effet de dénitrogénation est celui de l'effet sur la circulation lymphatique. Il a en effet été montré que la respiration d'oxygène favorisait la capture et le transport des protéines par le système lymphatique. Il pourrait s'agir là d'un mécanisme possible d'élimination des microbulles contribuant à réduire la production de bulles circulantes après la plongée [15].

En résumé, la respiration d'oxygène normobare ou hyperbare avant, pendant ou après la plongée peut contribuer à réduire la formation de bulles et le risque d'ADD.

Exposition à la chaleur avant la plongée

L'exposition à un stress thermique représente une stratégie de préconditionnement non pharmacologique, qui pourrait conduire à un certain degré de protection contre divers types d'agressions telles que l'ischémie, l'hypoxie, l'inflammation et même les lésions induites par les bulles de décompression. Il a été suggéré que l'effet protecteur de l'exposition à la chaleur vis-à-vis de l'ADD chez le rat serait lié à des processus biochimiques impliquant des protéines de choc thermique (*Heat Shock Protein* — HSP : protéines contribuant à augmenter la survie des cellules après un stress). La famille des HSP70 pourrait être impliquée dans les mécanismes d'adaptation à la plongée après des cycles répétés de compression-décompression [5]. En outre, il a été montré que les HSP sont capables d'interagir avec la voie endothéliale du NO, qui peut influencer le degré de formation des bulles. Enfin, il est établi que les températures environnementales élevées entraînent une réponse sudorale qui se traduit par une déshydratation et, comme nous l'avons vu dans les paragraphes précédents, certains auteurs ont montré qu'une déshydratation modérée avant la plongée, induite par l'exercice, pouvait influencer la formation de bulles vasculaires. De plus, l'exposition à des températures élevées entraîne une augmentation des paramètres cardiorespiratoires semblables à une activité physique modérée (figure 35.2).

Une étude a été menée pour déterminer l'efficacité de l'exposition à la chaleur induite par le sauna avant une plongée simulée sur la formation de bulles et examiner les variations de HSP70 plasmatiques et les paramètres hémodynamiques [16]. Seize plongeurs ont effectué une plongée en caisson à 4 ATA (atmosphère technique absolue) pendant 25 minutes, conformément aux tables de plongée MN90 de la marine française. La plongée expérimentale a été précédée d'une séance de sauna sec par rayonnement infrarouge de 30 minutes à 65 °C, qui s'est terminée une heure avant la plongée. La dilatation de l'artère brachiale médiée par le flux sanguin, NO-dépendante (*Flow Mediated Dilation* — FMD), la pression artérielle et le poids corporel ont été mesurés avant et après la séance de sauna ainsi que les changements rhéologiques et de concentration de l'HSP70 plasmatique. Les bulles circulantes dans les cavités cardiaques droites ont été examinées par échographie doppler. Les résultats ont montré que l'exposition unique au sauna avant la plongée réduisait de manière significative les bulles circulantes après la plongée en caisson. Les HSP70 plasmatiques ont augmenté de manière significative 2 heures après le sauna. La séance de sauna a entraîné une déshydratation extracellulaire qui s'est traduite par une hypovolémie et une légère diminution du poids corporel, un maintien de la FMD et une réduction de la pression artérielle systolique et de la pression pulsée.

Les résultats obtenus après une exposition hyperbare sèche ont été confirmés par une autre étude sur 9 plongeurs qui ont réalisé des plongées de contrôle standardisées sans préconditionnement à 33 m pendant 20 minutes, dans une piscine avec une température d'eau de 33 °C. Des plongées avec différentes procédures de préconditionnement ont été ensuite effectuées et comparées vis-à-vis de la production de bulles circulantes et de la variation de la FMD. L'exposition au sauna infrarouge de 30 minutes effectuée 2 heures avant la plongée a confirmé l'effet protecteur sur la réduction significative du nombre de bulles après plongée et le maintien des valeurs de FMD [17].

Vibrations avant la plongée

Les vibrations transmises à l'ensemble du corps avant la plongée semblent particulièrement efficaces dans les stratégies de préconditionnement. En effet, plusieurs études ont montré que la production de vibrations du corps entier à partir d'un matelas vibrant (30 min) ou de sauts sur mini-trampoline (pendant 2 min) avant une plongée pouvait avoir un effet préventif sur la formation de bulles après la plongée [18-20], avec, dans une étude, un effet qui semble supérieur à l'inhalation d'oxygène avant la plongée [19] (figure 35.3). Il est à noter que le préconditionnement basé sur des exercices de mini-trampoline combine des activations mécaniques comportant des aspects de contraction et de relâchement à un déplacement de masse sanguine provoquant des forces de cisaillement sur les parois vasculaires et cardiovasculaires (même de courte durée). Il s'agit par ailleurs d'une méthode peu coûteuse et accessible, même dans des environnements confinés tels que les bateaux [20] (figure 35.4).

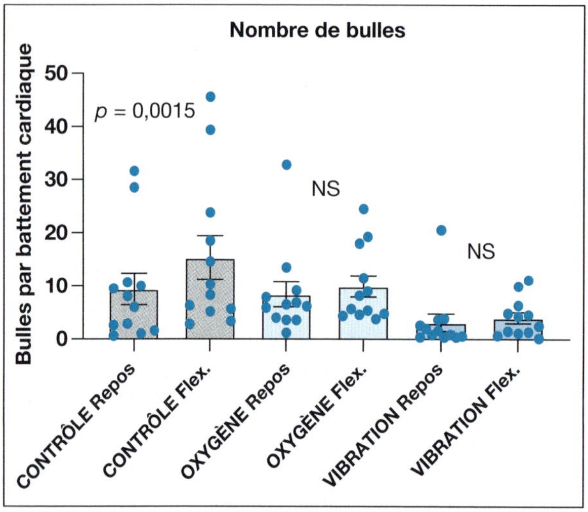

Conditions testées : 30 min de matelas vibrant ou préoxygénation

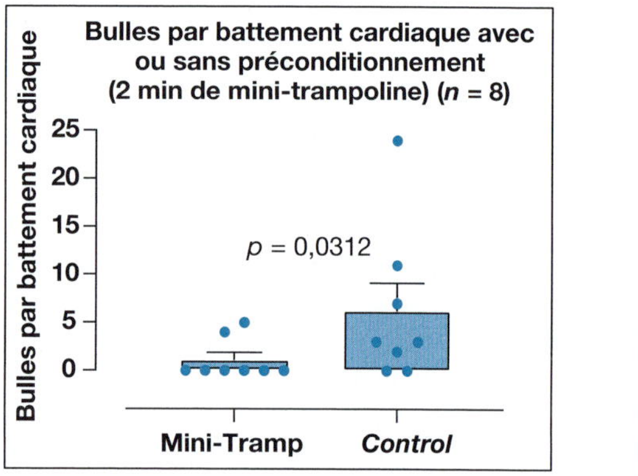

Condition testée : 2 min de sauts sur mini-trampoline

Figure 35.4. Effets de vibrations.
Figure de gauche : mesure de bulles avant et après la flexion des jambes mesurée par échocardiographie transthoracique chez 6 plongeurs après une plongée de 20 minutes à 33 m. Le nombre maximal de bulles est mesuré à 30 et 60 minutes après la plongée. Les mesures de bulles sont significativement plus faibles avec le préconditionnement par vibration (tapis vibrant) ou la préoxygénation par rapport aux contrôles.
Figure de droite : effet de vibrations générées par sauts sur mini-trampoline sur 8 plongeurs.
NS : non significatif.
Sources : Balestra C, Theunissen S, Papadopoulou V, et al. Pre-dive Whole-Body Vibration Better Reduces Decompression-Induced Vascular Gas Emboli than Oxygenation or a Combination of Both. Front Physiol. 2016;7 ; Lambrechts K, Germonpré P, Vandenheede J, et al. Mini Trampoline, a New and Promising Way of SCUBA Diving Preconditioning to Reduce Vascular Gas Emboli? Int J Environ Res Public Health. 2022;19(9).

L'effet des vibrations serait lié à la mobilisation mécanique des micronoyaux gazeux endovasculaires et tissulaires précurseurs des bulles circulantes. Les vibrations pourraient favoriser leur détachement et leur élimination des parois vasculaires. Le système lymphatique, stimulé par les vibrations, pourrait également faciliter l'élimination des microbulles en drainant le liquide interstitiel vers le système veineux central. Comme aucune modification de la FMD n'a été observée après les vibrations générées par matelas vibrant, l'effet ne semble pas être médié dans ce cas par l'action vasculaire du NO. On peut noter cependant que l'activité de mini-trampoline couple les deux effets positifs à la fois sur le maintien de la FMD et sur la réduction des bulles circulantes.

Préconditionnement pharmacologique

Certains médicaments hypolipidémiants dont la famille des statines sont connus pour avoir un effet bénéfique en prévention primaire et secondaire des maladies coronariennes ainsi que sur la prévention des accidents vasculaires cérébraux.

Ces agents thérapeutiques exercent de nombreux effets qui vont au-delà de leur action hypolipidémiante. Les mécanismes d'action sont complexes et comprennent une régulation de la NO synthase endothéliale (eNOS), une inhibition de l'inflammation vasculaire, une modulation immunitaire, une activation de l'angiogenèse et un effet possible sur la thrombogénicité. Certains auteurs ont suggéré que le rôle potentiel des statines dans la préservation de l'intégrité endothéliale pourrait avoir un intérêt dans l'atténuation de la formation de bulles via des altérations de la rhéologie plasmatique et de la tension superficielle.

Une étude a montré un effet bénéfique de 2 semaines de traitement par simvastatine sur un modèle murin [21] avec diminution de la survenue des accidents de décompression et une réduction des niveaux d'inflammation après décompression (réduction du TNFα [*Tumor Necrosis Factor*] plasmatique). Ces résultats n'ont cependant pas été observés chez l'homme dans une étude basée sur la détection des bulles circulantes après administration de 80 mg d'atorvastatine pendant 4 jours avant une plongée en caisson [22].

D'autres classes thérapeutiques de vasodilatateurs interagissant avec la voie du NO ont été testées. Une étude a montré des niveaux de bulles circulantes moins élevés dans un groupe de 8 plongeurs traités par 0,4 mg de nitroglycérine en *spray* oral 30 minutes avant une plongée en caisson par rapport à un groupe contrôle équivalent non traité [23]. Cependant, une étude sur un modèle murin utilisant une autre classe de vasodilatateur, le sildénafil, inhibiteur de la phosphodiestérase V, a montré une augmentation de la survenue des accidents de décompression neurologique dans le groupe traité à 10 mg kg^{-1} une heure avant l'exposition hyperbare [24]. Ces résultats pourraient être liés à la vasodilatation cérébrale induite par le traitement avec une charge de gaz inerte accrue pendant la plongée, ou à une diminution de l'efficacité du « filtre pulmonaire » par la vasodilatation pulmonaire induite par le sildénafil.

Les données actuelles sont manifestement insuffisantes pour recommander une approche médicamenteuse préventive de l'ADD avec ces classes thérapeutiques.

D'autres études ont étudié les effets de l'administration d'antioxydants oraux pour limiter la dysfonction endothéliale transitoire qui s'observe lors des expositions hyperbares. Ce dysfonctionnement endothélial qui pourrait résulter de l'hyperoxie liée à la plongée se caractérise par une diminution de la biodisponibilité du NO et est associé à une augmentation du stress oxydatif et de la synthèse de facteurs pro-inflammatoires.

L'administration de vitamine C (2 g) associée à la vitamine E (400 UI) 2 heures avant plongée est susceptible d'atténuer la dysfonction endothéliale induite par la plongée mais sans réduire de manière significative la formation de bulles [25].

Une autre étude montre que 30 g de chocolat noir ingéré 2 heures avant la plongée permettent également d'atténuer la dysfonction endothéliale, mais sans modifier la production des bulles circulantes [26,27] (figure 35.5). L'effet pourrait être médié par les flavonoïdes contenus dans le chocolat qui diminuent l'adhésion des plaquettes 2 heures après leur ingestion et génèrent la sécrétion de NO par l'activation de l'eNOS.

Dans cette même logique de maintien de la FMD après plongée, il a été montré que la respiration nasale avec un masque facial permet d'éviter la survenue de la dysfonction endothéliale par rapport à la respiration buccale avec un détendeur (cas habituel en plongée). Cet effet serait lié à la plus grande biodisponibilité de NO endothélial au niveau des muqueuses des cavités nasales et sinusiennes [27].

Cependant, il est à noter que les interventions qui apparaissent efficaces pour limiter la dysfonction endothéliale, mais qui n'affectent pas les niveaux de bulles circulantes, ne permettent pas en l'état de conclure à un rôle préventif sur le risque de survenue de l'ADD. Cependant, l'effet bénéfique sur la FMD pourrait peut-être contribuer à limiter les effets biochimiques de la présence de bulles et élever le seuil de survenue des symptômes de l'ADD.

En pratique

Les figures 35.5 et 35.6 reprennent les principales modalités de préconditionnement discutées dans ce chapitre en précisant les effets sur les niveaux de bulles circulantes et la dysfonction vasculaire transitoire, NO dépendante (FMD) issues des études belges.

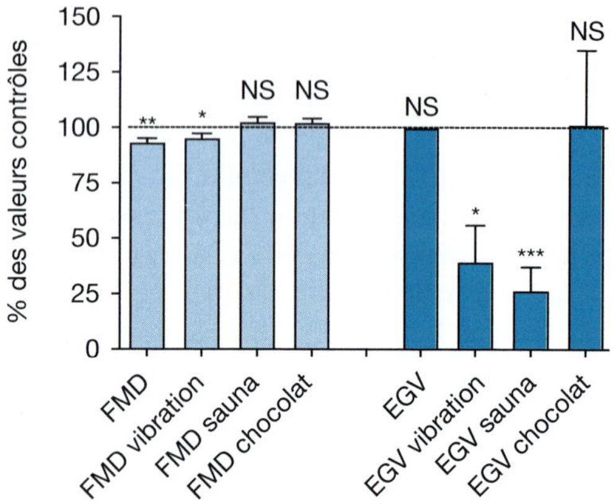

Figure 35.5. Synthèse des effets relatifs de différentes méthodes de préconditionnement sur 9 plongeurs, basée sur la mesure des bulles circulantes veineuses (emboles gazeux veineux-EGV) et de la fonction endothéliale (vasodilatation réactive postocclusion ou *Flow Mediated Dilation* – FMD).

FMD : *Flow Mediated Dilation* ; NS : non significatif.

* $p < 0,05$; ** $p < 0,01$; *** $p < 0,001$.

Le chocolat utilisé était du chocolat noir avec plus de 70 % de cacao.

Source : Germonpré P, Balestra C. Preconditioning to Reduce Decompression Stress in Scuba Divers. Aerosp Med Hum Perform. 2017;88(2).

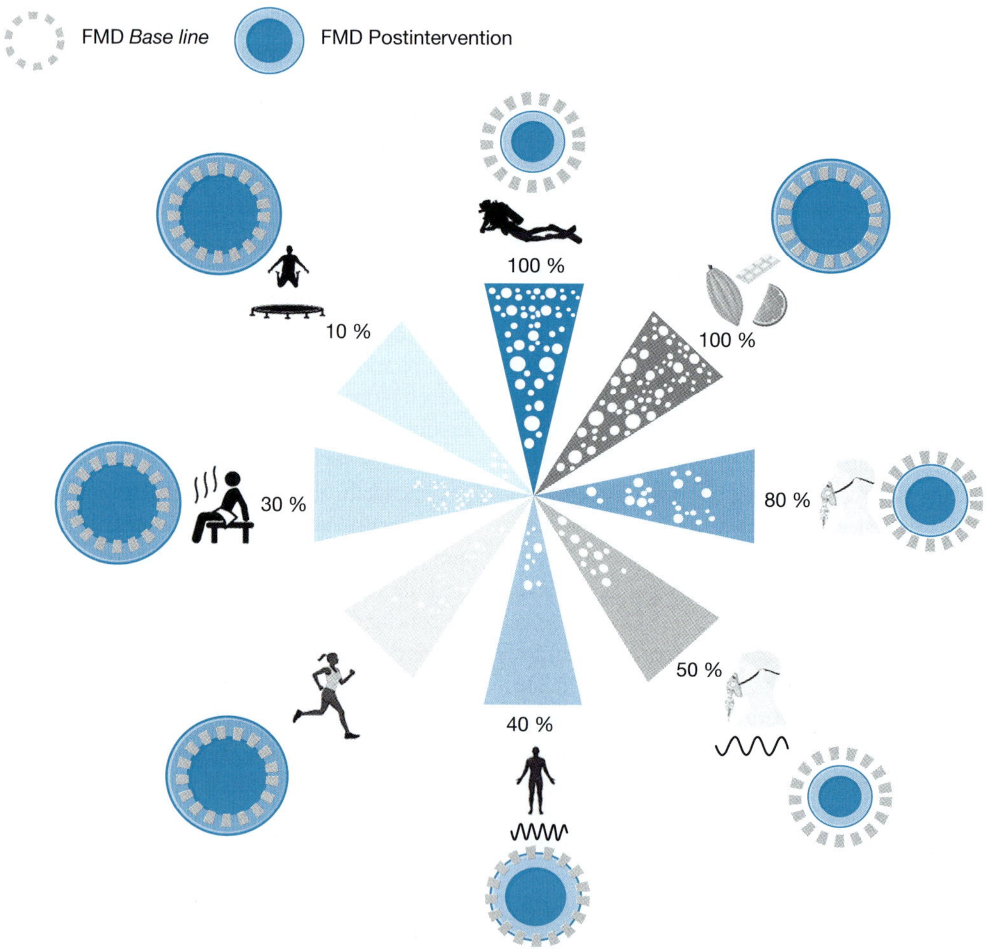

Figure 35.6. Synthèse graphique des effets relatifs des préconditionnements sur la fonction vasculaire et le nombre de bulles post-plongée.

FMD : *Flow Mediated Dilation*.

Sources : D'après Germonpré P, Balestra C. Preconditioning to Reduce Decompression Stress in Scuba Divers. Aerosp Med Hum Perform. 2017;88(2) ; Balestra C, Theunissen S, Papadopoulou V, et al. Pre-dive Whole-Body Vibration Better Reduces Decompression-Induced Vascular Gas Emboli than Oxygenation or a Combination of Both. Front Physiol. 2016;7.

La prévention de l'ADD repose sur la pratique régulière d'une activité physique terrestre permettant de disposer et de maintenir une bonne capacité aérobie.

Chez les sujets entraînés, un effort aérobie de course à pied ou de vélo peut être réalisé une à plusieurs heures avant la plongée, sous réserve de respecter une durée inférieure à une heure et une intensité d'effort modérée. Une hydratation orale modérée est conseillée pendant et après l'effort, en évitant toutefois une hydratation exagérée susceptible d'augmenter le risque de survenue d'un œdème pulmonaire d'immersion.

La pratique de l'effort en ambiance thermique chaude n'est pas défavorable à la décompression, sous réserve d'une adaptation aux conditions thermiques et d'une bonne hydratation.

Dans le cas de plongées saturantes ou successives présentant un risque identifié, la prise d'oxygène avant plongée (30 min) peut être une option à discuter en complément de l'optimisation de la fenêtre oxygène (pression partielle d'O_2 optimisée pendant le séjour au fond et au palier).

La prise d'oxygène après plongée peut également être proposée en cas de plongées particulièrement saturantes ou successives.

L'utilisation d'autres moyens plus spécifiques, permettant des expositions aux vibrations (matelas vibrant, mini-trampoline) ou à la chaleur (cabine de sauna portative), bien que non réalisée en pratique courante, pourrait être intéressante dans certaines configurations de chantier de plongées à risque.

Pour le plongeur de loisir sédentaire non entraîné, il est recommandé de systématiser l'utilisation du nitrox en plongée ou l'oxygène au palier (en utilisant un profil de décompression « air » sans réduction des durées de palier) en favorisant l'hydratation entre les plongées. Il faut également rappeler que la démarche de prévention repose avant tout sur la limitation des plongées à risque avec un suivi médical régulier.

L'utilisation d'un traitement médicamenteux à visée préventive n'est actuellement pas recommandée.

Références

[1] Nishi RY, Brubakk AO, Eftedal OS. Bubble detection. In : Brubakk AO, Neuman TS, Elliot DH, editors. Bennett and Elliot's Physiology and Medicine of Diving. 5e éd Londres : Saunders ; 2003. p. 501-29.

[2] Blatteau JE, Souraud JB, Gempp E, Boussuges A. Gas nuclei, their origin, and their role in bubble formation. Aviat Space Environ Med 2006 ; 77(10) : 1068-76.

[3] Wisløff U, Brubakk AO. Aerobic endurance training reduces bubble formation and increases survival in rats exposed to hyperbaric pressure. J Physiol 2001 ; 537(Pt 2) : 607-11.

[4] Dujić Z, Duplancic D, Marinovic-Terzic I, et al. Aerobic exercise before diving reduces venous gas bubble formation in humans. J Physiol 2004 ; 555(Pt 3) : 637-42.

[5] Gempp E, Blatteau JE. Preconditioning methods and mechanisms for preventing the risk of decompression sickness in scuba divers : a review. Res Sports Med 2010 ; 18(3) : 205-18.

[6] Madden D, Thom SR, Milovanova TN, et al. Exercise before scuba diving ameliorates decompression-induced neutrophil activation. Med Sci Sports Exerc 2014 ; 46(10) : 1928-35.

[7] Castagna O, Brisswalter J, Vallee N, Blatteau JE. Endurance exercise immediately before sea diving reduces bubble formation in scuba divers. Eur J Appl Physiol 2011 ; 111(6) : 1047-54.

[8] Wisløff U, Richardson RS, Brubakk AO. NOS inhibition increases bubble formation and reduces survival in sedentary but not exercised rats. J Physiol 2003 ; 546(Pt 2) : 577-82.

[9] Gempp E, Blatteau JE, Pontier JM, et al. Preventive effect of pre-dive hydration on bubble formation in divers. Br J Sports Med 2009 ; 43(3) : 224-8.

[10] Souday V, Koning NJ, Perez B, et al. Enriched air nitrox breathing reduces venous gas bubbles after simulated SCUBA diving : a double-blind cross-over randomized trial. PLoS One 2016 ; 11(5) : e0154761.

[11] Arieli Y, Arieli R, Marx A. Hyperbaric oxygen may reduce gas bubbles in decompressed prawns by eliminating gas nuclei. J Appl Physiol (1985) 2002 ; 92(6) : 2596-9.

[12] Bosco G, Yang ZJ, Di Tano G, et al. Effect of in-water oxygen prebreathing at different depths on decompression-induced bubble formation and platelet activation. J Appl Physiol (1985) 2010 ; 108(5) : 1077-83.

[13] Castagna O, Gempp E, Blatteau JE. Pre-dive normobaric oxygen reduces bubble formation in scuba divers. Eur J Appl Physiol 2009 ; 106(2) : 167-72.

[14] Blatteau JE, Pontier JM. Effect of in-water recompression with oxygen to 6 msw versus normobaric oxygen breathing on bubble formation in divers. Eur J Appl Physiol 2009 ; 106(5) : 691-5.

[15] Balestra C. The lymphatic pathway for microbubbles. Diving Hyperb Med 2014 ; 44(1) : 1.

[16] Blatteau JE, Gempp E, Balestra C, et al. Predive sauna and venous gas bubbles upon decompression

from 400 kPa. Aviat Space Environ Med 2008 ; 79(12) : 1100-5.
[17] Germonpré P, Balestra C. Preconditioning to reduce decompression stress in scuba divers. Aerosp Med Hum Perform 2017 ; 88(2) : 114-20.
[18] Germonpré P, Pontier JM, Gempp E, et al. Pre-dive vibration effect on bubble formation after a 30-m dive requiring a decompression stop. Aviat Space Environ Med 2009 ; 80(12) : 1044-8.
[19] Balestra C, Theunissen S, Papadopoulou V, et al. Pre-dive whole-body vibration better reduces decompression-induced vascular gas emboli than oxygenation or a combination of both. Front Physiol 2016 ; 7 : 586.
[20] Lambrechts K, Germonpré P, Vandenheede J, et al. Mini trampoline, a new and promising way of SCUBA diving preconditioning to reduce vascular gas emboli ? Int J Environ Res Public Health 2022 ; 19(9) : 5410.
[21] Zhang K, Wang D, Xu J, et al. Simvastatin decreases incidence of decompression sickness in rats. Undersea Hyperb Med 2015 ; 42(2) : 115-23.
[22] Duplessis CA, Fothergill D, Schwaller D, et al. Prophylactic statins as a possible method to decrease bubble formation in diving. Aviat Space Environ Med 2007 ; 78(4) : 430-4.
[23] Dujić Z, Palada I, Valic Z, et al. Exogenous nitric oxide and bubble formation in divers. Med Sci Sports Exerc 2006 ; 38(8) : 1432-5.
[24] Blatteau JE, Brubakk AO, Gempp E, et al. Sildenafil pre-treatment promotes decompression sickness in rats. PLoS One 2013 ; 8(4) : e60639.
[25] Obad A, Palada I, Valic Z, et al. The effects of acute oral antioxidants on diving-induced alterations in human cardiovascular function. J Physiol 2007 ; 578(Pt 3) : 859-70.
[26] Theunissen S, Balestra C, Boutros A, et al. The effect of pre-dive ingestion of dark chocolate on endothelial function after a scuba dive. Diving Hyperb Med 2015 ; 45(1) : 4-9.
[27] Levenez M, Lambrechts K, Mrakic-Sposta S, et al. Full-face mask use during SCUBA diving counters related oxidative stress and endothelial dysfunction. Int J Environ Res Public Health 2022 ; 19(2) : 965.

5

Compléments et annexes

Plan de la partie

Chapitre 36

Procédures de décompression, principes et exemples

Jérôme Hontarrede, Jennifer Hunt, Jean-Éric Blatteau

Points clés

- Évoluer en milieu hyperbare nécessite une décompression afin de retrouver la pression ambiante sans engendrer d'accident de désaturation.
- Depuis le début du XXe siècle, des modèles ont été développés, transposés en tables de décompression et algorithmes (ordinateurs et logiciels), actuellement toujours utilisés pour sécuriser les plongées.
- De nombreuses modifications ont été apportées depuis, mais les modèles anciens restent valables, implémentés dans des outils modernes, laissant au plongeur un choix conséquent d'outils pour gérer sa décompression.
- Ces outils restent imparfaits, aucun n'assure une plongée sans risque, mais permettent une pratique large de la plongée sous-marine avec une incidence d'accidents de désaturation qui reste faible.

Modèles de décompression

Définition

Les modèles de décompression sont des représentations mathématiques du comportement des gaz soumis à une pression, de la charge et la décharge des tissus, et permettent de déterminer les critères de la remontée. Ils peuvent être codés en algorithmes, utilisables sur le terrain sous forme de tables ou d'instruments informatisés. Par essence, un modèle mathématique ne peut représenter de manière absolue un phénomène naturel complexe. En effet, bien que certains comportements physiques soient prédictibles, d'autres, comme la susceptibilité physiologique individuelle, ne le sont pas encore. Le modèle de décompression permet donc de simplifier un phénomène physique et physiologique afin d'établir des procédures à appliquer pour réduire au minimum le risque d'accident de désaturation (ADD). Le modèle est établi sur la base d'hypothèses et de phénomènes observés permettant ensuite de créer des algorithmes mathématiques qui seront enfin soumis à expérimentation et validation. L'usage sur le terrain des différents algorithmes est essentiel pour en évaluer le risque et ainsi modifier et/ou valider les tables qui en découlent. Les différents modèles sont validés in fine par des plongées. Les calculs de décompression répondent tous à une même structure : ce sont d'abord les paramètres de la plongée qui alimentent le modèle d'échange gazeux pour ensuite déterminer, via un second modèle, les critères de sécurité de la remontée. Les modèles présentés ici ne sont pas exhaustifs, mais représentent les principaux utilisés à l'heure actuelle pour la décompression des plongeurs.

Modèle haldanien

C'est aujourd'hui toujours le modèle le plus couramment utilisé comme base des algorithmes et tables de décompression [1]. Les modèles utilisés à ce jour dérivent pour beaucoup de la modélisation haldanienne dans son principe de base, enrichi d'améliorations et de nouveaux concepts.

Les expérimentations de Haldane sur l'animal (des chèvres) l'ont conduit à émettre plusieurs hypothèses et principes fondamentaux concernant la décompression, dont voici les principaux [2] :

- le corps est modélisé en cinq « zones anatomiques » ou « tissus » dont la période de saturation et de désaturation (voir chapitre 4) est différente : ce sont les compartiments. Il considère dans son modèle que ces compartiments saturent et désaturent de manière parallèle et indépendante. Ce qui les différencie est leur période de saturation (5, 10, 20, 40, 75 min) qui est donnée par la perfusion du tissu. La période de saturation est le temps en minutes qu'il faut à une zone anatomique fictive pour saturer de la moitié de sa capacité restante. Ainsi, un compartiment de période 5 minutes sera saturé à 50 % en 5 minutes, à 75 % en 10 minutes, à 87,5 % en 15 minutes et ainsi de suite jusqu'à saturation complète ;
- définition d'un ratio de sursaturation critique *représentant* le rapport maximal entre la tension d'un gaz inerte (pression partielle du gaz dans le milieu liquide) dans un compartiment et la pression ambiante. Il propose un ratio de 2 : 1, sans qu'il n'y ait de génération de bulle pathogène ;
- la saturation et la désaturation des gaz inertes sont symétriques et répondent à une loi exponentielle (voir périodes, chapitre 4) ;
- l'équilibre des pressions au niveau alvéolaire et tissulaire est instantané (perfusion) ;
- vitesse de remontée empirique 9 m min^{-1} ;
- toute bulle est pathogène ;
- constatation de susceptibilités individuelles (âge, circulation, poids).

Haldane pose donc les fondements de la modélisation de la saturation et désaturation des gaz inertes. Il introduit le concept d'état de sursaturation où la tension en gaz dissout est supérieure à la pression ambiante (pas de notion de pression partielle de gaz neutre à l'époque) ce qui provoque le dégazage. Il propose aussi le concept de sursaturation critique qui correspond à la tension en gaz dissout qu'il ne faut pas dépasser pour un compartiment et qui nécessite un arrêt, le palier de décompression. Il propose en 1908 une série de tables basées sur sa modélisation et met au point des paliers de décompression tous les 10 pieds (équivalent à nos paliers de 3 m en 3 m). Ces tables seront utilisées par l'US Navy et révisées régulièrement. Elles ont servi de base aux développements des tables utilisées en France (GERS 65 [Groupe d'études et de recherches sous-marines], MN 90 de la Marine nationale).

Modèles néo-haldaniens

Workman et les *M-Values*

La notion de *M-Value* est introduite par Robert Workman en 1965 pour le compte de la NEDU (*Naval Experimental Diving Unit*). Jusqu'alors, les seuils de sursaturation critiques (Sc) sont fixes pour chaque compartiment et quelle que soit la profondeur. Workman met en évidence une limite de sursaturation critique qui est fonction des périodes et des profondeurs [3]. Il introduit également les pressions partielles des gaz inertes. Des études ont montré que les ratios des compartiments ayant des périodes longues pour des plongées profondes pouvaient être drastiquement réduits et les ratios des compartiments de périodes courtes pouvaient être augmentés [4,5]. Tous les compartiments avaient des ratios tolérés qui diminuaient avec la profondeur. Les *M-Values* représentent donc la pression partielle maximale acceptable de gaz inerte (azote ou hélium) pour chaque compartiment et à chaque profondeur. Le résultat des recherches de Workman l'a conduit à projeter ces valeurs « M » sous la forme d'une équation linéaire facilitant ainsi l'implémentation dans les algorithmes de calcul intégrés dans les ordinateurs. Le jeu de paramètres proposé par Workman est composé de neuf compartiments de périodes différentes. Des compartiments de période longue sont ajoutés (200 et 240 min).

$$M = \Delta M \times \text{Prof.} + M_0$$

M représente la pression absolue tolérée de gaz inerte dans le compartiment.

M_0 représente la valeur de surface de la *M-Value* (le niveau de la mer pour Workman).
ΔM représente la pente de la droite des *M-Values*.
Prof. représente la profondeur lue au manomètre, mesurée à partir du niveau de la mer.
La valeur de la pente ΔM varie en fonction de la période du compartiment. Plus cette période est longue et plus la valeur de la pente est faible ce qui illustre le fait que plus la période du compartiment est courte et plus le compartiment tolère une sursaturation importante.

La notion de droite de pression ambiante est importante pour illustrer le concept de « zone de décompression ». En effet, la droite des pressions ambiantes ayant une pente égale à 1 (ΔM = 1) représente l'état dans lequel la tension dans un compartiment est égale à la pression ambiante (saturation). Lorsque nous sommes au-dessus de cette droite nous sommes en état de sursaturation (pression < tension) et les compartiments se déchargent en gaz inertes. La droite des *M-Values* se situe au-dessus et représente la limite de sursaturation acceptable dans un compartiment en fonction de la profondeur. La zone qui se situe entre la droite des *M-Values* et la droite des pressions ambiantes constitue donc la « zone de décompression » (figure 36.1).

Bühlmann

Bühlmann publie en 1983 le jeu de paramètres (jeu de *M-Values*) ZH-L12. « ZH » pour Zurich, L pour « linéaire » et 12 pour le nombre de paires de coefficients ou *M-Values* (pour l'azote et l'hélium) pour un ensemble de 16 compartiments de période différente (de 2,65 à 635 min). Dans ce jeu de paramètres, les quatre compartiments ayant les périodes les plus longues ont les mêmes tensions maximales

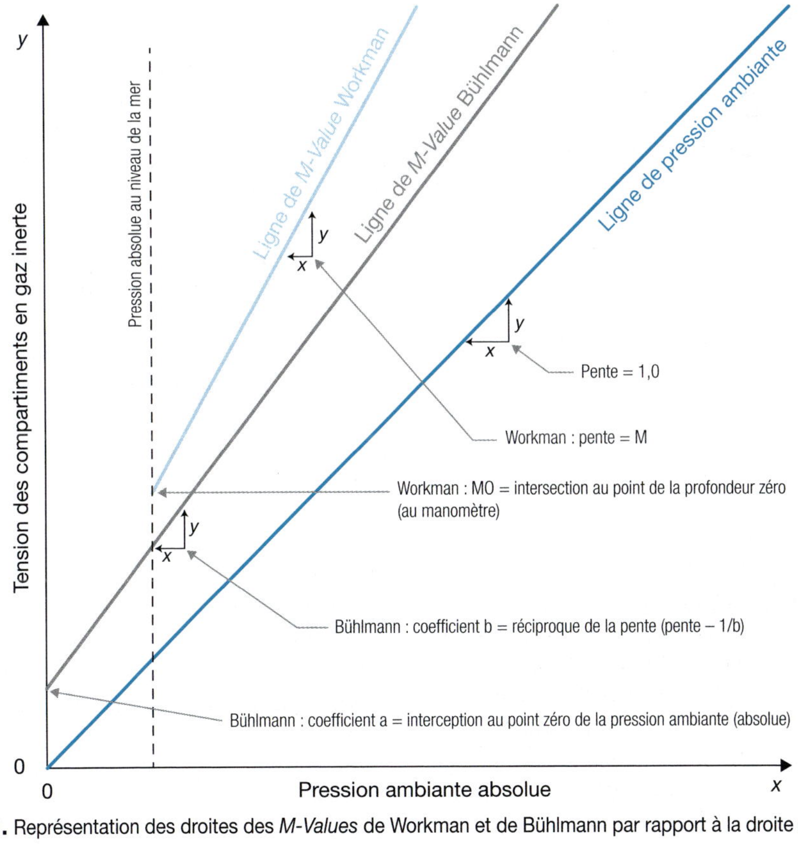

Figure 36.1. Représentation des droites des *M-Values* de Workman et de Bühlmann par rapport à la droite de pression ambiante.

admissibles à l'origine (0 atm [atmosphère]) et les mêmes valeurs de pente (coefficients a et b). Il publiera ensuite en 1990 les jeux de paramètres ZH-L16. Ces derniers sont constitués de 16 paires de coefficients ou *M-Values* pour un ensemble de 16 compartiments de période différente (de 4 à 635 min). Ils seront publiés sous la forme de trois jeux de *M-Values* : A, B et C. Le premier jeu ZH-L16A est purement expérimental, le jeu ZH-L16B, plus conservateur est utilisé pour les calculs de tables et enfin le jeu ZH-L16C, encore plus conservateur, est proposé pour être utilisé dans les algorithmes des ordinateurs de plongée. Dans l'édition de 1994 de *Tauchmedizin*, Bühlmann publie la version ZH-L8 ADT (ADT pour *adaptative*). Cette dernière version utilise huit compartiments et intègre l'effet de la température de l'eau et le travail respiratoire du plongeur dans le calcul des paramètres de désaturation.

La différence importante avec les *M-Values* de Workman réside dans la conception initiale. Alors que Workman base son travail sur une pression relative (l'origine de sa droite se situe au niveau de la mer), Bühlmann va considérer l'origine de sa droite à zéro en considérant la pression absolue (figure 36.1). Ceci peut s'expliquer par le fait que les travaux de Workman étaient réalisés pour l'US Navy (travail en mer) alors que Bühlmann a intégré la plongée en altitude (au-dessus du niveau de la mer), ses études portant sur les plongées dans les lacs de montagne en Suisse.

DSAT

Dans les années 1980, les tables US Navy étaient largement utilisées, et considéraient le compartiment le plus lent avec une période de 120 minutes. Avec la pratique croissante de la plongée loisir, Rogers a voulu analyser les besoins des plongeurs récréatifs comparés aux plongeurs militaires pour qui les tables US Navy avaient été conçues. Il a conclu que les limites des plongées sans paliers n'étaient pas suffisamment conservatrices, et qu'à l'inverse utiliser un compartiment à 120 minutes (qui impactait l'intervalle de surface) était excessivement conservateur pour des plongeurs de loisir qui effectuaient des plongées sans paliers. Avec le soutien du DSAT (*Diving Science and Technology*), filiale de PADI (*Professional Association of Diving Instructors*), il développa les tables PADI *Recreational Dive Planner*. Le changement majeur a été de considérer le compartiment avec la période la plus longue à 60 minutes au lieu de 120 minutes. Ainsi il a adapté les tables de l'US Navy à des plongées récréatives en diminuant le conservatisme pour des plongées sans paliers successives, et en les durcissant pour des plongées avec paliers.

Facteurs de gradient

La notion de facteurs de gradient, souvent notée GF pour *Gradient Factor*, a été introduite par Baker. Cette notion consiste à ajouter un conservatisme à la *M-Value* pour une profondeur donnée. Ce conservatisme est exprimé en pourcentage de la *M-Value* et en pourcentage de son gradient [6]. Les pourcentages des *M-Values* ont été utilisés par Bühlmann afin d'évaluer et d'affiner les résultats de ses plongées de test pour la validation de son jeu de paramètres ZH-L. Le calcul du pourcentage du gradient de *M-Value* en complément permet de mesurer le degré de pénétration d'un profil de décompression dans la zone de décompression (figure 36.2). Ainsi, lorsqu'on se trouve à 0 % du gradient de *M-Value*, on se situe sur la droite des pressions ambiantes et à l'inverse, une valeur de 100 % du gradient de *M-Value* correspond à la droite des *M-Values*. La notation communément admise pour les facteurs de gradient est *GF Low/High* où *Low* représente le facteur de gradient bas ou pourcentage de gradient de *M-value*, et *High* la valeur haute ou le pourcentage de la *M-Value* (figure 36.2).

Modèles par diffusion

Hempleman

Dans les années 1950, Henry Valence Hempleman propose un modèle de décompression dans lequel il ne prend en compte qu'un seul compartiment : le cartilage. Il fait l'hypothèse que les tissus les moins vascularisés seraient les premiers à subir des problématiques de décom-

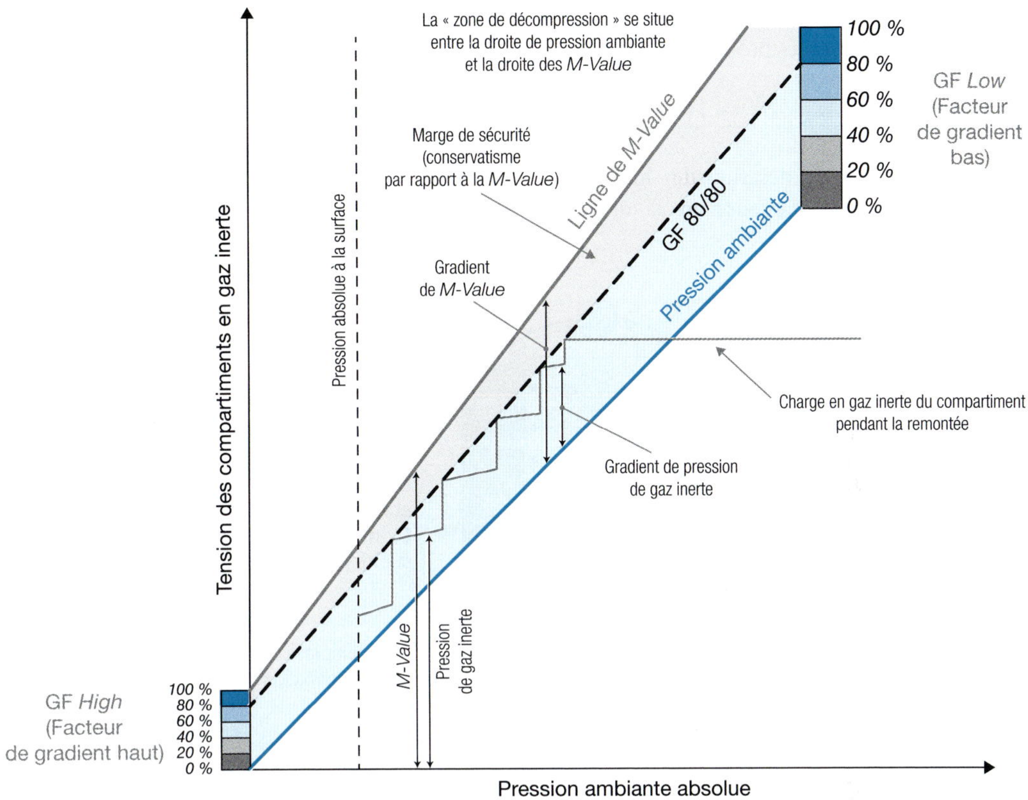

Figure 36.2. **Facteurs de gradient (GF) et conservatisme.**
Une décompression basée sur un GF 100 % correspond à suivre la droite des *M-Value*. Plus le GF bas diminue et plus la profondeur du premier palier va augmenter. Plus la valeur du GF haut diminue, plus la durée du dernier palier va augmenter. GF : *Gradient Factor*.

pression (les douleurs articulaires précéderaient toujours des atteintes neurologiques) car la désaturation serait limitée par le rayon de diffusion des gaz dans ces tissus [7]. De cette théorie ont été développées plusieurs tables, plutôt adaptées aux plongées courtes, comme celles de la Royal Navy, du British SubAqua Club (BSAC), ou de l'Underwater Engineering Group.

DCIEM

Des équipes canadiennes du DCIEM (Defence and Civil Institute of Environmental Medicine), en particulier D. J. Kidd et R. A. Stubbs, ont souhaité développer, dès les années 1960, un instrument de décompression qui permettrait de monitorer la profondeur, le temps et des informations de décompression en temps réel [8]. Le *Mark vs Pneumatic Analogue Decompression Computer* (PADC) a été un des premiers instruments de décompression à être testé et être relativement efficace. Le modèle utilisé était basé sur le même concept que le modèle de diffusion de Hempleman, avec une complexité supérieure puisqu'il considérait quatre compartiments, d'abord en parallèle, puis plus tard en série, où un échange de gaz aurait lieu par diffusion [9]. Le modèle a ensuite été testé et adapté aux observations expérimentales. Plusieurs milliers de plongées en caisson hyperbare ont été effectuées avec le modèle. Dès lors qu'apparaissaient des ADD, les paramètres étaient modifiés et durcis, rendant progressivement le modèle plus conservateur, y compris pour les plongées plus profondes [10].

Modèles à croissance de bulles

Après les modèles de désaturation limités par la perfusion (néo-haldaniens) ou la diffusion (Hills, Hempleman ou DCIEM), plusieurs équipes ont travaillé sur la modélisation de la dynamique des bulles au sein des tissus, lors de la saturation et la désaturation. En intégrant ces modélisations aux principes haldaniens, des modèles dit diphasiques ont été élaborés (figure 36.3).

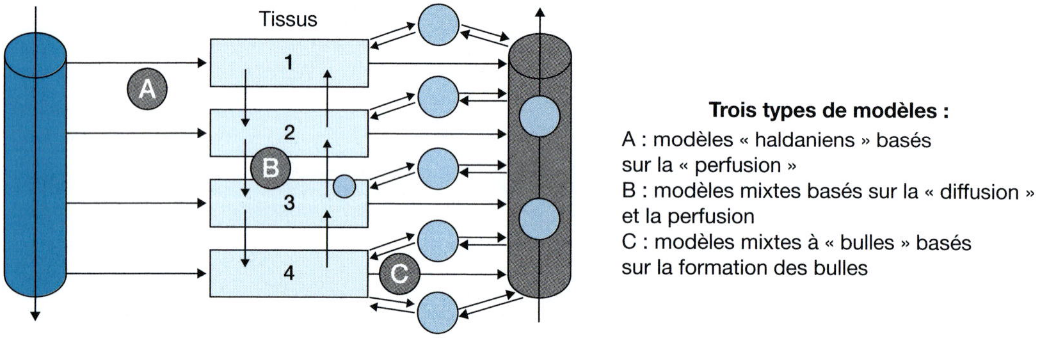

Figure 36.3. Représentation des différents types de modèles théoriques de décompression par perfusion (vascularisation artérielle et retour veineux), diffusion (échanges entre les tissus) et formation des bulles (modélisations à partir des noyaux gazeux ou sur un volume critique de bulles).

VPM

Vers la fin des années 1970, David Yount et al., à l'université de Hawaii, s'éloignent des modèles haldaniens en intégrant la notion de bulle dans les concepts de désaturation [11]. Ils émettent l'hypothèse que les microbulles qui se forment lors de la décompression prennent naissance à partir de micronoyaux gazeux préexistants. Ces travaux, réalisés sur milieux aqueux en situation de sursaturation (gélatine), se basent sur la relation de Laplace qui détermine la pression à l'intérieur d'une bulle, dans un milieu liquide, qui est fonction de la pression ambiante, de la tension de surface et du rayon de la bulle.

Pour les bulles de très petites tailles, la pression dans la bulle est telle qu'il y aura une diffusion du gaz de la bulle vers le milieu. La bulle devrait donc disparaître. Or, ce n'est pas ce qui est observé, et Yount fait l'hypothèse que la surface des bulles est stabilisée par une « coque » de surfactant composé de molécules avec une partie hydrophobe et une partie hydrophile (structure micellaire). Ce surfactant serait perméable aux échanges gazeux, mais le degré de perméabilité serait variable en fonction de la taille de la bulle et de sa tension de surface (figure 36.4). Au-delà d'une certaine tension de surface la bulle deviendrait imperméable et les échanges gazeux ne seraient plus possibles. Les petites bulles finiraient donc par se stabiliser à une certaine pression ambiante, en devenant imperméables aux échanges gazeux [12].

Plusieurs concepts ont émané de ces hypothèses et expérimentations :

- définition d'un seuil de bulles tolérables par l'organisme ;
- calcul du nombre de microbulles recrutées qui vont croître selon la sursaturation ;
- nombre de micronoyaux gazeux fixes (pas de genèse de nouveaux noyaux) ;
- distribution exponentielle des noyaux gazeux (beaucoup de petits noyaux et peu de gros).

Yount va intégrer ces phénomènes de noyaux gazeux dans un modèle de décompression conservant des principes haldaniens, appelé *Varying Permeability Model* ou VPM [13]. L'algorithme génère

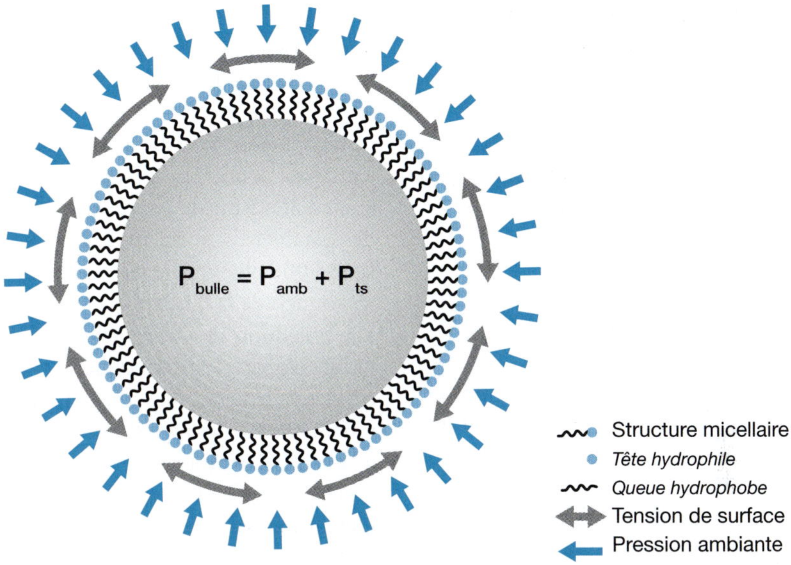

Figure 36.4. Schéma d'une bulle selon Yount, avec un surfactant hydrophobe et hydrophile qui stabilise les petites bulles, selon la relation de Laplace avec P_{bulle}, la pression intérieure de la bulle, P_{amb} la pression ambiante, et P_{ts} la pression liée à la tension de surface égale à 2 γ (tension de surface en N/m)/r (rayon de la bulle).

des paliers plus profonds, de durée plus courte que les tables utilisées à l'époque, dont l'efficacité sera discutée dans les paragraphes suivants.

Le modèle de Yount a été repris et enrichi par Eric Maiken qui l'a codé et implémenté dans des logiciels de décompression, créant ainsi un outil utilisable en plongée. Le code source de ces algorithmes est libre de droit et disponible publiquement (*open-source*). Depuis, le modèle a été enrichi intégrant la gestion des plongées aux mélanges et des plongées multiniveaux, les plongées successives, les profils inversés, mais aussi les concepts de la loi de Boyle-Marriote (VPM-B). Plusieurs variantes ont été développées, telles que VPM-B/E pour prendre en charge les plongées longues et profondes, VPM-B/FBO pour les plongées au recycleur avec *bail-out*, VPM-B/GFS (*Gradient Factor Surfacing*) qui ajoute du conservatisme aux paliers peu profonds.

RGBM

À la fin des années 1980, Wienke a repris les principes de l'algorithme de Bühlmann et les nouveaux concepts de la théorie des micronoyaux gazeux du VPM, pour développer un nouvel algorithme de décompression [14] : *Reduced Gradient Bubble Model* (RGBM). Il se différencie cependant du VPM sur plusieurs points et se base sur les hypothèses suivantes :

- les compartiments tissulaires haldaniens ont des périodes de 1 à 720 minutes, selon le gaz respiré ;
- la perfusion limite la diffusion des gaz au niveau tissulaire ;
- il existe une distribution exponentielle des micronoyaux gazeux dans l'organisme (plus de petites bulles et moins de grosses bulles) et un certain nombre de bulles sont recrutées et grossissent lors d'une compression/décompression (comme dans le VPM) ;
- les bulles sont toujours perméables aux transferts de gaz quelle que soit la pression ambiante (contrairement au VPM où les bulles deviennent imperméables) ;
- les plongées multiples sont intégrées en prenant en compte les gaz résiduels, en fonction des intervalles de surface, de l'altitude, du temps et de la profondeur des plongées précédentes, d'éventuels profils inversés, des plongées successives et sur plusieurs jours consécutifs ;

- le modèle intègre la genèse de nouvelles bulles lors d'expositions (cumulées ou répétées) dépassant plusieurs heures.

Les droits du modèle sont réservés et les détails précis ne sont donc pas publics. Plusieurs fabricants d'ordinateurs de plongée l'ont intégré dans leurs outils de décompression.

Moyens de conduite de la décompression

Dans le monde de la plongée actuelle, le moyen de conduite de la décompression le plus utilisé est l'ordinateur. Depuis une vingtaine d'années, les grandes marques leaders de la plongée ont innové et proposent aujourd'hui des ordinateurs accessibles à tous, très simples d'utilisation avec une grande variété d'options et de paramétrages (modèles de décompression, durcissements, calculs de consommation, fréquence cardiaque, etc.). Cela ne signifie pas pour autant que les tables ne sont plus utilisées. Partout dans le monde elles sont encore en vigueur soit pour les activités professionnelles (MT [ministère du Travail] 92), soit pour base de calcul pour les examens des niveaux de plongée (MN 90 pour la FFESSM [Fédération française d'études et de sports sous-marins]), soit pour certains types de plongée (tables PADI basées sur le modèle DSAT).

Tables

Les tables sont les résultats des calculs issus des modèles de la désaturation. Le travail de Haldane en 1908 a abouti au premier jeu de tables de décompression pour la Royal Navy. C'est ensuite une succession de modifications et d'améliorations, principalement issues du domaine militaire, qui conduiront aux tables telles qu'on les connaît aujourd'hui. À la suite de la publication des tables de Haldane, l'US Navy publiera son premier jeu de tables en 1915. Ces dernières seront révisées régulièrement jusqu'en 2008. En parallèle, le GERS créera son jeu de tables en 1952, révisées en 1960, 1965, 1990 et 2023. Les MT 74 (tables validées par le ministère du Travail) sont publiées en 1974. La version actuellement en vigueur, MT 92, a été développée en 1992 par la Comex, en collaboration avec Jean-Pierre Imbert, et leur conception se base sur la théorie du volume critique de bulles et sur l'analyse statistique de 64 000 plongées à l'air ayant conduit à 137 cas d'accidents de type I et cinq accidents de type II pour la détermination des paramètres de calcul. Leur validation se base sur 33 000 plongées réalisées sur les chantiers professionnels de la Comex.

L'utilisation des tables nécessite deux appareils indispensables : le profondimètre et la montre. Sans ces deux éléments elles ne sont pas utilisables. La représentation des tables de décompression sous la forme d'une matrice temps/profondeur rend leur utilisation basique consistant à aller chercher pour une profondeur et un temps donné, la forme de la remontée, c'est-à-dire les paliers qu'il y aura ou pas à effectuer. Leur usage nécessite un mode d'emploi d'abord dans leur utilisation nominale (déterminer le profil de sécurité de la remontée) mais aussi dans l'application de procédures spécifiques correspondant à des situations prédéfinies (plongées successives, plongées consécutives, rupture de paliers, remontée rapide, plongée en altitude, respiration d'oxygène, etc.). Leurs résultats sont fournis pour un ensemble de paramètres déterminés (altitude d'utilisation, gaz respiré, vitesse de remontée, effort physique). Le profil de la plongée, tel que considéré par les tables, revient donc à considérer que la plongée aura un profil carré. Or, le plongeur hors profil de plongée spécifique (plongée sur épave, travail à profondeur fixe, etc.) n'aura pas forcément passé toute la plongée à la même profondeur. Le fait de prendre la profondeur maximale atteinte pour le calcul de la décompression constitue déjà un conservatisme.

Ordinateurs

Les fondements théoriques de conception d'ordinateurs de plongée furent établis dans une publication en 1953 dans laquelle était décrit un *ultimate gauge*, un ordinateur analogique qui permettrait de donner au plongeur des informations à la fois sur sa décompression et sur sa consommation d'air afin de savoir s'il pourrait effectuer sa décompression [15]. D'abord analogiques, à partir de 1955 (*Decomputer mark I*, *SOS Decompression Meter*, *Tracor*, *Farallon Decomputer*, etc.), puis numériques à partir des années 1970 avec le développement des microcontrôleurs (*XDC3 Cyberdiver*, *Edge*, *Decobrain*, *Aladin*), les ordinateurs de plongée ont progressivement conquis le marché de la plongée de loisir et professionnelle comme partie intégrante de l'équipement du plongeur.

La base de la composition d'un ordinateur est simple, il s'agit d'un capteur de pression, d'une horloge numérique, d'un microcontrôleur, d'une mémoire de stockage et enfin d'un écran sur lequel les paramètres de décompression ainsi que divers paramètres sont restitués au plongeur. Le modèle de décompression est traduit sous la forme d'un algorithme informatique exécuté en temps réel par le microcontrôleur. Durant la plongée, ils collectent en temps réel (unité de temps variable de l'ordre de la seconde) les paramètres de pression et de temps, mais aussi parfois de température, de consommation en gaz respirable et de pression partielle d'oxygène (pour l'usage des recycleurs). Ces paramètres sont ensuite utilisés dans l'algorithme de décompression afin de calculer la charge en gaz neutre puis les critères de sécurité qui détermineront le profil de remontée. La différence fondamentale avec les tables de plongée est que les ordinateurs sont extrêmement proches du profil exact de la plongée puisqu'ils collectent les données avec une fréquence élevée et régulière. Lorsque le profil de plongée enregistré par l'ordinateur est très proche d'un profil rectangulaire, l'ordinateur donnera généralement plus de paliers que la table en raison de la marge de sécurité du constructeur et de l'intégration de la vitesse de remontée variable. Cela n'est plus le cas pour des profils de plongée multiprofondeurs où l'ordinateur reste toujours moins pénalisant qu'une table, malgré sa marge de sécurité (figure 36.5).

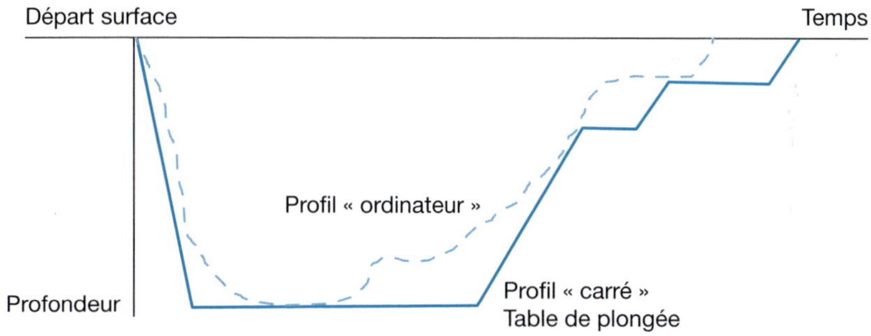

Figure 36.5. Comparaison d'un profil de plongée aux tables par rapport à un profil à l'ordinateur.
Lorsque le profil de plongée est de type multiprofondeurs, la différence entre le profil réel (que l'ordinateur prend en compte) et le profil rectangulaire (correspondant à la table) est telle que l'ordinateur est moins pénalisant qu'une table, malgré sa marge de sécurité.

Les ordinateurs de plongée présentent des informations communes comme la profondeur et la durée de la plongée, la vitesse de remontée (ou par indicateur visuel ou par affichage de la vitesse), le temps restant avant d'avoir des paliers, la durée totale de la remontée (avec les paliers de décompression). Certains peuvent afficher et gérer d'autres informations : la consommation réelle du plongeur, le temps restant avant de pouvoir prendre l'avion ou monter en altitude, la pression partielle d'oxygène en fonction du mélange gazeux respiré et de la profondeur, le compteur de toxicité neurologique de l'oxygène (*CNS clock*), la quantité théorique de gaz neutre dans chaque compartiment. Il existe aussi des spécificités techniques qui influencent la collecte d'informations de profondeur : le taux d'échantillonnage (ou l'intervalle de collecte) et la méthode de mesure de la profondeur. La fréquence d'échantillonnage s'étend de 1 à 30 secondes et la mesure de la profondeur sur l'intervalle peut être réalisée soit en prenant la profondeur maximale atteinte sur l'intervalle (Uwatec®, Suunto®, Oceanic®, Cressi®), soit la moyenne des profondeurs de l'intervalle, soit la profondeur du dernier moment de l'intervalle (Apeks®, VR Technologie®, Mares®). La plupart des ordinateurs enregistrent les plongées dans un journal de plongée consultable a posteriori. Ces données collectées permettent d'améliorer la modélisation de la décompression [16] et les enquêtes sur les accidents de plongée [17].

Modèles implémentés dans les ordinateurs

La gamme d'ordinateurs de plongée sur le marché est large avec de nombreux modèles disponibles et les fabricants proposent, presque tous, des algorithmes dont ils sont propriétaires. On retrouve souvent les modèles et jeux de paramètres Bülhmann ZH-L16C avec intégration des facteurs de gradient paramétrables (ZH-L16C + GF). Le jeu de paramètres ZH-L8 ADT, développé initialement par Ernst Völlm pour Uwatec®, intègre dans le calcul la température de l'eau et la consommation de gaz du plongeur (mesure de l'effort) grâce à des sondes connectées sur les détendeurs. Cet algorithme propriétaire et implémenté dans les ordinateurs de la gamme Scubapro®. Des modifications de ce jeu de paramètres, dont le nom commercial est ZH-L8 ADT-MB, intègrent la notion de bulles en phase gazeuse (microbulles [MB]). Plusieurs fabricants ont aussi intégré différentes versions de l'algorithme RGBM (Suunto®, Mares®, Cressi®) développé par Bruce Wienke. D'autres fabricants ont intégré le modèle DSAT (Oceanic®) ou des variantes propriétaires du modèle ZH-L16 comme le *Pelagic Z+* (PZ+) implémenté par Oceanic® ou encore Aqualung®. Parfois même, les fabricants ont aussi fait le choix d'intégrer plusieurs types de modèles dans leurs ordinateurs. La généralisation de la plongée au nitrox et le développement de la plongée technique ont aussi conduit à une prise en compte de mélanges autres que l'air (nitrox et trimix) dans une large gamme d'ordinateurs.

Durcissement des ordinateurs et procédures spécifiques

Les ordinateurs implémentent des modèles mathématiques dont les sources sont soit libres, soit propriétaires. Beaucoup d'algorithmes implémentés dans les ordinateurs intègrent des moyens de durcissement, consistant à modifier des paramètres afin d'augmenter le conservatisme du calcul des critères de sécurité de la remontée. Si certains comportent des réglages de leur niveau de durcissement paramétrable (L0 à L5 pour le ZH-L8 ADT-MB, 0 à 2 pour RGBM, –2 à +2 pour *Fused* RGBM) dont le détail de calcul n'est pas public, d'autres en revanche utilisent des facteurs de durcissement paramétrables documentés, jouant sur l'augmentation de l'altitude (0 m ou 915 m pour PZ+) ou sur les facteurs de gradient (pour les algorithmes ZH-L16 + GF). Par conséquent, si les algorithmes de base sont les mêmes dans deux ordinateurs, le profil de décompression qu'ils vont proposer pour une même plongée peut varier, suivant l'adaptation de l'algorithme effectué par le fabricant ou par l'utilisateur. Si certains ordinateurs intègrent des procédures spécifiques (plongées successives, remontée rapide, violation de paliers...), d'autres fabricants n'en proposent aucune ou ne les documentent pas. Le manque de validation des algorithmes implémentés notamment au niveau des procédures de plongée spécifiques (plongées successives, remontées rapides) a déjà fait l'objet d'études [18] et reste une préoccupation au sein de la communauté scientifique et des plongeurs.

Logiciels de décompression

Il existe aussi un nombre conséquent de logiciels appliquant des algorithmes de calcul de décompression. Ces logiciels, très utilisés en plongée technique, permettent de simuler des plongées en utilisant un algorithme de décompression au choix. Cette planification permet de déterminer les meilleures stratégies de décompression en termes de mélanges, volumes de gaz et temps de décompression. Beaucoup d'ordinateurs de plongée implémentent aussi un mode de planification des plongées.

Sécurité de la décompression

Les modèles de décompression restent des modèles mathématiques qui, même s'ils tentent de décrire ou d'expliquer des phénomènes physiologiques, ne pourront modéliser parfaitement la réalité, et servent avant tout à minimiser le risque de survenue d'ADD, sans toutefois réussir à l'éliminer. À ce jour, il n'a pas été montré qu'un ordinateur de plongée (et son algorithme) était plus pourvoyeur d'ADD que d'autres [19] mais très peu d'études sont disponibles pour confirmer cela, avec un manque de transparence sur les algorithmes implémentés et surtout sur les procédures de validation [20].

Vitesse de remontée

Les premières tables de Haldane ont été mises en place avec une vitesse de remontée fixée à 9 m min^{-1}, n'intervenant pas dans le calcul de la décompression. Par la suite les vitesses de remontée ont été augmentées, jusqu'à 20 m min^{-1} pour les tables militaires du GERS. Peu d'informations sont disponibles pour évaluer l'effet per se de la vitesse de remontée sur la formation des bulles. L'étude de Carturan et al. [21] suggère une formation de bulles moins importante pour une vitesse de remontée à 9 m min^{-1} par rapport à 17 m min^{-1}. Actuellement la plupart des ordinateurs de plongée se situent autour de cette valeur de 9 m min^{-1}.

Oxygène

L'effet préventif de l'inhalation d'oxygène sur la décompression est connu depuis longtemps. La réalisation de paliers à l'oxygène en plongée militaire ou professionnelle permet de réduire le temps de décompression au palier tout en réduisant la formation de bulles circulantes. Cet effet préventif est efficace sous réserve de ne pas dépasser une réduction de 30 % du temps de décompression [22].

Paliers profonds

Majorer le conservatisme n'est pas toujours synonyme d'une meilleure sécurité [23]. Si, par exemple, on a pu penser à une époque que les paliers profonds permettaient une meilleure désaturation selon les travaux de Yount, plusieurs études ont remis en question ce principe et il est admis aujourd'hui que la réalisation de paliers profonds lors de plongées à l'air constitue un facteur de risque d'ADD [24,25] (figure 36.6). Un réglage par défaut ou un réglage personnalisé du GF bas qui entraîne l'apparition de paliers profonds doit être évité.

Recompression intermittente pendant la décompression

Des travaux théoriques ont suggéré que la réalisation de brèves périodes de retour à une pression plus élevée pendant les paliers de décompression pourrait limiter la formation de bulles (figure 36.7) [26]. Des travaux expérimentaux sur l'animal semblaient corroborer ce concept. Néanmoins plusieurs études sur l'homme n'ont pas confirmé l'effet attendu sur les niveaux de bulles circulantes [22,27].

Perspectives et conclusion

Les données d'accidentologie montrent qu'actuellement les ADD surviennent en très grande majorité malgré une utilisation conforme de l'ordinateur de plongée (voir chapitre 6) et en présence d'un certain niveau de conservatisme [28].

Cela signifie que d'autres facteurs de prévention sont à prendre en compte liés essentiellement à l'état physiologique (et médical) du plongeur, à son adaptation à la profondeur ou à la répétition des expositions.

Certains ordinateurs de plongée sont déjà équipés de capteurs qui permettent de suivre la

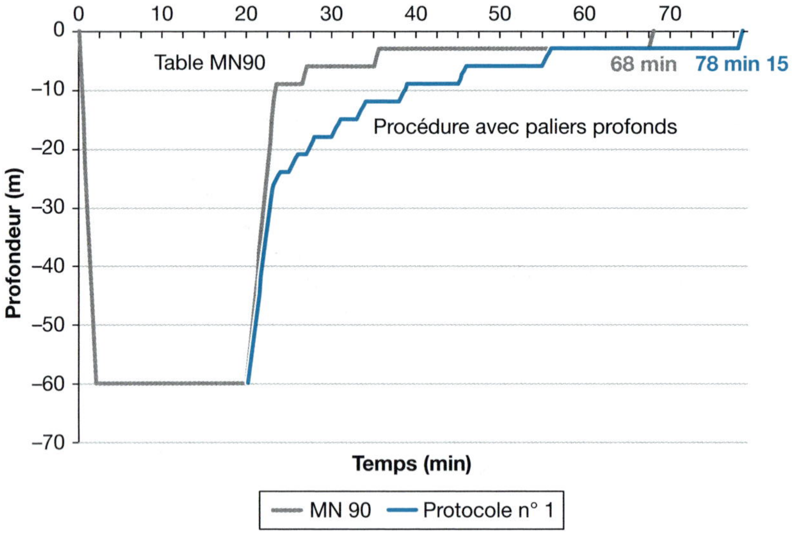

Figure 36.6. Exemple de procédure de plongée avec paliers profonds testée par rapport à la table MN90.
Ce type de procédure ne permet pas d'améliorer la décompression (niveaux de bulles et accidents de décompression).

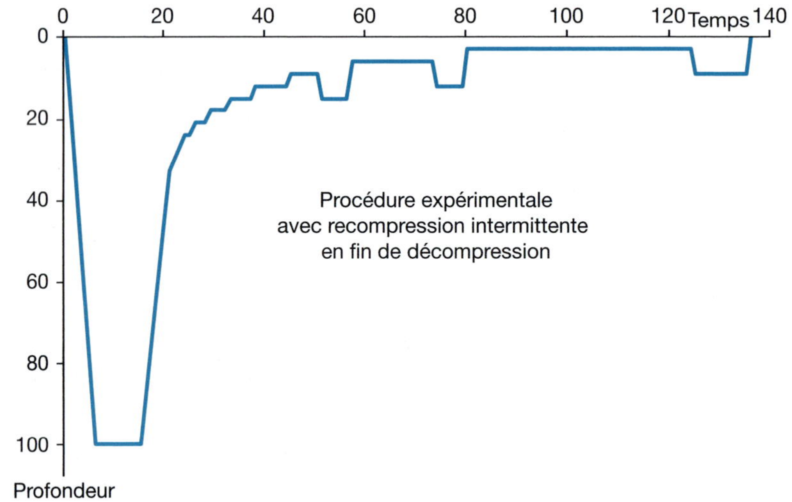

Figure 36.7. Exemple de procédure avec périodes de recompression intermittente pendant la décompression.
Ce type de procédure ne permet pas d'améliorer la décompression (niveaux de bulles).

fréquence cardiaque, la consommation d'air et d'autres informations physiologiques. Il existe également des dispositifs de mesure de bulles, comme le système O'Dive®, qui permettent de personnaliser les procédures de plongée en tenant compte des microbulles de gaz détectées dans le système veineux après la plongée. Le capteur se compose d'un capteur de microbulles vasculaires associé à un serveur qui analyse les mesures personnelles et les données de plongée. Après chaque plongée suivie de mesures, il détermine un indice de qualité de la plongée compris entre 0 et 100 %. Le plongeur peut ainsi contrôler sa pratique et un simulateur personnalisé l'informe de la valeur ajoutée de différentes options pouvant améliorer sa sécurité.

Avec le développement des technologies et des connaissances, le monitoring des paramètres physiologiques du plongeur en temps réel s'améliore (température, hydratation, fréquence respiratoire, fréquence cardiaque, variabilité sinusale, bulles circulantes…) avec l'espoir de les intégrer directement dans les algorithmes permettant une décompression personnalisée à chaque plongée prenant en compte l'état physiologique et son adaptation aux activités subaquatiques. Un vaste champ d'application s'ouvre dans ce domaine pour l'intelligence artificielle.

Références

[1] Doolette D. Haldane still rules. In : Lang MA, Brubakk AO, editors. The future of diving : 100 years of Haldane and beyond. Washington : Smithsonian Institution Scholarly Press ; 2009. p. 29-32.

[2] Boycott AE, Damant GCC, Haldane JS. The prevention of compressed-air illness. J Hyg 1908 ; 8(3) : 342-3.

[3] Workman RD. Calculation of decompression schedules for nitrogen-oxygen and helium-oxygen dives. Rep US Navy Exp Diving Unit 1965 : 1-33.

[4] Hawkins JA, Shilling CW, Hansen RA. A suggested change in calculation of decompression tables for diving. US Navy Med Bull 1935 ; 33 : 327-38.

[5] Van Der Aue OE, Kellar RJ, Brinton ES, et al. Calculation and testing of decompression tables for air dives employing the procedures of surface decompression and the use of oxygen. Rep US Navy Exp Diving Unit 1951 Report N° 1.

[6] Baker EC. Understanding M-values. Immersed : International Technical Diving Magazine 1998 ; 3 : 23-7.

[7] Hempleman HV. History of decompression procedures. In : Bennett PB, Elliott DH, editors. Bennett and Elliott's, physiology and medicine of diving. 4e éd. Saint-Louis : WB Saunders ; 1993. p. 342-75.

[8] Kidd DJ, Stubbs RA. Analogue computer solution of decompression. J Royal Navy Scientific Service 1968 ; 23 : 52-4.

[9] Nishi RY, Kuehn LA. Digital computation of decompression profiles. Defence and Civil Institute of Environmental Medicine. Janvier 1973 Report N° 884.

[10] Lang MA, Hamilton RW. Proceedings of the American academy of underwater sciences dive computer workshop. University of Southern California, September 1988. p. 26-8.

[11] Yount DE, Strauss RH. Bubble formation in gelatin : a model for decompression sickness. J Appl Phys 1976 ; 47(11) : 5081-508.

[12] Yount DE, Kunkle TD, D'Arrigo JS, et al. Stabilization of gas cavitation nuclei by surface-active compounds. Aviat Space Environ Med 1977 ; 48(3) : 185-91.

[13] Yount DE, Hoffman DC. On the use of a bubble formation model to calculate diving tables. Aviat Space Environ Med 1986 ; 57(2) : 149-56.

[14] Wienke BR. Reduced gradient bubble model. Int J Biomed Comput 1990 ; 26(4) : 237-56.

[15] Groves G, Munk W. A decompression gauge for divers. SIO Reference Report 53-64. San Diego : University of California, Scripps Institution of Oceanography ; 1953.

[16] Sayer MDJ, Cook EJ, Wilson CM, Barrington J. Analyzing dive computer profile integrations from incidents of suspected and actual decompression illness using cumulative nitrogen loading. Journal of the South Pacific Underwater Medicine Society 2005 ; 35(2) : 59-66.

[17] Sayer MDJ, Wilson CM, Laden G, Lonsdale P. The consequences of misinterpreting dive computers : three case studies. Diving Hyperb Med 2008 ; 38(1) : 33-9.

[18] Hamilton RW. The effectiveness of dive computers in repetitive diving. 81(DC) 6-1-94. Kensington : Undersea and Hyperbaric Medical Society ; 1995.

[19] Balestra C. Dive computer use in recreational diving : insights from the DAN-DSL database. In : Blogg SL, Lang MA, Mollerlokken A, editors. Proceedings of validation of dive computers workshop. Perth : European Underwater and Baromedical Society ; 2012. p. 99-103.

[20] Blogg S, Lang M, Møllerløkken A. Proceedings of validation of dive computers workshop. Perth : European Underwater and Baromedical Society ; 2011.

[21] Carturan D, Boussuges A, Vanuxem P, et al. Ascent rate, age, maximal oxygen uptake, adiposity, and circulating venous bubbles after diving. J Appl Physiol (1985) 2002 ; 93(4) : 1349-56.

[22] Blatteau JE, Hugon J, Gempp E, et al. Oxygen breathing or recompression during decompression from nitrox dives with a rebreather : effects on intravascular bubble burden and ramifications for decompression profiles. Eur J Appl Physiol 2012 ; 112(6) : 2257-65.

[23] De Ridder S, Pattyn N, Neyt X, Germonpré P. Selecting optimal air diving gradient factors for Belgian military divers : more conservative settings are not necessarily safer. Diving Hyperb Med 2023 ; 53(3) : 251-8.

[24] Blatteau JE, Hugon M, Gardette B, et al. Bubble incidence after staged decompression from 50 or 60 msw : effect of adding deep stops. Aviat Space Environ Med 2005 ; 76(5) : 490-2.

[25] Doolette DJ, Gerth WA, Gault KA. Redistribution of decompression stop time from shallow to deep stops increases incidence of decompression sickness in air decompression dives. Technical Report. Panama City : Navy Experimental Diving Unit ; 2011. p. 53 Report No. : NEDU TR 11-06.

[26] Gernhardt M. Development and evaluation of a decompression stress index based on tissue bubble dynamics [PhD thesis]. Philadelphie : University of Pennsylvania ; 1991. p. 284-91.

[27] Winkler BE, Koch A, Schoeppenthau H, et al. Effects of FLIRT on bubble growth in man. Int J Sports Med 2012 ; 33(11) : 903-8.

[28] Cialoni D, Pieri M, Balestra C, Marroni A. Dive risk factors, gas bubble formation, and decompression illness in recreational SCUBA diving : analysis of DAN Europe DSL data base. Front Psychol 2017 ; 8 : 1587.

Chapitre 37

Les tables thérapeutiques : arbres décisionnels[1]

Jean-Éric Blatteau, Rodrigue Pignel, Mathieu Coulange

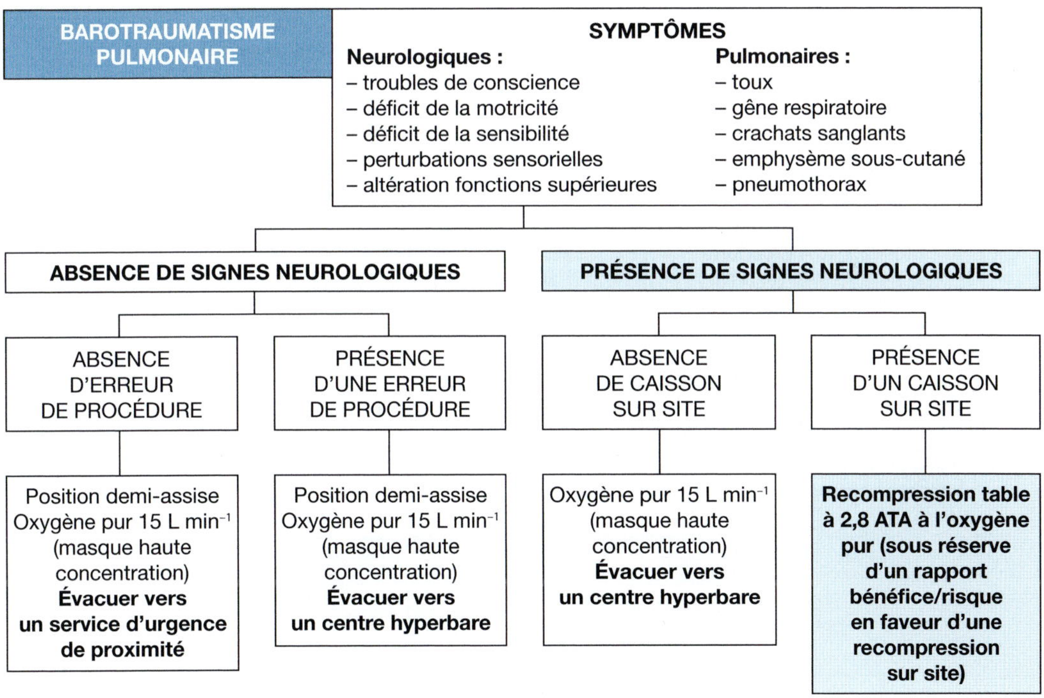

1. Complément au chapitre 23 : Les tables de recompression thérapeutique pour le traitement des accidents de désaturation.

Médecine de la plongée

ACCIDENTS DE DÉSATURATION

OSTÉOARTICULAIRE
Douleur articulaire d'intensité variable

NEUROLOGIQUE
Paresthésies, déficit sensibilité ou motricité, rétention d'urines, troubles de conscience, perturbations sensorielles

CUTANÉ
Éruption cutanée (livedo, rash)

COCHLÉOVESTIBULAIRE
Vertiges, surdité, acouphènes, nausées, vomissements

PRÉSENCE D'UN CAISSON SUR SITE

NON → **Oxygène pur normobare** 15 L min^{-1} (masque haute concentration)
Faire boire 500 mL
Évacuer vers un centre hyperbare

OUI → **Recompression table à 2,8 ATA à l'oxygène pur**

SIGNES NEUROLOGIQUES AU DÉCOURS D'UNE EXPOSITION HYPERBARE

✓ Signes subjectifs : paresthésies isolées *sans déficit sensitivo-moteur*
✓ Examen clinique normal à l'admission

→ Table 2,8 ATA O_2 courte *de type A18/B18/Cx18c/DGT N° 2 courte*

✓ Signes objectifs : déficit moteur et/ou sensitif, troubles de conscience, paires crâniennes
✓ Aggravation ou persistance de signes neurologiques objectifs sous oxygène normobare
✓ Atteinte sphinctérienne (résidu postmictionnel)

Délai de recompression optimal < 3 h

→ Table 2,8 ATA O_2 *de type USN T5/B18/Cx18c/DGT N° 2 courte* [1] *ou USN T6/Cx18L/DGT N° 2* [2]

Hospitalisation en centre hyperbare :
Une à plusieurs séances d'OHB complémentaires à 2,5 ATA
Bilan sanguin, TDM thorax, IRM médullaire et/ou cérébrale, recherche de shunt droite-gauche

1. D'après les études exposées dans le chapitre 23.
2. D'après les recommandations exposées dans le chapitre 28.

PROPOSITION DE TABLES COMPLÉMENTAIRES EN CAS D'AGGRAVATION OU DE PERSISTANCE OU DE SIGNES NEUROLOGIQUES DÉFICITAIRES [1]

J0 : Table initiale 2,8 ATA

Table 2,8 ATA héliox [1]

Table 2,8 ATA héliox [1]

À réaliser dans les 24 h

Les jours suivants : 1 séance/j/table OHB 2,5 ATA :
poursuivre les séances tant qu'il existe une amélioration clinique
Au minimum 10 séances d'OHB 2,5 ATA

1. D'après les études exposées dans le chapitre 23.

SIGNES COCHLÉOVESTIBULAIRES AU DÉCOURS D'UNE EXPOSITION HYPERBARE

Table 2,8 ATA O_2 *de type USN T5/B18/Cx18c/DGT N° 2 courte*

Symptomatologie clinique modérée :
- Sensation vertigineuse
- Verticalisation possible
- Pas de nausée, ni de vomissements

Symptomatologie clinique marquée :
- Vertiges rotatoires
- Verticalisation impossible
- Nausées, vomissements

→ Traitement symptomatique antiémétique

Hospitalisation en centre hyperbare :
Une à plusieurs séances d'OHB complémentaires à 2,5 ATA
Bilan paraclinique ORL (audiogramme + VNG) et recherche de shunt droite-gauche

DOULEUR ARTICULAIRE AU DÉCOURS D'UNE EXPOSITION HYPERBARE

Table 2,8 ATA courte *de type A18 ou USN T5/B18/CX18c/DGT N° 2 courte*

Disparition/amélioration des douleurs
Poursuivre selon table type A18
→ *Bend* tendineux probable
→ IRM articulaire à 2 mois
S'assurer de l'absence d'atteinte osseuse avant la reprise des expositions hyperbares

Fluctuation/aggravation des douleurs
Discuter table type USN T5/B18
→ Traitement antalgique
→ *Bend* osseux probable
→ **Séances d'OHB complémentaires**
bilan paraclinique : IRM articulaire à 2 mois
Risque d'ostéonécrose dysbarique

ÉRUPTION CUTANÉE AU DÉCOURS D'UNE PLONGÉE

Rash cutané ou marbrures (*livedo racemosa*)

Signes cutanés isolés
→ Table 2,8 ATA O_2 *courte de type A18/B18/Cx18c/DGT N° 2 courte*

Présence de signes associés neurologiques ou cochléovestibulaires
→ Table 2,8 ATA O_2 — À adapter selon les arbres décisionnels (neuro- ou cochléovestibulaire)

Hospitalisation en centre hyperbare :
S'assurer de l'absence de signes neurologiques ou cochléovestibulaires associés
bilan paraclinique / recherche de shunt droite-gauche

Tables de recompression utilisables
(liste non exhaustive)

- Recompression initiale à 2,8 ATA
  - Table A18 [1]
  - Table B18 [1]
  - Table C18 [1]
  - Table Comex 18 courte (C×18c)
  - Table Comex 18 longue (C×18L)
  - Table d'urgence DGT N° 2 à 2,8 ATA [2]
  - Table 5 US Navy [1] (USN T5)
  - Table 6 US Navy [1] (USN T6)
- Proposition de tables complémentaires dans les 24-48 premières heures
  - Table héliox à 2,8 ATA [1]
- Séances de consolidation ou recompression préventive
  - Table A15 à l'O_2 100 % [1]
  - Table Comex 12 (C×12)
  - Table d'urgence DGT N° 1 à 2,2 ATA [2]

[1] *Tables de recompression indiquées dans cet ouvrage (voir chapitre 23).*
[2] *Tables de recompression indiquées dans l'arrêté du 29 mai 2024 relatif aux interventions hyperbares sans immersion effectuées dans le domaine de la santé (mention C).*

Les tables à 4 ATA et plus ne sont pas citées ici, car n'ayant pas fait la preuve de leur supériorité par rapport aux tables à 2,8 ATA

Exemple de table à 2,5 ATA O_2 100 % — durée 90 min-1 h 30 « **A15** »

Patient :	Date : ___/___/___	Heure de mise en pression :
Médecin :	Opérateur :	Accompagnateur :

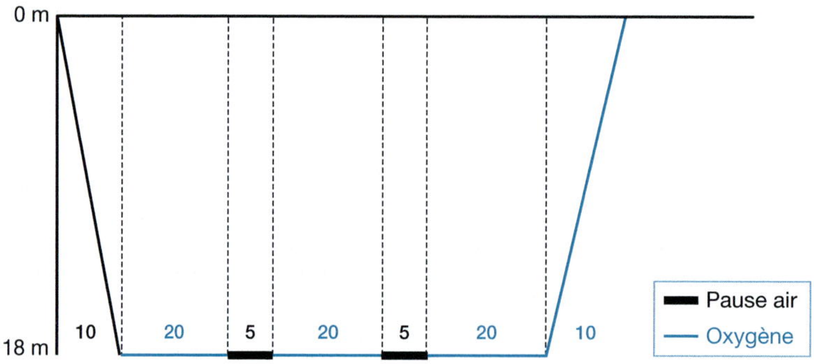

Exemple de table à 2,8 ATA O_2 100 % — durée 90 min-1 h 30 « **A18** »

Patient :	Date : ___/___/___	Heure de mise en pression :
Médecin :	Opérateur :	Accompagnateur :

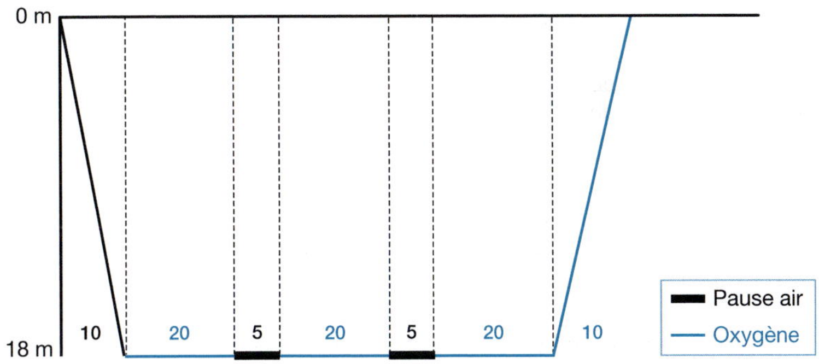

Exemple de table à 2,8 ATA O_2 100 % — durée 150 min-2 h 30 « **B18** »

Patient :	Date : ___/___/___	Heure de mise en pression :
Médecin :	Opérateur :	Accompagnateur :

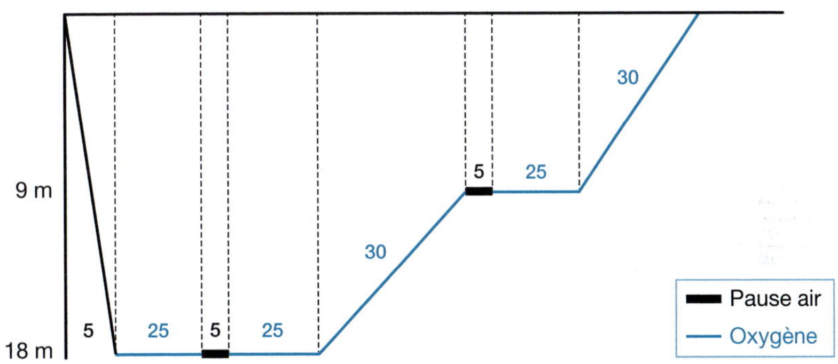

Exemple de table à 2,8 ATA O_2 100 % — durée 300 min-5 h « **C18** »

Patient :	Date : ___/___/___	Heure de mise en pression :
Médecin :	Opérateur :	Accompagnateur :

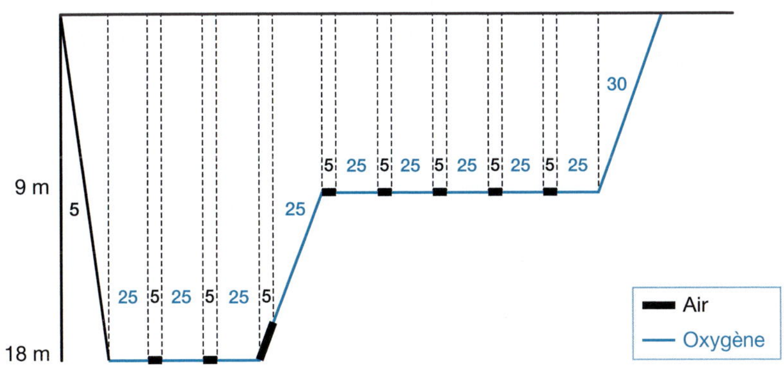

Exemple de table à 2,8 ATA héliox 50 % — durée 150 min-2 h 30

Patient :	Date : ___/___/___	Heure de mise en pression :
Médecin :	Opérateur :	Accompagnateur :

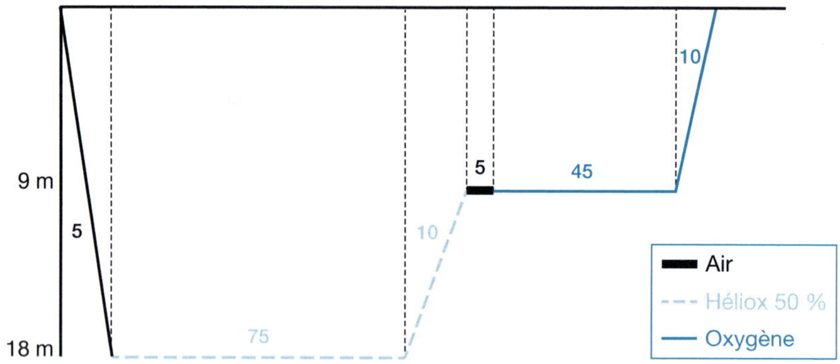

Exemple de table à 2,2 ATA : ***table DGT****, qui correspond à la Comex 12, pour la recompression préventive*

DGT TABLE D'URGENCE N° 1 : OXY – 1,2 bar-150 min

Victime :	COH :	Surveillant (manip caisson) :	Date : ___/___/___
Hyperbariste :	Hyperbariste de secours :	Médecin référent :	

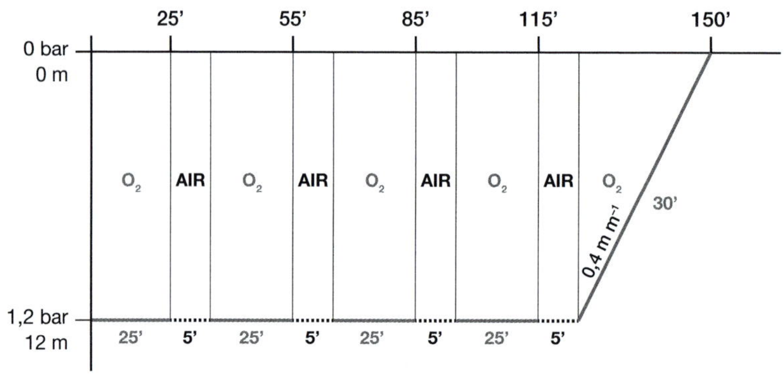

Exemple de table à 2,8 ATA : table DGT, qui correspond à la table Comex 18L, et la version courte Comex 18C (pointillé bleu)

DGT TABLE D'URGENCE N° 2 : OXY – 1,8 bar-300 min

Victime :	COH :	Surveillant (manip caisson) :	Date : ___/___/___
Hyperbariste :	Hyperbariste de secours :	Médecin référent :	

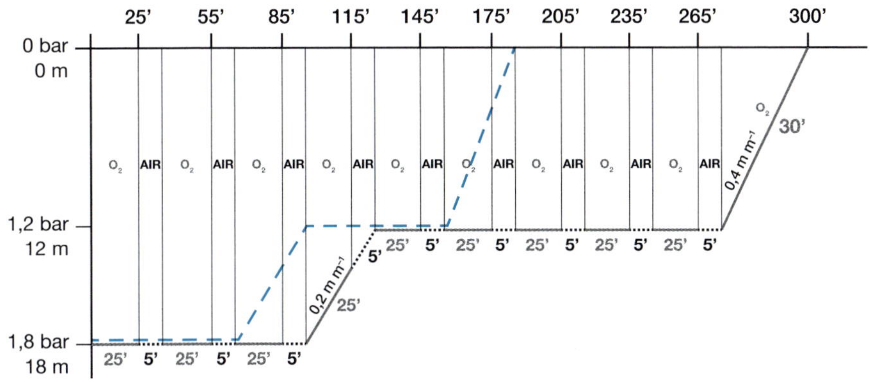

Table 5 US Navy

TEMPS CUMULÉ À L'ARRIVÉE AU PALIER		PROFONDEUR *(Mètres)*	DURÉE DU PALIER *(Minutes)*	GAZ RESPIRÉ
Heures	*Minutes*			
	20	18	20	O_2
	25	–	5	air
	45	–	20	O_2
	15	18 **à** 9	30	O_2
1	20	9	5	air
1	40	–	20	O_2
1	45	–	5	air
2	15	9 à 0	30	O_2

DURÉE TOTALE : 2 h 15 min.

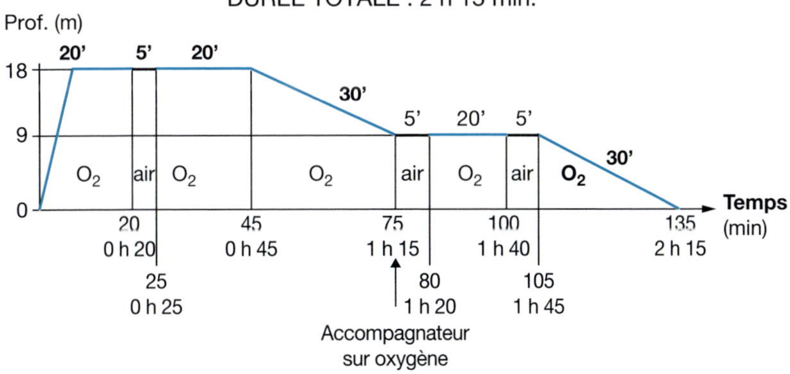

Table 6 US Navy

TEMPS CUMULÉ À L'ARRIVÉE AU PALIER		PROFONDEUR *(Mètres)*	DURÉE DU PALIER *(Minutes)*	GAZ RESPIRÉ
Heures	*Minutes*			
	20	18	20	O_2
	25	–	5	air
	45	–	20	O_2
	50	–	5	air
1	10	–	20	O_2
1	15	–	5	air
1	45	18 à 9	30	O_2
2		9	15	air
3		–	60	O_2
3	15	–	15	air
4	15	–	60	O_2
4	45	9 à 0	30	O_2

DURÉE TOTALE : 4 h 45 min.

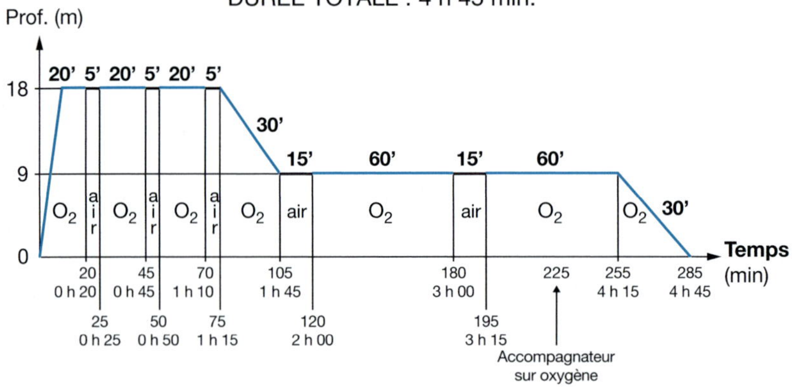

Chapitre 38

Utilisation de l'échographie préhospitalière en médecine de la plongée

Xavier Ruby, Jean Morin

La médicalisation préhospitalière des accidentés est une spécificité du système de santé français. Dans le cadre de l'assistance médicale en mer, la fréquence d'intervention des structures mobiles d'urgence et de réanimation augmente. Les accidents de plongée représentent jusqu'à 14 % des sorties médicales sur le littoral méditerranéen français. L'étiologie de ces accidents comprend les accidents de désaturation (ADD), les barotraumatismes, les accidents toxiques et l'œdème pulmonaire d'immersion. Tous peuvent être compliqués par la noyade. L'environnement maritime rend la prise en charge médicale complexe, notamment en raison des longues distances d'évacuation. L'enjeu de la médecine d'urgence est d'identifier les intérêts diagnostiques, thérapeutiques et pronostiques des patients afin de les orienter le plus rapidement possible vers un centre médical approprié.

En médecine d'urgence préhospitalière, l'échographie ultraportable est une aide à la décision clinique pour le médecin urgentiste. Les algorithmes de prise en charge sont largement utilisés et leur fiabilité a été démontrée. Le protocole EFAST (*Extended Focused Assessment for Sonography in Trauma*) recherche les épanchements dans l'espace pleural, péricardique, périhépatique et pelvien, ainsi que les glissements pleuraux antérieurs. Le protocole BLUE (*Bed Lung Ultrasound in Emergency*) explore la détresse respiratoire en visualisant la présence d'un pneumothorax, d'un œdème interstitiel, d'une condensation pulmonaire ou d'un épanchement pleural. Ce protocole est basé sur l'appréciation des artefacts d'échographie et non sur une visualisation 2D d'organe comme en échographie conventionnelle.

L'objectif de cette fiche est d'illustrer l'intérêt documenté de l'échographie en médecine préhospitalière dans la prise en charge des accidents de plongée [1]. L'échographie peut être utilisée assez facilement dans trois grandes indications qui sont précisées sur la figure 38.1 en référence aux profils échographiques rapportés par Liechtenstein [2].

Profil normal (figure 38.1A)

Un profil A, représenté par des lignes horizontales issues de la ligne pleurale et constitué d'artefacts de lignes de répétition pleurale, est le profil échographique normal, mais qui n'exclut pas la possibilité d'une pathologie pulmonaire sous-jacente, telle qu'une embolie pulmonaire ou l'exacerbation d'une bronchopneumopathie chronique obstructive ou d'un asthme, bien que peu compatible avec notre contexte en l'absence de signes cliniques évocateurs francs.

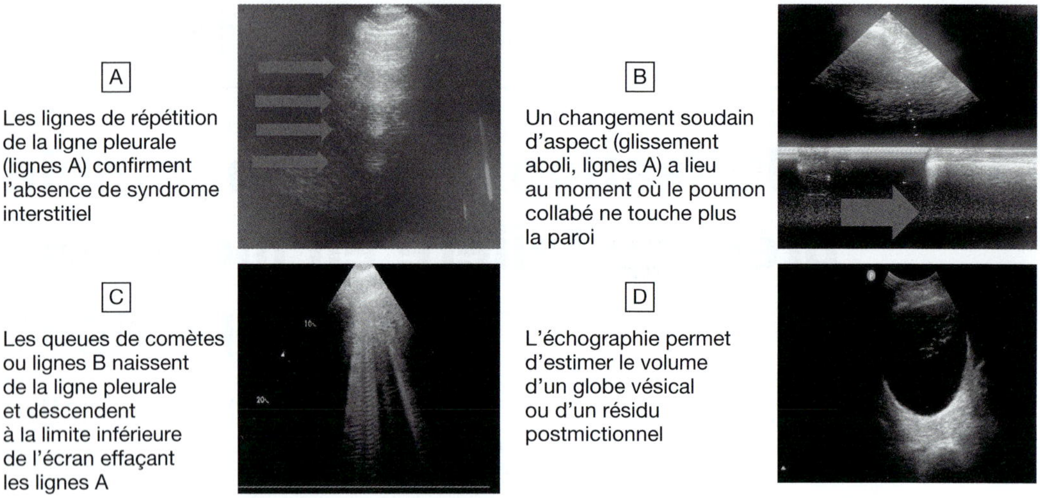

Figure 38.1. Indications de l'échographie en médecine d'urgence préhospitalière dans la prise en charge des accidents de plongée.
Source : HIA Sainte-Anne, Toulon.

Recherche de pneumothorax (figure 38.1B)

Un aspect de glissement de la ligne pleurale signe l'absence de pneumothorax (glissement pulmonaire). En l'absence de glissement pleural, la jonction entre plèvre mobile et plèvre immobile (point pulmonaire) doit être mise en évidence pour conclure à la présence d'un pneumothorax (diagnostic différentiel : condensation pulmonaire ou atélectasie par exemple).

Dans un contexte de plongée, la confirmation d'un pneumothorax par échographie peut être contributive pour indiquer un geste d'exsufflation thoracique à effectuer en cas de pneumothorax suffocant, qui peut survenir en cas de barotraumatisme pulmonaire.

En dehors de cette situation d'urgence, la recherche d'un pneumothorax par échographie peut être utile avant l'initiation d'un traitement hyperbare dont la phase de décompression peut entraîner une expansion des volumes gazeux dans la plèvre. Si un pneumothorax est décelé, la mise en place d'un drain thoracique avant de débuter le traitement hyperbare permet de prévenir une situation dangereuse pour le patient à la décompression. En effet, la réalisation de ce geste technique en caisson hyperbare est plus complexe qu'en surface. Ainsi, l'évaluation et la mise en condition d'un patient instable dans les meilleures conditions de sécurité de soins avant l'entrée en caisson hyperbare sont essentielles, et l'échographie permet de détecter cette situation à risque.

Recherche de surcharge liquidienne pulmonaire (figure 38.1C)

La recherche de lignes B correspond à l'artefact vertical en « queue de comète » de la ligne pleurale. La présence de plus de trois lignes B dans la même vue indique un syndrome interstitiel correspondant à la présence d'eau pulmonaire extravasculaire. L'importance du syndrome interstitiel est fonction du nombre de queues de comète : la gravité est jugée nulle au-dessous de 4 queues de comète, faible entre 5 et 14 queues de comète, modérée entre 15 et 29 queues de comète et sévère au-dessus de 30 queues de comète [3,4]. Ainsi, à partir de 30 queues de comète, la densité pulmonaire est multipliée par 4 et l'accumulation d'eau pulmonaire extravasculaire par 3 [5]. Il existe une corrélation entre le nombre de queues de comète et l'importance de la congestion vasculaire pulmonaire [6], étape préalable à l'apparition d'un œdème pulmonaire.

Dans un contexte de plongée, la présence bilatérale de queues de comète évoque en première intention un œdème pulmonaire d'immersion (OPI). La présence de lignes B unilatérales peut s'observer en cas de noyade isolée avec inhalation latéralisée. L'anamnèse a alors une place primordiale dans l'enquête étiologique. À noter que la présence de queues de comète en l'absence de symptômes peut s'observer à l'issue des plongées, mais généralement en faible nombre dès lors que l'activité physique reste faible au cours de la plongée [7].

Recherche d'un globe vésical (figure 38.1D)

Elle est intéressante pour la prise en charge des accidents de décompression neurologiques (accidents de désaturation ou barotraumatisme pulmonaire avec aéroembolisme cérébral) souvent compliqués de troubles sphinctériens avec rétention d'urine. Ce critère clinique est considéré comme un facteur de sévérité.

L'échographie permet de confirmer un globe vésical et de mesurer un résidu postmictionnel qui peut indiquer un sondage urinaire (à demeure ou évacuateur) avant la recompression hyperbare.

Échographie cardiaque

Elle peut également être contributive dans l'évaluation de certains accidents de plongée comme l'OPI, en recherchant notamment des anomalies de contractilité du ventricule gauche témoignant d'une cardiopathie de stress de type *Tako-Tsubo*. Mais la technicité supplémentaire demandée ne permet pas de l'intégrer dans l'évaluation préhospitalière simplifiée présentée ici.

Conduite à tenir en présence de signes respiratoires à la sortie d'une plongée

La figure 38.2 présente un algorithme relatif à la prise en charge d'un plongeur ayant des signes respiratoires à la sortie d'une plongée, soulignant l'intérêt de l'échographie dans ce contexte (voir chapitre 19, p. 223). La prise en charge écho-guidée permet ainsi de préciser l'aspect du parenchyme pulmonaire (aide au diagnostic), de lever une éventuelle contre-indication hyperbare (aide au bilan préthérapeutique), et d'aider à la réalisation d'une intervention d'urgence ou de sauvetage (aide thérapeutique).

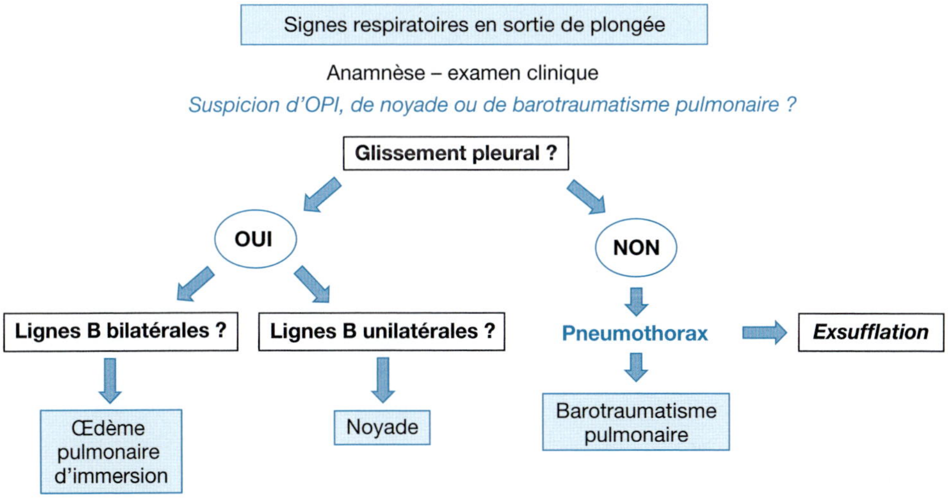

Figure 38.2. Utilisation de l'échographie comme aide à la décision pour les accidents de plongée présentant des symptômes respiratoires à la sortie de l'eau.
OPI : œdème pulmonaire d'immersion.

En conclusion, l'échographie est considérée ici comme un outil d'aide à la décision clinique et non comme un examen d'imagerie spécialisé (scanner ou IRM [imagerie par résonance magnétique]) qui peut s'avérer indispensable pour le diagnostic et le bilan lésionnel en fonction du type d'accident et de sa sévérité (voir chapitre 19). Néanmoins, il ne faut pas négliger les limites de cette prise en charge, représentées notamment par des contraintes pratiques telles que la perte de sensibilité en cas d'emphysème sous-cutané, des difficultés de visualisation en cas de surexposition à la lumière sur le terrain, ou encore les problèmes inhérents à l'utilisation d'appareils électroniques.

Une formation initiale et une pratique régulière à l'échographie sont nécessaires pour optimiser la fiabilité de l'outil échographique. L'utilisation en télémédecine par des personnels non formés peut cependant être contributive dans certaines situations d'isolement en transmettant les images à une structure référente.

Références

[1] Martinet C, Cunji PJ, Morin J. Usefulness of an ultrasound-guided prehospital care for SCUBA diving accidents. Mil Med 2024(in press) [MILMED-D-23-00163].

[2] Liechtenstein D. Échographie pulmonaire en réanimation et aux urgences. Réanimation 2008 ; 17(8) : 722-30.

[3] Panuccio V, Enia G, Tripepi R, et al. Chest ultrasound and hidden lung congestion in peritoneal dialysis patients. Nephrol Dial Transplant 2012 ; 27(9) : 3601-5.

[4] Zoccali C, Torino C, Tripepi R, et al. Pulmonary congestion predicts cardiac events and mortality in ESRD. J Am Soc Nephrol 2013 ; 24(4) : 639-46.

[5] Agricola E, Bove T, Oppizzi M, et al. Ultrasound comet-tail images" : a marker of pulmonary edema : a comparative study with wedge pressure and extravascular lung water. Chest 2005 ; 127(5) : 1690-5.

[6] Baldi G, Gargani L, Abramo A, et al. Lung water assessment by lung ultrasonography in intensive care : a pilot study. Intensive Care Med 2013 ; 39(1) : 74-84.

[7] Boussuges A, Ayme K, Chaumet G, et al. Observational study of potential risk factors of immersion pulmonary edema in healthy divers : exercise intensity is the main contributor. Sports Med Open 2017 ; 3(1) : 35.

Chapitre 39

Formations en physiologie et médecine de la plongée

Erika Parmentier-Decrucq, Mathieu Coulange, Jean-Éric Blatteau, Rodrigue Pignel

Introduction

Les professionnels de santé jouent un rôle crucial dans la prévention et le traitement des pathologies en lien avec la plongée. Pour cela, ils ont besoin d'une formation solide en physiologie et en médecine appliquée aux activités subaquatiques et hyperbares. Après avoir examiné les besoins de formation dans ce domaine, les différentes formations francophones disponibles, nous décrirons les objectifs et les méthodes pédagogiques afin d'aider les professionnels de la santé à mieux comprendre les enjeux liés à la plongée et à fournir les meilleurs soins possibles à leurs patients.

Besoins de formation

Visites médicales

Il appartient au médecin de se prononcer sur la compatibilité de l'état de santé pour la pratique des activités subaquatiques et de délivrer un conseil ou une décision selon le contexte réglementaire dans lequel il intervient (certificat d'absence de contre-indication [CACI] pour le plongeur de loisir ou aptitude médicale pour les intervenants professionnels en milieu hyperbare [1]). Le médecin peut déconseiller ou contre-indiquer la pratique de la plongée ou proposer des restrictions de durée, deprofondeur, de procédures ou dematériel, ou l'éviction d'une ou plusieurs activités subaquatiques. Délivrer de telles recommandations nécessite de posséder un corpus de connaissances dont cet ouvrage est le reflet.

Soutien médical et paramédical

Le soutien spécifique de certaines activités subaquatiques professionnelles relève de dispositions réglementaires qui sont fonction du cadre d'emploi. Pour réaliser des activités de soutien médical en conditions hyperbares en France, il faut être titulaire d'un certificat d'aptitude à l'hyperbarie (CAH) mention C. L'arrêté du 29 mai 2024[1] fixe les règles d'intervention dans ce domaine. L'attribution du CAH mention C est également possible à des personnels qui ne sont pas médecins ou infirmiers.

Activités de recherche

Les connaissances nécessaires exposées dans cet ouvrage ne sont en effet pas abordées dans le cursus « normal » ou « habituel » de la plupart

1. JORF du 29 juin 2024.

des universités car le temps disponible ne permet pas de les évoquer. Il existe quelques exceptions comme des enseignements scientifiques appliqués à la physiologie subaquatique et hyperbare, développés dans certaines universités, notamment dans certains masters. L'acquisition de ces compétences permet à des étudiants intéressés de poursuivre leur cursus scientifique jusqu'à soutenir une thèse avec réalisation de travaux de recherche dans ce domaine.

Historique

La Marine française a été depuis Le Prieur, Cousteau et Dumas le moteur de l'essor de la plongée sous-marine autonome en France et au-delà. Le corps médical a accompagné ce développement et dès 1965, Lucien Barthélémy mettait en place au GERS (Groupe d'études et de recherches sous-marines) une formation complémentaire pour les médecins ayant des plongeurs sous leur responsabilité. Plus de 50 ans plus tard, les formations dans le domaine de la plongée et de l'hyperbarie ont été renforcées avec un cursus progressif ouvert aux praticiens et infirmiers militaires avec la création d'une spécialité médicale reconnue et représentée par un praticien agrégé au niveau de la chaire de médecine d'armée de l'école du Val-de-Grâce.

Au niveau civil et avant 1990, la formation des médecins à la médecine de la plongée ou la médecine hyperbare était éclatée entre plusieurs formations très diverses tant en termes de statut que de contenu. Fort de ce constat, les universités intéressées par la médecine subaquatique et hyperbare ont mis en place, sous la coordination des Prs Francis Wattel et Daniel Mathieu, un enseignement national commun en créant un diplôme interuniversitaire (DIU) de médecine subaquatique et hyperbare.

Depuis, 80 à 100 candidats deviennent chaque année titulaires du DIU de médecine subaquatique et hyperbare. Plus récemment a été créé à Marseille un diplôme d'études supérieures interuniversitaires (DESIU) de médecine hyperbare et de médecine de la plongée, qui forme anuellement une trentaine de médecins à la médecine subaquatique et hyperbare.

Différentes formations

Au niveau européen, le comité mixte ECHM-EDTC (*European Committee for Hyperbaric Medicine-European Diving Technology Committee*), associations non gouvernementales d'experts, a défini trois niveaux de formation en médecine de la plongée et médecine hyperbare [2]. Ces standards de formation, édités en 2011, résultent de nombreuses discussions de niveau international débutées en 1994 par la première conférence de consensus de Lille [3]. Pour chaque niveau, il est indiqué le contenu global de la formation, le titre adjoint, le niveau de compétence et les conditions de recertification (tableau 39.1).

Tableau 39.1. Niveau de formation des médecins selon l'ECHM.

Niveau	Prérequis	Contenu de formation	Diplôme	Compétences	Condition de recertification
Niveau 1	Médecin	25 h de cours, 3 h de pratique	Niveau 1 médecin examinateur de plongeurs	Évaluation de l'aptitude à la plongée de loisir et professionnel ainsi qu'à la pratique de l'hyperbarie, à l'exception de l'évaluation de reprise après accident de plongée	– Recertification tous les 5 ans – 30 examens de plongeurs dans les 3 dernières années – 16 h de remise à niveau ou équivalent
Niveau 2D	Médecin niveau 1	56 h de cours, 24 h de pratique	Niveau 2D médecin de plongée	– Évaluation de l'aptitude à la plongée de loisir et professionnelle ainsi qu'à la pratique de l'hyperbarie – Prise en charge d'accident de plongée – Planification de la sécurité des chantiers subaquatiques	– Recertification tous les 5 ans – Expérience en médecine de la plongée professionnelle – Remise à niveau scientifique ou équivalent (congrès, littérature…)

▷

Tableau 39.1. *Suite*

Niveau	Prérequis	Contenu de formation	Diplôme	Compétences	Condition de recertification
Niveau 2H	Médecin niveau 1 expérience en réanimation	96 h de cours, 24 h de pratique	Niveau 2H médecin hyperbare	– Responsable de traitement et séances d'OHB – Évaluation et gestion des patients relevant de l'OHB	– Recertification tous les 5 ans – Expérience en médecine hyperbare – Remise à niveau scientifique ou équivalent (congrès, littérature…)
Niveau 3	Médecin niveau 2D/2H (expérience avérée)	Activité plein temps en médecine de la plongée et/ou hyperbare, enseignement et recherche depuis plusieurs années	Niveau 3 expert en médecine de la plongée et/ou hyperbare	– Responsable de centre hyperbare – Responsable de programme de recherche et d'enseignement en médecine de la plongée et hyperbare	

OHB : oxygénothérapie hyperbare.
Source : Educational and training standards for physicians in diving and hyperbaric medicine, 2011. Document du European Committee for Hyperbaric Medicine (ECHM), European Diving Technical Committee (EDTC), disponible sur le site www.echm.org/documents/ECHM-EDTC%20Educational%20and%20Training%20Standards%20(2011).pdf.

Par ailleurs, l'EBAss (*European Baromedical Association*) association européenne des infirmiers, opérateurs et techniciens hyperbares, proche de l'ECHM, travaille à la standardisation de la formation des personnels travaillant en centre hyperbare et a édité depuis 2008 des standards de formation pour chaque profession [4] (tableau 39.2).

Tableau 39.2. Standards de formation des personnels travaillant en centre hyperbare selon EBAss.

Niveau	Prérequis	Contenu de formation	Diplôme	Compétences	Condition de recertification
Accompagnateur	Secouriste aptitude médical	8 h de cours, 8 h de pratique	Accompagnateur hyperbare	Accompagnement de patients ne nécessitant pas de soins ni d'assistance particulière et d'actes de soins	– Mise à jour secouriste – 3 traitements sous supervision
Opérateur/opératrice	Secouriste aptitude médical	32 h de cours, 48 h de pratique	Opérateur hyperbare	– Contrôle, maintenance et conduite du système hyperbare – Apte à rentrer en compression – Gestion de la documentation – Garant de la sécurité des séances	– Mise à jour secouriste – 10 traitements sous supervision – Formation continue
Infirmier/infirmière	Diplôme infirmier, attestation opérateur	32 h de cours, 48 h de pratique	Infirmier hyperbare	– Idem opérateur – Délivrance de soins sous pression – Responsable des soins aux patients	– Mise à jour secouriste – 10 traitements sous supervision – Formation continue
Infirmier.e intensiviste	Infirmier hyperbare Infirmier spécialiste SI-SU-Anesthésie	40 h de cours, 80 h de pratique	Infirmier hyperbare qualifié en soins intensifs	– Idem infirmier hyperbare – Prise en charge des soins intensifs en milieu hyperbare	– Mise à jour secouriste – 10 traitements sous supervision – Formation continue

EBAss : European Baromedical Association.
Source : Education of nurses, operators and technicians in hyperbaric facilities in Europe, 2008. Document du EBAss/ECHM Resources manual, disponible sur le site https://ebass.org/wp-content/uploads/2015/03/ebass-echm_education_resources_manual_-_version_2008.pdf.

En France

Le DIU de médecine subaquatique et hyperbare qui existe depuis 1991 est reconnu comme un diplôme de niveau 2 selon l'ECHM. La formation dure 1 an avec des objectifs de formation définis en commun par le comité de coordination du DIU composé des responsables de l'enseignement dans chacune des universités contractantes. Actuellement, les universités participantes sont celles d'Angers, Besançon, Bordeaux, Brest, la Réunion, Lille, Lyon, Nice, Strasbourg et Paris (Garches) en association avec Toulon (DIU civilo-militaire).

Plus récemment le DESIU de médecine hyperbare et médecine de la plongée créé à Aix-Marseille bénéficie d'enseignants de Toulon, Lyon, Montpellier, Genève, la Guadeloupe et la Nouvelle-Calédonie. Cette formation dure 1 an et comporte également un enseignement théorique et pratique. À Marseille existe aussi le CESU (certificat d'études supérieures universitaires) d'aptitude et de soutien sanitaire à la plongée, version allégée du DESIU, destinée aux médecins du travail et médecins-pompiers.

En raison de la rigueur de leurs modalités d'enseignement et d'évaluation des connaissances, le DIU et DESIU de médecine subaquatique et hyperbare sont reconnus par l'Ordre national des médecins (circulaire ONM 99.316). Ces formations sont également reconnues comme indispensable pour pouvoir pratiquer et facturer des actes de médecine hyperbare.

En Suisse

Depuis 2001, la Société suisse de médecine subaquatique et hyperbare (SUHMS) [5] est garante pour la FMH (Fédération des médecins suisses) du curriculum de formation des médecins de plongée et hyperbares exerçant sur le territoire. Le cursus helvète suit largement les standards édités par l'ECHM avec les mêmes niveaux (1, 2D, 2H et 3).

Depuis 2015, l'université de Genève propose une formation de médecine de la plongée et hyperbare. Le CAS (*Certificate of Advanced Studies*) de médecine subaquatique et hyperbare [6] est scindé en un premier module « médecine de la plongée » (niveau 2D ECHM) et un second module de « médecine hyperbare » (niveau 2H). Cette formation implique dès le commencement la conduite opérationnelle d'un système hyperbare ainsi que l'aptitude médicale à l'hyperbarie.

En 2019, l'université crée le « CAS en soins et conduite opérationnelle en milieu hyperbare, aptitude hyperbare » pour les infirmiers et les techniciens-opérateurs hyperbares.

En Belgique

Devant l'absence d'exigence de diplôme pour pratiquer la médecine de la plongée et hyperbare, il n'y a aucune formation réellement en place en 2023 en Belgique. La Société belge de médecine hyperbare et subaquatique (SBMHS) cherche les moyens de créer un cours stable. Cependant de nombreux centres hyperbares belges exigent de leur personnel une formation type ECHM.

Au Canada

La formation initiale en médecine hyperbare est obtenue après la validation d'un cours de 40 heures, accessible à tout médecin. Cette formation initiale porte sur la médecine hyperbare et peut être obtenue auprès d'organismes de formation canadiens ou du côté des États-Unis. Pour les médecins qui désirent intégrer la médecine de la plongée à leur pratique, ils pourront poursuivre leur formation en suivant un cours de médecine de la plongée de niveau 1 qui porte sur l'évaluation de l'aptitude médicale à la plongée. Cette formation est généralement d'une durée de 35 heures. Les médecins qui auront à effectuer des traitements de recompression en caisson hyperbare pour des plongeurs devront suivre un cours de médecine de la plongée de niveau 2. Ces deux cours de médecine de la plongée sont disponibles au Canada via les forces armées canadiennes ou via un organisme civil d'enseignement qui se nomme *Undersea Medicine Canada*.

Chaque province au Canada comprend son organisme de réglementation professionnelle pour l'exercice de la médecine. Les exigences pour l'exercice de la médecine hyperbare varient donc d'une province à l'autre. De la même manière chaque province comporte son autorité réglementaire en santé et sécurité des travailleurs. Ainsi chacune des provinces aura ses particularités dans la reconnaissance des médecins pouvant évaluer la santé des plongeurs professionnels.

Très récemment, un résidanat de médecine hyperbare a été créé au Canada. Cette formation est accessible aux résidents de diverses spécialités et dure 2 ans. De plus, l'organisme régulateur des diplômes médicaux au Canada (le Collège royal des médecins et chirurgiens du Canada) a récemment créé des domaines de compétence ciblée (DCC-diplôme) dont la médecine hyperbare. Ce DCC ne comporte pas d'enseignement mais valide les compétences acquises en médecine hyperbare. Il n'est pas obligatoire pour la pratique de la médecine hyperbare mais permet aux médecins qui valident cette qualification de recevoir la qualification de diplôme du Collège royal des médecins et chirurgiens du Canada, ou DRCPSC. Nous assistons donc actuellement au Canada à un renforcement des formations et de la reconnaissance de la pratique de la discipline.

Équivalence entre formations

En France, il n'y a pas d'équivalence prévue de manière réglementaire mais il est possible de procéder à une validation des acquis et de l'expérience prévue dans le règlement du DIU. Une personne ayant validé un enseignement à l'étranger peut s'inscrire dans une université française et faire une demande de validation des acquis et de l'expérience qui sera examinée par la commission ad hoc prévue. Si cette commission approuve la demande, elle donnera l'équivalence et autorisera l'université à délivrer le DIU. Certains centres hyperbares, étant également accrédités pour délivrer le CAH, peuvent accorder l'équivalence du CAH aux étudiants ayant validé le DIU sur leur plateau technique sous réserve de conditions propres à chaque centre.

En suisse, la SUHMS peut donner les équivalences de formation en médecine subaquatique et hyperbare de diplômes étrangers à condition que les curriculums soient identiques. Les équivalences sont d'ores et déjà établies pour les DIU et DESIU français.

Objectifs et méthodes pédagogiques

Objectifs de formation

En France, les formations interuniversitaires ont pour objectifs de s'intégrer dans un projet pédagogique commun et régi par des modalités identiques en ce qui concerne les conditions d'admission, le contenu de l'enseignement théorique, les modalités de l'enseignement pratique, le contrôle des connaissances.

La formation, à un même niveau de qualité, s'avère une nécessité au regard du nombre important d'installations d'oxygénothérapie hyperbare (OHB) déjà implantées dans l'hexagone et outremer et compte tenu du développement croissant des activités sportives de plongée sous-marine.

De plus, l'importance du nombre de plongeurs étrangers venant pratiquer en France à titre sportif ou professionnel, le développement des échanges entre médecins dans l'Union européenne rend nécessaire une harmonisation des pratiques tant au niveau français qu'européen et donc une évolution des formations initiale et continue vers les standards définis au niveau européen, en particulier ceux recommandés par l'ECHM-EDTC.

Ces formations sont organisées sous la forme de différents modules avec des cours théoriques, des formations pratiques et des enseignements dirigés comprenant :

- la formation à la médecine de la plongée portant sur les notions générales, la physiologie intégrée, les pathologies de la plongée, les aspects réglementaires, l'aptitude médicale professionnelle… ;
- la formation à la médecine et aux techniques hyperbares portant sur les pathologies relevant de l'OHB, de la prise en charge, des risques spécifiques et de la sécurité des installations hyperbares ;
- une journée commune d'enseignement avec les autres universités.

Par ailleurs un stage pratique de médecine hyperbare doit être réalisé avec 15 demi-journées de 4 heures dans un centre hyperbare. Il est également demandé de faire état d'une expérience ou à défaut de réaliser un stage de 15 demi-journées de 4 heures dans un service d'urgences, SAMU (service d'aide médicale d'urgence) ou de réanimation.

Enfin la rédaction d'un mémoire dont le sujet est proposé ou validé par les médecins responsables de la formation doit être remis.

Les DIU sont sanctionnés par un examen écrit commun, un examen oral et la soutenance du mémoire.

Méthodes d'enseignement

Actuellement les enseignements dans le domaine de la médecine subaquatique et hyperbare font appel de plus en plus à des techniques de pédagogie par simulation (figure 39.1) permettant :

- l'entraînement à des gestes techniques (par exemple pour réaliser une exsufflation ou la mise en place d'un drain thoracique, d'une voie intraosseuse…) ;
- la mise en œuvre de procédures (par exemple pour la prise en charge d'une détresse à la sortie ou dans une chambre hyperbare) ;
- l'entraînement au raisonnement clinique diagnostique et/ou thérapeutique (par exemple pour la décision d'une recompression après prise en charge initiale d'une détresse vitale à la sortie de l'eau) ;
- la gestion des comportements (mise en situation professionnelle, travail en équipe, communication, etc.) ;
- la gestion des risques (reproduction d'événements indésirables, capacité à faire face à des situations exceptionnelles, etc.).

D'une manière générale, le formateur met à l'aise les apprenants afin de créer un environnement propice à l'apprentissage. Le briefing permet ainsi le bon déroulement du scénario et la préparation du débriefing. Après le moment de simulation, le débriefing permet de rassurer, de s'exprimer et d'apprendre les objectifs pédagogiques du scénario.

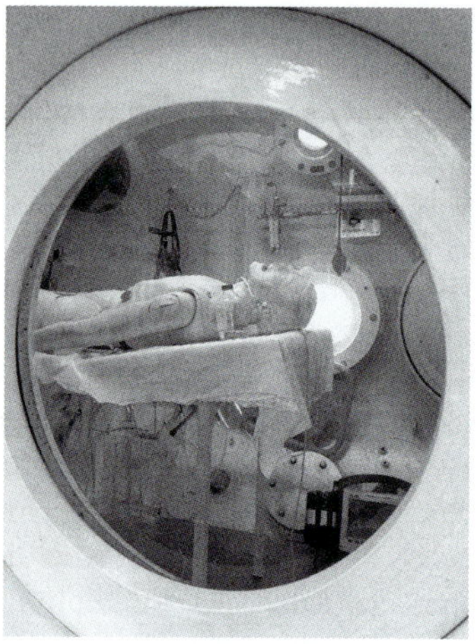

Figure 39.1. Exercice de simulation lors du congrès Medsubhyp-ICHF de Marseille.
ICHF : Association internationale des centres hyperbares francophones ; Medsubhyp : Société de médecine subaquatique et hyperbare.

Dans le cadre de la pédagogie par simulation les examens cliniques objectifs et structurés (ECOS) sont déjà en place depuis une vingtaine d'années au Canada ou en Suisse, et sont rendus obligatoires en France dans la réforme du deuxième cycle des études de médecine. Cet outil est basé sur la simulation pour évaluer de manière standardisée la relation médecin-malade. Lors des mises en situation, chaque étudiant endosse tour à tour le rôle de patient, médecin, observateur et évaluateur. L'étudiant peut analyser ce qui lui reste à travailler pour adapter son comportement et son approche médicale en fonction du patient. Les ECOS permettent de travailler sur des compétences variées comme l'entretien clinique, les gestes techniques, la relation médecin-patient, la prise en charge thérapeutique, l'examen physique, la démarche de diagnostic, etc. Des projets d'élaboration de scénarios standardisés appliqués à la médecine subaquatique et hyperbare sont actuellement développés par l'association internationale des centres hyperbares francophones (ICHF) [7].

En dehors de la pédagogie par simulation, des modules d'*eLearning* sont préconisés en amont de l'enseignement présentiel pour faciliter l'apprentissage par exemple des concepts théoriques sur les lois de physique ou la physiologie en plongée sous-marine. Cela permet également de « libérer » plus de temps pour les enseignements pratiques. Par ailleurs, des cas cliniques intégrés (CCI) peuvent également être proposés : ils se fondent sur l'intérêt d'analyser en groupe la situation clinique d'un patient ou *case-based learning* et s'organisent en plusieurs étapes :

- un travail individuel sur le cas clinique en ligne avec une série de plusieurs étapes successives sur la plateforme d'apprentissage. À chaque étape, l'étudiant accède à un certain nombre d'informations complémentaires et doit répondre à des questions ouvertes. Afin d'encourager l'étudiant à suivre la démarche attendue, les réponses doivent être validées pour pouvoir accéder à l'étape suivante ; à la dernière étape, l'étudiant doit fournir une synthèse de sa réflexion et des hypothèses diagnostiques ;
- séance de débriefing : après un temps de travail en autonomie, les étudiants se retrouvent en groupe pour une séance de débriefing guidée par un tuteur, qui prend connaissance des travaux en ligne des étudiants.

Formation continue

Les sociétés savantes de langue française comme Medsubhyp [8], l'ICHF ou la SUHMS organisent chaque année, conjointement ou séparément, des journées scientifiques comprenant des communications pouvant faire l'objet d'une reconnaissance au titre de la formation continue. Ces formations complémentaires s'adressent avant tout à des personnels disposant déjà de connaissances dans le domaine.

Au sein de la FFESSM, les commissions médicales régionales organisent des sessions d'information pour les médecins licenciés (médecins fédéraux) qui participent aux activités des clubs et suivent les plongeurs. D'une périodicité variable (trimestrielle à annuelle), ces sessions ne font pas l'objet d'un contrôle des connaissances et ne donnent pas lieu à une quelconque certification. Cependant, la liste des médecins fédéraux est rendue publique, et le règlement fédéral prévoit que dans un certain nombre de cas, le certificat d'absence de contre-indication (CACI) à la plongée subaquatique doive être établi par un médecin fédéral.

En France, la réglementation en vigueur accorde à tout médecin le droit de délivrer un CACI, pour peu qu'il ait suivi une formation continue adaptée.

Parmi les formations initiales disponibles, celle offerte par un DIU ou DESIU équivaut au niveau 2 de l'ECHM, tant pour la plongée que pour la médecine hyperbare. Le programme couvert dépasse largement le besoin et son volume est tel qu'il peut constituer un frein pour des médecins en exercice. Il présente cependant l'avantage d'être reconnu et validé par le CNOM (Conseil national de l'Ordre des médecins), et de pouvoir être porté sur les ordonnances. Le besoin existe cependant, à côté de cette formation que l'on pourrait qualifier de complète, d'une formation de niveau 1 ciblée sur l'aptitude médicale ou la recherche de contre-indications à la pratique de la plongée et des activités subaquatiques telle que le CESU enseigné à Marseille.

Conclusion

En conclusion, la plongée sous-marine est une activité répandue qui peut avoir des effets bénéfiques sur la santé physique et mentale. Cependant, il est essentiel que les médecins aient une compréhension approfondie de la physiologie et de la médecine appliquée à la plongée afin de prévenir et de traiter efficacement les pathologies liées à cette activité. Avec une formation solide, les médecins peuvent jouer un rôle clé dans la promotion de la sécurité et du bien-être des plongeurs. Il est recommandé de s'inscrire dans une formation bénéficiant des standards européens reconnus dans le domaine, et disposant d'une reconnaissance professionnelle au niveau national. Au-delà de la formation initiale, les professionnels de santé peuvent entretenir leur connaissance par l'intermédiaire des sociétés savantes.

Références

[1] Medsubhyp. Recommandations en santé au travail [En ligne]. [Cité 28 juin 2023]. Disponible sur : www.medsubhyp.fr/recommandations-en-sante-au-travail/.

[2] European Committee for Hyperbaric Medicine (ECHM) [En ligne]. [Cité 28 juin 2023]. Disponible sur : www.echm.org/.

[3] ECHM-EDTC. Educational and training standards for physicians in diving and hyperbaric medicine [En ligne]. Disponible sur : www.echm.org/documents/ECHM-EDTC%20Educational%20and%20Training%20Standards%20(2011).pdf.

[4] EBass-ECHM. Education of nurses, operators and technicians in hyperbaric facilities in Europe [En ligne]. Septembre 2008. Disponible sur : www.echm.org/documents/EBAss-ECHM%20Education%20resources%20manual%20-%20Version%202008.pdf.

[5] Swiss Underwater and Hyperbaric Medical Society [En ligne]. [Cité 28 juin 2023]. Disponible sur : https://suhms.org/.

[6] Université de Genève. CAS — Médecine subaquatique et hyperbare [En ligne]. 2024. [Cité 28 juin 2023]. Disponible sur : www.unige.ch/formcont/cours/subaquatique-hyperbare.

[7] Association ICHF | Association internationale des centres hyperbares francophones [En ligne]. [Cité 28 juin 2023]. Disponible sur : https://association-ichf.org/.

[8] Medsubhyp. Accueil [En ligne]. [Cité 28 juin 2023]. Disponible sur : www.medsubhyp.fr/.

Index

Elsevier Masson SAS
65, rue Camille-Desmoulins
92442 Issy-les-Moulineaux Cedex
Dépôt Légal : décembre 2024

Composition : Aptara
Imprimé en Pologne par Dimograf